바클레이 성경 주석

갈라디아서 에베소서, 빌립보서 골로새서, 데살로니가서

바클레이 성경 주석 8
갈라디아서 | 에베소서 | 빌립보서 | 골로새서 | 데살로니가서

1판 1쇄 발행 1971년 7월 15일
개정1판 1쇄 발행 2009년 11월 25일
지은이 윌리엄 바클레이
옮긴이 편찬위원회
발행인 한동인
펴낸곳 (주)기독교문사
등 록 제1- c0062호
주 소 서울 종로구 충신동 5-13
출판부 T. 741-5184~5 F. 744-1634
특판부 T. 744-1633 F. 744-1635
도매부 T. 741-5181~3 F. 762-2234
직영서점 기독교문사
서울 종로구 종로5가 412-2
T. 2266-2117~9 F. 2266-6397

책값은 뒤표지에 있습니다.
ISBN 978-89-466-0426-1 94230
978-89-466-0418-6(전12권) 94230

Web www.kclp.co.kr
e-mail kclp@kclp.co.kr

기독교문사는 독자와 함께 기독교 출판문화를 이끌어 가겠습니다.
공급처 기독교문사 도매부 T. 741-5181~3 F. 762-2234

바클레이 성경 주석 8

갈라디아서
에베소서, 빌립보서
골로새서, 데살로니가서

기독교문사

The Letters to the Galatians, Ephesians, Philippians, Colossians and Thessalonians

by William Barclay

This translation is published by agreement
with The Saint Andrew Press, Edinburgh.

Chirstian Literature Press
Seoul, Korea

한국어 판에 붙여서

본인의 책이 한국에서 출간될 뿐만 아니라 국경을 넘어서게 되어 말할 수 없이 기쁩니다.

멀리에서 이 책이 출간될 수 있도록 수고해 주신 분들과 애써 번역해 주신 분들에게 깊은 감사를 드립니다.

제가 기도하고 바라는 이 사업이 하나님 나라를 널리 펴는 데 일익이 되고 모든 한국 사람이 예수 그리스도를 구주로 받아들이는 데 큰 도움이 되었으면 합니다.

주후 1971년 8월 6일

글래스고 대학교에서

윌리엄 바클레이

개정판을 내면서

기독교는 말씀의 종교입니다. 말씀은 믿는 자에게 구원을 주는 하나님의 능력입니다. 이 진리는 모든 기독교인의 신앙의 벽이자 지름이며, 성경을 대하는 머릿돌이므로 기독교인은 이 진리를 가슴속에 새겨야 합니다.

이러한 성경관과 철저한 소명의식으로 기독교문사는 반세기가 넘는 세월 동안 말씀 반포와 기독교 양서 보급에 2대에 걸쳐 온 힘을 다해 왔습니다. 《바클레이 성경 주석》 개정판(전 12권)도 이러한 사명과 선교적 책무에 부합한 것이며, 외적으로는 그동안 많은 독자들의 호평과 주문 요청에 순응한 것입니다.

1955년 피난지 대구에서 "문서 출판과 보급을 통한 기독교 문화 창달"을 목적으로 설립된 기독교문사는 처음 시작할 때부터 한국 교회의 강단을 풍요롭게 만들기 위한 출판에 초점을 맞추었습니다. 그 결과 주석의 고전이라 할 수 있는 《매튜 헨리 성경 주석》(전 45권)과 《바클레이 성경 주석》(전 17권)이 발행되었고, 이로써 한국 교회의 대형 주석 시대가 열려 한국 교회 목회자와 신학자, 평신도가 성경을 연구하는 분위기를 조성하는 데 크게 기여했습니다.

1953년 영국에서 처음 출간된 본 시리즈는 1백 만 부 이상의 판매를 기록했고, 국내에서는 본사 주관으로 "바클레이 성경 주석 편찬위원회"를 구성하여 1971년부터 출판하기 시작했습니다. 이후 범교단적으로 많은 목회자들의 소중한 성경 연구서로 사용되어 설교에 큰 영향과 능력을 나타내었습니다.

본 주석의 구성과 특징을 살펴보면, 우선 이 주석은 구성 면에서 단순성이 돋보이며, 본문 해설도 용어화한 것이 특징이자 장점이라 할 수 있습니다. 빈번히 설교해야 하는 목회자와 성경을 더 잘 이해하여 가르치는 일과 생활에 적용하기를 원하는 교사나 평신도 모두에게 유익하고 적시에 활용되도록 기술되어 있습니다. 또 다른 특징은 권위 있는 전문 지식을 토대로 한 해박한 기독교 역사와 문화 정보가 광범위하게 포함되어 있다는 것입니다. 특히 1세기 팔레스타인과 헬라 로마의 역사 · 문화 · 지리적 배경을 해당 본문과 관련하여 소개함으로써 독자의 영적 시각을 넓혀 주고 있습니다. 특징 중 가장 흥미로운 요소는 본문과 연결해 적절하고 풍부한 예화, 예증을 곳곳에서 제공해 줌으로써 목회자는 물론 주일학교 교사, 평신도 모두가 은혜롭게 공감하고 활용할 수 있다는 것입니다.

본 총서의 구성의 핵심이라 할 수 있는 것은, 본문의 역사적 접근 방식을 통한 하나님의 구속사의 통찰적 이해와 독자 각자의 본분을 현실적 삶에 적용하도록 강조하고 그 실천을 독려하고 있다는 것입니다.

이와 같이 《바클레이 성경 주석》은 그 권위, 가치, 공헌 면에서 한국 강단과 성도들에게 영적 풍요로움과 함께 하나님을 아는 지식의 깊이를 더해 주었고, 견고한 신앙의 뿌리의 자양분이 됨으로써 그동안 많은 세월이 흘렀어도 독자들로부터 변함없는 사랑과 관심을 받고 있습니다.

오류와 변질로 혼탁해진 한국 교회 강단에 영적인 풍성함과 깊이가 더해지기를 바라며, 《바클레이 성경 주석》이 설교자들의 성경 연구와 성도들의 신앙을 바르게 하는 데 변함없는 동반자가 되기를 소원합니다.

2009년 1월

기독교문사 대표 한 동 인

번역판을 내면서

전 세계에 널리 알려졌고 많은 목회자와 신학도, 성경 연구에 관심이 있는 평신도까지 지대한 영향과 은혜를 끼친 바클레이 박사의 성경 주석이 좀 늦은 감이 있기는 하나 우리말로 번역되어 나오게 된 것은 참으로 다행한 일이며 하나님께 감사드립니다.

원저자가 말했듯이 본 총서는 현재 신학의 집성을 전문적인 신학 용어가 아닌 평이한 말을 사용해 우리에게 성경의 참뜻을 십분 드러냈습니다. 또한 바클레이 박사의 해박한 지식이 이 총서에 담겨 있음을 쉽사리 발견할 수 있습니다.

우리말로 번역해 출간하는 데 원저자와 출판사의 양해를 얻었고, 더 나아가 호의와 협조를 아끼지 않은 바클레이 교수와 스코틀랜드 장로회 출판국에 깊은 감사를 드립니다.

이 번역판에 대하여 몇 가지 일러 둘 말이 있습니다.

첫째, 원저자는 본문을 헬라어에서 사역을 했는데 본 총서는 저자의 양해를 얻어 현재 우리나라에서 가장 널리 보급된 개역개정성경을 인용했습니다.

둘째, 빠른 출간을 위해 부득이 여러 명이 번역을 했고, 이에 따른 용어를 통일하기 위해 각별히 주의를 했으나 간혹 그렇지 못한 부분이 발견될 수도 있음을 양해 바랍니다.

마지막으로, 이런 거작의 번역 사업이 결코 쉬운 일이 아니고 많은 희생을 각오해야 하는 일인데 물심양면으로 적극적으로 도와주신 기독교문사 한영제 장로님께 교계와 번역위원회를 대신해 심심한 감사를 드립니다.

바클레이 성경 주석 편찬위원회

저술에 즈음하여

"일일 성경 연구 총서(Series of Daily Studies)"는 우연한 계기로 시작되어 출간된 것이라고 말하는 것이 옳을 것 같습니다. 스코틀랜드 교회가 쓰고 있던 총서가 바닥이 나자 곧 다른 총서가 필요했습니다.

본인이 사도행전에 대해 책을 써 달라는 요청을 받았을 때만 해도 그 이상 집필할 생각은 없었으나 한 권이 나오자 다른 책이 연이어 나오게 되었고, 마침내 전 신약성경 주해를 쓸 계획을 세우게 된 것입니다.

각 권으로 나온 주해가 특별한 장점이 있는 것은 아닙니다. 단지 독자가 신약성경과 본문 주해를 어느 곳이나 함께 갖고 다니기에 편리하고, 어느 곳에서나 읽을 수 있도록 한 것입니다.

본인이 주해를 하는 동안 모팻(Moffatt)과 웨이마우스(Weymouth)와 녹스(Knox)의 주석들을 줄곧 참조했으며, 《미국 개정표준역 성경(*American Revised Standard Version*)》, 《20세기 신약성경(*Twentieth Century New Testament*)》, 찰스 킹슬레이 윌리엄스(Charles Kingsley Williams)가 번역한 《쉬운 말 신약성경(*New Testament in Plain Engish*)》이 본문으로 사용되었습니다. 출판을 시작한 이래 본인은 손필드(Hugh J. Schonfield)가 번역한 《정통 신약성경(*Authentic New Testament*)》을 철저히 참조했습니다.

본인에게 이 총서를 처음 시작하게 할 뿐만 아니라 계속하도록 특권을 허락한 스코틀랜드 교회 출판위원회에 심심한 사의를 표합니다. 특히 회장인 존경하는 맥도날드(R. G. Macdonald) 씨와 총무 앤드류 맥코시(Andrew McCosh) 씨의 끊임없는 격려와 지도 편달에 감사를 드립니다.

각 주해서가 연이어 출간됨에 따라 총서에 대한 이념이 뚜렷해졌습니다.

본 총서의 목적은 비전문적인 독자들이 성경을 이해하는 데 유용하게 하려는 것과 신약성경의 가르침이 오늘날의 일상생활과 활동에 부합하도록 하려는 데 있습니다.

이 총서의 궁극적인 목적은 리차드(Richard)의 유명한 기도에 잘 나타나 있습니다.

사람들이 좀더 분명하게 예수 그리스도를 알게 하고,
좀더 극진히 그를 사랑하게 하고,
좀더 가까이 그를 따르게 하고자 함이라.

이 기도가 총서를 만들 수 있게 한 나의 기도입니다.

윌리엄 바클레이

바울 서신에 대한
총론

바울의 편지들

신약성경 가운데서 바울의 편지들은 가장 흥미 있는 문서다. 모든 형태의 문학 가운데서 편지는 가장 개인적인 것이기 때문이다. 고대 헬라의 문예 비평가인 디메트리우스(Demetrius)가 이렇게 썼다. "모든 인간은 그의 영혼을 편지 속에서 나타낸다. 다른 모든 글에서도 저자의 성격을 가려 낼 수는 있으나 서한문에서는 더 말할 수 없이 명백히 가려 낼 수 있다"(디메트리우스, **문장체에 대하여** 227). 우리가 바울에 대해 잘 안다고 생각하는 것은 바울이 상당히 많은 서신들을 남겨 놓았기 때문이다.

이러한 편지들에서 바울은 사랑하는 사람들과 흉금을 털어놓고 이야기하였으며, 오늘까지도 우리는 초대교회의 문제들과 대결하였던 위대한 심령을 찾아볼 수 있고, 잘못된 길에 빠졌을 때라도 그 사람들을 사랑하는 위대한 심령의 고통을 우리는 느낄 수 있다.

바울 서신의 난점

이와 동시에 편지보다 더 이해하기 어려운 문서도 없다. 디메트리우스(**문장체에 대하여** 223)는 아르스토들의 편지를 편집한 아테몬의 말을 인용하였다. 편지란 두 사람이 하는 대화 가운데서 한쪽 사람의 말과 같다고 보기 때문에 아테몬은 편지란 대화와 같은 형태로 써야 한다고 말했다. 좀더 현대적으로 말하면, 편지를 읽는 것이 마치 전화로 이야기를 듣는 것과 같다는 것이다. 따라서 우리는 바울의 편지들을 읽을 때 어려움에 봉착한다. 바울에게 대답을 요청한 편지들을 우리는 알지 못한다. 바울이 처하였던 환경도 우리는 완전히 알지 못한다. 단지 바울의 편지를 통해 바울이 왜 그 편지를 써야 했는지 그 상황을 추측할 뿐이다. 이러한 편지들을 읽을 때 언제나 두 가지 문제점을 갖게 된다. 그 하나는 편지를 이해하는 문제이며, 그보다도 더 심각한 문제는 편지를 쓸 수밖에 없었던 원인이 되는 정황을 이해하지 못하고는 그 편지를 완전히 이해할 수 없다는 것이다. 우리는 항상 그 편지를 쓴 당시 상황을 재구성해 보아야 한다.

고대의 편지들

바울의 편지들이 **서신**(epistles)이라고 불리는 것은 매우 유감스럽다. 바울 서신들은 실제적으로 **서신**이다. 신약성경의 주석에 밝은 빛을 던져 준 것은 **파피루스** 문서들을 발견하고 출판해 온 것이다. 고대사회에서는 대부분의 문서를 **파피루스** 위에 썼다. 파피루스는 나일 강 언덕에 자라는 지초(紙草)의 심지로 만들어졌다. 그 심지들을 차곡차곡 쌓아 놓아 누런 종이의 모양으로 만들었다. 애굽 사막의 모래사장은 이러한 파피루스가 성장하는 데 가장 좋은 곳이다. 파피루스는 매우 약한 것 같아도 수분이 전혀 없는 곳에서도 생존하기 때문이다. 그리하여 고고학자들은 야곱의 쓰레기 더미에서 결혼증서, 법적인 계약서, 국가의 문서 같은 것을 수백 가지씩이나 발견하였는데 무엇보다 흥미 있는 것은 많은 서신들을 발견한 것이다. 이러한 서신들을 읽어 보면 모든 편지에는 어느 정도 일정한 형식이 있었다는 것을 알 수 있다. 그리고 바울의 편지도 고대사회에서 사용하던 편지 형식을 그대로 답습하고 있다는 사실을 발견한다. 여기에 고대사회의 편지가 있다. 그것은 아피온(Apion)이란 군인이 그의 부친 에피마쿠스에게 보낸 것이다. 그는 미세눔이란 곳에서 자신이 폭풍을 헤치고 무사히 도착하였다는 소식을 알렸다.

> "아피온이 그의 아버지가 되시고 주가 되시는 에피마쿠스에게 충심에서 인사를 보내 드립니다. 먼저 당신이 평안하오며, 당신과 제 누이와 그녀의 딸과 제 형제가 만사형통하시기를 빕니다. 저는 위험한 바다에서 안전하게 보호해 주신 나의 주 세라피스(그의 신)에게 감사를 드립니다. 미세눔에 도착하자 저는 시저에게서 황금 세 닢을 여비로 받았습니다. 그리고 모든 일이 순조롭게 진행 중입니다. 경애하는 아버님, 부디 한 줄 글월을 보내 주시기를 청합니다. 우선 당신의 안부와, 둘째로 형제들의 안부를 알고 싶사오며, 셋째로 당신의 손에 키스하게 하소서. 그것은 당신의 은덕으로 저는 잘 지냈으며 앞으로도 더욱 하나님의 뜻 가운데서 속히 승진되기를 바라기 때문입니다. 카피토에게 저의 충심에서 인사를 전해 주소서. 그리고 제 형제들과 세레닐라와 친구들에게도 전해 주소서. 육테몬이 그린 제 작은 초상화를 보내 드립니다. 제 군명(military name)은 안토니오 맥시무스입니다. 당신의 건강을 위해 기도합니다. 세레누드와 다이몬의 소년 아가토스와 갈로니우스의 아들 타르보도 함께 문안을 드립니다"(G. 밀리간, 헬라 파피루스 선집 36).

아피온은 부친에게 보낸 자신의 편지를 쓴 지 1800년 후에 우리가 읽으리라고는 꿈에도 생각하지 못했을 것이다. 이것은 인간의 본성이 쉽사리 변하지 않는다는 것을 보여 준다. 그 젊은이는 속히 진급되기를 원하고 있다. 세레닐라가 누구인지는 몰라도 그가 고향에 남겨 둔 소녀가 아닐까? 그는 집에 있는 사람들에게 고대사회의 사진과 같은 것을 보내고 있다. 그 편지는 몇 개 부분으로 나눌 수 있다. 1) 인사가 있다. 2) 편지를 받는 이의 건강을 위한 기원이 있다. 3) 신에게 드리는 감사가 있다. 4) 특별한 용무가 있다. 5) 끝으로 특별한 인사와 개인적인 안부가 있다. 실제적으로 바울의 모든 편지도 똑같은 형식으로 되어 있다. 이 구분을 바울의 편지에 적용해 보자.

I. 인사 : 로마서 1장 1절, 고린도전서 1장 1절, 고린도후서 1장 1절, 갈라디아서 1장 1절, 에베소서 1장 1절, 빌립보서 1장 1절, 골로새서 1장 1-2절, 데살로니가전서 1장 1절, 데살로니가후서 1장 1절.

II. 기원 : 매번 바울은 그의 편지를 읽을 사람들에게 하나님의 은총이 함께하시기를 기원한다. 로마서 1장 7절, 고린도전서 1장 3절, 고린도후서 1장 2절, 갈라디아서 1장 3절, 에베소서 1장 2절, 빌립보서 1장 3절, 골로새서 1장 2절, 데살로니가전서 1장 2절, 데살로니가후서 1장 2절.

III. 감사 : 로마서 1장 8절, 고린도전서 1장 4절, 고린도후서 1장 3절, 에베소서 1장 3절, 빌립보서 1장 3절, 데살로니가전서 1장 3절, 데살로니가후서 1장 3절.

IV. 특별한 내용 : 서신의 중요한 부분이 특별한 내용으로 채워졌다.

V. 특별한 인사와 개인적인 문안 : 로마서 16장, 고린도전서 16장 19절, 고린도후서 13장 13절, 빌립보서 4장 21-22절, 골로새서 4장 12-15절, 데살로니가전서 5장 26절.

바울은 편지를 썼을 때 모든 사람이 사용하는 형식을 사용하였다. 위대한 학자 다이스만은 바울의 편지에 대해 이렇게 말했다. "바울의 편지는 바울이 썼다고 하는 면에서만 애굽에서 발견되는 보통의 파피루스의 단편들과 다를 뿐이다." 우리가 바울의 편지를 읽을 때 학문적인 노작이나 신학적인 논문을 읽는 것이 아니다. 우리는 한 친구가 다른 친구들에게 보내는 인간적인 기록을 읽는 것이다.

당면한 문제

극소수 예외가 있긴 하지만 바울의 편지들은 대부분 어떤 문제에 당면해 쓴 것이다. 그 편지들은 바울이 평화롭고 고요하게 앉아서 정리한 학문적인 논문이 아니다. 고린도, 갈라디아, 빌립보, 데살로니가에 긴급한 사정이 생겼으며 그러한 긴급한 문제에 당면해 바울은 편지를 썼던 것이다. 바울이 편지를 쓸 때는 후대의 독자들을 조금도 염두에 두지 않았던 것이다. 단지 그 편지를 받아 볼 사람들만 생각했을 것이다. 다이스만은 다음과 같이 쓰고 있다. "바울은 이미 현존해 있던 유대인의 편지 형식에 어떤 새로운 작문법을 첨가하고자 하는 생각은 조금도 없었다. 더욱이 자기 민족이 가진 성 문학을 풍부하게 하고자 하는 생각은 조금도 없었다. 바울은 그 후 자신의 글이 세계 역사에서 차지하게 될 지위를 예측하지 못했다. 자신의 편지가 다음 세대에도 남아 있으리라고 생각하지 못했을 뿐 아니라 더욱이 그것들이 성경으로 만들어지리라고는 꿈에도 생각하지 못했던 것이다."

우리는 언제나 어떤 글이 당면한 문제에 대해 썼다고 해서 일시적인 것으로만 여겨서는 안 된다. 세계적으로 위대한 사랑의 노래는 모두 한 사람을 바라보고 노래한 것이다. 그러나 온 세상 사람들도 그것을 좋아한다. 바울이 편지를 긴급한 위험과 다급한 요구에 대면해 썼다는 바로 그 이유로 여전히 인간에게 감동을 준다. 그리고 인간의 요구와 정황은 변화하지 않기 때문에 하나님께서는 바울의 편지들을 통해 오늘날 우리에게 말씀하신다.

받아쓴 글

바울의 편지들은 다른 한 면에 대해서도 주목할 필요가 있다. 바울은 당시 사람들과 똑같이 행동하였다. 보통 때는 자신이 펜을 들고 편지를 쓰지 않았다. 비서에게 자신이 부르는 대로 받아쓰게 했다. 그리고 구술이 끝난 뒤에는 자신의 편지가 틀림없다는 보증으로 친서하였다. 우리는 실제로 바울의 편지를 대서한

| 차례 |

갈라디아서
서론

공격 받는 바울

누군가가 갈라디아서를 위대한 검객의 손으로 들려진 번쩍이는 검과 같은 것이라고 비유한 바 있다. 바울이 이 편지를 썼을 당시 바울과 바울이 전한 복음이 모두 공격을 받고 있었다. 그러한 공격이 성공했더라면 기독교는 유대교의 한 종파로 전락하고 말았을 것이다. 그리고 그것은 유대인을 위한, 아니 유대인만을 위한 것이 되어 버렸을 것이며, 은혜의 종교가 아니라 할례와 율법 준수에 의존하는 종교가 되었을 것이다. 바울의 적대자들의 생각대로 되었으면 복음이 유대인을 위한 것으로만 보존되어 그리스도의 사랑을 알 수 있는 기회가 우리에게 주어지지 않았다면 어떻게 되었을 것인지를 생각할 때 놀라지 않을 수 없다.

공격 받은 바울의 사도직

바울과 같이 활발한 성품과 강한 개성을 가진 사람은 으레 적대자들을 많이 가지게 마련이다. 바울과 같이 종교사상에 혁신을 가져온 사람도 공격을 면치 못한다. 첫 번째 공격은 바울의 사도직에 대한 것이었다. 바울은 전혀 사도일 수 없다고 말하는 사람들이 많이 있었다. 그들 자신의 박해에 의하면 그것은 옳은 주장이었다. 사도행전 1장 21-22절을 보면 사도에 대한 기본적인 정의가 있다. 배반자 유다가 자살하였으며, 사도단의 빈자리를 채워야만 했다. 그런데 이런 사람이 사도로 선택될 수 있다며 그 자격을 그들이 규정했는가? 그 사람은 반드시 "요한의 세례에서 우리 가운데서 올려 가신 날까지 주 예수께서 우리 가운데 출입하실 때 항상 우리와 함께 다니던 사람 중의 하나" 여야만 했다. 그 사람은 "부활의 증인" 이어야 했다. 따라서 사도가 되기 위해서는 예수께서 지상에 계실 때 그와 함께 다녔던 사람이어야 했으며, 다시 사신 주님의 부활을 증거한 사람이어야 했다. 바울에게는 분명히 그러한 자격이 없었다. 더욱이 그러한 자격상의 부족뿐 아니라, 그는 최근까지도 기독교 교회를 크게 박해한 자였다.

이 서신의 맨 첫 구절에서 바울은 그러한 사실에 대해 대답하고 있다. 바울은 자랑스럽게 자신의 사도직 근원이 인간에게서 온 것이 아니며, 인간의 손이 그를 사도로서 안수한 것이 아니고, 하나님께 직접 부르심을 받았다고 주장하고 있다. 처음 사도단의 빈자리를 채우려 했을 때 다른 사람들에게는 사도로서 자격이 필요했을 것이다. 그러나 바울에게는 독특한 자격이 있었다. 바울은 다메섹 도상에서 그리스도를 직접 만나보았다.

독립과 일치

더욱이 바울은 자신이 전하는 메시지가 인간에게서 독립되었다고 주장한다. 그것 때문에 바울은 1장과 2장에서 그의 예루살렘 방문을 자세히 설명하고 있다. 바울은 인간에게서 전해 받은 간접적인 메시지를 전파하는 것이 아니라, 그리스도에게서 직접 받은 메시지를 전파하고 있다고 주장한다. 그러나 바울은 무정부주의자도 아니었으며, 반역자도 아니었다. 바울은 비록 자신의 메시지가 완전히 독립적으로 받은 것이라고 하지만 기독교의 저명한 지도자들에게 전적인 찬성을 받은 것이라고 주장하였다(2:610). 그가 전파한 복음은 하나님께 직접적으로 받은 것이라는, 교회에 주어진 전통적인 믿음과도 완전히 일치한다는 것이 바울의 주장이었다.

유대교적인 기독교인들

바울이 전파한 복음도 같은 공격을 받았다. 그것은 올 수밖에 없는 투쟁이었으며, 싸울 수밖에 없는 싸움이었다. 유대인 중에 기독교를 받아들인 사람들이 있었다. **그러나** 그들은 하나님의 모든 약속과 은사는 오직 유대인을 위한 것이며 이방인에게는 이런 귀한 특권이 허락되지 않았다고 믿었다. 때문에 그들은 기독교가 유대인을 위한, 오직 유대인을 위한 것이라고 믿었다. 기독교가 모든 인류를 위한 하나님의 최대의 선물이라면 어찌해서 오직 유대인만이 그것을 향유할 수 있단 말인가. 어떻게 보면 그것은 전혀 피할 수 없는 것이었다. 어떤 유대인은 선민사상을 오만하게 믿고 있었다. 그런 유대인은 다음과 같은 무서운 말들을 할 수 있었다. "하나님께서는 자신이 지으신 모든 백성 가운데서 오직 이스라엘만을 사랑하신다." "하나님께서는 이스라엘은 이 저울로, 이방인은 저 저울로 헤아리실 것이다." "뱀은 쳐부수고, 이방인은 죽이는 것이 가장 좋은 일이다." "하나님께서는 지옥의 땔감으로 쓰기 위해 이방인을 지으셨다."

그러한 정신은 이방인 어머니가 진통을 겪고 있을 때 그녀를 도와주는 것을 위법으로 규정하였다. 그것은 단지 이 세상에 또 다른 이방인을 낳는 것밖에 되지 않기 때문이다. 그런데 이런 유대인은 자신이 증오하고 경멸하는 이방인에게 바울이 복음을 전파하는 것을 보고, 간이 서늘해지기도 했으며 격분하기도 했던 것이다. 바울이 우주적인 복음을 전파하였기 때문에 그들은 바울과 함께 바울이 전하는 복음도 마음속으로 증오하였다.

율법

한 가지 벗어날 길이 있었다. 이방인으로서 기독교인이 되고자 원하면 그에게 **먼저 유대인이 되게 하자**는 것이다. 그것은 무엇을 의미하는가? 즉, 그가 할례를 받으며 그에게 주어진 율법의 모든 의무를 준행하여야 한다는 것을 의미하였다. 바울이 볼 때 그것은 전적으로 기독교의 가르침과 상반되는 것이었다. 그것은 한 인간의 구원이 그 인간이 행할 수 있는 행위와 육체적인 표시와 율법을 준행하는 능력에 의존하고 있다는 것을 의미하였다. 그것은 한 인간이 누구의 도움도 없이 자기 자신의 노력만으로 구원을 성취할 수 있다는 것을 의미하였다.

그런데 바울에게서 구원이란 전적으로 **은혜**의 사건이었다. 인간은 아무도 하나님의 은총을 획득할 수 없다고 바울은 믿었다. 인간이 할 수 있는 일이란 그에게 베풀어진 하나님의 사랑을 받아들이는 것이며, 놀라운 믿음의 행위를 취하며, 아무 도움도 없으며, 도리도 없고, 무방비한 자신을 하나님의 사랑에 내맡기는 것이라고 바울은 믿었다.

유대인은 하나님께 가면서 이렇게 말한 것이다. "보시옵소서! 여기에 내가 행한 여러 가지 선행들이 있나이다. 나의 할례가 여기 있나이다. 나의 업적도 여기 있나이다. 내가 획득한 구원을 나에게 주옵소서." 그러나 바울은 이렇게 말했다.

내 손의 수고는
당신의 율례를 채울 수 없사오며
내 열심이 판단을 늦출 수 없사옵고
내 눈물을 다함없이 흘릴지라도,
그 많은 죄를 속량할 길 없사오니
오직 당신만이 나를 구원하실지로다.

내 손에 든 것 아무것도 없사와,
오직 당신의 십자가만을 내가 붙드나이다.

벗은 자, 옷 입기 위해 당신께 왔사오며
무력한 자, 은혜 받기 위해 당신을 바라보나이다.
더러운 나, 샘물 찾아 나아가오니
나를 씻기소서, 구주여, 아니면 나는 망하리다.

바울에게서 본질적인 것은 인간이 하나님을 위해 무엇을 할 수 있는가가 아니라, 하나님께서 인간을 위해 무엇을 하셨는가 하는 것이었다.

그러나 유대인은 "우리 민족에게 가장 중요한 것은 율법이며, 하나님께서 그 율법을 모세에게 내려주셨고, 그 율법에 우리의 모든 생활이 달려 있다"라고 주장하였다.

이에 대해 바울은 다음과 같이 대답하였다. "잠깐만, 우리 민족의 시조가 누구인가? 누구에게 하나님의 가장 크신 약속이 주어졌는가?" 물론 그 해답은 아브라함이다. 바울은 계속 대답했다. "그런데 아브라함이 어떻게 해서 하나님의 은총을 입게 되었는가? 아브라함은 율법을 준행하였기 때문에 은총을 입게 된 것이 아니다. 아브라함은 모세가 율법을 받기 430년 전에 살았기 때문이다. 그러면 어떻게 해서 그 은총을 입게 되었는가? **그것은 믿음의 행위로 입게 된 것이다**. 하나님께서 그에게 자기 백성을 떠나가라 하셨을 때, 아브라함은 하나님을 믿었기에 숭고한 신앙의 결단을 내리고 모든 것을 하나님께 맡기고 떠나갔던 것이다. 아브라함을 구원한 것은 믿음이었지 율법이 아니었으며, 모든 사람을 구원하는 것은 믿음이지 율법의 행위가 아니다."

또 바울은 이렇게 말했다. "아브라함의 참 자손은 그의 혈통상의 후손이나 그 족보가 아브라함에게까지 연결될 수 있는 사람을 말하지 않는다. 아브라함의 참 자손은 인종이나 국적이나 혈통은 어떤 것이든 간에, 하나님에 대한 똑같은 신앙에 자신을 맡긴 사람을 말한다. 참 이스라엘은 혈통상의 후손이 아니다. 참 이스라엘은 아브라함의 믿음의 행위를 본받는 사람들로 이루어진 것이다." 지금까지 말한 것이 곧 인간이 하나님의 은총을 입는 것은 행위가 아니라 믿음으로 인한 것임을 보여 주는 바울의 논증이었다.

율법과 은혜

이것이 사실이라면 하나의 중요한 질문이 제기된다. 그렇다면 율법의 구실이란 어떤 것인가? 율법도 하나님께서 주신 것임을 거부할 수는 없다. 율법도 신적인 것이다. 그렇다면 이러한 은혜에 대한 강조가 율법을 완전히 없애 버릴 수 없지 않는가? 율법도 만유 가운데 자신의 독특한 구실을 가질 수 있게 마련이다. 첫째로, 율법은 인간에게 죄가 어떤 것인지를 가르쳐 준다. 율법이 없다면 인간은 율법을 범할 수 없다. 율법이 없다면 죄와 같은 것도 있을 수 없다. 율법은 죄가 어떤 것인지를 보여 준다. 둘째로, 가장 중요한 것인데 율법은 참으로 인간을 하나님의 은혜로 이끌어 준다. 율법에 대한 가장 어려운 문제는 바로 우리가 죄 많은 인간이기에 그 율법을 완전히 준행할 수 없다는 것이다. 율법을 준행하고자 하는 노력은 언제나 실패로 끝난다. 그 싸움은 언제나 인간이 지게 마련이다. 따라서 율법의 효능은 인간에게 자신의 약함을 보여 주는 것이며, 이제 자신에게는 아무것도 없고, 오직 하나님의 자비와 사랑에 자신을 맡기는 위대한 신앙의 행위만이 남았다는 것을 볼 수 있게 하는 절망으로 그를 이끌어 주는 것이다. 율법은 우리에게 우리 자신의 무력함을 보여 주며, 우리 자신의 부족함을 수긍하게 해 주며, 끝으로 우리가 우리 자신의 구원을 성취시키는 유일한 길은 율법에 대한 불가능한 복종이 아니라 하나님의 은혜로 말미암는 것임을 우리가 승인하도록 강요한다. 달리 말해 율법이란 하나님의 은혜로 이르게 하는 하나님의 불가결한 과정이다.

따라서 이 서신에서 바울의 위대한 주제는 하나님의 은혜에 영광을 돌리는 것이며, 우리가 우리 자신의 행위로는 스스로를 구원할 수 없고, 하나님의 은혜에 전적으로 자신을 맡기는 길밖에 없다는 인식이 필요하다는 것을 강조하는 것이다.

The Letter to the Galatians 01

복음의 집합 나팔

갈라디아서 1:1-5

[1]사람들에게서 난 것도 아니요 사람으로 말미암은 것도 아니요 오직 예수 그
리스도와 그를 죽은 자 가운데서 살리신 하나님 아버지로 말미암아 사도 된
바울은 [2]함께 있는 모든 형제와 더불어 갈라디아 여러 교회들에게 [3]우리 하
나님 아버지와 주 예수 그리스도로부터 은혜와 평강이 있기를 원하노라 [4]그
리스도께서 하나님 곧 우리 아버지의 뜻을 따라 이 악한 세대에서 우리를 건
지시려고 우리 죄를 대속하기 위하여 자기 몸을 주셨으니 [5]영광이 그에게 세
세토록 있을지어다 아멘

어떤 사람들이 갈라디아 교인들에게 와서, 바울은 진짜 사도가 아니니만큼 바울의 말을 들을 필요가 없다고 말했다. 바울에 대한 그들의 과소평가는 바울의 최초의 열두 사도의 일원이 아니었다는 것과 사실 그대로 그가 교회에 대한 가장 난폭한 박해자였다는 것과 조금도 틀림없는 사실 그대로 바울의 교회의 지도자들에게서 사도로서 공식적인 인정을 받지 못했다는 사실에 기초하고 있다. 이에 대한 바울의 대답은 논쟁적인 것이 아니었다. 그것은 반박을 허락하지 않는

성명이었다. 바울의 사도직은 인간에 의한 것이 아니었다. 그것은 다메섹 도상에서 그리스도를 직접 대면하였던 그날에 받은 것이었다. 바울은 자신의 직분과 사명을 하나님께서 직접 자기에게 주셨다고 주장하였다.

I. 바울은 하나님께서 자기에게 말씀하셨다고 확신하였다. 레슬리 웨더헤드(Leslie Weatherhead)는 목사가 되고자 결심한 소년에 대한 이야기를 다음과 같이 말하고 있다. 언제 그런 결심을 가지게 되었는지 소년에게 물었을 때, 그는 학교에서 예배를 드릴 때 어떤 설교를 듣고 난 후였다고 대답하였다. 그러한 감동을 준 그 설교자의 이름이 무엇이냐고 다시금 물었더니, 소년은 "나는 그 설교자의 이름을 모릅니다. 그러나 그날 나에게 말씀하신 분은 하나님이시라고 나는 알고 있습니다"라고 대답했다. 결국 인간은 아무도 다른 사람을 목사나 하나님의 종으로 만들 수 없다. 오직 하나님만이 그 일을 하실 수 있다.

그가 참 기독교인인가 아닌가 하는 시금석은 어떤 의식을 거행했다거나 서약을 했다거나 하는 데 있다. 에버드-톱(Eved-Tob)이라는 유대교의 늙은 제사장은 자신의 직분에 대해 이렇게 말한 바 있다. "나에게 이 직분을 맡긴 분은 나의 아버지도, 나의 어머니도 아니다. 오직 전능하신 왕의 팔이 나에게 그 직분을 주신 것이다."

II. 여러 가지 곤란이나 고난에 대해 바울이 견딜 수 있었던 참된 원인은 분명히 그의 직분을 하나님께서 주셨다는 것을 그가 확신했다는 데 있었다. 바울은 자신이 해야 할 모든 노고는 하나님께서 그에게 주신 과제라고 생각하였다. 하나님은 바울과 같은 사람에게만 일을 맡기시는 것이 아니다. 모든 인간에게 하나님은 일을 맡기신다. 그 일이 때로는 온 인류가 알아주며, 역사에 남는 일일 수 있다. 혹은 다른 사람이 알지 못하는 일일 수도 있다. 그러나 그것은 하나님을 위한 일임엔 틀림없다. 타고르(Tagore)는 다음과 같은 시를 썼다.

한밤에 자칭 은자가 말했다.
"지금은 나의 집을 버리고 하나님을 찾을 때다.

아, 누가 이처럼 오랫동안 여기 이런 망상 속에 나를 가두었는가?"
하나님께서 말씀하셨다. "그것은 나로다." 그러나 그 사람의 귀는 닫혀 있었다.
잠든 아기를 품에 안은 채 그의 아내는 침대 한쪽에서 고요히 자고 있었다.
그 사람은 말했다. "나를 이처럼 오래 속인 자, 당신은 누구요?"
그 소리는 다시금 말했다. "하나님이다." 그러나 그는 듣지 못했다.
꿈을 꾼 아기는 큰 소리로 울며 엄마 품으로 더 파고들었다.
하나님께서 명령하셨다. "그만두라, 어리석은 자여, 네 집을 떠나지 말라."
하지만 그 사람은 여전히 듣지 못했다.
하나님은 탄식하시며 말씀하셨다.
"어찌하여 내 종들은 나를 찾아, 나 때문에 방황하고 있는 것일까?"

아무리 보잘것없는 직분일지라도 그것도 하나님께서 맡기신 사도적인 직분이다. 그 사실을 번즈(Burns)는 다음과 같이 노래하였다.

처자식을 위해
화롯가의 따뜻한 분위기를 만드는 것도,
인간 생활의
참 정열을 바칠 엄숙한 일이라네.

바울에게는 하나님께서 주신 직분이란 전 세계를 복음화하는 일이었다. 그러나 우리는 대부분 가장 다정한 사람들로 이루어진 작은 집단의 한두 사람을 행복하게 만드는 것이 우리의 직분이다. 그 직분도 하나님께서 주신 직분이다.

편지서의 바로 서두에서 바울은 친구들에 대한 자신의 소원과 기원을 두 개 굉장한 낱말 속에 간추려 놓았다.

I. 바울은 그들에게 "은혜"를 기원한다. 은혜라는 낱말 안에는 두 가지 중요한 개념이 있다. 첫째는 **순전한 아름다움**이란 개념이다. **카리스**(charis)라는 헬라어 낱말은 신학적으로는 은혜를 의미한다. 그러나 대개의 경우 아름다움과 매력

을 의미한다. 그리고 비록 신학적인 의미로 사용할 때라도 언제나 매력이란 개념이 떠나지 않고 있다. 기독교인의 삶 속에 은혜를 품고 있는 것이라면 그것은 항상 아름다운 삶이어야 한다. 매력이 없는 선행과 선행이 없는 매력이 너무 많이 있다. 선행과 매력이 연합되는 곳에 은혜가 나타나게 되는 것이다.

둘째 개념은 **순전히 과분한 관대함**이다. 그것은 인간이 결코 그것을 받기에 합당하지도 못하며 도저히 스스로는 획득할 수도 없는 것인데도 하나님께서 관대하신 선과 사랑으로 주시는 선물이라는 개념이다. 그것은 하나님의 사랑을 전부 포함하는 낱말이다. 바울이 친구들을 위하여 은혜를 기원할 때 이렇게 말하는 것과 같았을 것이다. "분에 넘치는 하나님의 놀라우신 사랑이 너희 위에 있을지어다. 그리하여 너희의 삶이 또한 아름다운 삶이 되리라."

II. 바울은 그들에게 "평강"을 기원한다. 바울은 유대인이었다. 따라서 그가 헬라어로 **에이레네**(eirene)라는 말을 쓰면서도 마음속에서는 **살롬**(shalom)이란 유대어를 생각했을 것이다. 그런데 **살롬**이란 말은 재난이 없다는 것 이상의 의미를 가지고 있다. 그것은 인간의 최고선을 나타내는 모든 것을 의미한다. 그것은 그의 생각을 순결하게 하며, 의지를 굳게 해 주며, 마음을 기쁘게 해 주는 모든 것을 의미한다. 그것은 하나님의 사랑과 돌보심을 의미하는 것으로서 비록 그의 육신이 환난을 당하나 마음은 고요함과 기쁨을 누릴 수 있게 하는 것이다.

끝으로, 여기서 바울은 예수에 대해 말할 때 문자 그대로 무한한 예수 그리스도의 마음과 일하심의 의미를 한마디로 요약해 표현하고 있다. "그는 우리를 건지시려고… 자기 몸을 드리셨다."

I. 그리스도의 사랑은 "자신을 주며 희생하는" 사랑이다.

II. 그리스도의 사랑은 "정복하고 성취하는" 사랑이다. 이 세상에서 사랑이 가지는 비극은 사랑이 너무 흔해 실패하는 것이다. 또한 사랑의 고통을 참아야 하는데도 참지 못함으로 사랑하는 이를 구하지 못하는 것이다. 그러나 그리스도의 사랑은 완고한 사랑이다. 그리스도의 사랑은 감히 어떤 것으로도 방해할 수 없으며, 사랑하는 이를 죄의 사슬에서 해방시킬 수 있는 무한한 힘이 뒷받침해 주고 있기 때문이다.

그리스도의 종

갈라디아서 1:6-10

6그리스도의 은혜로 너희를 부르신 이를 이같이 속히 떠나 다른 복음을 따르
는 것을 내가 이상하게 여기노라 7다른 복음은 없나니 다만 어떤 사람들이
너희를 교란하여 그리스도의 복음을 변하게 하려 함이라 8그러나 우리나 혹
은 하늘로부터 온 천사라도 우리가 너희에게 전한 복음 외에 다른 복음을 전
하면 저주를 받을지어다 9우리가 전에 말하였거니와 내가 지금 다시 말하노
니 만일 누구든지 너희가 받은 것 외에 다른 복음을 전하면 저주를 받을지어
다 10이제 내가 사람들에게 좋게 하랴 하나님께 좋게 하랴 사람들에게 기쁨
을 구하랴 내가 지금까지 사람들의 기쁨을 구하였다면 그리스도의 종이 아
니니라

이 서신이 가진 정황의 배후에는 바울의 복음은 자유로운 은혜의 복음이라는 기본적인 사실이 있다. 바울은 인간의 어떤 행위로도 하나님의 은총을 감히 입을 수 없었다는 것을 전심으로 믿었다. 또 그는 인간은 아무도 하나님의 사랑을 획득할 수 없었다는 것을 확실히 믿었다. 따라서 바울은 인간이 할 수 있는 일이란 신앙의 위대한 행위 안에서 하나님의 사랑과 자비에 자신을 내맡기는 길밖에 없다는 것을 믿었다. 바울은 인간이 할 수 있는 일이란 하나님께서 주시는 것을 놀랍도록 감사하는 마음으로 받아들이는 것뿐이라고 믿었다. 그리고 중요한 점은 우리가 자신을 위해 무엇을 할 수 있는가 하는 것이 아니고 하나님께서 우리를 위해 무엇을 하셨는가 하는 것임을 믿었다. 바울이 전하는 바는 바로 이런 하나님의 자유로운 은혜의 복음이었다.

바울을 이어 기독교를 유대교적으로 변형시켜 설교하는 이들이 찾아왔다. 그들은 인간이 하나님을 기쁘시게 하려면 무엇보다 우선 할례를 받아야 한다고 선언했다. 그리고 법의 모든 관습과 규례를 준행하기 위해 자신의 모든 생활을 바치지 않으면 안 된다고 했다. 그들의 말에 의하면, 인간이 율법의 행위를 한 가지씩 할 때마다 하나님 앞에 설 수 있는 신임장을 하나씩 받는다는 것이다. 인간은 하나님의 은총과 사랑을 자신의 노력으로 획득하여야 할 필요가 있다고 그들은 가르쳤던 것이다. 바울에게는 그러한 일이 도저히 불가능했다.

그런데 바울을 적대하는 자들은 바울이 신앙을 너무 안이한 것으로 만들며, 사람들에게 인기를 얻기 위해, 그들에게 비위를 맞추려고 그런 일을 하고 있다고 단언하였다. 그러한 비난은 진실과는 반대되는 것이었다. 결국 신앙이란 것이 할례를 받는 것이라든가, 관습이나 율례의 대부분을 완전히 준행하는 것으로 성립된다면, 적어도 윤리적으로는 그 요구를 만족시킬 수 있다. 그러나 바울이 말하는 바를 들어 보자. 그는 십자가를 들고 "하나님은 너희를 이처럼 사랑하셨다"라고 말하고 있다. 따라서 신앙이란 **율법**의 요구를 만족시키는 것이 아니라 **사랑**의 의무를 다하기 위해 노력하는 것이 된다. 인간은 율법이 요구하는 것을 만족시킬 수 있을 것이다. 그것들은 엄격하고도 법적인 한계를 가지고 있기 때문이다. 그러나 인간은 사랑의 요구는 결코 만족시킬 수 없다. 사랑하는 이에게 해나 달이나 별을 혹시 주었다 할지라도 그에게는 여전히 자신이 준 것이 심히 보잘것없다는 생각이 남아 있기 때문이다. 그러나 바울을 반대하는 유대인은, 바울이 이제는 할례가 필요 없으며 율법은 이제 중요한 것이 못 된다고 주장하였다고 보았다.

바울이 거부한 것은 사람들의 환심을 사려고 하는 것이다. 그는 사람들을 섬기지 않았다. 하나님을 섬겼다. 다른 사람들이 그에 대해 무엇이라고 말하고 생각하든 그에게는 아무런 상관이 없었다. 그의 주인은 하나님이었다. 따라서 바울은 아무도 항변할 수 없는 주장을 내세웠다. 그는 이렇게 말했다. "내가 사람들의 환심을 사려고 했다면 나는 그리스도의 종이 아니다." 바울의 마음속에 있는 것은 이런 생각이다. 노예는 빨갛게 단 쇠도장으로 주인의 이름과 표시를 그 몸에 낙인 찍혔다. 바울은 그의 몸에 그리스도를 위해 싸운 표시, 고난의 표시,

그리스도의 노예라는 화인을 가지고 있었다. 바울은 이렇게 말한 것이다. "내가 사람들의 환심을 사려고 했다면 이런 상처를 내 몸에 가지게 되었겠는가? 나의 모든 관심이 사람들과 잘 사귀고자 하는 것이었다면 이런 표시를 내 몸에 가질 수 있었겠는가?" 바울이 그의 몸에 그런 표시를 가지게 된 사실은 그의 유일한 목적이 오직 그리스도를 섬기는 것이었으며 사람들을 기쁘게 하고자 하는 것이 아니었다는 결정적인 증거가 되었던 것이다.

바울은 그리스도의 종임을 증명하고자 했을 때 그의 몸에 있는 상처를 증인으로 불러내었다. 그것들은 그의 훈장이며, 영예로운 휘장이었다. 요한 군터(Gunther)는 초기 러시아의 공산주의자들에 대해 이렇게 말하고 있었다. 그들 대부분은 시베리아로 유형되었던 일이 있다. 또 그들 대부분은 차르 정권 밑에서 투옥된 일이 있으며 그들의 몸에 그때 받은 박해를 나타내 주는 육체적 표시를 가지고 있었다. 그런데 그들은 자신들을 보기 흉하게 만들어 주는 그 상처를 부끄러워하기는커녕 오히려 가장 큰 자랑으로 삼더라고 말하고 있다. 우리는 그들이 잘못된 지도를 받았으며 받았기 때문이라고 단정할는지 몰라도, 하여간 그들은 자신들의 주의주장을 위해 고난당하였던 것이다.

우리가 가지고 있다고 말하는 신앙을 위해 고난 받을 준비를 하고 있다는 것을 사람들이 보게 될 때 비로소 진정으로 그 신앙을 가지고 있다는 것을 말하게 될 것이다. 우리가 그만한 값을 치르지 않는다면 사람들도 그만큼 가치 있는 것으로 여겨 주지 않을 것이다.

하나님의 사로잡으시는 손

갈라디아서 1:11-17

11형제들아 내가 너희에게 알게 하노니 내가 전한 복음은 사람의 뜻을 따라
된 것이 아니니라 12이는 내가 사람에게서 받은 것도 아니요 배운 것도 아니
요 오직 예수 그리스도의 계시로 말미암은 것이라 13내가 이전에 유대교에

있을 때에 행한 일을 너희가 들었거니와 하나님의 교회를 심히 박해하여 멸
하고 [14]내가 내 동족 중 여러 연갑자보다 유대교를 지나치게 믿어 내 조상의
전통에 대하여 더욱 열심이 있었으나 [15]그러나 내 어머니의 태로부터 나를
택정하시고 그의 은혜로 나를 부르신 이가 [16]그의 아들을 이방에 전하기 위
하여 그를 내 속에 나타내시기를 기뻐하셨을 때에 내가 곧 혈육과 의논하지
아니하고 [17]또 나보다 먼저 사도 된 자들을 만나려고 예루살렘으로 가지 아
니하고 아라비아로 갔다가 다시 다메섹으로 돌아갔노라

바울은 자신이 전한 복음을 전해 받은 이야기거나, 간접적인 말이 아니라 하나님께 직접 받은 것이라고 주장하고 있다. 그것은 매우 강력한 주장이긴 했지만 어떤 종류의 증거가 필요한 주장이기도 했다. 그리하여 그 증거로서 바울은 자신을 내세울 용기가 있었다. 바울은 자기 자신에 대해 생활에 나타난 급격한 변화를 내세웠다.

I. **"바울은 율법에 대한 광신자였다."** 율법은 바울의 생명이었다. 율법을 아는 것이 바울의 첫 번째 연구 목적이었다. 율법을 준행하는 것이 바울의 삶에서 첫째가는 노력이었다. 그런데 이제 와서 바울의 삶에서 가장 중심에 자리 잡고 있는 것은 **은혜**가 되었다. 하나님의 은총과 인정하심을 얻기 위해 열심을 다해 노력하였던 이 사람이 이제는 하나님께서 주신 바를 겸손한 믿음 안에서 받기만 하는 것으로 만족하게 여기고 있다. 바울은 자기 자신으로서 할 수 있는 행위에 대해 영광 돌리는 일을 영원히 포기하였다. 그리고 반대로 하나님께서 그를 위해 해 주신 일에 대해 영원히 영광 돌리기 시작하였다.

II. **"바울은 교회에 대한 최대의 박해자였다."** 그는 교회를 잔해하는 자였다. 바울이 사용하고 있는 낱말은 한 도시를 완전히 약탈했을 때 사용하는 낱말이다. 다시 말해 바울은 교회를 초토화하려고 했던 것이다. 그런데 이제 와서 바울의 첫째가는 목적은 그 같은 교회를 전 세계에 널리 전파하는 것이며 그 일을 위해 죽을 각오까지 하게 되었다.

어떤 결과에도 거기엔 그만한 이유가 있게 마련이다. 어떤 사람이 한 방향으로 돌진하여 가다가 갑자기 방향을 돌려 반대 향방으로 돌진한다면, 또 한 인간이 지금까지 가치관을 뒤집어 놓음으로써 인생도 뒤집혀진 상태가 된다면, 거기에는 어떤 적절한 설명이 없어서는 안 된다. 바울에게는 그것이 하나님의 직접적인 개입이 있었다는 것으로 설명될 수 있겠다. 하나님께서는 그의 손을 바울의 어깨에 대고 그를 사로잡으신 것이다. 바울은 "그것은 오직 하나님께서만이 가져오게 하실 수 있는 종류의 결과이다"라고 했다. 바울이 하나님의 능력을 보여 주기 위하여 자신의 부끄러운 기록을 회고하기를 두려워하지 않았다는 것은 주목할 만한 일이다.

바울은 하나님의 그러한 개입에 대해 두 가지를 말하고 있다.

I. 그것은 우연한 것이 아니었다. 그것은 하나님의 영원한 섭리 안에 들어있는 것이었다. 그 섭리는 바울이 세상에 태어나기 전부터 있었던 것이다. 고십(A. J. Gossip)은 알렉산더 화이트(Alexander Whyte)가 안수를 받고 첫 임지에 갔을 때 일을 다음과 같이 말하고 있다. 화이트의 메시지는 하나님께서 영원 전부터 자신을 이 교회를 위해 예비해 두었던 것이며, 이 교회도 자신을 위해 예비해 두었었는데, 이때 어김없이 이 양자를 한 자리에 모아 주셨다고 말했다고 한다. 모든 인간은 하나님의 의도 안에 있는 것이다. 하나님께는 모든 인간을 위한 섭리가 있기 때문이다. 하나님은 모든 인간을 자신의 목적과 뜻을 실현시키는 데 한 몫을 담당하도록 세상에 보내셨다. 그것은 큰 몫일 수도 있고 작은 몫일 수도 있다. 그것은 온 세계가 알 수 있는 그 어떤 것일 수도 있으며, 가장 친한 사람들 이외에는 아무도 알지 못하는 어떤 것일 수도 있다.

에픽테토스(Epictetus)는 이렇게 말했다(2:16). "용기를 내어 하나님을 바라보고 이렇게 말하라. '이제부터 나를 당신의 뜻대로 하시옵소서. 나는 당신께 속하였나이다. 나는 당신의 것이니이다. 당신이 선하다고 여기시는 한 나는 아무것도 두려워하지 않나이다. 당신이 원하시는 곳으로 나를 인도하소서. 당신이 원하시는 대로 나를 옷 입히소서. 당신은 나에게 계속 직분을 갖게 하시려는지 그만두게 하시려는지요? 머물게 하시려는지 떠나보내시려는지요? 나를 부하게 하시려는지 가난하게 하시려는지요? 이 모든 일에 대해 나는 앞에서 당신을 변호하겠나이다.'" 이교의 철학자가 막연하게나마 알지 못하는 신에게도 자신을 그처럼 전적으로 바친 것이라면, 우리는 더욱 그렇게 해야 할 것이 아니겠는가!

II. 바울은 하나님의 사명을 위해 자신이 부르심을 받았다는 것을 알았다. 바울은 자신이 부르심을 받은 것은 영예가 아니라 봉사를 위해, 안락이 아니라 전투를 위해 부르심을 받았다는 것을 알았다. 가장 어려운 전투를 위해 장군은 가장 훌륭한 군인들을 택하여, 가장 어려운 연구를 위해 교사는 가장 훌륭한 제자들을 택한다. 바울은 봉사를 위해 자신이 구원 받았다는 사실을 알고 있었다.

택함 받은 자의 길

갈라디아서 1:18-24

[18]그 후 삼 년 만에 내가 게바를 방문하려고 예루살렘에 올라가서 그와 함께
십오 일을 머무는 동안 [19]주의 형제 야고보 외에 다른 사도들을 보지 못하였
노라 [20]보라 내가 너희에게 쓰는 것은 하나님 앞에서 거짓말이 아니로다 [21]그
후에 내가 수리아와 길리기아 지방에 이르렀으나 [22]그리스도 안에 있는 유대
의 교회들이 나를 얼굴로는 알지 못하고 [23]다만 우리를 박해하던 자가 전에
멸하려던 그 믿음을 지금 전한다 함을 듣고 [24]나로 말미암아 하나님께 영광
을 돌리니라

하나님의 손이 그를 사로잡았을 때 바울이 어떻게 했는지를 바로 알기 위해 우리는 이 구절들과 함께 앞의 마지막 구절을 함께 돌아볼 필요가 있다.

I. 첫째로, 바울은 "아라비아"로 갔다. 그는 홀로 있기 위해 갔다. 그는 두 가지 이유에서 그렇게 했다. 첫째로, 자기에게 일어난 놀라운 사실에 대해 깊이

생각해 볼 필요가 있었다. 둘째로, 인간들과 말하기 앞서 하나님과 이야기하여야 했다. 그는 자신을 신뢰하고 하나님을 확신하여야 했다. 자신을 바라보고 나아가서 하나님과 대면하기 위하여 시간을 바치고자 하는 사람들이 매우 적다. 인간이 어떻게 깊이 생각하거나, 알아보거나, 확신을 가지지 못하고서야 인생의 유혹과 시련과 긴장 상태를 극복할 수 있을 것인가?

II. 둘째로, 바울은 "다메섹"으로 돌아갔다. 그것은 매우 용기 있는 일이었다. 하나님께서 바울을 사로잡았을 때 바울은 교회를 말살시키기 위해 다메섹으로 가고 있었다는 것을 기억해 보자. 다메섹 사람들은 모두 그 사실을 알고 있었다. 바울은 한때 자신이 어떤 인간이었는지를 잘 알고 있는 사람들에게 증거하기 위해 곧장 그리로 돌아갔다.

〈물홀란드의 맹세(Mulholand' s Vow)〉라는 키플링(Kipling)의 유명한 시가 있다. 물홀란드는 가축 선에서 소 치는 사람이었다. 어느 날 폭풍이 몰아치고, 그 폭풍 때문에 황소들을 붙잡아 매었던 줄들이 끊어져 황소들이 배 안에서 마구 날뛰게 되었다. 물홀란드는 하나님께서 자신을 이 사납게 날뛰는 소뿔과 소 발굽에서 지켜주신다면 이후로는 하나님을 섬기겠노라고 맹세하였다. 그는 구원함을 받았다. 그리하여 육지에 상륙하게 되었을 때 그 맹세한 바를 실천할 결심을 보였다. 그러나 그의 생각으로는 아무도 그를 알지 못하는 곳에서, 안락한 환경에서, 멋지게 살면서 전도하고 싶었다. 그때 하나님께서는 그에게 이렇게 명령하셨다. "너는 가축 선으로 돌아가라. 돌아가서 **거기서** 내 복음을 전하라." 하나님께서 그를 그가 잘 아는 곳에, 또 그가 잘 알려진 곳에 돌아가게 했다. 우리 그리스도의 증언은, 기독교인의 자선과 마찬가지로 가정에서부터 시작해야 한다.

III. 셋째로, 바울은 "예루살렘"으로 갔다. 그는 또다시 목숨을 걸고 모험을 감행했다. 바울의 친구이었던 유대인은 바울의 피를 보기 원했다. 그들에게서 바울은 하나의 배교자였기 때문이다. 한편 바울 때문에 희생을 당해야 했던 기독교인들은 그가 변화한 사실을 믿지 못하고 그를 배척할는지도 모른다. 바울에게는 자신의 과거와 직면하는 용기가 있었다. 우리는 단지 도망치는 것으로 우리의 과거를 피할 수는 없다. 다만 과거와 대면하고, 그것을 인정하고, 그것을 쳐부수어야만 처리해 버릴 수 있다.

IV. 넷째로, 바울은 "수리아와 길리기아"로 갔다. 그 지방에는 **다소**가 있었다. 다소는 바울이 자란 곳이며, 학교에 다니며 많은 것을 배운 고장이었다. 거기에는 소년 시절과 청년 시절의 친구들이 많이 있었다. 다시금 바울은 어려운 길을 선택하였다. 그들은 틀림없이 바울을 미쳤다고 생각했을 것이다. 그들은 바울을 보고 노여워했을 것이며, 나아가서는 경멸했을 것이다. 바울은 그리스도를 위해서라면 바보로 취급될 준비가 되어 있었다.

이 부분에서 바울은 자신이 전하는 복음의 독자성을 변호하고 증명하려고 하고 있다. 그는 그것을 사람에게서 받지 않았다. 그는 그것을 하나님께 받았다. 그는 사람들과 의논하지 않았다. 하나님과만 의논하였다. 그러나 그는 자신이 기록한 대로, 무의식적이긴 하겠지만 자신을 가장 어려운 장소에서도 회심과 복음을 전파할 용기를 가지고 있던 사람으로 묘사하였다.

The Letter to the Galatians 02

위압당하기를 거부한 사람

갈라디아서 2:1-10

1십사 년 후에 내가 바나바와 함께 디도를 데리고 다시 예루살렘에 올라갔나
니 2계시를 따라 올라가 내가 이방 가운데서 전파하는 복음을 그들에게 제시
하되 유력한 자들에게 사사로이 한 것은 내가 달음질하는 것이나 달음질한
것이 헛되지 않게 하려 함이라 3그러나 나와 함께 있는 헬라인 디도까지도
억지로 할례를 받게 하지 아니하였으니 4이는 가만히 들어온 거짓 형제들 때
문이라 그들이 가만히 들어온 것은 그리스도 예수 안에서 우리가 가진 자유
를 엿보고 우리를 종으로 삼고자 함이로되 5그들에게 우리가 한시도 복종하
지 아니하였으니 이는 복음의 진리가 항상 너희 가운데 있게 하려 함이라
6유력하다는 이들 중에(본래 어떤 이들이든지 내게 상관이 없으며 하나님은
사람을 외모로 취하지 아니하시나니) 저 유력한 이들은 내게 의무를 더하여
준 것이 없고 7도리어 그들은 내가 무할례자에게 복음 전함을 맡은 것이 베
드로가 할례자에게 맡음과 같은 것을 보았고 8베드로에게 역사하사 그를 할
례자의 사도로 삼으신 이가 또한 내게 역사하사 나를 이방인의 사도로 삼으
셨느니라 9또 기둥같이 여기는 야고보와 게바와 요한도 내게 주신 은혜를 알

므로 나와 바나바에게 친교의 악수를 하였으니 우리는 이방인에게로, 그들은 할례자에게로 가게 하려 함이라 [10]다만 우리에게 가난한 자들을 기억하도록 부탁하였으니 이것은 나도 본래부터 힘써 행하여 왔노라

앞부분에서 바울은 자신이 전하는 복음의 독자성을 증명하였다. 그는 자신이 전하는 복음은 사람으로 말미암은 것이 아니요, 오직 하나님께서 자기에게 직접 주신 것이라고 증명했다. 이 부분에서 바울은 그 독자성이 결코 무정부적이지 않으며, 분열이나 분파를 만드는 것이 아니며, 교회에 주어진 전통적인 신앙과 조금도 다름이 없다는 것을 증명하고자 한다.

14년 동안 일을 한 후에 바울은 예루살렘으로 올라갔다. 그때 그는 젊은 친구요 충실한 수행원인 헬라인 디도를 데리고 갔다. 그 방문은 결코 용이하지 않았다. 따라서 그가 쓴 글에도 바울의 마음의 동요가 나타나 있다. 이 부분에서 헬라어 원문의 구문이 무질서하기 때문에 그 뜻을 영어로는 충분히 옮겨 놓기가 매우 어렵다. 바울은 말을 적게 할 수도 없었다. 적게 하면 그의 주장을 포기하는 것으로 보이기 때문이다. 반대로 말을 많이 할 수도 없었다. 말을 많이 하면 교회의 지도자들과 공공연한 차이가 보일 것이기 때문이다. 그것이 바울의 고민이었다. 그 결과 그가 쓴 글의 문장이 중단되기도 했으며 앞뒤가 맞지 않기도 했던 것이다. 그의 글이 마음속에 있던 불안과 근심을 반영하고 있다.

처음부터 교회의 진정한 지도자들은 바울의 입장을 양해하고 있었다. 그러나 어떤 이들은 바울의 열렬한 정신을 순화시켜 보려고 하기도 했다. 이미 살펴본 바대로 기독교를 받아들이긴 했어도 여전히 하나님께서는 유대인 이외의 사람들에게는 아무런 특권을 주시지 않는다고 믿는 이들이 있었다. 따라서 그들은 한 인간이 기독교인이 되기 위해서는 그보다 먼저 할례를 받고 율법을 전적으로 지켜야 한다고 믿었다. 소위 이런 유대교적인 기독교인들은 디도를 하나의 시험 케이스로 물고늘어졌다.

이 부분의 배후에는 하나의 싸움이 있다. 그리고 교회의 지도자들은 바울에게 화평을 위해 디도 문제에서 타협을 하고 양보하라고 권고한 것같이 보인다. 그러나 바울은 반석같이 버티었다. 바울은 이것이 하나의 시험으로서, 한치 한순

간이라도 양보해서는 안 된다는 것을 알았다. 양보하는 것은 율법의 노예가 되기를 승인하는 것이며, 그리스도 안에 있는 기독교인의 자유에 대해 배반하는 결과가 되었을 것이다. 드디어 바울의 결의가 승리하는 날이 왔다. 바울의 활동은 비유대인 세계를 위해, 그리고 베드로와 야고보는 유대인을 위해 활동하기로 하는 원칙이 승인되었다. 여기서 주의할 바는 그러한 결정이 서로 다른 두 개 복음을 전파한다는 것이 아니라는 점이다. 다만 똑같은 복음이 그 일을 위해 특별히 선택 받은 서로 다른 사람들에 의해 다른 양상으로 전파된다는 것뿐이다.

이 부분을 통해 우리는 바울의 특징을 분명히 알아볼 수 있다.

I. 바울은 권위자에게는 그에 합당한 존경을 표시한 사람이었다. 그는 자기 마음대로만 하지 않았다. 그는 자기 의견과는 상치하더라도 교회 지도자들을 찾아가 만나뵙고 상의도 했다. 비록 우리가 가지고 있는 것이 정당하다 하더라도 무례한 행동으로는 얻을 것이 아무것도 없다는 것이 인생의 위대하고도 불가결한 법칙이다. 정중함과 결단이 양립할 수 없다는 말은 도저히 있을 수 없다.

II. 바울은 위압당하기를 거부한 사람이었다. 바울은 교회 지도자들과 중진들을 여러 번 좋게 평한 바가 있다. 바울은 그들을 존경하였다. 또 그들을 매우 정중하게 대접하였다. 그러나 바울은 자신의 뜻을 완강하게 고수하였다. 세상이나 교회가 위대하다고 하는 이들에 대해 존경할 때는 존경해야 하며, 머리 숙일 때는 숙이고, 굴복할 때는 굴복하고, 굽실거릴 때는 굽실거려야 한다. 그러나 바울은 언제나 사람들에게 인정이 아니라 하나님께 인정을 받아야 한다는 것을 확신하고 있었다.

III. 바울은 특별한 임무가 자신에게 주어졌다는 것을 깨달은 사람이었다. 바울은 하나님께서 하나의 임무를 주셨다는 것을 깨닫고 있었기 때문에, 외부에서 반대나 마음속으로 실망에 부딪칠 때도 그 일을 중지하려고 하지 않았다. 그렇지만 하나님께서 그 임무를 감당할 수 있는 힘까지도 주셨다는 것을 언제나 발견하게 된다.

본질적인 통일

갈라디아서 2:11-13

11게바가 안디옥에 이르렀을 때에 책망 받을 일이 있기로 내가 그를 대면하
여 책망하였노라 12야고보에게서 온 어떤 이들이 이르기 전에 게바가 이방인
과 함께 먹다가 그들이 오매 그가 할례자들을 두려워하여 떠나 물러가매
13남은 유대인도 그와 같이 외식하므로 바나바도 그들의 외식에 유혹 되었느
니라

문제는 결코 끝난 것이 아니었다. 초대교회 생활에서는 공동식사가 중요한 자리를 차지하고 있었다. 그러한 공동식사를 **아가페**(agapē), 즉 애찬이라고 불렀다. 이 식사 때에는 온 교우들이 함께 모여 그들 각자가 가져온 것이 어떤 것이든 간에 모두 내놓고 나누어 먹으며 즐겼던 것이다. 많은 노예들에게는 한 주 동안에 오직 한 번 만족한 식사를 할 수 있는 기회가 되었을는지 모른다. 그리고 그런 의미에서 독특한 방법으로 기독교인의 교제와 일치를 특징지어 주었던 것이다. 그것은 표면적으로는 매우 아름다운 것이었다. 그러나 우리는 편협한 유대인의 완고한 배타성을 기억하지 않으면 안 된다. 편협한 유대인은 자기 백성만을 선민이라고 생각하는데 그것은 곧 다른 모든 백성을 거절하는 결과를 가져왔다. 그들은 다른 백성들을 모두 불결한 사람들이라고 생각하였다. "여호와는 긍휼이 많으시고 은혜로우시며"(시 103:8). "그러나 그는 오직 이스라엘에 대해서만 은혜로우시다. 다른 백성들에게는 무서운 존재가 될 것이다." "다른 백성들은 불로 태워 버릴 보리 그루 아니면 밀짚 같은 것이며 바람에 날릴 겨와 같은 것이다." "하나님은 누구나 회개하는 자를 받아 주신다. 그러나 그것은 이스라엘 백성에게만 해당하는 것이며, 다른 백성들에게는 해당되는 것이 아니다." "모든 사람을 사랑하라. 그러나 이방인은 미워하라." 이러한 배타성이 일상생활에 침투해 있었다. 정말 엄격한 유대인은 이방인과 상거래하는 것까지도 금지했던 것이다. 또 이방인과 함께 여행을 해도 안 되며, 이방인에게는 친절을 베풀어

도, 이방인에게서 친절한 대접을 받아도 안 되었다.

그런데 그때 안디옥에서 굉장한 사건이 발생하였다. 그러한 유대인이 어떻게 이방인과 함과 공동식사에 참석할 수 있었을까? 옛 율법과 관습을 지키려고 했다면 그런 일은 절대로 불가능했을 것이다. 베드로가 안디옥에 왔다. 처음에 그는 새로운 신앙의 영광 속에서 옛 생활의 금기(taboo)을 잊어버렸다. 그리하여 베드로는 유대인이나 이방인이나 다 함께 공동식사에 참여했다. 그런데 거기에 예루살렘에서 한 무리의 유대인이 찾아왔다. 그들은 야고보의 이름을 빙자했지만 전혀 야고보의 생각과는 다르게 처신했다. 그들은 베드로에게 그 공동식사에서 물러가게끔 했다. 다른 유대인도 베드로를 따라 물러 나갔다. 그리고 결국에는 바나바까지도 그들을 뒤따랐던 것이다. 그렇게 되자 바울은 강한 성격을 조금도 죽이지 않고 있는 그대로 나타내면서 비난을 퍼부었다. 바울은 몇 가지 분명한 사실을 알고 있었다.

I. 그리스도의 교회 안에 어떤 종류의 차별의식이 있다면 그것은 이미 그리스도의 교회일 수 없다. 인간이 인간 앞에 내세우는 자기 표식이 하나님 앞에서는 아무 소용이 없다. 하나님 앞에서는 인간은 유대인도 아니며 이방인도 아니다. 귀한 자도 천한 자도 아니며, 부한 자도 가난한 자도 아니다. 다만 그리스도께서 위해 죽어 주신 죄인일 따름이다. 인간이 다 같은 자녀의 관계를 가진다면 그들은 모두 형제가 되어야 한다. 이제 한 아버지, 하나님의 자녀가 되었기에 그들은 모든 지상적인 차별을 철폐시키는 새로운 혈연관계를 가지게 된다. 그리고 하나님도 새로운 관계에 들어가게 된다.

II. 바울은 이미 일어나 나쁜 풍조를 쳐부수기 위해서는 강력한 작용이 필요하다는 것을 알았다. 그때 머뭇거리지 않고 일격을 가했다. 바울은 이러한 풍조가 베드로의 이름이나 처신과 관련되었든지 안 되었든지 상관하지 않았다. 그것은 잘못된 처신이었다는 것만을 바울은 생각하였다. 유명한 이름이 결코 수치스러운 행동을 정당화해 주지는 못한다. 바울은 곁길로 떨어진 풍조를 사나운 풍랑이 되기 전에 그의 의지로 막아 낸 용감한 인간의 생생한 모범이다.

율법의 한계

갈라디아서 2:14-17

[14]그러므로 나는 그들이 복음의 진리를 따라 바르게 행하지 아니함을 보고
모든 자 앞에서 게바에게 이르되 네가 유대인으로서 이방인을 따르고 유대
인답게 살지 아니하면서 어찌하여 억지로 이방인을 유대인답게 살게 하려느
냐 하였노라 [15]우리는 본래 유대인이요 이방 죄인이 아니로되 [16]사람이 의롭
게 되는 것은 율법의 행위로 말미암음이 아니요 오직 예수 그리스도를 믿음
으로 말미암는 줄 알므로 우리도 그리스도 예수를 믿나니 이는 우리가 율법
의 행위로써가 아니고 그리스도를 믿음으로써 의롭다 함을 얻으려 함이라
율법의 행위로써는 의롭다 함을 얻을 육체가 없느니라 [17]만일 우리가 그리스
도 안에서 의롭게 되려 하다가 죄인으로 드러나면 그리스도께서 죄를 짓게
하는 자냐 결코 그럴 수 없느니라

여기서 문제의 핵심에 도달하고 있다. 더 이상 지체할 수 없는 어떤 결단이 요청되고 있다. 문제의 핵심은 예루살렘 회의의 결정이 타협적인 것이었다는 데 있다. 다른 모든 타협적인 것과 마찬가지로 예루살렘의 타협적인 결정은 말썽이 씨앗을 품고 있었다. 예루살렘 회의의 결과 유대인은 유대인답게 할례와 율법을 준수하면서 살아갈 것이며, 이방인은 그것들을 지키지 않고도 자유롭게 살아갈 수 있게 되었다. 분명히 일은 그렇게 될 수 없었다. 그 당연한 결과로 인하여 교회 안에서 두 종류의 기독교인과 두 가지 완전한 다른 계급을 형성하게 되었기 때문이다. 바울의 논의는 다음과 같이 계속되었다.

바울은 베드로에게 이렇게 말했다. "당신은 이방인과 식탁을 같이했습니다. 당신은 그들이 먹는 것을 먹고 살았습니다. 따라서 당신은 유대인에게나 이방인에게나 도는 하나밖에 없다는 것을 원칙적으로 시인한 것입니다. 그런데 이제 와서 당신의 모든 결정을 뒤집어 놓는 것입니까? 당신은 완전히 이방인처럼 살기를 원했던 것입니다. 그런데 이제 와서는 마음을 돌이켜 이방인이 할례 받기

를 원하며, 율법을 지키기를 원하며, 유대인이 되기를 원하고 있습니다." 그러한 일이 바울에게는 이해가 되지 않았다.

여기서 우리는 한 단어의 의미를 명확히 해야 한다. 유대인이 이방인을 **죄인**이라고 했을 때 그것은 전혀 도덕적인 의미가 아니었다. 그것은 율법 준수에 관련된 것이었다. 예를 들면 레위기 11장에는 유대인의 식물에 대한 율법이 기재되어 있으며, 그들이 먹어도 좋은 것과 먹어서는 안 되는 음식물의 이름을 들어 분류하고 있다. 어떤 사람이 산토끼의 고기나 돼지고기를 먹으면 그는 율법을 범하는 것이 되며 그런 의미에서 그는 죄인이 된다. 따라서 베드로는 바울에게 이렇게 대답했을 것이다. "그러나 내가 유대인과 같이 식사하며, 그들이 먹는 것을 먹는다면 나는 죄인이 되는 것입니다."

바울의 대답에는 두 가지 의미가 있다. 첫째로, 그는 이렇게 대답하고 있다. "우리는 오래전에 이미 율법을 준행하는 것이 하나님 앞에서 인간을 의롭게 하는 것이 아니라는 것을 합의하였다. 인간을 하나님 앞에서 의롭게 하는 것은 은혜다. 인간은 하나님께서 사랑으로 주시는 관대한 은사를 벌어들일 수는 없고 단지 주시는 것을 받아들일 따름이다. 인간을 하나님 앞에서 의롭게 하는 것은 예수께서 나타난 하나님의 사랑을 전적으로 신뢰하는 것뿐이다. 따라서 율법이 하는 일은 아무 소용이 없는 것이다."

다음으로 바울은 또 다른 논법을 사용함으로써 그의 적대자를 궁지에 빠뜨리고 있다. 바울은 이렇게 말한다. "너희는 율법이나 규례와 계명의 일들을 잊어버리는 것이 죄가 된다고 주장하고 있다. **그러나 예수 그리스도께서 우리에게 명하신 바는 그런 것이 아니다**. 그는 결코 이 짐승은 먹고, 저 짐승은 먹지 않는 것으로 구원을 성취하라고 하지 않으셨다. 그는 우리에게 무조건 하나님의 은혜에 매달리라고 하셨다. 그렇다면 너희는 예수께서 우리에게 죄인이 되도록 가르쳤다고 주장할 수 있단 말인가?" 분명히 이 물음에 대한 대답은 한 가지밖에 없다. 즉, 옛 율법은 일소되었다는 것이다.

요점을 정리하면 다음과 같다. 이방인은 은혜로 하나님께 나오고 유대인은 율법으로 하나님께 나오는 것은 잘못된 것이다. 바울에게는 오직 하나의 실재만 있을 뿐인데 그것은 은혜이며, 그 은혜에 대해 자기 자신을 내맡기면서 하나님께 나와야 한다는 것이다.

기독교인의 삶에는 두 가지 큰 유혹이 있다. 그리고 어떤 의미에서는 큰 인물일수록 유혹이 더 많게 마련이다. 첫째로, 하나님의 사랑을 자기 노력으로 얻어 보고자 하는 유혹이 있다. 그런데 인간은 아무것도 하나님께 드릴 수 없고 오직 하나님께로부터 받기만 하는 것이다. 둘째로, 조금이라도 눈에 나타나는 성과를 거둔 사람에게는 자신의 진보와 타인의 퇴보를 동료들 사이에서 비교해 보고자 하는 유혹이 있다. 자기 자신의 노력으로 하나님을 기쁘시게 할 수 있다든가, 자신의 공적을 가지고 보통의 인간들보다 자신이 훌륭하다는 것을 나타내고자 하는 자아가 남아 있는 기독교라면 참된 기독교라고 할 수 없다.

십자가에 못 박히고 부활한 생명

갈라디아서 2:18-21

18만일 내가 헐었던 것을 다시 세우면 내가 나를 범법한 자로 만드는 것이라
19내가 율법으로 말미암아 율법에 대하여 죽었나니 이는 하나님에 대하여 살
려 함이라 20내가 그리스도와 함께 십자가에 못 박혔나니 그런즉 이제는 내
가 사는 것이 아니요 오직 내 안에 그리스도께서 사시는 것이라 이제 내가
육체 가운데 사는 것은 나를 사랑하사 나를 위하여 자기 자신을 버리신 하나
님의 아들을 믿는 믿음 안에서 사는 것이라 21내가 하나님의 은혜를 폐하지
아니하노니 만일 의롭게 되는 것이 율법으로 말미암으면 그리스도께서 헛되
이 죽으셨느니라

여기서 바울은 자신의 깊은 개인적인 경험을 가지고 말하고 있다. 바울에게는 율법의 구조를 재건하는 것은 영적인 자살 행위와 같은 것이었을 것이다. 바울은 하나님을 향하여 살기 위하여 율법으로 말미암아 율법을 향하여 죽었다고 말한다. 그가 한 말은 이런 의미다. 그가 율법의 길을 힘써 노력하였다. 그는 율법

의 모든 세목을 준행하는 생활을 통해 하나님의 사랑을 획득하며 그 자신을 하나님과 바른 관계에 놓아 보려고 무서울 정도로 불붙는 듯한 열심을 다해 노력하였다. 하지만 그는 그러한 시도가 그에게 깊은 실패 외에 아무것도 준 것이 없으며, 그가 아무리 노력을 해도 그러한 노력이 그를 하나님과 바른 관계에 놓이게 할 수 없다는 생각을 준 것 외에는 아무것도 없다는 것을 깨달았다. 율법이 한 일은 자신의 무력함을 보여 준 것뿐이다. 그 결과 그는 돌연히 율법의 모든 길을 포기하였으며, 자신을 죄인으로서 하나님의 은혜에 내맡겼다. 율법은 그를 하나님께 좇아 보냈다. 율법으로 되돌아간다는 것은, 하나님께로부터 소외감에서 오는 치명적인 독기 속으로 그를 다시금 밀어 넣는 것밖에 아무것도 아니다.

그 변화가 너무나 엄청난 것이었기에 바울은 그 사실을 다만 그리스도와 함께 그는 십자가에 못 박히고 과거의 인간은 죽었다고 표현할 수밖에 없었다. 그리고 이제 그의 안에 살고 있는 능력은 그리스도 자신일 뿐 다른 아무것도 아니라고 했다. "내가 율법의 명령을 꼼꼼하게 지킴으로써 나 자신을 하나님과의 바른 관계에 놓을 수 있다면 은혜의 필요성은 어디에 있는가? 내가 스스로 구원을 얻을 수 있다면 그리스도께서는 무엇 때문에 죽으셨단 말인가?"

바울은 분명히 한 가지 사실을 확신하고 있었다. 그것은 자신이 자신을 위해 할 수 없는 일을 그리스도께서 자신을 위해 해 주셨다는 것이다. 바울의 경험을 재연한 사람은 마틴 루터였다. 루터는 훈련과 참회와 극기와 고행의 표본이었다. "수도 생활로 구원을 받은 사람이 하나라도 있다면 그는 나였을 것이다"라고 말한 바 있다. 그는 로마에 갔다. 스칼라 상타(scala sancta), 즉 거룩한 대계단을 손과 무릎으로 기어 올라가는 일을 매우 큰 공적으로 생각하였다. 그는 그러한 공적을 획득하기 위하여 그 계단을 오르고 있었다. 그때 갑자기 하늘에서 "의인의 믿음으로 살리라"는 소리가 그에게 들려 왔다. 하나님과의 평화로운 삶은 이러한 무익한, 끝없이 계속되는, 실패할 수밖에 없는 노력으로 얻어지는 것이 아니다. 오직 그리스도께서 인간들에게 나타나 보여 주신 하나님의 사랑과 자비에 자기 자신을 내맡길 때만이 얻을 수 있다. 그것은 인간이 언제나 이기리라고 자만하지만 늘 패할 수밖에 없는 싸움을 포기할 때 얻는 것이며, 평화를 주는 하나님의 용서하시는 사랑에 자신을 맡길 때 얻는 것이다.

"괴로워하는 영혼이여! 예수 곁으로 오라."
그리고 와서 의심하지 말고,
오직 믿음을 가지고 보다 용감하게 믿어라.
그가 우리에게 보여 준 위대한 자비를,
우리의 사랑이 보다 순진하다면,
우리는 주님의 말씀대로 받아들일 수 있으리.
그때 우리의 삶은 햇빛처럼 빛나리라,
우리 주님의 우아함 속에서.

바울의 말대로 하나님을 받아들였을 때 율법의 좌절에서 오는 암흑이 은혜의 광명으로 변화되었던 것이다.

The Letter to the Galatians 03

은혜의 선물

갈라디아서 3:1-9

1어리석도다 갈라디아 사람들아 예수 그리스도께서 십자가에 못 박히신 것
이 너희 눈앞에 밝히 보이거늘 누가 너희를 꾀더냐 2내가 너희에게서 다만
이것을 알려 하노니 너희가 성령을 받은 것이 율법의 행위로냐 혹은 듣고 믿
음으로냐 3너희가 이같이 어리석으냐 성령으로 시작하였다가 이제는 육체로
마치겠느냐 4너희가 이같이 많은 괴로움을 헛되이 받았느냐 과연 헛되냐 5너
희에게 성령을 주시고 너희 가운데서 능력을 행하시는 이의 일이 율법의 행
위에서냐 혹은 듣고 믿음에서냐 6아브라함이 하나님을 믿으매 그것을 그에
게 의로 정하셨다 함과 같으니라 7그런즉 믿음으로 말미암은 자들은 아브라
함의 자손인 줄 알지어다 8또 하나님이 이방을 믿음으로 말미암아 의로 정하
실 것을 성경이 미리 알고 먼저 아브라함에게 복음을 전하되 모든 이방인이
너로 말미암아 복을 받으리라 하였느니라 9그러므로 믿음으로 말미암은 자
는 믿음이 있는 아브라함과 함께 복을 받느니라

여기서도 바울은 여전히 또 다른 논증을 통해 인간이 하나님과 바른 관계를

가지게 되는 것은 하나님을 믿는 것이지 율법의 행위에 의한 것이 아님을 보여 주고 있다. 초대교회의 개종자들은 언제나 눈에 보이는 뚜렷한 방식으로 성령을 받았다. 사도행전의 처음 몇 장은 그러한 사실이 거듭 일어났다는 것을 보여 준다(행 8:14-17, 10:44 참조). 그때 그들에게는 누구라도 볼 수 있는 새로운 삶의 사조와 능력이 밀려들어왔다. 그러한 경험이 갈라디아 교인들에게도 일어났다. 그것은 갈라디아 교인들이 율법의 규례를 복종했기 때문이 아니라, 하나님의 사랑에 대한 좋은 소식을 듣고 전적인 신뢰로 응답했기 때문이라고 바울은 단언하였다. 그때까지 갈라디아 교인들은 율법에 대해 들은 바가 없었기 때문이다.

그런데 어떤 한 사상을 가장 용이하게 파악하는 방법은 그 사상을 지니고 있는 어떤 한 인간을 관찰하는 것이다. 어떤 면에서 모든 훌륭한 말은 반드시 육신을 입게 마련이다. 따라서 바울은 갈라디아 교인들에게 믿음을 지닌 한 인간을 지적하였다. 그 사람은 바로 아브라함이었다. 아브라함은 그의 안에서 땅이 모든 족속이 복을 얻을 것이라고 하나님께서 위대한 약속을 내린 사람이다(창 12:3). 그는 하나님께서 특별히 자신을 기쁘시게 하는 자라고 선택한 사람이다. 어떤 면에서 아브라함이 하나님을 기쁘시게 했을까? 그것은 결코 율법의 행위 때문은 아니었다. 그때에는 아직 율법이란 것이 없었기 때문이다. 그것은 하나님을 그 말씀대로 받아들였기 때문이며, 하나님을 전적으로 믿었기 때문이며, 이 세상적인 모든 것을 포기하고 위대한 믿음의 행위에 자신을 내맡겼기 때문이다.

그런데 축복의 약속은 아브라함의 자손들에게도 주어졌다. 유대인도 그것을 기대했다. 유대인은 아브라함의 단순한 육신의 자손들만이 다른 족속들과는 달리 하나님과 특별한 관계를 맺는다고 주장하였다. 바울은 그러한 주장을 전복시켰다. 아브라함의 자손이 되는 것은 육신이나 혈연적인 자손만이 되는 것이 아니라고 언명하였다. 참 아브라함의 자손은 어느 시대 어느 세대를 막론하고 똑같은 믿음의 행위와 모험을 감행하는 사람이다. 따라서 아브라함에게 주신 약속을 상속할 자는 율법을 통해 공적을 쌓는 자가 아니고 어느 나라 백성이든 간에 하나님을 믿는 아브라함의 믿음의 행위를 되풀이하는 자다. 갈라디아 교인들은 믿음의 행위에서 시작하였던 것이다. 실로 그들은 율법주의로 다시 빠져들어가서—그들에게 주어진 유산을 잃어버리지는 않을 테지 하고 바울은 묻는다.

이 부분에는 특별히 역사적인 사적과 관련되었으며, 그 역사와 관련된 일화를 가지고 있는 헬라어 단어가 많이 들어가 있다.

1절에서 바울은 **악의 눈**(the evil eye)에 대해 말하고 있다(우리말 성경에 "누가 너희를 꾀더냐"는 말은 바클레이는 자신의 번역에서 "Who has put the evil eye on you"라고 번역하고 있다-옮긴이주). 헬라인은 악의 눈에서 저주 받는 것을 가장 무서워하였다. 개인적인 편지들을 보면 여러 번 다음과 같은 문장으로 끝나고 있는 것을 볼 수 있다. "무엇보다도 내가 비옵는 바는 당신이 **악마의 눈에서 해를 받지 않고** 건강하며, 더욱 번영이 있기를 바라는 것입니다"(밀리간, **헬라 파피루스 문서에서 발췌**, 14번).

같은 구절에서 바울은 십자가에 달린 예수 그리스도께서 그들 앞**에 게시되었다**(Placarded)고 말하고 있다(우리말 성경에 너희 "눈앞에 밝히 보이거늘"이라고 한 말은 바클레이는 자신의 사역에서 "was placarded"라고 번역하고 있다-옮긴이주) 이 말은 헬라어로 **프로그라페인**(Prographein)인데 포스터를 붙인다는 의미로 사용되던 것이다. 이 말이 실제적으로 다음과 같은 경우에 사용되었다. 즉, 어떤 아버지가 자신의 부채에 대해 책임을 지지 못한다는 공고를 게시할 때와 경매공고를 게시할 때다.

3절에서 바울은 그들의 성령으로 **시작하였다**가 육체로 **마치**는 일에 대해 말하고 있다. 바울이 사용하고 있는 낱말들은 보통 헬라어에서 희생의 제사에서 시작과 끝맺음을 두고 하는 말이다. 먼저 나오는 **엔아르케스타이**(enarchesthai)는 희생의 제사에서 맨 처음에 하는 행위로서 희생제물의 위에나 그 주위에 보리알들을 뿌리는 것을 말하는 단어다. 그리고 나중에 나오는 **에피텔레이스타이**(epiteleisthai)는 모든 희생의 제사가 완벽하게 거행되었을 때 사용하는 말이다. 두 개 낱말을 사용함으로써 바울은 모든 기독교인의 삶을 마치 하나님께 드리는 희생의 제물로 간주하고 있다는 것이 나타났다.

5절에서 바울은 갈라디아 교인들에게 너그러히(generously) 주시는 하나님에 대해 말하고 있다. 이 말의 어원은 **코레기아**(choregia)라는 헬라어다. 고대 헬라에서는 큰 축제가 있을 경우, 유리피데스(Euripides)와 소포클레스(Sophocles)와 같은 위대한 극작가들이 자신들의 연극을 상연했다. 그런데 헬라 연극에는 합창단이 필요했으며, 그 합창단을 꾸미고 연습을 시키는 데는 많은 돈이 필요했다. 그리고 언제나 공의심에 불타는 헬라인이 아낌없이 모든 경비를 지불할 것을 제의해 왔다. 후에 전쟁 때에는 애국심에 불붙는 시민이 국가를 위해 자발적으로 기부금을 납부하였다. 그러한 것들이 **코레기아**라는 말로 표현되었다. 후대 헬라에서는 파피루스 문서 가운데서 이 말이 결혼 계약 때 널리 사용되었으며, 남편이 사랑으로 그의 아내를 부양할 것을 책임지는 것을 나타내는 말로 사용되었다. 이 말은 하나님의 관대함을 강조하는 말인데 그 관대함은 사랑에서 우러나오는 것이며, 자기 도시를 사랑하는 시민애와 아내에 대한 남편의 사랑과 같은 것이다.

율법의 저주

갈라디아서 3:10-14

[10]무릇 율법 행위에 속한 자들은 저주 아래에 있나니 기록된바 누구든지 율
법 책에 기록된 대로 모든 일을 항상 행하지 아니하는 자는 저주 아래에 있
는 자라 하였음이라 [11]또 하나님 앞에서 아무도 율법으로 말미암아 의롭게
되지 못할 것이 분명하니 이는 의인은 믿음으로 살리라 하였음이라 [12]율법은
믿음에서 난 것이 아니니 율법을 행하는 자는 그 가운데서 살리라 하였느니
라 [13]그리스도께서 우리를 위하여 저주를 받은바 되사 율법의 저주에서 우리
를 속량하셨으니 기록된바 나무에 달린 자마다 저주 아래에 있는 자라 하였
음이라 [14]이는 그리스도 예수 안에서 아브라함의 복이 이방인에게 미치게 하
고 또 우리로 하여금 믿음으로 말미암아 성령의 약속을 받게 하려 함이라

여기서 바울의 논의는 또다시 자신을 적대하는 자들을 궁지에 몰아넣으려 하고 있다. 바울은 이렇게 말한다. "내 생각에 너희는 율법을 받아들이고 복종하는 것으로써 하나님의 은총과 인정을 획득하려고 하며, 그런 식으로 하나님과의

바른 관계에 들어가려고 하고 있는데, 그렇다면 그 논리적인 당연한 결과는 어떤 것이 되겠는가?" 첫째로, 그렇게 하는 사람은 자신의 결단으로 서기도 하고 넘어지기도 할 수밖에 없을 것이다. 그가 율법을 택한다면 그는 율법에 따라서 살아야만 할 것이다. 둘째로, 그러한 일은 불가능한 일이다. 지금껏 율법의 말씀을 언제나 지키며, 복종하며, 만족하게 한 사람도 없었으며, 앞으로도 없을 것이다. 셋째로, 그렇다면 너희는 저주를 받을 것이다. 성경 자체도(신 27:26) 모든 율법을 지키지 못하는 자는 저주를 받을 것이라고 했기 때문이다. 따라서 율법을 삶의 원칙으로 삼고 하나님과 바른 관계를 맺어 보고자 할 때의 논리적이고도 당연한 결말은 저주일 수밖에 없다.

그러나 성경에는 또 다른 말씀도 있다. "의인은 그의 믿음으로 말미암아 살리라"(합 2:4)고 한 말씀이다. 따라서 하나님과의 바른 관계에 들어갈 수 있는 유일한 길, 하나님과 화해하는 유일한 길은 믿음과 수락, 자기 포기의 길뿐이다. 그러나 율법의 원리와 신앙의 원리는 매우 대조적이다. 너희는 동시에 두 가지 삶을 다 같이 살아갈 수 없다. 양자택일할 수밖에 없다. 따라서 논리적인 선택은 율법주의의 길을 포기하고 신앙의 길에 자신을 맡기고, 하나님을 그의 말씀으로 받아들이고 그의 사랑을 신뢰하는 길을 택하는 것이다.

그러면 이상에 말한 것이 어떻게 해서 사실이라는 것을 알 수 있을까? 그 진실성에 대한 궁극적인 보증은 예수 그리스도이시다. 그리고 예수 그리스도는 이러한 진실성을 우리에게 전하기 위해 십자가에 달리셨던 것이다. 그런데 성경은 나무에 달린 자마다 모두 저주 아래 있다고 말하고 있다(신 21:23). 따라서 율법의 저주 아래 있는 우리를 해방시키기 위해 예수 자신이 저주를 받은 것이다. 예수께서는 우리에게 하나님의 사랑을 말하기 위해 저주 받은 자가 되었던 것이다.

이와 같이 아무리 혼란한 지경에 빠졌을 때에도 바울은 그의 마음속에서 하나의 단순하면서도 중요한 사실을 잊어버린 적이 한 번도 없다. 그것은 곧 **그리스도의 복음을 위한 대가**(代價)라는 생각이다. 바울은 결코 우리가 하나님 앞에서 가지고 있는 화해와 자유와 바른 관계는 예수 그리스도의 생명과 죽음을 대가로 사 주신 것임을 잊지 않고 있었다. 하나님께서 이처럼 사랑하신다는 것을 우리에게 전해 주기 위해 그리스도께서 죽으시지 않았다면 우리는 아무도 하나님이 어떤 분이신지를 알 수 없었기 때문이다.

변경할 수 없는 언약

갈라디아서 3:15-18

[15]형제들아 내가 사람의 예대로 말하노니 사람의 언약이라도 정한 후에는 아
무도 폐하거나 더하거나 하지 못하느니라 [16]이 약속들은 아브라함과 그 자손
에게 말씀하신 것인데 여럿을 가리켜 그 자손들이라 하지 아니하시고 오직
한 사람을 가리켜 네 자손이라 하셨으니 곧 그리스도라 [17]내가 이것을 말하
노니 하나님께서 미리 정하신 언약을 사백삼십 년 후에 생긴 율법이 폐기하
지 못하고 그 약속을 헛되게 하지 못하리라 [18]만일 그 유업이 율법에서 난 것
이면 약속에서 난 것이 아니리라 그러나 하나님이 약속으로 말미암아 아브
라함에게 주신 것이라

이 부분과 다음 부분을 읽을 때 우리는 바울이 교육 받은 랍비였다는 것을 언제나 기억해야 한다. 바울은 랍비 학교의 학문적인 방법에 능란한 사람이었다. 바울은 그들의 논법을 사용할 수 있었으며 실제로 사용하기도 했는데, 그 논법이 우리에게는 이해가 되지 않고 따르기도 어려운 것이지만, 유대인에게는 충분히 납득이 되고 수긍이 되는 것이다.

바울의 의도는 은혜의 길이 율법의 길보다 우수하다는 것을 보여 주고자 하는 것이다. 그는 우선 은혜의 길이 율법의 길보다 오래된 것임을 보여 주는 데서부터 시작한다. 아브라함이 믿음의 모험을 내디뎠을 때 하나님께서 그에게 큰 약속을 주셨다. 다시 말해 하나님의 약속은 믿음의 행위를 보고서 주신 것이다. 하나님과 아브라함 사이에 맺어진 언약의 기초는 믿음이었다. 그리고 율법은 모세 때에야 비로소 주어졌는데, 그것은 430년 후의 일이다. 그런데 바울은 논의를 계속해서 말하기를 한 번 언약이라든가, 합의라든가, 유언이 정당하게 체결되고

비준되면 그것을 변경시키거나 구절들을 첨가시킬 수 없고, 그대로 두어야 하는 것같이 나중에 주어진 율법이 먼저 주어진 믿음의 길을 변경시킬 수 없다는 것이다. 아브라함이 하나님 앞에서 의롭게 된 것은 믿음 때문이다. 율법은 그것을 변경시킬 수 없었다. 따라서 믿음은 여전히 인간이 하나님 앞에서 의롭게 할 수 있는 유일한 길이다.

랍비는 단어 하나를 가지고 그 의미라든가 용법 또는 그 해석에 대해 논의하기를 매우 즐기는 사람들이었다. 그들은 단어 하나에 신학 전체를 수립하였던 것이다. 그렇다면 바울도 아브라함의 이야기 가운데서 단어 하나를 취하여 그 위에 자신의 논증을 꾸며 나가고 있다. 바울은 창세기 17장 7-8절에서 볼 수 있는 아브라함에게 주신 오랜 약속을 회고하고 있다. 거기에 보면 하나님께서는 아브라함에게 "내가 내 언약을 나와 너와 네 대대 후손(seed) 사이에 세우리라고 하신다". 또 아브라함의 유산에 대해 하나님께서는 "그것을 내가 너와 네 후손에게 주리라" 고 하신다.

뜻을 좀더 명확히 하기 위해서는 우리는 **후손**이란 한 단어를 **자손**이란 말로 바꾸어 보자. 바울의 논점은 **후손**이란 말이 **복수**가 아니라 **단수**라는 데 있다. 따라서 하나님의 약속은 수많은 무리의 사람들이 아니라 **한 개인**을 지적하고 있다. 그리고 바울이 논하기를 그 언약의 성취는 한 사람, 예수 그리스도에게서 완성된다고 한다. 따라서 하나님과 화해하고 의롭다 하심을 얻는 길은 아브라함이 걸었던 믿음의 길이며, 하나님의 약속이 그에게 주어졌던 길이다. 그리고 우리는 온전한 믿음 가운데서 예수 그리스도를 바라보며 그러한 길을 뒤따라가지 않으면 안 된다.

거듭 바울은 같은 논점에 귀착시킨다. 인간 생활에서 모든 문제는 하나님과 바른 관계를 맺는 것이다. 우리가 하나님을 두려워한, 또 하나님이 엄격한 국외자인 한 인생에게는 평화가 있을 수 없다. 어떻게 하면 우리는 이런 바른 관계에 들어갈 수 있을까? 우리가 그것을 얻는 길은 율법에 대해 엄격하며 고행적인 복종을 통해서일까? 또한 무한한 율법의 행위를 가지거나 율법이 설정한 모든 사소한 규례까지도 모두 지켜야만 되는 것일까? 우리가 그러한 길을 택한다면 우리는 끝내 그 일을 성취하지 못할 것이다. 불완전한 인간은 하나님의 완전하심에 대해 만족시킬 수 없기 때문이다. 우리는 영원히 실패할 것이며, 영원히 정상을 볼 수 없는 산을 오를 것이며, 영원히 정죄 아래 있게 될 것이다. 그러니 우리가 단순하게 이런 절망적인 고투를 포기하고 우리 자신과 우리의 죄를 하나님께 이끌고 가면 하나님의 은혜는 우리를 향해 팔을 벌리실 것이며, 우리를 심판하지 않는 아버지 되시는 하나님과 화해할 수 있게 될 것이다.

이러한 일이 아브라함에게 일어났었다는 것이 바울의 모든 논증이다. 하나님과 아브라함 사이의 언약은 그러한 기초 위에 세워진 것이다. 아무것도 이미 인준되고 서명된 유언을 변경시킬 수 없는 것같이 나중에 온 것이 그 언약을 변경시킬 수 없다.

죄 아래 가두다

갈라디아서 3:19-22

19그런즉 율법은 무엇이냐 범법하므로 더하여진 것이라 천사들을 통하여 한
중보자의 손으로 베푸신 것인데 약속하신 자손이 오시기까지 있을 것이라
20그 중보자는 한 편만 위한 자가 아니나 하나님은 한 분이시니라 21그러면 율
법이 하나님의 약속들과 반대되는 것이냐 결코 그럴 수 없느니라 만일 능히
살게 하는 율법을 주셨더라면 의가 반드시 율법으로 말미암았으리라 22그러
나 성경이 모든 것을 죄 아래에 가두었으니 이는 예수 그리스도를 믿음으로
말미암는 약속을 믿는 자들에게 주려 함이라

이 부분은 바울이 쓴 것 중에 가장 난해한 문장 가운데 하나다. 너무나 난해하기 때문에 이 부분에 다른 해석이 3백 가지나 된다! 바울은 여기서도 여전히 율법의 길보다 믿음의 길이 더 우월하다는 것을 보여 주고자 한다는 것을 우리는 먼저 기억해야 한다. 바울은 율법에 대해 세 가지를 강조하고 있다.

I. 율법은 무엇 때문에 주셨는가? 바울에 의하면 율법은 "범법함을 인하여" 주셨다고 한다. 바울이 말하고자 하는 것은 이런 것이다. 즉, 바울이 즐겨 품고 있는 생각은 율법이 없으면 죄도 없다는 것이다. 율법이 없으면 율법을 범하는 일도 없다. 어떤 사람을 죄인이라고 낙인을 찍기 위해서는 그가 먼저 율법을 알고 있어야 한다. 그가 한 일이 잘못인 줄 몰랐다면 잘못된 일을 했다고 그 사람을 유죄로 인정할 수 없다. 따라서 율법의 기능은 정죄함이다. 그러나 율법이 죄를 정할 수 있으며 정하고 있다고 해도 그것이 죄를 없게 할 수 는 없다. 그 점이 바로 율법의 강점인 동시에 약점이다. 율법의 강점은 정죄함이요, 그 약점은 죄를 없게 하는 데는 아무 소용이 없다는 것이다. 그것은 가치진단은 잘하지만 자신이 진단할 병을 고치지는 못하는 의사와 같다.

II. 율법은 하나님께서 직접 주신 것이 아니다. 출애굽기 20장에 나오는 이야기에 보면, 율법은 모세에게 직접 주신 것이다. 그러나 바울 시대의 랍비는 지나치게 하나님의 철저한 신성과 철저한 격리성을 강조한 나머지 하나님께서는 도저히 인간과 직접적으로 교섭할 수 없다고 믿었다. 따라서 그들은 율법이 처음엔 천사에게, 그리고 천사가 모세에게 주었다는 생각을 도입하였던 것이다 (행 7:53; 히 2:2 참조). 여기서 바울은 당시 랍비의 사고법을 이용하고 있다. 이에 의하면 율법은 하나님께로부터 갑절로 멀리 떨어져 있는 것이다. 그것을 먼저 천사에게 주었다. 그러고 나서 중보자에게 주었다. 그 중보자란 모세다. 하나님께서 직접으로 주신 **은혜**와 대조적으로, **율법**은 중개인을 거쳐 주신 간접적인 것이다.

III. 여기에서 우리는 특별히 더 난해한 구절을 대하게 되었다. "중보는 한 편만 위한 자가 아니나, 오직 하나님은 하나이시니라." 바울은 도대체 무엇을 말하고자 했던 것일까? 율법을 기초로 한 계약에는 언제나 두 사람이 있어야 한다. 계약을 제공하는 사람과 그 계약을 수락하는 사람이다. 그러한 계약은 두 사람의 행위에 의존해 있다. 조건을 어기면 모든 계약은 무효가 된다. 모든 법적인 계약은 양자가 계약을 준수하는 데 달려 있다. 그것은 율법을 신뢰하는 사람의 입장이기도 하다. 율법을 어기면 모든 계약은 무효가 된다.

그러나 약속은 단지 **한** 사람에게만 달려 있다. 약속은 한 사람이 주는 것이다. 그리고 다른 누구도 그 약속을 파기하거나 변경할 수 없다. 그런데 은혜의 길은 하나님께만 전적으로 달려 있다. 그것은 하나님의 약속이다. 또한 그의 은혜이며, 사랑이다. 인간은 그것을 변경하거나 어떻게 할 수 없다. 비록 인간이 죄를 범하고, 탈선할는지 모른다. 그러나 하나님의 사랑과 은혜는 변하는 일이 없다.

바울이 볼 때 율법이 **두** 사람에게 달려 있다는 것이 곧 율법의 약점이다. 율법은 율법을 주신 분에게 달려 있을 뿐 아니라, 인간이 그것을 지키느냐 않느냐 하는 데도 달려 있다. 더욱이 인간은 그것을 파괴해 버렸던 것이다. 그러나 은혜는 전적으로 하나님의 것이다. 인간이 도무지 그것을 어떻게 할 수 없다. 그리고 분명히 실패하기로 운명지어진 믿을 수 없는 인간의 노력보다 변함없으신 하나님의 은혜에 의존하는 것이 보다 좋은 것임을 두말할 여지도 없다.

IV. 그렇다면 율법은 은혜와는 전적으로 상충되는 것인가? 논리적으로는 바울이 "그렇다"라고 대답할 것이지만 실제로는 "아니다"라고 대답하고 있다. 성경이 모든 사람을 죄 아래 가두었다고 바울은 말한다. 바울은 율법의 모든 말씀을 실행치 않은 자는 저주를 받을 것이라고 한 신명기 27장 26절의 말씀을 기억하고 있는 것이다. 그런데 사실상 그 말씀은 **모든 사람**에게 해당된다. 아무도 율법을 완전히 지켰거나 지킬 수 있는 사람은 아무도 없기 때문이다. 그렇다면 율법의 결과는 어떤 것인가? 율법의 결과란 율법이 인간의 무력함을 증거해 주었기 때문에 모든 사람이 은혜를 찾아 나서도록 몰아 주는 것뿐이다. 이것은 즉시로 바울이 다음 장에서 전개하고자 하는 사상이다. 여기서는 다만 넌지시 비추고 암시를 했을 따름이다. 율법의 위대한 가치, 율법의 중요한 역할은 인간이 율법을 만족하게 하려고 할 때 자신의 무력함을 깨닫게 하고, 인간을 은혜로 밀어붙이는 것이다.

한 인간에게 율법을 통해 하나님 앞에 의롭다 하심을 얻도록 노력해 보라고 하면, 그 사람은 그 방법이 불가능하다는 것을 알게 될 것이며, 그는 자신이 할 일이 다만 예수 그리스도께서 인간에게 알게 해 주신 하나님의 놀라우신 은혜를 받아들이는 길밖에 없다는 것을 알게 될 것이다.

믿음의 도래

갈라디아서 3:23-29

[23]믿음이 오기 전에 우리는 율법 아래에 매인바 되고 계시될 믿음의 때까지
갇혔느니라 [24]이같이 율법이 우리를 그리스도께로 인도하는 초등교사가 되
어 우리로 하여금 믿음으로 말미암아 의롭다 함을 얻게 하려 함이라 [25]믿음
이 온 후로는 우리가 초등교사 아래에 있지 아니하도다 [26]너희가 다 믿음으
로 말미암아 그리스도 예수 안에서 하나님의 아들이 되었으니 [27]누구든지 그
리스도와 합하기 위하여 세례를 받은 자는 그리스도로 옷 입었느니라 [28]너희
는 유대인이나 헬라인이나 종이나 자유인이나 남자나 여자나 다 그리스도
예수 안에서 하나이니라 [29]너희가 그리스도의 것이면 곧 아브라함의 자손이
요 약속대로 유업을 이을 자니라

이 부분에서도 바울은 여전히 율법이 하나님의 섭리 가운데서 행한 중요한 역할에 대해 생각하고 있다. 헬라 세계에는 **파이다고고스**(paidagogos)라고 불리는 가복(家僕)이 있었다. 그는 선생이 아니었다. 대개 기품이 있고, 가족들과 오랫동안 같이 살았으며, 믿을 만한 나이 많은 종이었다. 자녀의 도덕적인 훈도를 책임지고 있었다. 자녀가 유혹에 빠지거나 해를 받지 않도록 하며 훌륭한 인간이 되도록 하는 가운데 필요한 본질적인 자질을 향상시켜 주는 일을 책임지고 있었다. 그에게는 한 가지 특별한 임무가 있었다. 매일 자녀를 학교까지 등하교시켰다. 자녀에게 실제적으로는 아무것도 가르치지 않았다. 그러나 자녀를 무사히 학교까지 데리고 가서 선생에게 맡기는 것이 그의 책임이었다. 그것은 바로 율법의 기능과 같은 것이라고 바울은 말했다. 율법은 인간을 그리스도께로 인도한다. 율법은 인간을 그리스도의 현전에 인도하지는 못한다. 그러나 인간에게 그

가 들어가야 할 바로 그것에 들어가게 할 수 있다. 율법의 역할은 인간에게 스스로 율법을 지키기에는 전혀 불가능하다는 것을 깨닫게 해 줌으로써 그리스도께 인도한다는 것이다. 바로 실패와 무능의 인식이 인간을 그리스도께 인도하는 것이다. 그러나 인간이 그리스도께 온 이후에는 율법이 필요 없게 되었다. 인간은 이제 율법이 아니라 은혜에 의지하고 있기 때문이다.

"누구든지 그리스도와 합하여 세례를 받은 자는 그리스도로 옷 입었다"라고 바울은 말한다. 여기에는 두 가지 생생한 그림이 있다. 세례는 유대적인 의식이며 관습이다. 누구든지 유대교의 신앙을 가지려고 하면 그 사람은 세 가지 일을 하지 않으면 안 된다. 그 사람은 할례를 받고, 희생 제사를 드리고, 세례를 받아야 한다. 더러움을 깨끗하게 하기 위한 의식적인 정결은 유대교에서 흔히 볼 수 있는 일이다(레 11–15장 참조). 유대적인 세례 방식은 다음과 같다. 세례 받을 사람은 머리칼과 손톱을 자르고, 아무것도 몸에 걸치지 않는다. 세례를 위한 통은 40세아스들이인데 물이 두 통들이다. 온몸이 물에 닿아야 한다. 그 사람은 세 사람의 **세례 아버지**(fathers of baptism) 앞에서 자신의 신앙을 고백한다. 그리고 아직 물속에 있을 때 율법서의 일부분이 낭독되고, 격려의 말씀이 있으며, 축복의 말씀이 그에게 주어진다. 그가 물에서 나오면 유대교의 신앙을 가진 회원이 된다. 그가 유대교의 신앙을 가지게 되는 것은 세례를 통해야 했던 것이며, 신앙에 들어가기 위해 세례를 받았던 것이다.

기독교의 세례에 의하여 한 인간은 그리스도 안에 들어가게 된다. 초대 교인들은 세례를 통해 진정으로 그리스도와 하나가 된다고 보았다. 선교지에서는 이교주의에서 직접 회심하기 때문에 세례는 대개 성인들의 세례이며, 어른들은 아이들이 갖지 못하는 경험을 가지게 된다는 것을 물론 주의하지 않으면 안 된다. 그러나 유대교도의 회심하는 자가 유대교의 신앙과 결합이 되며 받아들여지는 것과 마찬가지로, 기독교로 회심하는 자는 그리스도와 하나가 되며 받아들여진다(롬 6:3 이하; 골 2:12 참조). 세례란 단순한 형식이나 의식이 아니다. 세례란 그리스도와 진정으로 하나가 되는 것이다. 바울은 더 계속해서 세례를 받은 자는 그리스도를 옷 입었다고 한다. 이 말은 후에 분명히 있었을 것이라고 생각되는 어떤 관습과 관련이 있을 것 같다. 세례를 받고자 하는 자는 앞으로 그가 들어갈 새 생활을 상징하는 흰옷을 입었을 것이다. 새 신자가 흰옷을 입는 것같이 그는 그리스도를 옷 입으며, 그의 삶은 그리스도를 옷 입게 되었던 것이다.

그 결과 교회 안에는 그런 교인들간에 어떤 차별도 있을 수 없게 되었다. 그들은 모두 하나님의 자녀가 되었던 것이다. 28절에서 바울은 유대인이나 헬라인, 종이나 자주자, 남자와 여자의 차별이 일소되었다고 말한다. 이 말에는 매우 흥미 있는 점이 있다. 바울이 기독교인이 되기 전에 사용했을 것이 틀림없는 유대인의 아침 기도문 가운데는 다음과 같은 하나님께 드리는 감사말이 있다. "하나님이여! 당신이 나를 이방인이나, 노예나, 여자로 만들지 않으신 것을 감사드립니다." 바울은 이제 그 기도를 인용하여 뒤바꿔 놓는다. 옛 차별은 없어졌으며, 불일치가 변하여 일치가 되고, 분열이 변하여 교제가 되고, 모든 사람이 그리스도 안에서 하나가 되었다.

우리는 이미(16절에서) 아브라함에게 주신 약속이 그리스도 안에서 특별히 성취되었다는 바울의 해석을 보았다. 그런데 우리도 그리스도와 하나가 되면 그 약속을 상속 받을 수 있다. 그리고 그 최대 특권은 율법을 지키는 데서 오는 것이 아니라 하나님의 관대하시며 자유로운 은혜를 믿는 행위에서 오는 것이다.

인간과 인간 사이에 있는 심한 차별이나 구분, 분리를 없앨 수 있는 것은 단지 한 가지가 있을 뿐이다. 모든 사람이 하나님의 은혜의 빚을 지고 그리스도 안에 있게 될 때, 오직 그때 모든 사람은 하나가 된다. 분열된 세계를 하나로 할 수 있는 힘은 인간의 힘이 아니라 오직 하나님의 힘이다.

The Letter to the Galatians 04

소년 시절

갈라디아서 4:1-7

1내가 또 말하노니 유업을 이을 자가 모든 것의 주인이나 어렸을 동안에는
종과 다름이 없어서 2그 아버지가 정한 때까지 후견인과 청지기 아래에 있나
니 3이와 같이 우리도 어렸을 때에 이 세상의 초등학문 아래에 있어서 종 노
릇 하였더니 4때가 차매 하나님이 그 아들을 보내사 여자에게서 나게 하시고
율법 아래에 나게 하신 것은 5율법 아래에 있는 자들을 속량하시고 우리로
아들의 명분을 얻게 하려 하심이라 6너희가 아들이므로 하나님이 그 아들의
영을 우리 마음 가운데 보내사 아빠 아버지라 부르게 하셨느니라 7그러므로
네가 이후로는 종이 아니요 아들이니 아들이면 하나님으로 말미암아 유업을
받을 자니라

고대 세계에서는 오늘날 우리보다 소년이 장년이 되는 과정이 뚜렷하였다.

1. 유대 세계에서는 소년이 열두 살 생일을 지나면 바로 돌아오는 안식일에 아버지가 그 소년을 회당으로 데리고 갔으며, 거기에서 그 소년은 "율법의 아들"이 되었다.

그러면 아버지는 "오 하나님, 감사합니다. 당신은 나에게서 이 아이에 대한 책임을 거두어 가셨나이다"라고 감사기도를 드렸다. 한편 소년은 이러한 기도를 드렸다. "나의 하나님! 그리고 나의 조상의 하나님이시여! 나를 어린이에서 어른이 되게 하시는 이 엄숙하고도 거룩한 날에, 나는 겸손히 눈을 들어 당신을 보오며, 이후로 나는 당신의 계명을 지키며, 당신에 대한 나의 행위에 대해 책임을 지며 의무를 다할 것을 성실과 진실함을 가지고 선언합니다." 거기에는 어린이의 생활에서 구분되는 분명한 선이 있었다. 하룻밤 사이에 소년은 장년이 되었다.

II. 헬라 세계에서 소년은 일곱 살에서 열여덟 살이 되기까지 아버지의 보호 아래에 있었다. 열여덟 살이 되면 **에페보스**(ephebos)가 되는데, 그 말은 **후보생**(cadet)이라고 번역할 수 있다. 그리하여 2년 동안 국가의 관리 아래에 있게 된다. 아덴 시민들은 열 **프라트리아이**(phratriai), 즉 씨족이 나누어져 있었다. 젊은이는 **에페보스**가 되기 전에 **아파투리아**(Apatouria)라는 축제에서 한 씨족에 속하게 되는데, 그 의식에서 젊은이는 긴 머리카락을 잘라 신들에게 바쳤다. 여기서도 마찬가지로 장년이 되는 과정이 매우 뚜렷하였다.

III. 로마법에서는 소년이 장년이 되는 나이를 뚜렷하게 고정해 놓고 있지 않다. 그러나 대개 열네 살에서 열일곱 살이다. **리베랄리아**(Liberalia)라는 가족 내의 거룩한 의식에서 소년은 자색 띠가 아랫단에 둘려진 긴 겉옷인 **토가 프래텍스타**(toga praetexta)를 벗고, 어른들이 입는 아무 장식이 없는 긴 겉옷인 **토가 비릴리스**(toga virilis)를 입는다. 그러고 나서 그는 친구들이나 친척들에게 이끌려 광장으로 가서 공적인 생활에 들어가도록 정식으로 소개 받는다. 그것은 본질적으로는 종교적 의식이었다. 여기서도 마찬가지로 소년이 성인이 되는 뚜렷한 날이 있었던 것이다. 로마의 관습에 보면 소년이나 소녀가 자라서 어른이 되는 날에 소년은 공을, 소녀는 인형을 아폴로 신에게 바쳤는데 그것은 자신들의 어릴 때의 것들을 버린다는 것을 의미했다. 법률적으로 볼 때 소년이 아직 **미성년**이면 실제로는 막대한 재산을 가졌다 하더라도 법적으로는 아무런 권리도 행사할 수 없었다. 자신의 생활도 관리할 수 없었으며, 모든 일에서 그는 간섭을 받아야만 했다. 따라서 구체적인 문제에 대해서는 아무런 자유가 없었으며 오히려 노예와 같았다. 그러나 어른이 되는 날에는 모든 재산을 관리할 수 있었으며 인간으로서 자유를 향유할 수 있었다.

이와 마찬가지로—바울은 말하기를—이 세상의 소년 시절에도 율법이 지배했던 것이다. 그러나 율법은 기본적인 지식에 불과하였다. 그것을 설명하기 위하여 바울은 **스토이케이아**(stoicheia)라는 단어를 사용하고 있다. **스토이케이온**(stoicheion)은 어원적으로 보면 어떤 것들을 한 줄로 세워 놓은 것을 말하는데, 예를 들면 줄을 지어선 군인들을 말할 수 있다. 그러나 그 말이 A, B, C를 의미하게 되고, 모든 교훈이나 지식의 초보적인 것을 의미하게 되었다. 그런데 어떤 사람들이 여기서 읽는 것 같은 또 다른 의미가 있다는 것을 우리는 주의해야 한다. 그 말은 이 세계를 구성하고 있는 여러 요소들, 특히 별들을 의미할 수 있었다. 그런데 고대 세계에는 점성술에 대한 신앙이 대단하였다. 한 사람이 어떤 하나의 별 아래서 태어나면 그의 운명은 그 별에 의해 고정된다고 믿었다. 인간은 별들의 지배하에 살았으며 그로부터 벗어날 수 있는 비법을 원했던 것이다.

어떤 학자들의 생각에, 바울이 여기서 말하는 바는 한때 갈라디아인들이 별들의 해로운 영향력을 믿는 신앙 때문에 무서워했으며 그것에 지배되었다고 하는 것이다. 그러나 전체의 의미로 볼 때 **스토이케이아**를 초보적인 불완전한 지식이라는 의미로 보는 것이 당연하다. 그러므로 바울은 이렇게 말하고 있다. 갈라디아인들이—그리고 실은 모든 인간이—아직 힘없는 어린아이였으며 율법의 지배하에 있었던 때, 그리고 때가 이르렀을 때, 그리고 그리스도께서는 율법의 지배에서 인간을 해방시켰다는 것이다. 따라서 인간은 이제 율법의 노예가 아니다. 그들은 자녀가 되었으며, 유산 상속자가 되었다. 율법에 종속되었던 소년 시절은 지나갔으며 자유로운 성인 시대가 도래했다.

우리가 자라나는 증거는 마음에서 본능적인 부르짖음에서 우러나오고 있다. 인간은 심오한 요구에 따라 하나님을 우러러보며 "아버지!"라고 부르짖는다. 바울은 "아바! 아버지!"라는 이중의 어귀를 쓰고 있다. **아바**(Abba)라는 말은 아버지라는 아랍어다. 이 말을 예수도 가끔 입에 올리셨을 것인데, 그 소리가 매우 엄숙하였기에 사람들이 원어 그대로 보존한 것이다. 이 인간의 마음속에서 나오는 본능적인 부르짖음을 바울은 성령의 일하심이라고 보고 있다. 따라서 우리의 마음이 그 말을 하면 우리는 자녀이며, 동시에 모든 은혜의 유산이 우리의 것임을 알 수 있다. 바울에게는 그의 삶이 율법에 예속된 사람은 아직 어린아이이며, 은혜의 길을 배운 사람은 기독교 신앙에서 원숙하고 완전히 성장한 어른이 된 것이다.

거꾸로 가는 진보

갈라디아서 4:8-11

8그러나 너희가 그때에는 하나님을 알지 못하여 본질상 하나님이 아닌 자들
에게 종 노릇 하였더니 9이제는 너희가 하나님을 알 뿐 아니라 더욱이 하나
님이 아신바 되었거늘 어찌하여 다시 약하고 천박한 초등학문으로 돌아가서
다시 그들에게 종 노릇 하려 하느냐 10너희가 날과 달과 절기와 해를 삼가 지
키니 11내가 너희를 위하여 수고한 것이 헛될까 두려워하노라

이 부분에서도 바울은 여전히 그의 사상을 율법이란 믿음의 초보적인 단계며, 성숙한 사람은 은혜에 입각해 있는 사람이라는 개념 위에 세우고 있다. 율법은 사람들이 그보다 좋은 것을 몰랐던 옛 시절엔 그런대로 정당한 것이었다. 그러나 이제 그들은 하나님과 하나님의 은혜를 알게 되었다. 그때 바울은 스스로의 말을 시정하면서 인간은 스스로의 노력으로는 하나님을 알 수 없다고 하며, 은혜로우신 하나님께서 자신을 인간에게 계시하신다고 말한다. 하나님께서 우리를 찾아 주시지 않는 한 우리는 결코 하나님을 찾을 수 없다. 그리하여 바울은 이렇게 힐문하고 있다. "너희가 이미 오래전에 버리고 온 단계로 되돌아가고자 하는가? 너희는 거꾸로 진보하고자 하느냐?"

바울은 초보적인 것, 다시 말해 율법에 기초한 신앙을 약하고 천한 것이라고

한다.

I. 그것은 무력하기 때문에 약한 것이다. 그것은 죄를 정할 수 있다. 그것은 인간이 죄를 범하고 있다는 것을 보여 줄 수 있다. 그것은 인간에게 죄를 깨닫게 할 수 있다. 그러나 그것은 과거의 죄에 대해서는 용서를, 미래의 죄에 대해서는 그것을 이길 힘을 보여 주지 못한다. 율법의 근본적이며 고유한 약점은 언제나 질병을 진단은 하지만 치료할 수는 없었으며, 없다는 점이다.

II. 그것은 굉장한 은혜에 비하면 너무나 천한 것이다. 율법은 본질상 한 가지 정황에 대해서밖에 대처하지 못한다. 그런데 모든 새로운 정황에 대해서는 새로운 율법이 요청되는 것이다. 그러나 은혜의 놀라움은 그것이 **포이킬로스**(poikilos)하다는 데 있다. 그 뜻은 **다채롭고 다양하다**는 것이다. 다시 말해 은혜가 대처할 수 없는 생의 정황이란 없다는 말이다. 율법은 위기에서 위기로 비틀거리며 쫓아다녔던 것이며, 은혜는 모든 것에 충족하였던 것이다.

유대 율법이 가진 특징 중 하나는 특별한 날과 절기를 지키는 것이었다. 여기서 말하는 **날**은 매주의 안식일이다. 그리고 **달**은 특별한 행사가 있는 새 달이다. 또 **절기**란 유월절과 오순절과 초막절 같은 커다란 행사다. 그리고 **해**란 특별한 해로서 7년마다 돌아오는 안식년을 말한다. 특별한 날이나 절기에 의존하는 종교의 결함은 모든 날을 거룩한 날과 속된 날, 하나님께 속한 날과 인간이 자기 마음대로 할 수 있는 날로 엄격하게 구분하는 것이다. 더구나 누구나 조심스럽게 특별한 날들을 지킨 사람은 하나님에 대한 책임을 생각하는 단계에 필연적으로 도달한다는 것이다. 그것은 비록 율법주의적인 종교는 되었을망정 선지자의 종교라고는 도저히 할 수 없는 것이다.

이런 말이 있다. "고대 히브리 사람에게는 오늘날 우리가 사용하는 '종교'라는 말에 해당하는 용어가 없었다. 그들의 견해에 의하면 그들의 모든 생활은 하나님께로부터 온 것이며, 하나님의 율법과 통치에 예속되는 것이었다. 그들의 생각에는 '종교'라는 딱지를 붙일 수 있는 특별한 부분이 있을 수 없었다. 예수 그리스도께서는 '내가 너희에게 종교를 주기 위해 온 것이라'고 하지 않으시고

'너희가 성명을 얻어 더 풍성하게 하려 함이라' 고 하셨다."

종교를 날이나 때나 절기와 관련시키는 것은 그것을 전적으로 형식화시키는 것이다. 참 기독교인들에게는 모든 날이 곧 하나님의 날이다. 바울은 은혜의 놀라움을 알게 된 사람이 다시금 율법주의로 미끄러져 되돌아가며, 하나님 앞에서 살아 본 사람이 특별한 날들 속에 하나님을 두는 것이 아닌지 두려워했다.

사랑의 호소

갈라디아서 4:12-20

12형제들아 내가 너희와 같이 되었은즉 너희도 나와 같이 되기를 구하노라
너희가 내게 해롭게 하지 아니하였느니라 13내가 처음에 육체의 약함으로 말
미암아 너희에게 복음을 전한 것을 너희가 아는 바라 14너희를 시험하는 것
이 내 육체에 있으되 이것을 너희가 업신여기지도 아니하며 버리지도 아니
하고 오직 나를 하나님의 천사와 같이 또는 그리스도 예수와 같이 영접하였
도다 15너희의 복이 지금 어디 있느냐 내가 너희에게 증언하노니 너희가 할
수만 있었더라면 너희의 눈이라도 빼어 나에게 주었으리라 16그런즉 내가 너
희에게 참된 말을 하므로 원수가 되었느냐 17그들이 너희에게 대하여 열심
내는 것은 좋은 뜻이 아니요 오직 너희를 이간시켜 너희로 그들에게 대하여
열심을 내게 하려 함이라 18좋은 일에 대하여 열심으로 사모함을 받음은 내
가 너희를 대하였을 때뿐 아니라 언제든지 좋으니라 19나의 자녀들아 너희
속에 그리스도의 형상을 이루기까지 다시 너희를 위하여 해산하는 수고를
하노니 20내가 이제라도 너희와 함께 있어 내 언성을 높이려 함은 너희에 대
하여 의혹이 있음이라

여기서 바울은 신학적으로가 아니라 한 인간으로서 호소하고 있다. 여기서 그는 지적인 이론을 말하지 않고 마음에서 호소를 전하고 있다. 바울은 그들을 위

해 이방인이 되었으며, 자기 백성의 길과 특권을 포기했으며, 자신이 성장해 온 전통에서 떨어져 나왔으며, 저들과 똑같이 된 것을 그들이 기억해 주기를 바라고 있다. 그리고 그들에게 유대인과 같이 되지 않고 자기와 같아지기를 호소하고 있다.

여기서 우리는 바울의 육체에 있는 가시에 대한 기사를 읽을 수 있다. 그것은 그들이 처음 바울을 만났으며, 바울이 처음으로 그들에게 갔을 때의 병으로 말미암은 것이었다. 우리는 고린도후서 12장 7절에 나오는 고전적인 문장을 대하게 될 때 그 가시에 대해 보다 충분하게 논의하기로 하자. 그 가시는 바울이 받은 고난이라고 주장하는 이가 있다. 또 그 자신이 말하는 바에 의하면 육체의 시련이 제거된 적은 한 번도 없었다고 한다. 그의 육신적인 외모를 고린도 교인들은 경멸했다고 한다(고후 10:10). 가장 오랜 전승에 의하면 그 가시란 매우 지독한 두통을 나타낸다고 한다. 이 구절 자체에서 보면 두 가지 징조가 나타난다.

갈라디아 교인들은 할 수만 있다면 자신들의 눈이라도 빼내어서 바울에게 주었을 것이라고 한다. 바울의 눈은 언제나 그를 괴롭혔던 것으로 보인다. 바울은 다메섹 도상에서 본 영광으로 너무 눈이 부셨기 때문에 그 후에는 단지 막연히 볼 수밖에 없었으며 늘 아팠기 때문이다. **너희가 나를 버리지 아니하였다**고 번역된 말을 글자 그대로 옮겨 놓으면 **너희가 나에게 침을 뱉지 않았다**는 말이다. 그런데 고대 세계에서는 간질병 환자를 만나면 침을 뱉는 관습이 있었다. 그렇게 해야만 그 환자 속에 도사리고 있다고 믿는 악령의 영향을 피할 수 있다고 생각했기 때문이다. 따라서 바울은 간질병 환자였을 것이라는 추측이 있다.

바울이 언제 갈라디아 지방에 왔는지 그 정확한 시기를 알아보자. 우리가 그것을 알 수 있다면 왜 왔는지 그 원인도 추측할 수 있을 것이다. 사도행전 13장 13-14절은 바울이 갈라디아 지방에 온 사실을 말하고 있다고 보는 데 매우 타당하다. 이 구절은 하나의 문제를 제기하고 있다. 바울과 바나바와 마가는 구브로 섬에서 본토로 건너왔던 것이다. 그들은 밤빌리아에 있는 버가에 이르렀다. 거기서 마가는 그들을 떠났다. 그리고 나서 그들은 곧장 갈라디아 지방에 속한 비시디아의 안디옥으로 직행하였다. 바울은 왜 밤빌리아에서 전도하지 않았을까? 그 지방은 매우 인구가 많은 지방이었다. 왜 그는 비시디아의 안디옥으로 가는 길을 택했을까? 중앙고원으로 올라가는 길은 세계적으로 가장 험하고 위험한 길 가운데 하나다. 그렇게 때문에 마가가 그들을 떠나 집으로 돌아갔을는지 모른다. 왜 밤빌리아에서 갑자기 떠났을까?

그 원인은 이런 것인지 모른다. 밤빌리아와 해안의 평원은 말라리아 열병이 창궐하는 지방이었다. 아마 바울이 이 말라리아 열병에 걸렸을는지 모른다. 그 때 바울이 할 수 있었던 유일한 치료는 갈라디아의 고원지대를 찾는 길밖에 없었을 것이다. 따라서 바울은 갈라디아 사람들에게 환자로서 나타났던 것이다.

그런데 말라리아 열병은 재발할 수 있으며, 사람을 쓰러뜨릴 정도로 아프게 하는 두통이 동반했다고 한다. 그 고통이 얼마나 심한지는 그 아픔을 경험한 사람이 다음과 같이 말한 것에서 알 수 있다. 그것은 "벌겋게 단 쇠몽둥이를 가지고 이마를 꿰뚫는 것 같은 것"이며 "치과 의사의 송곳을 가지고 관자놀이를 꿰뚫는 것 같은 아픔이다". 바울이 자기 육체의 가시라고 했으며, 그가 처음으로 갈라디아에 왔을 때 그를 괴롭혔던 것은 아마 이런 무섭고 고치기 어렵고, 사람을 쓰러뜨릴 만큼 아픈 병고였을 것이다.

바울은 갈라디아 교인들에게 열심히 아첨하는 사람들에 대해 말하고 있다. 그 사람들은 다름 아닌 갈라디아 교인들이 유대교의 방식을 따르게 하고자 하는 자들이라고 바울은 말한다. 그들은 단지 장벽을 쌓아 올리기 위하여 아첨하였던 것이다. 그들이 갈라디아인들에게 유대교의 방식을 따르게끔 설득할 수 있었다면 갈라디아 교인들은 그들에게 자신들이 할례 받을 수 있으며 유대인이 될 수 있게 허락해 주도록 아첨했을 것이다. 이 사람들이 갈라디아 교인들에게 아첨한 것은 그들을 마음대로 조종하며, 자신들과 율법에 복종시키기 위한 것이었다.

마지막으로 바울은 생생한 은유를 사용한다. 갈라디아 교인들을 그리스도 앞으로 인도한 것이 마치 해산하는 어머니의 고통과 같은 것이었다. 그런데 이제 와서 그 고통을 다시 맛보아야만 하게 되었다. 그리스도께서 아직 모태 중에 있는 것같이 그들 중에 계신다. 바울은 그들을 그리스도 안에서 탄생으로 이끌지 않으면 안 된다.

누구든지 마지막 몇 마디 말씀에 담긴 깊은 애정을 보지 않을 수 없다. **나의 자녀들아**—작은 자를 가리키는 라틴어나 헬라어에는 언제나 깊은 애정이 담겨 있다. 요한은 가끔 이런 표현을 사용하고 있지만 바울은 여기서 말고는 어디에도 사용한 예가 없다. 바울의 마음엔 애정이 넘쳐흐르고 있었다. 바울은 심한 말로 책망하는 것이 아니었다는 것을 우리는 잘 알 수 있다. 그는 길을 잃고 헤매는 자기 자녀를 애타게 기다리는 것이었다. 유명한 여자 선교사이며 교사였던 플로렌스 알손(Florence Allshorn)은 학생들을 꾸짖을 일이 있으면 언제나 그 학생을 가슴에 품듯이 책망했다고 한다. 사랑의 어조는 노한 목소리가 결코 들어갈 수 없는 곳까지 침투해 들어갈 수 있는 것이다.

옛이야기와 새로운 의미

갈라디아서 4:21-5:1

21내게 말하라 율법 아래에 있고자 하는 자들아 율법을 듣지 못하였느냐 22기
록된바 아브라함에게 두 아들이 있으니 하나는 여종에게서, 하나는 자유 있
는 여자에게서 났다 하였으며 23여종에게서는 육체를 따라 났고 자유 있는
여자에게서는 약속으로 말미암았느니라 24이것은 비유니 이 여자들은 두 언
약이라 하나는 시내 산으로부터 종을 낳은 자니 곧 하갈이라 25이 하갈은 아
라비아에 있는 시내 산으로서 지금 있는 예루살렘과 같은 곳이니 그가 그 자
녀들과 더불어 종 노릇 하고 26오직 위에 있는 예루살렘은 자유자니 곧 우리
어머니라 27기록된바 잉태하지 못한 자여 즐거워하라 산고를 모르는 자여 소
리 질러 외치라 이는 홀로 사는 자의 자녀가 남편 있는 자의 자녀보다 많음
이라 하였으니 28형제들아 너희는 이삭과 같이 약속의 자녀라 29그러나 그때
에 육체를 따라 난 자가 성령을 따라 난 자를 박해한 것같이 이제도 그러하
도다 30그러나 성경이 무엇을 말하느냐 여종과 그 아들을 내쫓으라 여종의
아들이 자유 있는 여자의 아들과 더불어 유업을 얻지 못하리라 하였느니라
31그런즉 형제들아 우리는 여종의 자녀가 아니요 자유 있는 여자의 자녀니라
1그리스도께서 우리를 자유롭게 하려고 자유를 주셨으니 그러므로 굳건하게

서서 다시는 종의 멍에를 메지 말라

이와 같은 구절을 주해하고자 할 때 우리는 언제나 열렬하며 학구적인 유대인, 특히 랍비에게서 성경은 한 가지 이상의 뜻을 가지고 있었다는 것을 기억하지 않으면 안 된다. 그리고 사실에서 축어적인 의미는 별로 중요시되지 않는다. 유대 랍비에게서 성경 구절들은 세 가지 의미를 가지고 있었다.

I. "페샷(Peshat)", 단순한 축어적인 의미

II. "레마즈(Remaz)", 암시적인 의미

III. "데루슈(Derush)", dusr에 의해 전개되며, 연역되는 의미

IV. "소드(Sod)", 은유적인 의미

이상 네 단어의 머릿글자 PRDS는 파라다이스(Paradise〈낙원〉)라는 단어의 자음들이다. 그리하여 누구든지 네 가지 다른 의미들을 통달할 수 있으며 그는 낙원의 기쁨을 누릴 수 있다!

그런데 모든 의미 가운데 **은유적인** 의미가 최고봉을 차지하고 있다는 것을 주의해야 한다. 따라서 랍비는 구약성경에서 실로 간단한 역사적인 이야기를 취하고 나서 그 내적 의미를 읽는 것을 즐겨 했다. 그것이 우리에게는 매우 비현실적인 것으로 보이지만 당시 사람들에게는 매우 타당한 것이었다. 바울은 훈련 받은 랍비였다. 따라서 바울은 여기서 바로 랍비의 방법을 이용하고 있다. 바울은 아브라함, 사라, 하가라, 이스라엘, 이삭의 이야기를 들고 있다(창 16, 17, 21장). 구약성경에 나오는 이 이야기는 전설적인 이야기지만 바울은 자신의 논쟁점을 예증하기 위해 은유적으로 사용하고 있다.

그 이야기의 개요는 다음과 같다. 아브라함과 사라는 나이가 매우 많았는데, 사라에게는 아직 자녀가 없었다. 사라는 족장 시대의 모든 아내가 그러했던 것

처럼 아브라함을 자기 계집종인 하갈에게 들여보내 하갈이 자신을 대신하여 애를 낳아 주기 원했다. 하갈은 이스마엘이라는 아들을 낳았다. 한편 하나님께서 오셔서 사라가 아이를 낳으리라고 약속하셨다. 너무나 불가능한 사실이기에 아브라함이나 사라는 그것을 쉽사리 믿지 못하였다. 그러나 때가 되자 아들 이삭이 태어났다. 다시 말해 이스마엘은 보통 인간의 육체적인 충동에서 태어났으며, 이삭은 하나님의 약속에 의해 태어난 것이다. 더욱이 사라는 자유하는 여인이었으며 반대로 하갈은 계집종이었다. 처음부터 하갈은 사라에게 이기기를 원했던 것이다. 아이를 못 낳는 것은 여자에게 더할 수 없이 수치스러운 일이었기 때문이다. 거기에 바로 문제가 움트고 있었다. 그 후 얼마 후 사라는 이스마엘이 이삭을 "희롱하는" 것을 보았다. 이것을 바울은 핍박과 동일시하고 있다. 따라서 사라는 하갈을 추방하라고 주장하였다. 계집종의 자녀는 자신이 낳은 자유하는 아들과 함께 유산을 상속 받아서는 안 되었기 때문이다. 더욱이 아라비아는 하갈의 후손들이 사는 노예의 땅이라고 생각되었다.

바울은 그 간단한 옛이야기를 취하고 그것을 은유적으로 해석하였다. 하갈은 시내 산에서 이루어진 율법의 옛 계약에 해당한다. 그 산은 실제로 하갈의 자손들이 살고 있는 땅에 있기도 하다. 하갈 자신이 노예였으며, 그의 모든 자손도 노예로 태어났던 것이다. 그리고 율법에 기초한 계약도 인간을 율법의 노예로 전락시킨다. 하갈의 자손은 단지 인간적인 충동으로 태어났다. 따라서 율법주의는 인간이 취할 수 있는 최선의 길이다. 그와는 반대로 사라는 하나님께서 율법이 아니라 은혜라는 인간에 대한 새로운 접근 방법이신 예수 그리스도 안에서 주시는 새로운 계약에 해당한다. 사라의 자식은 자유하는 자로 태어났으므로 그녀의 모든 자손도 자유로울 수밖에 없다. 그리고 사라의 자식은 어떤 인간적인 충동으로가 아니라, 하나님의 약속으로 태어났던 것이다. 옛이야기에서는 계집종의 자식이 자유하는 여인의 자식을 박해하였다. 그것이 다시금 유대인이 기독교인들을 박해하는 것으로 재연되었다. 다시 말해 율법의 자손들이 은혜와 약속의 후손들을 박해한 것이다. 그러나 옛이야기의 결말에서, 계집종의 자식은 추방당하고 상속을 이어받지 못하게 되었다. 그와 같이 결국 율법주의자들도 하나님께 추방당하고 은혜를 상속 받지 못할 것이다.

이 모든 것이 우리에게는 이상하게 보일는지 모르지만 한 가지 은혜의 사실이 그 속에 남아 있다. 율법으로 자기 생의 원리로 삼는 사람은 노예의 입장에 서는 것이며, 평생 동안 그의 주인인 율법을 만족하게 하는 길을 찾아 헤맨다. 하지만 은혜를 자기 생의 원리로 삼는 사람은 사랑을 지배적인 원리로 만든 사람이다. 그는 자유로운 인간이다. 한 위대한 성자가 말했듯이 "하나님을 사랑하라. 그러고는 마음대로 하라"는 것이 기독교인의 원리이기 때문이다. 그리고 우리를 의롭게 하는 것은 사랑의 힘이지 결코 율법의 강요가 아니다. 그리고 사랑은 언제나 율법보다 능력이 많은 것이다.

The Letter to the Galatians 05

인격적인 관계

갈라디아서 5:2-12

2보라 나 바울은 너희에게 말하노니 너희가 만일 할례를 받으면 그리스도께
서 너희에게 아무 유익이 없으리라 3내가 할례를 받는 각 사람에게 다시 증
언하노니 그는 율법 전체를 행할 의무를 가진 자라 4율법 안에서 의롭다 함
을 얻으려 하는 너희는 그리스도에게서 끊어지고 은혜에서 떨어진 자로다
5우리가 성령으로 믿음을 따라 의의 소망을 기다리노니 6그리스도 예수 안에
서는 할례나 무할례나 효력이 없으되 사랑으로써 역사하는 믿음뿐이니라
7너희가 달음질을 잘하더니 누가 너희를 막아 진리를 순종하지 못하게 하더
냐 8그 권면은 너희를 부르신 이에게서 난 것이 아니니라 9적은 누룩이 온 덩
이에 퍼지느니라 10나는 너희가 아무 다른 마음을 품지 아니할 줄을 주 안에
서 확신하노라 그러나 너희를 요동하게 하는 자는 누구든지 심판을 받으리
라 11형제들아 내가 지금까지 할례를 전한다면 어찌하여 지금까지 박해를 받
으리요 그리하였으면 십자가의 걸림돌이 제거되었으리니 12너희를 어지럽게
하는 자들은 스스로 베어 버리기를 원하노라

은혜의 길과 율법의 길은 서로 배타적이라는 것이 바울의 입장이었다. 율법에 복종하는 길을 취한 사람의 근본적인 잘못은 자신의 노력으로 하나님이 보시기에 가납될 만한 종적을 쌓을 줄로 생각한 점이다. 즉, 율법의 길은 구원을 인간적인 성취에 의존한다. 그런 반면에 은혜의 길을 취하는 사람은 하나님의 사랑과 자비에 자기 자신과 자신의 죄를 단순히 내맡긴다.

그러고 나서 바울은 논의를 계속하기를, 너희가 할례를 받으면, 다시 말해 너희가 율법의 일부분을 용납하면 논리적으로 볼 때 율법 전체를 용납하는 것이라고 한다. 어떤 사람이 한 나라에 귀화하기를 원한다고 하자. 그리고 그가 귀화를 위해 반드시 필요한 그 나라의 규칙과 법률과 규정을 조심스럽게 지키기로 했다고 하자. 그는 그 정도로 끝나는 것이 아니다. 그는 다른 모든 규칙과 법률과 규정까지도 지켜야만 하는 것이다. 따라서 바울은 어떤 사람이 할례를 받으면 할례가 지시하고자 하는 율법 전체에 대한 복종할 의무를 가지게 된다고 말하고 있다. 그리고 그가 그 길을 택했다면 자동적으로 은혜의 길과는 반대의 길을 걷게 된 것이며, 그리스도의 죽으심이 아무 상관이 없는 것이라고 한다.

바울에게서 무엇보다도 중요한 것은 사랑을 통해 역사하시는 믿음이었다. 그것은 곧 신앙의 본질은 율법이 아니라 예수 그리스도와의 인격적인 관계이며, 예수 그리스도께 몸과 마음을 다 바치기까지 그를 사랑하는 정신적인 행위라는 말의 다른 표현이라고 할 수 있다. 기독교 신앙은 결코 책 위에 세워지는 것이 아니다. 그것은 인격 위에 세워지는 것이다. 그 원동력은 율법에 대한 복종이 아니라 예수 그리스도에 대한 사랑이다.

한때 그들의 초기 신앙에서는 갈라디아 교인들도 그것을 알고 있었다. 그런데 지금에 이르러서는 율법으로 되돌아가고 있다. "적은 누룩이 온 덩어리를 부풀게 한다"라고 바울은 말했다. 유대인에게서 누룩은 대개의 경우 나쁜 영향력을 의미하였다. 여기서 바울이 말하고자 한 것은 이런 의미다. "이 율법주의 운동은 아직 크게 발전하지 않았을는지 모른다. 그러나 너희의 모든 신앙을 더럽히고 파괴시키기 전에 근절해야 한다."

바울은 매우 거칠고 무뚝뚝한 말로 이 부분을 끝내고 있다. 갈라디아는 브루기아와 인접해 있었는데, 당시 그 지역에서 최대의 예배 의식은 시빌리 여신

(Cybele)에 대한 예배였다. 그런데 시빌리 여신의 제사장이나 열렬한 신도들은 스스로 거세하여 불구자가 되는 관습이 있었다. 시빌리 여신의 제사장들은 환관들이었다. 따라서 바울은 이렇게 말하고 있다. "너희가 할례에서 시작되는 이런 길을 계속해서 걸어가면, 결국 이런 이방신의 제사장들과 마찬가지로 스스로 거세하는 데까지 가고 말 것이다." 그것은 점잖은 계층의 사람들의 눈살을 찌푸리게 하는 심한 예화다. 그러나 그들과 함께 살고 있던 시빌리 여신의 제사장들에 대해 너무나 잘 알고 있던 갈라디아 교인들에게는 실로 생생한 표현이었을 것이다.

기독교인의 자유

갈라디아서 5:13-15

13형제들아 너희가 자유를 위하여 부르심을 입었으나 그러나 그 자유로 육체
의 기회를 삼지 말고 오직 사랑으로 서로 종 노릇 하라 14온 율법은 네 이웃
사랑하기를 네 자신 같이 하라 하신 한 말씀에서 이루어졌나니 15만일 서로
물고 먹으면 피차 멸망할까 조심하라

이 부분에서 바울의 편지는 그 강조점을 변화시키고 있다. 지금까지는 신학적인 것이었으나, 이번에는 매우 윤리적인 것이 되었다. 바울의 독특한 실천적인 정신을 가지고 있었다. 그의 편지는 사상적인 최고 결정까지 올라가면서도 언제나 실제적인 주의사항으로 끝나고 있다. 바울에게서 신학이란 이 세상에서 구체적인 삶이 되지 않는 한 아무 소용이 없는 것이었다. 따라서 바울은 로마서에서 세계적으로 위대한 신학 논문을 쓰면서도, 갑자기 12장에 이르러서는 그 신학이 지상으로 내려와 가장 구체적인 도전과 충고들을 문제 삼고 있다. 빈센트 테일러(Vincent Taylor)가 이렇게 말했다. "그가 우수한 신학자인지 아닌지를 알아보는 방법은, 그가 전도지를 쓸 수 있느냐에 있다." 다시 말해 하늘을 날던 생각을 정리해서 보통의 인간들이 이해하고 실천할 수 있는 것으로 재편성할

수 있는지를 묻는 것이다. 바울은 언제나 그런 시험에 만족하게 합격하였다. 이 편지에서 이 부분이 바로 그런 분기점이다. 모든 관점이 일상생활에 대한 평가로 돌려졌다.

바울의 신학은 언제나 한 가지 위험에 봉착한다. 바울은 율법 시대가 끝나고 은혜 시대가 도달하였다고 말했으니만큼 짐짓 그 말을 곡해하기를 꾀하는 사람이 있다면 그는 이렇게 말할 수 있을 것이다. "그렇다면 그 말은 곧 내가 하고 싶은 일을 내가 할 수 있으며, 모든 제한이 철폐되고, 나는 나의 취향, 정열, 욕망, 감정이 이끄는 대로 마음대로 따라갈 수 있다는 뜻이 된다. 율법은 없어지고, 은혜가 모든 것을 용서해 줄 것을 보증하기 때문이다." 그러나 바울에게는 마지막 날까지 남는 두 가지 의무가 있다.

I. 그 하나는 여기서 언급하고 있지 않지만 그의 모든 사상에 함축되어 있다. 그것은 **하나님에 대한 의무**다. 하나님께서 우리를 그처럼 사랑하셨다면 그리스도의 사랑이 우리를 강권하신다. 나는 하나님께 자신의 생명으로 대속해 주신 삶을 훼손하거나 더럽힐 수 없다.

II. "이웃 사람에 대한 의무"가 있다. 우리는 자유롭다. 그러나 그 자유는 이웃을 자기 자신과 같이 사랑하는 자유다.

여러 가지 정부 형태에 대한 명칭들이 하나의 좋은 시사를 던져 주고 있다. **군주정치**(Monarchy)는 소수의 사람들에 의한 정치를 의미하며, 오직 그 소수의 사람만이 다스릴 능력이 있다는 주장 때문에 정당화되고 있다. **귀족정치**(Aristocracy)는 가장 특출한 사람들에 의한 정치를 의미한다. 그러나 가장 **특출하다**는 말을 어떻게 정의할 것인가 하는 문제점이 남아 있다. **재벌정치**(Plutocracy)는 부자들에 의한 정치를 의미한다. 그것은 그 나라에서 가장 많은 이해관계를 가진 사람이 그 나라를 다스리는 것이 마땅하다는 의론에 의해 정당화되고 있다. 그러나 **민주정치**(Democracy)는 백성의, 백성에 의한, 백성을 위한 정치다. 그런데 기독교야말로 유일한 민주주의 체제다. 기독교 국가에서는 모든 사람이 자기 자신을 생각하듯 이웃 사람에 대해 생각할 것이기 때문이다. 기독교인의 자유는 방종이 아니다. 왜냐하면 기독교인은 죄를 범할 자유를 가지게 된 사람이다. 기독교인은 죄를 범하게 자유를 가지게 된 사람이 아니라면 **죄를 범하지 않을** 자유를 가지게 된 사람이라는 단순하면서도 놀라운 이유 때문이다. 기독교인은 그리스도의 영이 내재해 주시는 것을 통해 자신이 깨끗하게 씻김을 받고 나서 이웃을 자기 몸같이 사랑할 수 있게 된 사람이다. 그 일은 기독교인이 아니고서는 도저히 불가능한 일이다.

마지막으로 바울은 한마디 엄격한 충고를 덧붙인다. "너희가 삶의 문제를 공동으로 해결하지 않는 한 너희의 삶이 불가능할 것이며, 멸망할 수밖에 없을 것이다." 이기주의는 결국 인간의 삶을 증진시키지 못하고 오히려 파괴해 버린다.

악한 일들

갈라디아서 5:16-21

16내가 이르노니 너희는 성령을 따라 행하라 그리하면 육체의 욕심을 이루지
아니하리라 17육체의 소욕은 성령을 거스르고 성령은 육체를 거스르나니 이
둘이 서로 대적함으로 너희가 원하는 것을 하지 못하게 하려 함이니라 18너
희가 만일 성령의 인도하시는 바가 되면 율법 아래에 있지 아니하리라 19육체
의 일은 분명하니 곧 음행과 더러운 것과 호색과 20우상 숭배와 주술과 원수
맺는 것과 분쟁과 시기와 분냄과 당 짓는 것과 분열함과 이단과 21투기와 술
취함과 방탕함과 또 그와 같은 것들이라 전에 너희에게 경계한 것같이 경계
하노니 이런 일을 하는 자들은 하나님의 나라를 유업으로 받지 못할 것이요

바울처럼 긴장한 인간의 본성을 의식한 사람은 다시없을 것이다. 스터더트 케네디(Studdert Kennedy)의 시에 나오는 한 병사는 이렇게 노래했다.

태어나는 순간부터 나는

인간이며 인간은 혼합물이다.
얼마만큼은 하늘에서
그리고 얼마만큼은 땅에서 왔으니 말이다.

바울 사상의 핵심에서 볼 때 기독교인의 자유와 자주성은 인간성의 저급한 면을 만족시키는 자유가 아니다. 성령에 따라 사는 삶을 위한 자유를 의미한다. 여기서 바울은 우리에게 악한 일들의 견본들을 보여 주고 있다. 바울이 사용한 하나하나의 낱말에는 그만한 배경들이 있는 것이니만큼 우리는 각각의 말을 분리시켜 생각해 보아야 한다.

음행 : 기독교가 이 세계에 도입한 새로운 미덕은 순결이었다고 말하는데 그것은 사실이다. 기독교는 성적인 부도덕이 용인될 뿐 아니라, 일상생활에서 정상적이고도 본질적인 것으로 인식되던 그런 세계에 전파된 것이다.

더러운 것 : 바울이 사용하고 있는 말(**아카타르시아**〈akatharsia〉)은 매우 재미있다. 그것은 불결한 상처의 고름, 손질을 전혀 하지 않은 나무, 한 번도 불순물을 골라내지 않은 물질을 일컫는 말이다. 그 말의 긍정형(**카타로스**〈katharos〉, 순결을 의미하는 형용사)은 흔히 집을 매매할 때 집이 깨끗하고 잘 보존되어 있다는 것을 나타내는 데 사용된다. 그러나 가장 특색 있는 용법은 형용사 **카타로스**가 의식상의 정결을 나타낼 때 사용되는 경우인데 그것은 인간이 신 앞에 나갈 수 있는 자격을 부여 받는 것이다. 따라서 더러운 것이란 인간이 하나님 앞에 나가기에 부적당하게 만드는 것이다. 그것은 하나님을 볼 수 있는 정결함과는 정반대다. 그것은 우리를 하나님께로부터 격리시키는 인생의 오물들이다.

호색 : KJV에서는 이 말(**아셀게이아**〈aselgeia〉)을 두 가지로 번역하고 있다. 마가복음 7장 22절, 고린도후서 12장 21절, 갈라디아서 5장 19절, 에베소서 4장 19절, 베드로전서 4장 3절, 유다서 4절에서는 lasciviousness(음탕)이라고 번역했으며, 로마서 13장 13절, 베드로후서 2장 18절에서는 wantonness(난봉)이라고 번역하고 있다(우리말 개역성경에서는 음탕, 호색, 방탕, 음란, 색욕거리 등 여러 가지로 번역하고 있다-옮긴이주). 그 말은 "모두 쾌락을 위한 준비"라고 정의하고 있다. 그것을 실행하는 사람은 자제를 모르며, 제멋대로 거만하게 마음 내키는 대로 행동하는

사람이다. 요세푸스는 이세벨이 거룩한 성 예루살렘에 바알 신전을 건축하였을 때 이 말을 그녀에게 적용했다. 이 말의 전체적인 의미는 욕심이나 욕망이 지나치게 강한 나머지 다른 사람들이 뭐라고 말하는지, 어떻게 생각하는지를 상관하지 않는 사람을 의미한다.

우상숭배 : 이 말은 인간의 손으로 만든 신들을 예배하는 것을 의미한다. 그것은 물질이 하나님의 자리를 차지하게 되는 죄다.

술수 : 이 말은 문자 그대로 보면 **약물의 사용**을 의미한다. 그것은 의사들이 약물을 사용하는 것같이 좋은 방향으로 사용하는 경우를 의미할 수도 있지만, **독약을 넣는다**는 것을 의미할 수 있다. 따라서 그 말은 고대 세계에 편만한 요술이나 마술과 특별히 관련을 가지게 되었다.

원수를 맺는 것 : 이 말은 이웃 사람에 대해 뚜렷한 적의를 품은 사람을 의미한다. 그것은 형제와 모든 인류를 사랑하는 기독교의 미덕과 정반대되는 것이다.

분쟁 : 이 말은 본래 **상을 받기 위한 경쟁**과 관련된 말이다. 그러한 면에서는 여전히 좋은 의미로 사용될 수도 있지만, 대체로 그러한 경쟁의 결과가 말다툼이나, 싸움이나, 논쟁으로 끝나 버리는 경우를 의미할 때가 많다.

시기 : 이 말(**젤로스**〈zelos〉, 영어의 zeal〈열심〉이라는 말이 이 말에서부터 온 것이다)은 원래 좋은 의미다. 그것은 고상한 것을 볼 때 그것을 나누어 가지거나 그렇게 고상하게 되고자 하는 좋은 기대에서 오는 **경쟁**을 의미하였다. 그러나 그 의미가 변질되어 다른 사람의 소유를 자신이 갖기 원하는 것을 의미하게 되었으며, 우리에게 합당하지 않는 것까지도 갖기 원하는 잘못된 욕망을 의미하게 되었다.

분냄(억제 받지 않은 기질) : 바울이 사용하는 말은 그 기질이 폭발한다든가 격발하는 것을 의미한다. 그것은 오랫동안 지속되는 노여움이 아니라 잠시 불타오르다가 금방 사그라지는 노여움을 표시하고 있다.

당짓는 것(이기주의) : 이 말에는 매우 분명히 뜻을 밝혀 주는 역사가 있다. 이 말은 **에리테이아**(eritheia)인데 어원적으로 보면 **한 고용인의 일**(**에리토스**〈eritos〉)을 의미하였다. 따라서 그 말은 **삶을 위해 하는 일**을 의미하게 되었다. 그리고 더 나아가 정치적인 혹은 공공기관의 자리를 요구하는 것을 의미하게 되었으며, 봉사를 위해서가 아니라 어떤 무엇을 얻기 위해 공직을 구하는 사람을 의미하게 되었다. 그것을 본질적으로 이기적이며, 이웃 사람에 대해 봉사하고자 하는 생각을 전혀 갖지 않은 사랑의 마음바탕을 말한다.

분리함 : 글자 그대로 이 말은 **따로 서는 것**을 의미한다. 어떤 전투에서 큰 승리를 거둔 후에 넬슨(Nelson)은 자신의 승리가 단결한 형제들의 무리를 지휘할 수 있는 축복에 기인하는 것이라고 했다. **분리함**이란 그것과는 전혀 반대되는 사회, 그 구성원이 전혀 합동하지 않고 서로 떨어져 날뛰는 사회를 나타내는 말이다.

이단(이단적인 분열) : 이 말은 완전히 굳어 버린 분열이라고 표현하는 것이 좋을 것 같다. 이 말은 **하이레시스**(hairesis)인데 영어의 heresy(이단)이란 말이 여기에서 나온 것이다. **하이레시스**는 원래 조금도 나쁜 말이 아니었다. 그 말은 **선택한다**는 의미의 어원에서 나온 것이며, 한 철학자들의 학파라든가 하나의 공통적인 신앙을 가진 사람들의 무리를 의미하는 말이었다. 그런데 인간의 비극은 서로 다른 견해를 가진 사람들끼리 서로 다른 사람들의 견해가 아니라 그 다른 사람 자신을 미워하기에 이르고 만다는 것이다. 인간은 서로 다른 견해를 가지면서도 여전히 친구일 수 있어야 하는 것이다.

투기 : 이 말(**프토노스**〈phthonos〉)은 너절한 말이다. 유리피데스는 그 말을 "인간에게서 가장 심한 질병" 이라고 했다. 그 말의 본질은 다른 사람이 가지고 있는 것을 고상하게든지, 비열하게든지 자기도 가지고 싶어 하는 정신을 의미하는 것이 아니다. 그것은 다른 사람이 그것을 소유하고 있다는 사실을 질투하는 정신을 말한다. 그것은 그 물질을 탐내는 것이 아니다. 그것은 다른 사람에게서 그것을 빼앗기를 원하는 것이다. 스토아 철학자들은 그 말을 "다른 사람의 행운에 대한 비판" 이라고 정의하였다. 배질은 그것을 "네 이웃의 행복에 대해 비판하는 것" 이라고 했다. 그것은 질투 정도는 아니지만 격화된 마음과는 같은 것이다.

술 취함 : 고대 세계에서는 그것이 일반적으로 부덕이 아니었다. 헬라인은 우유를 마시는 것 이상으로 포도주를 마셨다. 아이들까지도 포도주를 마셨다. 그러나 그들이 마시는 포도주는 포도주들에 대해 물을 3의 비율로 탄 것이었다. 헬라인과 기독교인은 모두 술 취함은 인간을 짐승으로 전락시키는 것이라고 비난하였다.

방탕함 : 이 말(**코모스**〈komos〉)에는 재미있는 역사가 있다. **코모스**란 어떤 경기에서 승리한 우승자를 수행하고 나선 그의 친구들의 무리를 의미하였다. 그들은 춤추며, 웃으며, 그를 찬양하는 노래를 불렀다. 또 이 말은 주신 박카스의 신봉자들의 무리를 나타내기도 했다. 그것은 영국의 섭정 시대에 **대연회**라고 일컬어지던 것과 같은 것을 의미한다. 그것은 전혀 통제 받지 않고 자제력을 잃은 환락이라든가, 방종이라고까지 할 만큼 타락한 연락(宴樂)을 의미한다.

이러한 말들의 어원적인 의미를 파악해 볼 때 인생은 옛날이나 지금이나 그리 변한 것이 아니라는 것을 깨닫게 된다.

아름다운 일들

갈라디아서 5:22-26

[22]오직 성령의 열매는 사랑과 희락과 화평과 오래 참음과 자비와 양선과 충
성과 [23]온유와 절제니 이 같은 것을 금지할 법이 없느니라 [24]그리스도 예수의
사람들은 육체와 함께 그 정욕과 탐심을 십자가에 못 박았느니라 [25]만일 우
리가 성령으로 살면 또한 성령으로 행할지니 [26]헛된 영광을 구하여 서로 노
엽게 하거나 서로 투기하지 말지니라

바로 앞에서 바울은 육체의 현저한 특징인 악한 일들을 말한 것과 마찬가지로, 여기서는 성령의 열매인 아름다운 일들을 말하고 있다. 다시금 그 각각의 말을 하나하나씩 검토해 볼 만한 가치가 충분히 있다고 본다.

사랑 : 신약성경에서 **사랑**을 나타내는 말은 **아가페**(agapē)다. 이 말은 고전 헬라어에서는 일반적으로 사용하지 않는다. 헬라어에는 사랑을 나타내는 네 가지 말이 있다.

1. **"에로스(eros)"는 여성에 대한 남성의 사랑을 의미한다.** 그 속에 정욕을 내

포하고 있는 사랑이다. 신약성경에는 한 번도 사용된 일이 없다.

II. "필리아(philia)"는 우리의 가장 가까운 그리고 가장 친한 사람에게 느끼는 따뜻한 사랑이다. 그것은 심적이며 마음에서 우러나오는 정이다.

III. "스토르게(storge)"는 자애(慈愛)라고 할 수 있으며, 특별히 부모와 자녀의 사랑을 나타내는 말이다.

IV. "아가페(agapē)"라는 기독교 용어는 극복할 수 없는 자비심을 의미한다. 그것은 누군가가 우리를 모욕하고 명예를 훼손하고 창피를 주어도 단지 그 사람을 축복하는 것을 의미한다. 따라서 그것은 심정적인 동시에 정신적이며, 감정적인 동시에 의지적이다. 그것은 우리에게 비록 가장 잘못되기를 기원하는 사람들에게라도 그들에게 가장 좋은 것을 기원해 주는 신중한 노력을 의미하는데 그것은 오직 하나님의 도우심으로써만 가능하다.

희락 : 헬라어로 **카라**(chara)다. 이 말의 특징은 신앙에 기초하고 있으며, 하나님께 참 기반을 둔 사람의 기쁨이라 표현되는 것이다(시 30:11; 롬 14:17, 15:13; 빌 1:4, 25 참조). 그것은 세상적인 것이나 값싼 승리에서 오는 기쁨이 아니다. 더욱이 서로 대항하고 있거나 경쟁하는 이를 이긴 데서 오는 기쁨은 더욱 아니다. 그것은 하나님께 기반을 둔 사람의 기쁨이다.

화평 : 당시 통속적인 헬라어에서 이 말(**에이레네**⟨eirene⟩)에는 두 가지 흥미 있는 용법이 있었다. 그것은 훌륭한 황제의 공평하고도 자애로운 통치 밑에서 즐겨 누리고 있는 평온함과 안온함에 해당되는 말이다. 그리고 그것은 한 마을이나 거리가 질서정연한 상태를 두고 하는 말이기도 하다. 마을에는 에이레네를 위한 감독관이란 직책을 가진 사람이 있었다. 대체로 신약성경에서는 히브리어의 **샬롬**(shalom)이란 말과 같은 의미로 **에이레네**가 사용되었으며, 그 의미는 단순히 재난이 없는 상태를 말하는 것이 아니라, 오히려 인간의 최고 최선의 상태를 만들어 내는 모든 것을 의미한다. 여기서는 우리의 나날이 하나님의 손에 있다는 것을 알고 있는 모든 의식에서부터 오는 마음의 평온함과 안온함을 의미한

다. **카라**와 **에이레네**라는 두 말이 교회에서 흔히 세례명으로 사용되고 있다는 것은 매우 흥미 있는 일이다.

마크로투미아(makrothumia) : 이것은 매우 위대한 말이다. 마카비1서의 저자는 (8:4) 로마가 세계의 통치자가 된 것은 **마크로투미아** 때문이라고 했는데, 그것은 패배하면서까지도 적과 강화를 체결하지 않는 로마인의 완강함과 일종의 정복적인 인내를 의미하는 말이다. 일반적으로 이 말은 사물이나 사건과 관련된 인내를 나타내는 말이 아니라 인간에 대한 인내를 나타내고 있다. 크리소스토무스는 그것이 능히 보복할 수 있음에도 보복하지 않는 사람과 노하기를 더디 하는 사람의 장점이라고 했다. 이 말에 대한 가장 좋은 예는 신약성경에서 흔히 인간에 대한 하나님과 예수의 태도를 나타내는 것에서 볼 수 있다(롬 2:4, 9:22; 딤전 1:16; 벧전 3:20). 하나님이 인간이었다면 벌써 오래전에 손을 들어 이 세상을 쓸어 버렸을 것이다. 그러나 하나님께서는 우리의 모든 죄를 참으사 우리를 버리지 않으셨다. 우리의 생활에서, 이웃에 대한 태도 가운데서 우리에게 보여 주신 하나님의 사랑과 참으심과 용서와 인내의 태도를 재현하여야 한다.

자비와 **양선**은 매우 밀접한 관련을 가진 낱말들이다. 자비에 해당하는 말은 **크레스토테스**(chrestotes)다. 이 말도 흔히 **양선**이라고 번역되기도 한다. 그런데 KJV은 그 말을 때로는 kindness(자비), 때로는 gentleness(친절)라고 번역하고 있다(딛 3:4; 롬 2:4; 고후 6:6; 엡 2:7; 골 3:12; 갈 5:22). 림즈(Rheims)는 고린도후서 6장 6절에서 그 말을 sweetness(달콤함)이라고 번역하고 있다. 그것은 매우 사랑스러운 말이다. 플루타크는 그 말이 정의라는 말보다 폭이 넓은 말이라고 했다. 오래된 포도주는 **크레스토스**(chrestos)한, 즉 **단맛이 있는 것**이라고 일컬어지고 있다. 그리스도의 멍에는 **크레스토스**한 것이라고 한다(마 11:30). 다시 말해 그것은 스치게 하거나, 가깝게 하거나, 부풀게 하거나 하지 않는다는 것이다. 그 말의 전체적인 의미는 친절한 선의다.

바울의 **양선**이라는 뜻으로 사용한 말(**아가토수네**〈agathosune〉)은 특수한 성경 용어다. 일반 헬라어에는 나온 예가 없다(롬 15:14; 엡 5:9; 살후 1:11). 그것은 선의를 나타내는 가장 광범위한 말이다. 그리고 "모든 점에 대비되어 있는 미덕"이라고 정의되고 있다. 그 차이는 어떤 것인가? **아가토수네**는 견책하고 교정하고 훈련하여야 하는 것이며 또 할 수 있는 것이다. 하지만 **크레스토테스**는 단지 도와주는 것뿐이다. 예수께서 성전을 청결하고 그곳을 장거리로 만드는 자들을 내쫓았을 때는 **아가토수네**를 보여 주었으며, 그의 발에 기름을 부은 죄인인 여자에게 친절을 베풀었을 때는 **크레스토테스**를 나타내 보여 주셨다고 트렌취(R. C. Trench)는 다음과 같이 말했다. 기독교인들에게 필요한 것은 친절함과 동시에 강함을 나타내는 선의다.

충성 : 이 말은 일반 헬라어에서는 흔히 **신뢰한다**는 의미를 가지고 있다. 그것은 믿을 만한 사람이 가지고 있는 특성이다.

온유 : 프라오테스(praotes)란 말은 가장 번역하기 어려운 말이다. 신약성경에서는 주로 세 가지 의미로 사용되고 있다.

1. 그것은 **하나님의 뜻에 따라 사는 순종**을 의미한다(마 5:5, 11:29, 21:5).

2. 그것은 **교육이 가능한**, 배움에 대해 교만하지 않은 사람을 의미한다(약 1:21).

3. 그 중에서도 가장 흔한 용법은 **사려가 깊다**는 뜻이다(고전 4:21; 고후 10:1; 엡 4:2).

아리스토텔레스는 **프라오테스**를 지나치게 노여워하는 것과 지나치게 노여워하지 않는 것 사이의 중용이며, 반드시 노하여야 할 때만 노하고 노해서는 안 될 때 노하지 않는 사람의 자질이라고 정의했다. 우리는 이 말의 형용사인 **플라우스**(praus)의 용법에서 그 뜻을 잘 알 수 있다. 이 말은 잘 사육된 짐승을 두고 하는 말이다. 따라서 그 말은 그리스도께서만이 주실 수 있는 극기와 자제를 두고 하는 말이다. **프라오테스**는 하나님께는 순종하며 좋은 것은 모두 잘 배우며, 이웃 사람에 대해 사려가 깊은 정신을 말한다.

절제 : 이 말은 **엥크라테이아**(egkrateia)다. 플라톤은 그것을 **극기**라는 뜻으로 사용하였다. 그것은 자신의 욕망과 향락적인 사랑을 극복한 정신이다. 그것은 운동선수가 자기 몸을 단련하는 것을 일컬으며(고전 9:25), 기독교인들이 성욕을 절제할 경우에도(고전 7:9) 사용된다. 일반 헬라어에서 이 말은 결코 자신의 사적인 흥미가 백성을 다스리는 데 영향을 끼치게 하지 않는 황제의 미덕을 일컫는다. 그것은 한 인간에게 자신을 극복함으로써 다른 사람의 종이 될 수 있게 할

수 있는 미덕이다.

기독교인이 그리스도와 함께 죽고 다시금 새롭고 맑은 생명으로 되살아나는 가운데서 옛 자아가 가졌던 악한 일들은 사라지고 성령의 아름다운 일들은 열매를 맺게 된다는 것이 바울의 믿음이요 체험이었다.

The Letter to the Galatians 06

짐을 지는 일

갈라디아서 6:1-5

[1]형제들아 사람이 만일 무슨 범죄한 일이 드러나거든 신령한 너희는 온유한
심령으로 그러한 자를 바로잡고 너 자신을 살펴보아 너도 시험을 받을까 두
려워하라 [2]너희가 짐을 서로 지라 그리하여 그리스도의 법을 성취하라 [3]만일
누가 아무것도 되지 못하고 된 줄로 생각하면 스스로 속임이라 [4]각각 자기의
일을 살피라 그리하면 자랑할 것이 자기에게는 있어도 남에게는 있지 아니
하리니 [5]각각 자기의 짐을 질 것이라

바울은 어떠한 기독교 사회에서든지 일어나고 있는 문제를 알고 있었다. 아무리 훌륭한 사람도 실수할 수 있다. 바울이 사용하고 있는 말(**파라프토마**〈paraptoma〉)은 고의적인 죄가 아니다. 그것은 누구에게도 일어날 수 있는 얼음이 깔린 길이나 위험한 좁은 길에서 미끄러지는 것을 말한다. 그런데 영적이며, 참으로 기독교인의 삶을 살아가기 위해 노력하는 사람들이 범하기 쉬운 위험은, 다른 사람들의 죄를 매우 엄격하게 심판하고자 하는 경향이다. 선량한 사람들에게는 대부분 엄격함이라는 요소가 있다. 선량한 사람들은 많지만 그들 대부분은

우리가 가서 실패와 패배와 잘못을 눈물로 호소할 수 없는 사람들이다. 그들은 냉정하며 동정적이지 않다. 그러나 바울은, 어떤 사람이 실수하여 넘어졌으면 그 사람을 제 발로 일어서게 하는 것이 참 기독교인의 책임이라고 한다. 바울이 바로잡는다는 뜻으로 사용한 말은 수선한다는 의미로 사용되는 말이며, 그것은 몸 안에 있는 종양을 제거하거나, 부러진 수족을 다시 맞추어 주는 외과 의사의 수술을 두고 하는 말이다. 이 말이 풍기는 전체적인 분위기는 징벌이 아니라 치료에 강조점을 두고 있다. 바로잡는다는 것은 벌을 주는 것이 아니라 교정을 뜻한다. 바울은 계속해서 어떤 사람이 실수하거나 죄를 범한 것을 보면 "하나님의 은혜가 아니었더면 나도 그랬을 것이다" 라고 말을 해야 한다고 하고 있다.

바울은 이어서 자만심을 책망하고 있다. 그는 자만심을 피할 수 있는 처방을 내려주고 있다. 우리는 성취한 바를 우리의 이웃이 한 일들과 비교할 것이 아니라, 이상으로 하는 바를 우리가 했는가, 우리의 최대 성과를 거두었는가 하는 것과 비교해야 한다. 우리가 우리 자신을 다른 사람들과 비교하면 우리의 성취한 바를 기쁘게 여길 수 있을 것이다. 그러나 우리 자신을 하나의 이상적인 것에 비교한다면 자만을 가질 수는 도저히 없게 된다.

이 부분에서 두 번 바울은 짐을 지는 일에 대해 말하고 있다. 인간에게는 삶의 기회와 변화에서 오는 짐이 있다. 그것은 그의 외부에서 오는 것이다. 때로는 위기가, 때로는 긴급 사태가, 때로는 슬픔이 그를 덮어 누를 것이다. 그러한 짐을 지고 있는 이들을 도와주는 것이 곧 그리스도의 법을 성취하는 것이다. 그러나 인간에게는 자기 스스로 져야 할 짐이 있다. 바울이 사용하고 있는 말은 군인의 장비를 두고 하는 말이다. 우리에게는 다른 사람이 대신해 줄 수 없는 의무가 있으며, 우리 자신이 친히 책임져야 할 과제가 있다. 아무리 친절한 사람이라도 우리를 위해 해 줄 수 없는 일이 있으며, 아무리 우리가 하고 싶어도 다른 사람에게 넘겨 줄 수 없는 것이 있게 마련이다.

낙심하지 말지니

갈라디아서 6:6-10

6가르침을 받는 자는 말씀을 가르치는 자와 모든 좋은 것을 함께 하라 7스스
로 속이지 말라 하나님은 업신여김을 받지 아니하시나니 사람이 무엇으로
심든지 그대로 거두리라 8자기의 육체를 위하여 심는 자는 육체로부터 썩어
질 것을 거두고 성령을 위하여 심는 자는 성령으로부터 영생을 거두리라 9우
리가 선을 행하되 낙심하지 말지니 포기하지 아니하면 때가 이르매 거두리
라 10그러므로 우리는 기회 있는 대로 모든 이에게 착한 일을 하되 더욱 믿음
의 가정들에게 할지니라

여기서 바울은 매우 실제적인 일을 말하고 있다.

그리스도의 교회에는 교사들이 있었다. 당시 교회는 참으로 동참하는 기구요 조직이었다. 참된 기독교인은 다른 사람이 가진 것이 전혀 없을 때 자기만이 지나치게 많은 것을 가지고 만족할 수는 없다. 그래서 바울은 이렇게 말한다. "어떤 사람이 당신들에게 영원한 진리를 가르친다면 적어도 당신들이 할 수 있는 일은 당신들이 가지고 있는 물질을 그 사람에게 나누어 주어야 한다."

다음으로 바울은 엄연한 진리를 선포하고 있다. 마지막 날에 모든 인생은 공평하고도 정확한 저울에 의해 계량될 것이라고 바울은 주장한다. 인간의 저급한 본성이 자기 자신을 지배하도록 허락한다면 그 사람은 마지막 날에 재난만을 거두어들일 수밖에 없게 될 것이다. 그러나 인간이 언제나 고상한 길을 걸으며 훌륭한 일만을 한다면 오랫동안 기다려야 할는지는 모르지만 끝내는 하나님께서 갚아 주실 것이 틀림없다. 기독교는 결코 생의 위협 자체를 없애 주는 것이 아니다. 헬라인은 인과응보의 여신인 네메시스 여신의 신화를 믿었다. 어떤 사람이 잘못을 저지르면 네메시스 여신이 즉시 그를 좇아가서 조만간에 붙잡는다고 그들은 믿었다. 모든 헬라 비극은 "악을 행하는 자는 고난을 당한다"는 교훈을 주제로 하고 있다.

다행히 하나님께서는 인간의 죄를 용서하실 수 있으며 용서하시고 계신다. 그러나 하나님께서도 그 죄의 결과만 없애 줄 수 없으시다는 것도 사실이다. 우리는 그것을 잘 기억하지 못하고 있다. 어떤 사람이 자기 육체에 대해 죄를 짓는다면 비록 그가 용서를 받는다 할지라도, 조만간에 그는 이지러진 육체로 그 핏값을 치러야 할 것이다. 어떤 사람이 사망하는 이에 대해 죄를 짓는다면 비록 용서를 받는다 할지라도, 조만간 그 사랑은 결렬될 것이다. 위대한 금주 운동가인 고우흐(John B. Gough)는 일찌기 방종한 생활을 하던 사람인데 언제나 "상처는 남는다"는 말로 경고하였다. 그리고 위대한 신학자이며 보편 구제설의 신봉자였던 오리게네스도, 모든 인간은 구원을 받을 것인데 그때에도 죄의 흔적은 남을 것이라고 믿었다. 우리는 하나님의 용서를 믿고 홍정할 수 없다는 것을 기억해야 한다. 우주에도 도덕률이 있다. 인간이 그것을 어기면 용서는 받을 것이로되, 그로 인한 고통은 면치 못할 것이다.

그리하여 바울은 그의 친구들에게 때로 자비와 관용의 책임과 과제가 고달프고 힘든 것이 되겠지만, 그 책임은 여전히 남아 있으며 물 위에 양식을 버리는 자는 훗날 도로 찾으리라는 것을 기억하게 하면서 이 부분을 끝맺고 있다.

맺는말

갈라디아서 6:11-18

[11]내 손으로 너희에게 이렇게 큰 글자로 쓴 것을 보라 [12]무릇 육체의 모양을
내려 하는 자들이 억지로 너희에게 할례를 받게 함은 그들이 그리스도의 십
자가로 말미암아 박해를 면하려 함뿐이라 [13]할례를 받은 그들이라도 스스로
율법은 지키지 아니하고 너희에게 할례를 받게 하려 하는 것은 그들이 너희
의 육체로 자랑하려 함이라 [14]그러나 내게는 우리 주 예수 그리스도의 십자
가 외에 결코 자랑할 것이 없으니 그리스도로 말미암아 세상이 나를 대하여
십자가에 못 박히고 내가 또한 세상을 대하여 그러하니라 [15]할례나 무할례가

아무것도 아니로되 오직 새로 지으심을 받는 것만이 중요하니라 [16]무릇 이
규례를 행하는 자에게와 하나님의 이스라엘에게 평강과 긍휼이 있을지어다
[17]이 후로는 누구든지 나를 괴롭게 하지 말라 내가 내 몸에 예수의 흔적을 지
니고 있노라 [18]형제들아 우리 주 예수 그리스도의 은혜가 너희 심령에 있을
지어다 아멘

일반적으로 바울은 자신이 구술하는 바를 서기가 받아쓴 편지에 서명만을 첨가하는 것이 통례였다. 그러나 이 경우에서는 다르다. 갈라디아 교인들에 대한 사랑과 근심이 바울의 마음에 가득 차 있었기 때문에 그는 이 마지막 부분 전부를 손수 쓸 수밖에 없었다. "보라, 내가 얼마나 큰 글자로 너희에게 손수 쓰고 있는가"라고 바울은 말하고 있다. 큰 글자로 쓴 것은 다음과 같은 세 가지 이유 때문일 것이다.

1. 그 중요성 때문에 큰 글자로 썼는지 모른다. 그것은 마치 고딕체로 인쇄한 부분과 같다.

2. 바울은 펜으로 글을 쓰는 것이 익숙하지 않았기 때문에 그렇게 큰 글자로 썼는지 모른다.

3. 바울의 시력이 약해졌거나, 눈을 뜨지 못하게 할 정도의 두통이 있었기 때문에, 바울이 최선을 다해 쓸 수 있는 글씨란 눈이 보이지 않는 사람들이 쓸 수밖에 없는 모양도 없는 큰 글자였을는지 모른다.

바울은 다시 한 번 문제의 핵심으로 되돌아가고 있다. 갈라디아 교인들에게 할례를 받게 하고자 하는 이들은 세 가지 이유 때문에 그렇게 하고 있다.

1. 할례는 그들에게 박해를 면하게 해 줄 것이다. 로마 사람들은 유대인이라는 절대적인 표시였다. 따라서 그들은 박해가 일어났을 경우, 할례가 곧 안전의 통행증이 된다고 보았다. 할례는 그들을 유대인의 증오에서와 마찬가지로 로마인의 법률에서도 안전하게 해 줄 것으로 보았다.

2. 결국 할례를 받거나, 율법의 규칙과 관습을 지키는 것으로써 하나님께 인정받는다는 것을 보여 주는 기회로 삼고자 한 것이다. 바울은 인간의 어떤 행위도 구원을 성취하지 못한다는 것을 확신하고 있었다. 따라서 바울은 다시금 그들에

게 하나님의 은혜와 사랑이 충만하게 나타난 십자가를 가리키고 있다. 바울은 그들에게 구원을 스스로 성취하고자 하는 노력을 그치고, 그들을 그처럼 사랑하여 주신 은혜를 믿도록 권면한다.

3. 갈라디아 교인들에게 할례 받기를 원한 사람들은 스스로 율법을 지키고 있지 않았다. 인간은 아무도 율법을 완전히 지킬 수 없다. 그러나 그들은 갈라디아 교인들을 최초로 개종시킨 전리품으로서 자랑하고 싶었던 것이다. 그들은 그들 자신의 율법의 노예로 굴복시킨 사람들에 대한 자신들의 힘에 대해 영광을 돌리고 싶었던 것이다. 따라서 바울은 또다시 정열을 다해 할례를 받거나 안 받거나 하는 것이 문제가 아니라, 중요한 것은 인간에게 새로운 삶을 열어 주며, 그를 새로운 인간으로 재창조해 주시는 그리스도를 믿고 신뢰하는 행위라고 쓰고 있다.

"나는 내 몸에 예수의 흔적을 가졌노라" 고 바울은 말했다. 이 말에는 두 가지 의미가 있다.

1. **스티그마타**(stigmata)는 언제나 인간들을 매혹시켰다. 앗시시의 성 프란시스에게는 다음과 같은 일화가 있다. 어느 날 외로운 산꼭대기에 앉아 있었을 때 십자가에 달리신 하나님의 사랑이 온 지평선을 덮는 듯한 장면을 보았다. 그 장면을 보고 있을 때 측은함과 비탄이 그 심장을 찔렀다. 그 환상은 서서히 사라지고 프란시스는 제정신을 차리게 되었다. 그러고 나서 아래를 내려다보았을 때 그의 손에는 못 자국이 새겨졌으며, 일생 동안 그 자국을 지니고 있었다고 한다. 이 이야기가 사실인지 전설인지 우리는 알 수 없다. 이 세계에는 평범한 철학이 꿈꾸지 못하는, 그 이상의 일들이 얼마든지 있을 수 있기 때문이다. 바울은 주와 함께 십자가에 달린 경험을 너무나 실제적으로 경험했기 때문에 그의 손에도 못 자국이 있었을 것이라고 보는 이들이 있다.

2. 때때로 노예의 주인들은 그 노예가 자신의 소유임을 나타내기 위해 낙인을 찍는 경우가 있었다. 아마도 바울은 그리스도를 위해 받은 상처나 흔적은 그 자신을 그리스도의 노예임을 나타내는 표시라고 했을 것이다. 끝으로 바울은 호소의 근거를 사도적인 권위에 두지 않고 그리스도를 위해 받은 상처에 두고 있다. 진충씨(《천로역정》의 등장인물)와 같이 "나는 나의 상처와 흔적을 나를 위한 증거

로서 이제 나에게 상급을 주실 이에게 가지고 가겠다" 라고 바울은 말하고 있다.

그리하여 폭풍과 강조와 긴장 뒤에 편지에는 축복의 평안이 찾아든다. 바울은 논쟁하기도, 책망하기도, 달래기도 했다. 그러나 이제 그의 마지막 말은 은혜라는 말이다. 그 말이야말로 바울이 하고 싶었던 유일한 말이기 때문이다.

바클레이 성경 주석

에베소서

머리말

이 시리즈에 포함된 다른 여러 주해서를 시작할 때와 마찬가지로, 먼저 이 시리즈를 계속할 수 있도록 허락해 주신 스코틀랜드교회 출판위원회에 심심한 감사를 드립니다. 더욱이 위원회의 서기이며 간사인 앤드류 맥코시(Andrew McCosh) 목사와 위원장인 맥도날드(R. G. Macdonald) 목사의 끊임없는 인내와 협조와 격려에 더 큰 감사를 드립니다.

본서에는 바울 서신 중에서 가장 널리 연구의 대상이 되고 있는 《에베소서》가 실려 있습니다. 《에베소서》는 바울 서신 중에서 가장 중요한 서신으로 취급되고 있습니다. 이 서신을 통해 바울이 교회에 대한 그의 교리와 이상을 보여 주고 있기 때문입니다.

《에베소서》는 많은 주해서를 가지고 있습니다. 《에베소서》의 헬라어 본문에 대한 주해로는 세 개의 위대한 주해서가 있습니다. 로빈손(J. Armitage Robinson)과 웨스트콧(B. F. Westcott)과 《I. C. C 주석(*International Critical Commentary*)》에 실린 아보트(T. K. Abbott)의 주해서입니다.

영어 본문에 의한 주해서로는 로빈손의 또 다른 판이 있으며, 《모팻 주석(*Moffatt Commentary*)》에 실린 스콧트(E. F. Scott)의 주해와 《케임브리지 성경(*Cambridge Bible for School and Colleges*)》에 수록된 모울(H. G. C. Moule)의 주해가 있는데, 이 책은 매우 오래 되었지만 여전히 그 가치가 매우 크다고 할 수 있습니다. 최근에 나온 매우 우수한 《에베소서》 주해서로는 맥케어(John A. Mackay) 박사가 쓴 《하나님의 질서(*God's Order*)》라는 제목의 책이 있습니다. 본인은 이상의 노작들을 항상 애용해 왔습니다.

이 시리즈 중 바로 앞서 출판한 책에서도 언급했듯이 본문에 수록된 성경 사역 본문은 나의 공로를 내세우기 위해 실은 것이 아닙니다. 다만 독자들이 이 책을 언제 어디서든지 읽고 연구할 수 있도록 편리를 제공하고자 했습니다(바클레이는 원래 개인적으로 번역해 성경 본문으로 사용했습니다. 한국어 번역판에서는 저자의 양해를 얻어 한글개역개정판을 성경 본문으로 했습니다-옮긴이주).

《에베소서》를 통해 우리는 교회의 이상적인 모습을 찾아볼 수 있습니다. 이 연구를 통해 우리가 속해 있는 교회의 위대함과 우리가 부르심을 받은 기독교인의 삶의 고상함을 보다 분명히 깨닫게 되었으면 하는 바람을 가져봅니다.

1956년 2월

글래스고, 트리니티 대학에서

윌리엄 바클레이

| 차례 |

03

04

에베소서
서론

가장 우수한 서신

에베소서가 기독교회의 경건 문학과 신학서 중에서 최고의 지위를 차지하고 있음은 누구나 인정한다. 에베소서는 "서신 중의 여왕"이란 말이 있는데 조금도 틀림이 없다. 많은 사람이 에베소서가 신약성경 사상 최고 정점이라고 주장하고 있다. 존 녹스가 임종이 가까웠을 때 가장 많이 읽은 책은 요한 칼뱅이 쓴《**에베소서에 의한 설교**》였다. 위대한 시인이며 철학자인 코울리지(Coleridge)는 **에베소서**에 대해 그것은 "인간이 쓴 가장 신성한 작품"이라고 했다. 그리고 계속해서 "그것은 우선 기독교의 독특한 교리를 간직하고 있으며 동시에 모든 자연 종교가 공유하고 있는 교훈까지 함유하고 있다"라고 했다. 에베소서는 분명히 바울 서신 중에서 독특한 지위를 차지하고 있는 서신이다.

그런데도 에베소서에는 매우 구체적인 문제점들이 있다. 그리고 그러한 문제점들은 극단적인 비평학자들의 생각에서 나온 것이 아니다. 그 서신을 읽는 사람이면 누구나 분명하게 볼 수 있는 문제점들이다. 그러나 그러한 문제점들이 해결되었을 때 **에베소서**는 더욱더 위대한 서신이 되며, 더욱 찬란한 빛을 비추며, 더욱 큰 중요성을 가지게 된다.

에베소서의 집필 사정

의심되는 점에 대해 알아보기 전에, 먼저 확실한 것부터 알아보자. 첫째로, **에베소서**는 분명히 바울이 옥중에 있을 때 쓴 것이다. 바울은 스스로 "그리스도 예수의 일로 너희 이방인을 위하여 갇힌 자"(3:1)라고 일컬었으며, "주 안에서 갇힌 내가"(4:1) 에베소인들을 전한다고 말하며, 그가 한 유명한 말 그대로 "쇠사슬에 매인 사신"(6:20)인 것이다. 바울이 **에베소서**를 쓴 때는 옥에 갇혔을 때이며, 그의 마지막이 매우 가까웠을 때였다.

둘째로, **에베소서**는 **골로새서**와 매우 밀접한 관련성을 가지고 있다는 것이 분명하다. 두기고가 이 두 편지의 전달자로 보인다. **골로새서**에서 바울은 두기고가 자신의 사정을 모두 알게 할 것이라고 말하고 있으며(골 4:7), **에베소서**에서도 두기고가 자신의 사정과 자신이 무엇을 하고 있는지를 알게 할 것이라고 말하고 있기 때문이다(엡 6:20). 두기고는 이 두 편지와 매우 밀접한 관련을 가지고 있다. 그보다도 더욱 나아가 이 두 편지의 내용에서 매우 비슷한 점이 있다. 얼마만큼 유사점이 있느냐 하면, 그 두 서신 중에서 55개 이상의 구절이 글자까지도 닮은 것을 볼 수 있다. 코울리지(Coleridge)가 주장한 바대로 **골로새서**는 **에베소서**가 "넘쳐 나온 것"일 수도 있으며, **에베소서**는 보다 우수한 또 하나의 **골로새서**일 수도 있다. 결국 우리는 이 유사성 속에서 바울 서신에서 **에베소서**의 독특한 위치를 찾아보게 된다.

문제점

에베소서는 바울이 신앙 때문에 옥에 갇혔을 때 쓴 것이며, **에베소서**는 어떤 면에서 **골로새서**와 밀접한 관련을 가지고 있다는 것이 분명하다. 그러면 문제점은 어디 있는가? 그 문제점은 **에베소서가 누구를 향해 썼는가**라는 문제를 검토할 때부터 나타난다. 고대에는 편지를 파피루스의 두루마리에 썼다. 편지를 다 쓴 후에는 끈으로 묶었다. 그리고 그것이 특별한 사신이거나 중요한 것일 때는 노끈의 매듭에 봉인을 붙였다. 그러나 그 위에 받는 이의 주소를 적는 일은 거의 없었다. 고대 세계에서는 개인들을 위한 우편제도가 없었다는 간단한 이유 때문이다. 공무용의 우편 제도가 있기는 했지만 단지 그것은 공문서라든가 황제의 통신을 위한 것이었을 뿐 일반인의 편지 왕래를 위한 것은 아니었다. 당시 편지들은 직접 사람을 시켜 주고받았기 때문에 주소가 전혀 필요치 않았던 것이다. 따라서 신약성경에 나오는 편지들의 표제는 원래의 편지의 일부분이었던 것이 아니다. 그것들은 그 후 그 편지들을 수집하여 모든 교회가 읽을 수 있도록 출판되었을 때 첨부한 것들이다.

그런데 **에베소서**를 상세하게 학문적으로 연구해 보면 그것이 에베소에 있는 교회에 보내 편지 같지 않다는 것을 알게 된다. 그러한 결론을 내리는 데는 몇 가지 **내면적인** 이유가 있다.

I. 그 편지가 이방인을 대상으로 쓴 것임이 분명하다. 그 편지의 수신인은 "육체로는 이방이요 할례를 받은 이들에게서 무할례당이라 칭함을 받던 사람들이었으며 그리스도 밖에 있었으며 이스라엘 나라 밖에 있던 사람들이었으며 약속의 언약들에 대해 외인들이었다"(2:11-12). 바울은 그들에게 "이방인이 행함같이 행하지 말라"고 간청하고 있다(4:17). 그 수신인이 이방인이라고 해서 그 편지가 에베소에 보낸 편지가 아니라고는 물론 말할 수 없다. 하지만 그 편지의 수신인에 대해서만 명백하게 말해 준다고 볼 수 있다.

II. "에베소서"는 바울이 쓴 모든 서신 중에서 가장 개인적이지 않은 편지라는 것은 부정할 수 없는 사실이다. 그 편지에는 처음부터 끝까지 개인적인 접촉은 하나도 없다. 다른 편지에서는 많이 찾아볼 수 있는 개인적인 인사나 다정한 메시지가 전혀 없다. 그런데 다른 도시에서보다 오래 에베소에 바울이 체류하였다는 사실에서 볼 때 다시금 놀라지 않을 수 없다. 바울은 에베소에 적어도 3년 이상은 머물렀을 것이다(행 19:8-10). 또 사도행전 20장 17-35절을 보면 바울이 그의 마지막 여행 중에 밀레도에서 그곳을 떠나기 전에 에베소 교회의 장로들을 청해 고별 설교를 한 일이 있다. 그처럼 친밀하고도 다정한 글을 우리는 신약성경의 다른 부분에서는 찾아볼 수 없다. 그런데 그러한 바울이 에베소 교회에 대해 그처럼 비개인적이며, 전혀 친밀성이 없는 편지를 썼으리라고는 도저히 믿기 어렵다.

III. 더욱이 이 편지는 바울과 그 수신자 사이에 개인적인 친면이 전혀 없으며, 단지 소문이라든가 전해 주는 말로만 상대방에 대해 알고 있을 뿐이며, 직접적인 접촉이 전혀 없다는 점을 보여 주고 있다. 장절에서 바울은 "주 예수 안에서 너희의 믿음을 **들었다**"고 말하고 있다. 바울이 편지를 쓰고 있는 상대방 사람들의 충성심은 그가 직접 본 것이 아니라 전해 들은 것이었다. 3장 2절에서 바울은 그들에게 "너희를 위하여 내게 주신 하나님의 경륜을 너희가 들었을 터이다"라고 말하고 있다. 다시 말해 그 말은 "너희는 하나님께서 나에게 너희와 같은 이방인을 위한 사도로서 직무와 책임을 맡기셨다는 것을 들었을 터이다"라고 하는 말이다. 다시 말해 "너희는 하나님께서 나에게 너희와 같은 이방인을 위한 사도로서 직무와 책임을 맡기셨다는 것을 들었을 터이다"라는 말이다. 이 경우에서도 이방인에 대한 사도로서 바울에 대한 그 교회의 지식은 전해 들은 것이며, 개인적인 접촉을 통해 알게 된 것은 아니다. 따라서 그 편지 안에는 바울이 에베소에 있는 교회와 가졌던 친밀하고 밀접하던 관계와는 부합되지 않는 표시가 더러 나타나 있다.

이러한 사실들은 해명될 수도, 설명해 버릴 수도 있을 것이다. 그러나 그 문제를 확고하게 해 주는 하나의 객관적인 사실이 있다. 초기 우수한 신약성경 헬라어 사본에는 어느 것 하나도 1장 1절에 **에베소에 있는**이란 말이 기록되어 있지 않다. 모든 우수한 사본은 "바울은… 모든 성도와 그리스도 안에서 신실한 사람들에게"라고 기록하고 있다. 그리고 초기 위대한 헬라 교부들은 **에베소서**의 1절을 그러한 형태로서 알고 있었다는 사실을 그들의 주해에서 우리는 찾아볼 수 있다.

바울이 저자인가?

어떤 학자들은 **에베소서**에서 또 다른 난점을 찾아보려고 하고 있다. 그들은 바울이 정말 그 서신의 저자인지를 의심하고 있다. 그들은 어떠한 근거에서 그러한 의문을 제기하고 있는가? 그들은 이 서신의 **용어**가 바울의 용어와는 다르다고 말한다. **에베소서**에 있는 약 70개 단어가 다른 바울의 서신에서는 전혀 찾아볼 수 없는 것이 사실이다. 하지만 그것이 문제되지는 않는다. 바울은 **에베소서**에서는 그전에는 한 번도 말해 본 일이 없는 바에 대해 말하고 있다는 사실 때문이다. 그는 그 전에는 한 번도 걸어 본 일이 없는 사상의 길을 걷고 있었던 것이다. 따라서 새로운 사상을 표현하기 위해서는 자연히 새로운 말을 필요로 했을 것이다. 바울과 같은 정도의 지력을 가진 사람이 새로운 용어를 끌어들이지 못하고 언제나 같은 식으로만 자기 의사를 표시했을 것이라고 생각한다면 오히려 더 우스운 일이 될 것이다.

그들은 그 **문체**가 바울의 문체가 아니라고 한다. 그것은 사실이다. 영어 번역 성경에서도 그 사실을 볼 수 있는데 헬라어 성경에서는 더 말할 것이 없지 않은가—**에베소서**의 문체는 다른 서신의 문체와는 다르다. 다른 서신들은 모두 어느 특정한 상황과 특정한 사태와 특정한 문제들을 해결하기 위해 쓴 것들이다. 그러나 맥네일(A .H. M' Neile)의 말과 같이 **에베소서**는 "신학적인 소책자가 아니라면 오히려 신앙적인 명상록"이라고 할 수 있다. 단어의 용법까지도 다를 수밖에 없다. 모팻은 이렇게 말하고 있다. 일반적으로 말해 바울의 용어는 정열을 듬뿍 담긴 말이 홍수와 같이, 폭포와 같이, 분류와 같이 쏟아 내는 것이다. 그런데 **에베소서**에서는 "높은 언덕에 찰찰 넘치도록 가득하게 고요히 흘러가는 빛나는 강물을 볼 수 있다. **에베소서**의 문장 길이는 놀라우리만큼 길다. 헬라어 성경에 의하면 에베소서 1장 3-14, 15-23절, 2장 1-9절, 3장 1-7절은 모두 의미심장한 기다란 하나의 문장으로 되어 있다. 맥네일은 매우 아름답고도 정확하게 에베소서를 "하나의 산문시"라고 표현했다. 그 모든 것이 바울의 일반적인 문체와는 다른 것이다.

그러면 여기에 대해 무엇이라고 말할 수 있단 말인가? 우선 일반적인 사실을 들어 말하면, 위대한 작가는 언제나 같은 문체로 쓰지는 않는다는 것이다. 셰익스피어는《**햄릿**》,《**한여름밤의 꿈**》,《**말괄량이 길들이기**》,《**단시**》에서와 같이 여러 다른 문체의 작품들을 생산할 수 있었다. 바울도 위대한 문장가 중 한 사람이었는데—위대한 문장가들은 자신이 쓰고자 하는 목적과 그것을 쓸 때의 환경에 알맞은 문체를 사용할 수 있다. 바울이 **에베소서**를 쓸 때 새로운 용어와 새로운 문체를 사용하였다는 단순한 이유에서 그것은 바울이 쓴 것이 아니라고 한다면 그것은 잘못된 비평이다.

하지만 그 이상의 것이 있다. 바울이 대부분의 편지를 어떻게 썼는지를 생각해 보자. 그는 바쁜 업무 속에서 그것들을 썼다. 그리고 대부분은 여행 도중에 쓴 것이다. 그는 즉시 대답해 주어야 할 긴급하고 당면한 문제에 직면해 편지를 썼다. 다시 말해 바울은 그의 대부분의 편지를 매우 어려운 상황에서 썼으며 대개의 경우 시간에 쫓기면서 썼다.

그런데 **에베소서**를 썼을 때의 바울의 경우를 생각해 보자. 그는 **옥중에서** 그것을 썼다. 다시 말해 그는 편지를 쓰기에 넉넉한 시간을 가지고 있었던 것이다. 그는 편지를 서둘러 쓸 필요가 없었다. 그는 사색과 편지 쓰는 일 외에는 어떤 것도 할 수 없는 수개월의 옥중 생활을 했기 때문이다.

에베소서의 문체가 앞서 썼던 모든 다른 서신의 문체와 다르다는 것에 어떤 의문점이 없을까? 더욱이 문체의 상위와 명상적이며 시적인 표현은 처음 세 장에 여실히 드러나 있다. 처음 세 장은 **하나의 긴 기도**다. 그리고 3장 마지막에 나오는 위대한 송영에서 그 절정을 이루고 있다. 사실 바울의 모든 편지를 보아도 이것과 같은 부분이 또 없다. **에베소서**는 서정시적인 기도의 언어일지언정 결코 논쟁이나, 반론이나, 견책을 위한 언어가 아니다.

에베소서는 바울의 다른 서신들과는 다른 용어와 문체로 썼다는 것은 분명한 사실이다. 그러나 **에베소서**는 매우 다른 정황에서 새로운 사상을 표현하기 위해 쓴 것이다. 그리고—앞으로 배우겠지만—다른 서신들과는 아주 다른 목적을 가지고 쓴 것이다. 하지만 그 다른 점이 곧 **에베소서**가 바울이 쓴 것이 아니라는 증거가 되지는 못한다.

편지서의 사상

어떤 학자들은 **에베소서**의 사상이 다른 어떤 바울의 서신의 사상보다 훨씬 능가하는 것이라고 말하기를 좋아한다. **에베소서**의 사상이 어떤 것인지 검토해 보자.

에베소서는 **골로새서**와 밀접한 관련을 가진 것이라고 말한 바 있다. **골로새서**의 위대한 중심 사상은 **예수 그리스도의 충만함**이다. 예수 그리스도 안에는 모든 지식과 지혜가 감추어져 있으며(골 3:3), 아버지께서는 그의 안에 모든 충만함이 거하게 하셨으며(골 1:19), 한 위대한 귀절에 의하면 그리스도는 신성의 충만함이 육체로 거하시는 분이며(골 2:9), 인간의 구원을 위해서는 그리스도만이 필요하며 충만한 것이다(골 1:14).

골로새서의 모든 사상은 예수 그리스도의 완전한 충만성에 기초하고 있다. **에베소서**의 사상은 그러한 사상을 발전시킨 것이다. **에베소서**의 모든 사상은 1장에 나오는 두 구절에서 요약되고 있다. 거기에서 바울은 하나님에 대해 이렇게 말한다. 하나님은 "그의 기뻐하시는 뜻을 따라 그의 뜻의 비밀을 우리에게 알게 하셨다 그것은 곧 그 자신 안에 계획하신 것이며 때가 차면 그 계획을 실현하여 하늘에 있는 것이나 땅에 있는 것이나 심지어는 그의 안에 있는 것까지도 모두 그리스도 안에서 하나가 되게 하려는 것이다"(엡 1:9-10 참조).

에베소서의 핵심적인 사상은 예수 그리스도 안에서 모든 만물을 하나로 모운다는 것이다. 그리스도는 만물이 그의 안에서 통일되는 중심이며, 만물을 통일시키는 기반(羈絆)이다. 따라서 그리스도께서 계시지 않으면 만물에는 분리와 부조화가 있을 수밖에 없다. 자연계에는 생존경쟁이 있다. 자연은 "이빨과 발톱 때문에 피로 물들어 있다." 인간의 지배는 인간과 동물 사이에 마땅히 있어야 할 사회적인 결합을 파괴하였다. 인간은 인간에게서, 계급은 계급에서, 국가는 국가에서, 사상은 사상에서, 이방인은 유대인에게서 분리되어 있다. 그리스도가 계시지 않는 한 세계는 분열과 분리와 파쇄(破碎)된 세계일 수밖에 없다. 객관적인 자연계의 사실은 인간성 자체의 사실이기도 하다. 모든 인간 사이에는 긴장이 있으며, 모든 인간은 걸어 다니는 내란이다. 인간성의 고상한 부분과 저급한 부분 간에는 끊임없는 싸움이 있으며, 인간은 항상 선을 향한 의지와 악을 향한 의지 사이에서 시달림을 당하고 있다. 인간은 자신의 죄를 증오하면서 동시에 자신의 죄를 사랑하기도 한다.

바울 시대의 헬라와 유대의 사상에 의하면, 이러한 분쟁과 부조화의 분리는 천상 세계까지도 있었다. 악의 세력과 선의 세력 간의 싸움이나 선한 영과 악한 영의 세력과의 싸움이나, 하나님과 악마와의 싸움은 전 우주적인 것이다. 그런데 가장 불행한 사실은 하나님과 인간 사이에 부조화와 분리와 분열이 있다는 것이다. 오직 하나님과 사귐을 가져야 하는 인간이 하나님께로부터 멀리 떨어져 있는 것이다. 따라서 그리스도 없는 이 세계에는 분리밖에 찾아볼 수 없다.

그러한 분리는 하나님의 뜻이 아니다. 하나님의 뜻은 우주의 조화에 있었지 결코 부조화에 있었던 것이 아니다. 그리하여 하늘과 땅에 있는 만물과 모든 인류와 권세가 그리스도 안에서 결합될 때만이 그러한 분리는 통일될 수 있으며, 그러한 부조화는 조화가 될 수 있다. 스콧트(E. F. Scott)가 말한 바대로 "셀 수 없이 끊어진 올실들이 그리스도 안에서 모아지고 다시금 하나가 되고 처음과 같이 된 것이다".

에베소서의 중심 사상은 자연계의 분리와 인간의 분리와 시간의 분리와 영원의 분리와 하나님과 인간 사이에 있는 분리를 인정하는 것이며, 그러한 모든 분리는 다만 모든 인간과 권세가 그리스도 안에서 결합이 될 때 통일이 이루어진다는 것을 확신하는 것이다.

바울의 사상의 근원

바울은 어떻게 해서 예수 그리스도 안에서 만물의 통일이라는 위대한 사상에 도달하게 되었을까? 그는 두 가지 면에서 이런 결과에 도달했을 것이다. 우선 **골로새서**에서 그렇게도 생생하게 표명하였던 그리스도의 충만성이라는 사상이 당연한 결과였을 것이다. 그리스도께서 충만하신 분이라면 모든 인류와 만물과 모든 권세는 그리스도를 용납하고 그 안에서 살 때만이 통일이 가능하다.

그러나 바울의 사상을 이러한 면으로 이끈 것으로서는 그 밖에 다른 것도 있을 수 있다. 바울은 로마 시민이었으며, 그것을 자랑으로 여겼다. 바울은 몇 번의 여행을 통해 로마 제국의 위대함을 목격하고 지금은 그 제국의 수도인 로마에 와 있다. 그런데 로마 제국에는 새로운 통일이 있었다. **팍스 로마나**(Pax Romana), 즉 로마의 평화는 매우 구체적인 사실이었다. 한때는 서로 싸우며, 경쟁하며, 전쟁하던 왕국과 국가와 나라가 로마 제국이라는 새로운 통일로 묶어졌다. 장벽은 무너졌으며, 차별은 메워졌고, 적대심은 종식을 고했고, 긴장은 풀어지고, 모든 것은 로마의 이름 아래 하나로 묶어졌다.

바울은 옥중 생활에서 어떻게 이러한 통일이 로마의 이름 아래 성취되었는지를 새로운 눈으로 바라보았을 것이다. 그리고 그처럼 분리되었던 자연과 세계와 인간성이 통일할 수 있었다면 그것은 모든 것이 그리스도 안에 집중될 수 있으며, 그리스도의 이름 아래 통일을 이룰 수 있다는 상징과 비유가 될 수 있다고 생각했을 것이다. 분리는 바울이 도저히 생각할 수 없는 것이었으며, 바울의 모든 생각과 경험은 오직 통일을 향한 것이었다.

교회의 기능

바울이 이러한 그리스도 안에서 통일의 개념을 피력한 것은 그 서신의 처음 세 장에서다. 다음 세 장에서는 그러한 통일을 가져오게 하고자 하는 하나님의 계획에서 교회의 위치에 대해 많이 언급하고 있다. 교회의 설립 목적은 무엇이었는가? 바울의 위대한 사상은 이런 데서 잘 나타나 있다. 교회는 **그리스도의 몸**이다. 교회는 그리스도의 일을 위한 손이 되어야 하며, 그리스도의 심부름을 위한 말, 그를 위해 말해야 하는 입, 그것을 통해 그리스도께서 일하실 수 있는 도구와 지체가 되어야 한다. 따라서 **에베소서**에서 우리는 이중의 주제를 볼 수 있다. 첫째, 그리스도는 하나님의 화해의 도구다. 둘째, 교회는 그리스도를 세계에 전해 주어야 한다. 그리고 교회 안에서 모든 부조화의 요인은 교회를 통해 제거되고 통일을 성취해야 한다. 교회는 그리스도 안에서만 통일이 성취된다는 것을 전파하여야 하며, 이러한 통일은 교회 안에서만 성취되고 실현되어야 한다. 스콧트가 말한 대로, "교회는 그리스도께서 보여 주신 전 세계와의 화해를 위해 설립되었다. 그리고 기독교인들은 다른 사람과의 모든 교제 속에서 이러한 교회의 설립 이념을 실현하도록 노력하여야 한다".

바울이 저자가 아니라면?

이상이 **에베소서**의 사상이다. 그런데 이미 살펴본 대로 어떤 사람들은 이 서신의 용어와 문체와 사상으로 볼 때, 바울이 그 서신을 썼다고 볼 수 없다고 말한다. 미국의 학자, 굿스피드(E. J. Goodspeed)는 흥미는 있지만 믿을 수 없는 학설을 내세운 바 있다. 바울의 서신들이 처음으로 편집되고 출판되어 각 교회로 널리 보내진 것이 에베소에서는 약 주후 90년경일 가능이 있다. 굿스피드의 학설은 그 서신의 편집에 종사한 사람, 혹 바울의 제자거나 그의 사랑을 받은 자가 편집한 모든 서신에 대한 일종의 머리말이라든가 서론의 형식으로 **에베소서**를 썼다는 것이다. 분명히 그 학설은 하나의 현저한 사실을 무너뜨리고 있다. 모조품은 어떤 것이든 간에 본래의 것보다는 열등하게 마련이다. 2차적인 작품은 스스로가 2차적인 것임을 나타내고 있다. 그런데 **에베소서**는 열등한 것이기는커녕 바울의 모든 서신 중에서 가장 우수하며, 바울이 스스로 그것을 쓰지 않았다면 우리는 적어도 바울과 동등하게 위대하거나, 바울보다도 더 위대한 다른 저자를 가정해야 한다.

이에 대해 스콧트는 매우 적절한 힐문을 제기하고 있다. "바울과 같은 시대로 교회에 그처럼 탁월한 무명의 교사가 있었다는 것을 믿을 수 있을까? 바울의 가장 위대한 작품이라고 할 수 있는 이 서신의 저자는 결국 바울 아닌 다른 사람이 있을 수 없다는 것이 극히 당연한 가정이다." 인생의 모든 분리가 그리스도 안에서 하나가 된다는 환상보다도 더 위대한 그리스도의 환상을 가진 사람은 일찍이 없었다. 교회는 전 세계적이며 우주적인 화해를 위한 하나님의 도구라는 환상보다도 더 위대한 교회의 환상을 가진 사람은 일찍이 없었다. 그리고 우리는 바울 이외에는 그러한 환상을 품을 수 있는 사람은 일찍이 없었다고 믿을 수 밖에 없다.

에베소서의 수신인

우리는 앞에서 미해결의 상태로 남겨두었던 문제로 되돌아가야 하겠다. **에베소서**가 에베소 교회에 보낸 것이 아니라면—이미 우리는 **에베소**서가 에베소 교회를 위해 쓴 것이 아니라고 말해 왔는데—그러면 그 서신은 어떤 교회를 위해 쓴 것일까?

가장 오래된 추측은 **라오디게아 교회**에 대해 쓴 것이라고 하는 것이다. 골로새서 4장 16절을 보면 바울은 다음과 같이 쓰고 있다. "이 편지를 너희에게 읽은 후에 라오디게아인의 교회에서도 읽게 하고 또 라오디게아로부터 오는 편지를 너희도 읽으라." 그 구절에서 볼 때 바울이 라오디게아에 있는 교회에 편지를 보낸 것이 분명하다. 그런데 바울의 서신 중에는 그에 해당하는 서신이 없다. 말시온(Marcion)은 바울 서신을 맨 처음으로 수집한 사람이다. 그는 2세기 중엽에 바울 서신의 일람표를 만들었는데, **에베소서**를 라오디게아서라고 부른 사실이 있다. 따라서 매우 초기 시대부터 교회 안에는 **에베소서**가 실제로는 처음에 라오디게아 교회에 보내진 것이었다는 주장이 있었다고 본다.

우리가 그러한 매우 흥미롭고도 매력적인 추측을 받아들인다면, 여전히 우리에게는 어떻게 해서 그 서신이 라오디게아라는 고유한 수신지의 주소를 잃어버리고 에베소와 관련 짓게 되었는지를 설명할 필요가 있게 될 것이다. 두 가지 설명이 가능할 것이다.

아마 바울이 죽은 후에, 에베소 교회는 라오디게아 교회에 바울에게서 온 훌륭한 서신이 있다는 것을 알았을 것이다. 그리하여 에베소 교회의 교인들은 라오디게아 교회의 교인들에게 그 편지의 사본을 보내 달라고 했을 것이다. 사본이 만든 후 보내졌을 것이다. 그런데 1절에 있는 **라오디게아에 있는**이란 말은 그 최초의 사본이 공백이었던 것처럼 공백인 그대로 빠뜨린 채 보내졌을 것이다.

약 30년 후에 바울의 서신들이 널리 출판하기 위해 수집되었을 것이다. 그런데 라오디게아 교회는 지진이 매우 흔한 지역에 있었기 때문에, 라오디게아에 있는 기록된 문서들은 모두 회진되었을 것이다. 따라서 그러한 수집이 이루어졌을 때 라오디게아 교회에 보낸 편지의 유일한 사본은 에베소에만 남게 되었을 것이다. 이 서신이 바울 서신집에 포함되었을 것인데, 에베소에서 발견되었기 때문에 에베소 교회에 보낸 편지로 알려지게 되었을 것이다. 에베소에서만 유일한 사본이 발견되었기 때문일 것이다. 이것은 매우 가능성이 있는 주장이다.

두 번째로 추측할 수 있는 설명은 독일의 위대한 학자인 하르낙(Harnack)이 제시한 것이다. 라오디게아 교회는 그 후에 애석하게도 은혜에서 떨어져 나갔던 것이다. 요한계시록을 보면 라오디게아 교회에서 보내는 편지가 있는데 그것은 비참한 이야기뿐이다(계 3:14-22). 그 편지에 보면 라오디게아 교회는 부활하신 그리스도에게서 비참하고도 엄중한 책망을 들었다. 그리스도께서는 라오디게아 교회에 대해 생생한 표현을 빌려 "내 입에서 너를 토하여 버리리라"(계 3:16)라고 하셨다. 그런데 고대 세계에는 **담나티오 메모리애**(damnatio memoriae), 즉 인간의 기억에 대해 유죄 판결을 내린다는 관습이 있었다. 어떠한 인간이 국가에 대해 현저한 공헌을 바쳤다면 그것 때문에 그 사람의 이름이 책이나 국가의 연대기나 비명이나 기념물에 새겨질 것이다. 그런데 그러한 사람이 비열한 반역 행위라든가, 부끄럽고 불명예스러운 일이라든가, 모든 명예를 뒤집어엎어 놓는 행동을 남긴 채 죽을 수도 있다. 그렇게 되었을 경우 그 사람에 대한 기억은 유죄 판결을 받게 되는 것이다. 그의 이름은 모든 책에서 말살되며, 모든 비명에서 깎이고, 모든 기념물에서도 제거되었던 것이다. 그는 **담나티오 메모리애**를 받은 것이다.

하르낙은 라오디게아 교회가 **담나티오 메모리애**를 받았다고 생각하였다. 따라서 그 교회의 이름은 모든 기독교의 기록에서 제거되었다고 본 것이다. 만일 그랬다면 라오디게아 교회에 보내는 편지의 사본에는 어느 것에 대해서든지 수신인의 이름이 기록되지 않았을 것이며 에베소에서 그것들이 수집되었을 때, 에베소에서 그것이 발견되었으니만큼 에베소라는 이름이 첨가되었을 가능성이 있다. 다른 이름이 없었기 때문이다.

회람장

이상 두 가지 추측이 모두 가능하지만 보다 진실에 가까운 추측이 있는데, 우리는 그것이 더 정당한 것이라고 믿고 있다. **에베소서**의 초기 사본에는 교회의 이름이 기록되어 있지 않았다고 우리는 믿는다. **에베소서는 어떤 한 교회에 써 보낸 것이 아니라, 바울이 세운 모든 소아시아 지방의 교회들에 보낸 회람장**이었기 때문이다. 그것은 어느 한 교회의 소유물이 아니라, 언제나 모든 교회의 소유물이었다. 바울이 골로새서 4장 16절에 한 말을 다시 한 번 살펴보자. 바울은 말하기를 "이 편지를 너희에게서 읽은 후에 라오디게아인의 교회에서도 읽게 하고 라오디게아에서 오는 편지를 너희는 읽으라" 고 했다. 그런데 주목할 것은 바울이 골로새 교인들에게 라오디게 교회**에 보낸** 편지를 읽으라 하지 않고, 라오디게아 교회**에서** 오는 편지를 읽으라고 한 점이다. 따라서 그 말은 바울이 이렇게 말한 것과 같다. "회람장이 있다. 현재는 라오디게아 교회에 가 있다. 그것이 너희에게 올 때, 다시 말해 라오디게아 교회에서 너희에게 보내었을 때 반드시 읽어 보라." 그 말은 마치 소아시아 지방에 있는 교회를 위한 회람의 편지가 있다는 뜻으로 들린다. 그리고 여러 교회에 회람되었던 그 편지야말로 **에베소서**라고 믿는다.

바울의 정수(精髓)

우리가 이상에서 믿는 그대로라면 **에베소서**는 바울 서신 중에서 가장 우수한 서신이 된다. **에베소서**와 **골로새서**는 서로 매우 밀접한 관련을 가지고 있다는 것을 이미 살펴보았다. 바울이 **골로새서**를 쓴 것은 어떤 특정한 상황과 특정한 이단의 출현 때문이었다고 믿는다. 그런 상황에서 편지를 쓰면서 그리스도의 충만성이라는 자신의 위대한 표현에 대해 여러 번 생각했을 것이다. 그리고 "이것은 모든 사람에게 알려 주어야 할 사항이다" 라고 독백이라도 했을 것이다. 그리하여 바울은 **골로새서**에서 취급하였던 문제를 가지고, 거기에서 지역적이며 일시적이며 논쟁적인 점들을 제거하고, 모든 사람에게 그리스도의 충만성을 전해주는 새로운 서신을 썼을 것이다.

이상에서 말한 바와 같이 **에베소서**는 바울이 동방 교회에 대해 모든 인류와 만물이 목적하는 통일은 그리스도 안에서가 아니면 실현될 수 없으며, 교회의 지상 과제는—인간과 인간, 인간과 하나님 사이에서 전 세계적이며 우주적인 화해의 사명을 위한 그리스도의 도구요 몸으로서 사명임을 가르치는 서신이다. 그런 까닭으로 **에베소서**는 틀림없이 서신 중의 여왕이라고 할 수 있다.

The Letter to the Ephesians 01

에베소서

에베소서에서는 바울의 논점은 매우 면밀히 짜여 있다. 때로 그것이 이해하기 매우 어려운 길고 복잡한 문장을 만들기도 했다. 우리가 바울의 뜻한 바를 잘 파악하고자 한다면, 앞으로 우리가 취해 나가는 방법 그대로 먼저는 비교적 긴 문장을 취하고, 그 다음엔 그 긴 문장을 상세한 연구에 적당하도록 짧은 문장으로 구분하는 것이 이 서신을 한층 이해하기 쉽게 만들어 줄 것이다.

하나님의 섭리

에베소서 1:1-14

1하나님의 뜻으로 말미암아 그리스도 예수의 사도 된 바울은 에베소에 있는
성도들과 그리스도 예수 안에 있는 신실한 자들에게 편지하노니 2하나님 우
리 아버지와 주 예수 그리스도로부터 은혜와 평강이 너희에게 있을지어다
3찬송하리로다 하나님 곧 우리 주 예수 그리스도의 아버지께서 그리스도 안

에서 하늘에 속한 모든 신령한 복을 우리에게 주시되 [4]곧 창세 전에 그리스
도 안에서 우리를 택하사 우리로 사랑 안에서 그 앞에 거룩하고 흠이 없게
하시려고 [5]그 기쁘신 뜻대로 우리를 예정하사 예수 그리스도로 말미암아 자
기의 아들들이 되게 하셨으니 [6]이는 그가 사랑하시는 자 안에서 우리에게 거
저 주시는바 그의 은혜의 영광을 찬송하게 하려는 것이라 [7]우리는 그리스도
안에서 그의 은혜의 풍성함을 따라 그의 피로 말미암아 속량 곧 죄 사함을
받았느니라 [8]이는 그가 모든 지혜와 총명을 우리에게 넘치게 하사 [9]그 뜻의
비밀을 우리에게 알리신 것이요 그의 기뻐하심을 따라 그리스도 안에서 때
가 찬 경륜을 위하여 예정하신 것이니 [10]하늘에 있는 것이나 땅에 있는 것이
다 그리스도 안에서 통일되게 하려 하심이라 [11]모든 일을 그의 뜻의 결정대
로 일하시는 이의 계획을 따라 우리가 예정을 입어 그 안에서 기업이 되었으
니 [12]이는 우리가 그리스도 안에서 전부터 바라던 그의 영광의 찬송이 되게
하려 하심이라 [13]그 안에서 너희도 진리의 말씀 곧 너희의 구원의 복음을 듣
고 그 안에서 또한 믿어 약속의 성령으로 인치심을 받았으니 [14]이는 우리 기
업의 보증이 되사 그 얻으신 것을 속량하시고 그의 영광을 찬송하게 하려 하
심이라

성도들에게 보내는 인사

에베소서 1:1-2

[1]하나님의 뜻으로 말미암아 그리스도 예수의 사도 된 바울은 에베소에 있는
성도들과 그리스도 예수 안에 있는 신실한 자들에게 편지하노니 [2]하나님 우
리 아버지와 주 예수 그리스도로부터 은혜와 평강이 너희에게 있을지어다

바울은 편지의 서두에서 자신이 가지고 있는 명성 가운데서 단지 두 가지만을 내세우고 있다.

I. 바울은 "그리스도의 사도"였다. 바울이 이렇게 말했을 때 그의 마음속에는 세 가지 생각이 있었을 것이다.

1. 그는 자신이 그리스도께 **속하였다**고 의미했다. 그의 생활은 자기 마음대로 할 수 있는 자기 자신의 것이 아니었다. 그는 예수 그리스도의 소유물이었다. 따라서 그는 자신이 원하는 대로 살 수 있는 것이 아니라 예수 그리스도께서 원하시는 대로 삶을 살아야 했다.

2. 그는 예수 그리스도에게서 사명을 **위임 받고** 보내심을 받았다는 것을 의미했다. **아포스톨로스**(apostolos〈사도〉)란 말은 **파견하다**라든가 **보낸다**는 뜻을 가진 **아포스텔레인**(apostellein)이라는 동사에서 온 것이다. 예를 들어 그 말은 원정을 위해 보낸 함대라든가, 그의 조국에서 보내진 대사 같은 것을 두고 사용될 수 있다. 그것은 어떤 특별한 임무를 위해 보냄을 받은 사람을 나타내는 것이다. 기독교인은 전 생애를 통해 항상 스스로를 그리스도를 위한 특별 편성부대의 요원이라고 생각하고 있다. 기독교인의 사명, 곧 이 세계에서 그리스도를 섬겨야 할 사명을 가진 인간이다.

3. 그는 **자신이 가진 모든 권위는 위탁 받은 권위**임을 의미했다. 산헤드린은 유대인의 최고 법정이었다. 종교문제에 대해 산헤드린은 온 세계에 있는 유대인을 지배할 권위가 있었다. 산헤드린이 어떤 결정을 내리면 그 결정은 한 **아포스톨로스**에게 맡겨지고, 그 **아포스톨로스**는 결정과 관련을 가진 사람에게 전달해 주고, 결정이 실행되는지를 지켜보아야 했다. 그러한 **아포스톨로스**가 파견될 때 그는 단지 자신의 권위라든가 자기 자신의 권세를 힘입어 가는 것이 아니었다. 그의 배후나 안에는 산헤드린의 권위가 주어졌던 것이며, 그는 산헤드린의 대리자였다. 기독교인은 이 세계에서 그리스도의 대리자다. 그러나 그는 오직 자기 자신의 개인적인 능력이나 권위를 가지고 그 과업을 수행하도록 버림을 받지 않는다. 예수 그리스도의 능력과 권위가 그와 함께한다.

II. 바울은 계속해서 자신이 "하나님의 뜻으로 말미암은" 사도라고 말한다. 바울이 이런 말을 했을 때 그것은 자랑을 나타내고자 한 것이 아니라, 순전히 놀라운 사실임을 강조하고자 하는 것이었다. 생의 마지막 날까지 바울은 하나님께서 자기와 같은 자를 당신의 일을 위해 택해 주셨다는 것에 대해 날마다 놀라워했던 것이다.

당신은 어떻게 우리 사정을 잘 아시며,
우리 하나님이 되시나이까.
어두움이 나의 지혜를 뒤덮을 때에,
내 마음에 빛을 비추시나이다.

기독교인은 하나님께서 그에게 맡겨 주신 사명 때문에 자만하여서는 안 된다. 하나님께서 나를 당신의 일을 맡기기에 합당한 자로 여겨 주신 일에 대해 놀라워하는 감격에 충만해 있어야 한다.

그러고 나서 바울은 그의 편지를 에베소에 있는 성도들과 예수 그리스도 안에 신실한 자들에게 보낸다고 적어 놓는다. 기독교인은 언제나 이중생활을 하는 사람이다. 바울의 친구들은 **에베소**와 **그리스도 안에** 살고 있는 사람들이다. 모든 기독교인은 인간적인 주소와 하늘의 주소를 함께 가지고 있다. 기독교인은 이 세상의 구체적인 장소에 살며 동시에 그리스도 안에서도 살고 있다. 그리고 바로 그 점이 기독교 생활의 비결이다. 알리스터 맥그린(Alister MacLean)은 서부 고원지대에 살고 있던 한 부인에 대해 말하고 있다. 그 부인은 매우 어려운 삶을 살았다. 그런데도 언제나 평온해 보였다. 그 비결이 무엇인지 물었을 때 부인은 이렇게 대답했다. "바다를 항해하면서도 언제나 마음은 항구에 매어 두는 것이 나의 비결입니다." 기독교인의 평온의 비결은 그가 어디 있든지 언제나 그리스도 안에 있는 것이다.

바울은 늘 같은 인사로 시작하고 있다. "은혜와 평강 신이 너희에게 있을지어다." 여기에는 기독교 신앙의 위대한 두 낱말이 들어 있다. 은혜라는 말에는 언제나 두 가지 중요한 개념이 있다.

은혜는 언제나 사랑스러운 것이다. 그 헬라어는 **카리스**(charis)인데 **카리스**는 영어로 Charm(매력)을 의미할 수 있다. 기독교 생활에 사랑스러운 그 어떤 것이나, 매력 있는 그 어떤 것이 있어야 한다. 사람들에게 매력을 줄 수 없는 기독교란 참다운 기독교라고 할 수 없다.

은혜는 언제나 선물이라고 표시된다. 그리고 선물이란 언제나 제 스스로 가만히 드러낼 수 없는 것이다. 그리고 받을 만한 가치가 있어서 받는 것도 아니다. 우리를 향한 하나님의 배려와 하나님의 선물은 순전히 하나님의 관대하신 마음에서 나온 것이다. 은혜라는 말을 할 때마다 우리는 기독교인의 삶의 절대적인 사랑스러움과 하나님의 과분하도록 관대하신 마음을 반드시 생각하여야 한다.

평강이란 말을 기독교 생활과 관련해서 주의를 기울이지 않으면 안 된다. 헬라어로 **에이레네**(eirene)인데 그것은 샬롬(shalom)이란 히브리어의 번역이다. 성경에서 **평강**이란 말은 결코 부정적인 의미로 사용되지 않고 있다. 그것은 결코 단순히 어려움이나 곤란이나 고난과 같은 것이 없는 상태만은 아니다. 샬롬은 인간의 최고선을 만들어 주는 모든 것, 인간을 최고의 의미에서 인간으로 만들어 주는 모든 것, 인생을 참으로 살 만한 것으로 만들어 주는 모든 것을 의미한다. 이러한 기독교인의 평강은 외부적인 정황과는 전혀 관계가 없다. 어떤 사람이 안락하고 호화롭게 많은 토지를 소유한 채 살 수 있을 것이다. 또 훌륭한 집에서 살며 많은 은행 예금을 가지고 있을 수 있을 것이다. 하지만 그러한 사람에게 평강이 없을 수 있다. 이번에는 그와 정반대로 옥중에서 굶주리거나, 사형장에서 죽어 가거나, 모든 즐거움이 박탈된 삶을 살면서도 평강한 사람도 있을 수 있다. 그러한 사실을 어떻게 설명할 수 있을 것인가? 그것은 이렇게밖에 설명할 수 없다. 이 세상에는 평강의 근원은 오직 하나밖에 없다. 그것은 하나님의 뜻대로 행하는 것이다. 일상생활 중에서 해서는 안 된다는 것을 알면서도 행할 때나, 해야 한다는 것을 알면서도 행하지 않을 때는 언제나 우리 마음의 배후에 불쾌함과 불안이 깃들어 있다는 것을 우리는 매우 잘 알고 있다. 또 가령 매우 어려운 일을 하거나 하고 싶지 않은 일을 하면서도 그것이 옳은 일이라는 것을 알고 있다면 마음속에는 어떠한 만족감이 있다는 것도 우리는 매우 잘 알고 있다. "주님의 뜻 안에 우리의 평강이 있다." 이 땅에서 유일한 평강은 하나님의 뜻 안에 있는 것이다.

하나님의 택함 받은 자

에베소서 1:3-4

[3]찬송하리로다 하나님 곧 우리 주 예수 그리스도의 아버지께서 그리스도 안
에서 하늘에 속한 모든 신령한 복을 우리에게 주시되 [4]곧 창세 전에 그리스
도 안에서 우리를 택하사 우리로 사랑 안에서 그 앞에 거룩하고 흠이 없게
하시려고

헬라어 본문에 의하면 3-14절의 기다린 구절들은 하나의 문장이다. 그것은 논리적인 진술이라기보다는 하나의 서정시적인 찬미의 시이기 때문에 그처럼 길고 복잡한 것이다. 바울은 논리적으로 생각을 진행시키는 것이 아니라 하나님께로부터 오는 선물에서 선물이, 기적에서 기적이 계속해서 그의 눈앞을 스쳐가며 마음속에 떠오르기 때문에 생각을 계속해 나갔던 것이다. 그것을 이해하기 위해서는 몇 개 짧은 부분으로 나누어 가지고 생각해야 할 것이다.

이 부분에서 바울은 기독교인을 하나님의 택함을 받은 백성이라고 생각하고 있으며, 그는 그것을 세 가지 방면으로 전개하고 있다.

I. 바울은 "하나님의 선택"을 생각하고 있다. 바울은 자기 스스로가 하나님을 섬기기를, 또 하나님의 일을 하도록 선택한 것이라고 결코 생각하지 않았다. 그는 언제나 하나님께서 자신을 선택하셨다고 생각하고 있다. 예수께서는 제자들에게 이렇게 말씀하셨다. "너희가 나를 택한 것이 아니요 내가 너희를 택하여 세웠나니" (요 15:16). 바울에게는 모든 것이 하나님의 것이었으며, 여기에 놀라움이 있었다. 인간이 하나님을 택했다면 그렇게 놀라운 사실이 되지 못하며, 하나님께서 인간을 선택했다는 사실이야말로 놀라운 것이다.

II. 바울은 "하나님의 관대한 선택"을 생각하고 있다. 하나님은 하늘에서만 찾아볼 수 있는 축복으로 축복하시기 위해 우리를 선택하셨다. 어떤 것들은 인

간이 스스로를 위해 찾아내거나 발견할 수 있다. 그러나 인간이 도저히 손에 넣을 수 없는 것들도 있다. 인간은 스스로의 힘으로 공예 부분이나 과학 분야에서 어느 정도의 기술과 이 세상에서 어느 정도의 지위를 획득할 수 있으며, 어느 정도 이 세상의 제물을 모을 수 있을 것이다. 하나님께서는 하나님만이 주실 수 있는 것을 주시기 위해 우리를 택하셨다.

III. 바울은 "하나님의 선택의 목적"을 생각하고 있다. 하나님은 우리에게 **거룩**하고 **흠이 없게** 하시려고 우리를 선택하셨다. 여기에는 두 가지 위대한 낱말이 있다.

거룩하다는 말은 헬라어로 **하기오스**(hagios)다. **하기오스**라는 말에는 언제나 **다르다**는 의미와 **분리되었다**는 뜻이 있다. **하기오스**한 것은 다른 보통의 것과 **다르다**. 성전은 다른 건물과 다르기 때문에 **거룩하다**. 제사장은 다른 보통의 인간들과 다르기 때문에 **거룩하다**. 희생 제물은 다른 동물들과 다르기 때문에 **거룩하다**. 하나님은 인간과 다르기 때문에 지극히 **거룩하다**. 안식일은 다른 날과 다르기 때문에 **거룩하다**. 따라서 하나님은 기독교인이 다른 인간들과 **다르게** 하기 위해 그를 선택하셨다.

여기에 현대 교회가 직면하기를 꺼려했던 사실과 도전이 있다. 초대교회의 기독교인들은 이 세상과는 다른 존재가 되어야 한다는 사실을 조금도 의심하지 않았다. 사실 초대교인은 세상과는 아주 달랐기 때문에 세상이 자신을 죽일는지도 모르며, 확실히 세상은 자신을 미워한다는 사실을 알고 있었다. 그러나 현대 교회는 세상과 교회와의 구분을 점차 둔화시키는 경향이 있다. 그 결과 우리는 때로 사람들에게 이렇게 말한다. "네가 점잖고 존경 받을 만한 생활을 사는 한 당연히 교회의 일원이 되고 스스로를 기독교인이라고 부를 수 있다. 너는 다른 사람과 지나치게 다를 필요가 없다."

사실 기독교인은 세상 사람들과 같아야 한다. 그리스도께서 원하시는 구별은 인간이 세상에서 **나오게 하는** 그러한 구별이 아니라 세상 **안에서** 구별이라는 것을 항상 기억하여야 한다. 기독교인은 학교에서, 상점에서, 공장이나, 사무실이나, 병원이나, 그 밖에 어디서나 다른 사람들과 동화할 수 있어야 한다.

그 구별은 이런 것이다. 즉, 기독교인은 인간적인 법의 명령에 따라서가 아니라 그리스도의 법의 명령에 따라 살며, 일하며, 행동한다는 것이다. 기독교인 교사는 교육 당국이 내세운 규칙이나 교장 선생에게 만족감을 주기 위해 노력하는 것이 아니라, 그리스도의 명령을 만족시키기 위해 노력한다. 따라서 자기 책임 아래 있는 학생들에 대한 태도를 매우 다른 것으로 만들어 줄 것이다. 기독교인 노동자는 노동조합의 조례를 만족시키기 위해서가 아니라, 그리스도의 명령을 만족시키기 위해 노력한다. 그리스도의 명령은 분명히 그를 매우 다른 종류의 노동자로 만들 것이며, 결국 그러한 차이 때문에 조합에서 퇴출될지도 모른다. 기독교인 의사는 앓는 사람을 단순한 환자로 보지 않고 언제나 하나의 인간으로 볼 것이다. 기독교인 고용주는 최저 임금이라든가, 최저 노동 조건이란 것보다 훨씬 좋은 문제에 관심을 기울일 것이다. 많은 기독교인들이 **하기오스**가 되고, 다른 자들이 되고, 오직 그리스도께만 응답하는 자가 된다면 사회를 간단하게 개혁할 것이다. 그리고 실로 그것이야말로 기독교인의 사명이다.

흠이 없다는 헬라어는 **아모모스**(amomos)다. 이 말은 희생 제사와 관련된 용어라는 데 흥미가 있다. 유대인의 율법에 의하면 짐승을 제물로 바치기 전에 먼저 그 제물은 검사와 조사를 받아야 한다. 그리고 어떤 결점이라도 발견되면 하나님께 드릴 제물로는 적합지 않다고 해 거절당했다. 가장 좋은 것만을 하나님께 제물로 바쳤다. **아모모스**라는 말은 모든 생명과 인간을 하나님 앞에 드릴 제물로 생각하는 것이다. 그 말은 우리의 모든 생활, 일, 즐거움, 운동, 가정생활, 인간관계와 같은 그 모든 것을 하나님께 제물로 드릴 수 있는 것으로 만들어야 한다는 것이다. 이 말은 결코 기독교인이 존경을 받아야 한다는 말이 아니고, 완전하여야 한다는 것을 의미한다. 간단히 말해 기독교인은 **아모모스**가 되어야 한다는 것은 자기 만족을 버리며, 차선에서 만족하는 마음을 버리게 하기 위한 것이다. 그것은 인간에게 자신의 모든 생활을 하나님 앞에 드릴 제물로 적합하도록 온전하게 만드는 도전이다. 그것은 곧 "나는 내게 결점이 있다는 것을 압니다. 그러나 나는 그것을 고칠 수가 없습니다"라고 말하는 정신을 버리게 한다. 그것은 우리가 해 놓은 일이 우리가 할 수 있는 최고의 한도까지 훌륭하게 한 것이 못 되는 줄 알면서도 차선에서 만족하고자 하는 정신을 버리게 한다. 기독교인의 표준은 완전 이외의 그 어떤 것도 아니며, 기독교인은 인간적인 기준에 의한 판단에 가치를 부여하지 않으며, 단지 어떻게 하면 하나님께서 하시는 검사에 합격할 수 있을 것인지를 생각하는 사람이라는 것을 그 말은 분명히 보여 주고 있다.

하나님의 계획

에베소서 1:5-6

5그 기쁘신 뜻대로 우리를 예정하사 예수 그리스도로 말미암아 자기의 아들
들이 되게 하셨으니 6이는 그가 사랑하시는 자 안에서 우리에게 거저 주시는
바 그의 은혜의 영광을 찬송하게 하려는 것이라

이 구절에서 바울은 우리에게 하나님의 계획에 대해 말하고 있다. 하나님께서 인간을 위해 하신 일을 묘사할 때 바울이 여러 번 사용한 묘사는 양자결연(養子結緣)의 예다(롬 8:23; 갈 4:5 참조). 하나님께서 우리를 자녀로서 자기 가족의 일원으로 양자결연을 해 주셨다. 고대 세계의 로마법이 보급된 지역에서는 이러한 일이 오늘의 우리보다 훨씬 의미심장한 묘사였다. 로마 세계의 가족 제도는 **파트리아 포테스타스**(patria potestas), 즉 부권(父權) 위에 세워졌다. 로마법에 의하면 그들이 살아 있는 한 아버지는 자녀에 대해 절대적인 권리를 가지고 있었다. 로마인의 아버지는 그의 자녀를 노예로 삼을 수도 있었으며, 심지어는 자녀를 죽일 수도 있었다. 고대 로마법에 의하면, 그리고 그 법이 바울 시대까지도 통용되었는데, 아버지에게는 자녀의 생사를 마음대로 할 수 있는 권리가 있었다. 디온 카시우스(Dion Cassius)는 로마법이 이런 것이었다고 전해 준다. "로마법은 부친에게 자기 자식에게 대한 절대적인 권리를 부여하고 있다. 그리고 그것은 자식의 모든 생활에 관련된 것이다. 그것은 자식을 옥에 넣든지, 곤장을 치게 하든지, 족쇄를 채운 노예로서 자기 영지에서 일을 하게 하든지, 죽이든지 마음대로 선택할 수 있는 권리를 부친에게 부여하고 있다. 그러한 권리는 그 자식이 정치 문제에서 중요한 역할을 할 수 있으리만큼 성장했을 때까지, 행정관이 될 만한 인물이라고 판단될 때까지, 모든 사람에게서 존경을 받을 때까지도 존속되는 것이다. 부친이 자기 자식을 재판할 때 가족 내의 남자 어른들을 자문역으로 청하도록 권면 받고 있는 것은 사실이지만, 반드시 그렇게 해야 하는 것은 아니었다. 한 아버지가 자기 자식을 실제로 사형에 처한 경우가 있다. 살루스트(Sallust, 카틸리나음모기, 39)는 아울루스 풀비우스(Aulus Fulvius)라는 한 아들이 어떻게 해서 반역자 카틸리나(Catilina)에 가담하였는지를 말해 준다. 그는 여행 중에 체포되어 압송되어 왔다. 그리하여 그의 부친은 그를 사형에 처하라고 명령하였다. 부친은 그 자신의 개인적인 권리에서 그렇게 명하였다. 부친은 그 이유로서 이렇게 말했다. 그가 자식을 낳은 것은 조국을 배반하는 카틸리나를 위한 것이 아니라, 카틸리나를 반대하는 조국을 위한 것이었다"라고 했다. 로마법에 의하면 자식은 아무것도 소유할 수 없었다. 그에게 남겨진 유산도, 그에게 주어진 선물도 모두 그의 부친의 소유가 되었다. 그 자식의 나이가 얼마든지, 그가 얼마만한 명예나 존경을 받는지 상관하지 않고 부친의 권세 아래 매어 있어야 했다.

그러한 상황에서는 양자결연이란 매우 중요한 과정이었을 것이 분명하다. 그것은 한 아들을 하나의 **파트리아 포테스타스**에서 떼어내어 또 다른 **파트리아 포테스타스**에 붙여 주는 중요한 과정이었다. 하지만 양자결연은 보기 드문 것이 아니었다. 한 가족이 단절되지 않고 계속 존속하게 하기 위해 가끔 다른 집 아들을 양자로 삼는 일이 있었기 때문이다. 양자결연식은 매우 인상적이었다. 그것은 동전과 저울을 사용한 상징적인 매매행위에 의해 진행되었다. 친아버지가 아들을 두 번 팔고, 다시 상징적으로 두 번 샀다. 끝으로 세 번째 팔고는 친아버지가 아들을 다시 사지 않았다. 이러한 일이 있은 후에 양아버지는 로마의 행정장관인 집정관에게 가서 양자결연의 건을 신청하였는데, 이상의 일이 전부 실행된 후에라야 양자결연은 완전히 성립되었다. 그런데 양자결연이 성립되면 그것은 매우 완벽한 것이었다. 양자가 된 사람은 새로운 가족 내에서 법적으로 인정된 아들의 권리를 가지게 되며, 전에 속했던 가족에서 권리는 모조리 상실되었다. 법률적인 견지에서 보면 그는 전혀 새로운 인간이었다. 그는 새로운 인간이 되었기 때문에 그 전 가족과 관련되어 짊어졌던 빚이나 채무가 있었다 하더라도 마치 그런 일이 전혀 없었던 것처럼 무효가 되고 소멸되었다.

이것이 바로 하나님께서 우리를 위해 행하여 주신 일이라고 바울은 말하고 있다. 우리는 완전히 죄와 이 세상의 권세 아래 있었다. 그런데 하나님께서는 예수를 통하여 이런 권세에서 우리를 건져 내시고 그 권세 아래 두셨다. 그리고 그러한 양자결연은 우리의 과거를 무효화시켰으며, 깨끗이 씻어 버리고 새로운 존재로 만들어 주셨다. 우리는 이 세상과 죄의 가족에서 나와 하나님 가족의 한 식구가 되었다.

하나님의 은사

에베소서 1:7-8

[7]우리는 그리스도 안에서 그의 은혜의 풍성함을 따라 그의 피로 말미암아 속량 곧 죄 사함을 받았느니라 [8]이는 그가 모든 지혜와 총명을 우리에게 넘치게 하사

이 짧은 부분에서 우리는 기독교 신앙의 세 가지 위대한 개념에 직면하게 된다.

1. **여기서는 "구속"의 개념이 있다.** 여기서 사용된 말은 **아폴루트로시스**(apolutrosis)다. 그 말은 **속상**(贖償)**한다**는 의미의 동사 **루트로운**(lutroun)에서 온 것이다. 그것은 전쟁 포로나 노예의 몸값을 치르고 그 사람을 살려 주는 데 사용한 말이다. 그것은 어떤 죄를 범했기 때문에 사형에 처하게 되었던 사람을 석방하는 데 사용한 말이다. 그것은 하나님께서 이스라엘 자손을 애굽의 노예 생활에서 구출한 사건을 두고 사용한된 말이다. 그것은 하나님께서 그의 백성을 환난의 때 계속 구원해 주시는 데 사용한 말이다.

어느 경우에서도 그 개념은 인간이 스스로 자유롭게 될 수 없는 상황이나 도저히 감당할 길 없는 형벌에서 자유롭게 해 준다는 것이다. 따라서 바울은 무엇보다도 하나님께서는 인간을 자력으로 구출될 수 없는 상황에서 구원해 주셨다고 말한다. 이것이야말로 기독교가 인류를 위해 해 놓은 것이다.

기독교가 이 세계에 들어왔을 때, 그때 인류는 자신의 무력감에 의해 시달리고 억눌려 있었다. 인류는 그들 자신의 죄와 무능을 알고 있었다. 자신들의 삶이 잘못되었다는 것도 알고 있었다. 또 그들은 이에 대해 어떻게 하려고 해도 힘이 없다는 것도 알고 있었다. 세네카는 이런 종류의 매우 절망적인 좌절감에 가득 차 있었다. 인류는 필요한 사물에 대한 무력감에 압도되어 있다고 그는 말했다. 그는 스스로를 **호모 논 롤레라빌리스**, 즉 용서 받지 못할 인간이라고 했다. 또 그는 일종의 절망감에 사로잡힌 채, 인간은 자신의 악덕을 사랑하면서 동시에 미워한다고 했다. 인류에게 필요한 것은 한 손이 내려와 그들을 끌어 올려 주는 것이라고 그는 외쳤다. 이교 세계에 살던 명석한 두뇌를 가진 최고의 사상가들은 스스로는 구출될 수 없는 그 어떤 것에 사로잡혀 있다는 사실을 알고 있었다. 그들은 자유가 필요했으며, 역동적인 힘 같은 것이 필요했다. 그런데 그것은 바로 예수 그리스도가 가져다준 해방이었다. 인류가 매력을 가지며 동시에 혐오감을 가지는 무력한 노예 생활에서 그리스도는 인류를 그의 권세로 해방시킬 수 있다는 것은 예나 지금이나 변함없는 진리다. 이 말을 단순하게 표현하면, 예수께서는 지금도 악인을 선인으로 만들 수 있다는 것이다.

II. 여기에는 "죄사함"이 있다. 고대 세계는 죄의식에 시달렸다. 구약성경 전체는 "범죄하는 그 영혼은 죽으리라"(겔 18:4)는 말씀을 확장한 것이다. 인류는 자기 자신의 죄과를 알고 그들의 신이나 신들 앞에서 공존에 떨고 서 있었다. 헬라인들에게는 죄의식이 없었다는 말이 때로 있었다. 그러나 그것은 전혀 사실이 아니었다. 헤시오도스는 "인류는 자신을 파괴시키는 것을 간직하고 있는 인간 정신을 좋아하고 있다"라고 했다. 이스킬러스(Aeschylus)의 모든 연극은 "악을 행하는 자는 고난을 당한다"는 주제에 기초해 있다. 누구든지 잘못을 한 번 저지르면 인과응보의 여신 네메시스가 그를 뒤좇아가 조만간 그 사람을 붙잡고, 밤이 지나면 날이 오듯이 틀림없이 죄에 따르는 벌을 내린다는 것이었다. 셰익스피어는 그 사실을 〈**리차드 3세**〉에서 이렇게 나타내었다.

> 나의 양심에는 수천 개 혀가 있는데,
> 그 혀들은 여러 가지 말을 하는데,
> 그 모든 말은 나를 악인이라 선고하도다.

인간이 알고 있는 것 한 가지가 있었다면 그것은 죄의식과 하나님에 대한 공포심이다. 예수께서는 이 모든 것을 변화시켰다. 그는 하나님께 가는 길을 열어 놓으셨다. 그는 인간에게 하나님의 증오가 아니라 사랑을 가르쳐 주셨다. 예수께서 세상에 오셨기 때문에 인류는 비록 죄 가운데서도 하나님의 사랑을 발견하게 되었다.

III. 여기에는 "지혜"와 "총명"이 있다. 이 두 말은 헬라어로 **소피아**(sophia)와 **프로네시스**(phronesis)인데, 그리스도는 이 두 가지를 우리에게 가져다주었다. 그런데 이 부분은 매우 흥미 있다. 헬라인은 이 두 말을 많이 사용했으며, 생각도 많이 했다. 그리고 이 두 가지를 가진 사람은 인생을 살아가기에 충분한 준비를 갖춘 사람이라고 생각하였다. 아리스토텔레스는 소피아, 즉 지혜를 가장 귀한 것에 대한 지식이라고 정의하였다. 키케로(Cicero)는 그것을 인간과 신 양자에 대한 지식이라고 정의하였다. 소피아는 탐구적인 지성, 탐구심, 인간의 생각이 미치는 곳에 있는 것이었다. **소피아**는 삶과 죽음, 하나님과 인간, 시간과 영원에 대한 영원한 질문에 대한 해답이다.

프로네시스를 아리스토텔레스는 인간적인 문제에 대한 지식, 계획이 필요한 것에 대한 지식이라고 정의하였다. 플루타크는 **프로네시스**를 우리와 관련을 가진 사물에 대한 실제적인 지식이라고 정의하였다. 키케로는 **프로네시스**를 탐구하여야 할 사물과 회피하여야 할 사물에 대한 지식이라고 정의하였다. 플라톤은 **프로네시스**를 우리가 해야 할 일과 해서는 안 될 일을 판단하게 해 주는 마음의 자질이라고 정의하였다. 다시 말해 **프로네시스**는 이 세상에서 가장 실제적인 것이다. 그것은 인간에게 일상생활에서 직면하는 실제적인 문제를 해결하게 해 주는 건전한 의식이다.

예수께서는 우리에게 영원한 것에 대한 지식과 정신을 만족시켜 주는 지성적인 지식 **소피아**를 가져다주었으며, 실제적인 생활에서 날마다 일어나는 문제를 조정하고 해결하게 해 주는 실제적인 지식 **프로네시스**를 가져다주었다고 바울은 주장했다. 여기에 기독교의 특성인 완전성이 있다. 연구에는 정통하며, 신학과 철학적인 문제는 익숙하게 다룰 줄 알지만, 일상생활에서 일어나는 보통의 사항에 대해서는 손을 못 대고 당황하는 타입의 인간이 있다. 그와 반대로 스스로를 실제적인 인간이라고 하면서 너무 지나치게 일상적인 생활 문제에만 몰두하는 나머지 궁극적인 문제에 관심을 가질 시간이 없다는 종류의 인간도 있다. 그리스도를 통해 주신 하나님의 은사의 빛에 비추어 보면 이 두 가지 성격은 모두 불완전한 것이며 일방적인 것이다. 그리스도께서는 우리의 영원과 시간이라는 두 가지 문제의 해결책을 모두 주셨다. 그리스도께서는 인간에게 영원에 대한 위대한 궁극적인 진리를 알 수 있는 능력과 아울러 역사의 매 순간 일어나는 문제를 해결하는 능력도 함께 주신다.

역사의 종착점

에베소서 1:9-10

9그 뜻의 비밀을 우리에게 알리신 것이요 그의 기뻐하심을 따라 그리스도 안
에서 때가 찬 경륜을 위하여 예정하신 것이니 10하늘에 있는 것이나 땅에 있
는 것이 다 그리스도 안에서 통일되게 하려 하심이라

바울이 참으로 파악하고자 했던 주제가 지금 여기에 나온다. 바울은 KJV이 전해 주듯이 하나님께서 "그 뜻의 비밀"을 우리에게 알게 하셨다고 말한다. 신약성경은 **비밀**이란 말을 특별한 의미로 사용한다. 신약성경이 의미하는 **비밀**은 이

해하기 어렵다는 의미에서 신비적인 것이 아니다. 그것은 너무 오랫동안 비밀로 되어 있었던 것인데, 그것이 이제는 눈앞에 나타나게 된 것이다. 그리고 아직 그 의미의 비밀을 배우지 못한 사람에게는 여전히 이해가 안 되는 것이다. 예를 들면 기독교에 대해 아무것도 알지 못하는 사람이 성찬이란 완전한 신비일 것이다. 그는 어떤 일이 일어나고 있는지 조금도 이해하지 못할 것이다. 그러나 그리스도의 이야기를 아는 사람, 최후의 만찬에 대한 이야기와 그 의미를 알고 있는 사람, 예수께서 제자들에게 어떻게 이 기념식을 남겼는지를 아는 사람에게는 그 모든 의식과 그 의식 중의 행동이 가진 의미가 분명해질 것이다. 따라서 신약성경이 말하는 비밀은 이교도들에겐 감추어진 것이지만 기독교인에겐 분명한 것이다. 그것은 그 의미가 이미 계시된 비밀이다.

그러면 바울에게서 하나님의 뜻의 비밀이란 어떤 것이었을까? 바울에게서 그 비밀이란 복음이 이방인에게도 역시 열려졌다는 것이다. 여기에 하나님의 위대한 비밀이 있다. 예수께서 오시기까지는 유대인만이 하나님의 선민이라고 생각했다. 그런데 이제 와서는 하나님께서 그의 사랑과 돌보심을, 그의 은혜와 자비를, 하나님의 기쁜 소식을 유대인뿐만 아니라 그 세계를 위해 주신 것임을 알게 되었다.

바울은 이 한 문장 안에서 그의 위대한 사상을 암시하고 있다. 지금까지 인간은 분열된 세계에 살고 있었다. 어디를 보나 분열만이 있다. 인간과 짐승 간에도 분열이 있었다. 인간의 지배는 자연계의 사회적 결합을 파괴하였다. 유대인과 이방인, 헬라인과 야만인 사이에는 분열이 있었다. 온 세계에는 도처에 투쟁과 긴장, 전쟁과 증오, 분열이 있다. 세계에 대한 사실은 각 개인에게도 사실이다. 모든 인간은 걸어 다니는 내란이다. 인간 속에는 정의와 부정, 선과 악, 정열과 이성, 본능과 의지 사이의 긴장과 분열과 싸움이 있다. 이 세계 도처에는 분열이 있었다. 그러한 세계에 그리스도는 분열을 씻어 내고, 긴장을 해소하고, 거리와 분열을 메워 주고, 모든 사람을 하나로 합쳐 주기 위해 오셨다. 그것이 바울에게는 하나님의 비밀이었다. 하나님의 목적은 이 세계에 있는 여러 다른 요소들과 무질서한 것들과 모든 전쟁과 경쟁과 증오의 요소가 그리스도 안에서 하나로 통일되고 결합이 이룩되게 하고자 하는 것이었다. 예수께서는 이 세계를 자기 안에서 하나의 세계로 만들기 위해 오셨다. 여기서 우리는 바울에게 있는 또 다른 놀라운 사상을 본다. 지금까지 모든 역사는 이러한 과정을 성취시키고자 하는 작업이었다고 바울은 말한다. 모든 세대를 통해 역사는 이러한 통일의 날에 도달하기 위한 계획과 조절과 관리 작업이었다고 말한다. 바울이 이러한 준비와 계획을 나타내기 위해 사용한 말은 매우 흥미 있다. 그가 사용한 말은 **오이코노미아**(oikonomia)인데 글자 그대로는 **집안 살림**이라는 의미다. **오이코노모스**(oikonomos)란 집안 살림이 원만하고 거침없이 돌아가도록 돌보는 청지기를 말한다. 따라서 바울은 역사란 세계를 하나님의 한 가족으로 만들기 위한 계획과 궁리와 관리와 조절 작업이라고 생각한 것이다.

역사란 하나의 계획이며, 목적을 가지고 있으며, 하나님의 뜻을 실현하는 것임을 기독교인들은 확신하고 있다. 그 어느 역사가나 사상가도 결코 그런 확신은 가질 수 없었다. 오스카 와일드(Oscar Wilde)는 이러한 경구를 말한 바 있다. "너희는 역사라는 미명 아래 유럽의 범죄력(犯罪曆)을 너희 자녀에게 주고 있다." 클라크(G. N. Clark)는 케임브리지 대학의 취임강연에서 이렇게 말했다. "역사에는 발견되어야 할 비밀도, 계획도 없다. 장래의 완성이 어떤 것이든 간에 앞서 간 세대의 모든 불합리성에 대해 의미를 부여할 수 있다고 나는 믿지 않는다. 불합리성을 해명할 수 있다면 그것을 정당화할 수도 없는 것이다." 피셔(H. A. L. Fisher)는 《**유럽의 역사**(*A History of Europe*)》라는 책의 서문에서 다음과 같이 말했다. "하지만 하나의 지적인 흥분을 나는 부정해 왔다. 내가 역사 안에서 유모와 리듬과 예정된 형태를 발견한 것보다 많은 것을 인류는 현명하게 배워 왔다. 그러한 조화가 나에게는 숨겨져 있다. 마치 줄이어 밀려오는 파도와 같이 계속되는 위기의 그 하나씩만을 나는 볼 수 있었으며 그 모든 것이 독특한 것이기에, 역사가의 안전 수칙인 보편화의 원칙을 적용하지도 못한 채 다만 존경심만을 가지고 그 위대한 사실들을 하나하나 보았던 것이다. 역사가는 인간 운명의 발전 과정 속에서 우연적이며 예기하지 못했던 움직임을 찾아내어야 하는데도 말이다." 안드레 모로아(Andre Maurois)는 이렇게 말하고 있다. "우주는 무관심이다. 누가 그것을 창조했나? 우리는 왜 무한한 공간에 있는 이런 보잘것없는 진흙더미 위에 놓여 있는가? 나는 조금도 모르겠다. 아무도 아는 사람이 없을 것이다."

우리는 모든 인간이 이 세계의 목적이 무엇인지를 아는 믿음을 잃은 세대에 살고 있다. 그러나 이 세계에서 하나님의 계획은 실현되고 있다는 것을 기독교인들은 믿고 있다. 그리고 언젠가는 그리스도 안에서만 물과 모든 인류가 한 가족이 되도록 하는 것이 하나님의 계획이라고 바울은 확신하고 있다. 바울이 보고 있는 바와 같이 모든 역사는 그러한 목적을 향해 움직이고 있다. 바울에 의하면, 그러한 비밀과 신비는 예수께서 오심으로써 비로소 파악되었다. 바울에 의하면 예수 그리스도 안에서 계시된 하나님의 계획이신 이 통일을 위한 목적을 수행하는 것이 교회의 위대한 과업이다.

유대인과 이방인

에베소서 1:11-14

11모든 일을 그의 뜻의 결정대로 일하시는 이의 계획을 따라 우리가 예정을
입어 그 안에서 기업이 되었으니 12이는 우리가 그리스도 안에서 전부터 바
라던 그의 영광의 찬송이 되게 하려 하심이라 13그 안에서 너희도 진리의 말
씀 곧 너희의 구원의 복음을 듣고 그 안에서 또한 믿어 약속의 성령으로 인
치심을 받았으니 14이는 우리 기업의 보증이 되사 그 얻으신 것을 속량하시
고 그의 영광을 찬송하게 하려 하심이라

여기서 바울은 그리스도께서 가져다주신 새로운 통일의 첫 번째 예를 보여 주고 있다. 바울이 **우리**라고 말했을 때 그것은 그의 동포인 유대인을 의미한다. **너희**라고 말했을 때는 편지의 수신인인 이방인을 의미하고 있다. 그리고 맨 마지막 문장에서 또다시 **우리**라는 말을 사용하고 있는데 그것은 유대인과 이방인을 다 함께 생각하고 사용하고 있다.

무엇보다도 우선 바울은 유대인에 대해 말하고 있다. 그들도 하나님의 계획에서 그들에게 지워 준 책임을 가지고 있었다. 그들은 하나님의 기름 부으심을 받

은 이가 오실 것을 처음으로 믿고 기대하였던 사람들이다. 그들의 모든 역사를 통해 유대인은 메시아를 바라고 꿈꾸고 기대하였다. 그러한 계획 속에서 그들의 역할은 하나님의 택하심을 받은 자가 출생하는 국민이 되는 것이다. 위대한 경제학자 아담 스미스(Adam Smith)는 생활의 모든 양태가 그가 말하는 **분업**에 기초하고 있다고 주장하였다. 즉, 모든 사람이 각자 직업을 가지고 일을 할 때, 그리고 그 모든 일의 결과가 축적되고 공동의 저축이 될 때에만 비로소 인류는 진보한다고 그는 말했다. 구두장이는 구두를 만들고, 빵 굽는 사람은 빵을 굽고, 양복 짓는 사람은 양복을 짓는다. 각자가 자신의 직업을 가지고 충실하고, 효과적으로 수행할 때 사회 전체가 전반적으로 잘 되어 나간다. 개인에게 진리는 국가적인 면에서도 역시 진리다. 모든 국가는 하나님의 계획에서 각자의 입장과 책임을 가지고 있다. 헬라인은 인류에게 사상과 구성의 아름다움이 어떤 것인지를 가르쳐 주었다. 로마인들은 인류에게 법학과 정치학과 관리학을 가르쳐 주었다. 유대인은 인류에게 종교를 가르쳐 주었다. 유대인은 그들 속에서 하나님의 메시아가 탄생되도록 준비된 백성들이었다. 그 말은 곧 하나님께서 다른 백성들을 돌보지 않으셨다는 말이 아니다. 다른 백성들에 대한 고려가 없었다면 기독교의 메시지가 전파되었을 때 세계는 그것을 받아들일 수 없었을 것이다. 온 세계에 걸쳐 하나님께서 인류와 국가들을 예비해 놓으셨기 때문에 메시지가 전파되었을 때 그것을 받아들일 마음의 준비가 되어 있었을 것이다. 그러나 유대 민족이 가진 최대의 특권은 그들이 하나님의 기름 부으심을 받은 자가 이 세계에 오실 것을 기대하고 기다린 최초의 백성이었다는 데 있다.

I. 그들은 말씀을 받아들였다. 기독교인 설교자들은 그들에게 기독교의 메시지를 전해 주었다. 그들이 받아들인 말씀은 두 가지였다. 첫째, 그것은 진리의 말씀이었다. 그 말씀은 그들에게 하나님에 대한 진리, 그들이 살고 있는 세계에 대한 진리, 그들 자신에 대한 진리를 전해 주었다. 둘째로, 그것은 좋은 소식이었다. 기독교는 하나님에 대한 좋은 소식을 특징으로 하고 있다. 그것은 하나님의 사랑과 은혜에 대한 메시지다.

II. 그들은 성령으로 인치심을 받았다. 고대 세계에서는—그리고 지금까지도 계속되고 있는 관습이지만—자루나 나무 상자나 짐 꾸러미를 발송할 때는 그것이 하주에게서 발송되며 틀림없는 것임을 보증하기 위해 봉인을 붙였다. 그 봉인에는 그 하물의 발송지와 소유주가 명기되어 있다. 성령의 소유가 된다는 것은 그 사람이 하나님께 속하였다는 것을 보여 주는 봉인이요 표시다. 인간에게 하나님의 지식을 전해 주시는 분은 성령이다. 인간에게 삶에 대해 승리하게 하고 패배하지 않게 해 주시는 이는 성령이다. 인간에게 무엇을 할 것인지를 알려 주시고 그 일을 감당할 수 있는 힘을 주시는 이는 성령이다. 성령은 우리에게 하나님의 뜻을 알려 주시기도 하고, 그것을 감당할 수 있게도 하신다.

그런데 바울은 여기서 성령에 대해 매우 위대한 사실을 말하고 있다. KJV이 전해 주듯이 바울은 성령을 **우리 구속의 보증금**(the earnest of our redemption)이라고 하고 있다. 헬라어로는 **아라본**(arrabon)이다. **아라본**은 헬라의 상업계에서는 흔히 사용되는 말이었다. **아라본**은 어떤 것을 매매하였을 때, 나머지 잔금을 기한 내에 반드시 지불하겠다는 보증으로서 미리 지불하는 매매 대금의 일부분이었다. 이 말이 나오는 헬라의 상업문서가 현재까지도 많이 남아 있다. 한 여자가 암소를 잡고 많은 드라크마를 아라본으로 받는데, 그것은 매매 대금을 전부 틀림없이 지불 받을 수 있다는 보증이며 담보이다. 어떤 춤추는 아가씨가 공연을 위해 계약을 하는데, 공연이 끝나면 사례금을 받겠지만 계약을 존중하는 의미에서 얼마간의 돈을 계약금으로 미리 받는다. 따라서 우리가 이 세상에서 가지게 되는 성령의 경험은 하늘에서 누릴 기쁨과 축복을 미리 맛보는 것이라고 바울은 말하고 있다. 그리고 그것은 우리가 조만간에 지식과 권세와 기쁨이 충만한 상태에 들어가게 될 것이라는 보증이다. 그것은 우리가 언젠가는 틀림없이 하나님의 기쁨과 축복이 충만한 세계에 들어가게 된다는 보증이다.

여기에는 이 세계가 줄 수 있는 가장 위대하고, 가장 고상하고, 가장 사랑스럽고, 가장 친근한 기독교인의 평화와 기쁨의 경험도 실은 조만간 우리가 누리게 될 참 기쁨을 잠깐 미리 맛보는 것에 불과하다는 위대한 진리가 있다. 그것은 마치 하나님께서 조만간 우리 모두에게 주실 것에 대해 우리에게 충분히 식욕을 돋우게 하는 것이며, 충만한 확신을 가지게 하시는 것과 같다.

교회의 표시

에베소서 1:15-23

15이로 말미암아 주 예수 안에서 너희 믿음과 모든 성도를 향한 사랑을 나도
듣고 16내가 기도할 때 기억하며 너희로 말미암아 감사하기를 그치지 아니하
고 17우리 주 예수 그리스도의 하나님, 영광의 아버지께서 지혜와 계시의 영
을 너희에게 주사 하나님을 알게 하시고 18너희 마음의 눈을 밝히사 그의 부
르심의 소망이 무엇이며 성도 안에서 그 기업의 영광의 풍성함이 무엇이며
19그의 힘의 위력으로 역사하심을 따라 믿는 우리에게 베푸신 능력의 지극히
크심이 어떠한 것을 너희로 알게 하시기를 구하노라 20그의 능력이 그리스도
안에서 역사하사 죽은 자들 가운데서 다시 살리시고 하늘에서 자기의 오른
편에 앉히사 21모든 통치와 권세와 능력과 주권과 이 세상뿐 아니라 오는 세
상에 일컫는 모든 이름 위에 뛰어나게 하시고 22또 만물을 그의 발아래에 복
종하게 하시고 그를 만물 위에 교회의 머리로 삼으셨느니라 23교회는 그의
몸이니 만물 안에서 만물을 충만하게 하시는 이의 충만함이니라

가장 중요한 바울의 제2단계 주장이 이곳의 마지막 부분에 있다. 그러나 그 부분에 이르기 전에 먼저 살펴보아야 할 구절이 있다.

이 부분에서는 참된 교회의 특징에 대한 완전한 요약이 제시되어 있다. 바울은 그리스도 안에서 그들의 믿음과 모든 하나님의 성도에 대한 그들의 사랑을 들었다. 참된 교회로서 특징짓게 되는 두 가지 사항은 **그리스도에 대한 충성과 이웃에 대한 사랑**이다. 이웃에 대한 사랑을 나타내지 못하는 그리스도에 대한 충성이 있다. 수도승이나 은자들은 그리스도께 충성하기 위하여 이웃 사람에게서 떨어져 살았으며, 따라서 황야와 같은 곳에 홀로 살기 위해 일상적인 생활을 포기했다. 스페인 종교 재판소나 그밖에 많은 다른 시대의 이단을 탄압하는 자들은 그리스도께 충성하기 위해 자신들과 다른 사상을 가진 자들을 박해하였다. 예수가 오시기까지 바리새인들은 자신들 이상의 충성은 없다고 생각하며 다른

사람들을 경멸하는 가운데 하나님에 대한 자신들의 충성심을 표시하였다.

참된 기독교인은 그리스도를 사랑하며 동시에 이웃 사람도 사랑한다. 더욱이 참된 기독교인은 이웃에 대해 사랑을 나타내지 않고는 그리스도에 대한 사랑을 나타낼 수 없다는 것을 알고 있다. 그 교회가 아무리 정통적이며, 그 신학이 아무리 순수하며, 그들의 예배와 제전이 아무리 고상하든지 간에 이웃에 대한 사랑을 특징으로 하지 않는 한 진정한 의미에서 참된 교회라고 할 수는 없다. 비난을 위한 비평과 비난하는 어조를 띠지 않고 공적인 성명서를 발표하는 교회는 매우 드물다. 그러한 교회들은 정통적일는지는 몰라도 그리스도의 교회일 수는 없다. 참된 교회는 그리스도에 대한 사랑과 이웃에 대한 사랑이라는 이중적인 사랑으로 표시된다.

보어함(F. W. Boreham)은 로버트 부카난(Robet Buchanan)이 **칼 그림자**라는 책에서 증오의 교회당을 묘사한 구절을 인용하고 있다. "그 교회당은 약 백 년 전 브리타니 반도에 있는 황량하고 쓸쓸한 황야에 서 있었다. 그것은 폐허였다. 그 벽은 수세기에 걸친 땟국으로 검게 더러워져 있었다. 부서진 제단 주변에는 쐐기풀과 무성한 잡초들이 가슴 높이만큼씩이나 자라고 있었다. 한편 비를 잔뜩 머금은 검은 안개가 밤낮으로 내려 덮여 있어서 더욱 음울한 정경을 만들었다. 교회당 입구에는 거의 지워져 가는 명패가 남아 있었다. 그것은 증오의 여신에게 봉헌된 것이었다. 부카난은 이렇게 말하고 있다. "쓰라림과 고통을 당하는 남녀들이 이곳에 와서 그들의 원수들을 저주하였다. 처녀는 배반한 애인을, 애인은 자신을 배반한 처녀를, 남편은 배반한 아내를 저주하였다. 증오의 여신이 저주를 듣고 미움 받는 이들이 1년 안에 모두 죽게 되기를 기도하였던 것이다." 그러고 나서 그 소설가는 다음과 같은 말을 첨가시켰다. "기독교가 가진 온유한 빛이 그들의 마음에 밝게 또 길이 비추어 주었으면!" 증오의 교회당이란 매우 무서운 생각이다. 우리는 언제나 그런 상태에서 멀리 떨어져 있을까? 우리는 자유주의자와 급진주의자를 미워하고 있다. 우리는 근본주의자와 반계몽주의자를 미워하고 있다. 우리는 우리와 다른 신학을 가진 자들을 미워하고 있다. 우리는 로마 천주교인을, 때로는 다른 개신교도들을 미워하고 있다. 우리는 기독교적인 사랑이 아니라 일종의 지독한 비난에 의해 물들여진 성명을 발표하고 있다. 우리는 언제나 그리스도에 대한 사랑과 이웃에 대한 사랑은 서로 떨어져서는 존재할 수 없다는 사실을 기억하여야 한다. 우리의 비극은 스위프트(Swift)가 말한 것과 같이 "우리는 남을 증오하기에는 충분한 신앙을 가졌지만, 아직 서로 사랑하기에는 충분한 신앙을 가지지 못했다는 것이 사실이다.

교회를 위한 바울의 기도

에베소서 1:15-23(계속)

여기서 우리는 바울이 사랑하며 모든 일이 잘 되어 가는 교회를 위한 바울의 기도를 볼 수 있다.

I. 바울은 지혜의 정신을 위해 기도한다. 바울이 **지혜**라는 의미로 사용한 말은 **소피아**(sophia)다. 그리고 **소피아**란 하나님의 오의에 대한 지식을 말하는 것임을 이미 살펴보았다. 바울은 교회가 영원한 진리에 대한 지식을 점점 더 깊이 배워 갈 것을 기원한다. 그런데 교회가 그렇게 되기 위해서는 몇 가지 사실이 필요하다.

1. 우리에게는 생각하는 사람이 필요하다. 보즈웰(Boswell)은 골드스미스(Goldsmith)가 한 말을 전하고 있다. "구두방에서 구두를 사고, 양복점에서 옷을 사듯이 나는 목사에게서 신앙을 배운다." 그렇게 하는 사람들이 많다. 그러나 신앙은 스스로 발견하는 것이 아니고서는 무의미하다. 훨씬 옛날에 플라톤이 "경험하지 않은 인생은 가치 없는 삶이다"라고 말했듯이, 경험하지 않은 신앙도 가질 만한 것이 못 된다. 하나님께 이르는 길을 생각하는 것은 생각하는 사람들의 당면한 의무다.

2. 우리에게는 가르치는 목회가 필요하다. 윌리엄 칠링워스(Willium Chillingworth)는 이렇게 말했다. "개인적인 성도의 신앙은 성경, 오직 성경뿐이다." 그것은 사실이다. 그러나 우리는 때로 그 사실을 생각하지 못한다. 강단에

서 하는 성경 주해는 신앙적인 각성을 위해 가장 필요한 것이다. 우리는 설교자의 생각이 아니라 하나님께서 무엇이라고 말씀하시는가에 대해 관심을 가진다.

3. 우리에게는 중점이 어디 있는지를 아는 분별력이 필요하다. 직원회나 당회나 총회와 같은 교회 회의에서 하나님의 영원한 실재에 대해 토의하여야 할 시간에 지상적인 문제의 관리에 대해 많은 시간을 들여 논의한다는 것은 매우 이상한 일이다. 어떠한 종류의 신학 논쟁이든지, 오늘날 교회의 회의에서 일어나는 일이 쉽지 않다는 것이 사실이다. 바울은 교인들이 영원한 사항에 대해 깊은 지식을 가질 수 있도록 기도하고 있다. 그러한 기도는 우리가 영원한 사항에 대해 생각을 많이 하지 않는 한 이루어질 수 없다.

II. 바울은 하나님의 충만한 계시와 지식을 위해 기도한다. 기독교인들에게는 지식 안에서와 은혜 안에서 성장이 반드시 필요하다. 어떤 직업에 종사하는 사람이든지 배우기를 중단해서는 안 된다는 것을 알고 있다. 의사들은 아무도 대학의 교실을 떠날 때 이제 모든 공부는 끝났다고 생각하지 않는다. 의사들은 매주, 그리고 거의 날마다 새로운 의술과 의약품과 치료법이 발견되고 있다는 것을 알고 있다. 그리고 의사로서 기능을 계속 유지하며 병중이나 고통 중에 있는 이들에 대한 봉사를 하고자 할 때 그는 계속해서 새 기술을 습득하여야 한다. 그것은 기독교인의 삶이란 날마다 하나님을 더 잘 알게 되는 생활이라고 할 수 있다. 해마다 더 가까워지는 우정이 아니면 해가 갈수록 소멸되어 버린다. 그리고 그것은 하나님과 우리 사이에서도 마찬가지다.

III. 바울은 기독교인의 희망에 대한 새로운 이해를 위해 기도한다. 우리가 살고 있는 이 시대의 특징은 절망의 시대라는 데 있다. 토마스 하디(Thomas Hardy)는 《테스(*Tess*)》에서 이렇게 쓴 바 있다. "때로 나는 이 세계가 뿌리 뽑힌 나무에 달려 있는 사과와 같다고 생각한다. 어떤 것은 생생하고 어떤 것은 시들어 있다." 그러면 의문점이 생긴다. "우리는 어떻게 살고 있는가? 생생한 것이냐 시든 것이냐?" 테스는 "시든 것이다"라고 대답한다.

필립 깁스(Phillip Gibbs) 경은 제2차 세계대전 중에 다음과 같이 쓴 바 있다. "내가 에지웨어 거리에서 독가스를 마시게 되면, 나는 방독면을 쓰거나 방독실로 가려고 하지 않을 것이다. 나는 오히려 독가스를 한껏 들이마실 것이다. 승부는 끝났다는 것을 알 수 있기 때문이다." 인간은 승부가 끝난 세계에 살고 있다고 느끼고 있다. 웰즈(H. G. Wells)는 이런 무시무시한 말을 한 일이 있다. "방풍림의 그늘에 있는 동굴 속에서 시작한 인류는 빈민굴의 질병에 오염된 폐허에서 종말을 고할 것이다." 비관론자의 소리가 사면에서 들려온다. 오늘날처럼 기독교인의 희망의 나팔 소리가 필요한 시대는 일찍이 없었다. 기독교인의 메시지가 참되며, 하나님께서 예수 그리스도가 우리에게 가르쳐 주신 그러한 분이라면 세계는 결코 파멸로 가는 길 위에 있는 것이 아니고 분명히 완성을 향해 가는 길 위에 있을 것이다.

IV. 바울은 하나님의 능력에 대한 새로운 이해를 위해 기도한다. 바울에게서 하나님의 능력을 가장 잘 증명해 주는 것은 부활이었다. 죄가 그리스도를 멸망시키기 위하여 가지고 있는 능력을 전부 사용했을 때, 그리고 인간이 그리스도를 제거하기 위해 있는 힘을 다했을 때, 예수의 부활은 하나님의 능력이 인간의 죄보다도 더 강하며, 하나님의 섭리는 어떠한 인간의 노력으로도 중지시킬 수 없다는 것을 확증하여 주었다. 혼돈된 세계와 같이 보이는 세계에서도 인간이 하나님이라고 부르는 알지 못하는 귀잡이가 이 세계를 조정하고 있다는 사실을 우리는 기억하여야 한다.

V. 바울은 오늘날 우리에게는 그다지 의의가 없는 것 같은 영역에서 그리스도의 정복에 대해 말하는 것으로 이 부분을 끝내고 있다. KJV이 기록하고 있듯이 하나님은 그리스도를 부활하게 해 "모든 정사와 권세와 능력과 주관하는 자와 모든 이름 위에 뛰어나게 하셨다". 바울 시대의 사람들은 악마와 천사에 대한 강한 신앙을 가지고 있었다. 그리고 바울이 여기서 사용하고 있는 용어들은 여러 계층의 천사들의 호칭이다. 바울이 말하고자 하는 바는 하늘이나 땅에는 예수 그리스도보다 뛰어난 존재나 위대한 존재가 있을 수 없다는 것이다. 바울의 말은 마치 이런 것과 같다. "예수께서는 하늘이나 땅에서 가장 위대하며 가장 능력이

많은 너희의 친구다." 요컨대 하나님께서 그들에게 주신 구세주의 위대함을 인간이 깨닫기를 바라는 것이 바울의 기도다.

그리스도의 몸

에베소서 1:15-23(계속)

이제 우리는 1장의 마지막 두 구절을 살펴볼 수 있게 되었다. 이 두 구절에서 바울은 지금까지 아무도 가질 수 없었던 가장 위대하며, 가장 모험적이며, 가장 앙양된 사상을 피력하고 있다. 이 구절에서 바울은 교회를 가장 위대한 칭호인 그리스도의 몸이라고 부르고 있다. 그리스도는 교회의 머리이시며, 교회는 그리스도의 몸이다.

바울이 말하고자 하는 의미를 이해하기 위해서는 이 서신의 전체적인 근본 사상으로 되돌아가야 한다. 이 세계의 현상은 완전한 분열의 상태다. 유대인과 이방인 사이, 헬라인과 야만인 사이에 분열이 있다. 같은 국민 안에서도 서로 다른 인간 사이에는 분열이 있다. 각각의 인간 내부에도 분열이 있는데, 모든 인간 안에는 선과 악의 싸움이 있기 때문이다. 인간과 짐승 사이는 친구가 아니라 원수가 되고 있다. 그리고 무엇보다도 하나님과 인간 사이에 분열이 있다. 예수께서는 이 우주에 있는 모든 부조화의 요소를 하나로 뭉치게 하고, 불화와 분리를 씻어 버리고, 인간과 인간을 화해시키며 인간과 하나님을 화해시키고자 죽으셨다는 것이 바울의 주제였다. 예수 그리스도는 무엇보다도 화해를 위한 하나님의 도구였다.

모든 만물과 인류가 한 가족이 되며, 통일되도록 하기 위해 그리스도는 죽으셨다. 그러나 분명히 그러한 통일은 아직까지 존재하지 않는다. 여기서 우리는 인간적인 예를 하나 들어 보자. 한 위대한 의사가 연구실과 병실에서 일하는 가운데 암의 치료법을 틀림없이 발견하였다고 하자. 그러나 그 치료법이 모든 사람에게 소용이 되기 전에, 그리고 온 세계에 있는 암환자들이 치료 받을 수 있기 전에 그것을 세계적으로 소개해야 할 것이다. 의사들과 외과의사들이 그것을 알지 않으면 안 되고, 치료법을 훈련 받지 않으면 안 된다. 치료법은 있다. 그러나 한 사람의 힘으로는 그 치료법을 전 세계에 전해 줄 수는 없다. 많은 의사들이 그것에 대해 배우고 치료법을 배워야 한다. 그러고 나서 그 의사들은 온 세계의 환자들에게 치료를 베풀어 주는 요원이 되어야 한다.

이것이 바로 교회와 예수 그리스도와의 관계다. 예수 안에서 모든 인류와 민족은 하나가 될 수 있다. 그러나 그 일이 이루어지기 전에 모든 인류와 민족은 예수 그리스도에 대해 알지 않으면 안 된다. 그의 진리, 은혜, 용서, 사랑이 모든 인류에게 전달되어야 한다. 그리고 그것이 교회의 사명이다. 예수 그리스도는 서로 싸우는 세계 안에 있는 모든 부조화의 요소들을 서로 하나가 되게 하고, 하나님과도 하나가 되게 하는 하나님의 도구다. 그리고 교회는 그러한 통일이 이루어지게 하는 예수 그리스도의 도구다.

그리스도는 머리이고, 교회는 몸이다. 머리는 머리 자체로서는 소용이 없다. 정신과 두뇌도 그것 자체로서는 소용이 없다. 머리는 명령을 받아 움직일 수 있는 몸이 있어야 한다. 두뇌와 정신은 일을 시킬 수 있는 몸이 있어야 한다. 교회는 문자 그대로 그리스도의 일을 하기 위한 손이며, 그리스도의 심부름을 위해 달리는 발이며, 그리스도의 말씀을 전해 주는 음성이다.

1장의 맨 마지막 구절에서 바울은 두 가지 굉장한 사상을 보여 주고 있다. 교회는 그리스도를 충만하게 하는 것이라고 바울은 말한다. 몸이 두뇌를 충만하게 하는 것과 같이 교회는 그리스도를 충만하게 하는 것이다. 관념과 사상과 정신적인 발견이 몸의 활동이 없고서는 효과가 없듯이, 그와 마찬가지로 그리스도께서 이 세계에 전해 주신 놀라운 신비와 영광도 교회의 활동이 없고서는 효과를 나타낼 수 없다. 다음으로 바울은 계속해서 예수께서는 점차로 만물 안에서 만물을 충만하게 하신다고 하고 있으며, 그러한 충만은 교회에 의해 실현되고 있다고 말한다. 모든 나라와 인류에게 교회는 예수 그리스도의 비밀을 전달해 주어야 한다. 이것은 모든 기독교 안에서 가장 위대한 사상 중 하나다. 이것은 하나의 세계를 만들고자 하시는 하나님의 계획이 교회의 손에 달려 있다는 것을 의미한다. 하나님의 계획은 서로 싸우는 모든 요소가 서로 하나로, 그리고 그와 하나로 결합되는 하나의 세계를 만들고자 하는 것이었다. 그 계획의 실현을 위해 하나님은 예수 그리스도를 보내 주셨다. 예수 그리스도 안에는 통일이라는 신비가 있다. 그러나 그 메시지와 능력이 모든 인류에게 전파되어야 한다. 그리고 교회는 그리스도의 몸이며, 그리스도께서 교회를 통해 세계 안에서 활동하시는 도구다. 교회 위에는 하나님의 계획이 완성되도록 하는 책임이 맡겨진 것이다.

오랫동안 전해 내려오는 한 예화가 있다. 그 이야기는 이 위대한 진리를 완벽하게 요약하고 있다. 그 예화는 예수께서 지상 생활을 마치고 하늘로 돌아가실 때의 일을 말해 준다. 하늘에서도 예수께서는 십자가와 고난의 흔적을 지니고 계셨다. 천사들은 예수에게 말을 건네고 있었는데, 가브리엘이 물었다. "주님, 당신은 저 아래 세상에서 인류를 위해 매우 큰 고난을 당하셨네요?" "그렇다"라고 예수께서 대답하셨다. 가브리엘이 다시 물었다. "그러면 모든 인류가 당신께서 그들을 얼마나 사랑하셨으며 그들을 위해 당신께서 어떠한 일을 하셨는지 알고 있는지요?" 예수께서 대답하셨다. "아니다. 아직 모른다. 지금은 팔레스타인에 있는 극히 적은 몇 사람만이 알고 있다." 가브리엘은 물었다. "그러면 모든 사람에게 그것을 알게 하기 위해 당신은 무슨 일을 하셨습니까?" 예수께서 대답하셨다. "나는 베드로와 야고보와 요한과 다른 몇 사람들에게 나에 대한 말을 다른 사람들에게 전하는 일을 그들의 평생의 일로 삼아 줄 것을 부탁했다. 다른 사람들은 또 다른 사람들에게, 그리고 또 다른 사람들에게 전달하여 땅 끝에 있는 사람들까지 내가 한 일을 알게 될 것이다." 가브리엘은 의심스러운 생각이 들었다. 가브리엘은 그 얼빠진 제자 녀석이 어떻게 했는지를 잘 알고 있었기 때문이다. 가브리엘은 물었다. "그렇습니까? 그런데 베드로와 야고보와 요한이 지쳐 쓰러지면 어떻게 합니까? 그들의 뒤를 따르는 사람들이 모두 잊어버리면 어떻게 합니까? 아주 먼 훗날 20세기 사람들이 다른 사람들에게 당신에 대해 말하지 않으면 어떻게 합니까? 당신은 다른 계획을 세우지 않으셨습니까?" 그러자 예수께서 대답하셨다. "나는 다른 아무 계획도 세우지 않았다. **나는 그들을 믿고 있다.**" 교회는 그리스도의 몸이며 그리스도를 충만하게 하는 것이라는 말은 바로 예수께서 우리를 믿고 계신다는 것을 의미한다.

The Letter to the Ephesians 02

그리스도 없는 삶과 하나님의 은혜

에베소서 2:1-10

1그는 허물과 죄로 죽었던 너희를 살리셨도다 2그때에 너희는 그 가운데서
행하여 이 세상 풍조를 따르고 공중의 권세 잡은 자를 따랐으니 곧 지금 불
순종의 아들들 가운데서 역사하는 영이라 3전에는 우리도 다 그 가운데서 우
리 육체의 욕심을 따라 지내며 육체와 마음의 원하는 것을 하여 다른 이들과
같이 본질상 진노의 자녀이었더니 4긍휼이 풍성하신 하나님이 우리를 사랑
하신 그 큰 사랑을 인하여 5허물로 죽은 우리를 그리스도와 함께 살리셨고
(너희는 은혜로 구원을 받은 것이라) 6또 함께 일으키사 그리스도 예수 안에
서 함께 하늘에 앉히시니 7이는 그리스도 예수 안에서 우리에게 자비하심으
로써 그 은혜의 지극히 풍성함을 오는 여러 세대에 나타내려 하심이라 8너희
는 그 은혜에 의하여 믿음으로 말미암아 구원을 받았으니 이것은 너희에게
서 난 것이 아니요 하나님의 선물이라 9행위에서 난 것이 아니니 이는 누구
든지 자랑하지 못하게 함이라 10우리는 그가 만드신 바라 그리스도 예수 안
에서 선한 일을 위하여 지으심을 받은 자니 이 일은 하나님이 전에 예비하사
우리로 그 가운데서 행하게 하려 하심이니라

이 부분에서 바울의 사상은 문법상의 법칙을 무시하면서 넘쳐 나오고 있다. 그는 문장을 시작했지만 끝맺지는 못하고 있다. 처음에는 하나의 구문을 가지고 시작은 했지만 반쯤 가서는 다른 것으로 미끄러져 들어갔으며, 처음 시작하던 내용은 잊어버리고 있다. 그것은 이 내용이 하나의 주의 깊은 신학적인 주해가 아니라 하나님의 사랑을 노래하는 하나의 서정시라고 하는 것이 더 마땅하기 때문이다. 꾀꼬리의 노래는 음악의 대위법이나 작곡법에 의해 분석될 수 있는 것이 아니다. 종달새는 노래하는 즐거움을 위해 노래한다. 여기의 바울도 바로 그런 것이다. 바울은 그의 마음을 쏟아내고 있다. 문법상의 규칙은 놀라운 은혜 앞에 길을 양보하고 있다.

그리스도 없는 삶

에베소서 2:1-3

1그는 허물과 죄로 죽었던 너희를 살리셨도다 2그때에 너희는 그 가운데서
행하여 이 세상 풍조를 따르고 공중의 권세 잡은 자를 따랐으니 곧 지금 불
순종의 아들들 가운데서 역사하는 영이라 3전에는 우리도 다 그 가운데서 우
리 육체의 욕심을 따라 지내며 육체와 마음의 원하는 것을 하여 다른 이들과
같이 본질상 진노의 자녀이었더니

바울이 **너희**라고 할 때는 이방인을 의미하는 것이며, **우리**라고 할 때는 그의 동포인 유대인을 의미하고 있다. 여기서 바울은 그리스도 없는 삶이 이방인이건 유대인이건 간에 얼마나 무서운 것인지를 보여 주고 있다.

I. 우선 바울은 그러한 삶은 죄와 허물 가운데 사는 것이라고 한다. 바울이 여기서 사용하는 말들은 매우 흥미 있다. 죄라는 말은 **하마르티아**(hamartia)인데, **하마르티아**는 일종의 사격용어다. 글자 그대로 보면 그 말은 **빗나가는 것**을 위

미한다. 어떤 사람이 표적을 향해 화살을 쏘았는데, 화살이 빗나갔다고 하면 그것이 바로 **하마르티아**다. 이 말의 의미는 죄란 삶의 표적을 잘못 맞힌 것임을 보여 준다. 죄란 우리가 되어야 하는 대로 또 될 수 있는 대로 되지 못한 것을 말한다. 바로 그런 면에서 죄란 보편적인 것이다. 대체로 우리는 죄에 대한 잘못된 개념을 가지고 있다. 도둑, 살인자, 소매치지, 주정뱅이, 깡패 같은 사람들을 죄인들이라 할 때 우리는 쉽사리 동의한다. 그러나 우리는 대부분 품행이 단정한 시민이기에 죄와 상관없다고 생각한다. 뿐만 아니라 우리가 지옥에 갈 죄인들이라는 말만 들으면 오히려 분개할 것이다.

그러나 **하마르티아**라는 말은 죄의 정체에 직면하게 해 준다. 다시 반복하지만 죄란 우리가 되어야 하는 대로, 또 될 수 있는 대로 되기에 실패한 것이다. 모든 남성은 자기 나름대로는 가장 훌륭한 남편인가? 아내를 위해 최선을 다하면서 살고 있는가? 그는 자신의 기분이나 기질이나 흥분을 가지고 가족에게 영향을 주지 않는가? 또 모든 여자는 자기 나름대로는 가장 훌륭한 아내인가? 남편의 일에 대해 관심을 가지며 가정을 지탱해 가는 남편의 일에 대해 문제점이나 걱정거리에 대해 이해해 보려고 노력하고 있는가? 우리는 나름대로 최선의 부모가 되고 있는가? 우리는 필요한 만큼 자녀를 훈련시키고 연습을 시켰는가? 문제를 회피하지는 않았는가? 우리의 자녀가 자랄수록 더욱더 그들과 가까워졌는가? 오히려 그들과 대화조차도 힘들어지고 타인과 같이 될 정도로 단절된 상태가 되지는 않았는가? 우리는 나름대로 최선의 자녀가 되고 있는가? 우리는 우리에게 베풀어 주신 일에 감사를 표시하고, 은혜를 갚기 위해 노력해 본 일이 있는가? 우리는 부모의 눈 속에서 상심한 눈초리를 본 일이 없는가? 그리고 그것이 우리 때문이란 생각을 해 본 적이 없는가? 우리는 나름대로 훌륭한 노동자들이 되고 있는가? 일할 때마다 우리는 가장 열심히, 가장 양심적으로 일했으며 해 놓은 일마다 최대의 노력을 다 기울이고 했는가?

죄가 어떤 것인지를 알게 될 때 죄란 신학자들이 발견한 것이 아님을 알 수 있게 된다. 그것은 우리의 삶에 스며들고 침투되고 편만해 있는 것이다. 죄란 인생의 모든 분야에서 우리가 되어야 하는 대로 또 될 수 있는 대로 되기에 실패한 것이다.

바울이 사용하고 있는 또 한 가지는 **허물**이라고 번역되는 말인데 그 말은 **파라프토마**(paraptoma)다. 이 말은 글자 그대로 **미끄러져 넘어지는 것** 또는 **떨어지는 것**을 의미한다. 이 말은 사람이 길을 잃는다든가, 바른 길에서 떠나 있을 때를 의미한다. 이 말은 진리를 붙잡지 못했거나, 진리에서 떨어진 사람을 나타낸다. 죄와 허물은 우리가 바른 길을 걸을 수 있으며, 걸어야 하는데 그렇지 못하고 그릇된 길을 걷는 것을 말한다. 또 우리가 알 수 있으며, 반드시 알아야 하는 진리를 잃어버린 것을 말한다. 따라서 죄란 우리가 반드시 가야 할 목적지나 여행의 종착지에 도달하는 데 실패하는 것이다. 우리는 최선의 삶을 살고 있는가? 우리는 우리에게 주어진 은사가 가능하게 하는 최고의 능률, 숙달, 재능, 기능에 도달하고 있는가? 우리는 다른 사람에게 우리가 할 수 있는 최대의 봉사를 하고 있는가? 우리는 우리가 도달할 수 있는 최고의 선에 이르고 있는가? 우리는 바른 길을 걸어가고 있는가? 아니면 길을 잃고 있지 않는가? 아니면 진리의 길에서 거슬러 가고 있지 않는가?

죄의 가장 중심적인 개념은 실패, 표적을 맞추기에 실패한 것, 길을 제대로 가는 데 실패한 것, 삶을 본연의 자세에서 살게 하는 데 실패한 것을 의미한다. 그리고 죄를 그렇게 정의하면 죄는 우리 모두에게 해당된다. 죄란 어떤 것인지 그 정체를 이해하면 죄의 보편성에 대해 의심할 수 없게 되며, 우리 자신의 죄에 대해서도 아무런 의심을 품을 수 없게 된다.

삶에서 죽음

에베소서 2:1-3(계속)

바울은 **죄로 죽은 자**에 대해 말하고 있다. 이 구절을 통해 바울은 무엇을 의미하고 있는가? 그것은 그리스도가 함께하지 않을 때 인류는 죄의 상태에서 살게 되며, 그로써 앞으로 올 삶에서 그 영혼이 죽음에 이르게 됨을 의미한다고 어떤 사람은 말한다. 그러나 바울은 앞으로 올 삶에 대해 말하고 있는 것이 아니다.

그는 현재 이 세상의 삶에 대해 말하고 있다. 죄는 언제나 죽이는 힘을 가지고 있다. 죄는 세 가지 면에서 치명적이다.

I. **"죄는 순결을 죽인다."** 죄를 범한 뒤에는 아무도 전과 똑같지 않다. 심리학자들은 우리는 글자 그대로 아무것도 잊어버릴 수 없다고 말한다. 어떤 것이 우리의 의식적인 기억이나 우리의 기억이 표면에 나타나지 않는다 해도, 우리가 행한 일이나 보거나 들은 일은 잠재의식 속에 파묻혀 있다고 한다. 비록 우리가 그것을 기억하고 있다는 것을 모르지만 기억은 틀림없이 되어 있다. 따라서 죄는 인간에게 영구적인 영향을 끼친다고 할 수 있다.

듀 모우리어(Du maurier)의 소설 《**트릴비**》 가운데 다음과 같은 예가 있다. 평생 처음으로 리틀빌리는 주정꾼 틈에 끼어 듬뿍 취했다. "그리고 48시간쯤 후, 크리스마스 여흥의 희미한 기억에서 깨어났을 때 자기 몸에 일어난 서글픈 사실을 발견하고 놀랐다. 그것은 마치 더러운 입김이 마음속에 있는 추억의 거울 위를 불어 대고 그 위에 엷은 망막을 씌워 놓은 것 같았다. 그래서 그가 보고 싶은 대로 맑은 기억을 비쳐 주지 못하는 것 같았다. 그리고 마치 지나간 매력과 아름다움과 본질에 도달하게 하던 날카롭고 잽싸고 면도칼날처럼 예리하던 기억력이 둔하고 거칠어진 것 같았다. 마치 특별한 즐거움과 지나간 날의 감동과 정황을 생각나게 하고, 그것들을 의지하는 힘을 가지고 다시 한 번 현실화할 수 있도록 그에게 주어진 은사가 모두 낡아 버린 것 같았다. 그리하여 그는 젊은 날의 은혜와 행복과 어릴 때의 그 가장 귀한 능력을 다시는 사용할 수 없게 되었다."

죄의 경험은 그의 마음과 기억에 더러운 망막을 씌워 놓았기 때문에 모든 것이 다시는 그전과 같지 않았던 것이다. 우리의 옷이나 융단이 더러워지면 그것을 세탁소에 보낼 것이다. 그러나 다시는 전과 똑같아질 수는 없다. 죄는 인간에게 작용한다. 순결을 죽인다. 그리고 한 번 잃어버린 순결은 절대로 회복되지 못한다.

II. **"죄는 이상을 죽인다."** 많은 사람의 삶 속에는 일종의 비극적인 과정이 있다. 처음에 인간은 전율을 느끼고 악행을 바라본다. 제2단계에서는 악한 행위를 유혹 받을 때, 혹은 악한 행동을 할 때 여전히 마음이 즐겁지 못하고 불안하며 그것이 잘못된 것임을 잘 알고 있다. 그러나 제3단계에서는 그러한 악한 행동을 자주 하기 때문에 조금도 양심의 가책을 받지 않는다.

워즈워드(Wordsworth)는 〈**영혼불멸을 위한 송가**〉에서 이렇게 노래하고 있다.

젊은이는 날마다 동방에서 멀리 여행하는 자연의 제사장
아름다운 환영이
그의 길에 뿌려진다.
하지만 어른이 되면 환영은 사라지고
어느 날의 햇빛과 다름이 없어진다.

이상은 점점 죽어 가고, 모든 죄와 실패와 방종은 이상이 죽어 가는 것을 방조하고 있다. 죄는 일종의 자살 행위다. 죄는 삶을 가치 있게 만들어 주는 이상을 죽이기 때문이다.

III. 끝으로 "죄는 의지를 죽인다." 누구든지 처음에는 자신이 하고 싶어 금지된 쾌락에 가담한다. 그러나 나중에는 어쩔 수 없어 거기에 가담하게 된다. 한 번 관습이 되면 그것은 꼭 필요한 것이 되어 버리기 쉽다. 사람이 한 번 어떤 관습이나 방종, 그 사람을 지배하는 비밀이나 금지된 행위를 용납하면 조만간 그 노예가 된다. 그의 의지는 소용없게 되고 그 힘은 죽고 만다. 옛 속담이 말해 주듯이 "하나의 행동을 심으면 관습을 거두고, 관습을 심으면 성격을 거두고, 성격을 심으면 운명을 거둔다."

죄는 분명히 살인적인 힘을 가지고 있다. 죄는 순결을 죽인다. 죄는 용서를 받을는지 모른다. 그러나 죄의 결과는 남는다. 오리게네스가 말한 대로 "흔적은 남는다." 죄는 이상을 죽인다. 인간은 전율을 느끼고 바라보던 일을 아무런 양심의 가책도 없이 시작하게 된다. 죄는 의지를 죽인다. 죄에 붙잡힌 인간은 그것을 부셔 버리고 나올 수 없게 된다.

이상이 바로 바울이 죄로 죽은 자라고 말했을 때 나타내고자 한 것이다.

그리스도 없는 삶의 표시

에베소서 2:1-3(계속)

이 부분에서 바울은 그리스도 없는 삶의 특성을 나타내는 일종의 일람표를 만들고 있다.

I. 그것은 이 세상의 풍속을 따라 사는 삶이다. 다시 말해 그것은 세상적인 표준과 가치관을 가지고 사는 삶이다. 기독교는 **용서**를 요구한다. 그러나 고대의 작가들은 용서란 자신을 해친 자에게 보복할 능력이 없다는 약한 표시이니 만큼 그러지 말라고 했다. 기독교는 원수까지도 **사랑하라**고 요구한다. 그러나 플루타크는 선인의 표시는 친구에게는 친절하지만 원수에게는 무서운 것이라고 했다. 기독교는 봉사를 요구한다. 그러나 세상은, 예를 들면 선교사들을 이해하지 못한다. 그들은 본국에서 다른 일반 직업에 종사하면 받을 수 있는 급료의 4분의 1을 받으면서 외국의 학교에서 가르치기도 하고, 병원에서 치료에 종사하기도 한다. 세상적인 표준의 본질은 그리스도와 다른 사람을 중심에 놓는 것이다. 세상적인 인간의 본질은 누군가 말했듯이 "모든 물건의 가격은 알아도 그 가치는 전혀 모르는" 것이다. 이 세상의 동기는 이윤을 추구하는 것이다. 그러나 기독교인의 활동력은 봉사를 위한 욕망이다.

II. 그것은 공중의 권세 잡은 자의 지시대로 사는 삶이다. 여기서 또다시 우리는 바울 시대에는 매우 현실적이었지만 오늘 우리에게는 실감이 나지 않는 문제에 직면하게 된다. 고대인들은 악마를 열렬히 믿었다. 공중에는 악마들이 꽉 차 있어 바늘이 들어갈 틈조차 없다고 그들은 믿었다. 피타고라스는 이렇게 말했다. "온 하늘엔 영들이 가득 차 있다." 필로(Philo)는 이렇게 말했다. "공중에는 어디에나 많은 영들이 날아다니고 있다." "공중은 육체에서 분리되어 나온 영들의 집이다." 이런 악마들은 모두 악령이 아니었다. 그러나 그들은 대부분 악령이었다. 그들은 악을 만연시키고, 하나님의 계획을 좌절시키며, 인간을 잘못된 길로 유인하기 위해 힘쓴다. 그들은 인간의 영을 파멸시키려고 애쓴다. 그들의 지배를 받는 인간은 하나님과 반대되는 입장에 서는 인간이다.

III. 그것은 불순종을 특성으로 하는 삶이다. 하나님께서는 여러 가지 방법으로 자신의 뜻을 인간에게 계시하신다. 하나님은 성령의 음성인 양심으로 우리에게 말씀하신다. 하나님은 성경에 쓰인 지혜와 계명으로 계시하신다. 또 하나님은 훌륭하고 경건한 사람들의 충고와 경고와 책망을 통해 계시하신다. 그러나 그리스도 없는 삶을 사는 사람은 하나님께서 원하시는 길을 알더라도 자기 자신이 원하는 길을 걷는다.

IV. 그것은 욕망이 하자는 대로 하는 삶이다. 욕망이란 말은 **에피투미아**(epithumia)인데 **에피투미아**는 특별히 악행과 금지된 행위에 대한 욕망을 의미한다. 욕망에 의해 굴복되면 필연적으로 멸망에 이르게 된다.

19세기 비극 가운데 하나에는 오스카 와일드(Oscar Wilde)의 경력이 있다. 그는 찬란한 두뇌의 소유자였으며, 최고의 학술적인 영예를 받은 바도 있다. 그는 섬광적인 작가였으며 문학계 최고의 상을 획득한 바도 있다. 그는 세상적인 매력은 모두 가졌으며 친절한 성품도 가지고 있었다. 하지만 그는 비인도적인 악덕의 유혹을 받아 감옥에 투옥되고 명예를 잃은 일이 있다. 그는 자신의 타락으로 고통 받으면서 《옥중기(*De profundis*)》를 썼으며, 그 책에서 이렇게 말한 바 있다. "신들은 나에게 모든 것을 부여하여 주셨다. 그러나 나는 너무 오랫동안 정신없이 관능적인 쾌락에 나 자신을 내버려 두고 있었다. …고상한 것에 싫증난 나는 고의적으로 새로운 흥분을 찾아 깊은 곳으로 내려갔다. 사상적인 영역에서는 모순으로만 생각되던 것이 정열적인 영역에서는 나와 밀착되었다. 나는 다른 사람들의 삶에 대해 점차 무관심하게 되었다. 나는 내 멋대로 쾌락을 즐기며 살았다. 나는 일상생활의 극히 사소한 행동이 인격에 관계가 되는지 안 되는지를 잊어버렸다. 따라서 골방에서 한 일 때문에 훗날 지붕 위에서 통곡하리라는 사실을 잊어버리고 있었다. 나는 벌써 나 자신의 주인일 수 없었다. 나는 벌써 나의 영혼의 통솔자가 될 수 없었다. 또 그런 사실조차 몰랐다. 나는 쾌락이 나를 지배하도록 내맡겼다. 나는 무서운 불명예 속에서 종말을 고했다." 욕망은 악한 주인이다. 욕망이 하자는 대로 하면 노예가 될 수밖에 없다. 욕망이란 단지 육체적인 것만이 아니다. 그것은 모든 금지된 것에 대한 욕망이기도 하다.

V. 그것은 KJV이 육체의 욕심에 따라 사는 삶이다. 여기서 우리는 바울이 육체와 육체의 죄라고 했을 때 무엇을 의미했는지를 주의 깊게 이해하여야 한다. 바울은 육적인, 육체적인, 성적인 죄 이상의 것을 의미했다고 본다. 갈라디아서 5장 19-21절에서 바울은 육체의 죄의 일람표를 들고 있다. 사실 바울은 음행과 호색으로 시작하고 있으나, 우상숭배, 증오, 분냄, 시기, 소요, 이단까지를 그 일람표에 계속 포함시키고 있다. 육체란 우리 인간성의 저열한 부분이다. 육체란 죄에 대해 교두보와 공격점을 주고 있는 우리 인간성의 일부분이다.

육체의 의미는 사람에 따라 다를 것이다. 어떤 사람의 약점은 육체에 있으며 그의 위험은 성적인 죄일는지 모른다. 또 다른 한 사람의 죄는 영적인 것이며, 그의 위험은 교만에 있을는지 모른다. 또 다른 사람의 죄는 지상적인 것에 있으며 그의 위험은 무가치한 야심일는지 모른다. 또 다른 사람의 죄는 성품 가운데 있으며 그의 위험은 시기와 분쟁일는지 모른다. 이 모든 것이 육체의 죄다. 육적인 굵다란 죄에서 피했다고 해서 그는 육체의 모든 죄와 상관없다고 생각하지 말자. 또 자신의 육체는 제어하기 매우 어려우니만큼 자기 혼자만이 육체의 죄와 싸우는 사람이라고 생각하지 말자. 육체란 우리 속에서 죄에 대해 기회를 주는 그 모든 것을 말한다. 그것은 하나님 없는 인간의 본성이다. 육체의 명령에 따라 사는 삶은 우리의 저열한 인간성 곧 우리 가운데 있는 비열한 부분이 삶을 지배하는 대로 사는 것이다.

VI. 그것은 하나님의 진노를 받을 수밖에 없는 삶이다. 이 세상에는 그가 가지고 있는 재능이나 천품과 활동이 제대로 상급을 받지 못했다고 느끼기 때문에 비참한 삶을 사는 사람들이 많다. 그럴는지도 모른다. 그러나 하나님 보시기에는 죄의 선고를 받지 않을 사람은 하나도 없을 것이다. 하나님께서 우리에게 우리가 행한 대로 갚아 주신다면 우리 중 그 누구도, 설사 훌륭한 사람이라도 죄의 선고와 형벌밖에는 받을 수 없을 것이다. 그리스도 안에 나타나신 하나님의 사랑만이 하나님께 형벌밖에는 받을 수 없는 인간, 하나님의 사랑을 배반하고 그의 율법을 범한 인간을 용서하게 하신다.

그리스도께서 하신 일

에베소서 2:4-10

4긍휼이 풍성하신 하나님이 우리를 사랑하신 그 큰 사랑을 인하여 5허물로
죽은 우리를 그리스도와 함께 살리셨고(너희는 은혜로 구원을 받은 것이라)
6또 함께 일으키사 그리스도 예수 안에서 함께 하늘에 앉히시니 7이는 그리
스도 예수 안에서 우리에게 자비하심으로써 그 은혜의 지극히 풍성함을 오
는 여러 세대에 나타내려 하심이라 8너희는 그 은혜에 의하여 믿음으로 말미
암아 구원을 받았으니 이것은 너희에게서 난 것이 아니요 하나님의 선물이
라 9행위에서 난 것이 아니니 이는 누구든지 자랑하지 못하게 함이라 10우리
는 그가 만드신 바라 그리스도 예수 안에서 선한 일을 위하여 지으심을 받은
자니 이 일은 하나님이 전에 예비하사 우리로 그 가운데서 행하게 하려 하심
이니라

바울은 우리가 죄와 허물과 죽은 자라는 말로 시작하였던 것같이, 이번에는 하나님께 그의 사랑과 자비로 예수 그리스도 안에서 우리를 다시 살리셨다고 말하고 있다. 이것은 무엇을 정확하게 의미하는 말일까? 예수께서 행하신 일로 인하여 인생의 과정은 변화를 받았다. 죄와 허물은 세 가지를 죽였다는 것을 배웠다. 예수께서는 이 세 가지에 대해 어떤 처치를 하신다.

1. 우리는 죄가 순결을 죽인다는 것을 알았다. 그런데 예수라 할지라도 인간에게 한 번 잃어버린 순결을 되찾아 줄 수는 없다. 그것은 예수라도 시간을 돌이

킬 수 없는 것과 같다. 그러나 잃어버린 순결과 당연히 동반되는 죄의식을 예수께서는 제거해 주실 수 있다. 죄가 언제나 처음에 하는 일은 우리와 하나님 사이에 소외감을 주는 것이다. 인간은 누구나 자신이 죄를 범했다는 것을 깨닫게 될 때는 감히 하나님 앞에 가까이 갈 수 없다는 생각으로 압도된다.

이사야가 하나님의 환상을 보았을 때 대뜸 이렇게 대답했다. "화로다 나여 망하게 되었도다 나는 입술이 부정한 사람이요 나는 입술이 부정한 백성 중에 거주하면서 만군의 여호와이신 왕을 뵈었음이로다"(사 6:5). 베드로가 예수께서 어떤 분인지를 알았을 때 그는 대뜸 이렇게 말했다. "주여 나를 떠나소서 나는 죄인이로소이다"(눅 5:8). 예수께서는 먼저 그러한 소외감부터 없애 주신다. 예수께서는 비록 우리의 처지가 어떤 것이든 간에 하나님 앞에 갈 수 있는 문은 열려져 있다는 것을 알려 주시기 위해 오신 것이다.

여기에 매우 부끄러운 일을 저지르고 도망친 아들이나 딸이 있다고 가정하자. 그는 집에 돌아갈 면목이 없으며, 집의 문은 굳게 닫혀 있을 것이라고 확신했기 때문에 도망친 것이다. 그때 어떤 사람이 와서 문이 닫혀 있기는커녕 언제나 열려 있으며 집에서는 속히 돌아오기를 몹시 기다리고 있다는 소식을 전해 주었다고 하자. 그 소식 때문에 얼마나 놀라운 변화가 일어났을 것인가! 예수께서 전해 주신 소식은 바로 그런 것이었다. 그는 하나님께서 우리의 현재의 처지 그대로 우리를 받아 주신다는 것을 전해 줌으로써 소외감과 죄의식을 없애 주기 위해 오신 것이다.

II. 우리는 죄가 우리의 삶의 동력인 이상을 죽인다는 것을 알았다. 예수께서는 인간의 마음속에 이상을 다시 한 번 일깨우신다. 미국에 있는 강에서 연락선을 운전하는 흑인 기관사에 대한 이야기가 있다. 그의 배는 낡았는데 그는 그리 관심을 갖고 있지 않았다. 그리고 엔진엔 때가 묻고 더러워졌으며 손질도 되어 있지 않았다. 이 기관사가 완전히 회심하였다. 회심 후 그가 처음으로 한 일은 연락선으로 돌아가서 기계의 모든 부분이 거울과 같이 빛나도록 엔진을 닦는 일이었다. 단골손님이 그러한 변화에 놀라 기관사에게 물었다. "어떻게 된 일이오? 어떻게 돼서 이 낡은 엔진을 닦아 내고 광을 내게 되었소?" 기관사는 이렇게 대답했다. "선생님, 나는 영광을 받았습니다." 이것이 바로 그리스도께서 인간을 위해 해 주시는 일이다. 그는 인간에게 영광을 주신다.

에든버러의 한 교회에 조지 매티슨(George Matheson) 목사가 부임했을 때의 이야기다. 그 교회에 불결한 지하실에서 사는 노부인이 있었다. 매티슨 목사가 목회한 지 몇 개월 후 성찬주간이 돌아왔다. 교회의 장로가 심방 카드를 가지고 노부인을 지하실로 방문하였더니 노부인은 어디로 이사 가고 없었다. 장로는 노부인이 고미 다락방으로 이사한 것을 알아내어 그리로 찾아갔다. 노부인은 가난하였기 때문에 사치품 같은 것은 없었다. 그러나 지하실은 어둡고, 음침하고, 더러웠던 데 반해 고미 다락방은 밝고, 바람이 잘 통하고, 깨끗하였다. "집을 옮기셨군요"라고 장로는 말했다. 그러자 노부인은 이렇게 말했다. "예, 이사했지요. 당신이라도 조지 매티슨 목사의 설교를 듣고는 지하실에 살 수 없을 거요." 기독교의 메시지가 이상의 등불을 다시 켜 준 것이다. 옛 찬송가에 있는 그대로다.

마음속 깊이, 시련으로 파괴되어
묻혀 있는 감정을 회복시키는 그 은혜.

예수 그리스도의 은혜는 반복된 죄로 말미암아 꺼져 버린 이상의 등불에 다시 불을 켜 주신다. 그리고 다시 불을 켜 주시는 것 때문에 삶은 상승을 시작한다.

III. 무엇보다도 위대한 업적은 예수께서 잃어버린 의지를 소생, 복귀, 재창조시키는 것이다. 숙명적이고 치명적인 죄는 점차적이긴 하지만 확실히 인간의 의지를 파괴한다는 것과 하나의 쾌락으로 시작된 방종이 후에는 꼭 필요한 것이 된다는 것과 인간의 죄는 의지의 힘을 약화시키며 꼼짝없이 인간을 묶는 쇠사슬을 만들어 준다는 것을 알았다. 예수께서는 의지를 재창조해 주신다. 사실 그것은 언제나 사랑이 하는 일이다. 위대한 사랑은 언제나 깨끗하게 하는 것이다. 사람이 참으로, 진실하게 사랑에 빠지면 죄를 사랑하는 것보다 큰 사랑이 그의 삶에 들어오게 된다. 새로운 사랑은 사람에게 선을 촉구한다. 사랑하는 자를 극진히 사랑하면 죄에 대한 사랑은 패배하고 파괴된다. 그것이 바로 그리스도께서 우리를 위해 하시는 일이다. 우리가 그리스도를 사랑할 때 바로 그 사랑이 선을 향한 우리의 의지를 재창조하고 재생시켜 준다. 그것을 찬송가가 노래하고 있는 것과 같다.

주님은 죄의 세력 쳐부수고,
억눌린 죄인을 해방시키네.

은혜와 행위

에베소서 2:4-10(계속)

바울은 하나의 역설에 대한 위대한 해명으로 이 부분을 끝맺고 있다. 그 역설은 복음에 대한 바울의 견해 가운데 언제나 도사리고 있다. 이 역설을 두 가지 면에서 검토하자.

I. 바울은 우리가 구원 받는 것은 은혜에 의한 것이라고 주장한다. 우리는 우리 자신의 구원을 위해서는 아무것도 할 것이 없다. 구원은 우리가 획득한 것도, 획득할 수 있는 것도 아니다. 그것은 하나님의 선물이다. 그리고 우리가 할 수 있는 일은 이 하나님의 자유로운 시도는 참되다는 것을 믿는 믿음을 가지고 그것을 받아들이는 것뿐이다. 이러한 바울의 견해는 이론의 여지없이 참된 것이다. 그리고 그것은 두 가지 이유에서 진실한 것이다.

1. 하나님은 완전하시다. 따라서 우리가 바칠 수 있는 것이 있다고 해도 그것이 하나님의 완전성을 만족시킬 수 없다. 한정되고 죄를 범한 인간이 할 수 있는 일을 가지고는 무한한 선이신 영원하신 하나님의 승낙과 은혜를 획득하거나 얻어 내거나 상급으로 받거나 끌어 낼 수는 도저히 없다. 단지 완전성만이 하나님께 합당한 것인데 인간은 본성적으로 완전성을 하나님께 가지고 갈 수 없다. 비록 인간이 죄인이 아니며, 하나님께 가는 길을 자기 노력으로 성취한다 해도 여

전히 주시는 분은 하나님이시요, 인간은 오직 받을 수밖에 없다.

2. 그 이상의 것이 있다. 하나님은 사랑이시다는 것이 기독교의 위대한 개념이다. 따라서 죄는 율법에 대한 범죄가 아니라 사랑에 대한 범죄다. 그런데 율법에 대한 범죄는 보상할 수 있다. 그러나 마음에 대한 범죄는 보상할 수가 없다. 그런데 죄는 하나님의 율법에 대한 범죄일 뿐 아니라 더 나아가 하나님의 마음에 대한 범죄다. 우리가 어떤 법을 위반하였다고 가정하자. 우리는 법이 정하는 바에 따라 벌금을 내든가 감옥에 갇히든가 해서 그 형벌을 치를 수 있다. 그러면 그 법은 우리에게 더 이상 죄를 따질 수 없다. 우리는 그 법에서 자유롭게 된다. 그러나 우리가 어떤 사람의 마음에 죄를 범했다고 하자. 우리는 결코 그것에 대해 보상할 수가 없다.

약간 미숙하고 불완전한 하나의 비유를 들어 보자. 운전사가 부주의한 운전으로 아이를 차에 치어 죽였다고 하자. 그는 체포되고, 재판을 받고, 유죄 판결을 받을 것이다. 그리하여 거기에 알맞은 형기를 선고 받거나, 상당한 벌금을 물도록 선고 받을 것이다. 또 그의 면허증은 한동안 몰수될 것이다. 그러나 벌금을 물고, 형기를 치르고 나면 법률은 그 사람에게 더 이상 죄를 따지지 않는다. 적어도 법적인 문제에서는 모든 사건이 끝난다. 그러나 죽은 아이의 어머니와의 관계에서는 사정이 매우 다르다. 형기를 치렀다든가, 벌금을 물었다고 해서 그 어머니에게 변상이 될 수 있는 것도, 그 관계를 회복할 수 있는 것도 아니다. 그 운전사가 범한 것은 자녀를 사랑하는 어머니의 사랑에 대한 범죄다. 그 어머니와의 관계를 회복시킬 수 있는 유일한 길은 그 어머니가 보여 줄 수 있는 자유로운 용서의 길밖에 없다.

우리와 하나님과의 관계는 그런 것이다. 우리가 죄를 범한 것은 하나님의 율법에 대한 것이 아니다. 하나님의 마음에 대해 우리는 죄를 범한 것이다. 따라서 하나님께서 자유로운 은혜로 용서해 주시는 것만이 우리를 하나님과 바른 관계로 회복시켜 줄 수 있다. 우리는 오직 완전한 신뢰와 신앙 가운데서 그 용서를 받아들일 수 있다.

이상의 내용은, 다시 말해 인간의 어떤 활동도 구원을 획득하는 데는 아무 소용이 없다는 것이다. 그러나 바울의 교훈이 거기에서 머문다고 보는 것은 옳지 않으며, 머물 수도 없다. 그런데도 거기에 머물게 하는 수가 많다. 바울은 계속해서 우리는 하나님께 선행을 위하여 다시 지음을 받았다고 말하고 있다. 여기에 바울의 역설이 있다. 이 세계에서 우리의 모든 선행은 우리에게 하나님과 바른 관계를 맺게 해 주지 못한다. 그러나 하나님과 바른 관계를 맺고도 선행을 행하게 해 주지 않는 기독교라면 그것은 근본적으로 잘못된 것이다. 여기에는 어떤 신비가 있는 것이 아니다. 그것은 엄연한 사랑의 법칙이다. 어떤 사람이 우리를 사랑할 때, 더욱이 그 사람이 훌륭하고 우아하고 굉장한 사람이라면, 우리는 그의 사랑을 받을 하등의 자격이 없다고 생각할 것이다. 그러한 사랑을 받을 만한 자격을 갖추기에는 전혀 불가능한 것이다. 그것은 자격과 같은 것을 초월한 선물이다. 그러나 동시에 우리는 그러한 사랑을 받을 만한 가치 있는 사람이 되고자 평생 **노력**하여야 하겠다고 확신하게 될 것이다.

그것이 우리와 하나님과의 관계다. 우리는 그 어떤 것으로도 하나님의 은혜와 사랑을 얻어 내거나 벌어들일 수 없다. 그것은 우리에게 주시는 하나님의 자유로운 은혜의 선물이다. 우리는 단지 겸손하게 믿고 감사하며 받아들일 수 있을 뿐이다. 그러나 그것이 바로 우리가 그것을 위해 아무것도 할 필요가 없다는 의미는 아니다. 그것은 그때부터 우리의 모든 삶은 그러한 사랑에 대한 감사를 나타내며, 그러한 사랑을 받을 만한 자격 있는 자로 만들려는 노력을 계속해야 한다는 것을 의미한다. 선한 행위가 구원을 가져올 수는 없다. 그러나 구원이 선행을 낳게 하지 않으면 거기에는 근본적인 잘못이 있다. 우리는 선행으로 하나님께 빚을 갚을 수 없다. 그러나 하나님의 사랑은 우리에게 하나의 책임을 맡겨 주신다. 그것은 곧 우리가 일생 동안 그러한 사랑을 받기에 마땅한 인간이 되기 위해 노력하여야 한다는 것이다.

우리는 하나님께서 우리에게 무엇을 원하시는지를 안다. 하나님은 벌써 오래 전에 우리가 반드시 살아가야 할 삶의 태도를 마련해 놓으셨다. 그리고 그것을 성경 안에서 당신의 아들을 통해 우리에게 말씀하셨다. 우리는 하나님의 사랑을 벌어들일 수 없다. 그러나 우리는 온 마음을 다하여 하나님의 마음을 기쁘게 할 수 있는 그러한 삶을 살도록 노력하는 가운데 하나님의 은혜에 얼마나 감사하고 있는지를 보여 줄 수 있으며, 보여 주어야 한다.

주전과 주후

에베소서 2:11-22

11그러므로 생각하라 너희는 그때에 육체로는 이방인이요 손으로 육체에 행
한 할례를 받은 무리라 칭하는 자들로부터 할례를 받지 않은 무리라 칭함을
받는 자들이라 12그때에 너희는 그리스도 밖에 있었고 이스라엘 나라 밖의
사람이라 약속의 언약들에 대하여는 외인이요 세상에서 소망이 없고 하나님
도 없는 자이더니 13이제는 전에 멀리 있던 너희가 그리스도 예수 안에서 그
리스도의 피로 가까워졌느니라 14그는 우리의 화평이신지라 둘로 하나를 만
드사 원수 된 것 곧 중간에 막힌 담을 자기 육체로 허시고 15법조문으로 된
계명의 율법을 폐하셨으니 이는 이 둘로 자기 안에서 한 새 사람을 지어 화
평하게 하시고 16또 십자가로 이 둘을 한 몸으로 하나님과 화목하게 하려 하
심이라 원수 된 것을 십자가로 소멸하시고 17또 오셔서 먼 데 있는 너희에게
평안을 전하시고 가까운 데 있는 자들에게 평안을 전하셨으니 18이는 그로
말미암아 우리 둘이 한 성령 안에서 아버지께 나아감을 얻게 하려 하심이라
19그러므로 이제부터 너희는 외인도 아니요 나그네도 아니요 오직 성도들과
동일한 시민이요 하나님의 권속이라 20너희는 사도들과 선지자들의 터 위에
세우심을 입은 자라 그리스도 예수께서 친히 모퉁잇돌이 되셨느니라 21그의
안에서 건물마다 서로 연결하여 주 안에서 성전이 되어 가고 22너희도 성령
안에서 하나님이 거하실 처소가 되기 위하여 그리스도 예수 안에서 함께 지
어져 가느니라

그리스도 이전

에베소서 2:11-12

11그러므로 생각하라 너희는 그때에 육체로는 이방인이요 손으로 육체에 행
한 할례를 받은 무리라 칭하는 자들로부터 할례를 받지 않은 무리라 칭함을
받는 자들이라 12그때에 너희는 그리스도 밖에 있었고 이스라엘 나라 밖의
사람이라 약속의 언약들에 대하여는 외인이요 세상에서 소망이 없고 하나님
도 없는 자이더니

이 부분에서 바울은 그리스도의 이전의 이방인 상태에 대해 말하고 있다. 바울은 이방인을 위한 사도였다. 그러나 동시에 바울은 하나님의 계획과 계시 속에서 유대인의 특별하고도 독특한 위치를 결코 잊어버리지 않고 있었다. 여기서 바울은 이방인의 삶과 유대인의 삶 사이에 있는 현저한 차이를 보여 주고 있다.

I. 이방인은 손으로 육체에 행한 할례당이라 자처하는 자들에 의해 무할례당이라 칭함을 받았다. 여기에 첫째가는 큰 차질이 있다. 유대인은 이방인을 몹시 경멸하였다. 유대인은 하나님께서는 이방인을 지옥의 화목으로 사용하기 위해 창조하셨다고 했다. 하나님께서는 그가 창조한 모든 민족 가운데서 오직 이스라엘 민족만을 사랑하신다고 그들은 말했다. 뱀을 밟아 죽이는 것도 좋은 일이고, 이방인을 죽이는 것도 좋은 일이라고 그들은 말했다. 이방인의 산모가 진통을 겪고 있는 동안 그 산모를 도와주는 것은 율법에 어긋나는 일이라고 했다. 그것은 또 하나의 이방인을 세상에 나오게 하는 것이었기 때문이라고 했다. 그리스도께서 오시기 전까지는 이방인은 유대인의 멸시의 대상이었다. 양자간에 있던 장벽은 절대적인 것이었다. 유대 소년이 이방인 소녀와 결혼하거나, 유대인 소녀가 이방인 소년과 결혼하면 유대인 소년 또는 소녀의 장례식이 거행되었다. 그러기에 이방인과 접촉하는 것은 곧 죽는 것과 같은 것이었다. 이방인의 집에 들어가는 것조차 유대인에겐 부정한 것이 되었다. 그리스도 이전에는 장벽이 높이 세

워져 있었다. 그러나 그리스도께서 오신 이후에는 그 장벽이 무너졌다. 그리스도 이전에는 통일에 대한 희망이 없었다. 그러나 그리스도 안에서 새로운 통일이 이룩되었다.

II. 이방인은 메시아에 대한 희망이 없었다. 그것을 KJV은 그들이 **그리스도 밖에** 있다고 표현하고 있다. 그것은 매우 가능한 번역이며 어느 정도 틀림이 없다고 할 수 있을 것이다. 그러나 **크리스토스**(christos)란 말은 점차 하나의 고유명사가 되긴 했어도 원래는 고유명사가 아니었다. 그것은 **기름 부으심을 받은 자**라는 의미의 형용사였다. 그것은 대관식 때 기름부음을 받은 왕들을 의미하였으며 지금도 여전히 그것을 의미한다. 따라서 **메시아**라는 히브리어를 축어적으로 번역한 헬라어인 **크리스토스**라는 말은 하나님께서 기름 부으신 자, 즉 하나님께서 자신을 옹위하고, 하나님의 황금시대를 도래하게 하기 위해 이 세계에 보내실 것으로 기대하고, 대망하고, 기구(祈求)했던 왕을 의미하게 되었다. 유대인은 가장 어렵고 고통스러운 시대에서도 메시아의 도래를 조금도 의심하지 않았다. 그러나 이방인에게는 그러한 희망이 없었다. 그들은 메시아를 전혀 알지도 못했으며, 기대하지는 않았다.

그런데 그러한 차이의 결과가 어떤 것인지를 보자. 유대인에게서 역사란 언제나 전진하는 것이었다. 따라서 유대인에겐 현재가 어떤 것이든 간에 장래는 빛나는 것이었다. 유대인에게서 모든 삶이란 불가능한 현재에서 빛나는 장래를 바라보는 하나의 희망이었다. 다시 말해 유대인의 역사관은 본질적으로, 본래적으로, 선천적으로 낙관주의적인 것이었다. 그와 반대로 이방인에게서 역사는 정체적인 것이었다. 스토익주의자들은 그들의 역사관을 수립하고 있었는데, 그들에게서 역사란 순환하는 것이었다. 그들은 역사가 3천 년을 1주기로 움직이고 그 후 큰 홍수와 온 우주가 불 속에서 타 없어지는 대화재가 오고, 모든 과정이 처음부터 다시 한 번 반복하고 같은 사건과 인물이 또다시 등장한다고 믿었다. 이러한 세계관에 큰 차이가 있었다. 이방인에게서 역사란 갈 곳이 없는 행진이었다. 그러나 유대인에게서 역사란 하나님께 향해 가는 행진이었다. 이방인에게서 인생은 글자 그대로 살 만한 가치가 없는 것이었다. 그러나 유대인에게서 인생이란 보다 큰 삶을 위한 과정이었다. 이방인에게서 역사란 돌고도는 물레방아였다. 그러나 유대인에게서 역사란 하나님께 가는 길이었다. 그리스도께서 오심으로써 이방인은, 인간은 언제나 하나님께 가는 길 위에 있다는 새로운 역사관을 가지게 되었다.

절망과 무기력

에베소 2:11-12(계속)

III. 더욱이 이방인은 이스라엘 사회에서 외부인들이었다. 그것은 무엇을 의미할까? 이스라엘 백성의 이름은 **호 하기오스 라오스**(ho hagios laos), 즉 **거룩한 백성**이었다. 그런데 **하기오스**라는 말의 기본적인 의미는 **다르다**, **분리되어 있다**는 뜻임을 우리는 이미 알아보았다. 어떤 의미에서 이스라엘 백성은 다른 백성과는 달랐을까? 가장 실질적인 의미에서 유일한 왕은 하나님이다는 생각을 가지고 있다는 점에서 그들은 다른 백성과는 달랐다. 다른 국민은 민주 정치나 귀족 정치에 의해 통치를 받았다. 그러나 이스라엘은 신정 정치였다. 그들의 통치자는 하나님이었다. 기드온이 여러 싸움에 승리한 후 백성이 그에게 와서 이스라엘의 왕이 되어 줄 것을 요청하였다. 기드온이 한 일을 보고 백성은 기쁘게 그를 왕으로 모시고자 했던 것이다. 그러나 기드온은 이렇게 대답했다. "내가 너희를 다스리지 아니하겠고 나의 아들도 너희를 다스리지 아니할 것이요 여호와께서 너희를 다스리시리라"(삿 8:23). 시편기자가 "왕이신 나의 하나님이여 내가 주를 높이고 영원히 주의 이름을 송축하리이다"(시 145:1)라고 노래했을 때 그는 글자 그대로 하나님은 왕이심을 의미했다. 이방인은 왕이나 전제군주나 지배자들이나 예언의 능력이 없는 원로원이나 의회에 의해 통치를 받았을 것이다. 그러나 이스라엘의 왕은 하나님이었다. 이스라엘 백성이 된다는 것은 하나님의 사회의 일원이 된다는 것이었으며, 하늘의 시민권을 가진다는 것이었다. 분명히 이스라엘 백성의 삶은 운명을 그러한 것으로 의식하고 있던 다른 백성의 삶과 다를 수밖에 없었다.

가장 위대한 아덴 시민 페리클레스에 대해 다음과 같은 이야기가 있다. 그는 아덴 의회에 연설하러 갈 때마다 이렇게 혼잣말을 했다고 한다. "페리클레스여, 너는 아덴 시민이며 아덴 시민에게 말한다는 것을 기억하라." 그러나 유대인이라면 이렇게 말했을 것이다. "너는 하나님의 백성이며, 하나님의 백성에게 이야기한다는 것을 기억하라." 세계에서 이처럼 위대한 의식은 또 있을 수 없다.

IV. 이방인은 모든 약속의 근거가 되는 계약과는 상관이 없는 사람들이었다. 그것은 무엇을 의미할까? 이스라엘 백성은 가장 철저한 **계약의 백성**이었다. 그것은 무엇을 의미할까? 계약에 대한 유대인의 관념은 이런 것이었다. 하나님께서 특별한 제안을 가지고 자기 백성을 찾아오셨다고 믿었다. "너희를 내 백성으로 삼고 나는 너희의 하나님이 되리니"(출 6:7). 이 관계 속에는 특권만이 아니라 의미도 포함되어 있다. 이 계약 관계는 율법에 대한 준수를 포함하고 있다. 그 관계는 하나님께서 그들에게 주신 율법에 대한 백성의 준수와 간수(看守)와 복종에 의해 성립된다. 출애굽기 24장 1-8절은 유대인이 어떻게 그 계약과 조건을 받아들였는가 하는 장면을 극적으로 보여 주고 있다. "모세가 와서 여호와의 모든 말씀과 그의 모든 율례를 백성에게 전하매 그들이 한 소리로 응답하여 이르되 여호와께서 말씀하신 모든 것을 우리가 준행하리이다"(출 24:3, 7).

하나님의 계획이 성취되었다면 그것은 한 백성을 통해 성취되었을 것이다. 하나님께서 이스라엘 백성을 선택한 것은 편애에서 온 것이 아니었다. 그것은 특별한 영예를 위한 선택이 아니라 특별한 책임을 위한 선택이었기 때문이다. 그러나 그러한 선택은 이스라엘 백성에게 하나님의 백성이라는 고유하고도 독특한 의식을 가지게 해 주었다. 단순히 유대인이 된다는 것으로도 특권 의식을 가지게 되었다. 그것이 역사적인 사실이었기에 바울도 유대인은 독특한 의미에서 하나님의 백성이며 하나님의 손에 들려 있는 도구라는 것을 잊어버릴 수 없었다.

V. 이방인은 이 세계에서 희망도 없고 하나님도 없는 백성이었다. 헬라인은

역사상 가장 명랑한 국민이었다는 말이 있다. 그러나 헬라인에게 우울증이란 것이 있었다. 그들에겐 본질적으로 절망 같은 것이 있었다. 그것은 호머의 시대까지 거슬러 올라갈 수 있다. 〈**일리아드**〉 가운데(6:146-149) 글라우커스와 디오메데 사이의 결투 장면이 나온다. 결투가 시작되기 전에 디오메데가 글라우커스의 족보를 알고 싶다고 말한다. 그러자 글라우커스가 이렇게 대답한다. "그대는 무엇 때문에 나의 출생을 묻는가? 인간의 출생은 나뭇잎의 출생과 마찬가지가 아닌가. 바람은 나무 잎을 땅 위에 흩날리고, 봄이 오면 숲은 다시금 싹을 내고 잎을 낼 것이다. 이처럼 인간의 출생도 한쪽이 성장하면 한쪽은 시들 것이 아닌가." 헬라인은 이렇게 말했다.

"우리는 나뭇잎처럼 꽃피고 번성한다.
그리고 시들고 떨어지기도 한다."

하지만 그들은 승리의 일절을 첨부할 수 없었다.

"그러나 너는 변함이 없다."

데오그니스(Theognis)는 이렇게 썼다.

"나는 나의 젊음을 즐거이 뛰논다. 오랫동안 나는 생명을 잃고,
돌처럼 소리 없이 내가 사랑하던 햇빛과 이별하고, 지하에 누워 있을 것이다.
비록 내가 선인이라고 하나 아무것도 더 보지 못할 것이다."
"오 나의 영혼이여, 너의 젊음을 즐기라. 곧 다른 사람들이 태어날 것이며,
나는 죽어 검은 흙이 되리라."
"태양 아래 사는 인간치고 행복한 자 어디 있으랴."

〈**호미의 찬시**〉에 보면 올림푸스에 모인 여러 신들은 노래하는 뮤즈 신에게 매혹되는 장면이 나온다. 뮤즈 신은 "여러 신들의 불사의 선물과 인간의 비애, 즉

불멸의 의지를 가지고 모든 것을 참지만, 무시되며 무기력한 삶과 죽음을 면할 수도, 늙는 것을 막을 수도 없는 인간의 비극을" 노래한다. 소포클레스(Sophocles)의 시 가운데서 우리는 역사상 가장 아름다우며 동시에 가장 비극적인 시구를 찾아볼 수 있다.

> 아름다운 젊음도, 인생의 영광도 모두 사라진다.
> 신앙은 죽고, 불신앙은 꽃처럼 피어난다.
> 너는 사람의 그림자를 큰 거리에서도,
> 마음속 깊은 사랑의 골방에서도 못 볼 것이다.
> 모진 바람은 진리를 영원히 날려 버린다.

이방인은 하나님 없는 자였기 때문에 희망이 없는 자였다는 것이 사실이다. 이스라엘 백성은 언제나 하나님 안에서 밝고 빛난 희망을 가지고 있었다. 그리하여 그 희망은 가장 어둡고 비참한 시대에서도 밝고도 끊임없이 그들을 비쳐 주었다. 그러나 이방인은 그리스도께서 그에게 절망 대신 희망을 주기까지는 마음속에 절망밖에 몰랐다.

장벽이 무너짐

에베소 2:13-18

[13]이제는 전에 멀리 있던 너희가 그리스도 예수 안에서 그리스도의 피로 가
까워졌느니라 [14]그는 우리의 화평이신지라 둘로 하나를 만드사 원수 된 것
곧 중간에 막힌 담을 자기 육체로 허시고 [15]법조문으로 된 계명의 율법을 폐
하셨으니 이는 이 둘로 자기 안에서 한 새 사람을 지어 화평하게 하시고 [16]또
십자가로 이 둘을 한 몸으로 하나님과 화목하게 하려 하심이라 원수 된 것을
십자가로 소멸하시고 [17]또 오셔서 먼 데 있는 너희에게 평안을 전하시고 가

까운 데 있는 자들에게 평안을 전하셨으니 [18]이는 그로 말미암아 우리 둘이 한 성령 안에서 아버지께 나아감을 얻게 하려 하심이라

우리는 이미 유대인이 얼마나 이방인을 증오하고 멸시하였는지를 보았다. 여기서 바울은 그러한 증오가 어떻게 소멸되고 새로운 통일이 이룩되었는지를 유대인에게는 매우 실감이 있는 묘사를 통해 보여 주고 있다.

바울은 전에 멀리 있던 이들이 가까워졌다고 말하고 있다. 이사야는 하나님께서 하시는 "먼 데 있는 자에게든지 가까운 데 있는 자에게든지 평강이 있을지어다 평강이 있을지어다"(사 57:19)라는 말씀을 들었다. 랍비는 유대교로 개종하는 자를 받아들일 때 그가 **가까워졌다**고 표현하였다. 예를 들어 한 유대교의 랍비 작가는 이방인 여인이 랍비 엘리에제르에게 찾아왔을 때를 이렇게 전하고 있다. 그 여자는 자신이 죄인임을 고백하였다. 그리고 유대교의 신앙을 받아들일 수 있도록 해 줄 것을 요청했다. "랍비여, 나를 가까이 해 주십시오"라고 그 여자는 말했다. 그러나 랍비는 그것을 거절했다. 그 여자의 면전에서 문은 닫혔다. 그러나 이제 그 문은 열렸다. 전에는 하나님께로부터 멀리 있던 자가 이제는 가까워졌다. 문은 누구에게도 닫히지 않았다.

그런데 바울은 그보다도 더욱 생생한 묘사를 하나 더 보여 주고 있다. 바울은 둘 사이에 있는 중간 담이 무너졌다고 한다. 이것은 성전을 생각하고 하는 말이다. 성전에는 여러 뜰이 있었다. 각각의 뜰은 그보다 먼저 들어갔던 뜰보다 약간씩 높게 되어 있었다. 그리고 맨 가운데 있는 뜰의 한복판에 성전이 세워져 있었다. 맨 첫 번째 뜰은 이방인의 뜰이었다. 그 다음이 여인의 뜰이었다. 그 다음이 이스라엘의 뜰, 그 다음이 제사장의 뜰이었으며, 그 안에 성전 건물이 서 있었다. 이방인은 단지 첫째 뜰에만 들어갈 수 있었다. 이방인의 뜰과 여인의 뜰 사이에는 담 또는 일종의 아름답게 가공된 대리석 칸막이라고 할 수 있는 것이 세워져 있었다. 그리고 그 가운데 담에 이방인은 더 이상 들어가면 즉시 죽음을 당하리라는 경고를 새긴 명판이 붙어 있었다.

요세푸스는 성전을 묘사한 글에서 이렇게 말하고 있다. "이 제1회장을 지나 성전의 둘째 뜰에 들어가면 높이가 3큐빗이 되는 빙 둘러친 칸막이가 있었다. 그 구조는 매우 우아하였다. 그 위에는 같은 간격으로 기둥이 여러 개 서 있었는데,

거기에는 정결에 대한 법이 공고되고 있었다. 더러는 헬라어로, 더러는 로마어로 썼는데 어떤 이방인도 성역 안에는 들어가는 것을 금했다"(유대 전쟁사 5, 5, 2). 그는 또 다른 기록에서 성전의 둘째 뜰에 대해 이렇게 말하고 있다. "여기는 구획을 표시하는 돌담으로 둘러싸였으며, 그 담에는 그 안으로 들어가는 이방인은 누구든지 죽음에 처한다는 명판이 새겨 있었다"(유대 고대사 15, 11, 5). 1871년에 이러한 금령을 새긴 명판 중 하나가 실제로 발굴되었는데, 이렇게 새겨 있었다. "다른 나라의 어떤 사람을 막론하고 성전을 둘러싼 이 담장과 울타리 안으로 들어가지 말라. 누구든지 들어가는 자는 죽음을 당할 것이며 그 책임은 본인에게 있다."

바울은 이 장벽에 대해 잘 알고 있었다. 바울이 마지막으로 체포되고 죽음까지 이르게 된 것은 에베소의 이방인 드로비모를 데리고 이 장벽을 지나 성전까지 갔다는 오해에서 기인해 고소를 당한 것에서 시작되었기 때문이다(행 21:28-29). 따라서 아무도 지나가지 못하게 하는 장벽으로서 가운데 담은 이방인을 하나님 앞에 나오지 못하도록 막고 있었다.

그리스도 없는 인간의 배타성

에베소서 2:13-18(계속)

장벽을 세우고 다른 사람들의 출입을 막은 민족은 단지 유대인뿐이라고 생각해서는 안 된다. 고대 세계는 장벽으로 가득 찬 세계였다. 그보다 4백 년 전, 헬라가 비사의 침략을 받고 두려움에 싸였던 시대가 있었다. 그때는 도시국가의 황금시대였다. 헬라는 아덴, 데베스, 고린도와 기타 유명한 도시국가로 형성되어 있었는데 이런 도시국가들이 협력해서 공동의 위협에 대처하기를 거절하였기 때문에 헬라는 여러 번 재앙을 만날 뻔했으며 봉착하기도 했다. 글로버(T. R. Glover)는 이렇게 썼다. "위험은 어느 시대에서도 단위 도시국가가 어떤 대가를 치르고도 독립을 지키려고 했을 때 한결 존재했던 것이 사실이다." 그보다도 훨씬 후에 키케로는 이렇게 섰다. "헬라인이 말하듯이, 모든 인류는 두 계급으로 나누어져 있다. 그것은 헬라인과 야만인이다." 헬라인은 어떤 사람이든지 헬라어를 말하지 못하는 사람은 모두 야만인이라고 했으며, 그들은 야만인을 멸시하고 그들에게 장벽을 쌓아 올렸다. 아리스토텔레스가 야수성에 대해 논할 때 "그것은 대개 야만인들에게서 찾아볼 수 있다"라고 말했는데 그가 야만인이라고 한 것은 단순히 비헬라인을 말한다. 또 그는 "야만인 중에서도 멀리 떨어져 있는 종족은 야수성을 가진 계급에 속한다"라고 했다. 헬라 종교 가운데서도 가장 활동적인 종교는 밀의종교였는데 야만인, 즉 비헬라인은 그 종교에서 배제되었다. 리비(Livy)는 이렇게 쓰고 있다. "헬라인은 다른 민족과 야만인에 대해 휴전 없는 싸움을 싸우고 있다." 플라톤은 야만인, 즉 비헬라인은 "본래부터 우리의 적"이라고 말했다.

네덜란드의 속담에 "미지는 미움을 만든다"라는 것이 있다. 고대 세계에서는 다른 종족에 속한 사람은 잠재적인 적이며 때로는 실제로 적이기도 했다. 장벽 문제는 결코 고대 세계에 한정된 문제가 아니다. 리타 스노든(Rita Snowden)은 매우 적절한 두 이야기를 인용하고 있다. 보스턴 시의 테일러(Taylor) 신부는 언제나 이런 말을 했다고 한다. "이 세계에는 온 인류가 꼭 들어갈 만한 여지는 있지만 그들을 갈라놓을 울타리를 세울 여지는 없다." 또 필립 깁스 경은 《**평화의 십자가**》라는 자신의 저서에서 현대 상황을 이렇게 나타냈다고 한다. "울타리의 문제는 세계가 직면해야 할 가장 심각한 문제로까지 성장했다. 오늘날 세계에는 각 종족과 국민 사이를 갈라놓는 여러 종류의 삐뚤삐뚤하고 서로 엇갈리는 칸막이 울타리가 뻗어 있다. 근대적인 발전은 세계를 하나의 이웃으로 만들었다. 하나님은 우리에게 가까워진 이웃을 형제로 만들어야 할 과제를 주셨다. 민족, 계급, 신조라는 분리의 울타리가 존재하는 이 시대에서 우리는 모든 것을 총괄하는 그리스도의 메시지를 가지고 지구를 진동시켜야 한다. 그리스도 안에는 노예도 자유하는 자도 없으며, 유대인도 헬라인도 없으며, 스구디아인도 야만인도 없으며, 모든 사람이 하나다."

고대 세계는 울타리와 장벽을 가지고 있었다. 유대인은 모든 인류를 증오했으며, 하나님도 자기 민족만을 제외하고는 모든 인류를 증오하신다고 생각하였다. 헬라인은 야만인을 짐승과 동격으로 취급했으며 그들과의 사이에 간단없는 전쟁이 있다고 늘 고려하고 있었다. 오늘날에도 국가와 국가 사이, 계급과 계급 사이, 인종과 인종 사이, 교회와 교회 사이에 철의 장막과 관세의 장벽과 분리가 존재한다. 그리스도 없는 사회에는 어떤 사회든지 간에 장벽과 분리 가운데 울타리가 있을 수밖에 없다.

그리스도 안에서 통일

에베소서 2:13-18(계속)

그리하여 바울은 계속해서 그리스도 안에서 이러한 장벽들은 무너졌다고 말한다. 그러면 그리스도께서는 어떻게 그 장벽들을 무너뜨렸는가?

1. 바울은 예수에 대해 "그는 우리의 평화이시다"라고 말한다. 무엇을 의미하는 말일까? 하나의 인간적인 비유를 들어 보자. 두 사람이 싸우고 충돌이 생겼다고 하자. 그들은 법에 호소할 것이다. 그러면 법률 전문가는 그 사건에서 정당성을 나타내 주는 문서를 작성할 것이다. 그리고 서로 싸우는 상대방을 그 문서에 입각해서 호출할 것이다. 그럴 경우 분쟁은 여전히 계속될 것이며, 둘 사이의 간격은 메워지지 않은 채 그대로 있을 것이다. 법적인 문제에 입각해서는 평화가 이루어지는 일이 드물기 때문이다. 그런데 서로 싸우는 양편을 모두 사랑하는 어떤 사람이 와서 그들에게 이야기하고 그들의 손과 마음을 하나로 합치게 했다고 가정하자. 그 경우 평화는 이루어질 것이다. 양편이 서로 분쟁하고 있는 경우 그 둘을 합하게 할 수 있는 가장 확실한 길은 그 둘이 모두 사랑하는 사람을 통하는 길이다. 그것이 바로 그리스도께서 하시는 길이다. **그는** 우리의 평화다. 그리스도를 다 같이 사랑할 때 사람들은 서로 사랑할 수 있게 된다. 그리고 그 평화는 그의 핏값으로 얻은 것이다. 사랑을 일깨워 주는 위대한 것은 오직 십자가이기 때문이다. 십자가로서 그리스도는 모든 사람을 자기에게 이끄시는 것이다(요 12:32). 십자가의 광경은 모든 나라와 사람의 마음속에 그리스도에 대한 사랑

을 일깨워 주며 그들이 모두 그리스도를 사랑할 때만이 서로 사랑할 수 있게 된다. 평화를 만들어 내는 것은 조약도, 토의도, 연맹도, 외교도 아니다. 예수 그리스도 안에서만이 평화가 존재할 수 있다.

II. 바울은 예수에 대해 "그가 의문에 속한 계명의 율법을 폐하셨다"라고 말한다. 무엇을 의미하는 말일까? 유대인은 오직 유대교의 율법을 준수해야만 인간이 선해지며, 그 율법을 준행해야만 하나님과 우호와 사귐을 얻을 수 있다고 믿었다. 그런데 율법은 수천 개 규칙, 관습법, 계율, 법령 등으로 세분되어 있었다. 손을 씻되 일정한 방식으로 씻어야 했으며, 접시도 일정한 방식으로 씻어야 했다. 안식일에 어떤 일은 해도 좋으며, 어떤 일은 해서는 안 된다는 규정이 여러 장에 걸쳐 기록되어 있었다. 일상생활에서 이러저러한 경우에는 또 이러저러한 제물로 제사를 드려야 한다는 규정도 있었다. 분명히 그러한 종교에서는 세계적인 종교가 나올 수 없다. 그러한 유대인의 율법을 실제적으로 그리고 완벽하게 준수하는 사람은 바리새인뿐이었으며 그들의 수는 불과 6천 명이었다. 모든 종류의 규정이나 관습과 종교적 의식이나 풍습과 희생이나 일진에 기초한 종교는 결코 세계적인 종교가 될 수 없다. 그러나 바울이 말했듯이 "그리스도는 모든 믿는 자에게 의를 이루기 위하여 율법의 마침이 되시니라"(롬 10:4). 여기서도 그가 말하듯이 "예수께서는 의문에 속한 계명의 율법을 폐하셨다". 예수께서는 율법주의를 더 이상 하나의 종교적 원리가 되지 못하게 하셨다.

그러면 예수께서는 율법의 자리에 무엇을 대치하셨는가? 예수께서는 하나님에 대한 사랑과 인간에 대한 사랑을 대치하셨다. 예수께서는 인간들에게 의식적인 율법을 지키는 것으로는 하나님의 인정을 얻을 수 없다는 것과 하나님께서 자비와 자유 속에서 그들에게 주시는 사랑과 용서와 사귐을 받아들이지 않으면 안 된다는 것을 가르치기 위해 오셨다. 사랑에 기초한 종교여야만 세계적인 종교가 될 수 있다.

리타 스노든은 전시 중에 있었던 다음과 같은 이야기를 전하고 있다. 프랑스에서 한 하사관에 의해 인솔되고 있는 한 떼의 병사들이 죽은 전우의 시체를 묻기 위해 프랑스 묘지까지 운구해 왔다. 신부가 부드럽게 그들에게 그곳은 로마 천주교의 묘지임을 말하고 규칙상 그 전우가 로마 천주교에서 세례 받은 신자인지를 물어 본다고 했다. 병자들은 모른다고 대답했다. 신부는 미안한 일이지만 그 성당 묘지에 매장하도록 허락할 수 없다고 말했다. 그리하여 병사들은 슬픔에 쌓인 채 그들의 전우를 이끌고 바로 성당 묘지의 울타리 밖에다 묻었다. 다음 날 병사들은 전우의 무덤이 별일 없는지 보기 위해 다시 와 보았다. 그런데 놀라운 일은 그곳에서 무덤을 찾을 수가 없었다. 그들은 그 무덤이 묘지의 울타리에서 불과 6피트 밖에 떨어져 있지 않다는 것을 알고 있었다. 그런데 아무리 찾아보아도 새로 흙을 팠던 자리를 도저히 찾을 수가 없었다. 병사들은 어리둥절하고 당황한 가운데 돌아가려고 했다. 그때 신부가 그들을 찾아왔다. 신부는 그들의 죽은 전우를 성당 묘지에 묻도록 허락해 주지 못한 것 때문에 마음이 매우 아팠다고 말했다. 그리하여 아침 일찍이 일어나서 손수 **성당의 울타리를 옮겨** 프랑스를 위해 전사한 그 전우의 시체를 성당의 묘지 속으로 들어오게 했다고 말했다. 이것은 바로 사랑이 할 수 있는 일이다. 규칙과 관습과 울타리를 세웠다. 그러나 사랑은 그 울타리를 옮겼다. 예수 규칙과 관습에 기초한 모든 종교를 폐기시킴으로써 그는 인간과 인간 사이에 있던 울타리를 이동시켰다. 그리고 사랑에 기초한 종교를 인류에게 가져다주었다.

그리스도의 통일의 선물

에베소서 2:13-18(계속)

바울은 계속해서 그리스도께서 인류에게 가져다주신 한없이 귀한 선물에 대해 말하고 있다. 그 선물은 그리스도 안에서 새로운 통일과 함께 주어진 것이다.

1. 그리스도는 유대인과 이방인을 모두 하나의 새로운 인간으로 만들었다. 헬라어에는 새롭다는 말이 두 가지 있다. **네오스**(neos)란 말이 있는데 그것은 단지 시간적인 관점에서 새로운 것이다. **네오스**란 것은 단순히 시간적으로 최근에 존재하게 되었다는 것이다. 그러므로 똑같은 물건이 그 전에 이미 몇 백 개, 몇 천

개 있을 수 있다. 이번 주간에 공장에서 만들어진 연필은 **네오스**라는 의미에서 새로운 것이다. 똑같은 연필이 이미 몇 백만 개 있을 수 있다. **카이노스**(kainos)란 말이 있다. 그것은 시간적인 관점에서 새로운 것이 아니라 **질적인** 관점에서 새로운 것이다. **카이노스**한 것은 이 세상에서 만들어진 최초의 것이며, 그 전에는 그런 것이 없었던 질적으로 새롭다는 의미에서 새로운 것이다.

그런데 바울이 사용하고 있는 용어는 **카이노스**다. 예수께서는 유대인과 이방인을 합하시고, 그 둘에서부터 전혀 새로운 종류의 인간을 만들어 내신다고 바울은 말한다. 이것은 매우 흥미 있고도 의미심장한 것이다. 그것은 곧 예수께서 모든 유대인을 이방인으로, 모든 이방인을 유대인으로 만든다는 말이 아니다. 그들이 비록 이방인과 유대인 그대로 있지만 예수께서는 이 둘에서 전혀 새로운 종류의 인간을 만들어 내시는 것이다. 초대교회의 유명한 설교가 크리소스토무스(Chrisostomus)은 그것은 마치 어떤 사람이 은으로 된 조상(彫像)과 납으로 된 조상을 같이 녹여 거기서 금덩어리를 만들어 낸 것과 같은 것이라고 했다. 예수께서 성취하시는 통일은 모든 민족적, 국가적 특성을 말살하고 성취시키는 통일이 아니다. 그것은 모든 국가의 국민을 기독교인으로 만드는 데서 성취되는 것이다. 여기서 우리의 배울 바가 없지 않다. 해외로 선교사를 보낼 때 우리는 그들을 영국 옷을 입고, 영어를 말하여 영국식 교육을 받는 사람으로 만들려는 경향이 많았다. 어떤 선교지의 교회는 공중 예배에서 본국 교회가 사용하는 것과 똑같은 예전에 사용하는 실례가 있다. 그러나 인류 전체를 한 국민으로 만들고자 하는 것이 예수의 목적은 아니다. 예수의 목적은 그 통일이 기독교 안에서 찾아볼 수 있는 인도의 기독교인, 아프리카의 기독교인을 만들고자 하는 것이다. 그리스도 안에서 통일은 그리스도 안에서 이루어지는 것이지 결코 어떤 외적 변화에서 오는 것이 아니다.

II. 그리스도는 둘을 하나님과 화목하게 했다. 바울이 사용하고 있는 단어(**아포카탈랏세인**〈apokatallassein〉)는 사이가 나빴던 두 친구를 가깝게 만들어 줄 때 사용한다. 예수께서 하시는 일은 모든 인류에게 하나님은 그들의 친구이심을 보여주는 것이며, 하나님께서 그들의 친구가 되시기 때문에 그들은 서로 친구가 되어야 한다는 것을 가르치는 것이다. 하나님과 화목은 인간과 화목을 포함하며 그것을 요건으로 한다.

III. 예수에 의하여 유대인과 이방인은 모두 하나님께 가까이 나갈 수 있는 권리를 가지게 되었다. 나간다는 의미로 바울이 사용한 말은 **프로사고게**(prosagoge)인데 여러 가지 뜻이 있다. 그것은 제물을 하나님께 가지고 나갈 때 사용하는 말이다. 또 그것은 어떤 사람을 하나님의 존전에 데리고 가서 하나님을 위해 봉사할 수 있도록 정밀하게 할 때 사용하는 말이다. 또 그것은 국회에서 연사나 대사를 소개할 때 사용하는 말이다. 그리고 무엇보다도 그 말은 어떤 사람을 왕의 존전에 데리고 들어갈 때 사용하는 말이다. 실제로 바사의 궁전에는 **프로사고규스**(prosagogeus)라는 관원이 있었는데 그 사람은 왕과 알현하기를 원하는 사람을 소개하는 역할을 맡은 사람이었다. 어떤 경우에도 아름답고, 현명하고, 성덕이 있는 사람에게 가까이 갈 수 있다는 것과 그런 사람에게 가서 우리의 근심을 가지고, 우리의 문제를 가지고, 우리의 고독과 슬픔을 가지고 가서 번거롭게 할 수 있다는 것은 한없이 귀중한 은사다. 예수께서 하나님과 관련하여 우리에게 주신 권리가 바로 그런 권리다. 예수로 인해 유대인이나 이방인에게나 모두 하나님의 존전에 나갈 수 있는 문은 항상 열려 있다.

그리스도 안에서 통일은 기독교에 의해 모든 지역적이고 민족적인 차별을 초월하는 기독교인을 만들어 내며, 그들이 모두 하나님과 친구가 되기 때문에 서로간에도 친구가 되는 사람들을 만들어 내며, 그들이 모두 하나님의 존전에 나가 같이 만나기 때문에 하나가 되는 사람들을 만들어 낸다.

하나님의 권속과 거하실 처소

에베소서 2:19-22

19그러므로 이제부터 너희는 외인도 아니요 나그네도 아니요 오직 성도들과 동일한 시민이요 하나님의 권속이라 [20]너희는 사도들과 선지자들의 터 위에 세우심을 입은 자라 그리스도 예수께서 친히 모퉁잇돌이 되셨느니라 [21]그의 안에서 건물마다 서로 연결하여 주 안에서 성전이 되어 가고 [22]너희도 성령 안에서 하나님이 거하실 처소가 되기 위하여 그리스도 예수 안에서 함께 지어져 가느니라

이 장의 마지막 부분에서 바울은 빛나는 그림을 두 개 보여 주고 있다. 이방인은 이제 외부인도 아니요 손님도 아니요 오직 성도들과 동일한 시민이요 하나님의 권속이라고 바울은 말하고 있다.

바울은 외부인이란 의미로 **쎄노스**(Xenos)란 말을 사용하고 있다. 헬라의 도시에는 어디에나 **쎄노이**(Xenoi, 복수)가 살고 있었는데 그들의 생활은 안정되지 못했다. 어떤 낯선 도시에 온 나그네가 집에다가 이런 편지를 썼다. "자기의 집에 있는 것이 비록 그 집이 어떤 것이든 간에 낯선 땅에 사는 것보다 낫다." 외부인은 언제나 의심과 증오를 받으며 살아왔다.

바울은 손님이란 의미로 **파로이코스**(paroikos)란 말을 사용한다. **파로이코스**는 외부인보다는 전진적인 말이다. 그는 정착한 외국인이다. 그는 일정한 곳에 정착하기는 하나 그 나라의 시민은 되지 못한다. 그는 다른 나라에 사는 권리를 얻기 위해 세금을 낸 사람이다. 그는 그 땅에 살 수 있으며, 그곳에서 일할 수 있지만 그는 여전히 다른 곳에 자기 집이 있는 나그네요 국외자였다. **쎄노스**나 **파로이코스**나 모두 묵인된 지역 내에 살며 언제나 변두리에 사는 사람들이다.

그리하여 바울은 이방인에게 "너희는 이제부터 교회와 성도들 가운데서 묵인된 사람들이 아니다. 너희는 하나님의 교회의 참다운 시민이며, 하나님의 가족의 온전한 한 권속이다"라고 말하고 있다. 우리는 이 말을 이렇게 간단히 표현할 수 있다. 다시 말해 예수 그리스도로 우리는 이제 하나님과 함께 우리의 집에 살고 있다. 데이빗슨(A. B. Davidson)은 낯선 도시에서 지낼 때의 일을 다음과 같이 말한다. "나는 고독하였다. 나는 저녁이면 거리를 산책하는 일이 많았다. 나는 때로 커튼을 치지 않은 창문을 통해 한 가족이 단란하게 식탁이나 난로 주변에 앉아 있는 것을 보았다. 그리고 커튼이 쳐질 때면 나는 어딘가에 갇힌 듯했으

며 어둠 속에서 더욱 외로움을 느꼈다." 이런 일이 하나님의 가족 안에서는 도저히 일어날 수 없다. 그리고 교회에서도 그런 일은 결코 일어나서는 안 된다. 예수로 말미암아 우리 모두에게는 그리고 온 인류에게는 하나님의 가족 안에 앉을 자리가 마련되어 있다. 인간은 장벽을 쌓아 올릴는지 모른다. 교회는 자신의 교인들만을 위한 성찬식 자리를 마련할는지 모른다. 그러나 하나님은 그러하지 않으신다. 때로 교회가 하나님보다 배타적인데 그것이 교회의 비극이다.

바울이 보여 주고 있는 두 번째 그림은 한 건물의 그림이다. 바울은 모든 교회를 하나의 커다란 건물의 일부요, 모든 기독교인은 그 교회를 이루고 있는 돌이라고 생각하고 있다. 그리고 그 전체 교회의 모퉁잇돌은 그리스도이시다. 그 모퉁잇돌을 빼내면 전체의 아치가 가루처럼 부서져 무너질 것이다. 모퉁잇돌이 있음으로써 전체 건물이 유지된다.

바울은 이 건물이 점점 완성되고 건물의 모든 부분이 그리스도께 합당해지고 있다고 생각한다. 많은 대사원들이 어떤 모양인지 생각해 보자. 건물의 기초 밑에는 색슨식의 지하실이 있을 것이다. 현관이나 창문의 위쪽은 노르만식의 아치일 것이다. 그리고 그 일부는 초기 영국식이거나 다른 장식이거나 다른 고딕식일 것이다. 그리고 그 중 어떤 부분은 우리의 시대에 우리의 양식대로 첨부시킨 것이 있을 것이다. 거기에는 여러 가지 양식의 건축기술이 있으며, 여러 종류의 인간이 그 건축에 종사했을 것이다. 그러나 그 건물은 건물 전체를 통해서 또 그 전체 건물 안에서 하나님께 예배하며 예수 그리스도와 만나는 곳으로 사용되어 왔다는 점에서 통일을 이루고 있다.

그것이 바로 교회가 어떤 것이어야 하는지를 보여 주는 바다. 그 통일은 조직에서 오는 것이 아니다. 의식이나 예전이나 예배에서 오는 것도 아니다. 교회의 통일은 그리스도에게서 온다. 라틴어의 격언에 **우비 크리스투스, 이비 에클레시아**(Ubi Christus, ibi ecclesia), 즉 그리스도 계신 곳에 교회가 있다는 말이 있다. 교회는 한 인간의 의견을 선전하기 위해서가 아니라 그리스도의 영이 계실 수 있으며, 그 성령 안에서 그리스도를 사랑하는 모든 사람이 만날 수 있는 집과 처소를 제공하기 위해 있다는 것을 알 때만이 교회의 통일은 있을 수 있다.

The Letter to the Ephesians 03

감옥과 특권

에베소서 3:1-13

이 부분에 서술된 사상의 연관성을 이해하기 위해서는 2-13절이 하나의 기다란 삽입구임을 알아야 한다. 2-13절에 있는 **이러하므로**란 말은 1절에 있는 **이러하므로**란 말을 다시 한 번 반복하고 있는 것이다. 바울에게는 "낱말 하나를 가지고 곁길로 나가는" 관습이 있다고 어떤 이가 말한 바 있다. 한마디 말이나 간단한 하나의 생각이 갑자기 바울의 생각을 옆길로 쏠리게 한다는 것이다. 바울이 스스로를 "그리스도의 일로 갇힌 자"라고 했을 때, 그것이 그에게 하나님의 우주적인 사랑을 발견하고 그 사랑을 이방인에게 전해야 할 자신의 역할을 생각하게 했을 것이다. 2-13절에서 그의 사상은 이러한 궤도를 따랐으며, 14절에서는 다시금 처음에 이야기하려던 바로 되돌아간 것이다.

1이러므로 그리스도 예수의 일로 너희 이방인을 위하여 갇힌 자 된 나 바울
이 말하거니와 2너희를 위하여 내게 주신 하나님의 그 은혜의 경륜을 너희가
들었을 터이라 3곧 계시로 내게 비밀을 알게 하신 것은 내가 먼저 간단히 기
록함과 같으니 4그것을 읽으면 내가 그리스도의 비밀을 깨달은 것을 너희가

알 수 있으리라 [5]이제 그의 거룩한 사도들과 선지자들에게 성령으로 나타내
신 것같이 다른 세대에서는 사람의 아들들에게 알리지 아니하셨으니 [6]이는
이방인들이 복음으로 말미암아 그리스도 예수 안에서 함께 상속자가 되고
함께 지체가 되고 함께 약속에 참여하는 자가 됨이라 [7]이 복음을 위하여 그
의 능력이 역사하시는 대로 내게 주신 하나님의 은혜의 선물을 따라 내가 일
꾼이 되었노라 [8]모든 성도 중에 지극히 작은 자보다 더 작은 나에게 이 은혜
를 주신 것은 측량할 수 없는 그리스도의 풍성함을 이방인에게 전하게 하시
고 [9]영원부터 만물을 창조하신 하나님 속에 감추어졌던 비밀의 경륜이 어떠
한 것을 드러내게 하려 하심이라 [10]이는 이제 교회로 말미암아 하늘에 있는
통치자들과 권세들에게 하나님의 각종 지혜를 알게 하려 하심이니 [11]곧 영원
부터 우리 주 그리스도 예수 안에서 예정하신 뜻대로 하신 것이라 [12]우리가
그 안에서 그를 믿음으로 말미암아 담대함과 확신을 가지고 하나님께 나아
감을 얻느니라 [13]그러므로 너희에게 구하노니 너희를 위한 나의 여러 환난에
대하여 낙심하지 말라 이는 너희의 영광이니라

커다란 발견

에베소서 3:1-7

[1]이러므로 그리스도 예수의 일로 너희 이방인을 위하여 갇힌 자 된 나 바울
이 말하거니와 [2]너희를 위하여 내게 주신 하나님의 그 은혜의 경륜을 너희가
들었을 터이라 [3]곧 계시로 내게 비밀을 알게 하신 것은 내가 먼저 간단히 기
록함과 같으니 [4]그것을 읽으면 내가 그리스도의 비밀을 깨달은 것을 너희가
알 수 있으리라 [5]이제 그의 거룩한 사도들과 선지자들에게 성령으로 나타내
신 것같이 다른 세대에서는 사람의 아들들에게 알리지 아니하셨으니 [6]이는
이방인들이 복음으로 말미암아 그리스도 예수 안에서 함께 상속자가 되고
함께 지체가 되고 함께 약속에 참여하는 자가 됨이라 [7]이 복음을 위하여 그

의 능력이 역사하시는 대로 내게 주신 하나님의 은혜의 선물을 따라 내가 일꾼이 되었노라

이 편지를 쓸 때 바울은 네로 앞에서 받을 신문을 기다리며 로마의 옥중에 있었다. 바울이 기다리고 있었던 것은 쌀쌀한 얼굴과 독기 품은 마음과 심술궂은 고소를 가지고 올 유대인 박해자들이었다. 비록 옥중에 있는 몸이라고 하나 바울에게는 몇 가지 특권이 주어졌다는 것이 사실이다. 그는 자신이 세 든 집에 머물러 있을 수 있었으며, 친구들이 그를 방문해도 좋다는 허락을 받고 있었다. 그렇다고 해도 밤이나 낮이나 그는 죄수였으며, 밤이나 낮이나 그를 감시하는 로마 병정의 손목에 붙들려 있는 사실에 얽매여 있었다. 로마 병정의 책임은 바울이 도망치지 못하게 하는 것이었다. 이러한 상황에서 바울은 스스로를 가리켜 "그리스도의 죄수"라고 했다. 여기에 기독교인이란 언제나 이중의 삶과 주소를 가지고 있다는 사실을 보여 주는 또 하나의 생생한 실증이 있다.

옥중에 있는 바울을 보는 사람이라면 누구나 바울이 로마 정부의 죄수라고 말했을 것이다. 어떤 면에서는 그것이 사실이었다. 그러나 바울은 결코 자신을 로마 정부의 죄수라고 생각하지 않았다. 그는 언제나 자신을 그리스도의 죄수라고 생각하였다. 그는 로마의 권위 때문에 자신이 체포되었다고 생각하지 않았다. 그는 그리스도를 위해 자신이 고난당한다고 생각하였다. 하나의 관점은 세계를 전혀 다른 것으로 만들 수 있다. 크리스토퍼 우렌(Christopher Wren) 경이 성 바울 교회를 건축할 때 다음과 같은 유명한 일화가 있었다. 어느 날 크리스토퍼 우렌 경이 공사 진척 상황을 시찰하고 있었다. 그는 한 일꾼에게 물었다. "당신은 지금 무엇을 하지요?" 그 사람은 이렇게 대답했다. "나는 지금 치수대로 돌을 깎아 내고 있습니다." 그는 두 번째 사람에게 가서 그가 무엇을 하고 있는지를 물었다. 그 사람은 이렇게 말했다. "나는 많은 돈을 벌기 위해 일하고 있습니다." 그는 일하고 있는 세 번째 사람에게 가서 무엇을 하고 있는지를 물었다. 그는 잠시 일손을 멈추고, 몸을 똑바로 세운 채 이렇게 대답했다. "나는 성 바울 교회당을 건축하는 크리스토퍼 우렌 경을 도와드리고 있습니다." 이 세 사람들은 관점의 차이 때문에 전혀 다른 세계를 살고 있다. 어떤 사람이 중대한 이유로 감옥에

갇히게 되었다면, 그는 자기 자신을 불쌍하고 가련하고 학대 받은 인간이라고 불만스럽게 보든가, 자신을 그 위대한 사건의 수령이나 주인공으로 보고 흐뭇하게 생각할 것이다. 전자는 자신의 감옥 생활을 고난으로 생각하며, 후자는 그것을 하나의 특권이라고 생각할 것이다. 기독교의 본질을 위해 우리가 어려움이나, 비난이나, 물질적 손실을 받았을 때 우리는 스스로를 희생자라고 생각하든가 그리스도를 위한 용사라고 생각할 수 있을 것이다. 우리의 관점은 완전히 다른 인간을 만들어 낼 것이다. 이런 면에서 바울은 우리의 모범이다. 그는 자신을 네로의 죄수라고 보지 않고 그리스도의 죄수라고 보았다.

이 부분에서 바울은 이 편지의 중심 사상을 반복하고 있다. 그의 삶에는 하나님의 위대한 비밀이 계시되었다. 그 비밀이란 하나님의 사랑과 자비와 은혜는 유대인만을 위한 것이 아니라 온 인류를 위한 것임을 의미한다. 바울이 다메섹에서 그리스도를 만났을 때 계시의 섬광이 그에게 주어졌다. 그것은 하나님께서 바울을 이방인에게 보내어 "그 눈을 뜨게 해 어두움에서 빛으로, 사탄의 권세에서 하나님께로 돌아가게 하고 죄 사함과 하나님을 믿어 거룩케 된 무리 가운데서 기업을 얻게 하기 위한 것이었다"(행 26:18 참조). 이것은 새로운 발견이다. 고대 세계의 기본적인 죄는 경멸이었다. 유대인은 이방인을 하나님 보시기에 아무 소용이 없고, 가치도 없는 인간이라고 생각하며 멸시하였다. 가장 지독하게 말해, 이방인은 단지 멸망을 위해 존재한다고 생각하였다. "너를 섬기지 아니하는 백성과 나라는 파멸하리니 그 백성들은 반드시 진멸되리라"(사 60:12). 가장 좋게 말해 이방인은 이스라엘의 노예가 되기 위해 존재하였다. "애굽의 소득과 구스가 무역한 것과 스바의 장대한 남자들이 네게로 건너와서 네게 속할 것이요 그들이 너를 따를 것이라 사슬에 매여 건너와서 네게 굴복하고"(사 45:14). 그러한 생각을 가진 사람들에게 하나님의 은혜와 영광이 이방인을 위해 있다는 것은 도저히 믿을 수 없는 것이었다.

헬라인도 다른 나라의 야만인을 멸시하였다. 그리고 헬라인은 다른 나라 사람들을 모두 야만인이라고 생각하였다. 셀수스(Celsus)가 기독교인들을 공격하면서 이렇게 말한 바 있다. "야만인도 진리를 발견할 수 있는 재능을 가지고 있을는지 모른다. 그러나 진리는 헬라인을 통해서만 이해된다." 이러한 민족적 내지 국민적인 경멸은 고대 세계에서만 끝난 것이 아니다. 16세기에 나온《스코틀랜드의 불평》이란 책에는 이런 말이 쓰여 있다. "유럽 국민은 다른 국민을 야만인시하는바, 도대체 다른 국민과 비교할 때 그 본성과 안색에서 여하한 구별이 있는가." 오늘날에 이르기까지 중국인도 다른 나라 사람들을 야만인으로 보고 멸시하였다. 1958년에 나온《**잡지 상선**》에 보면 중국의 공문서에서 영국의 속국들에 대해서는 야만인이란 말을 해당시키지 말아 달라는 취지의 추천장이 있다(이 두 가지 예는 하아로프〈T. J. Haarhoff〉가 지은《**문 곁에 서 있는 나그네**》에서 인용한 것이다). 그러나 고대 세계의 장벽은 완전한 것이었다. 아무도 감히 하나님의 은혜와 특권과 사랑이 모든 사람을 위한 것이라고 꿈에도 생각할 수 없었다. 그런데 바울이 이 사실을 발견하였다. 바울이 극히 위대한 점이 바로 거기에 있다. 바울이 없었다면 세계적인 기독교가 감히 있을 수 없었으며, 우리 모두가 오늘날 기독교인일 수 없기 때문이다.

바울의 자의식

에베소서 3:1-7(계속)

계시 받은 하나님의 비밀에 대해 생각이 미쳤을 때 바울은 자기 자신에 대하여서도 몇 가지 생각하게 되었다.

1. 바울은 자기 자신을 새로운 계시를 받은 사람이라고 생각하였다. 바울은 결코 하나님의 우주적인 사랑을 자신이 발견하였다고 생각하지 않았다는 것을 주목해야 한다. 그는 하나님께서 자기에게 그것을 **계시**해 주셨다고 생각하였다. 여기에는 진리와 미는 언제나 하나님께로부터 주어지는 것이라는 생각이 들어 있다. 진리와 미는 인간이 발견하는 것이 아니라 하나님의 선물이다.

아서 설리반(Arthur Sullivan) 경이 자신의 오페라 〈H. M. S. **피나퍼**(pinafore)〉의 공연에 참석했을 때 다음과 같은 일이 있었다고 한다. 아름다운 이중창 〈오, 나를 홀로 두지 마세요〉를 노래할 때 설리반은 옆에 앉은 친구를 돌아보고 "내가 정말 저 노래를 지었을까"라고 말했다고 한다.

문학사상 가장 훌륭한 작품의 하나로 코울리지의 《**구비라이칸**(忽必烈汗)》이 인정 받고 있다. 코울리지는 "구비라이칸이 여기에 궁전과 장엄한 정원을 건축하라고 명령하였다"라는 글이 쓰인 책을 읽다가 잠이 들었다. 그는 그 시를 꿈꾸고 잠에서 깨어나자 곧 그것을 받아쓸 수밖에 없었다. 한 과학자가 하나의 위대한 것을 발견할 때 흔히 일어나는 일은 생각하고 또 생각하고, 실험을 하고 또 실험을 하고 나중에는 막다른 골목에 도달한다. 인간의 생각이나 발명의 재간은 더 이상 나아갈 수 없다. 그런데 갑자기 그 문제의 해결이 그에게 번쩍 비쳐 온다. 그것은 생각해 낸 것이 아니다. 그것은 하나님께로부터 주어진 것이다. 바울은 자신이 하나님의 우주적인 사랑을 발견한 최초의 사람이라는 것을 주장하지 않는다. 그는 지금까지 아무에게도 계시하지 않으신 비밀을 자기에게 말씀하신 것이라고 말한다.

II. 바울은 자기 자신을 은혜의 전달자로 생각하였다. 바울이 이방인에 대한 자신의 사명에 대해 말하고자 교회의 지도자들을 만났을 때, 그는 자기에게 맡겨진 무할례자를 위한 복음에 대해 말했으며, 자기에게 "주신 은혜"에 대해 말했다(갈 2:7-9). 로마에 있는 교인들에게 편지를 쓸 때에도 그는 "하나님께서 내게 주신 은혜"라고 말했다(롬 15:15). 바울은 일생의 과업은 하나님의 은혜를 인류에게 전달해 주는 통로로서 일하는 것이라고 보았다. 그는 하나님의 은혜를 사람들에게 실어 보내 주는 수도관이었다. 기독교인의 삶에서 하나의 위대한 사실은, 기독교의 여러 가지 귀한 선물을 다른 사람들과 나누어 가지라고 주셨다는 것이다. 그런데 그것을 우리 자신만을 위해 간직하고 있으며 모두 잃어버린다는 것은 기독교인의 삶에서 위대한 경고다. 다른 사람에게 전달해 줄 때 우리는 그것들을 간직할 수 있다.

III. 바울은 자기 자신을 봉사의 존엄성을 가진 자라고 생각하였다. 그는 하나님의 은혜의 자유로운 선물에 의하여 자신은 종이 되었다고 말한다. 그가 가진 최대의 영광은 하나님께서 그에게 맡겨 주신 과업이었다. 그는 봉사를 싫증나게 하는 의무라고 생각하지 않는다. 그는 빛나는 특권이라고 생각하였다. 사람들에게 교회를 위해 봉사하라고 권면하기란 매우 어려운 일이다. 하나님을 위해 가르치며, 하나님을 위해 노래하며, 하나님을 위해 교회의 여러 가지 일을 관리하며, 하나님을 위해 말하며, 하나님을 위해 가난하고 시달린 사람들을 방문하며, 하나님을 위해 우리의 시간과 힘과 재물을 바치는 것은 우리에게 강제화된 의무가 아니다. 그것은 하나님의 은혜의 선물로 받아들여야 할 특권이다.

IV. 바울은 자기 자신을 그리스도를 위해 고난 받는 자라고 생각하였다. 그는 봉사하는 길이 용이한 길이 될 것이라 기대하지 않았다. 또 그는 충성하는 길이 고난이 없는 길이 될 것이라 기대하지 않았다. 스페인의 위대한 신비가 우나무노(Unamuno)는 "하나님께서 너에게 평안이 아니라 영광을 내리시기를"이라고 언제나 말했다. 몰트비(F .R. Maltby)는 예수께서 그의 제자들에게 세 가지를 약속하였다고 언제나 말했다. 즉, "그들이 어리석도록 행복하고 절대로 공포를 모르게 되겠지만, 언제나 고난 속에 있게 해 주신다"라는 것이다. 기사도가 한창이었을 시절, 기사들이 아서 왕의 궁전에 왔을 때 그들이 원한 것은 위험과 부딪치고, 용을 퇴치하겠다는 것이었다.

그리스도를 위해 고난당하는 것은 형벌이 아니다. 그것은 영광이다. 그것은 그리스도 자신이 당하신 고난에 동참하는 것이며, 그리스도에 대한 우리의 충성이 진실하다는 것을 나타내 보이는 기회가 되기 때문이다.

인간을 겸손하게 하는 특권

에베소서 3:8-13

[8]모든 성도 중에 지극히 작은 자보다 작은 나에게 이 은혜를 주신 것은 측량
할 수 없는 그리스도의 풍성함을 이방인에게 전하게 하시고 [9]영원부터 만물

을 창조하신 하나님 속에 감추어졌던 비밀의 경륜이 어떠한 것을 드러내게
하려 하심이라 [10]이는 이제 교회로 말미암아 하늘에 있는 통치자들과 권세들
에게 하나님의 각종 지혜를 알게 하려 하심이니 [11]곧 영원부터 우리 주 그리
스도 예수 안에서 예정하신 뜻대로 하신 것이라 [12]우리가 그 안에서 그를 믿
음으로 말미암아 담대함과 확신을 가지고 하나님께 나아감을 얻느니라 [13]그
러므로 너희에게 구하노니 너희를 위한 나의 여러 환난에 대하여 낙심하지
말라 이는 너희의 영광이니라

바울은 자기 자신을 이중의 특권을 받은 사람이라고 보았다. 하나님의 뜻은 온 인류가 하나님의 은혜와 사랑의 비밀 안에서 하나가 되도록 하는 것인데 그 비밀을 발견하는 특권이 그에게 주어졌다. 그리고 그에게는 이 비밀을 교회에 알려 주는 특권과 하나님의 은혜를 이방인에게 전해 주는 도구가 되는 특권이 주어졌다. 그러나 그러한 특권 의식이 바울을 교만하게 하지 않았다. 오히려 매우 겸손하게 만들었다. 그는 이러한 위대한 특권이, 그의 말대로 지극히 작은 성도들보다도 더 작은 자기에게 주어졌다는 사실에 대해 매우 놀라워하였다. 우리에게 하나님의 사랑의 메시지를 설교하거나, 가르치는 특권이 주어졌거나, 예수 그리스도를 위해 그의 교회 안에서 무엇인지를 할 수 있는 특권이 주어졌다면 우리의 위대함은 우리 자신에게 있는 것이 아니라 우리가 하는 일과 전하는 메시지에 있다는 것을 언제나 기억해야 한다.

토스카니니(Toscanini)는 세계적으로 위대한 오케스트라 지휘자요 음악 해설가였다. 어떤 때 베토벤의 교향곡 하나를 연주하기 위해 준비하게 하면서 그는 오케스트라 단원들에게 이렇게 말했다. "신사 여러분! 나는 아무것도 아닙니다. 여러분도 아무것도 아닙니다. 오직 베토벤만이 전부입니다." 그의 의무는 사람들의 관심을 자기에게나 자신의 오케스트라에 집중하게 하는 것이 아니며, 그의 의무는 자기나 자신의 오케스트라의 자취를 감추고 베토벤만이 넘쳐흐르게 해야 하는 것임을 그는 잘 알고 있었다. 레슬리 웨더헤드(Leslie Weatherhead)는 어디에선가 앞으로 목회자가 되기로 결심하였다는 공립학교의 학생과 대화한 내용을 전하고 있다. 그는 언제 그런 결심을 가지게 되었는지 그에게 물었다. 그러자

젊은이는 학교의 채플에서 예배를 드리고 났을 때였다고 대답했다. 레슬리 웨더헤드는 매우 자연스럽게 그때 설교자가 누구였는가고 물었다. 젊은이는 그때 설교자가 누구였는지 모른다고 대답했다. 그날 아침 그에게 말씀하신 분은 예수 그리스도였다는 것만을 그 젊은이는 알고 있었다. 그 설교야말로 참다운 설교였다. 누구든지 그리스도를 섬기는 사람은 다른 사람에게 자신을 주목하게 하거나 자기 자신을 칭찬하도록 만들겠다고 생각하지 말아야 하기 때문이다. 그 사람은 사람들에게 그리스도를 바라보게 해야 한다.

교회에서 일어나는 비극적인 사실 중 하나는 예수 그리스도의 영예와 권위보다는 자신의 영예와 권위에 대해 더 관심을 가진 사람들이 많다는 것이다. 그리고 그리스도를 나타내기보다는 자신을 더 나타내는 데 관심을 가진 사람들이 많다는 것이다.

하나님의 계획과 지혜

에베소서 3:8-13(계속)

이 부분에는 우리가 주목해야 할 또 다른 사항들이 아직도 남아 있다.

1. 바울은 여기서 우리에게 모든 나라의 온 백성을 하나로 모우는 것은 하나님의 영원한 목적과 계획의 일부임을 기억하게 한다. 그것은 우리가 잘 기억해야 할 사항이다. 때로 기독교의 역사는 마치 복음이 이방인에게 전파된 것은 단지 유대인이 그것을 받아들이지 않았기 때문인 것처럼 기록하고 있다. 그러나 바울은 여기서 우리에게 이방인의 구원, 곧 우리의 구원은 하나님의 꿍꿍이가 아니며, 유대인이 그의 메시지와 초대를 거절했기 때문에 하나님이 받아들인 차선의 방법도 아니며, 온 인류를 그의 사랑 안으로 끌어들이는 것은 하나님의 영원한 계획의 하나였다고 말한다.

II. 바울은 여기서 하나님의 은혜를 묘사하는 하나의 위대한 용어를 사용하고 있다. 바울은 하나님의 은혜를 **폴루포이킬로스**(Polupoikilos)한 것이라고 했는데 그 의미는 **가지각색**이란 뜻이다. 이 말이 가지고 있는 의미는 하나님의 은혜가 삶이 우리에게 제공해 주는 어떠한 정황에도 적용된다는 것이다. 하나님의 은혜가 의기양양하게 적용될 수 없는 광명도 어두움도, 양지도 음지도 있을 수 없다.

III. 또다시 바울은 그가 좋아하는 사상으로 되돌아갔다. 예수 안에서 우리는 하나님께 가까이 갈 수 있는 자유를 누린다. 우리의 친구 중에 아주 저명한 인사들을 잘 아는 사람이 있을 수 있다. 우리는 저명한 인사 앞에 갈 권리를 가지지 못했다. 그러나 친구는 우리를 그 사람 앞에 데리고 갈 수 있으며, 친구와 함께라면 우리도 그 사람 앞에 갈 수 있는 권리를 가지게 된다. 이것이 바로 하나님과의 관계에서 예수께서 우리에게 베풀어 주시는 것이다. 그리스도의 앞에서, 그리고 그리스도와 함께 갈 때는 하나님 앞에 가는 문이 열려 있으며 아무도 그 문을 닫지 못한다.

IV. 바울은 끝으로 친구들을 위해 그들이 자신이 갇힌 것을 보고 낙심하지 않도록 기도하고 있다. 그들은 이방인을 위한 투사가 갇혔기 때문에 이방인에게 복음을 전하는 일이 방해를 받을 것이라고 생각했을는지 모른다. 또 그들은 자신들에게도 그러한 운명이 내려질까 봐 두려워했는지 모른다. 바울은 자신이 지금 당하고 있는 고난이 그들의 영광과 축복을 위한 것임을 상기시킨다. 바울이 갇혔다고 해서 하나님의 사업이 불리해지리라고 두려워할 필요가 없다. 하나님의 사업은 어떠한 인간보다도 훨씬 위대한 것이다.

바울의 열렬한 기도

에베소서 3:14-21

[14]이러므로 내가 하늘과 땅에 있는 각 족속에게 [15]이름을 주신 아버지 앞에 무
릎을 꿇고 비노니 [16]그의 영광의 풍성함을 따라 그의 성령으로 말미암아 너
희 속사람을 능력으로 강건하게 하시오며 [17]믿음으로 말미암아 그리스도께
서 너희 마음에 계시게 하시옵고 너희가 사랑 가운데서 뿌리가 박히고 터가
굳어져서 [18]능히 모든 성도와 함께 지식에 넘치는 그리스도의 사랑을 알고
[19]그 너비와 길이와 높이와 깊이가 어떠함을 깨달아 하나님의 모든 충만하신
것으로 너희에게 충만하게 하시기를 구하노라 [20]우리 가운데서 역사하시는
능력대로 우리가 구하거나 생각하는 모든 것에 더 넘치도록 능히 하실 이에
게 [21]교회 안에서와 그리스도 예수 안에서 영광이 대대로 영원무궁하기를 원
하노라 아멘

아버지 되시는 하나님

에베소서 3:14-17

[14]이러므로 내가 하늘과 땅에 있는 각 족속에게 [15]이름을 주신 아버지 앞에 무
릎을 꿇고 비노니 [16]그의 영광의 풍성함을 따라 그의 성령으로 말미암아 너
희 속사람을 능력으로 강건하게 하시오며 [17]믿음으로 말미암아 그리스도께
서 너희 마음에 계시게 하시옵고 너희가 사랑 가운데서 뿌리가 박히고 터가
굳어져서

바울이 1절에서 시작하고, 거기서 떨어져 나가므로 끝내지 못하였던 문장을 여기서 다시 시작한다. **이러하므로**라는 말로 바울은 다시 시작한다. 그가 말하

는 이러하므로의 까닭은 무엇이며, 무슨 까닭으로 그는 기도하는 것일까? 여기서 우리는 다시금 이 편지 전체의 근본 사상으로 되돌아가게 된다. 바울은 교회의 위대한 그림을 보여 준 바 있다. 이 세계는 분열된 혼돈 속에 있다. 국가와 국가 사이, 인간과 인간 사이, 인간의 내적인 삶 등 도처에 분열과 분리가 있다. 예수 그리스도 안에서 이런 모든 투쟁적이며 부조화되는 요소들을 하나로 만들고자 하는 것이 하나님의 계획이다. 예수께서는 인류를 하나로 모우게 하시는 하나님의 도구다. 그러나 그 계획은 교회가 그리스도의 메시지와 하나님의 사랑을 모든 사람에게 전달해 주기까지는 완성되지 않는다. 교회는 그리스도를 충만케 하는 것이 되어야 하며, 그를 통해 그리스도의 영이 활동하고 작용할 수 있는 몸이 되어야 한다. 바울이 기도하고 있는 것은 바로 그런 까닭이다. 교회가 그렇게 되기 위해서는 그 안에 있는 사람들은 특정한 인간들이 되어야 한다. 그것이 바로 바울이 기도하고 있는 이유다. 교회 전체와 마찬가지로 교회 안에 있는 사람들이 참으로 그리스도의 몸이 되며 그리스도를 충만케 하는 자가 되도록 바울은 기도한다.

우리는 바울의 기도하는 태도를 묘사한 말에 주목해야 한다. "무릎을 꿇고 하나님께 기도한다"라고 하고 있다. 그것은 바울이 기도할 때 단지 무릎을 꿇는다는 말 이상의 의미를 나타낸다. 그것은 바울이 하나님께 기도할 때 부복한다는 의미다. 유대인이 하는 일반적 기도 태도는 손바닥을 위로 향하게 두 손을 벌리고 서서 하는 것이다. 그러나 교회를 위한 바울의 기도는 하나님께 간절한 애원을 표시하기 위해 부복할 정도로 열렬한 것이었다.

바울의 기도는 아버지 되시는 하나님께 드리는 기도다. 바울이 이 편지에서 하나님을 아버지라고 말하고 있는 다른 여러 곳을 찾아보는 것은 매우 흥미 있는 일이다. 그것들을 통해 우리는 바울이 하나님의 아버지 되심을 말할 때 어떤 것을 마음속에 생각하고 있었는지를 밝히 알아낼 수 있기 때문이다.

1. 하나님은 예수의 아버지이시다(1:2-3, 1:17, 6:23). 사실 하나님을 아버지라고 한 사람은 예수께서 처음은 아니다. 헬라인은 제우스를 신들과 인류의 아버지라고 했다. 로마 사람들도 그들의 주신을 주피터라고 했는데 그 의미는 **데**

우스 파테르(Deus Pater), 즉 아버지 되신 하나님이다. 그런데 매우 유사성을 가지면서도 의미상 상당히 차이가 있는 두 개의 밀접한 단어가 있다.

부성(父性, paternity)이란 말이 있다. 부성이란 순전히 육체적인 의미에서 아버지 됨을 의미한다. 부성은 비록 한 번도 자녀를 보지 못한 아버지를 두고도 사용될 수 있다. 한 아이가 사생아로 출생하였다고 하자. 그리고 곧장 다른 사람의 양자가 되었다고 하자. 아버지는 한 번도 아이를 보지 못했을 것이다. 그러나 아이의 부성에 대해서는 아버지에게 책임이 있다. 아버지는 아이의 육체적 탄생에 책임을 지기 때문이다.

그와 반대로 **부격**(父格, fatherhood)이란 말이 있다. 부격이란 말은 사랑과 사귐과 돌봄에서 오는 가장 가까운 관계를 표시하는 말이다. 예수께서 오시기 전에 인간이 하나님을 아버지라고 했을 때 그들 대부분은 부성의 의미로 사용하였던 것이다. 신들이 인간의 창조에 책임이 있다는 것을 그들은 의미하였다. 그들은 대개 오늘날 우리가 의미하는 제일 원인이라든가, 생명력과 같은 것을 의미하였다. 그 말 속에는 예수께서 그 안에 부어 넣어 주신 사랑과 친밀함이 들어 있지 않았다. 기독교 신관의 중심은 하나님께서 예수와 같으신 분이며, 하나님은 예수처럼 친절하시며, 애정에 넘치시며, 자비하신 분이시라는 것이다. 바울에게서 하나님은 단순한 하나님이 아니다. 하나님이 예수 그리스도의 아버지가 아니라면 아무것도 아니다. 바울은 언제나 예수라는 말과 관련된 하나님을 생각했다.

II. 하나님은 우리가 그 앞에 나아갈 수 있는 아버지이시다(2:18, 3:12). 구약성경의 모든 진수는 하나님이란 우리가 가까이 갈 수 없는 분이라는 데 있다. 삼손의 아버지 마노아는 자기에게 왔던 손님이 누구인지를 알게 되자 이렇게 말했다. "우리가 하나님을 보았으니 반드시 죽으리로다"(삿 13:22). 유대인이 성전에서 예배를 드리는 경우 지성소는 하나님의 거처로 생각하고, 그 안에는 오직 대제사장만이 1년에 한 번 대속죄일에만 들어갈 수 있다고 생각하였다. 하나님께 이르는 길은 막혀 있었다.

한편 기독교 신앙의 중심은 하나님께 가까이 나아갈 수 있다는 것이다. 기이(H. L. Gee)는 전시 중에 있었던 다음과 같은 이야기를 들려주었다. 아버지가 준장이라는 높은 계급으로 진급한 소년이 있었다. 그 아이가 그 소식을 들었을 때 잠시 동안 침묵을 지키다가 이윽고 말했다. "아버지는 내가 지금까지 부르던 그대로 아빠라고 해도 아무 말씀 안하실까요?" 기독교 신앙의 진수는 우리가 하나님 앞에 마음대로 가까이 갈 수 있다는 것이다.

III. 하나님은 영광의 아버지이시며 영광스러운 아버지이시다(3:16). 여기에는 당연히 정반대의 사실이 존재한다. 우리가 단순히 하나님께 가까이 갈 수 있는 점을 말하고, 우리가 단순히 하나님을 그 사랑과 관대함과 자비에서 예수와 같으신 분이라고만 주장한다면, 우리는 하나님의 사랑을 감상적인 것으로 만들기 쉽다. 실제로 어떤 사람들은 그렇게 하고 있다. 의식적이든 무의식적이든 그런 사람들이 취하는 태도는 이런 것이다. "하나님은 아버지이시다. 그러므로 나는 아무 근심이 없다. 만사가 잘 될 거야." 그러나 기독교 신앙은 하나님의 거룩하심과 그 영광을 잊어버리지 않으면서 하나님께 가까이 갈 수 있다는 그 놀라운 사실을 기뻐하는 것이다. 우리는 연약하고, 태평하고, 정에만 쏠리는 아버지께 나아가는 것이 아니다. 우리는 영광 자체이신 하나님께 나아가는 것이다. 하나님은 죄인을 환영하신다. 그러나 하나님의 사랑을 염두에 두고 죄인 그대로 머물러 있으려고 하는 죄인은 환영하지 않으신다. 하나님은 거룩하시기 때문에 하나님과 사귐을 가지려고 하는 자는 거룩해야 한다. 하나님께 가까이 갈 수 있는 권리가 우리에게 우리 마음대로 되며 우리가 하고 싶은 대로 할 수 있는 권리를 주지는 않는다. 그것은 우리에게 그 특권에 합당한 자가 되고자 하는 노력과 의무를 맡겨 준다.

IV. 하나님은 만유의 아버지이시다(4:6). 어떤 사람도, 교회도, 국가도 하나님을 독점할 수 없다. 엄밀히 말해 유대인의 잘못이 바로 그것이었다. 하나님의 아버지 되심은 온 인류에게 해당되는 것이다. 따라서 모든 인종차별이나 민족적 자만이나 종교적 배타성은 당연히 잘못된 것이다. 하나님께서 아버지가 되신다는 사실은 우리가 서로 사랑하고 존경해야 한다는 것을 의미한다.

V. 하나님은 우리가 감사드려야 하는 아버지이시다(5:20). 하나님께서 아버지가 되신다는 것은 인간의 채무를 의미한다. 하나님께서는 삶의 중대하고 결정적인 순간에만 우리를 도우신다고 생각하는 것은 잘못이다. 하나님의 선물이 우리에게 너무나 규칙적으로 또 끊임없이 주신다고 해서 그것들이 선물임을 자주 잊어버리는 것은 매우 부끄러운 일이다. 기독교인이란 하나님께 진 자신의 채무를 결코 잊어버리지 않는 사람이며, 자기 영혼의 구원뿐 아니라 생명도, 호흡도 그리고 모든 것에 대해 하나님께로부터 은혜를 입고 있음을 잊어버리지 않는 사람이다.

VI. 하나님은 모든 참 아버지 됨의 모범이시다. 하나님은 하늘에 계시는 모든 아버지의 아버지이시며 지상에 있는 아버지들은 그 아버지 됨을 사본이라고 바울은 말한다. 그것은 모든 인간의 아버지에게 굉장한 책임을 주는 말이다. 체스터튼(G. K. Chesterton)은 아버지에 대해 막연한 기억밖에 없었다. 그러나 그의 기억은 매우 귀중했다. 어릴 때 그는 모든 등장인물을 두꺼운 종이에 그려 오린 장난감 극장을 가지고 있었다고 한다. 그 중 한 사람은 황금의 열쇠를 가지고 있었다. 그는 황금 열쇠를 가진 사람이 그 연극에서 무슨 역할을 했는지는 도저히 기억할 수 없다고 한다. 그러나 마음속으로는 언제나 그 사람이 자신의 아버지와 관련을 가지고 있는 것으로 기억된다고 한다. 그에게서 아버지는 황금 열쇠를 가지고 그에게 모든 놀랍고도 신기한 일들을 열어 보여 주는 사람이었다고 한다. 우리는 자녀에게 하나님을 아버지라고 부르도록 가르치는 것과 그들이 가질 수 있는 아버지 됨의 개념은 오직 우리가 그들에게 주는 개념 외에는 없다는 것을 잊어서는 안 된다. 인간의 아버지 됨은 하나님의 아버지 됨을 모범으로 해서 판을 박아 내거나 본뜨는 것이 되어야 한다. 하나님과 같이 훌륭한 아버지가 되어야 한다는 것이 모든 인간의 아버지에게 주어진 놀라운 책임이다.

그리스도께서 강건하게 하심

에베소서 3:14-17(계속)

바울은 그들의 **속사람이** 강건하기를 기도했다. 바울은 무엇을 의미했을까? **속사람**이란 헬라인들이 잘 알고 사용한 말이다. 헬라인은 **속사람**을 세 가지 면에서 이해하였다.

1. 인간의 **이성**(理性)이 있었다. 바울은 예수 그리스도께서 그의 친구들의 이성을 강건하게 하시기를 기도했다. 바울은 친구들이 옳고 그른 것의 판단을 잘해 주기를 원했다. 바울은 그들이 정욕과 충동과 욕망대로 사는 사람이 되지 않기를 원했다. 그는 그리스도께서 그들에게 삶을 깨끗하고 안전하게 살아갈 수 있는 지혜를 주시기 원했다.

2. **양심**이 있었다. 바울은 그들의 양심이 더욱더 민감해지기를 기도했다. 양심을 너무 오랫동안 또는 자주 무시하면 결국 둔해지고 무감각해지기 쉽다. 바울의 기도는 예수께서 우리의 양심이 곱게, 예민하게 되도록 지켜 주시기를 바랐다.

3. **의지**가 있었다. 인간의 본질적인 약점은 너무나 자주 옳은 것을 알면서도, 그리고 그대로 행하기를 원하면서도 우리의 의지가 약하기 때문에 지식을 뒷받침해 주지 못하고 의도를 관철시키지 못하는 것이다. 존 드링크워터(John Drinkwater)는 다음과 같이 쓴 바 있다.

> 우리의 느낌대로 행할 수 있는 의지를 주소서,
> 우리가 아는 대로 일할 수 있는 힘을 주소서,
> 강철로 보강되고 힘이 돋우어진 결실을 주소서,
> 강타를 치도록.
>
> 지식을 원치 않습니다. 지식은 당신이 빌려 주십니다.
> 그러나 주님, 의지를 주소서. 그게 가장 필요합니다.

높은 뜻 위에 행위를 세울 힘을 주소서,
행위를 세울!

속사람은 이성이며, 양심이며, 의지다.

바울은 속사람이 강건해지기를 위해 어떻게 기도하고 있는가? 속사람이 강건해지는 것은 그리스도께서 그 사람 안에 영원한 귀처를 정하실 때 가능하다. 그리스도께서 우리의 마음속에 계신다는 의미로 바울이 사용한 말은 헬라어로 **카토이케인**(katoikein)인데 그것은 일시적인 거처와 반대되는 영원한 거처를 나타내는 말이다. 헨리 리트(Henry Lyte)는 찬송가 〈**나와 함께 하소서**〉의 한 구절에서 다음과 같이 노래하였다.

덧없는 세상 나 잠시 더 보기 원치 않네.
주여! 당신의 제자들과 함께 사시듯,
친밀, 겸손, 인내, 자유의 주님,
오셔서 오래오래 나와 함께하소서.

강건하게 하는 비밀은 그리스도께서 우리의 삶 속에서 거하시게 하는 것이다. 그러면 그리스도께서 인간의 삶 속에 들어오실 것이다. 그러나 그는 억지로 들어오시려고 하지는 않는다. 우리가 주님께서 들어오시기를 원할 때 주님은 들어오신다. 그리스도는 우리를 강건하게 하려고 우리의 초대를 기다리신다.

그리스도의 무한한 사랑

에베소서 3:18-21

18 **능히 모든 성도와 함께 지식에 넘치는 그리스도의 사랑을 알고** 19 **그 너비와**
길이와 높이와 깊이가 어떠함을 깨달아 하나님의 모든 충만하신 것으로 너

희에게 충만하게 하시기를 구하노라 [20]우리 가운데서 역사하시는 능력대로 우리가 구하거나 생각하는 모든 것에 더 넘치도록 능히 하실 이에게 [21]교회 안에서와 그리스도 예수 안에서 영광이 대대로 영원무궁하기를 원하노라 아멘

바울은 기독교인이 그리스도의 사랑의 넓이와 길이와 높이와 깊이의 의미를 파악할 수 있기를 기도했다. 그것은 마치 바울이 전 우주를 바라보도록 우리를 초대한 것 같다. 즉, 한없이 높은 하늘과 사방으로 무한히 뻗친 지평선, 우리 밑에 있는 육지와 바다의 깊이를 보여 주고 "그리스도의 사랑은 이것들처럼 넓다"라고 말하는 것 같다.

바울의 마음속에는 그리스도의 사랑의 광활함 외에 어떤 다른 특정한 생각이 있었을 것 같지 않다. 그러나 많은 사람들은 이 그림에서 어떤 의미를 취해 보았는데 그 중 더러는 매우 아름다운 해석이 있다. 어떤 고대의 주석가는 이러한 사랑의 상징으로 십자가를 생각했다. 십자가의 상단은 위를 가리킨다. 그리고 십자가의 가로 나무는 눈에 보이는 영역을 훨씬 넘어선 넓은 지평선을 가리킨다. 제롬(Jerome)은 그리스도의 사랑은 위로는 거룩한 천사까지 포함할 수 있도록 높으며, 아래로는 지옥에 있는 악령과 악마들까지 포함할 수 있도록 깊으며, 길이에서는 하늘을 향해 가는 도상에서 분투하는 사람들을 덮어 주며, 그 넓이에서는 그리스도에게서 떨어져 나가 악의 길에서 방황하는 사람들까지 덮어 준다고 했다. 우리가 이 말을 해석하기 원한다면 다음과 같이 말할 수 있을 것이다. 즉, 그 넓이가 미치는 범위에서는 그리스도의 사랑은 전 세계 모든 시대의 모든 종류의 인간을 포함하며, 그 **길이**가 미치는 한도에서는 그리스도의 사랑은 십자가를 지고 죽기까지 유순하며, 그 깊이에서는 죽음을 경험하기까지 내려가며, 그 높이에서는 지금도 하늘에 살아 계셔서 우리를 위해 중재기도를 드려 주시기까지 하시는 것이다(히 7:25).

그리스도의 사랑의 범위 밖에 있는 인간은 하나도 없다. 그리스도께서 가시지 못할 장소는 한 곳도 없다. 그리스도의 사랑이 한 인간을 구하기 위해 하지 못할 일이 하나도 없다. 그 사랑은 지식을 초월한 사랑이며, 그것을 받아들이는 사람

에게 하나님 자신의 생명을 가득 채워 주는 그러한 사랑이다.

여기서 바울은 다시금 이 서신을 지배하며, 그 안에서 영원히 반복되고 있는 사상으로 되돌아간다. 어디에서 그러한 사랑이 경험될 수 있을까? 어떻게 하면 그 사랑을 우리는 파악하고, 발견하고, 그 안에 들어갈 수 있을까? 우리는 그것을 **모든 하나님의 성도와 함께** 발견하고 경험할 수 있다. 다시 말해 교회의 사귐 속에서 그것을 발견할 수 있다는 것이다. 요한 웨슬리가 다음과 같이 말한 것은 모두 진리다. "하나님은 고독한 종교를 알지 못하신다." "아무도 천국엔 혼자 갈 수 없다." 교회에도 잘못이 있을 수 있다. 교인들도 그 이상적인 모습에서 멀리 떨어져 있을 수 있다. 그러나 교회의 사귐 속에서 우리는 하나님의 사랑을 발견할 수 있다.

그리하여 바울은 송영과 찬양으로 끝맺고 있다. 하나님은 우리의 생각과 우리가 가질 수 있는 꿈보다도 더 좋은 것을 우리를 위해 해 주실 수 있으며, 그것을 교회 안에서와 그리스도 안에서 우리를 위해 해 주신다.

또다시 우리는 이 장을 끝내기 전에 바울이 보여 주는 영광스러운 교회의 모습에 대해 생각해 보자. 이 세계는 있어야 할 모습 그대로가 아니다. 이 세계는 서로 반대되는 세력, 비통과 증오와 분쟁으로 갈가리 찢긴 세계다. 국가는 국가끼리, 인간은 인간끼리, 계급은 계급끼리 맞서고 있다. 인간의 마음속에서도 악과 선 사이의 갈등이 심하다. 모든 국가와 인류를 그리스도 안에서 하나로 하시고자 하는 것이 하나님의 계획이다. 그러한 날이 실현되기 위해서는 그리스도께서는 사람들에게 그의 사랑과 자비를 나가서 전해 줄 교회가 필요하다. 교회는 그리스도를 충만하게 하는 것이며, 그리스도의 몸이며, 그리스도의 일을 하는 손과 발과 음성이다. 그러나 교회는 그 교인들이 사귐 안에서 하나가 되며, 그리스도의 무한한 사랑을 알고 경험하고 나서야 비로소 그 일을 할 수 있다. 아무도 자신이 모르는 바는 다른 사람에게 가르칠 수 없으며, 가지지 않은 것은 다른 이에게 줄 수 없다. 따라서 그리스도의 사랑을 다른 사람들에게 주기 위해서는 먼저 우리 자신이 그리스도의 교회 안에서 그리스도의 사랑을 발견하여야 한다.

The Letter to the Ephesians

04

이 4장에서 에베소서의 2부가 시작한다. 처음 3장까지 바울은 기독교의 신앙의 위대하고 영원한 진리와 하나님의 목적과 계획에서 교회의 기능에 대해 논하였다. 그런데 이제부터 바울은 교회가 하나님의 계획과 목표를 성취시키는 데 교회의 역할을 다하기 위해서는 모든 교인이 어떻게 해야 하는지에 대해 말하려고 한다.

우리가 이 4장을 읽기 전에 다시 한 번 이 서신 전체의 중심사상을 기억해 보자. 이 세계에는 불화, 부조화, 분리밖에 없다. 국가는 국가끼리, 인간은 인간끼리, 계급은 계급끼리 분리되어 있으며, 인간 자신 안에도 그 본성의 고상한 부분과 저열한 부분 간에 내적인 그리고 끊임없는 갈등이 있다. 이런 모든 분리와 부조화가 그리스도 안에서 해결되도록 하자는 것과 온 인류와 모든 국가가 그리스도 안에서 하나가 되도록 하자는 것과 그리스도 안에서 그 차별이 없어지며 분단하는 벽이 무너지게 하자는 것이 하나님의 계획이며 목적이시다. 하나님의 목표는 그리스도 안에서 이 세계에 모울(Moule)이 말한바 그 "거룩한 통일"이 이루어지며, 오늘날 우리가 부르짖는바 "새로운 합일"이 이루어지는 것이다. 예수 그리스도는 그 주위와 그 안에 온 인류가 하나로 뭉칠 수 있는 하나의 핵심을 제공해 주신다. 그러나 그러한 통일이 성취되고 완성되려면 그리스도의 메시지, 그리스도의 사실, 그리스도에게서 나타난 하나님의 사랑과 자비와 찾으시는 마음이 먼저 온 세계에 전파되지 않으면 안 된다. 그리고 그러한 메시지와 사랑을 인류에게 전파하는 것이 교회의 기능이다. 교회는 그것을 통해서 그리스도께서 말씀하시는 음성이 되어야 한다. 교회는 이러한 신적인 통일을 이 세계에 이룩하게 하는 그리스도의 도구가 되어야 한다. 그런데 교회가 이러한 위대한 과업을 성공적으로 완수할 수 있기 위해서는 교회 안에 있는 성도들은 특정한 종류의 인간들이 되지 않으면 안 된다.

그리하여 바울은 여기서부터 방향을 바꾸어 교회가 이 세상에서 인간과 인간 사이, 그리고 인간과 하나님 사이에서 우주적인 화해를 위한 그리스도의 도구가 되는 중요한 과업을 완수하려면 그때에 필요한 기독교인의 성격은 어떤 것이 되어야 하는지에 대해 말하기 시작한다.

부르심에 합당한 생활

에베소서 4:1-10

[1]그러므로 주 안에서 갇힌 내가 너희를 권하노니 너희가 부르심을 받은 일에
합당하게 행하여 [2]모든 겸손과 온유로 하고 오래 참음으로 사랑 가운데서 서
로 용납하고 [3]평안의 매는 줄로 성령이 하나 되게 하신 것을 힘써 지키라 [4]몸
이 하나요 성령도 한 분이시니 이와 같이 너희가 부르심의 한 소망 안에서
부르심을 받았느니라 [5]주도 한 분이시요 믿음도 하나요 세례도 하나요 [6]하나
님도 한 분이시니 곧 만유의 아버지시라 만유 위에 계시고 만유를 통일하시
고 만유 가운데 계시도다 [7]우리 각 사람에게 그리스도의 선물의 분량대로 은
혜를 주셨나니 [8]그러므로 이르기를 그가 위로 올라가실 때에 사로잡혔던 자
들을 사로잡으시고 사람들에게 선물을 주셨다 하였도다 [9]올라가셨다 하였은
즉 땅 아래 낮은 곳으로 내리셨던 것이 아니면 무엇이냐 [10]내리셨던 그가 곧

모든 하늘 위에 오르신 자니 이는 만물을 충만하게 하려 하심이라

기독교인의 미덕

에베소서 4:1-3

[1]그러므로 주 안에서 갇힌 내가 너희를 권하노니 너희가 부르심을 받은 일에
합당하게 행하여 [2]모든 겸손과 온유로 하고 오래 참음으로 사랑 가운데서 서
로 용납하고 [3]평안의 매는 줄로 성령이 하나 되게 하신 것을 힘써 지키라

어떤 사람이든지 사회나 단체에 가입하려면 일정한 종류의 생활을 살아야 할 의무를 가지게 된다. 그런데 그런 필요한 생활대로 살지 못하면, 그런 단체의 목적을 방해하는 것이 되며, 불명예를 끼치게 된다. 따라서 바울은 여기에 그리스도의 교회의 사귐에 들어올 때 그 사람이 살아야 하는 일종의 생활양식의 그림을 보여 주고 있다.

이 부분의 처음 세 구절은 보석과 같은 단어들로 빛나고 있다. 여기에는 기독교 신앙의 기본적인 용어가 다섯 개 있다. 그것들을 하나씩 살펴보자.

1. 맨 처음으로 "겸손"이란 말이 나온다. 겸손이란 말은 **타페이노프로수네**(tapeinophrosune)인데 사실 기독교 신앙이 만들어 낸 말이다. 사실 헬라어에서는 어느 정도라도 겸손에 가까운 의미를 가진 낱말을 찾아볼 수 없다. 후에 바질(Basil)은 겸손을 "모든 미덕을 담은 보석 상사"라고 표현하였다. 그러나 기독교 이전의 고대 세계에서는 겸손을 전혀 미덕으로 생각하지 않았다. 이교 사회의 미덕은 **메갈롭수키아**(megalopsuchia)인데 그 의미는 **용감함**이다. 고대 세계는 겸손을 움츠리며 굽실굽실하는 것으로 보고 멸시하였으며 조금도 바람직한 것으로 생각하지 않았다. 헬라어는 겸손이란 명사와 밀접한 관련을 가진 겸손하다에 해당하는 단어인 형용사 **타페이노스**(tapeinos)가 있다. 낱말은 언제나 그것과 같

이 사용되는 말들을 보면 그 뜻을 알 수 있는데 이 말은 고상하지 못한 말들과 함께 사용된다. 그런데 그 말은 노예 같은(andrapododes, doulikos, douloprepes), 비천한(agennes), 평판이 나쁜(adoxos), 굽실굽실하는(chamaizelos: 이 말은 땅에 기는 잡초를 나타내는 형용사다) 등의 그러한 헬라어 형용사와 함께 사용되고 있다. 예수 이전에는 언제나 겸손을 움츠리며, 굽실굽실하며, 노예 같은, 비천한 자질이라고 보았다. 그런데 기독교는 겸손을 그리스도의 미덕에서 맨 앞에 두고 있다. 사실 겸손은 다른 모든 미덕의 근거와 원천이 된다. 그러면 기독교인의 겸손은 어디에서 오며, 그 안에는 어떤 것이 포함되어 있는가?

1. 기독교인의 겸손은 **자기 인식**에서 온다. "겸손은 인간에게 자신의 무가치함을 알게 해 주며, 그 결과 자신을 가장 잘 알게 해 주는 미덕이다"라고 버나드(Bernard)는 말했다. 자신에게 직면하는 것이 이 세상에서 가장 겸손하게 하는 것이다. 우리는 대부분 자기 자신을 극화하며, 인생의 극적 활동의 중심인물로 본다. 잠자리에 들어 백일몽을 꿈꾼 사람의 이야기가 있다. 그는 자신을 바다나 불꽃 속에서 극적으로 구출된 영웅이라고 보았을는지 모른다. 그는 자기 자신을 많은 청중을 매혹시킨 웅변가라고 보았을는지 모른다. 그는 자신을 크리켓 시합에서 백 점을 올린 사람이라고 생각했을는지 모른다. 그는 자기 자신을 국제적인 축구 시합에서 교묘한 기술로 관중을 매혹시킨 선수로 생각했을는지 모른다. 그는 항상 자신을 중심에 놓고 생각하였다. 대부분의 우리도 본질적으로는 그와 비슷하다. 그리고 참 겸손은 자기 자신에 직면할 때 오며, 자기 자신의 연약함, 자기 본위, 일이나 인간관계나 목적 달성에서 자기 실패를 경험하게 될 때 오는 것이다. 겸손은 정직에서 온다. 겸손은 자기 극화, 자기 칭찬, 자기애라는 장밋빛 안경을 벗고 자신을 직시할 수 있는 용기를 가질 때 온다.

2. 기독교인의 겸손은 **자신의 삶을 기독교인의 삶 곁에, 그리고 하나님의 명령의 빛 아래 둘 때** 온다. 하나님은 완전하시다. 그리고 하나님의 완전하심에 대해 만족하게 해 드리기란 어려운 것이 아니다. 그것은 불가능한 일이다. 우리가 인간이라는 사실은 언제나 절망적인 과업을 짊어지고 있다는 것을 의미한다. 우리 자신을 차선의 것과 비교하면 만족한 비교를 가질 수 있을 것이다. 그러나 완전한 것과 나를 비교하면 우리는 자신의 실패를 깨달을 것이다.

어떤 소녀가 미라 헤스(Myra Hess), 에일린 조이스(Eileen Joyce), 솔로몬(Solomon)이나 켄트너(Kentner)의 연극을 듣기까지는 자기 자신을 유명한 피아니스트라고 생각할는지 모른다. 어떤 사람이 호간(Hogan), 스니드(Snead), 콧튼(Cotton)의 솜씨를 보기 전에는 자기 자신을 골프의 명수라고 생각할는지 모른다. 어떤 사람이 백과사전 정도의 지식을 가진 위대한 노학자의 저서들을 읽어 보기 전에는 자기도 학자인 것처럼 생각할는지 모른다. 어떤 사람이 설교계의 왕자라고 할 수 있는 분의 설교를 듣기까지는 자기 자신을 명설교가라고 생각할는지 모른다. 자기만족은 우리 자신을 비교하는 그 표준 여하에 달려 있다. 우리 자신을 이웃이나 옆집에 사는 남자와 여자와 비교한다면, 그 비교에서 자기 만족을 끌어낼 수 있을 것이다. 그러나 기독교인의 표준은 예수 그리스도이며, 완전하신 하나님의 명령이다. 그러므로 그러한 표준 앞에는 자기 자랑의 여지가 있을 수 없다.

3. 겸손을 가져오는 또 하나의 길이 있다. 트렌취는 말하기를 겸손은 우리 자신의 **피조물성**을 항상 의식하는 데서 온다고 했다. 우리는 하나님께로부터 창조된 하나님의 피조물이다. 우리는 전적으로 하나님께 의지하고 있다. 찬송가는 이렇게 노래하고 있다.

죽음과 위험에서 언제나
주님 날 구해 주신다.
당신의 능력 아니라면
숨 한번 못 내쉬리라.

건강, 친구, 그리고 부모님을
주님 내게 주셨네.
이 땅에 무슨 축복 있으랴.
오직 하늘에서 온 것일 뿐.

우리 자신에게 속한 것을 우리는 아무것도 가진 것이 없다. 우리는 줄 수도 없다. 우리는 언제나 받기만 한다. 우리는 피조물이다. 그리고 피조물에게는 아무것도 있을 수 없고 오직 창조자의 앞에서 겸손할 것밖에 없다.

기독교인의 겸손은 자신을 바라보는 것과 그리스도를 바라보는 것과 하나님을 깨닫는 것 위에 세워지는 것이다.

기독교인 신사

에베소서 4:1-3(계속)

II. 기독교인의 두 번째 위대한 미덕은 KJV이 "온유(meekness)"라고 부르고, 나는 "정중함(gentleness)"이라고 번역한 것이다. 그 헬라어 명사는 **프라오테스**(praotes)이고 형용사는 **프라우스**(praus)인데 이 말들은 모두 한마디로 번역하기 어렵다. 이 미덕이 무엇을 의미하며 어떤 것을 내포하고 있는지 살펴보자. 헬라어에서 **프라우스**는 의미상 두 개의 큰 갈래가 있다.

1. 헬라의 위대한 사상가이며 교사인 아리스토텔레스는 **프라오테스**에 대해 여러 가지를 말하고 있다. 아리스토텔레스에게는 모든 덕을 **양극단 사이의 중용**이라고 정의하는 관습이 있었다. 한편에는 어떤 자질이 지나치게 많고, 그 반대편에는 지나치게 부족할 경우가 있다. 그리고 그 중간에 생활상 아주 잘 균형 잡힌 자질이 있다. 다시금 아리스토텔레스는 **프라오테스**를 지나치게 노하는 것과 지나치게 노하지 않는 그 중용이라고 정의하고 있다. 그것은 자주 노하는 것과 전혀 노하지 않는 것 사이의 중간이다. **프라우스**한 사람은 노할 때 노하고 노해서 안 될 때는 결코 노하지 않는 사람이다. 다른 말로 말하면, **프라우스**한 사람은 다른 사람이 받는 부당한 대우나 재난에 대해서는 의분의 불꽃을 태우지만, 자기 자신이 당하는 부당한 대우나 모욕에 대해서는 노하지 않는 사람이다. 따라서(KJV에서 말하는 대로) **온유한** 사람은 참으로 노하여야 할 때는 노하고 노해서는 안 될 때는 결코 노하지 않는 사람이다.

2. 이 말의 의미를 밝혀 주는 또 하나의 사실이 있다. **프라우스**는 고삐나 명령

하는 말에 잘 복종하도록 훈련된 동물, 완전히 훈련된 잘 사육되고 길들인 동물에 대해 사용하는 헬라어다. 따라서 **온유하고**, **프라우스**한 사람은 마음과 생각과 허와 욕망의 모든 본능, 정열, 움직임을 완전히 통제할 수 있는 사람이다. 그러나 그러한 사람이라고 해서 완전하고 철저하게 자신을 자제할 수 있는 사람이라고 말하는 것은 옳지 못할 것이다. 그러한 자기 절제는 인간의 능력이 미치지 못하는 것이기 때문이다. 그러나 그러한 사람은 하나님의 통제하에 있는 사람이라고 말하는 것이 옳을 것이다. 그런 사람은 하나님의 손이 그의 삶의 키잡이가 되어 주고 있다.

여기에 기독교인의 두 번째로 위대한 미덕이며, 참된 교인의 위대한 성품이 있다. 그런 사람은 하나님의 통재를 받는 사람이기 때문에 언제나 노하여야 할 때 노하고, 노해서 안 될 때에는 결코 노하지 않는다. 그 사람은 그의 안에 있는 자아는 죽고 그의 모든 삶은 하나님에 의하여 지시 받고, 통제 받는 사람이다. 그 사람은 하나님의 신사다.

불굴의 인내

에베소서 4:1-3(계속)

III. 기독교인의 세 번째 위대한 자질은 KJV이 "오래 참음"이라고 부르는 것이다. 헬라어로는 **마크로투미아**(makrothumia)다. 이 말은 의미상 두 개 큰 경향을 가지고 있다.

1. 그것은 결코 굴복하지 않는 정신, 끝까지 참기 때문에 약속과 보상을 획득할 수 있는 정신을 나타낸다. 그 의미는 위대한 작가가 소위 "패배한 채로는 결코 강화를 맺지 않는 로마인의 완강함"이라고 표현한 사실에서도 잘 알 수 있다. 그 전성기의 로마인들은 결코 패배하지 않는 국민이었다. 그들은 싸움에서 질 때도 있었다. 그들은 전투에서 패할 때도 있었다. 그러나 결코 그들은 전쟁에

서 패배한다고 생각하지는 않았다. 가장 크고 심한 재난 속에서도 그들은 결코 굴복되거나 패배를 용인하지 않았다. 기독교인의 인내는 결코 패배를 인정하지 않으며, 어떠한 과업에도 굴복되지 않으며, 불행이나 고난에도 꺾이지 않으며, 절망이나 낙담에서도 단념하지 않는 정신이며 끝까지 지속하며 참는 정신이다.

2. **마크로투미아**, **인내**, **오래 참음**은 헬라어에서 이상에서 말한 것 이상의 독특한 의미를 가진 말이다. 그것은 **인간에 대한 인내**를 나타내는 독특한 헬라어다. 크리소스토무스는 그 말을, 복수할 수 있는 힘을 가지고 있으면서도 결코 복수하지 않는 정신이라고 정의하였다. 그것은 어떠한 일에 대해서도 인간이 할 수 있는 최대 한도까지 견디는 정신이다. 약간 불완전한 비유를 하나 든다면 작은 강아지와 큰 개와 같이 있는 것을 가끔 볼 수 있다. 강아지는 큰 개를 보고 깽깽 짖어 댄다. 또 큰 개를 성가시게 한다. 깨물기도 한다. 큰 개를 보고 으르렁거리기도 한다. 공격하기도 한다. 하지만 한 번만 물어 줘도 강아지를 꼼짝 못하게 할 수 있는 큰 개는 언제나 무게 있고 삼가는 위엄을 가지고 강아지의 무례함을 참아 주고 있다. **마크로투미아**, **인내**, **오래 참음**은 괴로워하지 않으며 불평도 하지 않고 모욕과 손해를 참는 정신이다. 그것은 초조하지 않고 극도로 어리석은 인간에 대해 참을 수 있는 정신이다. 그것은 불쾌한 사람을 정중하게 대해 주며, 바보와 같은 사람도 불평 없이 대해 줄 수 있는 정신이다.

이 말의 의미를 가장 잘 나타내 주는 것은 신약성경이 거듭거듭 하나님에 대해 사용하고 있는 것이다. 바울은 회개하지 않는 죄인에 대해 이렇게 묻고 있다. "그의 인자하심과 용납하심과 **길이 참으심**이 풍성함을 멸시하느냐?"(롬 2:4) 바울은 자신에게 대한 예수의 **오래 참으심**에 대해 말하고 있다(딤전 1:16). 그리스도께서는 박해자 바울을 오래 참아 주셨던 것이다. 베드로는 노아의 날에 하나님께서 **오래 참고** 기다리신 일에 대해 말하고 있다(벧전 3:20). 또 그는 하나님의 **오래 참으심**이 우리의 구원이 된다고 말하고 있다(벧후 3:15). 하나님께서 인간이 시었다면 이 세상의 불순종 때문에 극도의 초조감 속에서 이 세상을 싹 쓸어 버리기 위해 손대시기를 원했을 것이다. 그러나 하나님의 인내는 사랑으로 기다리신다. 기독교인들은 하나님께서 자신에게 보여 주신 것과 같은 인내를 본받아 이웃에 대해서는 인내하여야 한다.

기독교인의 사랑

에베소서 4:1-3(계속)

IV. 기독교인의 네 번째 위대한 자질은 "사랑"이다. 기독교인의 사랑은 매우 새로운 것이었기 때문에 성경의 기자들은 거기에 해당하는 새로운 말을 만들어 내든가 적어도 잘 사용되지 않던 헬라어 하나를 끌어내어야 했다. 그것이 **아가페**(agapē)라는 말이다. 헬라어에는 **사랑**을 나타내는 말이 네 가지다. **에로스**(erōs)가 있는데 남녀간의 사랑이며, 성적인 열정을 포함하고 있다. **필리아**(philia)가 있는데 따뜻한 애정이며, 서로 매우 가깝고 친한 사이에 존재한다. **스토르게**(storgē)가 있는데 특히 가족적인 애정을 나타내는 말이다.

그리고 **아가페**(agapē)라는 말이 있다. 이 말을 KJV은 어떤 때는 **사랑**이라고, 때로는 **자비**라고 번역하고 있다. **아가페**의 참된 의미는 정복될 수 없는 자비심이다. 우리가 **아가페**를 가지고 한 사람을 바라본다면, 그가 어떤 일을 할 수 있는지 상관하지 않고 그 사람의 최고선만을 바라게 된다는 것을 의미한다. 그 사람이 비록 우리를 상하게 하고 다치게 하고 모욕한다 하더라도 그 삶에 대해서는 친절 이외의 어떤 감정도 품지 않는 것이다. 그것은 분명히 다음과 같은 한 가지를 의미하고 있다. 즉, 기독교인의 **아가페**, 사랑은 감정적인 것을 의미하지 않는다. 우리는 사랑에 빠진다는 말을 한다. 가장 가까이 있고 가장 친한 사람에 대한 사랑은 막을 수 없다. 그러나 이러한 기독교인의 **아가페**는 감정적인 것일 뿐 아니라 의지적인 것이기도 하다. 그것은 정복하는 것이다. 그것은 이러한 불굴의 선한 의지를 사랑스럽지 못한 이나, 사랑할 수 없는 이들에 대해서나, 우리를 사랑하지 않는 이들에 대해서도 계속 품을 수 있는 능력이다. 누군가 말했듯이 **아가페**는 우리가 싫어하는 사람까지도 사랑하는 능력이다. **아가페**는 기독교인들에게 결코 비통함이나 보복하고 싶은 감정을 품지 않게 하며, 다른 사람이 그에게 어떤 태도를 취하든지 간에 그 사람을 위해 최선의 것만을 바라게 하는 마음과 생각의 자질이다.

V. 이상에서 보는 바와 같이 우리에게는 기독교 생활에서 볼 수 있는 네 개의 위대한 미덕, 즉 겸선, 온유, 인내, 사랑을 가지고 있다. 그리고 이 네 개 미덕은 다섯 번째의 미덕을 낳는데 그 다섯 번째의 미덕은 평화다. 바울이 권면하고 긴급하게 요청하는 것은 이 편지의 수신인들이 참된 교회의 특색인 "거룩한 통일"을 열심히 간직하라는 것이다. 평화란 **인간과 인간 사이의 바른 관계**라고 정의할 수 있을 것이다. 이러한 통일, 이러한 평화, 이러한 바른 관계는 한 가지 방법으로만 간직될 수 있다. 기독교인의 4대 미덕은 각각 한 가지 사실, 즉 자기 부정에 의존하고 있다. 자신을 모든 일의 중심에 놓는 한, 우리의 느낌, 위신만을 문제 삼는 한 이러한 통일은 완전히 실현되지 못한다. 이러한 통일은 자신을 모든 일의 중심에 놓기를 멈추고 나 자신보다도 다른 사람을 더 생각할 때만 실현될 수 있다. 자기 중심은 평화를 죽인다. 자기 본위가 지배하는 사회에서 인간은 이기적이며 투쟁적인 개체의 분산된 집합체에 불과하다. 그러나 자신이 죽고, 그리스도께서 우리 마음속에 살아나실 때 참된 교회의 위대한 보증표인 평화, 통일, 결합이 이루어진다.

통일의 기초

에베소서 4:4-6

[4]몸이 하나요 성령도 한 분이시니 이와 같이 너희가 부르심의 한 소망 안에
서 부르심을 받았느니라 [5]주도 한 분이시요 믿음도 하나요 세례도 하나요
[6]하나님도 한 분이시니 곧 만유의 아버지시라 만유 위에 계시고 만유를 통일
하시고 만유 가운데 계시도다

이제 바울은 좀더 나가 기독교인의 통일이 세워진 그 기초에 대해 말하고 있다.

I. 한 몸이 있다. 그리스도는 머리이시며 교회는 그 몸이다. 어떤 두뇌라 할지라도 분해되고, 서로 연결되지 않고 가루처럼 부서진 몸을 가지고서는 일할 수 없다. 몸에 서로 연결된 통일이 없는 한 머리와 두뇌의 생각이나 계획이나 목적이 모두 방해를 받고 좌절될 수밖에 없다. 교회의 통일은 그리스도의 일을 위해서는 절대 불가결한 요소다. 그것이 곧 관리상이라든가 인간적인 조직에서 기계적인 통일을 필요로 하는 것은 아니다. 그러나 그리스도에 대한 공동의 사랑과 지체의 다른 부분으로서 다른 사람에 대한 공동의 사랑에 기초한 통일은 필요한 것이다.

II. 한 성령이 있다. 헬라어의 **프뉴마**(pneuma)는 영과 숨이라는 두 가지를 의미한다. 사실 대개의 경우는 숨을 의미한다. 그 몸에 숨이 없는 한 그 몸은 죽는다. 교회라고 하는 몸에 생명을 주는 숨은 그리스도의 성령이다. 몸에다 생명을 주고, 생명을 유지시켜 주는 것은 몸 안에 있는 성령의 활동이다. 성령이 없이는 교회가 있을 수 없다. 그리고 조용히 기도하는 마음으로 기다리지 않는 한 성령을 받을 수 없다.

III. 우리를 부르신 하나의 소망이 있다. 우리는 모두 하나의 목표를 향해 나가고 있다. 여기에 통일의 위대한 비결이 있다. 우리의 방법은 다를 수 있을 것이다. 우리의 기원은 서로 다를 수 있을 것이다. 우리의 신조까지도 다를 수 있을 것이다. 그러나 우리는 모두 하나의 목표, 곧 이 세계로 그리스도 안에서 구속하고자 하는 목표를 향해 분투노력한다.

IV. 하나의 주님이 계신다. 초대교회가 가지고 있던 신조와 가장 가깝다고 생각되는 것은 "예수 그리스도를 주라 시인하여"(빌 2:11)라는 짧은 문장이다. 바울이 본 바와 같이 하나님의 꿈은 온 인류가 "예수 그리스도는 주님이시다"라고 고백하는 날이 도래하는 것이었다. 주님이란 뜻으로 사용된 말은 **쿠리오스**(kurios)다. 보통 헬라어에서는 그 말이 두 가지 용법을 가지고 있는데 다소간 바울이 의미하고자 하는 바도 있다. 그것은 **종**이나 **노예**에 대조되는 **주인**이란 용법을 가진 말이다. 그리고 그것은 로마 황제의 공식 호칭이었다. 기독교인들은 모두 한 주님과 한 임금을 섬기며 그분의 소유이기 때문에 하나로 결합되어 있다.

V. 하나의 믿음이 있다. 바울이 하는 말은 **신조**가 하나라는 의미가 아니다. 신약성경에서는 언제나 예수 그리스도 안에서 그리고 예수 그리스도에 대한 기독교인들의 전적인 신뢰와 항복을 의미한다. 바울이 의미하는 바는 모든 기독교인이 예수 그리스도의 사랑에 대해 전적으로 항복하는 하나의 공통적인 행동을 취하기 때문에 하나로 결합되어 있다는 것이다. 그들이 모두 그들의 항복하는 행동을 다른 말과 다른 신조로 표시하고 있을는지도 모른다. 그러나 그들이 어떻게 표시하든지 간에 항복하는 행동은 그들 모두에게 공통되는 하나의 사실이다.

VI. 하나의 세례가 있다. 그리스도의 교회에 들어가는 문은 하나다. 초대교회에서 세례는 보통 장년 세례였다. 남자나 여자들이 이교에서 곧장 그리스도의 교회에 개종해 왔기 때문이다. 따라서 무엇보다도 세례가 하나의 공적인 신앙고백이었다. 로마 군인이 군에 입대하는 길은 하나뿐이었다. 그는 황제와 왕에 대해 영원히 신실하겠다는 선서를 해야만 했다. 그리스도의 교회에 들어가는 길도 오직 하나였다. 그것은 예수 그리스도를 공적으로 고백하는 길이었다.

VII. 하나의 하나님이 계신다. 그런데 우리가 믿는 하나님에 대해 바울은 무엇이라고 하는지 살펴보자. 그는 만유의 아버지이시다. 이 구절 안에 하나님의 **사랑**이 영원히 간직되어 있다. 기독교의 하나님 개념에서 가장 위대하고도 독특한 점은 그가 왕도 아니요, 심판자도 아니요, 아버지이시라는 점이다. 기독교의 하나님 개념은 사랑에서 시작하고 있다. 하나님은 만유 **위에** 계신다. 이 구절 속에는 하나님의 **지배**가 간직되어 있다. 모든 것이 어떻게 보이든지 간에 하나님께서 다스리고 계신다. 홍수가 있을는지 모른다. 그러나 시편 기자가 말했듯이 "여호와는 홍수 때에도 좌정하신다"(시 29:10). 하나님의 지배를 받지 않는 것은 하나도 없다. 하나님은 만유를 **관통**하신다. 이 구절 속에는 하나님의 섭리가 간직되어 있다. 하나님은 인간이 장난감의 태엽을 감은 후 저 혼자 움직이도록 내버려 두는 것같이, 세계를 창조하신 후 제멋대로 가도록 방치하지 않으셨다. 하나님은 자신이 지으신 세계를 관통하시며, 인도하시고, 지시하시고, 유지하시고, 고무하시고, 사랑하신다. 모든 것 안에서 그리고 모든 것을 통하여 하나님의 섭리는 활동하고 작용하며 능력을 발휘하고 있다. 하나님은 만유 가운데 계신다. 그 구절은 모든 생명 안에 있는 하나님의 **임재**를 간직하고 있다. 바울은 이러한 사상의 씨앗을 스토아학파에게서 취했을지도 모른다. 스토아학파는 하나님을 지상에서 가장 맑은 불, 가장 밝고 가장 맑은 불의 영이라고 믿었다. 그리고 인간에게 생명을 주는 것은 하나님인 그 불의 불꽃이 인간의 몸 안에 들어와 사는 것이라고 그들은 믿었다. 모든 것 가운데 하나님이 계신다는 것이 바울의 신앙이었다. 인간 속에 그리고 인간의 마음속에, 세계 속에 그리고 모든 성정하는 것들 속에, 역사 속에 그리고 모든 사건 속에 하나님이 계신다. 우리는 하나님께서 창조하시고, 하나님께서 다스리시고, 하나님께서 지키시고, 하나님께서 충만해 계시는 세계 안에 살고 있다는 것이 기독교의 신앙이다.

은혜의 선물

에베소서 4:7-10

7우리 각 사람에게 그리스도의 선물의 분량대로 은혜를 주셨나니 8그러므로
이르기를 그가 위로 올라가실 때에 사로잡혔던 자들을 사로잡으시고 사람들
에게 선물을 주셨다 하였도다 9올라가셨다 하였은즉 땅 아래 낮은 곳으로 내
리셨던 것이 아니면 무엇이냐 10내리셨던 그가 곧 모든 하늘 위에 오르신 자
니 이는 만물을 충만하게 하려 하심이라

여기서 바울은 그가 말하고자 하는 주제의 다른 면으로 방향을 돌린다. 바울

은 지금까지 교인들의 **자질**에 대해 말해 왔다. 이제부터는 교회 안에서 그들의 **기능**에 대해 말하려고 한다. 그는 교회에 대해 봉사할 때 그들의 능력이나 그들의 재간이나 그들의 재능을 어떻게 잘 선용할 수 있는지에 대해 말하고자 한다. 그리고 그는 자신에게서 매우 요긴한 진리가 되는 것, 곧 인간이 가진 모든 재능(gift)은 그리스도의 은혜의 선물(gift)이라는 것부터 쓰기 시작한다. 바울은 예수를, 기독교인이 소유하는 모든 재능(은사)을 주신 분이라고 생각하고 있다.

우리가 가진 모든 미덕과
모든 승리와
모든 거룩한 생각은,
모두 주님이 주신 것.

그리스도께서 모든 선물을 주신 분이라는 논점을 강조하기 위해 바울은 시편에서 한 구절을 인용하고 있다. 바울은 매우 의미심장하게 그 구절을 달리 인용한다. 그것은 시편 68편의 한 구절이다. 그 시편은 왕의 개선을 묘사한다. 승리한 왕이 높이 올라간다. 다시 말해 그는 거룩한 도성의 대로에 들어가는 시온 산의 가파른 길을 올라가는 것이다. 그는 포로들을 사로잡아 가지고 간다. 다시 말해 그는 자신의 정복하는 위력을 과시하기 위해 자기 뒤에 사슬에 맨 포로들을 이끌고 개선행진을 하면서 대로를 지나가는 것이다. 그런데 다른 점이 있다. 시편에 있는 구절은 이런 것이다. “주께서 높은 곳으로 오르시며 사로잡은 자를 끌고 선물들을 사람에게서 받으시며 반역자들로부터도 받으시니 여호와 하나님이 그들과 함께 계시기 때문이로다”(시 68:18). 정복자는 전리품을 가지고 집에 돌아오며, 정복한 사람들이 바쳐야 할 보상금과 공물을 요구한다.

그러고 나서는 번번이 그런 것같이 바울은 한마디 때문에 곁길로 흘러 들어간다. 그는 **올라갔다**는 말을 사용했는데 그것 때문에 그는 예수를 생각하게 되었다. 그리고 매우 굉장한 말을 하게 되었다. 예수께서 인간이 되어 세상에 오셨을 때 그는 세상에 **내리셨던** 것이다. 그리고 이 세상을 떠나 영광의 보좌로 가셨을 때 그는 이 세상에서 **올라가셨던** 것이다. 올라가신 그리스도와 내려오신 그리스도는 한 사람이요 같은 사람이라는 것이 바울의 위대한 생각이다. 무엇을 의미하는 것일까? 그것은 이러한 것을 의미한다. 즉, 영광 가운데 계신 그리스도는 이 땅 위를 걸어 다니셨던 예수와 같은 분이다. 지금도 주님은 슬픔을 당한 이들을 위로해 주신다는 것을 의미한다. 영광의 보좌에 앉으신 지금까지도 여전히 그리스도께서는 그의 사랑을 잊어버리지 않으셨다는 것이 바울의 가장 귀한 생각이다. 스코틀랜드의 운문으로 이것을 바꾸어 말하면 이렇게 된다.

지금은 높은 곳에 올라가 계셔도,
형제의 눈초리로 이 땅을 내려다보신다.
인간의 이름을 나누어 가지신,
주님은 우리의 연약함을 알고 계신다.

우리와 함께 고난당하신 주님은 지금도
우리의 고통을 함께 느끼시고 계신다.
그리고 하늘에서 여전히 눈물과
번민과 울부짖음을 기억하신다.

마음을 찢는 갖은 아픔마다에
슬픔의 사람은 동참하신다.
주님은 우리의 비탄을 동정하시며,
고난당하는 자들을 구원하신다.

위로 올라가신 그리스도는 여전히 인간의 영혼을 사랑하시는 분이다. 그런데 또다시 하나의 생각이 바울을 감동시켰다. 예수께서는 높은 곳으로 올라가셨다. 그러나 주님은 이 세계를 떠나기 위해 높은 곳으로 올라가신 것이 아니다. 주님은 이 세계에 자신의 현존을 충만케 하려고 높은 곳으로 올라가신 것이다. 예수께서 육신으로 여기 이 땅에 계셨을 때 그는 한 시간에 한 장소밖에 계실 수 없었다. 다시 말해 주님도 육신의 제약을 받고 계셨다. 그러나 이 육신을 떠나 영광의 자리로 돌아가셨을 때, 주님은 육신의 제약을 떠날 수 있었으며 성령을 통해 온 세계 어디에서나 계실 수 있게 되었다. 바울에게서 예수의 승천은 그리스도께서 이 세계를 버리신 것이 아니라 그리스도께서 이 세계에 충만하게 계시게 된 것을 의미한다.

교회의 교직자들

에베소서 4:11-13

[11]그가 어떤 사람은 사도로, 어떤 사람은 선지자로, 어떤 사람은 복음 전하는 자로, 어떤 사람은 목사와 교사로 삼으셨으니 [12]이는 성도를 온전하게 하여 봉사의 일을 하게 하며 그리스도의 몸을 세우려 하심이라 [13]우리가 다 하나님의 아들을 믿는 것과 아는 일에 하나가 되어 온전한 사람을 이루어 그리스도의 장성한 분량이 충만한 데까지 이르리니

이 부분은 초대교회의 조직과 행정의 모습을 보여 주기 때문에 매우 흥미 있다. 여기에는 바울 시대의 교회의 교직자들의 일람표를 제시해 준다. 초대교회에는 세 종류의 교직자들이 있었다. 그들의 쓴 글이나 권위가 전체 교회에 미칠 수 있는 사람들이 약간 있었다. 그들의 목회가 한 곳에만 한정되지 않았지만 성령이 인도하시고 하나님께서 보내는 곳이면 어디든지 가서 목회하는 사람들이 많이 있었다. 그들의 교회가 일정한 회중과 장소에만 한정되어 지역적인 교회를 하는 이들이 다소 있었다.

1. "사도"들은 그 권위가 모든 교회에 미치는 사람들이었다. 사도들에는 열두 사도 이외의 사람들도 포함되어 있었다. 바나바는 사도였다(행 14:4, 14). 우리 주님의 동생 야고보는 사도였다(고전 15:7; 갈 1:19). 실루아노는 사도였다(살전 2:6). 안드로니고와 유니아는 사도들이었다(롬 16:7). 그러나 사도가 되기 위해서는 두

가지 중요한 자격이 있어야 했다. 첫째, 사도는 예수를 본 사람이어야 했다. 바울이 고린도에 있는 반대하는 자들에 대해 자신의 권리를 주장할 때 그는 이렇게 반문했다. "내가 자유인이 아니냐 사도가 아니냐 예수 우리 주를 보지 못하였느냐"(고전 9:1). 둘째, 사도는 부활과 다시 사신 주님의 증인이 되어야 했다. 열한 사도가 배반자 유다의 후계자를 선택하기 위해 모였을 때, 그 후계자가 될 자격은 예수께서 지상에서 사셨던 때 그들과 동행하였던 사람이며, 부활의 증인으로서 임명된 사람이어야 한다고 규정한 일이 있다(행 1:21-22). 어떤 의미에서 사도들은 소멸되어야 했다. 얼마 후 실제로 예수를 본 사람들이나 부활을 증거했던 사람들은 모두 이 세상에서 떠나가 버리고 말았기 때문이다. 그러나 다른 의미보다 중요한 의미에서 볼 때 그 자격은 계속해서 남아 있다. 그리스도에 대해 가르치려고 하는 사람은 여전히 그리스도를 알아야 하며 다른 사람에게 그리스도의 능력을 전해 주려고 하는 사람은 그리스도의 부활의 능력을 경험하지 않으면 안 되기 때문이다.

II. "선지자"들이 있었다. 선지자란 말은 **앞일을 말하는 사람**(foreteller)이라기보다는 **앞장서 말하는 사람**(forth-teller)을 의미한다. 선지자들은 장래를 **미리 말했다**기보다는 하나님의 뜻을 **앞장서 말했다**. 하나님의 뜻을 앞장서 말하기 위해서는 어느 정도 장래 일을 미리 말할 필요가 있다. 예언자들은 사람들이 하나님의 뜻에 순종하지 않으면 그 결과가 어떻게 된다는 것을 말했기 때문이다. 선지자들은 여러 교회를 순회하는 사람들이었다. 그들의 메시지는 생각이나 연구의 결과에서 나온 것이 아니었으며 성령의 직접적인 지시의 결과였다. 그들은 가정도, 가족도, 생활수단도 달리 없었다. 그들은 이 교회에서 저 교회로 하나님께서 그들에게 말씀해 주신 대로 하나님의 뜻을 전파하며 돌아다녔다. 선지자들은 얼마 후 교회에서 사라졌다. 선지자들이 왜 사라졌는지, 그 이유가 세 가지로 보인다.

1. 박해 시대에 가장 먼저 고난당한 이들이 바로 선지자들이었다. 그들은 위험한 직분을 가졌기 때문이다. 그들은 숨을 수도 없었다. 그리하여 그들은 신앙을 위하여 맨 처음에 죽어야 했다.

2. 선지자들이 문젯거리가 되었다. 교회가 성장하는 데 따라서 지역적인 조직이 발전했다. 모든 교회가 그 교회만을 위해 상주하는 목회자를 가질 수 있으며 그 지역만을 위한 행정 체제를 가질 수 있으리만큼 조직적으로 성장하기 시작하였다. 얼마 후 담임 목회자들은 자기네 교회를 혼란하게 하는 이런 순회하는 선지자들의 개입에 분개하기 시작했다. 담임 목회자들은 언제나 순회하는 전도자들을 좋지 않게 생각하게 되었다. 그러한 당연한 결과로 점차 선지자들은 사라지고 담임 목회자가 우세하게 되었다.

3. 선지자의 직분은 간단히 남용되기 쉬운 것이었다. 이런 순회하는 선지자들은 굉장한 위력을 가지고 있었다. 그들 가운데 어떤 사람들은 자신들의 직분을 남용하여 그들이 방문하는 교회의 비용을 가지고 매우 안락한 생활을 했다. 교회 행정에 대한 초기의 책으로는 《**열두 사도의 교훈**(*Didach*)》이 있었는데, 그 책의 연대는 주후 100년까지 거슬러 올라갈 수 있다. 그 책 안에는 선지자들에 대한 명망과 의구심 두 가지가 아울러 분명히 나타나 있다. 성례전의 순서가 나타나 있으며, 그때 사용될 기도문도 예시되어 있다. 그러고 나서 선지자는 자기 뜻대로 성례전을 집행할 수 있도록 허가되었다는 지시가 있다. 선지자는 자기 식대로 하고 싶으면 통상적인 양식에 구애 받지 않아도 되었던 것이다. 그러나 동시에 다른 명확한 규칙도 있다. 순회 선지자는 한 교회에 하루나 이틀간 머물 수는 있으나 그가 사흘을 머물기 원한다면 그는 거짓 선지자라고 기록하고 있다. 또 어떤 순회 선지자라도 영감을 받고 있다면서 금전이나 식사를 강요한다면 그는 거짓 선지자라고 기록하고 있다. 선지자들이 하나님의 참된 메시지를 각 교회에 전하는 사람들이었던 때가 있었다. 바울 시대가 바로 그런 때였다. 그러나 이런 순회하는 선지자가 시대착오적인 존재로 떨어지고, 그들 중 어떤 이들은 자신들의 직분을 여지없이 추락시킨 시대가 오게 되었다. 그리하여 마침내 그들의 존재가 사라지게 되었다.

III. "전도자"들이 있었다. 전도자들도 순회하는 사람들이었다. 전도자들은 우리가 선교사라고 하는 이들과 같은 데가 있다. 바울은 디모데에게 이렇게 써 보냈다. "너는 전도자의 일을 하라"(딤후 4:5). 그들은 기쁜 소식의 전달자들이었다. 그들은 주님을 본 바가 있는 사도들이 가졌던 위력도, 권위도 가지고 있지 못했다. 그들은 성령을 받은 선지자들이 가졌던 감화력도 가지고 있지 못했다. 그들은 복음의 소식을 한 번도 들어 보지 못한 세계에 복음의 이야기를 들고 가는 교회의 말단 선교사들이었다. 이들 무명의 전도자들은 신약성경의 기록 가운데 이름도 남기지 못하고 잊혀진 사람들이다. 그러나 그들이야말로 온 세계에 그리스도의 이름을 들고 나간 이름 없는 종들이다.

IV. **"목사"와 "교사"들이 있었다.** 이 두 마디 말은 같은 사람을 가리킨 것으로 보인다. 그들은 **교사들**이었다. 어떤 의미에서 그들은 전체 교회 중에서 가장 중요한 임무를 가진 사람들이었다. 그들은 순회하는 사람들이 아니었다. 그들은 한 교회에서 일하기 위해 영주하는 사람들이었다. 그들은 삼중의 기능을 가지고 있었다.

1. 초대교회 시대에는 책이 극히 희귀했었다는 사실을 기억해야 한다. 인쇄술은 1,400년 후에야 발명되었던 것이다. 모든 책은 손으로 써야만 되었다. 따라서 신약성경 정도 크기의 책은 약 40파운드 정도의 값이 나갔다. 따라서 예수에 대한 이야기는 전부 구전되는 말로 전달될 수밖에 없었다는 것을 의미한다. 예수의 이야기는 그것이 기록되기까지는 상당히 오랫동안 구전되어 내려왔다. 그리하여 이들 교사들에게는 복음 설화의 저장고가 되어야 하는 매우 중요한 책임이 주어졌던 것이다. 그들의 직능은 예수의 생애에 대한 이야기를 알고 그것을 전달해 주는 것이었다. 예수의 이야기가 교회에 전해져 내려오게 된 사실에는 그들의 수고가 많았다.

2. 교회에 들어온 사람들은 이교에서 곧장 들어온 사람들이었다. 그들은 글자 그대로 예수 그리스도께서 그들의 마음을 사로잡으셨다는 것 외에는 기독교에 대해 아무것도 몰랐다. 따라서 이들 교사들은 이교 세계에서 교회로 들어온 개종자들에게 기독교 신앙을 가르치고 눈을 뜨게 해 주어야 했다. 그들은 기독교 신앙의 위대한 교리들을 가르치고 설명해 주어야 했다. 교리를 순수하게 지킨다는 것이 전적으로 그들의 손에 달려 있었던 것이다. 기독교 신앙의 순수성이 간직되었으며 그렇게 오랫동안 전달되어 내려오면서도 일그러지지 않는 것은 그

들 교사들의 덕이 많다.

3. 이들 교사들은 **목사**들이기도 했다. 그리고 **목사**라는 말은 라틴어에서는 단지 하나의 **목사**를 의미하는 말이다. 당시 그리스도의 교회는 이교 세계의 바다 가운데 있는 하나의 작은 섬에 불과하였다. 교회 안에 들어온 사람들의 생활은 이교적인 생활에서 멀리 떨어진 것이 아니었다. 그들은 이교 세계의 악영향에 대해 끊임없이 노출되어 있었다. 그들은 항상 이교주의로 되돌아갈 위험에 놓여 있었다. 이런 때 목사의 책임은 자신의 양 떼들을 지키고 안전하게 보호하는 것이었다. 그 말은 오래전부터 있었던 훌륭한 말이다. 호머 시대까지 거슬러 올라가 보면 아가멤논(Agamemnon) 왕은 백성의 목자라고 일컬어졌다. 예수께서는 자기 자신을 선한 목자라고 했다(요 10:11, 14). 히브리서의 기자는 예수를 양의 큰 목자라고 했다(히 13:20). 베드로는 예수를 사람들의 영혼의 목자라고 했다(벧전 2:25). 또 베드로는 주님을 목자장이라고 했다(벧전 5:4). 예수께서는 베드로에게 자신의 양을 치라고 명령하셨다(요 21:16). 바울은 에베소 교회의 장로들에게 하나님께서 맡겨 주신 양 떼를 잘 지키라고 경고하였다(행 20:28). 베드로는 장로들에게 하나님의 양 무리를 치라고 권하였다(벧전 5:2). 목자의 이야기는 신약성경에 무수히 많이 기록되어 있다. 목자는 양 떼를 돌보며, 양들을 안전한 곳으로 인도하는 사람이었다. 그는 양들이 길을 잃었을 때 찾아 나서며 다시금 데리고 돌아오는 사람이었다. 그는 양들을 원수들에게서 지켜 주는 사람이었으며, 필요하다면 양들을 지키기 위해 자기 목숨을 버리는 사람이었다. 하나님의 양 무리를 치는 목자도 하나님의 성도들을 돌보는 사람이며, 진리의 꼴로 그들을 먹이는 사람이며, 그들이 길을 잃고 방황할 때 찾아나서는 사람이며, 그들의 신앙을 다치거나, 파괴하거나, 찌그러뜨리려는 모든 것에서부터 그들을 지켜 주는 사람이다. 따라서 이것은 사무적인 직분이 아니다. 그것은 모든 기독교인에게 맡겨진 책임이다. 모든 기독교인은 각자 그의 형제를 위한 목자가 되어야 한다.

교직자의 목적

에베소서 4:11-13(계속)

바울은 교회 안에 있는 여러 다른 종류의 교직자들의 이름을 열거한 후에, 계속해서 교직자의 목적과 그들이 힘써 해야 할 일들에 대해 말한다.

그들의 목적은 교인들을 온전케 하는 것이다. **온전케 한다**는 의미로 바울이 사용한 말은 매우 흥미 있는 말이다. 그것은 **카타르티제인**(katartizein)이라는 동사에서 온 **카타르티스몬**(katartismon)이란 말이다. 그 말은 외과의사들이 수족의 골절을 다시 맞추고 어긋난 관절을 다시 제자리에 꿰어 맞추는 경우에 사용하는 것이다. 정치적으로는 정부의 일이 잘 되어 나갈 수 있도록 대립되는 당파를 합칠 때 사용하는 말이다. 신약성경 자체에서는 그 물을 깁는 데 사용하고 있다(막 1:19). 그리고 죄를 지은 자를 교회의 사귐 속에 다시금 참여할 수 있도록 그를 바로잡은 것을 말한다(갈 6:1). 그 말의 기본적인 개념은 그 일이나 그 사람을 바로 있어야 할 상태로 있도록 해 주는 것이다. 교인들이 교인답게 되도록 교육하고, 도와주고, 인도하고, 돌봐 주고, 길을 잃었을 때는 찾아 나서는 것이 교회의 교직자들이 할 일이다. 교회의 교직자들은 자신의 명예를 위해서가 아니라 교회 안에 있는 이웃 형제들을 도와주기 위해 그 직분을 가지고 있다.

그들의 목적은 봉사를 하기 위한 것이다. 봉사라는 의미로 사용된 말은 **디아코니아**(diakonia)인데, 이 말의 배후에 있는 중요한 개념은 **실제적인 봉사**라는 것이다. 교회의 일은 설교와 교육에만 있는 것이 아니다. 실제적인 봉사에도 있다. 교직자들은 단지 신학적인 문제나 교회법에 대해서만 말하고 토의하는 사람이 되어서는 안 된다. 그 사람은 하나님의 가난하고 외로운 사람들을 위한 실제적인 봉사가 시행될 수 있도록 하는 직분을 가진 사람이다.

그들의 목적은 그리스도의 몸을 세우게 하려는 것이다. 언제나 교직자의 일은 건설하는 것이지 파괴하는 것이 아니다. 그의 목적은 교회를 건설하는 것이지 파괴하는 것이 아니다. 그의 목적은 결코 문제를 일으키는 것이 아니라 문제가 고개를 들지 못하게 하는 것이다. 그의 목적은 언제나 교회의 조직을 강건하게 하는 것이지 약화시키는 것이 아니다.

그러나 교직자에게는 이상에서 말한 것 이상으로 더 중대한 목적이 있다. 이상에서 말한 목적은 긴급하고도 일상적인 목적이다. 그러나 그런 것 이상으로 더 중요한 목적이 있다.

그의 목적은 교인들이 완전한 통일에 이르게 하는 것이다. 그는 결코 교회 안에 분파가 생기도록 해서는 안 된다. 그는 교회 안에 불화의 원인을 만들어 주어서는 안 된다. 그의 목적은 교훈과 모범적인 생활을 통해 교인들이 날마다 통일되도록 지도하는 것이다.

그의 목적은 교인들이 완전한 인간이 되도록 하는 것이다. 교인들에 대한 교회의 목적은 완전 외에는 아무것도 아니다. 교회는 교인들이 점잖고, 존경 받을 수 있는 삶을 산다고 해서 만족해서는 안 된다. 교회의 목적은 교인들이 모두 완전한 남성 또는 여성의 모범이 되도록 하는 것이어야 한다.

그러고 나서 바울은 끝으로 가장 중요한 목적을 말한다. 교회의 목적은 교인들이 그리스도의 충만한 데까지 그 키가 자라도록 해야 하는 것이다. 고십(A. J. Gossip)은 언제나 그리스도의 목적은 이 세계에 기독교 민족을 만들고자 하는 것이었다는 말을 즐겨 사용하였다. 교회의 목적은 자기 속에 예수 그리스도의 그림자를 가지고 있는 남자와 여자를 만들어 내는 것 외에 아무것도 아니다. 크림전쟁(Crimean War) 때 있었던 일이다. 플로렌스 나이팅게일(Florence Nightingale)이 어느 날 밤 병실을 돌아보고 있었다. 그녀는 매우 심하게 부상당한 군인의 침대를 돌아보기 위해 잠깐 섰다. 그녀가 내려다보는 순간 부상당한 젊은이가 올려다보면서 이렇게 말했다. "당신은 나에게 그리스도입니다." 성자란 "그 사람 안에 그리스도께서 다시 살아 계신 사람"이라고 정의하고 있다. 이것이야말로 참된 교인들이 목표로 해야 하는 바다.

그리스도에게까지 성장함

에베소서 4:14-16

[14]이는 우리가 이제부터 어린아이가 되지 아니하여 사람의 속임수와 간사한
유혹에 빠져 온갖 교훈의 풍조에 밀려 요동하지 않게 하려 함이라 [15]오직 사
랑 안에서 참된 것을 하여 범사에 그에게까지 자랄지라 그는 머리니 곧 그리
스도라 사랑 안에서 자라자 [16]그에게서 온몸이 각 마디를 통하여 도움을 받
음으로 연결되고 결합되어 각 지체의 분량대로 역사하여 그 몸을 자라게 하
며 사랑 안에서 스스로 세우느니라

모든 교회에는 특별히 보호되어야 할 교인들이 있게 마련이다. 다시 말해 어린아이와 같은 사람이 있다. 그들은 신기한 것을 보고 싶은 욕망의 지배를 받는다. 또 그들은 새로운 형태의 신앙에 마음이 끌린다. 또 그들은 항상 누구의 이야기에서나 곧잘 영향을 받는다. 그들은 신앙의 본질을 이해하는 데 어린아이들의 능력밖에 가지지 못하고 있다. 신앙에도 유해적인 양해가 오고갔지만 교회는 영속해 내려왔다는 것이 역사적인 교훈이다. 떠돌이 교사나 부흥사는 왕성하기도 했고 쇠잔하기도 했지만 교회는 계속 전진해 왔다는 것이 역사의 교훈이다. 신앙의 실속 있는 굳은 음식은 언제나 교회 안에서 찾을 수 있다.

모든 교회에는 특별히 지켜 주어야 할 교인들이 있게 마련이다. 바울은 인간의 간사한 궤술에 대해 말한다. 바울이 사용하고 있는 말(**쿠베이아**〈kubeia〉)은 주사위를 교묘하게 조작하는 재간을 의미한다. 영리하고 교묘한 말재간을 가지고 신앙에서 멀어져 나가도록 유혹하는 사람들이 언제나 있게 마련이다. 오늘날 이 시대의 특징은 사람이 그 어느 때보다도 종교에 대해 말을 많이 한다는 것이다. 그리하여 기독교인 특히 젊은 기독교인들은 교회에 반대하고 하나님께 반항하는 교묘한 말에 직면하는 일이 많게 되었다.

이러한 종교적인 풍조에 휩쓸리지 않고, 교묘한 인간들의 그럴듯한 이론에 끌려 들어가지 않을 수 있는 길이 오직 한 가지 있다. 그것은 날마다 그리스도께

더욱 가깝게 살아가면서 계속적으로 그리스도에게까지 성장하는 것이다.

바울은 또 다른 그림을 보여 주고 있다. 온몸의 각 마디가 완전히 합쳐지고 연결을 가질 수 있을 때, 모든 관절이 제대로 연결하는 일을 할 때, 온몸의 각 부분이 각자에게 맡겨진 일을 제대로 할 때 오직 건강하며 제대로 일을 할 수 있다고 바울은 말한다. 바울은 교회도 그와 마찬가지라고 말한다. 그런데 그리스도께서 참으로 머리가 되실 때 교회는 다만 그와 같아질 수 있다. 그리고 건강한 몸의 모든 부분이 두뇌의 지시에 따라 움직이는 것과 같이 교회의 모든 교인이 그리스도의 다스림에 따라 움직일 때 교회도 그와 마찬가지일 수 있다.

하나하나의 기독교인들이 모두 굳건한 신앙을 지키게 하며, 온 교회를 건강하며 활동적인 교회로 지속시키는 유일한 길은 몸의 머리가 되시며 지침이 되시는 예수 그리스도와 절친하게 그리고 헤어질 수 없는 관념을 굳게 맺는 것뿐이다.

버려야 할 것

에베소서 4:17-24

[17]그러므로 내가 이것을 말하며 주 안에서 증언하노니 이제부터 너희는 이방
인이 그 마음의 허망한 것으로 행함같이 행하지 말라 [18]그들의 총명이 어두
워지고 그들 가운데 있는 무지함과 그들의 마음이 굳어짐으로 말미암아 하
나님의 생명에서 떠나 있도다 [19]그들이 감각 없는 자가 되어 자신을 방탕에
방임하여 모든 더러운 것을 욕심으로 행하되 [20]오직 너희는 그리스도를 그같
이 배우지 아니하였느니라 [21]진리가 예수 안에 있는 것같이 너희가 참으로
그에게서 듣고 또한 그 안에서 가르침을 받았을진대 [22]너희는 유혹의 욕심을
따라 썩어져 가는 구습을 따르는 옛 사람을 벗어 버리고 [23]오직 너희의 심령
이 새롭게 되어 [24]하나님을 따라 의와 진리의 거룩함으로 지으심을 받은 새
사람을 입으라

여기서 바울은 그의 개종자에게 그들의 낡은 생활양식을 버리고, 그리스도의 생활양식으로 돌아오라고 호소한다. 이 부분에서 바울은 자신이 생각하고 있는 이교 생활의 중요한 특색을 나열하고 있다. 이교도들은 아무것도 아닌 헛된 것에 관심을 기울인다. 그들의 마음은 무지 때문에 어둠에 쌓여 있다. 그러고 나서 하나의 주목할 만한 단어가 나오는데, 그들의 마음은 굳어졌다. 그들의 마음은 **굳어졌다**는 의미로 바울이 사용하는 말은 매우 무서운 말이다. 즉, **포로시스**(porosis)란 말이다. **포로시스**는 원래 대리석보다도 더 굳은 돌을 말하는 **포로스**(poros)라는 말에서 유래된 것이다. 이 말에는 의학적인 용법도 있다. 그것은 관절 속에 생겨 그 동작을 마비시키는 통풍석(通風石)을 의미했다. 지금은 뼈가 부러졌다가 다시 붙은 자리에 생기는 경결(硬結)을 의미하고 있는데, 본래의 뼈보다도 더 굳다. 끝으로 그 말은 모든 감각 능력을 상실하는 것을 의미하게 되었다. 그것은 너무 굳어졌고 경화되었기 때문에 전혀 아무것도 느낄 수 있는 능력을 갖지 못하게 된 것을 말한다.

이것이 바로 바울이 이교 생활이 어떻다는 것을 보여 주는 것이다. 그것은 너무 굳어져 감각 능력을 잃어버린 생활이다. 〈**젊은 친구에게 보내는 편지**〉에서 로버트 번즈(Robert Burns)는 죄에 대해 이렇게 썼다.

> 죄의 몫을 나는 포기한다.
> 숨기는 위험도 포기한다.
> 그런데 오! 죄는 속을 굳히며,
> 감각을 경화시키는구나!

죄의 무서움은 모든 것을 굳어지게 하는 힘이다. 죄의 과정은 뚜렷하다. 아무도 한 번에 큰 죄인이 되지는 않는다. 처음에는 그는 죄를 두렵고 무섭게 본다. 죄를 지었을 때 그의 마음속에 깊은 뉘우침과 후회가 생긴다. 그러나 계속해서 여러 번 죄를 짓게 되면 모든 감각을 잃어버리고, 마침내 가장 부끄러운 일도 아무 느낌이 없이 해치우게 된다. 그의 양심이 굳어진 것이다. 이방인의 생활양식은 인간의 양심을 경화시켜, 결국 어떤 감각도 가지지 못하게 한다는 것이 바울의 중요한 비난이었다.

그러나 바울은 이방인의 생활양식을 묘사하기 위해 다른 두 개의 무서운 헬라어를 더 사용하고 있다. 바울은 이방인이 모든 더러운 것을 **욕심으로** 행했다고 한다. 그리고 그들은 **부끄러움을 모르는 방탕** 속에서 그런 일을 했다고 말한다. 부끄러움을 모르는 방향이란 말은 **아셀게이아**(asaelgeia)다. 그것을 플라톤은 "몰염치한 행동"이라고 정의하였다. 또 다른 작가는 "모든 쾌락을 위한 준비"라고 정의하였다. 바질은 이것을 "훈련의 고통을 참을 수 없는 영혼의 기질이라"고 정의하였다. 그러나 **아셀게이아**의 중요한 특색은 이런 것이다. 즉, 악인은 언제나 자신의 죄를 감추려고 한다. 그러나 **아셀게이아**를 자기 마음속에 가지고 있는 사람은 자신의 행동이 얼마나 많은 공론을 일으키는지, 자신의 욕망이 만족될 수 있다면 체면이 얼마만큼 멸시 받고 모욕 받는지를 상관하지 않는다. 대부분의 사람들은 자신의 죄를 숨길 만큼의 체면은 가지고 있다. 그러나 **아셀게이아**를 자기 속에 가지고 있는 사람은 자신이 가지고 싶은 것을 얻기 위해서는 부끄러움을 개의하지 않는다. 죄는 체면도 부끄러움도 모두 버릴 수 있도록 인간을 사로잡을 수 있다. 그런 사람은 마치 마약 상습자 같다. 처음에 그 사람은 마약을 몰래 복용한다. 그러나 후에는 어쩔 수 없이 매달리게 된 그 약을 구하기 위해 부끄러운 줄 모르고 공공연히 애원하고, 아첨까지 하며, 울며 매달리는 단계까지 이르게 된다. 인간은 자신이 술을 마시는 것을 남이 보는 것도 상관하지 않을 정도로 술의 노예가 될 수 있다. 인간은 자신의 성적인 욕망을 채우는 모습을 남이 보는 것도 상관하지 않을 정도로 성적 욕망이 자신을 사로잡게 내버려 둘 수 있다. 이교의 생활양식을 따르면 죄의 노예가 되고, 그 지배를 받아 본능적인 부끄러움도 잊어버리게 되고, 인간이 인간이기를 그치게 되고 짐승으로 전락하게 된다.

그리스도 없는 인간은 이 모든 일을 **욕심으로** 행한다. 그 말은 **플레오넥시아**(pleonexia)인데, 이것도 무서운 말이다. 헬라인은 이 말을 "오만한 탐욕"이라고 정의하였다. 또 그들은 그것을 "저주 받은 소유욕" 또는 "다른 사람께 속한 것을 가지기 원하는 불법적인 욕망"이라고 정의하였다. 그것은 자신의 욕망을 위해 이웃 사람을 언제나 희생시킬 수 있는 정신이라고 정의해 왔다. **플레오넥시아**는 가질 수 있는 권리가 없는 것을 가지려고 하는 억제할 수 없는 욕망이다. 그것은 물질을 훔치는 결과를 가져올 수 있다. 그것은 자신의 이익을 위해 다른 사람을 짓밟아 버릴 수 있다. 또 그것은 성적인 죄를 가져오게 할 수도 있다. 그것은 자신이 원하는 것을 위해서는 다른 사람이 다치든, 어떤 방법을 쓰든 개의하지 않는 사람의 정신이다.

이교도의 세계 곧 그리스도 없는 세계에서 바울은 세 가지 무서운 사실을 보았다. 그는 인간의 마음이 그처럼 굳어져 죄를 짓고 있다는 사실조차 모르게 되는 것을 보았다. 그는 인간이 그처럼 죄의 지배를 받아 부끄러움을 잃어버리고 체면도 잊게 되는 것을 보았다. 또 그는 인간이 자신의 욕망이 만족을 얻는 한 다른 사람의 생명이 해를 받고 또 다른 사람의 순결이 짓밟혀도 상관하지 않을 정도로 자기 욕망만을 바라고 있다는 것을 보았다. 우리가 이 사실을 생각할 때 이러한 죄는 분명히 오늘날 그리스도 없는 이 세계의 죄악이며, 모든 대도시를 휩쓸고 있으며, 그 거리를 활보하고 있는 죄라고 할 수 있다.

바울은 그의 개종자들에게 그러한 종류의 생활을 그만두라고 권한다. 그는 생생한 표현 방법을 써서 말한다. 그는 이렇게 말한다. "너희는 낡은 옷을 벗어던지듯이 옛 생활 방식을 벗어 버리라. 너희 죄를 버리라. 그리고 하나님께서 너희에게 주시는 의와 거룩함을 입어라." 이처럼 죄의 무섭고도 추악함을 보여 줄 수 있으며, 인간에게 세상의 방법을 버리고 하나님의 방법을 따르라고 열심히 권면하는 글도 그리 많지 않다.

생활에서 없애야 할 것

에베소서 4:25-32

25그런즉 거짓을 버리고 각각 그 이웃과 더불어 참된 것을 말하라 이는 우리
가 서로 지체가 됨이라 26분을 내어도 죄를 짓지 말며 해가 지도록 분을 품지
말고 27마귀에게 틈을 주지 말라 28도둑질하는 자는 다시 도둑질하지 말고 돌

이겨 가난한 자에게 구제할 수 있도록 자기 손으로 수고하여 선한 일을 하라
[29]무릇 더러운 말은 너희 입 밖에도 내지 말고 오직 덕을 세우는 데 소용되는
대로 선한 말을 하여 듣는 자들에게 은혜를 끼치게 하라 [30]하나님의 성령을
근심하게 하지 말라 그 안에서 너희가 구원의 날까지 인치심을 받았느니라
[31]너희는 모든 악독과 노함과 분냄과 떠드는 것과 비방하는 것을 모든 악의
와 함께 버리고 [32]서로 친절하게 하며 불쌍히 여기며 서로 용서하기를 하나
님이 그리스도 안에서 너희를 용서하심과 같이 하라

바울은 바로 조금 전까지 누구나 기독교인이 되면 쓸데없게 된 저고리를 벗어 버리듯 그의 옛 생활을 벗어 버려야 한다고 말했다. 여기서 바울은 기독교 생활에서 없애야 할 것에 대해 말한다.

1. 더 이상 거짓이 있어선 안 된다. 세상에는 여러 가지 거짓이 있다. 주고받는 말이나 글 속에도 거짓이 있다. 때로 그 거짓은 고의적인 것도 있고 거의 무의식적인 거짓도 있다. 존슨(Johnson) 박사는 자녀 교육에 관련한 하나의 흥미 있는 충고를 들려주고 있다. 그는 이렇게 말한다. "당신의 자녀에게 꾸준히 이런 관습(진실을 말하게 하는 관습)을 길러 주시오. 어떤 일을 갑이라고 하는 창에서 일어났을 때 자녀가 그것이 을이라는 창에서 일어난 것처럼 말한다면 그대로 두지 마시오. 즉시 고쳐 주시오. 이런 진실에서 탈선이 어떤 결과를 초래하게 될는지 당신은 모르기 때문입니다…. 이 세상에 그처럼 많은 거짓이 있는 것은 고의적인 거짓말보다는 진실에 대한 무관심에서 생긴 결과입니다. 우리는 의식적으로 진실을 말하도록 결심하고 노력하는 관습을 길러야 한다는 것이 존슨 박사의 견해였다.

이야기의 세밀한 부분은 보태서 말하기 쉽다. 우리가 어떤 일을 하지 않았거나 끝내지 못한 일에 대해 변명을 하고자 할 때 어떤 말을 꾸며 대기 쉽다. 사실 이 세상에는 거의 무의식적으로 거짓말을 많이 한다. 따라서 진실을 말하기 위해서는 의식적인 노력이 필요하다. 그런데 거짓은 말을 하는 가운데만 있는 것이 아니라 침묵의 거짓도 있다. 아마도 이것이 더 흔한 것인지도 모른다. 안드레

모로아(Andre Maurois)는 유명한 글에서 침묵의 협박에 대해 말하고 있다. 이것은 토론 시간에 마땅히 말을 해야 할 때 침묵을 지키는 것과 같다. 그러한 침묵으로 그 자신은 그것이 잘못인 줄 알면서도 결국 찬성하는 결과가 되는 것이다. 또 그것은 마땅히 자신이 나서서 경고하고 책망하여야 하는데도 그런 일을 하지 않는 것과 같다. 인간은 발언을 통해 진리를 왜곡하는 것과 마찬가지로 침묵을 통해서도 진리를 왜곡할 수 있다.

다음으로 바울은 진실을 말해야 하는 이유에 대해 말한다. 그것은 우리가 모두 한 몸의 지체들이기 때문이다. 우리는 다만 우리 몸의 감각이나 신경기관이 두뇌까지 진실한 정보를 전해 주기 때문에 안전하게 살아간다. 사실 감각이나 신경기관이 거짓된 정보를 두뇌까지 전해 준다면, 예를 들어 실제로는 불타는 뜨거운 것인데 두뇌에는 시원하고 만질 수 있는 것이라고 전해 준다. 우리의 생명은 당장 죽고 말 것이다. 우리 몸의 각 부분이 진실한 정보를 두뇌나 몸의 다른 부분에 전해 주어야만 비로소 우리의 몸은 정상적으로, 건강하게 기능을 발휘한다. 따라서 우리가 모두 한 몸으로 연결되었다고 할 것 같으면 그 몸은 우리가 서로 진실을 말할 때 기능을 발휘할 수 있는 것이다. 모든 거짓은 그리스도의 몸이 활동하는 것을 저해한다.

II. 기독교 생활에도 분노는 있어야 한다. 그러나 그것은 정의의 분노여야 한다. 분노할 수 있는 능력을 잃어버린 사람에게는 무엇인가 중요한 것을 상실한 것이 될 것이다. 이기적인 분노, 자신에게 일어난 일에 대한 분노는 언제나 잘못된 것이다. 심술궂음과 기분 나쁨과 성급함은 변명할 길이 없다. 그러나 그 분노가 없다면 이 세계가 더욱 가난해질 그러한 분노도 있다. 노예 매매에 대한 윌버포스(Wilberforce)의 불타는 의분이나, 19세기 남녀와 아동의 노동조건에 대한 사프터스버리(Shaftesbury)의 의분이 없었다면 이 세계는 많은 손실을 가져왔을 것이다. 존슨 박사에게는 세련되지 못한 우둔함 같은 것이 있었다. 무엇인가 잘못되었다고 생각되면 그는 즉시 힘 있게 직접적으로 그 잘못을 지적하였다. 한나 모아(Hannah More)가 전하는 바에 의하면 박사가 **《헤브리디스 제도의 여행기**(*Tour to Habrides*)》를 출판하려고 할 때, 그녀는 박사에게 거친 표현을 얼마간 부드럽게 하면 어떠냐고 물은 일이 있다고 한다. 그때 그는 "다른 사람을 즐겁게 하기 위해 손톱을 자르거나 호랑이를 고양이로 만들지는 않겠다"라고 말했다고 한다. 인생에도 호랑이가 있어야 할 장소가 있다. 그런데 그 호랑이가 얼룩고양이가 되어 버린다면 잃는 바가 적잖을 것이다.

예수께서도 무섭도록 위엄을 가지고 의분을 일으켰던 때가 있었다. 예수께서 안식일에 손 마른 사람을 고치는지를 보는 서기관과 바리새인들에 대해 분노를 일으킨 일이 있다(막 3:5). 예수께서 분노하신 것은 자신에 대한 비난 때문이 아니었다. 예수께서는 그들의 엄격한 정통성이 한 불쌍한 인간에게 불필요한 고통을 그대로 지워 주기를 원하고 있기 때문에 분노하신 일이 있다(요 2:13-17). 보어함(F. W. Boreham)은 위대한 설교가이며 성자인 브라이튼(Brighton)의 로버트슨(F. W. Robertson)이 자신의 편지에서 다음과 같은 사실을 쓴 일이 있다고 전한다. 즉, 그는 순진한 소녀를 타락시킬 것으로 보인 남자를 거리에서 만났을 때 입술을 피가 나도록 깨문 일이 있다고 한다. 로버트슨의 마음속에는 백열 같은 분노가 있었던 것이다. 요한 웨슬리는 이렇게 말한 일이 있다. "나에게 하나님 외에 아무것도 두려워하지 않으며, **죄만을 증오하며**, 예수 그리스도와 그의 십자가만을 아는 사람 백 명을 달라. 그러면 나는 온 세계를 진동시키리라."

이기적이며, 성미가 급하며, 훈련 받지 못하고, 통제되지 못한 분노는 죄가 많으며, 아무 소용도 없으며, 해로운 것이기 때문에 기독교 생활에서는 없애 버려야 한다. 그러나 그리스도와 이웃 사람들을 위해 봉사하도록 훈련 받은 분노와 순수하며 사심이 없는 분노는 이 세계에서 가장 큰 활동력 가운데 하나가 된다.

III. 바울은 계속해서 기독교인은 해가 지도록 분을 품지 말라고 한다. 플루타크가 전하는 바에 의하면 피타고라스의 제자인 철학자들에게는 그들 나름대로 하나의 규칙이 있었다고 하는데, 그것은 곧 그날 하루를 지내는 동안 화가 나 모욕적인 언사를 서로 주고받은 일이 있다면 해가 지기 전에 서로 악수하고 입을 맞추고 화해를 해야 하는 것이었다고 한다. 한 유대교의 랍비는 그의 마음속에 형제에 대한 악한 생각을 품지 않고 잠자리에 들게 해 달라고 기도한 사람이 있었다고 한다. 인간에게는 모든 사람과 화해한 채 저녁을 맞이하는 것 이상 더 좋은 일이 없다. 바울의 권고는 매우 훌륭한 것이다. 싸움이나 불화에 대해 화해하는 일을 오래 미룰수록 그만큼 화해하기 어려워지기 때문이다. 우리와 다른 사람 사이에 문제가 생긴다든가, 교회나 다른 모임이나 회합에서 문제가 생기면 그 문제에 대처할 유일한 방법은 즉시 하는 것이다. 문제가 커지도록 내버려 두면 둘수록 그만큼 문제는 지독하게 되고 만성화된다. 우리가 잘못되었다면 그 즉시 잘못을 시인하고 하나님께서 자비를 베풀어 주시기를 기도해야 한다. 그리고 우리가 잘한 일이라면 문제를 바로잡을 수 있는 제일단계를 우리가 먼저 취할 수 있도록 하나님께서 자비를 베풀어 주시기를 기도하여야 한다.

이 부분에서 바울은 계속해서 다른 계명을 내리고 있다. 그 헬라어는 똑같은 두 가지 의미를 가질 수 있다. 그것은 이런 의미가 될 수 있다. "악마에게 기회를 주지 말라." 화친하지 못한 불화나 화해하지 못한 분쟁은 악마가 분열과 불화의 씨를 뿌리기 가장 좋은 기회다. 교회는 여러 번 두 사람이 싸우고 해가 지도록 분을 품었기 때문에 분파나 당파로 갈라진 일이 많이 있다. 인간관계가 악화되었을 때 악마는 즉각 그 기회를 이용한다는 것을 기억해야 한다.

그런데 이 구절에는 똑같은 또 하나의 의미가 있다. 악마에 해당하는 헬라어는 **디아볼로스**(diabolos)다. 그러나 **디아볼로스**는 통속 헬라어에서는 **중상자**를 의미한다. 예를 들어 루터는 이 구절을 "너희 생활 가운데 중상자가 들어설 자리를 주지 말라"고 해석하였다. 바울이 의미하고자 했던 바는 바로 이런 것이었다고 보는 것이 더 좋을 듯하다. 이 세상에서는 중상하는 말을 옮기는 자처럼 큰 문제와 손상을 야기하는 자가 또 없다. 코울리지는 **크리스터벨**에서 이렇게 쓰고 있다.

> 아! 그들은 어릴 때의 친구였는데,
> 속살거리는 혀로 진실을 독살하는구나.

반복되는 살인이 매일 마시는 찻잔 위에서 행해진다. 그러므로 누구든지 말을 옮기는 자가 오는 것을 보면 눈앞에서 문을 닫아 버리는 것이 좋을 것이다.

IV. 도둑이었던 사람은 정직한 일꾼이 되어야 한다. 이것은 매우 필요한 충고였다. 고대 세계에는 도둑질이 빈번했기 때문이다. 도둑질은 두 곳에서 자주 있었다. 그것은 항구에서 많이 있었다. 그리고 그 어느 곳보다도 공중목욕탕에서 자주 있었다. 공중목욕탕은 당시 사교장이었다. 그런데 목욕하는 이들의 옷이나 소유물을 훔치는 일은 모든 헬라 도시에 다 같이 흔히 있는 일이었다.

그런데 바울의 말 가운데서 정직한 일꾼이 되어야 한다는 그 이유가 매우 흥미 있다. 바울은 "정직한 일꾼이 되어라. 그리하여 너 자신이 독립적으로 생계를 꾸려 나가라"고 하지 않는다. 그는 "정직한 일꾼이 되어라. 그리하여 너보다도 더 가난한 자를 구제하라"고 한다. 여기에는 하나의 새로운 사상과 새로운 이상, 즉 구제할 것을 위해 일하는 새로운 이상적인 노동관이 있다. 제임스 아게이트(James Agate)는 유명한 소설가 아놀드 베네트(Arnold Bennett)가 한 사람의 불운한 작가에게 보낸 편지에 대해 말하고 있다. 베네트는 야심만만했으며 여러 가지로 실질적인 인간이었다. 그런데 이 편지에서 그는 간신히 이름만 알고 있는 동료 작가에게 이렇게 써 보냈다. "나는 지금 금방 나의 저금통장을 보았습니다. 그리고 나는 내게 과히 필요치 않은 백 파운드가 있다는 것을 알아냈습니다. 나는 그 돈에 해당하는 수표를 당신께 동봉해 드리는 바입니다." 여기에는 우리 모두에게 주는 계명이 있다. 현대 세계에는 남에게 마음 놓고 구제할 정도로 많이 가진 사람이 없다. 그러나 우리는 기독교의 이상적인 노동관을 기억해야 한다. 기독교의 이상적인 노동관은 우리가 재물을 축적하기 위해서가 아니라 필요하다면 그 재물을 나누어 줄 수 있기 위하여 일하는 것이다.

V. 바울은 이어서 더러운 말은 입 밖에도 내지 말라고 한다. 그러고 나서 같은 내용을 적극적으로 바꾸어서 말한다. 기독교인의 모든 말은 다른 사람에게 덕을 세우는 말이 되어야 한다고 바울은 말한다. 기독교인은 다른 사람에게 도움이 되는 말을 한다는 것을 특징으로 삼아야 한다. 모팻의 번역에 의하면 데만 사람 엘리바스는 욥에게 굉장한 칭찬을 보냈다. "너의 말은 사람들에게 제 발로 걷게 해 주었다"라고 그는 말했다(욥 4:4). 모든 기독교인은 그런 말을 할 수 있어야 한다.

VI. 바울은 우리에게 성령을 근심하게 하지 말라고 권고한다. 성령은 인생의 안내자요 지도자다. 우리가 어릴 때 부모의 충고나 경고나 조언에 대해 역행하는 행동을 했다면 부모님을 상심하게 하고 그들의 마음에 근심을 끼쳤을 것이다. 부모님에 대해서도 그렇거늘 성령의 안내와 지도에 거역하면 성령을 근심하게 하며, 성령을 통하여 우리에게 말씀하시는 아버지 되는 하나님의 마음까지 상처를 주게 되는 것은 말할 것도 없다.

바울은 이 장 끝부분에 우리의 생활에서 없애야 할 것을 하나하나 차례차례로 나열하고 있다.

1. **악독**(**피크리아**〈Pikria〉)이 있다. 헬라인은 이 말을 화해하기를 거부하는 **오래된 원한**이라고 정의했다. 우리는 대부분 받은 모욕과 손해와 멸시를 품에 안고 분노를 조장하고 있다. 이러한 것들을 생각하면 할수록 우리 속에서 더욱 뿌리를 박게 된다. 모든 기독교인은 이러한 것들을 속히 잊어버리는 방법을 달라고 하나님께 기도드려야 한다.

2. **노함**(**투모스**〈thumos〉)과 **분냄**(**올게**〈orgē〉)이 있다. 헬라인은 **투모스**를 짚을 태울 때 일어나는 불꽃과 같은 종류의 분노라고 정의하였다. 그것은 금방 타오르지만 또 금방 시든다. 한편 그들은 **올게**를 관습적으로 그리고 만성적으로 품는 분노라고 묘사하였다. 기독교인들에게는 감정을 폭발시키는 일이라든가 끈질긴 분노 같은 것은 모두 금지된 것들이다.

3. **떠드는 것**과 **훼방하는 것**이 있다. 유명한 설교가는 그 부인에게서 언제나 "당신의 목소리를 낮추시오"라는 충고를 들었다고 한다. 어떤 토론이나 논쟁에서든지 우리의 목소리가 높아졌다는 것을 깨닫게 되는 때는 말을 그쳐야 할 때다. 유대인은 소위 "모욕의 죄"에 대해 말한 바 있는데, 그들은 하나님께서 그의 형제들에게 모욕적인 언사를 퍼붓는 사람을 죄 없다고 하지 않으신다고 믿었다. 리어(Lear) 왕은 코델리어(Cordelia)에 대해 이렇게 말했다.

"그녀의 목소리는 언제나 연하고 부드럽고 낮아 여자의 목소리 중 가장 훌륭한 것이다."

우리가 목소리를 낮추는 것을 배우고 어떤 사람에게 좋은 말을 할 줄 몰라 차라리 아무 말도 하지 않는다면 이 세계에는 상심되는 일들이 훨씬 적어질 것이다. 고함 소리를 질러야만 논쟁이 된다면 그것은 벌써 논쟁이 아니다. 모욕적인 언사가 오가는 논쟁도 논쟁이 아니라 언쟁이다.

이제 바울은 그의 모든 충고를 요약한다. 그는 우리에게 **인자하게**(**크레스토스**〈chrēstos〉) 하라고 말한다. 헬라인은 이러한 자질을 이웃 사람의 일을 자기 일만큼 생각하는 마음의 상태라고 정의하였다. 인자함은 자신의 감정만큼 다른 사람의 감정도 생각해 주는 것이다. 그것은 다른 사람의 슬픔과 갈등과 문제를 자기 자신의 것인 양 관심을 가지는 것이다. 인자한 사람은 언제나 안으로가 아니라 밖으로 눈을 돌리게 하는 비결을 배워 가지고 있다. 바울은 우리에게 하나님께서 우리를 용서하신 것같이 다른 사람들을 용서하라고 한다. 그리하여 바울은 한 문장 안에서 인간관계의 법칙을 제시해 준다. 그리고 그 법칙은 예수 그리스도께서 우리를 대해 주신 것같이 우리도 다른 사람을 대해 주라는 것이다.

The Letter to the Ephesians 05

하나님을 본받음

에베소서 5:1-7

[1]그러므로 사랑을 받는 자녀같이 너희는 하나님을 본받는 자가 되고 [2]그리스
도께서 너희를 사랑하신 것같이 너희도 사랑 가운데서 행하라 그는 우리를
위하여 자신을 버리사 향기로운 제물과 희생 제물로 하나님께 드리셨느니라
[3]음행과 온갖 더러운 것과 탐욕은 너희 중에서 그 이름조차도 부르지 말라
이는 성도에게 마땅한 바니라 [4]누추함과 어리석은 말이나 희롱의 말이 마땅
치 아니하니 오히려 감사하는 말을 하라 [5]너희도 정녕 이것을 알거니와 음행
하는 자나 더러운 자나 탐하는 자 곧 우상 숭배자는 다 그리스도와 하나님의
나라에서 기업을 얻지 못하리니 [6]누구든지 헛된 말로 너희를 속이지 못하게
하라 이로 말미암아 하나님의 진노가 불순종의 아들들에게 임하나니 [7]그러
므로 그들과 함께하는 자가 되지 말라

바울은 기독교인 앞에 이 세계에서 가장 최고의 표준을 내세우고 있다. 바울은 그들에게 하나님을 본받는 자가 되라고 말한다. 후대 알렉산드리아의 클레멘트(Clement)는 참으로 현명한 기독교인은 하나님이 되는 훈련을 쌓는 사람이라

고 말한 바 있다. 바울이 모방에 대해 말할 때 헬라의 현인들이 이해할 수 있는 말을 사용하였다. **미메시스**(mimesis), 즉 모방은 웅변가의 훈련에서 매우 중요한 요소였다. 수사학의 교사는 웅변술을 배우는 데는 세 가지, 곧 이론, 모방, 연습에 달려 있다고 했다. 그들의 훈련에서 중요한 부분은 정통한 선배들의 웅변술을 배우고 모방하는 것이다. 바울은 마치 이렇게 말하고 있는 것과 같다. "너희가 웅변가 되기 위해 훈련을 받는다면, 훌륭한 웅변가를 본받으라는 말을 듣게 될 것이다. 그런데 너희는 웅변술을 훈련 받는 것이 아니다. 너희는 인생을 훈련 받는다. 그러므로 너희는 훌륭한 인생을 사신 주님을 본받도록 하지 않으면 안 된다."

이러한 모방은 무엇보다도 한 방향으로 가지 않으면 안 된다. 기독교인들은 하나님의 사랑과 용서를 받아야 한다. 바울은 하나의 전형적인 구약성경의 구절을 사용하고 있다. 그는 "향기로운 제물"에 대해 말한다. 이 구절은 매우 오래된 사상으로 거슬러 올라간다. 그것은 희생 제물과 같은 정도로 오랜 사상이다. 희생 제물이 제단 위에서 봉헌될 때 고기를 태우는 향기가 하늘로 올라가는데, 그러면 그 희생 제물을 받은 신은 향기를 흠향하신다고 생각하였던 것이다. 향기로운 냄새를 가진 제물은 특별히 그 제물을 받는 신을 매우 기쁘게 하고 즐겁게 받아들이게 하는 제물이었다. 바울은 매우 빈번하게 사용된 그 오래된 구절을—그 구절은 구약성경에 거의 50여 번 나온다—예수 그리스도께서 하나님께 드린 희생 제물에 해당시켜 사용한다. 예수의 희생 제물은 하나님을 기쁘게 했으며, 하나님께서는 그 제물을 기쁘게 받아 주셨다. 그런데 예수께서 드린 희생 제물은 어떤 것인가?

예수께서 드린 희생 제물은 하나님에 대한 완전한 복종과 인간에 대한 완전한 사랑이었다. 그 복종은 십자가를 지기까지 철저한 복종이었으며 그 사랑도 무한한 것이었다. 바울이 말하고자 하는 의도는 이런 것이다. "하나님을 본받아라. 그런데 하나님을 본받고 예수께서 드린 희생의 제물을 본받으려면, 너희는 다만 예수께서 인간들을 사랑하신 것같이 희생적인 사랑으로 인간들을 사랑하며 하나님께서 하신 것과 같이 사랑 안에서 그들을 용서하여야만 한다." 기독교인들은 하나님께서 보여 주신 사랑과 친절과 용서와 자비의 태도를 생활에서 재현하여야 한다는 것이 바울의 호소다.

그러고 나서 바울은 다른 문제에 대해 언급한다. 순결은 기독교가 이 세계에 끌어들인 하나의 새로운 미덕이었다고 한다. 고대 세계는 성적 부도덕을 전혀 죄악시하지 않았다는 것이 사실이다. 남자가 첩을 가지는 것을 당연한 것으로 생각했다. 고린도와 같은 곳에는 신전에 몇 백 명씩이나 되는 여제사장들이 있었는데 그들은 소위 거룩한 매춘부였으며 그들의 수입은 신전 유지비로 사용되었다.

〈**카엘리오를 위하여**(pro Caelio)〉라는 강연에서 키케로는 다음과 같이 항의하고 있다. "누구든지 젊은이들에게 절대로 매춘부를 사랑하지 못하게 금하여야 한다고 생각하는 사람이 있다면 그 사람은 극단적으로 지나치게 엄격한 사람이다. 나는 그 사람이 주장하는 원칙을 부정하는 것이 아니다. 그러나 그 사람은 우리의 시대가 허용하는 바에 대해뿐 아니라, 우리 조상 때부터 내려온 관습과 유풍에 대해서도 모순되고 있다는 점이다. 이런 일이 전혀 없던 때가 언제인가? 인간이 언제 이런 일에 대해 잘못이라고 생각했는가? 언제 이런 허락이 거부되었는가? 언제 지금은 합법적인 것이 비합법적인 것으로 여겨졌는가?" 로마 사람은 젊은이가 매춘부와 교제하는 것을 금해서는 안 된다고 키케로는 말하고 있다. 이 말은 고대 세계의 견해를 가장 잘 나타내 주는 말이다. 헬라인의 말에 의하면 아덴에 공창제도를 가장 처음으로 도입하고 창녀 굴을 짓게 한 사람은 솔론(Solon)이다. 그리고 그 새로운 사업의 이득으로 사랑의 여신, 아프로디테를 위한 새로운 신전을 짓게 했다. 매춘 행위에서 얻어진 수입과 이득으로 신전을 짓는 것이 조금도 잘못된 것이라고 생각하지 않는 헬라인들의 견해가 바로 헬라인들의 생각이 어떠했는지를 잘 보여 주고 있다.

바울이 이런 도덕적인 순결성을 강조할 때 그는 보통의 이방인이 도저히 꿈에도 생각하지 못했던 표준을 내세웠다. 따라서 그는 그처럼 열심히 권면하였으며, 엄격하게 그의 순결 법을 기록하였던 것이다. 우리는 기독교로 개종한 사람들이 어떤 사회의 출신이며, 그들을 둘러싸고 있는 사회가 어떤지를 기억해야 한다. 역사적으로 볼 때 기독교가 가져온 놀라운 도덕적인 기적이 다시없다.

희롱하는 죄

에베소서 5:1-7(계속)

우리는 바울이 말하고 있는 두 가지 또 다른 경고에 대해 주목해야 한다.

I. 바울은 이러한 부끄러운 죄는 입에도 올리지 말라고 한다. 그들은 어리석은 말이나 희롱하는 말을 하는 자들이 되어서는 안 된다고 바울은 말한다. 헤로도토스(Horodotus)가 전하는 바에 의하면 바사에는 "행하여서는 안 될 일은 말을 해서도 안 된다"는 규칙이 있었다고 한다. 어떤 일에 대해 말을 하거나, 농담을 하거나, 자주 대화의 화제로 삼는 것은 그것들을 마음속에 받아들이는 것이며 "그것들을 실제로 행하고 싶어 하는 것이 된다. 어떤 몇 가지 사랑에 대해서는 말을 하거나 농담을 하는 것도 결코 안 된다는 것이 바울의 확신이요, 그래서 경고하고 있는 것이다. 그러한 것들은 기독교 생활에서 없어져야 할 것들이다. 아직도 많은 책이나, 연극이나 영화가 단지 금지된 추악한 것들을 주제로 했기 때문에 흥행에 성공하고 있다는 것은 인간의 본성에 대해 냉혹한 비평을 내리게 하고 있다.

II. 바울은 그의 개종자들에게 헛된 말에 속지 말라고 한다. 무엇을 의미하는 말일까? 고대 세계에는, 그리고 더욱이 그리스도의 교회 안에도 육체적인 죄는 경시해도 좋다고 가르치는 소리가 있었다. 고대 세계에는 영지주의라고 일컬어진 사상적인 흐름이 있었다. 영지주의는 하나의 기본적인 사실에서 출발한다. 다시 말해 우선 영적인 것만이 선하고, 물질은 언제나 결함이 있고 악한 것이며, 물질은 근본적으로 그리고 본성에서 악하다는 주장에서 영지주의는 출발하고 있다. 그렇기 때문에 영지주의는 오직 영적인 것만이 가치가 있고, 물질은 완전히, 철저하게 무시되어야 한다는 생각을 가진다.

그런데 인간은 두 부분으로 구성되어 있다. 인간은 **육체**이며 **영**이다. 이러한 관점에서 보면 오직 영만이 중요하며, 육체는 중요하지 않다. 따라서 적어도 영지주의에 속한 사람들은 인간이 육체를 가지고 어떤 일을 하든지 아무런 상관이 없는 것이라고 주장하게까지 되었다. 인간의 욕망을 실컷 만족시킨다 해도 아무런 상관이 없다는 것이다. 육체는 전적으로 중요치 않다는 것이다. 조만간 인간은 육체와 더불어 소멸될 것이며 오직 영만이 중요한 것이라고 한다. 따라서 이러한 영지주의자들은 육체적이며 성적인 죄는 육체에 속한 것이며 영에 속한 것이 아니기 때문에 하등 중요하지 않다고 주장하였다. 기독교는 이러한 가르침에 대해 육체와 영혼은 아울러 중요하며, 하나님께서는 이들을 모두 창조하신 분이며, 예수 그리스도는 우리 인간의 육체를 그 자신에게까지 끌어 올림으로써 그것을 영원히 성화시켰으며, 육체도 성령의 전이며, 기독교는 육체와 영혼과 영을 합친 인간의 구원에 관심을 가진다는 주장으로 맞서고 있다.

III. 그러한 공격은 교회의 외부에서 왔다. 그러나 보다 교회의 내부에서 오는 위험한 공격이 있었다. 교회의 내부에는 은혜의 교리를 곡해하는 사람들이 있었다. 우리는 로마서 6장에서 바울이 그들과 가졌던 논쟁의 메아리와 저류를 들을 수 있다. 그들의 논쟁은 이런 것이었다. "당신은 하나님의 은혜가 이 세상에서 가장 큰 것이라고 말하고 있지요?" "그렇다." "당신은 하나님의 은혜는 매우 넓어 모든 잘못과 죄와 허물을 덮어 줄 수 있다고 말하고 있지요?" "그렇다." "그렇다면 하나님의 은혜가 우리의 모든 죄를 씻어 주실 것이니 우리는 계속해서 죄를 범합시다. 아니 그보다도 우리가 죄를 범하면 범할수록 하나님의 은혜는 그 활동할 기회를 더 많이 가지게 될 것입니다. 우리의 죄는 좋은 것입니다. 그것은 당신이 말하는바 이 세계에서 가장 귀한 은혜를 만들어 내는 원인이 되기 때문입니다."

기독교는 이러한 논의에 대해 은혜는 특전과 선물일 뿐 아니라 책임과 의무이기도 하다는 주장으로 맞서고 있다. 하나님의 사랑은 모든 잘못을 용서할 수 있으며 사실 용서하신다. 그러나 하나님께서 우리를 사랑하신다는 그 사실은 우리에게 사랑을 받을 만한 인간이 되게 하는 책임을 부여하고 있다.

인간이 이웃 사람에게 줄 수 있는 가장 큰 해독은 죄를 가볍게 생각하게 만드는 것이다. 죄의 공포와 무서움을 약화시켜 주는 가르침은 그것이 어떤 가르침이든지 매우 유독한 것이다. 바울은 개종자들에게 죄의식에서 공포와 가시를 제거시키는 헛된 말에 속거나 미혹되지 말도록 탄원하였다.

빛의 자녀

에베소서 5:8-14

8너희가 전에는 어둠이더니 이제는 주 안에서 빛이라 빛의 자녀들처럼 행하
라 9빛의 열매는 모든 착함과 의로움과 진실함에 있느니라 10주를 기쁘시게
할 것이 무엇인가 시험하여 보라 11너희는 열매 없는 어둠의 일에 참여하지
말고 도리어 책망하라 12그들이 은밀히 행하는 것들은 말하기도 부끄러운 것
들이라 13그러나 책망을 받는 모든 것은 빛으로 말미암아 드러나나니 드러나
는 것마다 빛이니라 14그러므로 이르시기를 잠자는 자여 깨어서 죽은 자들
가운데서 일어나라 그리스도께서 너에게 비추이시리라 하셨느니라

바울은 이방인의 생활을 어두움 가운데 사는 생활이라고 보았다. 그리고 기독교 생활은 빛 가운데 사는 생활이라고 보았다. 이 사실을 선명하게 나타내기 위하여 바울은 이방인은 어두움의 자녀이요, 기독교인들은 빛의 자녀라고 하지 않고 "이방인은 어두움**이요**, 기독교인들은 빛**이다**"라고 말하고 있다. 여기서 바울은 예수 그리스도께서 인류에게 가져다주신 빛에 대해 몇 가지 사실을 말한다.

1. 빛은 좋은 열매를 낳는다. 빛은 착함과 의로움과 진실함을 낳는다. 착함(**아가토수네**〈agathosune〉)은 일종의 관대한 정신을 말한다. 의로움(**디카이오수네**〈dikaiosune〉)을 헬라인 자신들은 "인류와 하나님에 대한 자신의 의무를 다하는 것"이라고 정의하였다. 진실함(**알레데이아**〈aletheia〉)을 신약성경에서는 단지 마음으로만 포착할 수 있는 지적인 것으로 생각하지 않는다. 그 진실함은 도덕적

인 진실함이다. 그것은 단지 **아는 데** 그치는 것이 아니다. 그것은 **실제로 행하여야 하는** 것이다. 그리스도께서 가져다주시는 빛은 우리를 이 세계에서 유용하며 도움이 되는 시민으로 만든다. 그것은 모든 남녀가 인간적인 것이거나 신적인 것에 대해서나 할 것 없이 모든 책임에 대해 태만하지 않게 만들어 준다. 그것은 우리가 진실하다고 아는 바를 실행할 수 있는 힘을 주신다. 나무는 빛을 받지 못하면 열매를 맺지 못한다. 인생도 그리스도의 빛이 비추지 않으면 열매 없는 삶이 되어 버릴 것이다.

II. 빛은 우리에게 하나님을 기쁘시게 하는 것과 기쁘시게 하지 못하는 것과를 분간하게 한다. 우리의 모든 동기와 행위는 그리스도의 빛에서 시험해 보아야 한다. 동양에 있는 시장의 상점들은 창문도 없이 단지 담으로 둘러싼 그런 곳이었다. 때때로 사람들이 비단이나 유기그릇을 사려면 그것을 가지고 길거리로 나와서 햇빛에 비쳐 보았다고 한다. 햇빛은 그 물건에 있는 흠을 드러내 주기 때문이다. 손님은 그 시험에 합격했을 경우에만 물건을 샀다. 그리스도에게는 모든 활동과 결심과 동기를 그리스도의 빛에 드러내 볼 책임이 있다. 이 빛 속에서 우리는 인생의 모든 것을 판단해 보아야 한다.

III. 빛은 악한 것을 폭로한다. 거듭 말하고 있는 바이지만 악한 사회나 악한 세계를 제거하는 가장 최선의 방법은 그것을 빛 가운데로 끌어내는 것이다. 비밀 가운데 행해지는 한 그것은 계속해서 행해진다. 그러나 그것이 백주의 태양 빛 아래 드러내지면 끝장 나 버리고 만다. 우리의 마음속 깊은 곳을 깨끗이 하며, 우리가 살고 있는 이 사회의 활동을 깨끗이 하는 가장 확실한 방법은 그것들을 그리스도의 빛 아래 드러내는 것이다.

IV. 끝으로, 바울은 빛에 대해 매우 훌륭한 생각을 가지고 있다. "빛으로 나타나지는 것마다 빛이 된다"라고 그는 말한다. 이것은 매우 어려운 문장이다. 그러나 바울은 빛 자체 안에서는 모든 것을 깨끗하게 하는 성질을 가지고 있다는 것을 의미하는 것으로 보인다. 오늘날 얼마나 많은 질병이 단지 햇빛을 쏘이게 하는 것만으로도 정복될 수 있다는 사실을 알고 있는 우리는 오늘날 햇빛이 가지고 있는 치유력에 대해 잘 알고 있다. 그리스도의 빛도 그와 마찬가지다. 우리는 그리스도의 빛이 단지 죄를 고발하는 잔인한 것이라고 생각해서는 안 된다. 그것은 깨끗해지기도 한다.

바울은 어떤 시에 있는 구절 하나를 인용하는 것으로 이 부분을 끝맺고 있다. 모팻은 그 부분을 이렇게 번역하고 있다.

> 일어나라, 잠자는 자여,
> 죽은 자들 가운데서 일어나라.
> 그리스도께서 네 위에 비추시리라.

바울은 마치 그 인용구를 모든 사람이 알고 있는 것같이 소개하고 있다. 그러나 아무도 그 인용구가 어디서부터 온 것인지 모른다. 몇 가지 재미있는 추측이 있다. 그것이 시라는 점에서 초대교회의 찬송가의 단편이라는 추측이 거의 확실하다. 그것은 세례식의 찬송가의 일절일 것이다. 우리는 초대교회에서 이루어진 세례가 대부분 장년 세례였다는 것을 기억해야 한다. 그것은 모두 자신들의 신앙을 고백하고 이교에서 나와 기독교로 개종하는 사람들의 세례였던 것이다. 그들이 물에서부터 나올 때, 이교의 어두운 잠에서 깨어나 기독교의 빛나고도 눈부신 생활로 들어가는 새로운 기독교인의 탄생을 생각하기 위해 이 구절이 찬송되었다고 본다. 한편 이 구절은 마지막 나팔이 이 지상에 울릴 때의 천사장의 호령을 의미하는 찬송가의 한 구절이라는 추측이 있다. 그때 죽음의 잠을 자고 있던 인간은 그리스도께서 주시는 영원한 생명을 얻기 위해 크게 일어날 것이다.

이것들은 모두 추측이다. 그러나 그 시의 한 구절을 읽을 때 우리는 그리스도의 교회가 노래하였던 최초의 찬송가 한 구절을 읽고 있다는 것만은 확실하다.

기독교인의 사귐

에베소서 5:15-21

[15]그런즉 너희가 어떻게 행할지를 자세히 주의하여 지혜 없는 자같이 하지
말고 오직 지혜 있는 자같이 하여 [16]세월을 아끼라 때가 악하니라 [17]그러므로
어리석은 자가 되지 말고 오직 주의 뜻이 무엇인가 이해하라 [18]술 취하지 말
라 이는 방탕한 것이니 오직 성령으로 충만함을 받으라 [19]시와 찬송과 신령
한 노래들로 서로 화답하며 너희의 마음으로 주께 노래하며 찬송하며 [20]범사
에 우리 주 예수 그리스도의 이름으로 항상 아버지 하나님께 감사하며 [21]그
리스도를 경외함으로 피차 복종하라

바울의 전반적인 권면은 그의 개종자들에게 지혜 있는 자같이 살라는 훈계로 끝맺고 있다. 그들이 살고 있던 시대는 악한 시대였다. 그들은 될 수 있는 대로 그들의 모든 시간을 세상을 위한 잘못된 사용에서 지켜 내야만 했다.

그러고 나서 바울은 두 종류의 모임, 즉 이교도들의 모임과 기독교인의 모임을 대조하고 있다. 이교도의 모임은 방탕에 빠지기 쉬웠다. 오늘날까지도 우리는 몇 사람이 모여 하나의 주제를 가지고 토의하는 모임을 **심포지움**(symposium)이라고 하는데 그것은 매우 의미 있는 일이다. **숨포지온**(sumposion)이라는 헬라어는 글자 그대로 주연을 의미한다. 이 구절을 가지고 웰치(A. C. Welch)는 이렇게 설교한 일이 있다. 제목은 "성령의 충만함을 받으라"는 것이다. 그는 이런 갑작스러운 말로 설교를 시작했다. "당신들은 당신들의 인생에 무엇인가를 가지고 채워야 합니다." 이방인은 그 자신을 술과 세상적인 쾌락으로 채우는 것을 행복이라고 생각하였다. 기독교인은 성령으로 채워졌다는 사실을 발견할 때 자신의 행복을 찾아내었다.

이 구절에서 우리는 초대교회 시대의 모임에서 몇 가지 명백한 사실을 알아낼 수 있다.

I. 초대교회는 "노래하는 교회"였다. 그 특징은 시와 찬미와 신령한 노래였다. 초대교회는 사람들이 노래하게 하는 즐거움을 갖고 있었다.

II. 초대교회는 "감사하는 교회"였다. 그들은 본능적으로 모든 일에 대해 언제 어디서나 감사했다. 후대 교회의 위대한 설교가인 크리소스토무스는 진귀한 생각을 가지고 있었다. 즉, 기독교인은 지옥에 대해서도 감사해야 한다는 것이다. 기독교인이 바른 길로 걸어가게 하는 위협이며 경고가 되기 때문이라고 했다. 그리스도의 교회는 교인들이 하나님의 사랑이 그들을 구원하여 주시기 위해 자신을 낮추기까지 하셨다는 놀라운 사실에 대해 감격하고 있기 때문에 감사하는 교회였다. 또 교회는 지금까지 인류가 소유하지 못했던 생각, 즉 하나님의 손안에 그들이 놓여 있다는 것을 생각하기 때문에 감사하는 교회였다. 그들은 모든 것이 하나님께로부터 왔다는 사실을 알았기 때문에 모든 것에 대해 감사할 수 있었다.

III. 초대교회는 "서로 존경하며 복종하는 교회"였다. 바울은 서로 존경하며 복종하여야 하는 이유를 말하고 있다. 그것은 그들이 모두 그리스도를 경외하기 때문이다. 그들은 서로를 그들이 하는 장사나, 직업이나, 사회적 지위라는 빛에서 보지 않았다. 그들은 다른 사람을 그리스도의 빛에서 보았다. 따라서 그들은 모든 인간이 가진 존엄성을 보았기 때문에 서로 존경하며 복종하기가 용이하였던 것이다.

귀중한 인연

에베소서 5:22-33

[22]아내들이여 자기 남편에게 복종하기를 주께 하듯 하라 [23]이는 남편이 아내
의 머리 됨이 그리스도께서 교회의 머리 됨과 같음이니 그가 바로 몸의 구주

시니라 [24]그러므로 교회가 그리스도에게 하듯 아내들도 범사에 자기 남편에
게 복종할지니라 [25]남편들아 아내 사랑하기를 그리스도께서 교회를 사랑하
시고 그 교회를 위하여 자신을 주심같이 하라 [26]이는 곧 물로 씻어 말씀으로
깨끗하게 하사 거룩하게 하시고 [27]자기 앞에 영광스러운 교회로 세우사 티나
주름 잡힌 것이나 이런 것들이 없이 거룩하고 흠이 없게 하려 하심이라 [28]이
와 같이 남편들도 자기 아내 사랑하기를 자기 자신과 같이 할지니 자기 아내
를 사랑하는 자는 자기를 사랑하는 것이라 [29]누구든지 언제나 자기 육체를
미워하지 않고 오직 양육하여 보호하기를 그리스도께서 교회에게 함과 같이
하나니 [30]우리는 그 몸의 지체임이라 [31]그러므로 사람이 부모를 떠나 그의 아
내와 합하여 그 둘이 한 육체가 될지니 [32]이 비밀이 크도다 나는 그리스도와
교회에 대하여 말하노라 [33]그러나 너희도 각각 자기의 아내 사랑하기를 자신
같이 하고 아내도 자기 남편을 존경하라

20세기에 이 구절을 읽는 사람은 아무도 그 위대함을 충분히 깨닫지 못할 것이다. 오랜 세월을 두고 기독교의 결혼관은 점차 받아들여졌다. 비록 현실은 이상과는 매우 동떨어져 있다고 해도 그 이상은 기독교적인 정황에서 살고 있는 사람들의 마음속에 언제나 도사리고 있었다. 결혼은 남녀간의 완전하고도 평생 변함없는 육체와 정신과 영적인 결합이라고 생각했다. 그러나 바울이 이 편지를 쓸 때의 사정은 매우 달랐다. 이 구절을 통해 바울은 부도덕한 세계 가운데 찬란하게 빛나는 순결을 하나의 이상으로서 남녀 앞에 제시하고 있다. 위대한 고전학자인 버랄(A. W. Verrall)은 고대 문명이 사멸한 중요한 병폐의 하나는 여성을 낮추어 본 것이라고 했다.

바울이 이 구절을 쓰고 이러한 이상을 진술한 것은 어떠한 정황에 대한 것이었는지를 간단히 살펴보자.

유대인은 여성을 매우 낮추어 보았다. 유대인의 아침 기도문 가운데는 유대인 남자들이 아침마다 하나님께서 자신을 "이방인이나, 노예나, 여자로" 만들어 주지 않은 것에 대해 감사하는 구절이 들어 있다. 여성에 대한 유대인의 모든 율법을 저하시킨 것은 유대인의 법에서 여자는 인간이 아니라 물건으로 취급한 것

때문이다. 여자는 아무런 법적인 권리를 가지지 못했다. 여자는 전적으로 남편의 소유물이었으며 남편의 마음대로 할 수 있었다. 이론적으로 볼 때는 유대인이 가장 이상적인 결혼관을 가지고 있었다. 랍비는 이렇게 말하고 있었다. "모든 유대인은 우상 숭배, 살인, 간음죄를 범하기보다는 차라리 자기 목숨을 버리는 것이 낫다." "한 남자가 젊은 날에 얻은 아내와 이혼하면 제단도 정말 눈물을 흘린다." 그러나 상제에서는 당시 교회에서까지도 이혼은 비극적이라고 할 정도로 쉬운 것이 되어 버렸다. 이혼법은 신명기 24장 1절에 잘 요약되어 있다. "사람이 아내를 맞이하여 데려온 후에 그에게 수치되는 일이 있음을 발견하고 그를 기뻐하지 아니하면 이혼 증서를 써서 그의 손에 주고 그를 자기 집에서 내보낼 것이요." 분명히 모든 것은 **수치되는 일**이라는 구절을 어떻게 해석하느냐에 달려 있다. 유명한 샴마이(Shamnail)가 주동이 된 엄격한 랍비는 그 구절이 오직 간음만을 의미한다고 주장하였다. 따라서 그 아내가 이세벨과 같은 악처라 할지라도 간음한 사실이 아니고서는 남편은 아내와 이혼할 수 없다고 선언하였다. 그런데 역시 유명한 힐렐(Hillel)이 주동이 된 보다 자유주의적 랍비는 이 구절을 여러 가지로 해석하였다. 그들은 아내가 너무 많은 소금을 넣었기 때문에 음식물을 먹지 못하게 했거나, 그녀가 머리에 너울을 쓰지 않고 거리를 걸어가거나, 거리에서 다른 남자와 말을 했거나, 남편이 듣는 데서 남편의 부모에게 멸시하는 말을 했거나, 그녀가 다투기 좋아하는 여자이거나, 말썽꾸러기요 싸움쟁이라고 생각될 때 남편은 아내와 이혼해도 된다는 의미라고 말했다. 아키바(Akiba)라는 랍비는 "그를 기뻐하지 않거든"이란 구절을 남편이 보다 매력적인 여자를 발견하면 그는 아내와 이혼해도 좋다는 의미로 해석하고 있다. 어느 학파의 주장이 더 우세했는지 쉽게 알 수 있다.

유대의 율법이 가지고 있는 두 가지 사실은 사태를 더욱 악화시켰다. 첫째 아내는 그 남편이 문둥이나 배교자나 아주 흉한 직업을 가지거나 하지 않는 한 이혼할 수 있는 권리를 가지지 못한다. 쉽게 말해 유대법에 의하면 남편은 어떤 이유로든지 아내와 이혼할 수 있다. 그러나 아내는 어떤 이유로든지 남편과 이혼할 수 없다. 유대인의 결혼법에서 여자는 아무런 힘도 없으며 보호 받을 수도 없다. 둘째로, 이혼 수속은 비참할 정도로 용이하다. 모세의 법은 어떤 남자가 아내와 이혼하기를 원하면 아내에게 이혼증서를 주라고 말하고 있다. 그 증서에는 이렇게 쓴다. "이것은 내가 주는 이혼장이며 축출장이며 해방증명이니 그대는 그대가 원하는 누구와도 결혼하여도 무방함." 남자가 하는 일이란 랍비가 정확하게 정서한 이혼증서를 두 사람의 증인 앞에서 아내에게 주는 것뿐이며 그것으로 이혼은 완전히 성립되었다. 그리고 다른 한 가지 조건은 아내가 가져왔던 지참금을 되돌려 주어야 했다.

기독교가 시작될 당시에는 유대교 자질과 마찬가지로 결혼제도가 매우 위기에 처해 있었다. 결혼제도 자체까지도 위협을 받을 정도로 그 위기는 심각하였다. 유대인의 딸들은 아내의 지위가 너무나 불안한 것이기에 결혼하기를 거절했기 때문이다.

헬라 세계에서 결혼생활은 더 나쁜 것이었다. 매춘 행위는 헬라인의 생활에서 불가결한 요소였다. 데모스테네스(Demosthenes)는 마치 매춘 행위는 흔히 있는 일이며 용인된 생활의 규칙인 것처럼 기록하고 있다. "우리는 쾌락을 위하여 매춘부를 가지고 있다. 우리는 날마다 동서하기 위해 첩을 가진다. 우리는 합법적인 자녀를 가지기 위해 아내를 얻는다. 그리고 모든 집안일을 충실히 관리하기 위해 아내를 얻는다." 헬라의 상류 사회의 부인들은 완전히 격리된 생활을 강요당했다. 부인은 절대로 공적인 생활에 참여할 수 없었다. 그녀는 절대로 혼자 거리에 나갈 수 없었다. 그녀는 식사 시간이나 사교적인 모임에도 모습을 나타내지 못했다. 그녀에게는 자기만의 거실이 있었는데 남편 외에는 누구도 거기에 들어갈 수 없었다. 세노폰(Xenophon)이 말한 바와 같이 그것은 "부인이 될 수 있는 대로 보지 않고, 될 수 있는 대로 듣지 않고, 될 수 있는 대로 질문하지 않게 하기" 위한 목적이었다. 헬라의 상류사회 부인들은 결혼을 통해 공동의식이라든가 우정 같은 것은 찾아볼 수 없도록 성장해 왔다. 남자들은 결혼생활 밖에서 자신의 쾌락과 우정을 찾았다. 소크라테스는 이렇게 물었다. "너는 중요한 문제에서 너의 아내 이상으로 신용할 수 있는 사람이 있는가? 그리고 너는 아내에게 보다도 더 말을 적게 하는 사람이 있는가?" 베루스(Verus)는 마르쿠스 아우렐리우스(Marcus Aurelius) 대왕의 황실 시종관이었다. 그는 다른 여자들과 사귄 일 때문에 아내에게서 꾸지람을 들었다. 그때 그는 아내에게 아내라는 이름은 존엄의 칭호지 결코 쾌락을 위한 칭호가 아니란 것을 기억하라고 대답하였다. 헬라인의 모든 생활양식은 남편과 아내 사이의 친교를 거의 불가능하게 했다. 헬라인은 아내가 집안을 돌보고 합법적으로 낳은 자녀를 돌보는 것을 기대했다. 그러나 자신의 쾌락이나 친교는 다른 곳에서 찾았다.

헬라에는 법적인 이혼 수속 절차가 없었기 때문에 사태가 더욱 악화되었다. 누군가가 말했듯이 이혼은 단지 기본적인 것만으로 처리되었다. 아내가 가질 수 있었던 유일한 구제책은 단지 지참금이 되돌려져야 한다는 것뿐이었다. 헬라에서는 가정생활이나 가족이 거의 소멸될 단계에 있었으며, 절개란 전혀 존재하지 않았다.

바울 시대에 로마 상태는 더욱 악한 것이었다. 로마의 타락은 비극적인 것이었다. 로마 공화국의 최초 5백 년 동안에는 한 건의 이혼도 없었다. 기록에 남아 있는 최초의 이혼은 주전 234년에 있었던 스푸리우스 카빌리우스 루가의 사건이었다. 그러나 바울 시대에서는 로마의 가정생활은 파괴되어 있었다. 세네카는 부인들은 이혼하기 위해 결혼하며, 결혼하기 위해 이혼한다고 기록하고 있다. 로마 사람들은 자신들의 연대를 숫자로 표시하지 않고 집정관의 이름으로 표시했다. 세네카는 부인들은 자신들의 연대를 남편의 이름으로 표시했다고 말한다. 로마의 시인 마르티알(Martial)은 어떤 부인에게는 열 명의 남편이 있었다고 말한다. 유베날리스(Juvenalis)에 의하면 어떤 여자는 5년 동안 여덟 남편을 가진 일이 있다고 한다. 제롬(Jerome)은 로마에는 스물세 번째의 남편과 결혼했는데 그 여자는 남편에 대해 스물한 번째의 아내였던 여자가 있었던 것이 사실이라고 분명히 말했다. 로마 황제 아우구스투스까지도 리비아 부인과 결혼하기 위해 임신 중인데도 남편과 이혼하라고 명령했던 일이 있었던 것을 볼 수 있다. 키케로조차도 만년에 아내 테렌티아를 쫓아내었는데, 그것은 그가 관리인으로 있었던 젊은 여자 상속인과 결혼하여 자신이 지고 있던 빚을 갚기 위해 그 여자의 재산이 필요했기 때문이었던 것을 알 수 있다.

이상은 전혀 절개 같은 것이 없었다는 것을 의미하는 것이 아니다. 수에토니우스(Suetonius)는 말로니아라는 한 로마 부인에 대한 이야기를 전하고 있다. 그녀는 티베리우스 황제의 요구를 거절하고 자살했다고 한다. 그러나 고대 세계의 전체 분위기는 간음이 만연했다고 해도 지나친 말이 아니다. 순결은 커져 가는 사치 문명 속에서 하나의 조난자에 불과하였다. 결혼은 완전 파멸의 도상에 있었다.

바울은 그런 배경 가운데서 이 편지를 썼다. 바울이 이러한 매우 아름다운 문장을 쓸 때 간단히 다른 사람이 가지고 있던 견해를 피력하거나 말을 바꾸어 하는 것이 아니었다. 그는 남자와 여자들에게 결혼생활에서 새로운 정절과 순결과 교제를 가지도록 깨우쳐 주고 있었던 것이다. 역사적으로 볼 때 아이들 말고는 여자들처럼 그리스도께 신세를 진 사람들이 다시없다는 것이 분명하다. 기독교가 고대 세계의 일상적인 가정생활에 미친 순결은 설명하려고 해도 할 수 없으리만큼 지대한 것이다.

바울 사상의 발전

에베소서 5:22-33(계속)

바울의 참다운 결혼관을 우리는 여기서 찾아볼 수 있다. 결혼에 대해 바울이 쓴 것들 중에는 우리를 매우 당황하게 하고 난처하게 하는 것들이 있다. 솔직히 말해 그것들은 바울이 쓴 것이 아니기를 우리는 바라고 있다. 더욱이 불행한 일은 그것이 곧 바울의 결혼관으로서 자주 인용되고 있는 점이다. 바울이 쓴 것들 중에 가장 이상한 부분은 고린도전서 7장이다. 거기서 바울은 결혼과 남녀간의 관계에 대해 말하고 있다. 고린도전서 7장에서 우리가 이해하기 어려운 점은 바울이 마치 결혼이란 보다 악한 일을 피하기 위한 수단으로 하는 것이지 결코 다른 이유가 없는 것처럼 가르치고 있는 것이다. 그는 이렇게 기록하고 있다. "음행을 피하기 위하여 남자마다 자기 아내를 두고 여자마다 자기 남편을 두라"(고전 7:2). 그는 또 "남편이 죽은 여자는 다시 결혼해도 좋으나 혼자 있는 것이 더욱 좋다" 고 한다(고전 7:39-40). 그는 결혼하지 않은 여자나 과부들에게 결혼하지 말라고 권면한다. "그러나 절제할 수 없거든 혼인하게 하라 정욕이 불같이 타는 것보다는 혼인하는 것이 낫다"라고 말한다(고전 7:9). 노골적으로 말해 그 기묘하고도 기분을 상하게 하는 구절의 교훈은 단지 결혼은 간음보다는 낫다는 것 외에는 아무것도 가르쳐 주지 못하고 있다.

바울이 왜 그런 편지를 썼는가 하는 데는 그럴 만한 이유가 있다. 그가 고린도전서를 쓰면서 날마다 시간마다 예수의 재림을 기다리고 있었다. 따라서 그는 남자나 여자나 할 것 없이 지상적인 어떤 것에도 매이지 않고 얼마 남지 않은 시간을 오직 주님의 재림을 맞을 준비를 하는 데 사용하여야 한다는 확신을 가지고 있었기 때문에 그렇게 쓸 수 있었던 것이다. "장가가지 않은 자는 주의 일을 염려하여 어찌하여야 주를 기쁘시게 할까 하되, 장가간 자는 세상일을 염려하여 어찌하여야 아내를 기쁘게 할까 하여 마음이 갈라지며"(고전 7:32–34)라고 했다. 바울이 고린도전서 7장을 썼을 때 인간은 부모나 아내나 자식보다도 더 예수를 사랑하며, 예수에 대한 충성은 이 땅에 있는 그 무엇에 대한 충성보다도 더한 것이어야 한다는 것을 진심으로 주장하고 있었다. 그것은 바울이 예수의 재림이 즉시 도래할 것이라고 믿었기 때문이다.

그러나 고린도전서와 에베소서 사이에는 약 9년이란 기간이 있다. 그 9년 동안에 재림이 생각했던 것처럼 그렇게 즉시 임하지 않을 것이라고 바울은 깨달았다. 그리고 그와 동료들은 세계의 종말이라는 일시적인 상황에서 사는 것이 아니라, 다소 영구적인 상황에서 산다는 사실을 깨닫게 되었다. 따라서 우리는 에베소서에서 기독교인의 결혼은 인생에서 가장 귀중한 관계이며, 그 유일한 비교는 그리스도와 교회와의 관계서만 찾아볼 수 있다는 결혼에 대한 바울의 참다운 교훈을 찾아볼 수 있다.

우리가 바울에 대해 공정한 입장을 취하고자 하면, 그의 결혼관은 고린도 교회에 보낸 초기 편지 가운데 있는 장에서가 아니라 바로 이 장에서 찾아내어야 한다. 고린도전서 7장은 바울이 이제 이 세계가 며칠밖에 더 존속할 수 없다고 생각했을 때 위기의식과 절박감에서 나온 계명들을 포함하고 있다. 에베소서에서는 기독교 생활의 항구적인 상황에서 바울의 결혼관을 보여 주고 있다.

고린도서에 나오는 글에는 바울의 개인적인 경험이 짙게 물들어 있다고 볼 수 있다. 열성적인 유대인이었을 당시 바울은 산헤드린의 회원이었을 것이다. 그가 어떻게 기독교인들을 대했는지를 말할 때 바울은 "또 죽일 때에 내가 찬성 투표를 하였고"(행 26:10)라고 말하고 있다. 그런데 산헤드린의 회원이 되는 데는 기혼자여야 했으므로 바울도 기혼자였을 것이다. 그는 한 번도 자기 아내에 대해 언급하지 않고 있다. 왜 그랬을까? 아마도 그가 기독교인이 되었을 때 그의 아내는 그에게 반감을 가지고 그를 떠났을 것이다. 그가 고린도전서를 썼을 때 그는 그리스도의 긴박한 재림이라는 상황을 고려하고 그 글을 썼을 뿐 아니라 그를 몹시 상심하게 하고 문젯거리인 자기 자신의 결혼에 대해서도 생각하는 가운데 그 글을 썼을 것이다. 그때 그 세계의 정황은 바울이 본 대로, 결혼의 정황은 바울이 경험한 그대로 그에게 결혼은 기독교인들에게 커다란 방해가 된다고 느끼게 한 것인지도 모른다. 그러나 세월이 흐름에 따라 바울은 결혼 관계가 곧 그리스도와 교회와의 관계 같은 것임을 깨닫게 되었을 것이 확실하다.

사랑의 기초

에베소서 5:22-33(계속)

때로 이 부분의 강조점이 전혀 잘못 놓일 때가 있다. 때로 이 부분은 남편에 대한 아내의 복종이 그 기본적인 요소처럼 읽힐 때가 있다. "남편이 아내의 머리가 된다"라는 구절이 단독으로만 인용되는 경우가 있다. 그러나 이 부분에는 그보다 훨씬 깊은 내용이 담겨 있다. 이 부분의 기초에 깔려 있는 것은 통제가 아니라 사랑이다. 이 부분에서 바울은 남편이 아내에게 나타내 주어야 할 사랑에 대해 분명히 몇 가지 사실을 말하고 있다.

1. **그것은 "희생적인" 사랑이어야 한다.** 남편은 아내 사랑하기를 마치 그리스도께서 교회를 사랑하여 교회를 위해 그 자신을 주심과 같이 해야 한다. 그것은 결코 이기적인 사랑이어서는 안 된다. 그리스도께서 교회를 사랑하신 것은 교회가 그리스도를 위해 무엇인가를 할 수 있기 때문이 아니었다. 단지 그리스

도께서 교회를 위해 무엇인가를 할 수 있기 때문이다. 크리소스토무스는 이 부분에 대해 다음과 같은 매우 훌륭한 주석을 하고 있다. "그대는 복종의 한도를 본 일이 있는가? 사랑의 한도를 들어 보자. 그대의 아내는 교회가 그리스도를 섬기듯 그대에게 복종하여야 한다고 그대는 생각하고 있는가? 그리스도께서 교회를 돌보듯이 그대도 아내를 돌봐 주어라. 그리고 그대가 아내를 위해 목숨을 버릴 필요가 있거나, 몇 천 조각으로 토막이 나야 하거나, 무엇이든지 참아야 하거든 그것을 거절하지 말라. …주님은 협박이나 공포나 그러한 것으로가 아니라 위대한 돌보심으로 교회를 자기 발밑에 복종케 한 것이니, 그대도 그대의 아내에 대해 그렇게 하라." 남편은 아내의 머리라고 바울은 말한 것이 사실이다. 그러나 바울은 동시에 그리스도께서 교회를 사랑하신 것같이, 결코 폭군과 같이 통제하지 않는 사랑과 아내를 위해서는 어떠한 희생도 할 각오가 되어 있는 그러한 사랑을 가지고 아내를 사랑하는 남편이 되어야 한다고 말하고 있는 것도 사실이다.

II. 그것은 "깨끗이 하는" 사랑이어야 한다. 그리스도께서는 교인들 한 사람 한 사람이 신앙을 고백하던 날에 물로 씻어 주는 것으로 교회도 깨끗하게 하셨으며 거룩하게 하셨다. 여기서 바울은 헬라의 관습을 마음속으로 생각하고 있었을는지 모른다. 헬라의 결혼식에서는 신부가 결혼식장으로 가기 전에 신이나 여신의 이름으로 성별된 냇물에 가서 목욕하는 관습이 있었다. 예를 들어 아덴에서는 신부가 아테네 여신의 이름으로 성별된 갈리로에 강물에서 목욕했다. 신부는 성별된 물로 모든 더러움을 씻어 냈다. 바울이 생각하고 있던 바는 세례다. 세례의 물로 씻고, 신앙을 고백하는 것으로 그리스도께서는 교회를 자신에게 합당하게 깨끗하고 흠이 없고 성별된 것으로, 티도 없고 주름 잡힌 것도 없도록 돌봐 주셨다. 사람을 끌어 내리는 사랑은 그것이 어떤 것이든 간에 거짓된 사랑이다. 인격을 순화시키는 대신 거칠게 하는 사랑, 거짓을 말하게 하는 사랑, 도덕적인 기질을 약화시키는 사랑, 인간을 더 악한 인간으로 만드는 사랑은 사랑이 아니다. 참된 사랑은 모든 생명을 깨끗하게 하고 거룩하게 하는 것이다.

III. 그것은 "돌봐 주는" 사랑이어야 한다. 남편은 자기 아내 사랑하기를 자기 몸을 사랑하듯 해야 한다. 바울이 말하는 바와 같이 남편은 자신의 몸을 양육하며 소중히 한다. 참사랑은 언제나 사랑하는 자를 소중히 한다. 참사랑은 봉사를 하게 하기 위해 사랑하는 것이 아니다. 참사랑은 육체적인 위로를 보증하기 위해 사랑하는 것이 아니다. 참사랑은 자신의 편의를 위해 사랑하는 것이 아니다. 참사랑은 사랑하는 자를 소중히 한다. 의식적이든 무의식적이든 남편이 아내를 단지 밥을 짓는 사람, 빨래하는 사람, 집안을 청소하는 사람, 자녀를 양육하는 사람으로만 생각하면 잘못이다. 남편은 아내를 일종의 영원한 종으로만 볼 것이 아니라 자신이 소중히 돌봐 주어야 할 책임을 진 사람으로 생각하여야 한다.

IV. 그것은 "떨어질 수 없는" 사랑이다. 이러한 사랑 때문에 남자는 아버지와 어머니를 떠나 아내와 가까워지는 것이다. 그들은 한 몸이 된다. 몸의 지체가 서로 연합되었듯이 남편은 아내와 연합되었다. 남편은 자기 몸의 지체를 떼어낼 수 없듯이 아내도 떼어낼 수 없다. 실로 여기에 남녀가 모두 그의 생의 반려자를 마치 옷을 갈아입듯이 가볍게 바꾸던 시대에 보여 준 하나의 이상이 있다.

V. 바울이 말한 대로 그 모든 관계는 "주님 안에" 있다. 그것은 주님 앞에서 삶이다. 그것은 주님의 분위기 안에서 삶이다. 그 모든 움직임은 주님의 다스림을 받는다. 그 모든 결정은 주님 안에서 이루어진다. 기독교인의 가정에서는 비록 눈에 보이지 않지만 주님을 영원한 손님으로 모시고 기억한다. 기독교인의 결혼에서도 반려자가 두 사람만 있는 것이 아니다. 세 사람이다. 그리고 그 세 번째 반려자는 그리스도이시다.

The Letter to the Ephesians 06

자녀와 부모

에베소서 6:1-4

[1]자녀들아 주 안에서 너희 부모에게 순종하라 이것이 옳으니라 [2]네 아버지와
어머니를 공경하라 이것은 약속이 있는 첫 계명이니 [3]이로써 네가 잘 되고
땅에서 장수하리라 [4]또 아비들아 너희 자녀를 노엽게 하지 말고 오직 주의
교훈과 훈계로 양육하라

기독교의 신앙이 여성을 위해 해 준 일이 많지만 아이를 위해 한 일은 더 많다. 문명 세계에서는 아무도 아이를 사랑하지 않을 수 없을 것이다. 그러나 기독교 이전의 이교 문명에서는 오늘날 기독교의 생활 원칙이 지배적인 사회에서는 도저히 생각할 수조차도 없는 냉담과 잔인하게 어린이를 대했던 것도 사실이다. 바울 당시 로마의 문명에서도 아이의 생명을 위태롭게 하는 몇 가지 양상이 있었다.

1. 로마에는 "파트리아 포테스타스(patria potestas)", 즉 부권(父權)이라는 것이 있었다. 파트리아 포테스타스 때문에 로마의 부권은 자기 가족에 대해 절대

적인 권리를 가지고 있었다. 그는 자기 가족을 노예로 팔 수 있었으며, 사슬에 묶고 밭에서 일하게 할 수 있었으며, 법률이 그의 손안에 있었기 때문에 마음대로 벌을 줄 수 있었으며, 자녀를 사형에 처하게 할 수도 있었다. 더욱이 로마에서 부친의 권리는 그가 살아 있는 동안 자녀의 전 생애를 통해 효력을 가질 수 있었다. 로마의 자식들은 결코 성인이 되지 못했다. 그가 비록 어른이 되었을 때에도, 시의 행정관이 될 수 있을 때까지도, 국가가 그의 공적을 인정하여 영예의 면류관을 씌워 줄 때까지도 자식은 부친의 절대적인 권리 안에 머물러 있었다. 백커(Backer)는 이렇게 기록하고 있다. "최대 과오는 자연이 연장자들에게 자녀가 어릴 동안 지도하고 보호하도록 부여한 권리를 로마에서 부친들이 제멋대로 확대해 자녀의 생사권을 포함하고 자녀의 전 생애 동안 계속되는 권리라고 생각한 것이다." 부친의 권리가 최대 한도까지 사용된 경우가 흔치 않은 것은 사실이다. 사람들의 공론이 그것을 용서하지 않았기 때문이다. 그러나 로마에서 아버지가 자기 자식에게 사형을 선고하고 처형한 역사적 기록이 남아 있는 것도 사실이다. 바울 시대에서는 여전히 자녀가 부친의 절대적이고도 완전한 권리 밑에 놓여 있었다는 것이 사실이다.

II. 자녀를 버리는 관습이 있었다. 자녀가 출생하면, 그 자녀를 부친의 발밑에 놓았다. 그리고 부친이 몸을 굽혀 자녀를 주워 올리면 부친이 자녀를 승인하며 양육을 원한다는 것을 의미했다. 그러나 부친이 되돌아서서 걸어 나가면 그것은 곧 부친이 자녀를 인정하지 않겠다는 의미다. 그렇게 되면 자녀는 글자 그대로 밖에 버리게 된다. 주후 1세기경에 힐라리온이라는 사람이 아내 알리스에게 보낸 편지가 한 통 남아 있다. 그가 알렉산드리아에 가서 집안일 때문에 편지한 것이다.

"힐라리온은 아내 알리스에게 충심에서 인사를 보내노라. 그리고 사랑하는 베루스와 아폴로나리온에게도 인사를 보내오. 우리는 여전히 알렉산드리아에 머물고 있다는 것을 알기 바라오. 다른 사람들이 모두 돌아가고 나만 알렉산드리아에 머물게 되어도 걱정하지 마시오. 어린아이들을 잘 돌봐 주기 바라오. 임금을 받는 대로 즉시 당신에게 보내 주겠소. 만일 축복을 받아 당신이 아들을 낳으면 그애를 살리시오. 하지만 딸일 경우에는 그애를 내다 버리시오. 아프로디시아스를 통해 내게 전한 당신의 말, '나를 잊지 마시오' 란 말을 들었소. 내가 어떻게 당신을 잊을 수 있겠소? 조금도 염려하지 말기 바라오."

이것은 매우 애정이 넘치는, 그러나 앞으로 태어날 아기에 대해서는 매우 냉담한 편지다. 로마인의 아기는 언제나 거절과 유기라는 위험에 놓여 있었다. 바울 시대에는 그 위험도가 더욱 심각했다. 지금까지 우리는 결혼 관계가 얼마나 심하게 파괴되었으며, 많은 남자와 여자가 얼마나 신속하게 그들의 반려자를 바꾸어 왔는지에 대해 배웠다. 그러한 환경에서 자녀는 매우 불행하였다. 따라서 너무나 아이들이 출생하지 않았기 때문에 로마의 정부는 자녀가 없는 부부에게는 그들이 받을 수 있는 유산의 한계를 정하는 법을 시행하기도 했다. 원치 않는 자녀는 대개 로마 광장에 버렸다. 그리고 누구든지 와서 그애를 주워 가는 사람이 그애의 소유자가 되었다. 그들은 아이를 양육해서 노예로 팔거나, 로마의 매음굴에 팔기 위해 밤에 주워 갔던 것이다. 오늘날엔 상상조차 할 수 없는 일이다. 그것은 기독교적인 문명이 전반적으로 시행되고 있기 때문이 아니라, 지금까지 그런 생각이 있다고 상상하지도 못했던 서양 문명 속까지 기독교의 원리가 침투되어 있기 때문이다.

III. 고대 세계는 병이 있거나 불구 아이들에게 매우 무자비하였다. 세네카는 그러한 일이 매우 흔히 있는 일인 것처럼 다음과 같이 기록하고 있다. "우리는 난폭한 암소를 죽이고, 미친개도 죽이며, 병든 가축이 다른 가축들에게 병을 옮기지 못하도록 칼로 찔러 죽인다. 그처럼 우리는 병약한 아이나, 불구의 몸을 가진 아이는 내다 버린다." 허약한 아이나 불구 몸을 가진 아이들은 전혀 살아남을 가망이 없었다.

이러한 상황에서 바울은 자녀와 부모에게 자신의 충고를 써 보냈다. 기독교가 이 세계를 위해 행한 좋은 일이 무엇인지 묻는다면 우리는 여성과 아이의 신분에 커다란 변화를 가져다준 사실이라고 대답할 수 있다. 그 대답은 틀림없이 완전한 것이다.

자녀에 대한 바울의 계명은 부모에게 순종하고 그들을 공경하라는 것이다. 그것이 첫 계명이라고 바울은 말한다. 그는 아마 기독교인 자녀는 이 첫 계명을 마음에 새기고 기억하도록 가르쳐야 한다는 것을 의미했을 것이다. 바울이 명하고 있는 공경은 단지 입술로만 하는 공경을 의미하지는 않는다. 부모님을 공경하는 길은 오직 그들의 말을 순종하는 것이며, 그들을 존경하는 것이며, 결코 심려를 끼치지 않는 것이다.

그런데 바울은 여기에 또 하나의 문제점이 있다고 본다. 바울은 아비들에게 자녀를 노엽게 하지 말라고 한다. 벵겔은 어찌해서 이 계명이 이처럼 분명하게 아비들에게 주어졌는가 하는 의문에 대답하고 있다. 어머니에게는 천성적으로 인내심이 있다. 그러나 "아버지들은 대단히 노하기 쉬운 사람들이다. 이상하게도 바울은 이러한 명령을 골로새서 3장 21절에서도 반복하고 있다. "아비들아 너희 자녀를 노엽게 하지 말지니 **낙심할까 함이라**" 고 그는 말하고 있다. 벵겔은 말하기를 젊은이들의 병폐는 "낙담" 이며, 끊임없이 퍼붓는 비난과 책망과 지나치게 엄격한 훈련 때문에 오는 실망이라고 한다. 데이비드 스미스(David Smith)는 바울이 개인적인 괴로운 경험에서 이 편지를 쓴 것이라고 생각하고 있다. 그는 이렇게 쓰고 있다. "여기에는 개인적인 감정의 진동이 있다. 그리고 그것은 마치 나이 많은 죄수의 마음이 과거를 돌아보며 자신의 불행한 어린 시절을 회상하고 있는 것 같다. 바울은 전통을 존중하는 정통파의 엄격한 분위기 속에서 자라났기 때문에 엄격함만을 경험했던 것이다. 그래서 그는 '젊은이의 병폐는 낙심' 임을 알게 되었던 것이다."

우리가 자녀를 부당하게 대하는 법에는 세 가지가 있다.

1. 우리는 모든 것이 변화하며, 한 시대의 관습은 다른 시대의 관습이 될 수 없다는 것을 잊을 때가 있다. 엘리나 모다운트(Elinor Mordaunt)는 자기 딸에게 "내가 너만했을 때는 그런 일을 할 수 없었단다" 라고 말함으로써 어떤 일을 금지해 보려 했다고 한다. 그때 그아이는 이렇게 대답했다. "하지만 어머니, **그때**와 **지금**은 다르다는 것을 아셔야 해요." 부모는 시대가 변하고 관습이 변한다는 것을 잊어버리고 언제나 자녀를 해칠 수 있다.

II. 우리는 지나치게 자녀를 통제하기 때문에 그 통제가 우리 자녀를 양육하는데 해를 끼칠 수 있다. 자녀를 너무 지나치게 오랫동안 노끈에 매어 놓는 것은 그를 믿지 못한다는 것이며, 그것은 우리가 자신 있게 자녀를 양육하지 못했다는 것을 말하는 것 외에 아무것도 아니다. 지나치게 믿기 때문에 오는 과오는 지나치게 통제하는 데서 오는 과오보다 낫다.

III. 우리는 격려해야 할 의무를 잊어버릴 수가 있다. 루터의 부친은 매우 엄격한 사람이었다. 잔인할 정도로 지나치게 엄격한 사람이었다. 그리하여 루터는 이런 말을 자주 했다. "채찍을 아끼면 자녀를 버린다. 그것은 사실이다. 그러나 채찍 옆에는 사과를 놓아두었다가 자녀가 잘했을 때는 그 사과를 주라." 벤야민 웨스트(Benjamin West)는 어떻게 해서 화가가 되었는지 그 경위를 이렇게 말하고 있다. 어느 날 어머니가 그에게 어린 여동생 샐리를 맡기고 외출하였다. 어머니가 안 계시는 동안 그는 몇 개의 물감 잉크병을 발견하고 동생 샐리의 모습을 그리기 시작하였다. 그렇게 하는 동안 물감 때문에 온통 뒤범벅이 되었다. 어머니가 돌아오셨다. 뒤범벅이 된 것을 보고서도 어머니는 아무 말씀 안하셨다. 그리고 종이를 들고 그림 그린 것을 보았다. "오, 이거 샐리로구나"라고 어머니는 말씀하셨다. 그리고 몸을 굽혀 그의 이마에 키스를 해 주었다. 그후 벤야민 웨스트는 기회 있을 때마다 "내 어머니의 키스가 나를 화가로 만들어 주셨다"라고 말했다. 책망보다 격려가 더 많은 일을 한다. 안나 부칸(Anna Buchan)은 할머니가 훨씬 나이를 드신 후에도 늘 이런 말씀을 하셨다고 전한다. "젊은이의 기를 꺾지 말라."

바울이 보는 바와 같이 자녀는 그들의 부모를 공경해야 한다. 그러나 부모도 자녀를 결코 낙심하게 해서는 안 된다.

주인과 종

에베소서 6:5-9

5종들아 두려워하고 떨며 성실한 마음으로 육체의 상전에게 순종하기를 그
리스도께 하듯 하라 6눈가림만 하여 사람을 기쁘게 하는 자처럼 하지 말고 그
리스도의 종들처럼 마음으로 하나님의 뜻을 행하고 7기쁜 마음으로 섬기기
를 주께 하듯 하고 사람들에게 하듯 하지 말라 8이는 각 사람이 무슨 선을 행
하든지 종이나 자유인이나 주께로부터 그대로 받을 줄을 앎이라 9상전들아
너희도 그들에게 이와 같이 하고 위협을 그치라 이는 그들과 너희의 상전이
하늘에 계시고 그에게는 사람을 외모로 취하는 일이 없는 줄 너희가 앎이라

바울이 종들에게 이 글을 썼을 때 그는 그리스도의 교회에 있는 많은 사람을 향해 썼을 것이다. 로마 제국에는 약 6천만 명가량의 노예들이 있었다고 추측된다. 바울 시대에는 일종의 무섭고도 치명적인 나태가 로마의 시민을 지배하고 있었다. 로마는 세계의 여왕이었다. 따라서 일한다는 것은 로마 시민의 존엄성을 비하시키는 것이라고 생각했다. 실제로 모든 일은 노예가 했다. 의사나 교사까지도 노예였다. 황제의 가장 친한 친구나, 황제의 편지를 대서하며 고소 사건을 취급하며 재정을 관리하던 사람들도 노예였다. 때로는 훌륭한 주인이 있었으며, 때로는 주인과 노예 사이에 매우 깊은 충성과 애정으로 묶어진 관계가 있기도 했다. 플리니우스(Plinius)는 매우 사랑한 노예가 죽었기 때문에 매우 상심했다는 내용의 편지를 친구에게 써 보낸 일이 있다. 그에게는 자신의 슬픔을 충분히 위로하지는 못하지만 어느 정도 위로가 되는 것이 두 가지 있다고 한다. "나는 언제나 나의 노예들을 쾌히 해방시켜 주었다. (그런데 그들의 죽음은 천만뜻밖이었다. 그들이 조금만 더 살았으면 자유롭게 되었을 터인데.) 한편 나는 그들에게 유언을 하도록 허락해 주었네. 나는 그것이 합법적인 것처럼 생각하고 그대로 지켜 주었다네." 이것은 친절한 주인의 이야기다.

그러나 근본적으로 그리고 본질적으로는 노예 생활이란 비참하고 무서운 것

이었다. 법적으로 볼 때 노예는 인간이 아니라 **물건**이었다. 아리스토텔레스는 주인과 노예 사이에는 공통점이 하나도 없으며, "노예는 하나의 도구이며, 도구는 생명이 없는 노예와 같은 것이니만큼" 주인과 노예 사이에는 아무런 우정이 있을 수 없다고 기록하고 있다. 노예는 도구 이상 좋은 대우를 받지도 못했으며 도구 이상의 권리를 가지지도 못했다. 바로(Varro)는 농업에 대해 저술하면서 농업 용구를 세 종류로 구분하였다. 그것들은 말을 하는 것과 말을 하지 못하는 것과 아무 소리를 내지도 못하는 것이다. 말하는 것에는 노예가 포함되어 있으며, 말을 못하는 것은 가축, 소리도 내지 못하는 것에는 수레 같은 것이 있다. 노예는 우연히 말을 하게 된 짐승에 불과하였다. 가토(Cato)는 농장을 인수한 사람에게 이렇게 충고했다. 그 사람은 농장에 가서 일을 하지 못하게 된 것은 모두 버려야 한다고 했다. 그리고 늙은 노예도 쓰레기더미에 버려 굶어 죽게 해야 한다고 했다. 앓고 있는 노예는 밥을 먹이기 아깝다는 것이다. 나이 늙고 병든 노예는 한갓 고장 나서 쓸모없는 도구와 같은 것이었다. 따라서 그러한 법은 어떤 것인지를 밝히 알 수 있다.

로마의 법률가 가이우스(Gaius)는 《**법학원리**》라는 책에서 이렇게 쓰고 있다. "주인에게 노예의 생사권이 있다는 것은 전 세계적으로 용인된 것임을 알 수 있다." 노예가 도망치다 붙잡혔을 경우 잘해야 도망이란 의미의 말 fugitivus의 머리글자인 F자를 이마에 낙인 찍었으며, 최악의 경우 사형까지 처했다. 노예들이 두려워 떤 것은 그들의 운명이 전적으로 주인들의 기분에 달려 있었던 점이다. 아우구스투스 황제는 애완용인 메추라기 새를 죽였다고 해서 한 노예를 십자가형에 처했다. 베디우스 폴리오(Vedius Pollio)는 수정으로 만든 술잔을 떨어뜨려 깨뜨렸다고 해서 노예를 산 채로 사나운 칠성장어가 있는 못에 집어넣었다. 유베날리스는 로마의 부인이 단지 화가 난다는 이유로 노예를 죽이라고 명령한 일에 대해 말하고 있다. 그녀의 남편이 그 처사에 항의했을 때 그녀는 이렇게 말했다. "당신은 노예를 인간으로 생각하십니까? 그가 아무런 잘못이 없단 말입니까? 그렇다고 합시다. 그렇게 하는 것이 내 뜻이요 내 명령입니다. 내 뜻대로 해야 되겠어요." 여주인을 섬기는 노예들은 때로 머리카락이 뜯기기도 하고 뺨이 여주인의 손톱으로 찢기는 일도 많았다. 또 유베날리스는 "잔인하게 때리는 채

찍소리를 어떤 고통 소리보다도 더 듣기 좋다고 생각하는" 주인이나, "사슬의 쩔렁거리는 소리를 즐기는" 주인이나, "수건이 한 짝 없어졌다는 이유만으로 노예를 고문하고 낙인을 찍는" 주인에 대한 이야기를 많이 전하고 있다. 로마의 작가는 이렇게 쓰고 있다. "한 주인이 노예에 대해 부당하게 했든지, 노해서 했든지, 기뻐서 했든지, 싫으면서 했든지, 생각 없이 했든지, 깊이 생각한 끝에 했든지, 알면서 했든지, 모르고 했든지 간에 행한 모든 것은 곧 심판이며, 정의이며, 법률이다."

바울은 그러한 무서운 배경 가운데에서도 노예들에게 충고를 했던 것이다.

우리는 바울이 노예에게 준 교훈이 어떤 것인지를 살피고 거기서 기독교인 노동자들에게 주는 복음을 찾아내어야 한다.

I. 바울은 그들에게 모반하란 말을 하지 않고, 그들이 있는 곳에서 기독교인이 되라고 말하고 있다. 여기에는 모든 사람에게 주는 위대한 기독교의 메시지가 들어 있다. 그 메시지란 곧 하나님께서 보내 주신 장소에서 우리는 기독교인으로서 삶을 살아야 한다는 것이다. 모든 주위 환경이 절대적인 것이 될지 모른다. 하지만 그것은 단지 우리에게 더욱 완강하게 도전하는 마음을 가지게 할 따름이다. 기독교는 우리에게 환경에서 도피할 길을 제공해 주지 않는다. 그 환경을 정복하게 한다.

II. 바울은 노예에게 감시자의 눈앞에서만 일을 잘해서는 안 된다고 말하고 있다. 단지 인간을 기쁘게 하기 위해 일을 해서는 안 된다. 일은 언제나 하나님께서 보신다는 생각을 가지고 해야 한다. 그리고 일은 하나님을 기쁘게 하기 위해 해야 한다. 기독교인 노동자의 확신은 그가 하는 어떤 작은 일이라도 하나님 보시기에 훌륭한 것이 되도록 일한다는 것이어야 한다. 이 세계가 항상 직면하고 있으며, 더욱이 오늘 이 시대가 심각하게 직면하고 있는 문제는 근본적으로 말해 결코 경제적인 문제가 아니다. 그것은 종교적인 문제다. 우리는 급료를 올려 준다거나, 노동 조건을 개선해 주거나, 보수를 높여 주는 것으로써 훌륭한 노동자를 만들어 낼 수는 없다. 물론 그러한 일들을 고려해야 하는 것은 기독교인의 당연한 의무인 것이 사실이다. 그러나 그것들만으로는 훌륭한 노동자를 만들어 낼 수 없다. 더욱이 강력한 협박이나, 감독이나, 징벌을 강화한다고 해서 좋은 노동자를 만들 수 있는 것은 더욱 아니다. 좋은 노동자를 만들어 낼 수 있는 유일한 비결은 하나님을 위해 받아들이고 하나님께 보이기 위해 일할 때만이 훌륭한 일을 할 수 있다.

그러나 바울은 주인에게도 말을 하고 있다. 주인에게 하는 말은 매우 간단하다. 인간의 주인은 비록 인간의 주인이지만 여전히 그 자신은 하나님의 종인 것을 기억하여야 한다. 그가 하는 모든 일도 하나님이 보시는 가운데 하나님 앞에서 행해지는 것임을 기억하여야 한다. 그리고 무엇보다도 그날이 오면 그와 그의 지배를 받던 모든 사람이 함께 하나님 앞에 서야 한다는 것임을 기억하여야 한다. 그리고 그때 이 세상에서 계급은 아무 소용이 없다는 것을 기억하여야 한다. 하나님 앞에서는 그들 모두가 단순한 인간일 따름이다.

주인과 종이 모두 함께 하나님께 명령을 받게 되면 노동 문제는 저절로 해결이 될 것이다.

하나님의 전신 갑주

에베소서 6:10-20

[10]끝으로 너희가 주 안에서와 그 힘의 능력으로 강건하여지고 [11]마귀의 간계
를 능히 대적하기 위하여 하나님의 전신 갑주를 입으라 [12]우리의 씨름은 혈
과 육을 상대하는 것이 아니요 통치자들과 권세들과 이 어둠의 세상 주관자
들과 하늘에 있는 악의 영들을 상대함이라 [13]그러므로 하나님의 전신 갑주를
취하라 이는 악한 날에 너희가 능히 대적하고 모든 일을 행한 후에 서기 위
함이라 [14]그런즉 서서 진리로 너희 허리띠를 띠고 의의 호심경을 붙이고 [15]평
안의 복음이 준비한 것으로 신을 신고 [16]모든 것 위에 믿음의 방패를 가지고
이로써 능히 악한 자의 모든 불화살을 소멸하고 [17]구원의 투구와 성령의 검

곧 하나님의 말씀을 가지라 [18]모든 기도와 간구를 하되 항상 성령 안에서 기
도하고 이를 위하여 깨어 구하기를 항상 힘쓰며 여러 성도를 위하여 구하라
[19]또 나를 위하여 구할 것은 내게 말씀을 주사 나로 입을 열어 복음의 비밀을
담대히 알리게 하옵소서 할 것이니 [20]이 일을 위하여 내가 쇠사슬에 매인 사
신이 된 것은 나로 이 일에 당연히 할 말을 담대히 하게 하려 하심이라

바울은 독자와 헤어지면서 그들 앞에 전개될 싸움의 맹렬함을 생각하게 되었다. 오늘날의 우리보다 고대인의 생활은 훨씬 공포에 찬 생활이었던 것은 의심할 여지가 없다. 그들은 악마와 마귀와 악령의 존재를 맹신하였다. 대기는 이러한 악령으로 가득 차 있으며 모두 인간을 해치려 한다고 믿었다. 바울이 사용하고 있는 정사와 권세와 어두움의 세상 주관자들이란 말은 모두 이러한 악령이나 악마의 여러 가지 이름들이다. 바울이 볼 때 온 우주는 전쟁터였다. 기독교인은 인간의 공격에 대항해서 싸워야 할 뿐 아니라, 하나님께 대항하는 영적인 군사력의 공격에 대해서도 싸워야 했다. 여기서 우리는 바울이 말하고 있는 구체적인 말을 글자 그대로 취할 필요는 없을 것이다. 그러나 이 세계에는 실제적인 악의 세력이 있다는 것을 우리는 경험으로도 알 수 있다. 로버트 루이스 스티븐슨(Robert Louis Stevenson)은 이렇게 말한 일이 있다. "에든버러에 있는 칼레도니안역을 당신은 알고 있지요? 어느 차가운 동풍이 부는 날 아침 나는 거기서 사탄을 만났지요." 우리는 스티븐슨의 실제적인 경험이 어떤 것인지를 알지 못한다. 그러나 그의 경험을 인정할 수는 있다. 우리는 모두 죄를 짓게 하는 그러한 악의 영향력을 받아 본 일이 있다. 근본적으로 말해 이것이 바로 바울이 악마에 대해 말할 때 의미하고자 한 것이다.

그리하여 바울은 모든 장비를 점호하기 시작한다. 그런데 그는 이미 있는 무기들을 갑자기 생각하기 시작한다. 당시 바울은 손목이 쇠사슬에 매인 채 로마의 군인에게 붙잡혀 있었다. 밤낮으로 로마의 군인은 바울이 도망가지 못하도록 감시했다. 바울은 글자 그대로 사슬에 매인 사람이었다. 그런데 바울은 언제나 자기 곁에 누군가를 데리고 있을 수 있는 사람이었다고 할 수 있다. 그리고 바울은 언제나 자기 곁을 떠나지 못했던 로마 군인에게 가끔 말을 건네었을 것이 분명하다. 편지를 쓰는 동안 그가 머리를 들고 쳐다볼 때마다 로마 군인의 갑옷이 그의 눈에 들어오고 거기서 그는 하나의 시사를 얻었을 것이다. 기독교인에게도 갑옷이 있다. 그리하여 바울은 로마 군인의 갑옷을 하나하나 기독교적인 용어로 번안해 놓았다.

진리의 허리띠가 있다. 그것은 군인의 저고리에 감은 것으로서 칼이 거기에 매달려 있게 해서 움직이는 데 자유롭게 한 것이다. 그 밖의 것은 상상할 수도, 추측할 수도 있다. 기독교인은 어떠한 상황에서도 진리를 알고 있기 때문에 자유롭고도 신속하게 움직일 수 있다.

흉배가 있었다. 의가 곧 흉배다. 누구든지 의의 옷을 입으면 그 사람은 난공불락이다. 말을 가지고는 비난을 막을 수 없다. 그러나 훌륭한 생활은 그것을 막아 낼 수 있다. 어떤 사람이 죄가 있다고 해서 플라톤을 비난한 일이 있다. 그러나 플라톤은 "그렇다면 우리는 그 사람의 비난이 거짓말인 것을 증명할 수 있도록 살아야 한다"라고 말했다. 기독교를 비난하는 사람들에 대항할 수 있는 유일한 방법은 기독교인이 얼마나 훌륭하게 사는지를 보여 주는 것뿐이다.

신이 있었다. 신은 움직일 수 있도록 장비가 갖추어졌다는 표시였다. 기독교인의 표시는 그가 복음을 전하며, 다른 사람들과 복음을 함께 나누어 가지기 위해 열심히 뛰어다니는 사람들이라는 것이다. 그는 언제나 그리스도의 소식을 들어 보지 못한 사람들에게 그 소식을 전해 주기 위해 준비하고 있는 사람이다.

방패가 있었다. 바울이 사용하고 있는 말은 비교적 작은 둥근 모양의 방패를 말하는 것이 아니다. 그것은 중무장한 무사가 가졌던 장방향의 커다란 방패다. 고대의 전쟁에서 가장 무서운 무기는 불붙는 창이었다. 그것은 송진을 묻힌 마대 쪼가리를 그 끝에 붙인 창이었다. 송진을 묻힌 마대 쪼가리에 불을 붙인 다음 그 창을 던졌던 것이다. 그러나 그것을 막는 데는 커다란 장비형의 방패가 가장 좋은 무기였다. 그 방패는 아교로 붙인 두 개의 나무판자로 만들어졌다. 그 방패가 창을 막았을 때, 창이 나무에 박히면 자연히 불꽃이 꺼지게 되어 있었던 것이다. 신앙은 유혹의 창을 막아 낼 수 있다. 바울에게서 신앙이란 언제나 그리스도를 완전히, 전적으로 신뢰하는 것이다. 즉, 신앙이란 그리스도와의 밀접한 인간관계를 의미해 주는 말이다. 따라서 우리가 그리스도의 곁에 서서 걸어가면 우리는 유혹에서 안전할 수 있다.

구원의 투구가 있다. 우리는 언제나 구원이란 뒤를 돌아다보는 것만이 아니라는 것을 기억하여야 한다. 구원이란 단지 지나간 죄에 대한 용서만을 의미하는 것이 아니다. 그것은 앞으로 오는 죄의 공격에 대해서도 싸워 이길 수 있는 능력을 의미하기도 한다. 그리스도 안에서 구원은 우리에게 과거의 죄에 대한 용서와 함께 앞으로 올 죄에 대해 승리할 수 있는 힘도 아울러 주신다.

검이 있다. 그리고 검은 하나님의 말씀이다. 하나님의 말씀은 방비를 위한 무기인 동시에 공격을 위한 무기기도 하다. 하나님의 말씀 안에서 우리는 죄를 방어하는 무기를 발견하는 동시에, 이 세상의 죄에 대항해서 싸울 수 있는 공격무기도 하나님의 말씀 안에서 발견한다. 크롬웰(Cromwell)의 철기병들은 한 손에 검을, 다른 한 손에는 성경을 붙잡고 싸웠다. 우리는 하나님의 책을 가지지 않고는 하나님의 원수를 쳐 물리칠 수 없으며, 하나님을 위한 싸움에서 승리할 수 없다.

마지막으로 바울은 모든 것 중에서 가장 위대한 무기에 대해 언급하고 있다. 그 무기는 기도하는 무기다. 우리는 바울이 여기서 세 가지 기도에 대해 말하는 것에 주목하여야 한다.

1. 기도는 계속적인 것이어야 한다. 기도는 아무 때나 드리는 것이어야 한다. 우리는 단지 매우 위급한 상황에 처하게 되었을 때만 기도하고자 하는 경향이 있는데 이것이 기독교 생활 가운데서 가장 부족한 점이다. 기독교인의 하루하루의 힘은 날마다 드리는 기도를 통해 얻어지는 것이다.

2. 기도는 열심히 드려야 한다. 기도는 잠자지 말고 깨어서 끈기 있게 드려야 한다. 기도는 집중력을 요구한다. 맥 빠진 기도는 아무것도 성취하지 못한다. 기도는 모든 능력을 하나님께만 집중할 것을 요구한다.

3. 기도는 이타적인 것이어야 한다. 기도는 모든 하나님의 성도를 위한 것이어야 한다. 유대인에겐 이런 격언이 있다. "기도는 다른 사람들과 하나가 되게 해 준다." 우리의 기도는 지나치게 자신을 위한 기도이며 전혀 다른 사람의 기도가 되지 못한다고 나는 생각한다. 우리는 자기 자신을 위한 것만큼 다른 사람을 위해, 또 다른 사람에 대해 많이 그리고 열심히 기도하기를 배워야 한다.

끝으로 바울은 친구들에게 자신을 위해 기도해 줄 것을 요청하고 있다. 그런데 그의 기도는 위로나 평안을 위한 것이 아니다. 그의 기도는 다시 한 번 그가 하나님의 비밀을 말할 수 있으며 온 인류를 위한 하나님의 사랑을 온 세계에 전할 수 있도록 허락되기를 원하는 것이다. 우리는 기독교 지도자나 설교자는 성도가 기도해 주지 않는 한 임무를 담당해 나갈 수 없다는 사실을 잘 기억해야 한다.

최후의 축복

에베소서 6:21-24

21나의 사정 곧 내가 무엇을 하는지 너희에게도 알리려 하노니 사랑을 받은
형제요 주 안에서 진실한 일꾼인 두기고가 모든 일을 너희에게 알리리라
22우리 사정을 알리고 또 너희 마음을 위로하기 위하여 내가 특별히 그를 너
희에게 보내었노라 23아버지 하나님과 주 예수 그리스도께로부터 평안과 믿
음을 겸한 사랑이 형제들에게 있을지어다 24우리 주 예수 그리스도를 변함없
이 사랑하는 모든 자에게 은혜가 있을지어다

지금까지 살펴본 대로 에베소서는 하나의 회람 편지이며, 그 회람을 이 교회에서 저 교회로 가지고 다닌 사람은 두기고였다. 모든 그의 편지와 달리 에베소서는 그가 감옥에 갇혀 있다는 사실 외에는 바울에 대한 어떤 다른 개인적인 사정을 말해 주지 않고 있다. 그러나 두기고가 이 교회 저 교회를 돌아다니면서 기독교인들에게 바울이 어떻게 지내고 있는지 근황을 알려 주었을 것이며, 바울이 전해 주는 개인적인 격려 말씀도 전해 주었을 것이다.

그리하여 바울은 하나의 축복의 말씀으로 끝내고 있다. 그리고 이 축복 속에 모든 위대한 낱말들이 다시 한 번 나온다. 인간의 최고선인 평안, 그리스도를 완전히 신뢰하는 데서 오는 믿음, 하나님께서 아름다우며 자유로운 선물로 주시는

은혜, 이것들을 바울은 하나님께서 그들에게 내려 주시기를 기도한다. 그리고 무엇보다 그들이 하나님의 사랑을 알 수 있도록 하나님께서 그들을 사랑하신 것 같이 그들도 다른 사람을 사랑할 수 있도록, 그들이 끊임없는 사랑으로 예수 그리스도를 사랑할 수 있도록 하나님께서 그들에게 사랑을 내려 주시기를 위해 바울은 기도한다.

바클레이 성경 주석

빌립보서

머리말

스코틀랜드 교회 출판위원회에 다시 한 번 감사드립니다. 위원회의 서기요 , 간사인 앤드류 맥코시(Andrew McCosh) 목사와 위원회의 소집자 캠벨(W. M. Campbell) 목사에게 감사드립니다. 나에게 "일일 성경 연구 총서(Series of Daily Studies)"를 쓰게 하고 이후 새로운 편집으로 다시 출간하도록 해 주었습니다.

본서는 《빌립보서》, 《골로새서》, 《데살로니가전 · 후서》에 대한 주해서입니다. 이 서신들은 저마다 특별히 중요합니다. 《빌립보서》는 "놀라운 것들의 서한"이라고 불려 왔습니다. 이 편지는 이해하는 데 그리 어렵지 않으며, 많은 사람들에게 바울이 쓴 것 중 가장 매혹적이고 감동적일 것입니다. 《골로새서》는 바울 서신에서 가장 우수하면서 난해하지만, 바울이 예수 그리스도의 인격과 사업에 대하여 기록한 서신 중 이와 같이 높은 경지에 이른 것은 다시 없을 것입니다. 다시 말해 이 편지에는 예수 그리스도에 대하여 가장 우수하고 높은 경지의 바울의 사상이 기술되어 있습니다. 《데살로니가전 · 후서》는 아마도 《갈라디아서》를 예외로 한다면 바울이 가장 처음 기록한 서신일 것입니다. 이 서신은 초대 교회의 가르침을 기록한 것으로 중요하나, 특히 중요한 것은 재림에 대하여 가장 명확한 바울의 가르침을 보여 준 점입니다.

이 서신들을 공부하면서 높고 풍부한 바울의 사상을 엿볼 수 있을 것입니다. 이 서신들은 많은 주해서가 있어서 다행입니다. 지금까지 출간된 것 중 최고의 주해서인 라이트훗(J. B. Lightfoot)의 위대한 저작을 참고하지 않고서는 누구도 《빌립보서》, 《골로새서》에 대하여 쓸 수 없을 것입니다. 나는 종종 엘리콧(C. J. Ellicott)의 주해서를 살펴보았습니다. 《I. C. C.주석(*International Critical Commentary*)》에 있는 빈센트(M. R. Vincent)의 《빌립보서》 주해는 최고입니다. 이 서신의 영문 번역에 대해 말하면 《케임브리지 성경(*Cambridge Bible for School and Colleges*)》에 있는 모울(H. G. C. Moule)의 주해서와 《모팻 주석(*Moffattt Commentary*)》에 있는 미카엘(J. H. Michael)과 헐크로트(H. G. G. Herklots)와 심콕(C. E Simcox)의 주해서가 매우 요긴합니다.

《골로새서》에 대해 말하면 《케임브리지 헬라어 성경(*Cambridge Greek Testament*)》에 있는 모울의 주해가 매우 가치 있습니다. 《모팻 주석》에 있는 스콧트(E. F. Scott)의 주해는 저자의 분명하고 요긴한 것이 관례적입니다. 《데살로니가전·후서》 헬라어 원전에 대해서는 《맥밀란 주석》에 있는 밀리건(G. Milligan)의 주해와 《I. C. C 주석》에 있는 프람(J. E. Frame)의 주해는 모두 매우 훌륭한 주해서입니다. 두 주해서는 영어의 모든 신약성경 주해 중 가장 위대한 저작에 속합니다. 영문 번역에 대해서는 네일(W. Neil)이 쓴 《토치 성경 주석(*Torch Bible Commentary*)》과 《모팻 주석》에 있는 주해서로 모두 위대한 주해입니다. 《틴데일 주석(*Tyndale Commentary*)》에 있는 레온 모리스(Leon Morris)의 주석서도 유익합니다.

나는 모팻과 웨이마우스(Weymouth)와 필립스(J. B. Phillips)의 번역을 항상 좌우에 놓고 참고했습니다. 그러나 가장 훌륭하나 많이 사용되지 않은 윌리엄(C. Kingsley William)이 쓴 《쉬운 말 신약성경(*New Testament in Plain Engish*)》가 점점 사용 빈도수가 높아졌습니다.

나는 이 서신들을 주해하면서 언제나 세심하고도 정확하게 개발된 내용을 발견하였습니다. 이 총서 중에 있는 다른 주해서를 낼 때와 같이 이 책이 독자들에게 신약성경이 살아 있는 것이 되기를 기원합니다.

1956년 2월

글래스고 트리니티 대학에서

윌리엄 바클레이

| 차례 |

빌립보서
서론

우리가 빌립보서를 공부할 때 사실상 비평적 문제가 포함되지 않은 것은 다행한 일 중 하나다. 유명한 성경비평학자 중 누구 한 사람도 이 서신의 진실성에 대해 의심한 이가 없다. 우리는 이론이나 증거를 발견하려는 노력 없이도 확신을 가지고 빌립보서는 바울의 서신이라는 것을 인정할 수 있다.

빌립보

바울이 거기서 일하고 복음을 전하고자 할 때는 언제나 전략가의 눈으로 그 장소를 선택하였다. 바울은 그 지방 자체가 중요하다는 것뿐만 아니라, 그 주변 지역 전체의 주요 지점이 되는 장소를 택하였다. 바울이 선교 중심지로 택한 장소는 대부분 오늘에 이르기까지 간선도로의 중심지든가, 철도의 연결 지점이 되어 있는 것은 주목할 만하다. 빌립보도 이 예에서 벗어나지 않는다. 빌립보에는 적어도 세 가지 우수한 특징이 있다.

1. 빌립보 근처에는 금과 은을 캐내는 광산이 있어서 페니키아인(Phoenicians) 시대까지 흥성하고 있었다. 그리스도 기원경에는 고갈된 것이 사실이나 당

시 사람들은 빌립보를 고대 세계의 상업 중심지로 만들었다.

II. 이 도시 자체는 알렉산더(Alexander) 대왕의 아버지 빌립(Philip)이 건설했다. 이것이 빌립보라 명명하게 된 이유다. 빌립보는 "우물" 또는 "샘"을 뜻한다. 크레니데스(Krēndidē)라고 불리는 지방에 건설되었다. 그리고 이 크레니데스라는 도시 자체는 매우 오래된 도시였다. 빌립 대왕은 매우 확실한 이유를 가지고 빌립보를 건설하였다. 유럽에서 이 이상 더 좋은 전략지는 없다. 아시아와 유럽, 동과 서를 구분하는 구릉지대가 있다. 그러므로 빌립보는 유럽에서 아시아에 이르는 사람은 반드시 통하지 않으면 안 될 도로를 지배하고 있었다. 이 때문에 주후 368년 빌립 왕이 동서 도로를 지배하기 위하여 빌립보를 건설한 것이다. 오랜 후 역사를 결정하는 전쟁이 빌립보에 있었던 것도 이런 이유 때문이다.

빌립보에서 안토니(Antony)가 브루투스(Brutus)와 카시우스(Cassius)를 격파하고 로마 제국의 장래를 결정한 것도 빌립보에서 일어났다.

III. 얼마 후 빌립보는 로마의 식민지가 되는 영광을 얻었다. 로마의 식민지는 놀라운 제도였다.

그것은 세계의 미개발 지역을 문명화하기 위한 전초지가 된다는 의미에서는 식민지가 아니었다. 거기에 군사적인 뜻이 있을 때만 식민지로 만든 것이다. 로마가 취한 습관적 방법은 징병을 받고 시민권을 수여한 노련한 병사의 부대를 전략적 간선도로의 중심지 되는 곳에 주둔하게 한 것이다. 이 부대들은 300명 정도의 노련한 병사와 처자들로 구성되었다. 식민지는 대로마 제국의 도로 체계 가운데 놓인 초점이었다. 도로가 매우 잘 계획되어 있기 때문에 원군은 하나의 식민지에서 다음 식민지로 빠르게 이동할 수 있었던 것이다.

식민지는 광범위한 로마 제국 가운데서 평화를 유지하고 전략적 중심지가 되기 위하여 건설되었다. 식민지가 처음에는 이탈리아에 건설되고 나중에는 로마 제국이 확장함에 따라 제국 안 도처에 산재하게 되었다. 즉, 식민지의 기원은 군사적 의미를 가졌던 것이다. 그러나 후대에는 식민지로서 영예를 바라고 충실한 봉사를 드릴 도시라면 로마 정부에 의하여 식민지의 칭호를 받은 것이다.

식민지에는 하나의 큰 특징이 있었다. 식민지는 가령 그것이 어떤 지방에 있든지 간에 로마의 소단편(小斷片)이었다. 그리하여 로마의 시민권을 가지고 있다고 자랑하는 게 지배적이었다. 로마어를 사용했고 로마 복장을 했고 지방 장관들은 로마의 칭호를 가지고 로마에서 행하여지는 의식을 동일하게 지켰다. 식민지들이 어디에 있든지 철두철미하게 로마 분위기이었다.

식민지들은 그들 주변 지방 사람들과 동화하려는 것은 꿈에도 생각하지 않았다. 식민지들은 로마의 일부이며, 소형 로마 도시요, 그들은 이 사실을 결코 잊지 않았다.

우리는 사도행전 16장 20-21절에서 로마인의 자랑을 바울과 실라를 비난하는 말 가운데서 들을 수 있다. "이 사람들이 유대인인데… 로마 사람인 우리가 받지도 못하고 행하지도 못할 풍속을 전한다 하거늘"(행 16:20-21). 바울은 빌립보 교인들에게 "우리의 시민권은 하늘에 있는지라"(3:20)고 말하였다.

로마 식민지가 어떤 환경에서도 자신들이 로마인이라는 것을 잊어버리지 않은 것같이 기독교인은 어떤 사회에서도 자신이 기독교인 된 것을 잊어서는 안 된다. 식민지 이상으로 사람이 로마인이라 자랑할 곳은 달리 없었다. 빌립보는 이런 도시였다.

바울과 빌립보

바울이 빌립보에 처음 온 것은 제1차 전도여행 중, 주후 52년경이었다. 한 마게도니아인이 환상 중에 나타나 우리를 도와달라는 간청으로 바울은 아시아에 있는 알렉산드리아 드로아에서 배로 온 것이다. 그는 유럽의 네아폴리스(Neapolis)에 상륙하고 거기서 빌립보로 갔다.

바울이 빌립보에 체류한 기간 중의 사적은 사도행전 16장에 기록되었고 매우 흥미 있는 이야기다. 신약성경 가운데 이와 같이 그리스도의 보편성을 강조하는 데가 없다.

이 장에는 세 명의 중심인물이 등장한다. 자주 장사 루디아, 점쟁이로서 주인에게 고용된 미친 소녀, 로마인 간수다.

루디아는 아시아인이고 그 이름은 아마도 고유명사가 아니고 단순히 루디아 지방의 부인이라는 것을 뜻했을 것이다. 노예 소녀는 나면서 헬라인이었고, 간수는 로마 시민이었다. 모든 로마 제국이 그리스도 교회에 모인 것이다.

이 세 사람은 국적이 다를 뿐만 아니라 매우 다른 사회계급의 출신이기도 한 것이다. 루디아는 고대 세계에서 가장 비싼 것 중 하나인 자주 장사였다. 그렇기 때문에 그는 상인 귀족이었다. 노예 소녀는 한 노예에 불과했다. 법률적 안목으로 볼 때 그는 조금도 사람이 아니라, 산 도구에 불과하였다. 간수는 로마 시민이었다. 그 직업으로 보아 로마 중류 계급에 속한 건전한 공무원이었다.

이 세 사람은 사회의 상류와 중류와 하류의 모든 계급을 대표한다. 예수 그리스도가 인류에게 가져온 신앙을 그렇게 잘 포괄적으로 표시된 것을 다른 성경에서는 찾을 수 없다.

박해

바울은 박해의 폭풍과 불법한 투옥을 경험한 후 빌립보를 떠나지 않으면 안 되었다. 이 박해는 빌립보 교회에 계속 파급되었다. 바울은 빌립보 교회가 함께 무거운 짐을 지며 복음을 변명하며 입증하고 있다(1:7)고 말하고 있다.

바울은 빌립보 교인들에게 대적하는 자를 두려워하지 말라고 부탁하였다. 빌립보인은 바울 자신이 지나 왔고 지금도 계속 견디는 경험을 하고 있기 때문이다(1:28-30).

참된 우정

바울과 빌립보 교회 사이에는 바울과 다른 교회와의 사이에 존재하지 않았던 우정이 자라고 있었다. 바울은 다른 어떤 사람에게나 교회에서도 원조 없이 자신이 필요로 하는 것을 두 손으로 채워 왔다는 것이 바울의 자랑이었다. 바울이 선물을 받은 것은 빌립보 교회에서뿐이었다. 바울이 빌립보인과 작별하고 데살로니가에 갔을 때 빌립보 교인들이 곧 선물을 그에게 보내 왔다(4:16). 그리고 아덴을 통하여 고린도에 도착하였을 때도 빌립보 교인들만이 바울을 기억하여 다시 선물을 보낸 것이다(11:9). 바울은 빌립보인을 나의 사랑하고 사모하는 형제라든가, 나의 기쁨이요, 면류관이요, 사랑하는 자들이라고 불렀다(4:1). 바울은 다른 어떤 교회를 대하는 것보다 빌립보 교회와 친밀하였던 것이다.

편지를 쓴 동기

바울이 로마 옥중에서 이 편지를 썼을 때 그는 확실한 목적이 있었다.

I. 감사의 편지다.

수년이 지나서 주후 63년이나 64년경에 다시 한 번 빌립보 교인들이 바울에게 선물을 보냈다(4:10-11).

II. 이 편지는 에바브로디도와 관계가 있다. 빌립보인은 선물의 지참자로서만이 아니라 바울 곁에서 개인적인 시종 드는 사람으로서 에바브로디도를 보낸 것 같다.

그러나 에바브로디도는 병에 걸리고 말았다. 그 병은 향수병(Home Sick)이었다. 그는 고향 사람들이 걱정하고 있는 것을 알았기 때문에 근심하였다. 그리하여 바울은 그를 집으로 돌려보내기로 했다. 그러나 바울은 빌립보인이 그를 무책임한 사람이라고 생각할지도 모른다는 불길한 생각이 들었다. 그러기 때문에 그에게 보증을 주어서 보낸 것이다. "너희가 주 안에서 모든 기쁨으로 그를 영접하고 또 이와 같은 자들을 존귀히 여기라 그가 그리스도의 일을 위하여 죽기에 이르러도"(2:29-30)라고 했다.

바울은 자신이 옥중에서 죽음을 기다리고 있는 몸이지만 본의 아니게 귀가하지 않으면 안 될 에바브로디도를 위하여 안심시키려 한 것이다. 여기에 어떤 감동이 있다. 정말로 기독교인의 최고 예모가 있다

III. 이 편지는 빌립보인이 경험하고 시련을 견디도록 격려하고 있다(1:28-30).

IV. 이 편지는 일치를 호소하고 있다. 예수 그리스도가 자신을 버리는 겸손에 대해 말하는 우수한 문장이 있는 것은 그 때문이다(2:1-11). 빌립보 교회 안에는 서로 다투는 두 부인이 있었다(4:2). 그리고 거짓 교사들이 빌립보 교인들을 진리의 길에서 멀어지게 하려고 했다(3:2). 이와 같이 이 편지는 교회가 계속적으로 일치하기를 호소하였다.

문제

바로 여기에 빌립보 서신의 한 가지 문제가 있다. 3장 2절에서 편지가 이상하게 중단되는 것을 볼 수 있다. 3장 1절까지는 온전하다. 편지는 끝까지 조용히 계속될 것같이 보인다. 그런데 아무런 예고도 없이 폭발이 일어난다. "개들을 삼가라. 행악자들을 삼가라. 손할례당을 삼가라." 앞 문장과는 하등 관계가 없는 엄한 경고가 돌연 도입되고 있다. 더욱 3장 1절은 맺는말같이 생각된다. 바울은 "종말로 나의 형제들아 주 안에서 기뻐하라"고 말하고 있다. 바울은 "종말로"라고 말하고 나서 다시 시작하였다. 그러나 이것은 설교할 때 흔히 있는 현상이다.

이 문장의 중단 때문에 많은 학자들이 빌립보 서신이 현재 우리가 갖고 있는 한 통의 서신이 아니고 두 통의 서신을 하나로 묶은 것이라고 생각하는 것이다. 이 입장을 취하는 학자들은 3장 2절-4장 3절을 감사와 경고의 편지로 취급하여 에바브로디도가 로마에 도착했을 때 즉시 보냈다고 판단하는 것이다. 그리고 1장 1절-3장 1절과 4장 4절 이하는 한참 시간이 경과한 후 기록한 것으로 에바브로디도가 귀가할 때 그에게 보낸 것이라고 한다. 이 견해에 의하면 3장 2절-

4장 3절은 에바브로디도가 도착하자마자 보낸 감사와 경고의 편지이고, 1장 1절–3장 1절과 4장 4절 이하는 그가 귀가하게 되었을 때 기록한 나중의 편지라고 한다.

이것은 가능한 일이다. 사실 바울이 빌립보 교회에 몇 통의 편지를 쓴 것 같은 사정을 알 수 있는 실마리가 있다. 폴리캅(Polycarp)이 빌립보 교회에 편지를 보낸 중에 "바울이 없을 때 너희에게 **몇 통의 편지**를 보냈다"라고 말한 데가 있는 것이다.

문제에 대한 설명

우리에게는 이 서신을 둘로 구분할 만한 충분한 이유는 없다. 3장 1절과 3장 2절 사이의 중단은 두 가지 방법으로 해석된다.

I. 바울이 서신을 한창 쓰고 있을 때 빌립보에 문제가 발생했다는 새로운 소식이 왔는지도 모른다. 그 때문에 그때 그 장소에서 지금까지 사고를 중단하고 직접 보고된 문제에 관계된 것을 취급했을지도 모른다.

II. 확실히 가장 단순한 해석은 이것이다. 빌립보서는 개인적인 편지다. 개인적인 편지란 결코 논문과 같이 면밀한 이론을 세워 쓰는 것이 아니다. 이 같은 편지를 쓸 때 우리는 생각나는 대로 사물을 기록한다. 이것은 지면에서 친구와 환담하는 것 같은 것이다. 그리하여 상호간에는 충분히 알 수 있는 것도 다른 사람에게는 확실히 알 수 없는 때도 있는 것이다. 가장 간단한 해석은 바울이 개인적인 서신을 썼다고 하는 이해다. 주제가 돌연 변화하는 것은 이 같은 편지 중에서는 당연히 있을 수 있다.

사랑스러운 편지

빌립보 서신은 바울이 많은 사람에게 쓴 것 중 가장 아름다운 편지다. 이 편지는 두 가지 제목으로 불렸다. 첫 번째는 "훌륭한 것들의 서한" 이다. 두 번째는 "기쁨의 서한" 이라고 불린다. 사실 그대로 "기쁨" 이나, "기뻐하라" 란 말이 몇 번이고 나온다. "항상 기뻐하라 내가 다시 말하노니 기뻐하라" (4:4)고 바울은 말하였다. 바울은 옥중에서라도 친구들의 마음을 또 우리의 마음을 아무도 빼앗을 수 없는 기쁨으로 인도하고 있다.

The Letter to the Philippians 01

친구들에게

빌립보서 1:1-2

[1]그리스도 예수의 종 바울과 디모데는 그리스도 예수 안에서 빌립보에 사는
모든 성도와 또한 감독들과 집사들에게 편지하노니 [2]하나님 우리 아버지와
주 예수 그리스도로부터 은혜와 평강이 너희에게 있을지어다

이 편지의 서두는 편지 전체의 어조를 말해 준다. 첫 번째 특징은 한 사람의 친구에게서 다른 친구에게 편지한 것이라는 점이다. 데살로니가서와 개인적인 편지인 빌레몬서를 제외하고는 바울은 어떤 편지에서도 자신의 사도직을 기술함으로 시작하였다. 예를 들면 로마서에는 "예수 그리스도의 종 바울은 사도로 부르심을 받아 하나님의 복음을 위하여 택정함을 입었으니…"(롬 1:1) 이렇게 시작하였다(고전 1:1; 고후 1:1; 갈 1:1; 엡 1:1; 골 1:1 참고).

다른 서신에서 바울은 자신의 공적 입장을 말하고 왜 서신을 기록할 권리가 있는지, 왜 수신자들이 서신에 경청해야 하는지를 진술하는 문장으로 시작하였다. 기타 서신에서는 제일 첫 줄에 신임장으로 시작하였다. 그러나 빌립보인에게 쓸 때는 바울은 그렇게 하지 않았다. 그럴 필요가 없었기 때문이다. 자신의

권위를 상세하게 설명하거나 빌립보인에게 서신에 경청하라고 요구할 필요가 없었던 것이다. 빌립보인이 경청하고 애정으로 들어줄 것을 바울은 알았기 때문이다. 바울이 설립한 교회 가운데 빌립보 교회는 바울과 가장 친밀하였다. 그러므로 바울은 빌립보인에 대해서는 사도로서가 아니라 한 사람의 친구로서 이 서신을 기록한 것이다.

그러면서도 바울은 하나의 명칭만은 주장하고 있다. 그리스도의 종(doulos)이라는 주장이다.

둘로스(doulos)는 **종**(servant) 이상의 뜻을 가지고 있다. 그것은 노예(slave)다. **종**은 오가는 자유가 있다. 그러나 노예는 영원한 주인의 소유물이다. 바울이 자신을 예수 그리스도의 노예라고 부를 때 세 가지 뜻이 있다.

I. 바울은 자신이 예수 그리스도의 절대적인 소유물이라는 것이다. 그리스도가 사랑해 주시고 그리스도가 대가를 지불하고 샀다는 것이다(고전 6:20). 그러므로 그리스도 이외의 누구의 것도 아니라는 것이다.

II. 바울은 자신이 예수 그리스도에게 절대 복종할 책임이 있다는 것이다. 노예는 자기 자신의 의지가 없다. 주인의 의지가 그의 의지이고 주인의 결정이 그의 생명을 지배한다. 그러기에 바울은 그리스도 이외의 의지를 가지지 않고 구주이며 주님 되는 분에 대한 복종 이외에는 복종할 마음이 없다는 것이다.

III. 여기 그 셋째의 뜻이 있다. 구약성경에서 선지자를 보통 부르는 이름은 "**하나님의 종**" 이었다(암 3:7; 렘 7:25). 이 이름은 "모세", "여호수아", "다윗" 에게도 주어졌다(수 1:2; 삿 2:8; 시 78:70, 89:3, 10). 실제로 "**하나님의 종**" 이란 이름은 모든 이름 중에 가장 높은 영예를 표시하였다. 바울이 자신에게 이 이름을 사용하는 것은 겸손한 마음으로 자신을 예언자들과 하나님의 훌륭한 종들의 계승자로 여겼기 때문이다.

기독교인이 예수 그리스도의 노예가 되는 것은 비열이나 비굴한 굴종을 하는 것이 아니다. 라틴어의 상투적인 말과 같이 "일리세르위레 에스트 레그나레

(Illiservire est regnare)" 다. 이것을 자유롭게 번역하면 "주의 노예가 되는 것은 왕자가 되는 것이다"라는 뜻이다. 그리스도의 노예가 되는 일은 완전한 자유를 얻는 길이다.

기독교인의 영예

빌립보서 1:1-2(계속)

KJV이 말하는 것같이 이 편지는 **그리스도 예수 안에 있는 모든 성도**가 수신인으로 되었다. **성도**라고 번역된 말은 **하기오스**(hagios)다. 그리고 **성도**라고 번역하는 것은 오해를 가져오기 쉽다. 현대인의 귀에는 **성도**라는 말이 무엇인가 이 세상 것이 아닌 경건한 모습을 나타내는 경향이 있다.

시장 분위기보다는 색유리를 넣은 엄숙한 창문과 관련하여 생각한다. **성도**(saint)란 말뜻을 아는 것은 쉬우나 그것을 번역하기는 어렵다.

헬라어 **하기오스**(hagios)는 히브리어 "카도쉬(kadosh)"와 동의어로서 대개의 경우 "**거룩**(holy)"이라고 번역되었다. 히브리의 사고방식으로 무엇인가 **거룩**한 것을 표현할 때는 그 근저(根底)에 다른 것과는 **다르다**는 사상이 있다.

이 뜻을 한층 이해하기 위하여 거룩이란 말이 구약 중에 어떻게 실제로 사용되었는지를 살펴보자.

제사에 대한 특별한 규칙이 다음과 같이 진술되었다. "그들의 하나님께 대하여 거룩하고 그들의 하나님의 이름을 욕되게 하지 말 것이며"(레 21:6). 제사장은 다른 사람들과 달라야 했다. 보통 사람과 달랐다. 특별한 봉사와 직능을 위하여 분리된 자들이기 때문이다. 십일조의 봉헌물은 모든 생산물 중에서 하나님을 위하여 분리한 10분의 1이다. 십일조는 모두 주의 것으로 주님께 거룩한 것이다(레 27:30-32). 십일조의 봉헌물은 식물로 사용되는 것과 **다르다**. 특별한 목적을 위하여 사용되었다. 성전의 중앙은 **성소**였다(출 26:33). 여기는 다른 곳과는 **다른** 곳이었다. 다른 건물의 어느 것과도 **구별**되어 있다.

이 말은 특별히 유대 민족 자체에 대해 사용되었다. 유대인은 **거룩한 백성**(출 19:6)이었다. 하나님은 유대인을 자신의 것으로 하려고 다른 백성에게서 구별하였다(레 20:26). "내가 땅의 모든 족속 가운데 너희만을 알았나니"(암 3:2). 유대인은 하나님의 계획과 예정과 목적 중에 특별한 지위를 차지하고 있었으므로 모든 다른 국민과는 **달랐다**.

그러나 유대인은 하나님께서 하고자 하는 일을 인생과 역사 중에서 해야 할 역할을 거절하였다. 하나님의 독생자가 세상에 왔을 때 유대인은 아들을 인정치 않고 거역하여 십자가에 못 박았다. 이스라엘 민족이 지금까지 소유하여 온 특권과 책임은 취소되고 새로운 참 이스라엘, 하나님의 참 백성인 교회에 수여된 것이다. 그 결과 전에는 유대인이 **하기오스**요, **거룩**이요, 구별된 자였던 것같이 지금은 기독교인이 **하기오스**가 되지 않으면 안 된다. 기독교인은 거룩한 자요, 구별된 자요, KJV이 말하는 것같이 **성도**다.

바울은 기독교인이 되기 전 시대에는 "성도", 즉 **하기오스**인 자들의 박해자로 유명하였다(행 9:13). 베드로는 룻다에 사는 성도 **하기오스**를 방문하려고 내려간 것이다(행 9:32).

이와 같이 기독교인은 거룩한 자, 즉 성도라는 것은 기독교인은 다른 사람들과 다르다는 것을 의미한다. 그렇다면 도대체 어떤 점이 다르게 보이는가. 바울은 수신자를 "그리스도 예수 안에 있는 성도"라고 불렀다.

바울 서신을 읽는 자는 누구나 "그리스도 예수 안에서", "그리스도 안에서"라는 말이 자주 나오게 되는 것을 보게 된다. 바울 서신 중에는 "그리스도 예수 안에서"가 48회, "그리스도 안에서"가 34회, "주 안에서"가 50회나 된다. 분명히 "그리스도 안"이 있는 것은 바울에게는 기독교의 본질 그 자체였다. 이 말을 통하여 바울이 뜻하는 것은 무엇일까?

빈센트(Marvin R. Vincent)가 말하기를 "기독교인이 주 안에서 산다는 것은 마치 새가 공기 중에, 고기가 수중에, 나무뿌리가 토양 속에 사는 것과 같이 기독교인은 그리스도 안에서 산다"라고 했다. "그리스도 안에 있다"는 것은 끊임없이 그리스도에게 있는 대기 중에서 그리스도의 영 가운데서 사는 것이다.

모든 것이 우리에게 그리스도를 알리는 세계에 살고 있다는 것을 보이고 있다. 우리는 한순간이라도 그리스도에게서 떠나 있는 느낌이 없는 세계에서 사는 것이다. 우리는 우리 주변에 항상 그리스도의 임재와 그리스도의 능력과 그리스도의 권위를 느끼는 세계에서 사는 것이다. 기독교인이 다른 자와 다른 존재라는 것은 기독교인이 언제나 어디서나, 영원히 예수 그리스도에게 포위되어서 살고 있다는 것을 의식하는 것이다.

이와 같이 바울은 "그리스도 안에 있는 성도"라는 말로 예수 그리스도와 특별한 관계 때문에 하나님께 성결함 받고 다른 사람과 구별된 사람들을 나타낸 것이다. 모든 기독교인은 성도가 될 수 있고 성도가 되어야 한다.

포괄적인 인사

빌립보서 1:1-2(계속)

바울의 친구에 대한 인사는 "하나님 아버지와 주 예수 그리스도에게서 은혜와 평강이 너희에게 있을지어다" 이다(롬 1:7; 고전 1:3; 고후 2:2; 갈 1:3; 엡 1:2; 골 1:2; 살전 1:1; 살후 1:2; 몬 3 참조).

바울은 은혜(카리스〈charis〉)와 평강(에이레네〈eirēnē〉)이란 말을 한 말로 함으로써 어떤 놀라운 전개를 하려고 한다. 바울은 두 우수한 민족이 보통 사용하는 인사말을 함께 사용함으로써 두 민족을 하나로 만들고자 한다.

카리스(charis)는 그리스인들이 보통 사용하는 인사말이다. 그리스인들이 편지를 쓸 때 사용하는 말이다. **에이레네**(eirēnē)는 히브리인이 보통 사용하는 인사말이다.

이 두 가지 말은 각각 다른 맛을 가지고 있었으니 기독교가 그 중에 새로운 뜻을 주입함으로써 보다 강해지고 깊어지고 한없이 귀한 것이 되었다.

카리스(charis)는 아름다운 말이다. 이 말의 기본적인 뜻은 기쁨이나 즐거움, 쾌락이나 아름다움이다. 사실 **카리스**는 영어의 매력(charm)이란 말과 깊은 관계가 있다. 그런데 예수 그리스도로 말미암아 본래 있던 아름다움에 새로운 아름다움을 더한 것이다. 그 아름다움은 하나님과의 새로운 관계, 즉 **은혜**의 관계에서 생기는 것이다. 그리스도에 의하여 인간은 벌써 하나님의 율법의 피해자가 아니라 하나님의 사랑하는 아들이 된 것이기 때문에 인생은 아름다워진 것이다. 그리스도로 말미암아 아버지 된 하나님을 볼 수 있는 매우 아름다움을 가지게 된 것이다.

에이레네(eirēnē)는 매우 의미 깊은 말이다. 우리는 이것을 평화라고 번역하지만 소극적인 평안을 뜻하지 않는다. 그것은 단순히 분규가 없는 것을 뜻하지 않는다. 그것은 인간의 최고선을 향하여 행하는 모든 행위, 복지 전체를 뜻한다.

이 헬라어 **에이레네**는 **결합**(join)과 **짜다**(weave)와 **함께**(together)를 뜻하는 헬라어 **에이렌**(eirein)과 깊은 관계가 있다. 때문에 여기에서 말하는 평안은 항상 인격적 관계에 있는 것이다. 즉, 인간 동지의 관계, 이웃과의 관계, 하나님과의 관계로 서술되고 있다.

지금까지 말한 것같이 평안은 항상 화해에서 생긴다. 바울이 친구들을 위하여 은혜와 평안을 빌 때 친구들이 하나님을 아버지로 아는 기쁨과 하나님과 사람이 화해되는 평안을 알도록 기원한 것이다. 그리고 이 은혜와 평안은 다만 예수 그리스도를 통하여서만 주어지는 것을 알도록 기도한 것이다.

기독교 생활의 표식(1)

빌립보서 1:3-11

[3]내가 너희를 생각할 때마다 나의 하나님께 감사하며 [4]간구할 때마다 너희
무리를 위하여 기쁨으로 항상 간구함은 [5]너희가 첫날부터 이제까지 복음을
위한 일에 참여하고 있기 때문이라 [6]너희 안에서 착한 일을 시작하신 이가
그리스도 예수의 날까지 이루실 줄을 우리는 확신하노라 [7]내가 너희 무리를
위하여 이와 같이 생각하는 것이 마땅하니 이는 너희가 내 마음에 있음이며
나의 매임과 복음을 변명함과 확정함에 너희가 다 나와 함께 은혜에 참여한

자가 됨이라 8내가 예수 그리스도의 심장으로 너희 무리를 얼마나 사모하는
지 하나님이 내 증인이시니라 9내가 기도하노라 너희 사랑을 지식과 모든 총
명으로 점점 더 풍성하게 하사 10너희로 지극히 선한 것을 분별하며 또 진실
하여 허물없이 그리스도의 날까지 이르고 11예수 그리스도로 말미암아 의의
열매가 가득하여 하나님의 영광과 찬송이 되기를 원하노라

I. 기독교인의 기쁨

엘리고트(Ellicott)가 말한 것같이 기억함과 감사함이 결합하는 것은 아름답다. 우리가 경험한 모든 교제 중에 행복을 남긴 교제처럼 위대한 교제는 없다. 이것이 바울이 빌립보에 있는 기독교인과의 교제다. 기억함에 후회가 없고 행복만이 남는 것이다.

여기에 기독교 생활의 표식이 되는 내용이 기술되어 있다. **기독교인의 기쁨**이 있다. 바울은 친구들을 위하여 기도할 때 기쁨으로 했다. 빌립보서는 기쁨의 서신이라고 부른다. 벵겔(Bengel)은 간단한 라틴어로 주해하였다 "숨마 에피스톨라에 가우데오 가우데테(Summa epistolae gaudeo-gaudete)." 이 모든 서신의 중심 메시지는 "내가 기뻐하니 너희도 기뻐하라"인 것이다.

이 편지에 나타난 기독교인의 기쁨을 살펴보자.

1. 이 구절(1:4)에 기독교인의 기도하는 기쁨이 있다. 그것은 우리가 사랑하고 친한 사람을 하나님의 자비의 자리에 데리고 가는 기쁨이다.

조지 레인드로프(George Reindrop)는 《비범한 일(*No Common Task*)》에서 간호사에 대해 기술하였다. 그녀는 어떤 사람에게 기도하는 방법을 가르쳤다. 지금까지 나태하고 불만스럽고 기운이 없던 그녀가 모든 생활이 기도함으로 변화되어 기뻐하는 사람이 되었다. 이 간호사는 실로 많은 일을 그녀의 손을 이용하여 수행하였다. 마치 그 손은 기도의 일부로서 일하고 있었다.

그녀의 손가락 하나하나는 누군가를 대표하고 있는 것이다. 엄지손가락은 가장 가까이 있기 때문에 가장 친근한 사람들을 위하여 기도하는 것을 생각나게 한다. 둘째손가락은 대개 무엇을 가르치는 일에 사용된다. 우리가 누구에게 무엇을 물으면 그는 이 손가락으로 가리킨다. 그러므로 이것은 학교나 병원에 있

는 모든 선생을 대표한다. 셋째손가락은 가장 크다. 그러므로 인생의 모든 분야에 걸친 요인과 지도자를 대표한다. 넷째손가락은 어떤 피아니스트도 알고 있는 것같이 가장 약한 손가락이다. 그러므로 이 손가락은 약한 사람들, 즉 번민하고 고통 받는 자들을 대표한다. 다섯째손가락은 가장 작고 중요치 않다. 그러므로 간호사 자신을 대표한다.

이것이야말로 실로 아름다운 기도의 조직이다. 전 인류를 기도로 하나님 앞에 동반하여 갈 때는 언제나 기쁨과 평안이 있을 것이다.

2. **예수 그리스도가 전하는 기쁨**이 있다. 누구든지 큰 기쁨이 주어지면 곧 직관적으로 다른 사람과 그 기쁨을 나누고 싶은 것이다. 복음이 전 세계에 전파된 결과 이 사람도 저 사람도 그리스도 사랑 가운데 인도되었다고 생각할 때 큰 기쁨이 있는 것이다.

3. **신앙의 기쁨**이 있다(1:25). 그리스도가 사람을 행복하게 하지 못한다면 그 사람에게는 기독교가 아무런 역할을 못하는 것이 될 것이다. 어떤 기독교에서는 언제나 번민하고 괴로워하는 모습을 보이곤 한다. 그러나 시인은 "사람이 그를 보니 그의 얼굴이 빛나도다"라고 했다. 또 모세가 산에서 내려온 때도 그의 얼굴은 빛나고 있었다. 기독교는 "행복한 마음과 빛난 얼굴"을 가진 신앙이다.

4. **한마음으로 서로 교제하는 기독교인들을 보는 기쁨**이 있다(2:2). 시편 기자는 "형제가 연합하여 동거함이 어찌 그리 선하고 아름다운고"라고 노래하였다(시 133:1).

어떤 사람에게도 인간관계가 파괴되었든지 친구간에 다툼이 있을 때에는 평안이 없다. 가족이 서로 사랑으로 연합하고 교인이 서로 예수 그리스도 안에서 하나 되는 것같이 아름다운 광경은 없다. 다만 그리스도로 인해 인간관계를 완전하게 한 아름다움이 존재한다.

5. **그리스도를 위하여 고난을 받는 기쁨**이 있다(2:17). 폴리캅이 순교할 때 불꽃 가운데서 "오! 아버지여, 나를 이곳에 적합한 자로 판단하여 주셔서 감사합니다"라고 기도했다. 그리스도를 위하여 고난을 받는 것은 기독교인의 특권이다. 혹 그것이 잘못 생각한 결과라 할지라도 주님에게 충성을 강조하고, 하나님의 나라를 건설하는 역할을 담당한 진실할 수 있는 기회가 되기 때문이다.

6. **사랑하는 사람의 소식을 듣는 기쁨**이 있다(2:28). 인생은 이별이다. 그러므로 얼마간 서로 헤어져 있는 친한 사람에게서 소식을 들을 때 언제나 기쁨이 있는 것이다 스코틀랜드에 있는 유명한 설교가는 "누구든지 두 펜스 반(우표의 값)으로 기쁨을 나누어 줄 수 있다"라고 했다. 우리는 자신을 사랑하는 자를 기쁘게 하는 것이 얼마나 쉬운 것인지를 생각해 볼 필요가 있다. 이런 일들은 모두 계속 편지를 쓰든가 쓰지 않는가에 달려 있다.

7. **기독교인의 환대를 받는 기쁨**이 있다(2:29). 어떤 가정은 문을 열고 어떤 가정은 문을 닫는다. 닫혀 있는 문은 기독교인이 아닌 이기적인 가정이다. 열린 문은 기독교인의 환영과 사랑을 표시하는 문이다. 알지 못하는 사람이나 괴로워하는 사람이 결코 닫아 버리지 않는 집이 있다는 것을 알게 되는 것은 멋진 일이다.

8. **그리스도 안에 있는 기쁨**이 있다(3:1, 4:1). 우리는 이제까지 "그리스도 안에 있다"는 것은 새가 대기 중에 사는 것같이, 고기가 수중에서 사는 것같이 그리스도 안에서 사는 것이라는 것을 알았다. 사랑하는 사람과 같이 살 때 행복하다고 느끼는 것은 인생의 본성이다. 그리스도는 우리를 사랑하시는 분이요, 또 이제도, 영원토록 결코 우리를 떠나지 않고 사랑하여 주시는 분이다.

9. **그리스도로 인하여 한 사람의 영혼을 승리로 이끄는 기쁨**이 있다(4:1). 빌립보인은 바울이 도구가 되어 그리스도에게 인도된 사람들이므로 바울은 "나의 기쁨이요 면류관이라"고 했다. 이것은 다른 사람들이나, 특히 아이들을 예수 그리스도의 사랑으로 인도한 부모나 교사나 설교자의 기쁨이기도 하다. 큰 특권이 주어진 것을 기뻐하는 사람은 그 특권을 자신의 가족이나 친구와 나누기 전에는 확실히 마음에 쉼이 없다. 기독교인에게서 선교는 의무가 아니고 기쁨이다.

10. **선물을 받는 기쁨**이 있다(4:10). 선물을 받는 기쁨은 그 선물의 크기에 있는 것이 아니다. 그것은 누군가가 생각하여 준다는 것을 아는 기쁨이다. 선물의 가치가 문제 아니라 선물이라는 그것이 의미를 가지고 있다. 자신이 받는 이상의 것을 남에게 줄 수 있는 기쁨인 것이다.

기독교 생활의 표식(2)

빌립보서 1:3-11(계속)

II. 기독교인의 희생

6절에 "너희 속에 착한 일을 시작하신 이가 그리스도 예수의 날까지 이루실 줄을 우리가 확신하노라"고 했다. 바울이 여기 묘사한 것은 헬라어에 의한 묘사이고, 번역으로 재현하기는 어렵다. 문제점은 **시작한 일**에 사용한 **에나르케스다이**(enarchesthai)와 **완성한다**는 말에 사용한 **에피텔레인**(epitelein)이다. 어느 것이나 희생식의 처음과 나중에 사용하는 전문용어다.

헬라에 희생식을 집행하는 의식이 있었다. 제단 위에 있는 등잔에 불이 켜졌다. 흔들리는 등잔은 물이 든 그릇에 침수시켰다. 거룩한 불꽃에 물이 청결해지는 것이다.

성결한 물은 희생물과 의식에 참가하는 사람들 위에 뿌려 거룩하고 성결한 것으로 된다. 계속 **에우페미아**(euphemia), 즉 **거룩한 침묵**이라 부르는 의식이 행해져 참배자는 신께 기도를 드린다. 최후에 밀이 든 광주리가 운반되어 왔다. 그리고 몇 알의 밀이 희생의 봉헌물과 그 주위의 지면에 뿌려진다. 여기까지 의식이 희생의 시작이다. 이 시작을 알리는 전문용어가 여기서 바울이 사용한 동사 **에나루게스다이**였다. 희생의 모든 제전이 완행(完行)하는 것, 즉 가장 자세한 점에 이르기까지 희생식을 완벽하게 행한다는 의미로 사용되는 동사가 **에피텔레인**(epitelein)으로 여기서 바울이 사용하고 있는 **이룬다**에 해당하는 동사다. 바울은 이 문장을 희생의 제전을 생각하면서 썼기 때문에 희생식의 용어가 사용된 것이다.

바울은 이같이 모든 기독교 생활은 예수 그리스도의 공물로 준비된 희생의 봉헌물이라는 것이다. 바울이 로마서 중에 "너희 몸을 하나님이 기뻐하시는 거룩한 산제사로 드리라"(롬 12:1)고 한 것도 같은 상황을 묘사한 것이다.

마지막 날에 그리스도는 왕과 같이 강림할 것이다. 그때 왕의 복종자들은 충

사랑의 표시로서 제물을 드리지 않으면 안 된다.

예수 그리스도가 우리에게 바라는 하나의 제물은 우리 자신의 몸과 생활이다. 그러므로 인생의 가장 위대한 과제는 우리의 인생을 예수 그리스도에게 수납되는 제물에 합당하게 하는 것 외에는 없다. 우리는 하나님의 은혜로서만 이것을 할 수 있다. 우리가 기독교인으로서 길을 걷기 시작한 순간부터 하나님의 은혜는 우리를 예수 그리스도께 드리는 온전한 제물로 합당하게 하신 것이다. 우리가 하나님의 은혜를 계속 나타내면 하나님의 은혜는 우리의 일을 완성하고 우리 자신을 주께 드리기에 합당한 제물로 만들어 주실 것이다.

기독교 생활의 표식(3)

빌립보서 1:3-11(계속)

III. 기독교인의 협력

이곳에서는 기독교인의 협력 정신이 매우 강조되었다. 기독교인이 협력과 교제 가운데 서로 분담하는 일이 몇 가지 있다.

1. 기독교인은 **하나님의 은혜의 선물을** 서로 나눈 사람들이다. 기독교인은 하나님의 자비와 은혜에 대해 공동의 책임을 지려고 함께 부르심을 받은 사람들이다.

2. 기독교인은 **복음 사업의 동료**다. 선물을 서로 나눌 뿐 아니라 부과된 일을 나누고 있다. 그것은 복음을 전하는 일이다.

바울은 복음을 전하기 위하여 그리스도의 일을 두 가지 말을 사용하여 나타내고 있다. 복음을 **변명**하고 **확증**한다고 했다. 복음을 변명한다는 **아폴로기아**(apologia)란 외부에서 받는 공격에 대한 복음을 방어하는 것이다. 기독교를 반대하는 사람들의 공격과 이론에서 복음을 방어하고 자신이 가질 희망의 근거를 말할 준비가 되어 있지 않으면 안 된다.

복음을 **확증한다**는 **베바이 오시스**(bebaiōsis)란 교회 안에서 기독교인 동료의 신앙을 계발하고, 견고하게 해 복음을 강력하게 쌓아 올리는 것이다. 기독교인은 복음의 적에게서 공격에는 변명하고 복음의 친구가 되는 자의 신앙과 경건을 강하게 세움으로써 복음을 전하지 않으면 안 된다.

3. 기독교인은 **복음을 위하여 고통을 나누어지는 자**다. 빌립보인은 바울의 속박 생활의 동료였다. 기독교인이 복음을 위하여 고난을 지도록 부르심을 받았을 때는 언제나 혼자서 고난을 지는 것이 아니다. 복음을 거부하기보다는 오히려 다소라도 그리스도를 위하여 고난을 지려고 원하는 모든 연령, 모든 시대, 모든 나라 사람과 서로 교제하는 중에 고난을 지고 있다. 이것을 생각할 때 힘을 얻고 위로를 받는다.

4. 기독교인은 **그리스도의 공유물**이다. 8절에 "내가 그리스도의 심장으로 너희 무리를 어떻게 사모하는지"라는 바울의 말은 매우 생생하다. **심장**에 해당하는 헬라어는 **스플랑크나**(splagchna)다. 이 **스플랑크나**는 **소장**, **심장**, **간장**, **폐**다. 헬라인은 이것이 애정과 감정의 소재라고 생각하였다. 그러므로 바울은 이렇게 말한다. "나는 예수 그리스도 자신이 가지고 있었던 것과 같은 긍휼을 가지고 너희를 생각하고 있다." 바울이 기독교 친구들에게 느끼고 있는 사랑은 그리스도 자신의 사랑과 다를 바 없다.

라이트훗은 이곳을 주해하기를 "믿는 자는 주와 별개의 열망을 가지지 않는다. 믿는 자의 맥박은 주의 맥박과 같이 뛰고 있고, 믿는 자의 심장은 주의 심장과 같이 고동하고 있다"라고 했다. 우리가 진실로 예수와 일체가 될 때 그리스도의 사랑은 우리를 통하여 이웃에, 또한 주가 사랑하고 죽어 주신 이웃에게 전해지는 것이다 기독교인은 그리스도의 사랑의 공유자일 뿐이다.

기독교 생활의 표식(4)

빌립보서 1:3-11(계속)

IV. 기독교인의 성장과 목표

바울은 친구들을 위하여 "그들의 사랑이 매일같이 자라 더해지기를"(1:9-10) 기도하였다. 더욱 이 사랑은 단순히 감정적인 것이 아니다. 그것은 깊은 지식에서, 날카로운 감각에서 점점 증가하여 이것에 의하여 무엇이 중요한지를 판단하게 되는 것이다. 사랑은 항상 지식에 이르는 길이다. 우리가 어떤 학과를 사랑한다면 우리는 여기에 대해 점점 더 알기를 원한다. 우리가 어떤 사람을 사랑한다면 그에 대해 점점 더 알기를 원한다. 우리가 예수를 사랑한다면 예수와 예수의 진리에 대해 점점 더 많은 것을 배우려고 할 것이다.

사랑은 사랑하는 자의 마음과 생각을 예민하게 한다. 사랑이 맹목적이고 우물쭈물하여 사랑하는 상대방의 감정을 상하고 한다면 이것은 벌써 사랑이 아니다. 우리가 예수를 진정으로 사랑한다면 우리는 그의 뜻과 요구에 예민하게 될 것이다. 우리가 주를 사랑하면 사랑할수록 우리의 양심은 더욱 민감하게 될 것이다. 우리가 주를 사랑하면 사랑할수록 직관적으로 악에서 떠나게 되고 바른 것을 바라게 될 것이다. 참사랑은 매일 깊은 지식으로 인도하고 복종을 증가하게 한다.

바울이 사물을 **판별**(testing)하는 데 사용한 말은 **도키마제인**(dokimazein)이다. 이 말은 금속이나 주화가 진짜고 순수하며 불순물이 없는지, 가짜가 아닌지 판단해 보는 데 쓰는 말이다. 참사랑은 맹목적이 아니다. 참사랑은 언제나 참과 거짓이 다른 것을 분별할 수 있다. 그러므로 기독교인은 책망할 것이 없는 순진한 자가 될 것이다. KJV에는 "그는 순진하여 허물 없이 될 것이다"라고 번역되어 있다. 이 순진(pure)에 사용한 말은 흥미 있는 말이다. 그것은 **에일리크리네스**(eilikrines)다. 헬라인은 이 말이 파생된 과정을 확실히 모른다. 그들은 어원일 가능성을 두 가지 암시하였는데, 어느 것이나 매우 선명한 묘사다.

에일리크리네스는 태양이 빛난다를 뜻하는 **에일레**(eilē)와 **판결한다**는 뜻인

크리네인(krinein)에서 왔을 것이다. 그리고 태양 빛에 세우고 광선을 받아도 아무 해(害)도 볼 수 없으니 합격되었다는 것을 의미한다. **에일리크리네스**가 이 같은 뜻이 있다면 기독교인의 특징은 배후까지 통하는 빛에도 견딜 수 있는 것이다. 그러나 **에일리크리네스**는 **에일레인**(eilein)에서 파생되었을지도 모른다. **에일레인**은 체 안에 넣은 물건이 모든 불순물이 빠져나올 때까지 거르도록 빙글빙글 돌리는 것을 의미한다. 이 말뜻이 **돈다**에서 파생되었다면 기독교인의 특색은 순수한 것이 되기까지 모든 악에서 걸러 깨끗하게 되는 것이다.

그러나 기독교인은 자신을 깨끗하게 할 뿐만 아니라 **아프로스코포스**(aproskopos)가 된다. 즉, 결코 타인을 실수하게 해서는 안 된다. 자기 자신이 결점은 없으나 타인에게 너무 엄하고 완고하며 가혹하여 나중에는 기독교에서 쫓아내는 사람들이 있다.

선량하지만 타인을 너무 비난하기 때문에 선에서 멀어지는 사람들이 있다. 기독교인은 자기 자신이 순진하고 사랑과 관용으로 타인을 기독교로 이끌고 결코 기독교에서 추방하지 않는 사람이다.

마지막으로 바울은 기독교인의 목표를 기술하였다. 기독교인의 목표는 하나님께서 주시는 영광과 칭찬을 나타내는 생활을 하는 것이다. 기독교인의 선행은 인간 동지의 찬양과 신용과 명예와 특권을 얻기 위하여 하는 것이 아니다. 기독교인은 결코 자신을 나타내지 않는다. 언제나 하나님을 나타낸다. 기독교인은 자신의 목표가 없는 노력에 의하는 것이 아니고 하나님의 은혜에 의하여 살아가는 것을 알며 증거하는 자다.

갇힘으로 인한 복음의 전진

빌립보서 1:12-14

[12]형제들아 내가 당한 일이 도리어 복음 전파에 진전이 된 줄을 너희가 알기
를 원하노라 [13]이러므로 나의 매임이 그리스도 안에서 모든 시위대 안과 그

밖의 모든 사람에게 나타났으니 [14]형제 중 다수가 나의 매임으로 말미암아 주 안에서 신뢰함으로 겁 없이 하나님의 말씀을 더욱 담대히 전하게 되었느니라

바울은 묶인 몸이었다. 이 사실은 바울의 전도 활동도 이것으로 끝이 났다고 생각하게 한다. 그러나 바울의 투옥은 전도 활동의 종말을 고하는 것이 아닐 뿐 아니라 자기 자신과 타인을 위하여 한층 나아가 복음을 전하는 것이 되었다. 사실 구속이 장벽을 파괴한 예가 되었다. 바울이 복음의 **전진**(advancement, furtherance)에 사용한 말은 선명한 말이다. 그것은 특별히 군대나 탐험대가 진군하는 데 사용되는 **프로코페**(prokopē)라는 말이다.

프로코페는 동사 **프로코페인**에서 파생한 명사형인데 **미리 잘라 넘어뜨린다**는 뜻이다. 이 말은 전진을 방해하는 방해물을 제거하는 데 사용되는 말이다. 즉, 바울의 투옥은 문을 닫는다는 것이 도리어 연 것이 되었다. 바울이 한 번도 들어가지 못한 새로운 전도 분야에 이르는 길을 열었다. 그 상황이 어떤 것인지 살펴보자.

바울은 팔레스타인에서는 정당한 재판을 받을 수 없는 것을 알고 로마 시민권을 가지고 있는 자면 누구나 할 수 있는 황제에게 상소하였다. 시간을 따라 군대의 보위하에 로마로 이송되었다. 로마에 도착할 때까지는 근위대 백부장에게 위탁되었다(행 27:1). 로마에 도착해서부터는 하나의 파수병을 붙여 홀로 살도록 허락하였다(행 28:16). 파수병 감시하에 있었으므로 마침내 바울이 셋집을 얻는 것을 허락 받고 그를 염려하여 찾아오는 자들을 영접하였다(행 28:30).

KJV에 의하면 바울의 투옥이 로마 궁전 전체에 분명해지게 된 것을 알 수 있다. **궁전**(palace)이라고 번역된 말은 **푸라이토리온**(praitōrion)이다. **푸라이토리온**은 궁전도 일단의 사람들로 뜻한다. 궁전의 뜻을 취할 때 세 가지 뜻이 있다.

I. 어원적으로 "진영 내 장군의 본부", 즉 장군이 명령이나 지령 내리는 텐트를 뜻한다.

II. 여기에서 당연히 장군의 관저를 나타내는 뜻으로 옮겼다. 더 나아가 황제의 저택, 즉 궁전을 뜻하게 되었다. 그러나 이 의미로 사용되는 경우는 희소하다.

III. 또 한 가지 자연적인 전개에 의하면 큰 집이나 별장, 부자나 영향력이 있는 사람의 저택을 뜻한다.

그러나 여기에 사용된 **프라이트리온**은 이상 어느 의미에도 맞지 않는다는 것이 분명하다. 사도행전에 의하면 바울은 자신이 셋집에서 살았다고 기록되어 있기 때문이다(행 28:30). 여러 가지 아는 바로는 바울의 셋집이 황제의 궁전 내에 있었다고 생각하는 것은 불가능하다. 그렇게는 뜻이 통하지 않는다.

여기서 우리는 **프라이트리온**의 또 다른 뜻으로 일단의 사람들의 경우를 생각하는 것이다. 이 경우 근위의 위병(Praetorian Guard)이든가, 매우 드물지만 근위의 위병이 기숙하는 병사를 뜻하는 것이다. 바울이 로마 병사 내에 집을 빌리지는 않았으리라 생각되므로 후자의 뜻은 여기서 접어 두기로 하자.

근위대는 로마 황제의 친위대였다. 그들은 아우구스투스(Augustus) 황제가 창설했고 많은 군인 중에서 특출한 1만 명의 병사단이었다. 아우구스투스는 그들을 로마 시 전체와 이웃 마을에 분산해 두었다. 티베리우스 황제는 그들을 로마 시 안에 특별히 건립되고 강화된 캠프 안으로 집결했다. 황제 비텔리우스(Vitellius)는 이것을 1만 6천으로 증가시켰다. 근위병의 병역 기간은 12년이었는데, 후에는 16년으로 되었다. 병역을 마칠 때 시민권과 250파운드 이상의 돈이 수여되었다. 최후에 근위병들은 황제의 비공식적인 호위병이 되었다.

이 사실은 필연적으로 큰 문제를 야기하게 되었다. 근위병이 로마에 집결된 결과 황제 제조자(製造者)가 되는 때가 왔다. 근위병은 필요하다면 자신들의 의지를 무력에 의하여 민중에게 강요할 수 있기 때문에 언제든지 그들이 지명한 사람이 황제가 되었다. 바울이 로마에 도착했을 때 근위대에 속한 대장, 즉 근위대의 지휘관에 인도되었던 것이다.

바울이 반복하여 자신은 **죄수**라는 것과 옥에 **포박되어 있다**는 것을 말하고 있다. 바울은 로마의 기독교인들에게 하나도 잘못한 행위가 없는데도 로마인의 손에 "죄수(desmios)로 내어 준바 되었으니" (행 28:17)라고 했다. 빌립보서신 중에 바울의 **투옥**에 대해 반복하여 말하고 있다(빌 1:7, 13-14). 골로새서에도 "내가 이 일 때문에 매임을 당하였노라" (4:3), "내가 매인 것을 생각하라" (4:18)고 했다. 빌레몬서에는 "예수 그리스도를 위하여 갇힌 자" (1:9, 13), 에베소서에도 "그리스도 예수의 일로 너희 이방인을 위하여 갇힌 자 된 나 바울" (3:1)이라 했다.

이제 여기 이런 갇힌 자란 말과 매우 관계가 깊은 두 문장이 있다. 사도행전 28장 20절에 바울은 "내가 **이 쇠사슬에 매인바 되었노라**" 고 했다. 바울이 여기 사용한 말(halusis)은 에베소서 6장 20절에 "내가 쇠사슬에 매인 사신" 이란 말과 같은 것이다. 이 **할루시스**(halusis)란 말에 우리가 알려고 하는 열쇠가 있다.

할루시스란 짧은 쇠사슬로 갇힌 자와 간수의 손에 매는 데 사용되었다. 그러므로 죄수는 도망할 수가 없었다. 바울은 근위대장에게 인도되어 황제 앞에서 열리는 재판을 기다리고 있었다. 바울은 셋집에 사는 것이 허락되었으나, 이 집에는 주야로 지키는 병사가 있고 종일 병사의 손과 **할루시스**로 매어 있었다. 물론 지키는 병사들은 순번으로 지정되었을 것이다. 그러므로 이 3년이란 긴 세월 동안 황제의 근위병들은 한 사람 한 사람 교체하여 바울을 지키는 역할을 했을 것이라고 생각된다. 이 얼마나 좋은 기회인가.

이 병사들은 바울의 설교를 듣고 친구들에게 말했을 것이다. 바울의 손목에 매어 있는 병사들과 장시간 예수에 대해 논쟁하지 않았다는 증거가 있겠는가?

바울의 투옥은 로마 군대 중에도 가장 세련된 군대인 근위대에 복음을 전도할 길을 연 것이다. 바울이 자신이 투옥된 것은 실제로 "복음의 전진" 을 위한 것이었다고 단언하는 것은 의심할 것 없는 사실이다. 근위대의 병영 전체가 바울이 투옥된 이유를 알고 있었다. 많은 병사들은 그리스도에 대해 배웠다.

그리하여 바울의 투옥으로 일어난 모든 상황은 빌립보에 있는 형제들에게 복음을 전하고 그리스도를 증거하는 데 필요한 새로운 용기를 주었다.

바울의 투옥은 장해를 제거하고 로마군의 꽃이라고 불리는 군대에게 접근할 기회가 되었다. 더욱 바울의 투옥은 빌립보에 있는 형제들에게는 용기를 주는 특효약이 되었다.

가장 중요한 선언서

빌립보서 1:15-18

[15]어떤 이들은 투기와 분쟁으로, 어떤 이들은 착한 뜻으로 그리스도를 전파
하나니 [16]이들은 내가 복음을 변증하기 위하여 세우심을 받은 줄 알고 사랑
으로 하나 [17]그들은 나의 매임에 괴로움을 더하게 할 줄로 생각하여 순수하
지 못하게 다툼으로 그리스도를 전파하느니라 [18]그러면 무엇이냐 겉치레로
하나 참으로 하나 무슨 방도로 하든지 전파되는 것은 그리스도니 이로써 나
는 기뻐하고 또한 기뻐하리라

여기에 바울의 위대한 심정이 기술되었다. 바울의 투옥은 선교에 자극이 되었다. 이 자극은 두 방향으로 움직였다.

먼저 바울을 사랑하는 사람들이 있었다. 그들은 바울이 옥에 묶여 있는 것을 보고 복음 선교를 넓히려는 노력을 배가하였기 때문에 바울의 투옥으로 하등 잃은 것이 없었다. 그들은 바울의 마음을 기쁘게 하는 최상의 방법을 생각하였다. 즉, 바울의 일은 바울의 부재라는 부득이한 사정에 의해서도 결코 방해되지 않았다는 것을 표현하는 것이었다. 그러나 다른 사람들이 있었다. 그들은 바울이 **에리데이아**(eritheia)라 부른 것에 의하여 움직이고 있었다. 그들은 당파심에서 전하였다. **에리데이아**는 흥미 있는 말이다. 어원적으로 말하면 **에리데이아**는 조금도 나쁜 말이 아니었다. 그것은 단순히 **임금 때문에 일한다**, 즉 고용되어 일한다는 것이다. 그러나 임금 때문에만 일하는 사람은 일하는 동기가 매우 낮다. 그는 타인은 아랑곳없이 자기 자신의 이익만을 위해, 자기 자신과 자신의 이득과 명예를 위해서만 일한다. **에리데이아**는 직업인이나 자신을 크게 하려고 일을 하는 인간을 표현하게 되었다. 더 나아가 정치와 관련이 있게 되었고, **선거운동을 하는** 것을 의미하게 되었고, 자기 추구와 자기 욕망을 기술하게 되었다. 또 이 말은 직접적으로 욕망이 가득 차고 경쟁적인 정신으로서 욕망 달성을 위해 총력을 기울이고 그 목적을 달성하기 위해서는 여하한 방법이라도 개의하지 않는 것이다.

빌립보에는 바울이 투옥된 차제에 더 열심히 전하는 사람들이 있었다. 이 사람들에게는 바울의 투옥은 그들의 영향력과 특권과 교회 내의 파벌을 증대하고 바울의 힘을 약하게 하는 데는 다시없는 기회로 보였던 것이다. 우리는 이와 같은 것을 선전하는 자가 이교도거나 유대교 율법주의 중에 기독교를 포함하기를 원하는 유대교도들이었다고 생각해서는 안 된다. 바울은 결코 이 같은 것을 증거하지 않는다. 그들은 바울이 옥에 갇혀 있을 동안 자신들의 명예를 높이고 바울의 영향력을 약화하려 한 전도자들이었다.

여기서 우리는 배우는 것이 있다. 바울은 사적인 질투를 몰랐다. 사적 원한도 전혀 몰랐다. 예수 그리스도가 전파되는 한 누가 명예와 명성을 얻든지 바울은 상관하지 않았다.

바울은 다른 설교자들이 자신에 대해 무엇이라 말하든지, 자기에게 얼마나 적대 의식을 가지든지, 자신을 얼마나 격멸하든지 상관하지 않았다. 그리고 그들이 바울을 축출하려 해도 신경 쓰지 않았다. 바울에게서 문제는 그리스도를 전하는 것이었다.

우리는 누군가가 뛰어나거나 명예나 명성을 얻으면 그것을 질투하는 경우가 있다. 누군가가 내 일에 대해서나 우리의 방법을 비판하면 그를 원수로 생각하는 때가 있다. 우리는 다른 사람이 우리의 방법대로 하지 않기 때문에 아무 성과도 없을 것이라고 생각하는 때가 많다. 지식인은 복음과 사람들과 하등 관계를 하지 않고, 복음과 사람들은 지식인의 신앙을 비난한다. 교육에 의한 전도를 믿는 자는 결단에 의한 전도는 그 진가를 인정치 않고 결단에 의한 전도를 실행하는 자는 어떤 다른 접근 방법이 더 지속적인 효과가 있다고 인정하지 않는다.

바울이야말로 훌륭한 모범이다. 바울은 자신을 순결케 하고 그 문제를 모든 인간적인 것에서 승화했다. 다시 말해 그리스도가 전해지는 것만이 중요한 것이었다.

행복한 종말

빌립보서 1:19-20

[19]이것이 너희의 간구와 예수 그리스도의 성령의 도우심으로 나를 구원에 이
르게 할 줄 아는 고로 [20]나의 간절한 기대와 소망을 따라 아무 일에든지 부끄
러워하지 아니하고 지금도 전과 같이 온전히 담대하여 살든지 죽든지 내 몸
에서 그리스도가 존귀하게 되게 하려 하나니

바울은 지금 자신이 놓인 상황이 결과적으로 구원에 이를 것을 확신하고 있다. 바울의 투옥도, 적대시하는 사람들의 인신공격까지도 결국 그의 구원이 될 것이다. 구원이 된다는 말에서 바울은 무엇을 뜻하고 있는가? "구원이 되는" 으로 번역된 소테리아(soteria)란 말에서 세 가지 뜻을 생각할 수 있다.

I. "안전"을 뜻할 수 있다. 이 경우에 모든 상황이 나중에는 바울의 석방으로 끝날 것으로 믿는다고 말하고 있다. 그러나 다음에서 바울은 죽을지 살지 모른다고 말하기 때문에 안전이란 뜻으로 하기는 곤란하다.

II. "하늘에서 그의 구원을 뜻할 수" 있다. 이 경우 투옥된 현실에 의하여 바울에 주어진 기회에 할 일은 심판 날의 증거가 될 것이라고 말하고 있다. 여기에 위대한 진리가 있다. 어떤 기회가 주어져도 인간은 현세를 위해서뿐만 아니라, 영원을 위해서도 행동하다. 어떤 환경에 있든지 인간은 인간의 판단뿐만 아니라 하나님의 판단을 받고 있는 것이다. 모든 환경과 결심, 혹은 기회나 도전에 대한 인간의 행동은 마침내 영원 가운데서 자신을 위한 증거가 되든가 불리한 반증이 되는 것이다.

III. "소테리아(soteria)"는 상기 두 가지 뜻보다는 광범위한 뜻이 있다. 이것은 건강이나 일반적인 행복을 뜻한다. 바로 이 난국에 바울의 신변에 일어나고

있는 것은 모두 바울에게는 현세나 영원에서나 최선이라는 것을 말하고 있다. 또 바울은 "하나님이 나를 이 상황에 몰아넣으셨다. 그리고 하나님은 모든 문제와 곤란을 지금에는 나의 행복과 유익이 되게 하고, 영원한 때에는 나를 기쁘고 평안하게 해 주신다. 이 사실이 나에게는 지금이나 오는 세상에서 큰 재산이다"라고 말한다.

우리는 어떤 도전이건 그것은 우리의 강장제로서 하나님께서 보내신 것임을 잊어서는 안 된다.

이와 같은 환경 중에 두 가지 큰 뒷받침이 있다는 것을 바울은 알고 있었다.

I. 바울은 친구들의 기도의 뒷받침이 있는 것을 알고 있다. 바울 서신 중에 가장 아름다운 것 중 하나는 바울이 친구들에게 재삼, 제사 기도를 의뢰한 것이다.

바울은 데살로니가서에서도 "형제들아 우리를 위하여 기도하기를"(살후 3:1), 고린도서에서는 "너희도 우리를 위하여 간구함으로 도우라"(고후 1:11), 빌레몬서에서는 "너희 기도로 내가 너희에게 나아갈 수 있기를 바라노라"(몬 1:22)고 했다. 예루살렘으로 위험한 여행을 시작하기 전에 로마에 있는 교인들에게 기도를 부탁하였다(롬 15:30).

바울은 친구들의 기도가 필요하다는 것을 잊을 수 있을 만큼 지나치게 위대한 자는 아니었다. 그는 사람을 높은 데서 내려다보는 인물이 아니었다. 바울은 결코 자신은 모든 것을 할 수 있으나 너희는 아무것도 못한다고 사람에게 말하는 일이 없었다. 바울은 자기뿐 아니라 다른 사람도 하나님의 도움 없이는 아무것도 할 수 없다는 것을 언제나 기억하고 있었다. 누구든지 마음에 슬픔과 낙담을 느낄 때 가장 큰 위로 중 하나는 이 무거운 짐을 은혜의 보좌로 인도할 다른 사람이 있다는 것을 알 때다. 누구나 고통을 맛보고 어떤 비장한 결의를 할 때, 하나님 앞에서 이들 무거운 짐을 기억해 주는 사람들이 있는 것을 알고서 새롭게 용기를 얻게 되는 것이다. 누구나 집에서 멀리 떠나 알지 못한 곳에 갔을 때 사랑하는 사람들의 기도가 대륙과 섬들을 지나 그의 무거운 짐을 은혜의 보좌에 인도한다는 것을 알 때 큰 힘이 되는 것이다.

우리는 친구를 위하여 기도하지 않는 한 그를 친구라 부를 수도 없고 친구가 될 수도 없다.

II. 바울은 성령의 뒷받침이 있는 것을 알았다. 성령의 존재는 예수께서 세상 끝까지 나와 같이하시겠다는 약속의 성취다. 이와 같은 상황 중에 바울은 하나의 기대와 희망을 가지고 있다.

기대(expectation)는 강렬하고 보통 사용하지 않는 말이다. 바울이 사용하기 전에는 누구 한 사람 사용한 일이 없는 말이기 때문에 혹은 바울 자신이 만들어 낸 말인지도 모른다. 이 말은 **아포카라도키아**(apokaradokia)다. **아포**(apo)는 "어떤 곳에서 멀리 떠난다"는 뜻이다. **카라**(kara)는 **머리**, 도케인(dokein)은 **본다**는 뜻이다. 그러니까 **아포카라도키아**(apokaradokia)는 하나의 열망하는 바를 집중하기 위해서는 "다른 모든 것에서 떠나 하나의 열망하는 목적만을 본다"는 뜻이다.

바울이 바라던 바는 심한 수치 때문에 침묵에 빠져 버리지 않는 것이다. 바울을 침묵으로 빠뜨릴 만큼 굴욕적인 일이 두 가지 있었다고 생각된다.

그가 반드시 말해야 할 때 침묵하게 한 "겁"이 있었을지 모른다. 일을 해도 효과가 나지 않는다는 "무익"이란 생각이 바울에게서 말할 권리를 빼앗아 버릴지도 모른다.

바울은 그리스도 안에서는 복음을 결코 부끄러워하지 않는 용기를 발견할 수 있었다고 확신한다. 그리고 그리스도 안에서 바울의 노고도 주위의 모든 사람에게 효과가 있게 된다고 확신한다. 바울의 "기대"란 말해야 할 때 말하는 대담성이 주어지는 것이다.

라이트훗은 "자유로이 말하는 권리는 그리스도의 종의 표식이요 특권이다"라고 말하였다.

대담하게 진리를 말하는 것은 그리스도의 종의 **특권**일 뿐 아니라 언제나 종의 **의무**다.

이와 같이 바울에게 주어진 기회를 용기를 가지고 효과적으로 붙잡는다면 그 결과는 바울 안에서 그리스도가 영광을 받을 것이다. 바울의 개인 사정은 어떻게 되든지 상관없다. 그가 죽는다면 순교의 면류관이 그의 것이 될 것이다. 그가 산다면 그리스도를 전하고 증거하는 특권이 그의 것이 될 것이다.

엘리콧(Ellicott)이 이에 대해 고상하게 말한 대로 바울은 "나의 몸은 그리스도의 영광을 연출하는 극장이 될 것이다"라고 했다. 여기에 성도의 두려울 만한 책임이 나타나 있다. 한 번 그리스도를 선택하고 그의 교회의 지체가 되면 우리 생활에 의하여 그리스도에게 영광을 혹은 욕을 돌리는 것이 된다. 지도자는 항상 그의 제자들에 의해 평가된다. 그리스도도 우리에 의하여 평가되는 것이다.

살든지 죽든지

빌립보서 1:21-26

21이는 내게 사는 것이 그리스도니 죽는 것도 유익함이라 22그러나 만일 육신
으로 사는 이것이 내 일의 열매일진대 무엇을 택해야 할는지 나는 알지 못하
노라 23내가 그 둘 사이에 끼였으니 차라리 세상을 떠나서 그리스도와 함께
있는 것이 훨씬 좋은 일이라 그렇게 하고 싶으나 24내가 육신으로 있는 것이
너희를 위하여 더 유익하리라 25내가 살 것과 너희 믿음의 진보와 기쁨을 위
하여 너희 무리와 함께 거할 이것을 확실히 아노니 26내가 다시 너희와 같이
있음으로 그리스도 예수 안에서 너희 자랑이 나로 말미암아 풍성하게 하려
함이라

바울은 투옥되어 재판을 기다리고 있었다. 그러므로 그는 죽을지 살지 확실하지 않다는 사실을 인정하지 않으면 안 되었다. 바울에게는 이중 어느 것이나 상관이 없었다.

그는 "내게서 사는 것이 그리스도다"라고 엄숙하게 말한다. 바울에게 그리스도는 생의 **시작이었다**. 다메섹 도상에서 바울은 중생하여 완전히 처음부터 인생의 모든 것을 다시 시작하였기 때문이다. 바울에게 그리스도는 생의 **계속**이었다. 바울은 그리스도 앞에서 살지 않는 날이 하루도 없었고, 그리스도는 바울이 공포에 빠질 때 언제나 같이 있어 격려해 주셨다(행 18:9-10). 그리고 바울에게는

그리스도가 생의 **마지막**이었다. 인생이 가는 곳은 영원하신 그리스도의 앞이기 때문이다. 바울에게 그리스도는 생의 **영감**이기도 했다. 그에게서 그리스도는 인생의 활력이요 주동력이었다. 그리스도는 그에게 생의 **과제**를 주셨다. 그를 사도로 만들고 이방인의 전도자로 보낸 것은 그리스도였다. 그리스도는 그에게 생의 **힘**을 주셨다. 그것은 바울 자신의 연약함에서 온전하게 되는 그리스도의 넘치는 은혜였기 때문이다. 그리고 그리스도는 그에게 생의 **보상**이었다. 바울에게는 인생의 보수란 주님과의 교제를 점점 깊이 하는 것뿐이었기 때문이다. 그리스도를 그의 생에서 빼낸다면 바울에게는 남는 것이란 아무것도 없다. 바울에게는 그리스도가 인생 그 자체이기 때문이다.

"나에게는 죽는 것이 유익하다"라고 바울은 말하였다. 죽음은 그리스도 앞에 더 가까이 가는 입구에 불과한 것이다. 바울이 죽음을 "잔다"라고 보고 미래에 어떤 시기가 이르면 모든 사람이 부활로 깨어날 것으로 생각한 문장이 몇 개 있다(고전 15:51-52; 살전 4:14-16). 그러나 죽음의 숨결이 그에게 이르렀을 때 바울은 죽음을 자는 것이 아니라 곧 주님 앞에 들어가는 것으로 생각하였다. 우리가 예수 그리스도를 믿는다면 죽음은 우리에게 **결합**이요 **재결합**이 된다. 즉, 그리스도와 결합, 그리고 얼마 동안 떨어졌던 사랑하는 사람과 재결합이다.

그 결과 바울은 두 가지 소원에서 흔들리고 있다 "나는 두 가지 소원 가운데서 고민하고 있다"라고 말했다 KJV에는 "나는 두 가지 사이에서 곤경에 빠져 있다"라고 했다. 바울이 사용한 말은 **세네코마이**(senechomai)다.

이 말은 양측에 암벽이 솟아 있어 방향을 바꿀 수 없고 전진만 계속할 수밖에 없는 좁은 암벽에 둘러싸인 협곡을 가는 여행자에게 해당하는 말이다.

바울 자신에게는 이 세상을 떠나 그리스도와 함께 있기를 원하나 친구들을 위하여 무엇인가를 하기 위해서는 이 세상에 생존하는 것이 더 바람직하다. 이와 같이 확신하였을 때, 바울은 선택하는 것이 자신이 아니고 하나님임을 알고 있었다. 자신이 원하는 의사를 표시하는 것이 아니라, 하나님이 원하는 것을 할 것뿐이라는 말이다.

바울은 이 세상을 떠나는 것을 더 바란다고 한 이 구절은 매우 강렬하다. 바울이 사용한 "떠난다"는 말은 **아날루에인**(analuein)이다. 그리고 이 말의 배후에는 세 가지 뜻이 있다.

I. 텐트의 로프를 풀고 말뚝을 빼면서 캠프를 걷어치우는 말이다. 죽음이 박두하였다. 무서운 전쟁 때, 영국 공군이 국가와 파멸 사이에 서 있을 때, 조종사들이 많이 희생되었을 때, 공군은 전사했다고 말하지 않고 다른 **부대로 전출되었다**고 했다. 날마다 우리의 발걸음은 우리 집이 한 걸음 한 걸음 가까워지는 걸음이요, 마지막 때 이 세상에 있는 장막은 영영 걷어치우고 영광스러운 세계의 영원한 거소로 바뀌는 것이다.

II. 그것은 정박 로프를 풀고 닻을 올리고 출항한다는 말이다. 죽음이란 깊은 데로 나아가고 영원한 천국과 하나님께로 떠나가는 항해와 같다.

III. 그것은 문제를 푼다는 말이다. 죽음은 생의 문제를 해결해 준다. 지상의 모든 문제에 해답을 가져오는 곳이며, 가혹한 문제가 해결되고, 파괴된 것이 수선되고, 잃은 것이 발견되고, 기다리던 사람들이 마침내 이해하는 곳이 어딘가에 있다.

KJV에 있는 대로 바울은 그들과 함께 **머물고 계속하는** 것을 확신하였다. 헬라어로 한 말의 구별을 영어로 재현할 수는 없다. 헬라어로는 **머문다**는 **메네인**(menein), **계속한다**는 **파라메네인**(paramenein)이다. 라이트훗은 **바이드**와 **어바이드**(bide, abide: 둘 다 머문다는 뜻–옮긴이주)로 해석할 것을 암시하였다. 이것은 말장난은 맞추었으나 뜻은 전하지 못한다. **메네인**(menein)은 단순히 **누구와 함께 머문다**의 뜻이 있으나 **파라메네인**(paramenein, 파라는 ~의)은 옆에 해당한 헬라어다. 언제나 도와줄 수 있는 준비를 하고 누군가의 옆에 대기하고 있다는 뜻이다. **파라메네인**은 다만 **기다린다**는 것뿐 아니라, 언제나 기쁨으로 원조할 수 있도록 준비하고 기다리고 있다는 것이다. 바울이 살기를 원한 것은 자기 자신을 위해서가 아니라, 바울이 살아 원조와 봉사를 계속하여야 할 사람들이 있기 때문이다.

바울이 다시 살아 빌립보인에게 가면 그들은 바울에게서 예수 그리스도 안에 있는 자랑이 증가될 것이었다. 즉, 빌립보인은 바울을 볼 수 있게 되고, 그에게서 그리스도가 그 자신을 전적으로 의지하는 사람에 대해 무엇을 하는지를 알게 될 것이다. 바울이야말로 그리스도를 통하여 최악의 경우를 직면하여 그것을 극복하고 두려워하지 않는 자로 빛나는 모범이었기 때문이다. 모든 기독교인은 그리스도가 자신의 생명을 바친 자들에게 무엇을 할 수 있는지를 사람들이 알 수 있게 믿고 생활하도록 할 의무가 있다.

하나님 나라의 시민

빌립보서 1:27-30

[27]오직 너희는 그리스도의 복음에 합당하게 생활하라 이는 내가 너희에게 가
보나 떠나 있으나 너희가 한마음으로 서서 한 뜻으로 복음의 신앙을 위하여
협력하는 것과 시민 노릇 [28]무슨 일에든지 대적하는 자들 때문에 두려워하지
아니하는 이 일을 듣고자 함이라 이것이 그들에게는 멸망의 증거요 너희에
게는 구원의 증거니 이는 하나님께로부터 난 것이라 [29]그리스도를 위하여 너
희에게 은혜를 주신 것은 다만 그를 믿을 뿐 아니라 또한 그를 위하여 고난
도 받게 하려 하심이라 [30]너희에게도 그와 같은 싸움이 있으니 너희가 내 안
에서 본 바요 이제도 내 안에서 듣는 바니라

한 가지 중요한 것은 빌립보인과 바울의 어느 편에 어떤 사건이 일어나든지 간에 빌립보인은 그들의 신앙과 고백에 합당하게 생활하는 것이다. 바울은 용어를 매우 주의 깊게 선택하였다. KJV에 의하면 "대화를 그리스도 복음에 합당하게 하라"고 했다. 이것은 이제 잘못된 것이라고 생각한다. **콘버세이숀**(Conversation)이란 우리에게는 **대화한다**는 뜻이다. 그러나 **콘버세이숀**이란 라틴어의 **콤버사리**(conversari)에서 파생했으며, 이는 **처신** 혹은 **소행**을 뜻하는 것이다. 17세기경에는 누구의 **콤버세이숀**이란 단순히 타인과 말하고 대화하는 방법

만을 의미하지 않았다. 그것은 그 사람의 생활 전체 혹은 말과 행위와 태도에서 소행을 가르쳤다. 그러므로 이 구절은 "너희가 모든 소행을 그리스도에게서 약한 사람으로서 합당하게 하라"는 것이다.

그러나 이 경우에 바울이 사용한 것은 지금까지 바울이 뜻하고자 한 것이나, 묘사하고자 한 것을 표현할 때 그다지 사용치 않은 말이다. 바울이 일상생활 중에 소행 혹은 처신한다는 데 사용한 말은 대개의 경우 **걸어서 돌아다닌다**를 뜻하는 **페리파테인**(peripatein)이다. 그러나 바울이 여기서 사용한 말은 **폴리테우에스다이**(politeuesthai)인데 **시민이 된다**는 뜻이다. **폴리테스**(polites)는 **시민에** 해당한 헬라어다. 바울은 바로 로마 제국의 중심지인 로마에서 서신을 쓰고 있다. 바울이 로마에 오게 된 것은 전적으로 그가 로마 시민이었다는 사실에 기인한다.

빌립보는 로마의 식민지였다. 그리고 로마 식민지는 세계 중에 로마 제국이 건설한 작은 로마 시였다. 로마의 식민지 내에서 로마 시민은 자신들이 로마인이라는 것을 결코 잊지 않았다. 아무리 로마에서 멀리 떨어진 식민지에서도 그들은 라틴어로 말하고 라틴 분위기의 옷을 입고 행정관은 라틴 이름으로 불렀고 완고하게 로마인이라는 것에 집착했다. 그러므로 바울이 말하는 것은 다음과 같다.

"너희도, 나도 로마 시민으로서 특권과 책임에 대해서는 잘 알고 있다. 로마에서 멀리 떨어져 있는 빌립보에서도 너희는 로마인과 같은 생활을 하고 같은 처신을 하고 있을 것이 틀림없다. 그러나 너희는 그보다 큰 의무가 있다는 것을 잊어서는 안 된다. 너희가 어디에서 살고 있든지 하나님 나라에 합당하도록 살지 않으면 안 된다. 너희는 지금 로마 시민으로서가 아니라, 하나님 나라 시민인 특권과 책임을 결코 잊어서는 안 된다." 이와 같이 기독교인은 자신이 시민이 된 나라를 언제나 기억하고 그 시민에 합당한 행동을 하지 않으면 안 된다.

그러면 빌립보인에게서 바울은 무엇을 기대하였을까? 바울은 그들에게 **견고하게 설** 것을 기대하였다. 이 세상에는 후퇴한 기독교인으로 가득 차 있는데 그들은 기독교가 곤란한 사태에 빠지면 성도된 것을 숨기고 적어도 열심을 덜 낸다. 진정한 성도는 어떤 환경에서도 부끄럼 없이 굳게 서 있다. 다음으로 **일치하는 것을** 기대하고 있다. 기독교인은 한마음으로 형제가 되듯 결합되어야 한다.

이 세상이 싸우고 논쟁하고 분열하여도 기독교인은 하나가 되어야 한다.

그는 **정복될 수 없는 것**을 기대한다. 기독교인은 신앙의 싸움을 결코 포기해서는 안 된다. 때때로 악은 극복할 수 없는 것같이 보인다. 기독교인이 악을 정케 하고 세상의 죄에 대해 싸우는 것은 어떤 때는 불가능한 것같이 생각된다. 그러나 성도는 결코 소망을 버리거나 싸움을 포기해서는 안 된다. 기독교인은 언제나 용기를 잃지 않고 그리스도를 위하여 계속 싸우지 않으면 안 된다.

그는 **침착한 용기**를 기대한다. 위기에 직면했을 때 다른 사람들은 덤비거나 흥분하거나 두려워할지 모른다. 이 같은 때도 기독교인은 침착하고 자기와 그곳 상황을 평정하게 처리하는 것이다.

빌립보인이 이렇게 산다면 그 모본을 본 이방인은 자신들의 생활에 싫증나 생활태도를 개혁할지도 모른다. 그리고 기독교인이 무엇인가 자신들이 가지고 있지 않은 것을 가지고 있는 것을 느껴 자기 보존을 위하여 같은 것을 가지고자 원할지도 모른다.

바울은 이것이 쉬운 방법이라고 하지 않았다. 기독교가 처음 빌립보에 전파되었을 때 바울에게 싸움이 있는 것을 사람들은 보았다. 빌립보인들은 바울이 신앙 때문에 경멸당하고 투옥되는 것을 보았다(행 16, 19장). 저들은 바울이 지금 어떤 길을 걷고 있는지를 알고 있었다. 그러나 어느 장군이건 가장 곤란한 일을 하기 위해 가장 우수한 군인을 택하는 것을 기억하자. 그리스도를 위하여 어떤 고난을 받는 것은 명예스러운 일이다.

프랑스에서 전해 내려오는 이야기로, 어느 날 새로 들어온 군인이 위험한 상황에 놓이게 되어 공포에 떨고 있었다. 그런데 고참병이 그에게 와서 "여보게, 자네와 내가 프랑스를 위하여 훌륭한 일을 해야겠네"라고 말했다. 바울도 이와 마찬가지로 빌립보인들에게 말한다. "너희에게나 나에게나 싸움은 계속되고 있다. 함께 그리스도를 위하여 무엇인가 훌륭한 일을 하지 않겠는가?"

The Letter to the Philippians 02

불일치의 원인

빌립보서 2:1-4

[1]그러므로 그리스도 안에 무슨 권면이나 사랑의 무슨 위로나 성령의 무슨 교
제나 긍휼이나 자비가 있거든 [2]마음을 같이하여 같은 사랑을 가지고 뜻을 합
하며 한마음을 품어 [3]아무 일에든지 다툼이나 허영으로 하지 말고 오직 겸손
한 마음으로 각각 자기보다 남을 낫게 여기고 [4]각각 자기 일을 돌볼뿐더러
또한 각각 다른 사람들의 일을 돌보아 나의 기쁨을 충만하게 하라

빌립보 교회를 위협하는 것은 일치하지 못하는 위험이었다. 이것은 모든 건전한 교회에서도 빠질 수 있는 위험이다. 사람들이 서로 대립하는 것은 그들이 무엇에 열중한다든지, 자신의 신앙을 중요시한다든지, 자신들의 계획과 제안을 열심히 성취하려고 할 때다. 열심히 증가하면 할수록 서로 대립하는 위험이 크게 된다. 바울은 그의 친구들을 이 위험에서 구하기를 원하였다. 3절과 4절에서 세 가지 큰 부조화와 불일치의 원인을 들고 있다.

1. **"자기 본위의 공명심"이 있다.** 사람들은 일은 하되 일을 진전시키기 위

해서가 아니라 자기 자신의 출세를 위하여 일하려는 위험이 끊임없이 있다. 그 회사에서 교회의 유명한 지도자들은 자신들이 자격 없다고 고민하다가 여러 번 맡겨진 직무를 회피하려고 했던 일들은 결코 평범한 일이 아니다.

암브로스(Ambrose)는 초대교회의 위인이요, 훌륭한 학자였다. 로마의 집정관으로 리구리아(Liguria)와 에밀리아(Aemillia) 지방을 통치하였다. 그는 지방에서 아버지와 같이 존경을 받을 만큼 애정과 배려가 충만하였다. 이 지구의 주교가 죽었을 때 곧 후계자 문제가 일어났다. 토론을 한창 하던 중에 돌연 어린아이가 부르짖는 소리가 들렸다. "암브로스를 주교로! 암브로스를 주교로!"라고 하자 군중도 모두 호응했다. 암브로스는 주교직을 생각해 본 적도 없었다. 그는 그날 밤 교회의 높은 직위를 피하여 도망하였다. 그 결과 황제가 직접 개입하여 명령을 내려 암브로스는 밀라노의 주교로 임명되었다.

설교가인 존 로우(John Rough)는 성 앤드류(St. Andrews) 교회 강단에서 존 녹스에게 성직에 임할 것을 요청하였다. 존 녹스는 매우 질색하였다. 로우는 이 사실을 그의 《종교 개혁사》에 기록하였다. "그때 상심한 존은 중얼거리며 많은 눈물을 흘리고 침실로 들어가고 말았다. 그날 이후 그가 억지로 강단에 서는 날까지 그의 안색과 행동이 그의 마음과 고민과 고충을 충분히 대변하고 있다. 여러 날 동안 아무도 그의 얼굴에 웃음을 보지 못하고, 친구간에 즐거워하는 것도 보지 못하였다."

이와 같이 위대한 사람들은 야심이 전혀 없었다. 자신은 훌륭한 일을 하기에는 가치가 없고 적당하지 않다고 생각하였다.

II. "개인적인 명성", 즉 "허영"을 바라는 마음이 있다.

많은 사람들에게서 명성은 재산 이상으로 큰 유혹이라는 것은 여러 가지 면에서 사실이다. 칭찬 받는 것, 존경 받는 것, 연단에 서는 것, 의견이 인정되는 것, 이름이나 얼굴이 알려지는 것, 자기 말이 경청되는 것, 어느 정도 지명인이 되는 것, 아첨을 받는 것까지도 대다수가 원하는 것이다. 그러나 기독교인의 목적은 자기 전시가 아니고 자기 자신을 소멸하는 것이다. 기독교인은 좋은 일을 했을 때 사람들에게 칭찬 받으려는 것이 아니라 저들이 하늘에 계신 아버지에게 영광을 돌리게 하기 위하여 하는 것이다.

기독교인들은 사람들의 시선이 자신에게 집중하는 것이 아니라, 하나님께 집중하는 것을 원한다. 그는 빛을 비추고 있지만 그것은 자신의 빛이 아니라, 자신을 통하여 비추는 하나님의 빛이다.

III. 마지막으로 "자기 집중"이 있다.

사람이 영원토록, 처음부터 마지막까지 자기 자신의 이익에만 관심을 가진다면 타인과 충돌을 피할 수 없을 것이다. 인생이란 승리하여 반드시 상을 얻지 않으면 안 될 경기이며, 인생이란 영원히 타인을 앞질러 정복해야 할 싸움이라고 생각한다면 그 사람은 타인과 언제나 원수가 되든지, 자기 길에서 축출하지 않으면 안 될 대적하는 자가 되든지 할 것이다. 자기 집중은 필연적으로 타인을 배제하는 것이며 인생의 목적이 타인을 돕는 것이 아니고 타인을 축출하는 것이 된다.

이기적 야심이 있는 곳에, 개인적 명성을 추구하는 곳에, 모든 사람이 자신의 이익에만 관심이 있는 곳에는 불일치 이외에 아무것도 없다.

불일치의 교정

빌립보서 2:1-4(계속)

바울은 불일치의 위기에 직면하여 모든 불일치와 부조화를 예방할 수 있는 다섯 가지 호소를 하고 있다.

I. 우리 모두가 그리스도 안에 있다는 사실이 우리를 서로 일치하게 한다. 누구나 이웃과 일치하지 못하고 그리스도와 일치하여 살아갈 수는 없다. 그리스도를 동반자로 얻어 길을 걷는 사람이 있다면 그는 자신과 동행하는 사람들과 필연적으로 친구가 될 것이다. 그리스도와 교제하며 사는 자는 누구나 동시에 친구와

서로 대적하여 싸우면서 살 수는 없다. 이웃과의 관계는 예수 그리스도와의 관계를 표시하는 좋은 예다.

II. 기독교인의 사랑의 능력이 우리를 서로 일치하게 한다. 기독교인의 사랑은 무엇에나 지지 않는 선의와 자선이고, 결코 고통을 구하지 않으며, 타인의 이익 이외의 것을 구하지 않는다.

기독교인의 사랑은 인간애와 같이 단지 심정을 반영하는 것이 아니라 예수 그리스도의 도움으로 이룩한 유언의 승리다. 이는 우리를 사랑하는 자만을 사랑하는 것이 아니다. 우리가 좋다고 생각하는 사람만을 사랑하는 것도 아니다. 더욱 사랑할 수 있는 자를 사랑하는 것만도 아니다. 그것은 우리를 미워하는 자에게까지도 선의를 나타내는 것이고, 우리가 좋아하지 않는 자도 사랑하는 힘이고, 미운 자나 사랑할 수 없는 자를 사랑하시는 그리스도와 같은 능력이다. 여기에 기독교 생활의 본질이 있다. 지금도, 앞으로도 우리에게 영향을 주는 것이 있다.

리차드 타트록(Richard Tatlock)은 《나의 아버지 집에서》에서 다음과 같이 말하였다. "지옥이란 이 세상에서 사랑을 없애 버린 생활로 하나님과 이웃과의 교제를 불가능케 한 자들의 영원한 상태다. …반대로 천국이란 하나님과 이웃과의 사랑에 의한 교제 중에 참 생활을 발견한 사람들의 영구한 상태다." 기독교인의 사랑이 어떤 것인지를 알고 그 사랑 중에 사는 사람은 가령 그것이 가장 불완전한 상태에 불과하더라도 이웃과 일치하지 않고 살 수는 없다.

III. 기독교인이 성령 안에 거한다는 사실은 우리를 서로 일치하게 한다. 성령은 하나님과 사람을 그리고 사람과 사람을 묶어 주시는 분이다. 하나님이 우리에게 원하시는 것을 우리에게 계시하여 주시는 이는 성령이다. 하나님의 사랑을 우리 마음에 넓게 펴시는 이는 성령이다. 우리가 하나님의 생활인 사랑하면서 살도록 하는 것은 성령이다. 이웃과 불일치한 생활을 하는 사람이 있다면 그 사람은 이미 성령의 은사가 그 안에 있지 않다는 것을 증명한다.

IV. 인간의 긍휼과 동정이 있다는 사실이 불일치를 면하게 할 것이다. 아리스토텔레스(Aristoteles)가 오래전에 말한 것같이 인간은 이웃과 같이 사는 한 으르렁거리는 늑대가 되는 것이 아니라 이웃과 사귀며 살게 되어 있다. 불일치는 생활 구조를 파괴한다.

V. 바울의 마지막 호소는 개인적인 것이다. 그가 귀히 여기는 교회에 불일치가 있는 것을 알고 있는 한 바울의 행복은 있을 수 없다. 빌립보인이 바울의 기쁨을 완전하게 하려면 그들 자신의 교제를 완전하게 하는 것밖에 없다. 바울이 빌립보 교인들에게 말한 것은 협박이 아니다. 교회가, 목회자가 협박하는 일은 거의 없기 때문이다. 그것은 사랑의 호소로서 주 예수께서 강조한 것과 같이 목회자의 강조점이 되어야 한다.

참 신성과 참 인성

빌립보서 2:5-11

5너희 안에 이 마음을 품으라 곧 그리스도 예수의 마음이니 6그는 근본 하나
님의 본체시나 하나님과 동등됨을 취할 것으로 여기지 아니하시고 7오히려
자기를 비워 종의 형체를 가지사 사람들과 같이 되셨고 8사람의 모양으로 나
타나사 자기를 낮추시고 죽기까지 복종하셨으니 곧 십자가에 죽으심이라
9이러므로 하나님이 그를 지극히 높여 모든 이름 위에 뛰어난 이름을 주사
10하늘에 있는 자들과 땅에 있는 자들과 땅 아래에 있는 자들로 모든 무릎을
예수의 이름에 꿇게 하시고 11모든 입으로 예수 그리스도를 주라 시인하여
하나님 아버지께 영광을 돌리게 하셨느니라

여기에 기술한 것은 바울이 예수에 대해 기록한 것 중에서 가장 뛰어나고 감동적인 문장이라고 여러 가지 면에서 말할 수 있다. 바울은 여기서 자신이 좋아

하는 생각을 기술하였다. 그 요점은 고린도서의 간단한 말 가운데 나타나 있다. 주는 부요하신 자로서 너희를 위하여 가난하게 되셨다(고후 8:9). 그러나 여기서는 유례 없이 풍성하고 완전하게 기술되어 있다.

바울은 빌립보인에게 일치하고 조화하도록 권면하고 있다. 또 그들간에 있는 불일치와 부조화를 버리고, 개인적인 야심과 자랑을 버리고, 남보다 낫다든지 명성을 가지고 싶다는 소원을 버리고, 그리스도의 생애의 본질이었던 겸손한 마음과 봉사하는 마음을 가지도록 권면하고 있다. 바울의 일치에 대한 최종적이며 결정적인 호소는 예수 그리스도의 모범이다.

여기에는 우리가 충분히 이해하려고 노력하지 않으면 안 될 문장이 있다. 그것은 우리 두뇌에 사고력을 주고 우리의 심정에 놀라움을 불러일으키는 내용이 많이 숨겨 있기 때문이다. 우리가 충분히 이해하려면 몇 개의 중요한 헬라어를 자세하게 살펴보지 않으면 안 된다.

헬라어는 영어보다 풍부한 어휘를 가진 언어다. 영어의 경우 한 개념을 표시하는 데는 한 가지 말이 있으나 헬라어의 경우는 둘, 셋 혹은 그 이상의 말이 있다. 그 말들은 어떤 의미에서는 동의어지만 완전히 같은 것을 표현하는 것은 아니다. 그 말들은 어떤 특별한 풍미나 의미를 가지고 있다. 이 문장 내에서는 특히 그러하다.

여기에서 사용한 말은 모두 두 가지 사실, 즉 예수 그리스도의 참 신성과 참 인성을 표현하기 위해 바울이 주의 깊게 선택한 것이다.

그 하나하나를 들어 보자.

먼저 KJV과 내가(바클레이) 번역한 것을 나란히 배열하고 거기서 말의 배후에 있는 본질적인 의미를 탐구해 보자.

6절, "그는 근본 하나님의 본체시다", "그는 원래 하나님의 본체였다." 여기에 든 두 가지 말은 예수 그리스도의 본질적이고 불변적인 신성을 표시하기 위해 매우 주의 깊게 선택되었다. KJV에 **~이시나**(being)로 번역된 말은 헬라어 동사인 **휴파르케인**(huparchein)에서 온 말이다. 이 말은 보통 빙(being)에 해당한 헬라어는 아니다. 인간이 본질 그대로 있다는 것, 변화될 수 없는 것, 인간이 양도할 수 없이 그리고 그에게서 탈거되지 않는 방법으로 가지고 있는 것을 표현한다. 그것은 인간의 선천적이고, 불변적이고, 영구적인 특질과 능력을 표현하는 말이다. 더욱이 인간이 가지고 있는 어떤 우연과 변화를 만나도, 또 어떤 환경에서도 같은 상태를 유지하는 부분을 나타낸다. 바울은 이 말을 사용함으로써 예수께서는 생래로 불변하고 영원토록 하나님이라고 말하는 것이다.

바울은 계속하여 예수께서는 하나님의 **본체**이었다고 말한다. **본체**에 해당한 헬라어가 두 가지 있다. 그 하나는 **몰훼**(morphē)이고, 다른 하나는 **스케마**(schēma)다. 둘 다 "본체"를 뜻하며, "본체"란 말로 번역되었다. 영어로 그것을 번역할 다른 말이 없었기 때문이다. 그러나 그것들은 같은 것을 뜻하는 것이 아니다.

몰훼는 어떤 사물의 본질적인 것, 결코 변하지 않는 형상을 뜻하고, **스케마**(schēma)는 시간이 경과함에 따라 혹은 환경의 변화에 따라 변화하는 외측의 형상을 뜻한다.

예를 들면 인간이나 본질적인 **몰훼**(형상)는 인성이다. 그리고 인성이라는 사실은 계속되고 결코 변하지 않는다. 그러나 인간의 **스케마**, 즉 그 외형 **본체**는 계속 변화하는 것이다. 갓난아기, 어린이, 소년, 청년, 중년, 노년도 항상 인간의 몰훼(본질적인 형상)를 가지고 있다. 그러나 그 외형 **스케마**는 언제나 변한다.

장미, 수선화, 튤립, 국화, 프리믈러, 달리아, 층층이, 부채꽃 등은 모두 하나의 **몰훼**를 가지고 있다. 즉, 이것들은 모두 꽃이다. 그러나 외형, **스케마**는 다르다. 아스피린, 페니시린, 카스카라, 마그네시움도 모두 하나의 **몰훼**를 가지고 있다. 즉, 이것들은 모두 약물이다. 그러나 외측의 **본체**, **스케마**는 다르다. **몰훼**는 불변하나 **스케마**는 계속 변화한다.

바울이 "예수께서는 하나님의 **본체**다"라고 사용한 말은 **몰훼**(morphē)다. 다시 말해 예수께서는 불변적인 하나님의 형상으로 존재하고, 예수의 본질과 불변적인 존재는 신성이라는 것이다. 예수의 외형, **스케마**는 변화할지 모르나 그 본질과 존재에서는 변하지 않는 신성인 것이다.

같은 절 중에 바울은 계속하여 "하나님과 동등됨을 취할 것으로 여기지 아니하시고", "그는 하나님과 동등의 존재를 강탈할 것으로 고려하지 않았다"라고 했다.

바울이 "취한다" 혹은 "강탈할 것"으로 번역된 말에 해당한 헬라어는 **할파그모스**(harpagmos)다. **할파그모스**는 강탈한다 혹은 **잡다**, **움켜쥐다**는 뜻의 동사에서 파생한 말이다. 이 말은 중심점에서는 같은 두 개 중 어느 하나를 뜻하고 있다.

I. 예수께서는 하나님과 동등한 존재임을 강탈할 필요가 없었다. 예수께서는 당연히 그것을 가지고 있었기 때문이다. 그것은 벌써 예수의 것이기 때문에 강탈할 필요도 없었다.

II. 예수께서는 하나님과 동등한 존재임을 강탈하지 않았으며 그것을 붙잡고 놓치지 않으려고 하지 않았다. 예수께서는 인류를 위하여 그것을 기꺼이 드린 것이다. 우리가 어떻게 이것을 이해하건 간에 이것은 한 번 더 그리고 두 가지 뜻이 완전히 가능하다 해도 예수 그리스도의 본질적으로 변화하지 않는 신성을 강조하고 있을 뿐이다.

7절, "주는 자신을 무명인으로 만들었다", "오히려 자신을 비어" 여기에 사용된 헬라어는 동사 **케노운**(kenoun)이다. 자의적으로는 **비운다**는 뜻이다. 그것은 통이 빌 때까지 그 안에 있는 물건을 취해 내는 경우에 상용된다. 그리고 아무것도 남지 않을 때까지 쏟아내는 경우에 사용한다.

바울은 여기서 우리에게 **수육의 희생**을 명확하게 표시하기 위한 가장 생생한 말을 사용하였다. 예수께서는 사람이 되기 위해 하나님의 조용함과 평안과 영광을 자진해 기쁨으로 버렸다는 것이다. 예수께서는 인간의 모양이 되기 위하여 자신의 신성을 비어 버렸다. 어떻게 그렇게 할 수 있느냐고 묻는 것은 무용하다. 우리는 전능하신 하나님의 앞에서는 갈망하며, 기가 죽고, 눈물로 두렵고 떨면서 설 수 있는 것뿐이다. 부유하던 분이 우리 때문에 가난해졌다고 하는 위대한 구원의 진리가 인간이 표현할 수 있는 극단의 말로 기술되었다.

바울은 계속해 "종의 형체를 가져", "바로 노예의 형체를 취하셨다"라고 말한다.

바울이 사용한 형체는 **몰훼**(morphē)다. 우리는 이미 이 말은 본질적인 **형체**를 의미한다고 배웠다. 그러므로 바울은 예수께서 사람이 된 것은 단순한 연기는 아니었고 그것은 사실적인 것이라는 뜻이다. 예수께서는 진실로 참 인간이다. 때때로 이야기에서 읽는 것같이 인간이 되었지만 신의 권한을 가지고 있는 헬라의 신들과 같은 것은 아니었다. 예수께서는 참 인간이라는 뜻으로 실제로 그리고 진실로 인간이 되었다.

그러나 이 절에는 또 한 가지가 있다. "사람들과 같이 되셨다", "인간과 같이 되었다". KJV에는 **되셨다**(made)로 번역하고 내가 **되었다**(decame)라고 번역한 말은 헬라어 동사 **기그네스다이**(gignesthai)의 일부다. 이 동사는 **항구적 상태가 아닌 상태**를 표현한다. 그것의 전체적인 개념은 **된다는 것**(becoming)의 개념에 있고, 무엇인가를 항구 불변한 것으로 만들어진다는 의미는 없다. 그것은 온전히 현실의 것이지만 이동하고 지나가는 것 같은 변화 있는 상황이다. 즉, 이것은 예수의 인간성은 영구한 것이 아니었다는 것이다. 예수께서는 사람이 **되었으나** 잠시 동안에 불과하였다. 예수께서는 본질적으로 하나님이었지만 잠시 동안 인간이었었다. 예수의 인간성은 온전히 현실적이었지만 지나가는 것이었다. 예수의 신성도 온전히 현실의 것이었으나 그것은 영구히 머물러 있는 것이었다.

8절, "사람의 모양으로 나타나셨으매", "모든 사람이 알 수 있게 외견상 사람으로 오셨다".

KJV에 "모양"이라고 번역하고 내가 "외견"이라고 번역한 말은 **스케마**다. 이미 배운 것과 같이 이 말은 변화하고 이동되어 가는 형상을 의미한다. 예수께서는 실제로 종의 형체를 취하고 진실로 인간과 같은 모양을 취하여 왔지만 그것은 예수께는 일시적인 한 장면뿐이다. 예수께서는 신성에서 잠정적인 것으로 왔다가 다시 신성으로 돌아간 것이다.

6-8절은 매우 짧은 문장이다. 그러나 신약성경 전체를 통하여 볼 때도 예수 그리스도의 신성과 인성의 완벽한 사실을 이같이 감동적으로 묘사한 문장은 다른 곳에서는 볼 수 없다. 그리하여 예수 자신이 신성을 버리고 인간의 모양을 취하였을 때, 주는 우리가 이해할 수 없는 희생을 지불하였다는 것을 확실하게 기술하였다. 그것이 어떻게 해서 일어났는지 우리는 말할 수 없다. 결론부터 말하면 그것은 오묘한 이치다. 그러나 그것은 우리의 이해력을 초월할 만큼 큰 하나님의 사랑의 비밀이다. 우리는 다행히 그 사랑을 경험하고 경모할 수는 있다.

낮아짐과 높아짐

빌립보서 2:5-11(계속)

바울이 예수에 대해 생각하고 말할 때 우리가 언제나 기억해야 할 것은 그의 관심이나 목적, 의향도 본래 사색적이거나 지식적이지 않다는 점이다. 그는 언제나 구체적이었다. 바울에게는 신학과 행동이 언제나 결합되어 있었다. 어떤 사상 체계도 바울에게는 당연히 생활 양식이 되지 않으면 안 되었다. 이곳은 여러 가지 면에서 신약성경에 가장 오묘한 신학 사상 중 하나지만, 바울이 의도한 것은 빌립보인이 불일치와 부조화와 개인적 야심이 없는 생활을 하도록 권면하는 것이었다.

그러므로 바울은 낮추시고 십자가에 죽기까지 복종한 예수에 대해 말하였다. 예수의 생애 가운데 나타난 특색은 겸손과 복종과 헌신이었다. 그는 인간을 지배하기 원치 않았고 오직 사람에게 봉사하는 것을 원하셨다. 주는 자신의 길을 원치 않고 다만 하나님의 길을 원하셨다. 주는 자신이 높임을 받는 것을 원치 않고 자신의 모든 영광을 인간을 위하여 버리기를 원하셨다.

신약성경은 반복하여 자신을 낮추는 자만이 높아질 것이라고 말한다(마 23:12; 눅 14:11, 18:14). 겸손과 복종과 헌신이 예수 그리스도의 생애에서 가장 훌륭한 특색이라면 그것은 기독교인의 표식도 되지 않으면 안 될 것이다. 기독교인은 주와 같이 되어야만 하기 때문이다. 기독교인의 위대함도 우정도 자기 헌신에 기인하는 것이며 자신이 높아지면 파괴되고 만다. 이기주의, 자기 주장이나 자기 전시는 우리가 그리스도를 닮는 것과 상호간의 교제를 파괴할 것이다.

그러나 예수 그리스도의 헌신은 예수에게 더욱 큰 영광을 가져왔다. 전 우주가 예수를 예배하는 기적을 가져왔다. 그것은 천상천하, 심지어는 지옥의 모든 피조물이 그를 예배하는 날이 조만간에 오는 것을 의미한다. 그러면 예배는 어디서 생기는 것일까? 주의 깊게 생각해 보자.

예배는 사랑에서 생긴다. 예수가 사람의 마음을 사로잡은 것은 권력을 휘둘러서가 아니라 사람들의 마음을 감동시키지 않을 수 없는 사랑과 자기 희생과 헌신을 보여 줌으로써다. 자신의 영광을 버리고 그 사람들을 십자가의 죽음에 이르기까지 사랑하신 그 사랑 앞에서 사람들의 마음이 녹아지고 그 반항이 수그러지고 부서진 것이다. 사람들이 예수 그리스도를 예배하는 것은 기가 죽은 복종에서가 아니라 놀라운 사랑에서 우러나오는 것이다. 우리는 "그런 권력에 저항할 힘이 없다"가 아니라 "이 같은 놀라운 하나님의 사랑이 나의 인생과 혼과 전존재를 요구한다"라고 표현하는 것이다. "우리는 싸움에 패배하였다"라고 말하지 않고 "놀라움과 사랑과 찬미에 사로잡힘이 되었다"라고 한다. 인간을 항복한 패배자로 변하게 하는 것은 그리스도의 권력이 아니다. 사람들을 그리스도 앞에 무릎을 꿇게 하는 것은 그리스도의 놀라운 사랑이다. 예배는 두려움이 아니고 사랑에 기초하였다.

바울은 계속하여 말하였다. 예수의 희생과 자기 헌신의 결과 하나님은 그에게 "모든 이름에 뛰어나는 이름을 주셨다". 보통 성경 개념 중 하나는 누군가가 인생의 새로운 결정적 전환을 표시할 때 새 이름을 주는 것이다.

아브람은 하나님의 약속을 받아들였을 때 아브라함이 되었다(창 17:5). 야곱은 하나님과 새로운 관계에 들어갔을 때 이스라엘이 되었다(창 32:28). 부활하신 그리스도가 버가모와 빌레델비아의 교회에 한 약속은 새 이름의 약속이었다(계 2:17, 3:12).

새로운 이름은 새로운 장면의 표식이다. 그렇다면 예수 그리스도에게 주어진 새 이름은 무엇일까? 우리는 바울이 생각한 것을 정확히 추측할 수는 없으나 새로운 이름에 가장 비슷하게 생각되는 것은 **주님**이다. 초대교회에서 예수가 불린 칭호 중 유명한 것은 **큐리오스**(kurios)였다. 우리는 이 말을 **주**라고 번역했다. 예수는 특별하게 그리고 특징적으로 **주 예수**가 된 것이다. 이 **큐리오스**란 말에는 한 가지 역사적으로 빛나는 것이 있다.

I. "큐리오스"는 처음에 "주인"이나 "소유자"를 의미하였다. 그리하여 언제나 존칭으로 사용되었다.

II. "큐리오스"는 로마 황제의 공식 칭호가 되었다. 로마 황제를 헬라어로는

큐리오스(kurios)라 부르고 라틴어로는 **도미누스**(dominus)로 불렀다. 어느 것이나 **주인**(master)과 **주**(Lord)를 의미하는 말이다.

III. "큐리오스"는 이교의 신들을 부르는 칭호가 되었다. 이교의 신들은 모두 고유의 이름을 나타내는 말 앞에 **큐리오스**라는 칭호를 붙였다.

IV. 히브리어 성경을 헬라어 성경으로 번역할 때 히브리어의 "여호와"를 헬라어로 "큐리오스"라고 번역하였다.

예수가 **큐리오스**라 불렀을 때 그는 모든 생명 있는 것의 주인이요, 소유자인 것을 뜻하였다. 예수는 왕 중의 왕이었으며 황제의 주이시다. 예수께서는 이교의 신들이나 말하지 못하는 우상들이 할 수 없는 방법으로 주가 되셨다. (예수께서는 하나님보다 못하지 않았다.) 예수의 새로운 이름은 전 세계가 소리를 합하여 부를 주라는 이름이다.

모든 것은 하나님을 위하여

빌립보서 2:5-11(계속)

빌립보서 2장 11절은 신약성경 중에서 가장 중요한 구절 중 하나다. 여기서 우리는 하나님의 목적과 하나님의 꿈과 하나님이 원하는 것은 모든 혀가 **예수 그리스도는 주시다**고 고백하는 날이 오는 것임을 알 수 있다.

이 고백은 그리스도 교회가 소유하고 있는 신조 중 가장 최초의 것이다. 기독교인이 된다는 것은 예수 그리스도는 주라고 고백하는 것이다(롬 10:9 참조). 이것은 간단한 신조지만 전체 내용을 포함하는 신조다. 우리는 이 신조로 돌아갈 필요가 있다. 후대에 많은 사람들이 이 신조가 의미하는 내용을 좀더 자세하게 정의하려고 했다. 그 결과 내용에 대해 이론과 분쟁이 일어나고 서로 이교도라든가 어리석은 자라고 하게 되었다.

그러나 누구든지 "나에게서 그리스도는 주시다"라고 말할 수 있으면 그 사람은 기독교인임에 변함이 없다. 누구든지 이 말을 고백할 수 있다면 그 사람에게는 예수 그리스도는 하나밖에 없는 분이 된 것이다. 즉, 그는 다른 누구에게도 드리지 않는 복종을 예수 그리스도께 드릴 준비가 된 것이다.

그리고 세상의 누구에게나 드릴 수 없는 사랑과 충성과 복종을 예수 그리스도께 드릴 준비가 된 것이다. 자신이 믿는 예수께서 누구며 어떤 분인지를 말로는 표현하지 못할 수도 있다. 그러나 그 사람의 마음속에 이 놀라운 사랑이 있고, 그의 생활 속에 무조건적인 복종이 있다면 그는 기독교인이다. 기독교는 이성적 이해보다 마음속의 사랑에 근거한 것이기 때문이다.

이제 이 문장의 종결부에 들어간다. 여기 종결부에 임박하자 다시 처음으로 돌아가는 것이다. 모든 사람이 예수 그리스도를 주라고 고백하는 날이 올 것이다. 그러나 그들은 **하나님 아버지의 영광을 위해** 그렇게 할 것이다.

예수의 모든 사업과 생애와 목표는 예수 자신의 영광을 위한 것이 아니고, 오직 하나님의 영광을 위한 것이었다. 바울은 하나님의 독자적 절대적인 탁월성을 완벽하게 확신했다.

바울은 고린도전서 중에서 마지막 때 "만물을 저에게 복종하게 하신 때에는 아들 자신도 그때에 만물을 자기에게 복종케 하신 이에게 복종케 되리니 이는 하나님이 만유의 주로서 만유 안에 계시려 하심이라"(고전 15:28)고 했다. 예수는 자기에게 사람을 불러 모으시되 그것은 하나님께로 이끌기 위한 것이다. 빌립보 교회 안에는 이기적 야심을 만족하게 하려는 사람들이 있었다. 예수의 목적은 봉사의 대가가 아무리 커도 심각하게 사람들에게 봉사하는 것이었다.

빌립보 교회 안에는 자기 자신에게 사람의 시선을 집중시키려는 사람들이 있었다. 예수의 유일한 목적은 사람들의 눈이 하나님께 집중하는 일이었다.

그러므로 그리스도를 따르는 자는 언제나 자기 일이 아니라 타인의 일을 생각하고, 자신의 영광이 아니라 하나님의 영광을 생각하지 않으면 안 된다.

구원 사업의 협조

빌립보서 2:12-18

12 그러므로 나의 사랑하는 자들아 너희가 나 있을 때뿐 아니라 더욱 지금 나
없을 때에도 항상 복종하여 두렵고 떨림으로 너희 구원을 이루라 13 너희 안
에서 행하시는 이는 하나님이시니 자기의 기쁘신 뜻을 위하여 너희에게 소
원을 두고 행하게 하시나니 14 모든 일을 원망과 시비가 없이 하라 15 이는 너희
가 흠이 없고 순전하여 어그러지고 거스르는 세대 가운데서 하나님의 흠 없
는 자녀로 세상에서 그들 가운데 빛들로 나타내며 16 생명의 말씀을 밝혀 나
의 달음질이 헛되지 아니하고 수고도 헛되지 아니함으로 그리스도의 날에
내가 자랑할 것이 있게 하려 함이라 17 만일 너희 믿음의 제물과 섬김 위에 내
가 나를 전제로 드릴지라도 나는 기뻐하고 너희 무리와 함께 기뻐하리니
18 이와 같이 너희도 기뻐하고 나와 함께 기뻐하라

바울이 빌립보인들에게 호소한 것은 인간관계에 주어진 일치와 조화뿐만이 아니다. 현세나 내세에 하나님의 구원에 인도되는 생활을 하도록 권면한 것이다.

신약성경 중 구원의 일에 대해 이만큼 간결하고 마음을 자극하도록 진술한 것을 다른 데서 볼 수 없다. KJV에는 12-13절에 다음과 같이 말하고 있다. "항상 복종하여 두렵고 떨림으로 너희 구원을 이루라 너희 안에서 행하시는 이는 하나님이시니 자기의 기쁘신 뜻을 위하여 너희로 소원을 두고 행하게 하시나니." 바울의 경우는 언제나 그렇지만 여기 이 말도 주의 깊고 세심하게 선택하였다. 바울은 너희 자신의 구원을 **이루라**고 했다. **이루다**에 해당한 헬라어는 동사 **카테르가제스다이**(katergazesthai)다. 이 말은 언제나 완성에 이른다든가 완벽한 성취와 결말을 의미한다.

바울은 마치 "중도에서 쉬지 말라. 국부적인 구원으로 만족하지 말라. 구원의 역사가 네 안에서 완전하게 결정적으로 달성할 때까지 계속하라"고 말한 것 같

다. 기독교인이란 누구나 복음의 모든 은혜에 조금도 미급한 것이 있으면 만족할 수가 없다.

바울은 계속하여 "너희 안에서 **행하시는**(worketh) 이는 하나님이시니 자기의 기쁘신 뜻을 위하여 너희로 소원을 두고 **행하게**(to do) 하시나니"라고 말한다.

바울이 **행하시는**과 **행한다**에 사용한 헬라어는 같은 말이다. 이것은 동사 에네르게인(energein)이다. 이 동사에는 두 가지 뜻이 있다. 이 말은 언제나 **하나님의 행위**와 **효과적인 행위**를 나타내는 데 사용한다. 구원의 모든 행위는 하나님의 행위다. 그리고 하나님이 하시는 행위이기 때문에 효과 있는 행위다. 하나님이 하시는 행위는 헛되지 않으며, 도중에 미완성으로 남아 있을 수 없다. 그 행위는 완전하게 성취되어야 한다. 상술한 것같이 이 문장에서 구원의 양식에 대한 완전한 모범이 표시되었다.

I. 구원은 하나님으로 말미암은 것이다. 하나님은 인간 속에서 일하신다.

1. 우리에게 구원 받기를 원하는 마음을 일으키시는 것은 하나님이다. 우리 마음 가운데 하나님을 구하는 마음을 일깨워 주시는 것은 하나님이다. 우리의 마음은 "하나님 안에 쉴 때까지 평안이 없다"는 것은 사실이다. "하나님이 우리를 이미 발견하지 않으셨다면 우리는 하나님을 찾을 수도 없다"는 것도 사실이다. 하나님의 자비와 하나님의 평안과 하나님의 구원을 추구하는 마음은 인간적 동기에서 불붙을 수 있는 것이 아니라 하나님 자신이 우리 마음속에 불타오르게 하신 것이다. 구원에 이르는 길은 인간적 소원으로 시작하는 것이 아니다. 하나님에 의하여 일깨워지는 것이다.

2. 구원에 이르는 길을 계속하는 것도 하나님에 의한다. 하나님의 도움 없이 하나님께 이르는 길을 계속할 수는 없다. 하나님의 도움 없이 죄를 극복할 수 없고 선행을 달성할 수 없다. 우리가 죄를 정복하고 의를 행할 힘을 받는 것도 하나님의 도움에 의하고 하나님의 도움을 통하여서만 가능하다.

3. 구원에 이르는 종국은 하나님이 함께하시는 데 있다. 구원에 이르는 길의 종점은 하나님과 교제함을 얻고 우리가 하나님의 소유가 되고, 하나님이 우리의 것이 되기 때문이다.

그러므로 구원의 역사는 시작되고 계속하고 마치는 것이다. 하나님에 의하여 되는 것이다.

II. 또 한 가지 면이 있다.

구원은 인간에 의한 것이다. 바울은 "너희 구원을 이루라" 고 권한다. 인간의 협력 없이는 하나님 자신이라도 아무것도 할 수 없다. 어떤 선물이나 은혜라도 받아야 의미가 있다.

누군가가 병에 걸렸다고 하자. 의사는 환자를 치료할 수 있을 것이다. 의약품이나 의학적 기술이 거기에 제공될 것이다. 그러나 환자가 그것을 받아들이지 않는 한 고칠 수 없고 치료할 수도 없을 것이다. 그는 그것들을 받아들이도록 권함도, 강제도 완고하게 거절할지 모른다.

누구나 가르치는 자가 없이는 배울 수 없다. 사람은 선생 없이 배울 수 없다. 그러나 학습자가 지식을 얻는 교과서나 도구와 훈련과 학습을 완고하게 거절한다면 교사는 아무것도 가르칠 수 없다.

구원도 이와 같다. 여기 하나님의 제의가 있다 이 제안이 없이는 구원이란 있을 수 없다. 하나님은 하나님을 구하는 소원으로 충만하게 하기 위하여 사람들의 마음에 숨을 불어 넣기까지 하실 것이다. 그러나 인간이 하나님이 소원하시는 일에 응답하고 하나님이 제공하시는 것을 취하고 하나님이 주시고 명하시는 것을 받아들이지 않는 한 결코 구원을 자신의 것으로 할 수는 없다.

하나님이 없으면 구원은 있을 수 없으나, 하나님이 제공하신 것을 인간이 받아들이지 않으면 안 된다. 하나님은 구원을 보류하시는 분이 아니다. 그것을 스스로 빼앗는 것은 언제나 인간 자신이다.

구원의 표식

빌립보서 2:12-18(계속)

더욱 여기 기술한 일련의 내용을 검토할 때 우리는 구원의 표시라고 부를 수 있는 다섯 가지를 바울이 나열하는 것을 볼 수 있다.

I. "효과적인 진보"의 표식이 있다.

기독교인은 자기 자신의 구원을 진정으로 이루어 나간다는 증거를 일상생활에서 끊임없이 표시하지 않으면 안 된다. 날마다 더욱 온전한 완성과 한층 완전하게 나아가야 한다. 우리 중 대다수 사람들의 일대 비극은 실제 아무런 진보가 없다는 것이다. 우리의 인생은 언제나 같은 과오와 과실을 반복하고 있다. 우리는 늘 같은 습관의 희생자가 되고, 같은 유혹의 노예가 되어 있다. 우리는 같은 불성실과 같은 실패의 죄인으로 남아 있다. 참 기독교 생활은 같은 장소에 머물러 있지 못한다. 끊임없이 진보를 계속하는 생활을 해야 하며, 기독교인의 일생은 하나님을 향하여 여행하는 것이기 때문에 움직이지 않을 수 없다.

II. 바울이 "두렵고 떨림"이라고 부른 표식이 있다.

이것은 노예가 주인 앞에서 굽실거리는 두려움과 떨림이 아니다. 이것은 벌 받을까 봐 두려워하는 공포와 떨림이 아니다. 이 두려움과 떨림은 두 가지 동기에서 온다.

첫째, 우리 자신이 느끼는 피조물성과 약함과 충분하지 못함과 인생과 시련에 대한 무력함에서 온다. 다시 말해 우리가 하나님에게 몸을 감추려 하기도 하고, 하나님에게서 떠나려 하기도 하는 데서 오는 공포나 두려움은 아니다. 우리가 하나님의 도움 없이는 인생에 직면할 수 없음을 확실히 알고서 하나님을 구하고 하나님께 접근하게 하는 두려움과 떨림이다.

둘째, 하나님을 슬프게 하고 실망시키는 데서 오는 두려움과 떨림이다. 우리가 진정으로 어떤 사람을 사랑한다면 그가 우리에게 무엇을 해 줄까 염려하지 않는다. 오히려 우리는 그를 위해 무엇을 할까 염려한다. 사랑의 공포는 다른 사람에게 벌 받을까 두려워하는 것이 아니다. 그것은 우리가 타인의 마음에 상처를 주지나 않을까 하는 두려움이다. 기독교인이 두려워하는 단 한 가지는, 하나님을 상하게 하고 그리스도를 다시 십자가에 못 박지나 않을까 하는 것이다.

III. "평안과 확신"의 표식이 있다.

기독교인은 모든 일을 **원망**과 **의심** 없이 실행할 것이다. 바울이 사용한 **원망**이란 헬라어는 **공구스모스**(goggusmos)인데 특수한 말이다. 성경 기자가 사용한 헬라어에는 그 배후에 무엇인가 특별한 연관성을 가지고 있다. 여기 사용한 **공구스모스**란 광야에서 여행을 계속할 때, 이스라엘 자손들이 일으킨 반란과 불신앙의 원망에 대해 사용한 말이다. "백성이 모세에게 원망하여 이르되"(출 15:24, 16:2; 민 16:41).

공구스모스는 의성어(擬聲語)다. 자신들의 지도자를 불신하고 당장 모반을 일으키고 지도자들에게 반항하려고 하는 폭도가 발설하는 저급하고 협박적인 불평불만에 찬 원망하는 소리다.

바울이 의심에 사용한 말은 **디알로기스모스**(dialogismos)다. 이 말은 부질없는 그리고 어떤 때는 악의에 찬 논쟁과 의심과 망설임을 의미한다. 기독교인의 인생에는 고요와 온전한 복종과 온전한 확신, 온전한 신뢰의 확실성이 있다.

IV. "순결"의 표식이 있다.

KJV에 기록한 대로 기독교인은 **흠이 없고 순전하여 어그러짐이 없는 자**가 될 것이다. 이 말들은 각각 기독교인의 순결함에 뜻을 부가하는 역할을 지니고 있다.

1. **흠이 없고**라고 번역한 말은 **아멤프토스**(amemptos)다. 이 말은 **이 세상에 대해 기독교인이란 무엇인가**를 표현한다. 기독교 생활은 누구 하나 허물을 찾아내거나 책망할 만한 재료를 찾아낼 수 없을 정도로 순전한 것이다. 항간의 말대로 법정에서 재판관은 공정해야 할뿐더러 공정하게 보여야만 한다고 한다. 기독교인은 순전할뿐더러 그 생활이 순전하다고 모든 사람에게 인정되지 않으면 안 된다.

2. **수전**이라고 번역된 말은 **아케라이오스**(akeraios)다. 이 말은 **기독교인이 자기 자신에 대해 무엇인가**를 표현한다. **아케라이오스**는 문자대로 해석하면 **혼합물이 없는 것, 섞인 물건이 없는 것**을 뜻한다. 예를 들면 포도주나 우유에 물이 섞이지 않은 순수한 것을 말한다. 금속물에 아무 불순물이 포함되지 않는 것을 말한다. 인간에 대해 사용할 때는 행동 동기에 복선이 없는 청결하고 순전한 데서 생기는 절대적인 **성실함**을 의미한다. 기독교인의 순전성은 사고에서나 성격에서도 완전한 성실성을 나타내야 한다.

3. **흠 없고**라고 번역된 말은 **아모모스**(amōmos)다. 그것은 **하나님 보시기에 기독교인은 무엇인가**를 말한다. 이 말은 특히 희생물과 관련하여 사용된다. 희생물에 대해 말할 때 하나님의 제단에 드리기에 합당한 **흠 없고 상처가 없는** 제물을 의미한다. 기독교인의 순전함은 하나님의 엄한 시련에도 견뎌 내지 않으면 안 된다. 기독교 생활은 하나님께 드리는 흠 없는 봉헌물로 드릴 수 있어야 할 것이다. 기독교인의 순전함은 세인의 주목 가운데도 흠이 없는 것이고, 그 자체가 성실하면서도 하나님의 시련에도 견디는 것이다.

V. "전도하는 노력"의 표식이 있다.

기독교인은 모든 사람에게 생명의 말씀을 제공한다. 생명의 말씀이란 생명을 주는 말씀이요, 생명을 가져오는 말씀이다. 기독교인의 전도의 노력에는 두 방향이 있다.

1. 복음을 제공하는 것이다. 틀림없고 명확한 말로 복음의 내용을 전하는 것이다.

2. 생활로 증거하는 것이다. 사곡(邪曲)한 세상 중에서 온전히 바른 생활 방법을 증명해 나가는 것이다. 암흑의 세계에 빛을 제공하는 것이다. 기독교인은 세상의 빛이 되어야 한다. 바울이 사용한 빛에 대한 말은 **포스테레스**(phosteres)다. 이 말은 하나님이 땅 위에 빛을 주기 위하여 하늘의 궁창에 두신 빛과 해와 달의 창조 이야기에 사용된 말과 같다(창 1:14-18).

기독교인이란 사곡한 세상에서 바른 것을, 암흑세계에는 빛을 제공하고 나타낸다. 기독교인의 전도는 복음의 말씀을 가져오는 것이요, 생활로 증거하는 것이다.

바울이 묘사하는 것

빌립보서 2:12-18(계속)

이 문장에는 바울만의 사고방식과 서술 방식인 두 가지 모습이 생생하게 묘사되어 있다.

I. 바울은 빌립보인이 기독교인에 합당한 진보와 완전을 열망하여 마지막 날에 그의 달음질도 헛되지 않고 수고도 헛되지 않았다는 것을 아는 즐거움을 갖기 원했다.

바울이 사용한 **수고한다**는 말은 **코피안**(copian)이다. 이 말에서 두 가지를 볼 수 있다.

1. 그것은 가장 엄하고 힘든 노고를 말한다. **코피안**은 땀을 흘리며 기진맥진할 때까지 노동한다는 뜻이며, 자신이 가지고 있는 힘과 에너지를 최후 한 방울까지 사용할 만큼 노동하는 것을 의미한다.

2. **코피안**은 운동선수들이 힘들여 훈련한다는 뜻도 있다. 바울이 여기서 말하는 것은 자신이 자신에게 부과해 온 모든 단련도 자신이 경주하고 달음질하여 온 것도 헛되지 않도록 기원하고 있는 것이다.

바울 서신의 특징 중 하나는 운동선수들의 모습을 즐겨 묘사하고 있다는 것이다. 이것은 하등 이상할 것이 없다. 헬라에서는 어떤 도시에도 단지 마당이라기보다는 훌륭한 운동장이 있었다. 소크라테스가 영원의 문제에 대해 종종 말하고 토론한 곳은 이 운동장 안에서였다. 철학자들과 궤변학자들, 순회 교사들과 설교가들이 청중을 찾는 것도 대개 이 운동장에서였다. 헬라 어느 도시에도 있는 운동장은 다만 신체를 단련하는 장소뿐 아니라 그 도시의 지적 집회소이기도 했다.

헬라 시대에 고린도에서는 이스미안(Isthmian)의 대경기가, 에베소에서는 판이오니안(Pan-Ionian) 대경기가 행해졌고 그 중 가장 큰 것은 올림픽(Olympic) 경기였다. 이들 경기는 4년마다 열렸다. 헬라에 있는 대다수의 도시는 때때로 서로 사이가 좋지 않고 어떤 때는 전쟁 상태에 있었다. 그러나 올림픽 경기 때가 돌아오면 아무리 싸움이 심한 경우에도 1개월 휴전이 선포되고, 서로 우정 가운데 경기가 행해졌다. 경기장에는 운동선수뿐 아니라 역사가들, 시인들이 가장 새로운 작품을 낭독하기 위하여, 불후의 명성을 가진 조각가들이 경기에서 승리한 자들의 상을 조각하기 위하여 모여 든다.

바울이 고린도나 에베소에서 행해진 경기에 관객이 되었다는 것은 의심할 여지가 없다. 바울은 군중이 모이는 곳이라면 반드시 그리스도를 위하여 그들을 그리스도에게 인도한 것이다. 그러나 바울이 설교를 했는지 아닌지는 별 문제로 하고 바울의 마음 가운데는 이 같은 경기에서 무엇인가 해답을 찾은 그 무엇이 있었다.

바울은 권투 경기를 알고 있었다(고전 9:26). 모든 경기 중에 가장 유명한 육상 경기를 알고 있었다. 경주자들을 스타트 라인에 불러 내는 전달자를 본 일도 있었다(고전 9:27). 결승점을 향하여 코스를 달음질하는 경주자들도 본 일이 있었다(빌 3:14). 경기의 마지막에 심판관이 상을 주는 것도 본 일이 있었다(딤후 4:8). 바울은 승리자가 받는 월계관과 칭찬도 알고 있었다(고전 9:2, 빌 4:1). 경기자가 받지 않으면 안 될 엄격한 훈련과 지키지 않으면 안 될 규칙을 알고 있었다(딤전 4:7-8; 딤후 2:5).

그러므로 바울은 그 훈련과 노력이 헛되고 마는 운동선수들과 같이 되지 않도록 기원하고 있다. 바울에게서 인생의 가장 위대한 상은 자신을 통해 다른 사람들이 예수 그리스도를 알고 사랑하고 섬기는 것을 아는 것이었다.

II. 17절에 바울은 또 하나의 모습을 묘사하고 있다. 바울에게는 사람들이 이해할 수 있는 말을 사용하여 말하는 특별한 은사가 주어졌다. 바울은 자신이 말도 하고 편지도 쓰고 하는 일상적인 일과 행위에서 그 예를 여러 번 들었다. 그는 이미 경기에서 예화를 들었다. 이번에는 이교의 제사에서 예를 들고 있다.

이교의 제사 중에 가장 통속적인 것 중 하나는 **신주**(神酒)라고 말하는 것이었다. **신주**란 신들에게 공물로 포도주 한 잔을 부어 버리는 것이었다. 이교도들의 식사는 식사 전후에 감사를 표하기 위해 신주를 붓는 것으로 시작하여 신주를 붓는 것으로 끝났다.

그래서 바울은 17절에서 빌립보인의 신앙의 제물과 봉사에 대해 말하고 있다. 바울은 빌립보인의 충절과 기독교인다운 생활과 신앙을 하나님께 드리는 제물이나 희생과 같이 보았고 사실 그런 것이다.

바울은 지금 옥중에서 재판을 기다리면서 빌립보인에게 편지를 쓰고 있다. 그러기에 바울에게는 죽음이 저 멀리 있는 문제가 아니라는 것을 알고 있다. 여기서 KJV에 기록한 대로 바울은 빌립보인을 위한 희생으로서 관제로 자신을 제단에 "드릴 준비가 되어 있다"라고 말하고 있다. 제단에 **드린다**는 말은 **스펜데스다이**(spendesthai)다. 이것을 자의대로 하면 **신주로 붓는다**는 말이다. 이 사실에서 바울이 빌립보인에게 말한 것이 무엇인가? "너희가 신앙에 굳게 서서 그리스도에게 충성을 계속하고 있는 것은 이미 신께 제물로 드린 것이 된다. 그리하여 내가 그리스도를 위하여 죽는 일이 있어도 이교의 신들에게 신주를 붓는 것과 같이 나는 기쁘고 즐겁게 나 자신을 너희를 위해 관제로 제단에 드리기로 했다"라고 말하고 있다.

바울에게는 그리스도를 위하여 죽는 것은 특권이었다. 그러므로 바울은 자기 자신의 생명을 하나님께 희생 제물로 하는 것을 기뻐하였다. 그리고 그것이 실제로 일어난다 해도 바울에게는 온전히 기쁜 일이 되는 것이기 때문에 빌립보인도 슬퍼하지 말고 기뻐하기를 바란 것이다. 바울에게는 고난을 받고 희생이 되고 뼈가 부러지도록 부름 받는 것은 그리스도에 대한 사랑의 부름이었다. 그러므로 바울은 모든 부름을 후회와 원망으로가 아니라 기쁨으로 받아들인 것이었다.

충성스러운 부하

빌립보서 2:19-24

19**내**가 디모데를 속히 **너희**에게 보내기를 주 안에서 바람은 **너희**의 사정을

앎으로 안위를 받으려 함이니 [20]이는 뜻을 같이하여 너희 사정을 진실히 생
각할 자가 이밖에 내게 없음이라 [21]그들이 다 자기 일을 구하고 그리스도 예
수의 일을 구하지 아니하되 [22]디모데의 연단을 너희가 아나니 자식이 아버지
에게 함같이 나와 함께 복음을 위하여 수고하였느니라 [23]그러므로 내가 내
일이 어떻게 될지를 보아서 곧 이 사람을 보내기를 바라고 [24]나도 속히 가게
될 것을 주 안에서 확신하노라

바울은 자신이 빌립보에 갈 수 없기 때문에 디모데를 대신 보내기 원하고 있다. 디모데만큼 바울에게 가까운 자가 없었다. 우리가 디모데에 대해 알고 있는 것은 극히 적지만, 바울을 섬긴 디모데의 기록은 하나하나 그의 충실함을 전하고 있다.

디모데는 더베(Derbe)나 루스드라(Lystra)의 출신이다. 어머니 유니게는 유대 부인이고 조모는 로이스였다. 아버지는 헬라인이었다. 디모데가 할례를 받지 않고 있었다는 사실은 헬라풍의 교육과 훈련을 받은 것에 의한 것으로 보인다(행전 16:1; 딤후 1:5).

우리는 디모데가 언제 어떻게 기독교에 개종했는지 모른다. 그러나 제2차 전도여행 도중에 바울이 디모데를 만났을 때 디모데가 예수 그리스도의 봉사에 필요한 인물임을 알았다.

이때부터 바울과 디모데는 상호간에 매우 친밀한 사이가 되었다. 바울은 디모데를 "주 안에서 내 사랑하는 신실한 아들"이라고 불렀다(고전 4:17). 디모데는 빌립보에서 바울과 같이 있었다(행전 16장). 데살로니가와 베뢰아에서도 같이 있었다(행전 17:1-14). 고린도와 에베소에서도 같이 있었다(행전 18:5, 19:21-22). 그리고 로마 옥중에서도 같이 있었다(골 1:1; 빌 1:1). 디모데는 바울이 쓴 다섯 통 이상의 서신에 연서되어 있다. 데살로니가전·후서, 고린도후서, 골로새서, 빌립보서, 바울이 로마서를 쓸 때는 디모데도 바울에 가담하여 인사를 보내고 있다(롬 16:21).

그러나 디모데가 최대로 유용한 바는 바울이 어떤 교회의 정보를 얻고자 생각했을 때, 충고와 권고와 권면과 지도나 책망을 보내고자 할 때, 바울 자신이 떠

나갈 수 없을 때 언제나 디모데를 보냈던 것이다. 이와 같이 디모데는 데살로니가에 가고(살전 3:6) 고린도에도 갔다(고전 4:17, 16:10-11). 뿐만 아니라 여기서 보는 것같이 빌립보에 갔다(2:19). 그리고 마침내 디모데도 그리스도를 위하여 잡힌 자가 된 것을 알 수 있다(히 13:23).

디모데가 크게 사용된 것은 그를 어디든지 보낼 수 있었던 것과 항상 기꺼이 갈 수 있는 사람이었기 때문이다. 디모데의 손으로 바울 자신이 휴대하는 것같이 복음의 말씀이 위험 없이 운반되었다. 타인이었다면 자기 야심 때문에 내버리고 자신의 이익만을 위하여 관심을 두었는지도 모른다. 그러나 디모데의 단 하나의 소원은 그리스도의 교회 안에서 바울을 섬기고 그리스도를 섬기는 것이었다. 디모데는 그들이 섬길 수 있는 한 이차적 지위에 만족하고 있는 사람들의 수호성인이라 할 수 있다.

바울의 예모

빌립보서 2:25-30

25그러나 에바브로디도를 너희에게 보내는 것이 필요한 줄로 생각하노니 그
는 나의 형제요 함께 수고하고 함께 군사 된 자요 너희 사자로 내가 쓸 것을
돕는 자라 26그가 너희 무리를 간절히 사모하고 자신이 병든 것을 너희가 들
은 줄을 알고 심히 근심한지라 27그가 병들어 죽게 되었으나 하나님이 그를
긍휼히 여기셨고 그뿐 아니라 또 나를 긍휼히 여기사 내 근심 위에 근심을
면하게 하셨느니라 28그러므로 내가 더욱 급히 그를 보낸 것은 너희로 그를
다시 보고 기뻐하게 하며 내 근심도 덜려 함이니라 29이러므로 너희가 주 안
에서 모든 기쁨으로 그를 영접하고 또 이와 같은 자들을 존귀히 여기라 30그
가 그리스도의 일을 위하여 죽기에 이르러도 자기 목숨을 돌보지 아니한 것
은 나를 섬기는 너희의 일에 부족함을 채우려 함이니라

이 구절 배후에는 실로 극적인 이야기가 있다. 이야기를 다음과 같이 재구성할 수 있을 것이다.

빌립보인은 바울이 옥에 묶였다는 것을 듣고 저들의 따뜻한 마음을 행동으로 옮겼다. 저들은 에바브로디도 편으로 선물을 바울에게 보냈다.

빌립보인은 직접 선물을 전해 주기를 원했으나 그렇게 하려면 거리가 너무 떨어져 있기 때문에 그들을 대신하여 에바브로디도에게 그것을 위탁한 것이다. 저들은 다만 에바브로디도에게 선물을 보내는 것만이 목적이 아니었다. 저들은 에바브로디도를 로마에 머물러 있게 해 바울의 몸종으로서 그를 돌보도록 하는 것이었다.

에바브로디도는 확실히 용감한 사람이었다. 사형선고를 받을 가능성이 있는 재판을 기다리고 있는 이 같은 사람의 개인적인 종이 되겠다고 나서는 자는 누구나 선고를 받는 사람과 같은 죄상에 말려든다는 위험한 입장에 몸을 두는 결과가 되는 것이기 때문이다. 사실 에바브로디도는 바울을 섬기기 위하여 생명의 위험을 무릅쓰고 모험을 했다.

로마에서 에바브로디도는 병이 들었다. 아마 유행성 감기 같은 질병으로 때때로 로마 시 전체를 휩쓴 유명한 로마 열병이라고 생각된다. 병이 중하여 그는 거의 죽게 되었다. 에바브로디도는 자신이 병든 것을 빌립보인이 알아차리게 된 것을 알았다. 그리하여 빌립보에 있는 친구들이 자신들을 걱정한 것을 알고 근심하였다. 하나님은 에바브로디도를 긍휼히 여겨 그 생명을 구원하여 주셨으므로 그만이 아니라 바울의 슬픔을 더하지 않고 면하게 되었다. 그러나 바울은 에바브로디도를 귀가시킬 때가 온 것을 알았다. 그래서 에바브로디도는 아마도 이 서신을 가지고 돌아가게 되었을 것이다.

그러나 한 가지 문제가 있었다. 빌립보 교회는 에바브로디도를 바울 곁에 머물게 하려고 파견했던 것인데, 에바브로디도가 돌아온다면 그를 비겁하고 무책임하다고 말하는 사람들이 있을지도 모른다. 여기서 바울은 에바브로디도의 귀가에 대해 말할지도 모르는 모든 비판을 침묵하게 하려고 중요한 증명을 여기에 기술하였다.

이 증명서 중에는 모든 말이 주의 깊게 선택되었다. 에바브로디도는 바울의 형제요, 동료자요, 전우였다. 라이트훗은 "에바브로디도는 바울과 공감하고, 바울과 같이 일하고, 바울과 같이 위험을 당한 사람이었다"라고 했다.

사실 에바브로디도는 최전선에 서 있었다. 바울은 더욱이 에바브로디도가 나의 궁핍을 도와준 너희의 **사자**였고, 나의 훌륭한 **종**이었다고 계속 말하고 있다. 이 말이 가지고 있는 뜻을 번역해 전하기는 불가능하다.

바울이 **사자**(messenger)라고 한 말은 **사도**(apostolos)와 같은 정도의 의미를 가지는 말이다.

아포스톨로스(사도)는 자의적으로는 **사명을 가지고 파견된 사람**을 의미한다. 그러나 기독교적 용법은 이 말을 성화하였고 품위를 올려놓았다.

바울은 이 말을 사용함으로써 암암리 에바브로디도를 자신과 그외 그리스도의 사도들과 같이 취급하여 특별히 선택된 신앙인들과 동등하게 한 것이다.

바울이 **종**이라고 한 말은 **레이투르고스**(leitourgos)다. 일반 헬라어에서는 이것은 중요한 말이었다. 고대 세계의 많은 헬라의 도시에는 그 도시를 깊이 사랑하는 마음에서 자기 개인의 부담으로 중요한 공무를 담당해 주는 사람들이 있었다. 그것은 어떤 때는 대사를 파견하는 비용을 맡은 일도 있었고, 위대한 시인들의 위대한 희곡 하나를 상연하는 비용을 맡는 일도 있었고, 시를 대표하여 시합에 참가하는 운동선수들을 훈련시키기도 했고, 군함을 건조하는 비용을 맡기도 했고, 해군에 종사하는 선원의 급료를 지불하기도 했다. 이 같은 행위는 국가에 대해 공적이 높은 기부였다.

이 같은 기부를 하는 사람들은 국가의 공로자였다. 바울이 에바브로디도를 위하여 선택하여 적용한 것은 실로 이 말이다.

바울은 먼저 훌륭한 기독교 용어 **아포스톨로스**를 다음에 훌륭한 헬라어 **레이투르고스**를 택하고 이 두 가지 말을 에바브로디도에게 적용한 것이다. "모든 기쁨으로 저를 영접하라. 또 이와 같은 자들을 존귀하게 여기라. 저가 그리스도의 일을 위하여 죽기에 이르러도 자기 목숨을 돌아보지 않는 자니라"고 바울은 진술하였다.

여기서 우리는 바울이 에바브로디도가 귀가하는 길을 평탄하게 하고, 가기 쉽게 한 것을 볼 수 있다. 그것은 참으로 훌륭한 일이라고도 할 수 있다. 바울 자신이 당장 사망의 그늘 아래 있고 옥에 묶이어 재판을 기다리고 있는데, 에바브로디도를 위하여 기독교인으로 손색이 없는 예의와 배려를 나타낸 것은 바울의 입장을 이해하는 자에게 깊은 감동을 주지 않을 수 없다. 바울은 죽음에 직면하면서도 에바브로디도가 귀가할 때 곤란한 일이 없도록 배려하고 있다.

바울이 다른 사람에게 취하는 태도는 참 기독교인의 것이었다. 바울은 자기 자신의 고민에 몰두하여 친구들의 어려운 일을 생각해 주는 시간이 없다는 태도는 한 번도 취한 일이 없었기 때문이다.

여기에는 후대에 유명한 격언이 된 또 하나의 말씀이 있다. KJV에는 에바브로디도가 **자기의 목숨을 돌아보지 아니했다**고 기술하였다. 나는 이것을 자신의 생명을 **위험하게 했다**고 번역하였다.

이 말은 **파라볼레우에스다이**(paraboleuesthai)라는 동사다. 이것은 도박자의 말이다. 모든 것을 노름판에 맡긴다는 뜻이다. 바울은 예수 그리스도의 사업을 위하여 에바브로디도는 생명을 맡겼다고 말한다. 과연 에바브로디도는 그리스도를 위하여 자신의 생명을 위험하게 하는 데 개의치 않았다.

초대교회 때 **파라볼라니**(Parabolani), 즉 도박자라 부르는 일단의 남녀가 있었다. 이 일단에 속하는 남녀는 감옥에 있는 자들과 병자 특히 위험한 전염병자들을 방문의 대상으로 하는 것이 목적이었다. 주후 252년 칼타고에 흑사병이 유행하였다. 이교도들은 병자의 시체를 던져 버리고 공포로부터 도망하였다. 기독교의 감독이었던 시프리안(Cyprian)는 교인들을 모아 시체를 매장하고 흑사병에 걸린 도시의 병자들을 간호하였다. 교인들이 자신들의 생명을 위험하게 하면서까지 일했기 때문에 거리는 멸망과 황폐를 면하였다.

기독교인은 그리스도를 섬기고 사람에게 봉사하기 위해 자신의 생명을 모험할 준비가 언제든지 되어 있을 만큼 용기를 가져야 한다.

교회는 언제나 그리스도의 **파라볼라니**를 필요로 한다.

The Letter to the Philippians 03

불멸의 기쁨

빌립보서 3:1

[1]끝으로 나의 형제들아 주 안에서 기뻐하라 너희에게 같은 말을 쓰는 것이 내게는 수고로움이 없고 너희에게는 안전하니라

여기에 바울은 두 가지 중요한 것을 진술하고 있다.

1. 바울은 기독교인의 기쁨의 불멸성이라고 볼 수 있는 것을 말하고 있다. 바울은 지금까지 빌립보 교회 앞에 고도의 도전을 제시했다고 틀림없이 생각하였을 것이다.

빌립보인에게는 바울이 받는 것 같은 박해와 심지어는 같은 종류의 죽음도 일어날 수 있는 가능성이 있었다. 그들에게는 기독교적인 싸움과 훈련이 있었다. 어떤 관점에서 볼 때 기독교는 근심스러운 일같이 생각되었다. 그러나 그 속에야말로, 또 그 모든 것을 넘어선 곳에 기쁨이 있었다. 예수께서는 "너희 기쁨을 빼앗을 자가 없으리라" 고 하셨다(요 16:22). 기독교인의 기쁨에는 어떤 불멸성이 존재한다. 그것은 기독교인의 기쁨이 **주 안에** 있는 것이기 때문이다. 그 바탕은

기독교인은 영원히 그리스도 앞에 있고 그리스도와 같이 살기 때문이다.

기독교인은 모든 것을 잃을 수 있다. 그리고 그는 모든 사람을 잃을 수 있다. 그러나 그는 그리스도를 결코 잃지 않는다. 그러므로 기뻐함이 불가능하다고 생각되는 상황 중에서도 혹은 고통과 불안 이외에 아무것도 없어 보이는 상황 속에서도 기독교인의 기쁨은 여전히 남아 있다. 인생의 위협이나 공포나 불안도 우리 주 예수 그리스도 안에 있는 하나님의 사랑에서 끊을 자가 없기 때문이다(롬 8:35-39).

1756년에 존 웨슬리(John Wesley)에게 방탕한 자식을 둔 아버지에게서 한 편지가 왔다. 영국에 부흥운동이 휩쓸었을 때 그 아들은 요크(York) 형무소에 있었다. 아버지의 편지는 다음과 같았다. "하나님의 기뻐하신 뜻으로 자식이 자기 죄 중에서 죽게 되지는 않았습니다. 하나님은 자식에게 회개할 시간을 주셨습니다." 그 자식은 사형 선고를 받았다. 그리고 편지는 계속하기를 "자식은 매일같이 평화가 더해 갔고, 사형 집행일인 토요일에는 사형수 감방에서 나와서 수의를 입고 마차를 탔습니다. 그가 길을 갈 때 쾌활함과 침착함을 보여 주어 관중은 놀랐습니다." 이 청년은 사형장까지도 빼앗을 수 없는 기쁨을 발견한 것이었다.

누구나 때때로 인생의 큰 슬픔과 시련을 잘 견뎌 내지만, 사람이 번민하고 안절부절하고 울화가 치미는 것이 거의 사소한 불편에서 기인할 때가 있다. 그러나 기독교인의 기쁨은 이런 것들까지도 웃음으로 받아들일 수 있게 한다.

존 넬슨(John Nelson)은 웨슬리 시대의 가장 유명한 설교가 중 한 사람이었다. 넬슨과 웨슬리는 영국 최서단에 있는 콘월주 전도여행을 한 일이 있다. 넬슨은 이때의 일에 대해 말한다.

"전도여행 중 웨슬리와 나는 바닥에서 잤다. 웨슬리 씨는 나의 외투를, 나는 바키드(Burkitt's)의 신약성경 주해서를 베개 대신했다. 여기서 거의 3주을 지난 후 오전 3시경에 웨슬리 씨는 몸을 돌리다 내가 깬 것을 보고 툭 치면서 '넬슨 형제여 기뻐합시다. 내게는 아직 한쪽 옆구리는 감각이 살아 있으니 말이오' 라고 말했다. 우리는 먹는 것도 충분치 못하였다. 어느 날 아침 웨슬리는 설교에 큰 감명을 주었다. 우리가 돌아올 때 웨슬리 씨는 말을 멈추어 검은 딸기를 따며 말했다. '넬슨 형제여, 여기에 많은 검은 딸기가 있는 것은 감사한 일입니다. 왜냐하면 여기는 우리가 배를 찾기에는 가장 좋은 고장이지만, 무엇보다 먹을 것을 얻기에는 최악의 땅이오.'" 웨슬리가 인생의 큰 타격을 받고 불만을 농담으로 가볍게 받을 수가 있다는 것은 기독교인의 기쁨에 싸여 있었기 때문이다. 기독교인이 그리스도와 함께 걷는다면 그는 반드시 기쁨과 같이 걸을 것이 틀림없다.

II. 여기서도 바울은 반복할 필요가 있다는 사실을 말한다. 바울은 빌립보인에게 전에 기록하여 보낸 내용을 쓰려고 하고 있다고 말한다. 이것이 흥미 있는 일이라고 할 수 있는 것은 바울이 빌립보인에게 한 통 이상의 서신을 썼다는 것을 의미하기 때문이다. 그러나 이들 서신은 잃어버렸다. 이 일을 알더라도 우리는 조금도 놀랄 것이 없다.

바울은 서신을 주후 48-64년 16년 동안 계속 썼다. 우리가 소유한 것은 그 중 13통뿐이다. 바울이 여러 해 동안이나 어떤 기간에 서신을 쓰지 않았다고 한다면 지금은 잃어버린 많은 서신이 잔존할 것이 틀림없다. 바울이 빌립보인에게 보낸 서신 중 우리가 소유할 수 없는 서신에 언급했다는 사실은 별로 놀랄 만한 일이 아니다.

좋은 교사면 누구나 하는 것같이 바울은 반복하는 것을 두려워하지 않았다. 우리가 잘 범하는 과오 중 하나는 매일 새로운 것을 원하는 것이다. 기독교의 위대한 구원의 진리는 불변한다. 우리는 그 진리를 지나치게 듣는 것이 아니다. 우리는 사람의 필수 요건인 식물에 싫증내지 않는다. 우리는 날마다 빵을 먹고 물을 마시기를 기대한다. 이와 같이 우리는 매일 생명의 빵이며 생명수인 진리에 반복하여 귀를 기울이지 않으면 안 된다. 어떤 교사라도 기독교 신앙의 위대한 기본적 진리를 몇 번이고 반복하는 것을 시끄럽다고 해서는 안 된다. 이것이야말로 듣는 자의 안전을 보장하는 길이기 때문이다.

우리가 식사할 때마다 "매일 새 음식"을 좋아할지 모른다. 그러나 우리가 살아가는 것은 주식에 의한다. 부수적인 문제를 설교한다든지 가르치고 배우기도 하는 것은 흥미를 끌고 필요하기도 할 것이다. 그러나 그것 때문에 우리의 영혼의 안전을 위한 기본적 진리를 말하지 못하거나 너무 듣지 못하게 되어서는 안 된다.

악한 교사들

빌립보서 3:2-3

[2]개들을 삼가고 행악하는 자들을 삼가고 몸을 상해하는 일을 삼가라 [3]하나님
의 성령으로 봉사하며 그리스도 예수로 자랑하고 육체를 신뢰하지 아니하는
우리가 곧 할례파라

바울의 어조는 돌연 경고로 변한다. 바울이 가르친 곳에는 어디서나 유대인이 그의 뒤를 따라 바울의 가르침을 파괴하려 했다.

바울은 우리가 은혜로만 구원 얻었다는 것, 구원은 하나님의 자유의 은사라는 것, 우리는 구원을 받아들일 가치가 없는 것을 하나님은 우리에게 제공하여 주셨으므로 겸손히 받는 것뿐이라는 것을 가르쳤다. 다시 바울은 하나님의 은사가 모든 나라의 모든 사람에게 주어진 것이며, 여기서 제외된 자는 하나도 없다고 가르쳤다.

유대인은 누구나 구원을 받으려면 헤아릴 수도 없는 많은 율법을 지킴으로써 하나님 앞에 공적을 쌓고 하나님 전에서 대차 관계를 균형 있게 하지 않으면 안 되며, 계속 율법의 공적을 쌓는 것으로 하나님의 부채를 갚아 나아가지 않으면 안 된다고 가르쳤다. 다시 유대인은 구원은 유대인뿐이며, 다른 누구의 것도 아니다. 하나님이 사람을 사용할 이전에 사람은 할례를 받고, 다시 말해 유대인이 되지 않으면 안 된다고 가르쳤다.

바울은 모든 사람에게 하나님의 은혜로 얻는 구원을 제공하였다. 유대인 교사들은 구원은 유대인에게만 속하고 율법을 지킴으로써만 얻어진다고 가르쳤다. 바울은 전 세계에 구원을 개방하였고 유대인은 유대인만을 위하여 그것을 붙들고 있었다. 바울은 구원을 하나님의 은혜에만 의존시켰다. 유대인은 그것을 인간적인 노력에 의존한다고 했다.

바울은 여기서 그가 한 모든 일을 파괴하려는 유대인 교사들을 갑자기 공격하고 있다. 바울은 그들을 세 가지로 부르고 있다. 더욱이 바울이 부르고 있는 세

가지 말은 교사들이 주장하는 것을 당사자들에게 되돌리기 위하여 주의 깊게 선택하였다.

1. "개들을 삼가라"고 바울은 말한다. 우리에게 **개**는 사랑 받는 동물이다. 그러나 예수 시대에 동양에서는 그렇지 않았다. 개라면 원래 들개였고, 거리를 돌아다니며 때로는 떼를 지어 쓰레기통 속을 뒤지고 찌꺼기 따위를 서로 물고 으르렁거렸다. 라이트훗은 "개는 동양의 거리거리를 배회하는 잠자리도 없고 주인도 없으며 길에 버려진 찌꺼기로 배를 채우고 서로 싸우기도 하고 통행인에게 으르렁거린다"라고 말한다.

성경 중에는 개는 항상 최하의 짐승을 가르칠 때 사용하였다.

사울이 다윗의 생명을 노리고 있을 때, 다윗은 "이스라엘 왕이 누구를 따라 나왔으며 누구의 뒤를 쫓나이까 죽은 개나 벼룩을 쫓음이니이다"라고 호소했다(삼상 24:14; 왕하 18:13; 시 22:16, 20).

부자와 나사로 비유 가운데 병든 거지 나사로를 괴롭힌 것 중 하나는 들개들이 와서 그의 종처를 핥는 것이었다(눅 16:21).

신명기 중에는 율법에 의하여 개의 가치와 창부의 가치는 같으며 어느 것이나 하나님 앞에 드릴 수 없다고까지 말하였다(신 23:18).

요한계시록에는 개라는 말이 너무 더러워서 거룩한 성 밖에 쫓겨난 자에 비유하여 사용하였다(계 22:15).

헬라인의 사상도 이와 같다. 개는 수치를 모르고 불결하고 더러워진 것을 대표하는 데 사용한다. "거룩한 것을 개에게 주지 말며"(마 7:6).

유대인은 이방인을 개라고 불렀다. 랍비의 격언에는 "다른 나라 국민은 개 같은 것이다"라고 말하고 있다.

그러므로 바울은 유대 교사들에게 대답하였다. 바울은 그들에게 "너희는 자랑하며 자신을 의롭다 해 다른 사람들을 개라고 부르고 있다. 너희는 유대인이란 국민적 자부심을 갖고 다른 국민을 개라고 부르고 있다. 그러나 개는 너희 자신들이다. 너희는 수치도 모르고 예수 그리스도의 복음을 방해하고 있기 때문이다." 바울은 유대 교사들이 더러워진 것이나 이방인에게 적용하여 부르는 이름을 유대인 교사에 되돌린 것이다. 누구든지 타인을 비난하기 전에 그 죄로 도리어 자기 자신을 유죄로 판결되는 일이 없도록 언제나 조심해야 한다.

II. 바울은 그들을 악한 일을 하는 행악자라고 불렀다. 유대인은 언제나 자신들은 정의의 일을 하는 사람이라고 확신하여 왔다. 율법을 지키는 일, 율법의 세칙에 따라 걷는 것, 헤아릴 수 없을 만큼 많은 법칙과 조례를 지키는 것은 의의 행위라는 견해를 가지고 있다. 그러나 바울은 단 하나의 의는 하나님 은혜에 자기 자신을 온전히 위탁하는 것으로 주어진다고 확신하였다.

유대인 교사들이 가르친 결과는 사람들을 하나님께 한층 가깝게 하는 대신 하나님에게서 한층 멀게 해 버렸다. 교사들은 자신들이 선을 행한다고 생각하였으나 악을 행하고 있는 것이었다.

교사나 설교자들은 누가나 자기 자신의 의견을 선전하는 것보다 하나님 말씀을 듣게 하도록 주의할 것이다. 또 자신이 "의"의 일을 하고 있다고 생각하는 때에도 악의 일이 될 위험성을 기억하여 마음을 쓰지 않으면 안 될 것이다.

오직 하나의 참된 할례

빌립보서 3:2-3(계속)

III. 최후로 바울은 KJV에 의하면 "절단", 여기서는(바클레이 번역에 의하면-옮긴이주) "상처를 낸 사람들(The party of mutilation)"이라고 유대인 교사들을 부르고 있다. 여기는 영어로 번역하지 못할 헬라어의 어휘가 있다. 서로 매우 비슷한 두 개의 헬라 동사가 있다. **할례를 베푼다**를 의미하는 **페리템네인**(peritemnein)과 **절단한다**고 의미하는 **카타템네인**(katatemnein)이다. **페리템네인**은 할례의 거룩한 표식이라든가 행위를 나타낸다. **카타템네인**은 레위기 21장 5절에 있는 것같이 금지된 거세를 한다든가 그것과 비슷한 것을 의미한다.

그러므로 바울은 "유대인 너희는 스스로 할례를 받았다고 생각하고 있으나 사실은 몸에 상처를 낸 것에 불과하다"라고 했다.

여기서 문제시하고 있는 것은 무엇일까? 유대인의 신앙을 따른다면 할례는 이스라엘인과 하나님이 특별한 계약과 특별한 관계를 맺은 표시와 상징을 몸에 지니는 것이었다. 이 표시의 기원이 되는 말은 창세기 17장 9-10절에 있다. 하나님이 아브라함과 특별한 계약을 세우고 특별한 관계를 가졌을 때 계약의 영원한 표시로서 할례를 베풀었다.

할례는 육체에 붙인 표시에 불과하다. 그것은 인간의 몸에 베푸는 무엇이다. 그러나 인간이 하나님과 특별한 관계에 있고 하나님이 그 사람에게 접근하고 그 사람이 하나님께 접근하고 있다면 육체에 베푼 표식 이상의 무엇인가 필요할 것이다. 그 사람에게는 어떤 종류의 생각이나 심정이나 생활에 특징이 있어야 할 것이다.

유대인의 몇몇 사람들이 과오를 범한 것은 적어도 이런 점이다. 그들은 할례 **그 자체**에 자신들을 하나님 편에 특별히 선택되는 힘을 가지고 있다고 생각했다. 그들은 이 단순한 육체적 표시가 하나님께 속한 표시이고 다른 아무것도 필요하지 않다고 생각하였다. 이것보다 훨씬 전에 위대한 교사들과 예언자들은 육체의 할례만은 충분치 못하다는 것을 이해하였고 우리가 영적 할례라고밖에는 부를 수 없는 것이 있다. 레위기 중에 거룩한 율법의 수여자가 말하고 있다. 이스라엘의 **무할례의 마음**은 겸손히 그 죄악의 형벌을 순순히 받지 않으면 안 된다(레 26:41). 신명기에는 "너희는 마음에 할례를 행하고 다시는 목을 곧게 하지 말라"(신 10:16), "네 하나님 여호와께서 네 마음과 네 자손의 마음에 할례를 베푸사 너로 마음을 다하며 뜻을 다하여 네 하나님 여호와를 사랑하게 하사"(신 30:6)라고도 했다.

예레미야는 하나님의 말씀을 듣지 않는 귀는 무할례의 귀라고 했다(렘 6:10). 출애굽기에는 무할례의 입술에 대해 말하였다(출 6:12). 유대의 위대한 사상가들은 언제나 단순한 육체의 할례가 무의미하다는 것을 알았다. 필요한 것은 마음과 생각과 입술의 성화였다.

그러므로 바울은 이같이 말한다. "너희가 육체의 할례 외에 보일 것이 없고, 너희가 가지고 있는 것이 육체적인 표뿐이라면 너희는 단지 몸에 상처를 낸 것뿐이다. 참 할례는 마음과 생각과 인생을 하나님께 헌신하는 것이기 때문이다."

바울은 이러한 이유로 참 할례를 받고 있는 자는 기독교인이라고 했다. 기독교인은 외적 표시나 육적 표시에 의한 것이 아니라, 위대한 율법의 수여자들과 교사들 예언자들이 쓰고 말한 내적이고 영적인 할례에 의하여 표시되어 있다.

그러면 참 할례를 받은 증거는 무엇일까? 바울은 세 가지 표시를 말한다.

I. 우리는 하나님의 영에 의하여 예배한다. 즉, 우리는 영을 가지고 하나님을 예배하는 것이다. 기독교인의 예배는 의식적인 것이나 율법의 세부의 원칙을 준수하는 것이 아니다.

기독교 예배는 영과 진정으로 드리는 것이다. 누구나 예부터 내려온 강제적인 의식을 정성스럽게 드릴 수 있다. 완전하게 그러면서 마음도 하나님에게서 멀리 떠 있을 수 있다. 사람은 누구나 종교의 본질적이 아닌 모든 습관을 세심한 주의로 지키면서도, 그러나 마음에 미움과 악의와 교만과 너그럽지 못한 마음을 가지고 할 수 있다. 할례를 받은 진실한 기독교인은 하나님과 진실한 관계를 가지고 외형이나 관례에 의하지 않고 마음으로 헌신과 성실을 가지고 하나님을 예배하는 사람이다. 기독교 예배는 하나님을 사랑하고 사람을 섬기는 일이고 자신의 죄를 알고 깊은 겸손을 배우며 사람에게 기꺼이 봉사를 하는 것이다.

II. 우리의 단 하나의 자랑은 예수 그리스도다. 기독교인이 자랑하는 단 하나는 자기 홀로 무엇을 했다는 것이 아니라, 그리스도가 자신을 위하여 해 주셨다는 것이다. 기독교인의 또 하나의 자랑은 그리스도가 우리를 위하여 죽으셨다고 할 수 있는 인간이라는 점이다. 기독교인은 죄 많은 자신은 수치뿐이고 십자가만이 영광이라고 할 수 있는 인간이다.

흘러 간 시간에 변치 않고 우뚝 서 있어 나는 그리스도의 십자가 안에서 자랑하고, 모든 성경의 빛은 이 숭고한 십자가 주위에 모이누나.

III. 기독교인은 육체를 신뢰하든지 인간적인 일을 신뢰하지 않는 인간이다. 유대인은 물적이요 육체적인 할례의 표식를 의뢰하고 종교적 의식을 집행하는 일이나 율법의 의무를 수행하는 데 신뢰를 두었다.

기독교인은 하나님의 은혜와 오직 긍휼을 신뢰하고 예수 그리스도의 사랑을 의뢰하는 인간이다. 유대인은 본질적으로 자신을 믿고 기독교인은 본질적으로 하나님을 믿는 것이다.

참 할례는 육체에 상처를 낸 표식이 아니다. 그것은 우리 중 예수 그리스도에 의하여 하나님의 은혜에 참 예배와 참 영광과 참 신뢰를 바치는 것이다.

바울의 특권

빌립보서 3:4-7

4그러나 나도 육체를 신뢰할 만하며 만일 누구든지 다른 이가 육체를 신뢰할
것이 있는 줄로 생각하면 나는 더욱 그러하리니 5나는 팔일 만에 할례를 받
고 이스라엘 족속이요 베냐민 지파요 히브리인 중의 히브리인이요 율법으로
는 바리새인이요 6열심으로는 교회를 박해하고 율법의 의로는 흠이 없는 자
라 7그러나 무엇이든지 내게 유익하던 것을 내가 그리스도를 위하여 다 해로
여길뿐더러

바울은 여기까지 유대인 교사들을 공격하여 왔다. 그리하여 참 할례를 받고 정당한 계약의 백성이 되고 하나님과 특별한 교제를 진실로 가지고 있는 것은 유대인이 아니고 기독교인이라고 주장하였다. 바울의 대적자들이 반론하려면 다음과 같이 공격했을지도 모른다. "그러나 너희는 기독교인이다. 그러므로 너는 자신이 무엇을 말하고 있는지를 모르고 있다. 너는 유대인이라는 것이 무엇인지 모르고 있다."

여기서 바울은 자신의 신임장을 제시한다. 그는 자만하기 위하여서가 아니며 신임을 얻기 위해서도 아니다. 바울은 유대인이 향유하고 있는 모든 특권을 자기도 향유하고 있다는 것을 피력하기 위해 그렇게 했다. 유대인이 얻을 수 있는

금부터는 바울이 유대교의 신앙을 선택함으로써 도달한 업적을 기술하려 한다.

I. 바울은 "히브리인 양친 사이에서 출생한 히브리인"이었다. 이것은 바울이 참 이스라엘인이라는 것과 똑같은 말은 아니다. 요점은 다음과 같다.

유대인은 오랜 역사를 통해 세계에 분산되었다. 어떤 도시나 촌락, 나라에도 유대인이 있었다. 로마에는 수만 명이나 있었다. 알렉산드리아에는 100만 명 이상의 유대인이 살고 있었다. 이들 유대인은 자신들이 살고 있는 국민과 동화하는 것을 굳게 거절하였다. 그들은 자신들의 종교와 습관과 율법을 충실히 지켜 나갔다. 그러나 단 한 가지 이들 유대인이 모국어를 종종 잊어버리는 일이 있었다. 그들은 헬라어를 사용하게 되었다. 그들이 생활하고 행동한 곳이 헬라적 환경이었기 때문에 그렇게 될 수밖에 없었다.

그런데 히브리인은 그 선조가 민족적으로 순수할 뿐 아니라 어떤 때는 애써서 큰 희생을 지불하더라도 일부러 히브리어를 계속 지킨 유대인이었다. 이 같은 유대인은 자신이 살고 있는 나라의 말을 사용했으나 동시에 선조 전래의 언어인 히브리어를 주의 깊이 배우고, 결코 그것을 잊어버리지 않았다. 여기서 바울은 자신이 순수한 혈통을 가진 유대인뿐 아니라 히브리어를 계속해 온 유대인이라는 것을 주장하는 것이다.

바울은 이방의 도시 다소에서 출생하였으나 가밀리엘 밑에서 교육을 받기 위하여 예루살렘에 올라갔다(행 22:3). 바울은 예루살렘에서 폭도들에게 히브리어로 말할 수 있었다(행 21:40).

여기에서 바울은 지금까지 주장에 자신은 히브리어를 배우고 결코 그것을 잊을 수 없을 정도로 성실한 유대인이라는 사실을 첨가하고 있다.

II. 율법에 대해서는 바울은 "훈련 받은 바리새인"이었다. 이것은 몇 번이고 바울이 주장한 것이다(행 22:3, 23:6, 26:5). 바리새인의 수는 그렇게 많지 않았다. 유대인 중 많아야 6천 명 정도였다. 그러나 바리새인은 유대교 중 영의 투사들이었다. 바리새라는 이름 자체가 **분리된 것**을 의미한다. 바리새인은 인생의 단 하나의 목적이요, 의무인 율법의 모든 세목을 지키기 위해 일상생활과 사업 전반에서 자신들을 분리했다.

바울은 선조에게서 전해진 종교를 지키는 유대인뿐 아니라 자기 전 생애를 율법을 지키기 위해 가장 신앙적으로 깊이 헌신하고 불굴의 정신으로 지켜 왔다고 주장하고 있다. 유대교가 어느 정도 고도의 종교이었는지를 개인적 경험에 비추어 모르는 점이 없었다.

III. 열심에서는 "교회의 박해자"였다. 유대인에게서 열심은 종교 생활에서 최대의 자질이었다. 비네하스(Phinehas)는 하나님의 진로에서 백성을 구원하여 영원한 제사직을 받았다. 그것은 하나님에 대해 열심이었기 때문이다(민 25:11-13).

시편 기자는 "주의 집을 위하는 열성이 나를 삼키고"(시 69:9)라고 했다. 하나님께 불타는 열심은 존경의 표식이요, 유대교의 품질을 증명하는 보증서다. 바울의 열심은 유대교의 반대자를 없애 버리고자 하는 것이었다. 이 사실은 바울이 결코 잊을 수가 없는 것이었다. 그는 이 사실을 몇 번이나 반복하여 말하였다(행 22:2-21, 26:4-23; 고전 15:8-10; 갈 1:13).

바울은 결코 자신의 수치를 고백하는 데 부끄러워하지 않았다. 한때 지금 사랑하고 있는 예수 그리스도를 미워했다는 것도 이야기했다. 그리고 지금 섬기고 있는 교회도 없애 버리고자 한 것도 고백하였다. 여기서 바울은 가장 엄격한 의미에서, 또 열광적으로 열심히 유대교를 알고 있었다고 주장하였다.

IV. 율법이 규정하는 의에 대한 한 바울은 "흠이 없는 자"였다. 이때 사용된 말은 **아멤프토스**(amemptos)다. 라이트훗은 이 말은 "태만의 죄를 비난한다"는 의미의 동사 **멤페스타이**(memppesthai)에서 유래한다고 한다. 여기서 바울은 율법이 요구한 것을 자신이 수행하지 못한 것이 하나도 없었다고 주장한다. 율법에 대하여서는 비난의 여지가 없었다.

이와 같이 바울은 자신의 업적을 진술하였다. 그는 성실한 유대인이었기 때문에 히브리어를 말하는 것을 잊지 않았다. 그는 믿음이 깊은 유대인뿐 아니라 그 중에서도 가장 엄격하고 가장 열렬하게 자기 수련을 쌓은 일파에 속하였다. 그는 하나님으로 말미암은 것이라고 그가 생각한 것에 대한 불붙는 열심을 가지고 있었다. 그는 누구 하나 결점을 지적할 만한 사람이 없을 만큼 유대교에 대한 기록을 가지고 있었다.

바울은 이상의 사정을 보탬이 되는 측면에서 진술하였을지도 모른다. 그러나 그는 그리스도를 만났을 때 지금 기록한 모든 것이 잘못된 소용없는 것이요, 오히려 손해 보는 것이 되었다. 바울이 영광이라고 믿은 것은 사실에서 전혀 소용이 없었다. 인간의 업적은 모두 그리스도의 자유의 은혜를 받아들이기 위해 포기하지 않으면 안 되었다. 바울은 예수 그리스도에 의한 하나님의 은혜를 겸손하게, 온전히 벌거숭이가 되어 받아들이기 위해 인간의 공적의 모든 것을 자기에게서 제거하지 않으면 안 되었다.

이같이 바울은 이 유대인에게 자신은 말할 권리가 있다고 증거를 들고 있다. 그는 유대교에 대해 직접적인 지식도, 경험도 없는 자가 하는 것같이 밖에서 유대교를 비난하지는 않는다. 그는 최고의 입장에서 유대교를 체험하였다. 바울은 그리스도가 주는 평안과 기쁨에 비할 것은 아무것도 없는 것을 알았다. 바울은 평안을 얻는 길은 단 하나, 인간적인 모든 열심을 버리고 은혜의 길을 받아들이는 것뿐임을 알았다.

율법의 무익과 그리스도의 가치

빌립보서 3:8-9

8또한 모든 것을 해로 여김은 내 주 그리스도 예수를 아는 지식이 가장 고상
하기 때문이라 내가 그를 위하여 모든 것을 잃어버리고 배설물로 여김은 그
리스도를 얻고 9그 안에서 발견되려 함이니 내가 가진 의는 율법에서 난 것
이 아니요 오직 그리스도를 믿음으로 말미암은 것이니 곧 믿음으로 하나님
께로부터 난 의라

바울은 유대교에 의하여 얻은 특권과 공적은 온전히 손실 이외의 아무것도 아니었다는 결론을 말해 왔다. 그러나 그것은 갑작스러운 결정, 무엇인가 즉흥적인 순간에 채택된 결정이요, 후회하거나 역전한다든지 하는 결정이었다고 이의를 제기할 자가 있을지 모른다. 그래서 바울은 이렇게 말한다. "나는 이상과 같은 결론에 도달한 것이고 지금도 그대로 생각하고 있다. 그것은 즉흥적으로 채택하여 결정한 것은 아니다. 나는 지금도 그 결정을 굳게 지키고 있다."

여기 이 문장에 해결의 실마리가 있다. 그것은 **의**(Righteousnes)라는 말이다. **디카이오수네**(dikaiosunē)는 항상 어려운 말이다. 문제되는 것은 이 말의 뜻을 이해하는 것이 아니라 이 말이 내포한 모든 의미를 나타내는 영어의 단어를 발견하는 것이다.

우리는 바울이 **의**에 대해 언급할 때 그가 무엇을 생각했는지 알아보자. 인생의 중요하고 기본적인 문제는 하나님과의 교제를 발견하고 하나님과 바른 관계에 들어가는 것이다. 하나님을 무시하거나 하나님을 잃어버리지 않고 하나님을 두려워하거나 하나님께로부터 도망하지 않고 하나님과 화해하고, 교제를 가지고, 하나님과 바른 관계를 맺는 일이다.

이 교제에 이르는 길은 의를 통하여, 즉 하나님이 요구하는 인생의 행동도, 정신과 생각과 태도까지도 하나님을 향하는 것으로 주어진다. 바울이 항상 말한 의의 뜻은 **하나님과의 바른 관계**를 말한다. 그러므로 의롭게 되는 것은 하나님과 바른 관계를 갖는 것이다. 이 같은 의미를 마음에 두고 바울이 말한 것이라기보다는 바울의 가장 내면적인 심중에 있는 것을 다른 말로 바꾸어 말해 보자.

바울은 이렇게 말하였다. "나는 생애를 통하여 하나님과의 바른 관계를 얻으려고 노력하였다. 나는 그것을 유대주의 율법 준수에서 찾아보려고 했다. 율법의 모든 작은 것까지 지킴으로써 발견하려고 했다. 나는 이상의 방법으로 하나님을 기쁘게 하고, 만족시키고, 이것에 의해 나의 마음과 영혼이 열망한 하나님과의 바른 관계를 얻으려고 했다. 나는 율법과 그것에 관계하는 모든 방법도 하나님과의 교제를 얻는 데는 소용없을 뿐 아니라, 한층 잘못된 것임을 발견하였다. 나는 그것이 **스쿠발라**(skubala)보다 낫지 못한 것을 발견하였다."

스쿠발라라는 말은 두 가지 의미가 있다. 이것은 **쿠시 발로메나**(kusiballomena)

에서 통속적으로 파생한 말인데 **개에게 던져 주는 것**이란 뜻이다. 또 하나는 의학용어로서 KJV에 번역한 것이 배설물, 똥, 거름을 의미한다.

여기서 바울은 말한다. "나는 율법과 그것에 관계하는 일체의 방법은 내가 하나님과 바른 관계를 얻는 데 소용되게 쓰레기 더미에 던져 버린 배설물보다 낫지 않다는 것을 발견하였다. 그래서 나는 자력으로 선행을 쌓으려는 것을 포기하였다. 나 스스로 이 관계를 가지려는 것도 단념하였다. 나는 예수께서 말씀하신 대로 겸손해져 신앙을 가지고 하나님 앞에 왔다. 그리고 나는 오랫동안 구하여도 결코 발견하지 못했던 교제를 발견하였다." 바울은 하나님과의 바른 관계를 발견한 것은 율법에 기초한 것이 아니고 예수 그리스도를 믿는 믿음에 의한 것임을 깨달았다. 이것은 사람에 의하여 **달성되는 것**이 아니고 하나님에 의하여 **얻어진다**. 그것은 공적으로 **획득하는 것**이 아니라 **믿어서** 받아들이는 것이다.

그러므로 바울은 "나의 경험으로 말하는데 유대인의 방법은 잘못되었고 무익한 것이다. 너희는 율법을 지킴으로써 너희 자신의 노력이나 공적으로 하나님과 바른 관계에 결코 들어갈 수는 없는 것이다. 너희는 다만 예수 그리스도의 말씀을 받아들여 하나님 자신이 주시는 것을 받아들이는 것으로만 하나님과 바른 관계를 얻을 수 있는 것이다. 하나님과 화해 방법은 공로에 의한 것이 아니라 은혜의 방법에 있다"라고 말한다.

율법을 나타내는 바울의 말, 즉 배설물, 찌꺼기는 율법에 의하여 살려고 한 자신에게 욕구불만과 무익한 노력으로 율법에 염증을 느낀 상태를 표시하는 것이다. 예수 그리스도 안에서 은혜를 발견하였을 때 승리의 만족을 얼마나 얻었는지를 표시하는 기쁨에 이 문장 전체는 빛나고 있다.

그리스도를 안다는 뜻

빌립보서 3:10-11

10내가 그리스도와 그 부활의 권능과 그 고난에 참여함을 알고자 하여 그의

죽으심을 본받아 [11]어떻게 해서든지 죽은 자 가운데서 부활에 이르려 하노니

바울은 이미 그리스도를 아는 지식의 우수성과 그리스도를 아는 지식의 절대 가치에 대해 논하였다. 이제 바울은 다시 그 생각에 돌아가서 내용을 더욱 자세하게 규정하고 있다.

바울이 말한 **안다**(to know)의 동사는 기록할 만큼 중요하다. 동사 **기노스케인**(ginōskein)의 일부인데 **기노스케인**은 대개의 경우 몸으로 아는 지식을 나타낸다. 그것은 단순한 지능적인 지식이 아니다. 또 원리에 대한 지식 혹은 어떤 사실이나 이론이 아니다. 이것은 타인의 개인적 경험이다. 우리는 구약의 용법에서 이 말 **안다**의 깊이를 볼 수 있다.

구약성경은 **안다**란 동사를 성적 교제의 뜻으로 사용하였다. "아담이 그의 아내 하와와 동침(원어로는 알았다〈knew〉)하매 하와가 임신하여 가인을 낳고"(창 4:1). 히브리 동사는 **야다**(yada)이고 헬라어는 **기노스 게인**(ginoskein)이라는 동사로 번역되었다. 이 동사는 타인이 가지고 있는 가장 몸에 가깝고 친한 개성적 지식을 말한다. 바울이 의도한 것은 **그리스도에 대해 아는 것**이 아니라 인격적으로 **그리스도를 안다는 것**이다. 여기 나온 지식은 어떤 사실에 대해 알고 있다든가, 이론이나 신학에 대한 지식이 아니라 그것은 인격을 아는 지식이다. 그리스도를 아는 것은 바울에게는 어떤 사건을 말한다.

I. 그것은 "그리스도의 부활의 능력"을 안다는 것을 뜻한다. 바울에게는 부활은 아무리 놀라운 일이라도 역사적 과거 사건이 아니다. 이것은 아무리 예수에게 중요했다 해도 단순히 예수에게 일어났던 어떤 일이 아니다. 그것은 개개인의 기독교인 인생에 미치는 생동력이다. 우리는 여기서 바울이 말한 뜻의 전부는 알 수 없다. 그러나 그리스도의 부활은 적어도 다른 세 가지 방면으로 위대한 기능을 나타낸다.

1. 우리가 살고 있는 이 몸과 생명의 중요성을 보증한다. 그리스도는 육체로 부활하셨고, 성별된 것도 이 육체다(고전 6:13). 예수 그리스도의 육체적 부활은 우리가 현재 살고 있는 생명과 인간 육체의 중요성의 보증이다.

2. 그것은 불멸의 내세의 생명을 보증한다(롬 8:11; 고전 15:14 이하). 그가 살아 계시기 때문에 우리도 살 것이다. 그의 승리가 우리의 승리다. 그리고 그의 개선이 우리의 개선이다.

3. 그것은 살아서나 죽어서나 죽음 후에도 부활의 주가 언제나 같이하는 보증이다. 세상 끝날까지 내가 너희와 항상 같이하시마 하신 약속이 진실인 것을 보증한다. 그리스도의 부활은 이 생명이 살 가치가 있다는 보증이고 이 눈에 보이는 육체는 하나님께 성화되었다는 보증이다. 죽음은 인생의 끝이 아니라 저편 세계가 있다는 보증이다. 사나 죽으나 우리를 주에게서 분리할 것은 아무것도 없다는 보증이다.

II. 이것은 "주의 고난에 참여하는" 것을 아는 것이다. 바울은 기독교인이 고난을 받지 않으면 안 될 때, 기독교인은 바로 그리스도의 고난을 이상한 방법으로 나누고 있는 것이고 그리스도의 고난을 보충까지 한다고 여러 번 말하였다(고후 1:5, 4:10, 11; 갈 6:17; 골 1:24). 기독교인은 언제나 고난을 받을 때, 십자가를 질 때 그리스도의 고난에 참여하고 직접 그리스도의 십자가를 지는 데 참여하고 있는 것이다.

신앙 때문에 고난 받는 것은 벌이 아니다. 이것은 특권이다. 이 일로 우리는 그리스도의 일과 사명에 참여하기 때문이다.

III. "그리스도와 굳게 연합하고 매일 우리는 점점 주의 죽음에 가까워져서 그 결과 부활에 참여하게 되는 것"을 뜻한다. 그리스도를 안다는 것은 그리스도와 일체가 되어 그의 모든 경험에 참여한다는 것이다. 그것은 주님의 걸어간 길에 참여함을 뜻한다. 주님이 지신 십자가에 관여하고, 주님이 죽은 죽음에 관여하고, 마침내 주님이 영원히 살아 계신 생명에 관여하는 것을 의미한다.

그리스도를 안다는 것은 이론적 혹은 신학 지식에 숙달하는 것이 아니다. 그것은 우리가 지상에서 사랑하는 자들과 같이 연합되어 있는 것같이 마지막 날에 주와 연합할 만큼 친하게 주님을 경험하고 주님을 아는 것이다. 그것은 우리가 사랑하는 자와 경험을 나누는 것같이 주의 경험에 우리가 관여하는 것이다.

계속 추구함

빌립보서 3:12-16

[12]내가 이미 얻었다 함도 아니요 온전히 이루었다 함도 아니라 오직 내가 그
리스도 예수께 잡힌바 된 그것을 잡으려고 달려가노라 [13]형제들아 나는 아직
내가 잡은 줄로 여기지 아니하고 오직 한 일 즉 뒤에 있는 것은 잊어버리고
앞에 있는 것을 잡으려고 [14]푯대를 향하여 그리스도 예수 안에서 하나님이
위에서 부르신 부름의 상을 위하여 달려가노라 [15]그러므로 누구든지 우리 온
전히 이룬 자들은 이렇게 생각할지니 만일 어떤 일에 너희가 달리 생각하면
하나님이 이것도 너희에게 나타내시리라 [16]오직 우리가 어디까지 이르렀든
지 그대로 행할 것이라

이 문장은 하나의 말과 개념에 의하여 특징되어 있다. 그 뜻을 헬라어로 이해하기는 그리 어려운 일이 아니나 영어로 번역하는 것은 어렵다.

그것은 "완전" 이라는 말이다. KJV에 먼저 12절에 바울은 **온전히** 이룬 것이 아니라고 했다. 15절에는 다시 **온전한 자들**에 대해 말하고 있다.

이 말은 **텔레이오스**(teleios)이며, 여러 가지와 관련된 의미를 가지고 있다. 이것은 무엇보다도 우리가 철학적이고 추상적인 완전이라고 부를 수 있는 것을 의미하지 않고 그것은 일종의 기능적 완전을 의미하고 있다. 무엇인가 주어진 목적에 대한 적합성을 뜻한다. 그러면 서로 관련된 뜻을 몇 가지 들어 보자. 그것은 미숙한 것과 대조하여 **성숙한 것**을 의미한다. 가령 미성숙한 청년이란 반대로 성장이 끝난 성인에 대해 사용된다. 일반적으로 어떤 사건의 초심자란 반대로 **원숙한 생각**의 뜻으로 사용된다. 그러므로 단순한 학습자란 반대어로 **어떤 일에 자격을 가지고 있는 사람**을 의미한다. 이 말이 공물에 대해 쓰일 때 **흠이 없이**(without blemish) 하나님께 드리기에 적당한 것을 의미한다. 그것이 기독교인에 대해 사용될 때는 **교회의 정회원되는 세례를 받은 자**를 의미하고, 정회원이 될 자격이 아직 없는 학습 중인 사람과 대조된다. 초대교회 시대는 **순교자**에 대

해 자주 사용하였다. 순교자는 **검에 의하여 완전해지고** 그 죽는 날은 **완성**의 날이라고 했다. 여기서는 사람의 기독교적 증거와 완성은 순교 이상의 것이 없다는 생각이 나타나 있다.

그래서 바울이 12절에서 이 말을 할 때 그는 결코 완전한 기독교인이 아니고 영원히 추구하는 자라고 하는 뜻이다. 그리고 바울은 두 가지 구체적인 예를 들어 말하였다.

I. 바울은 자신이 예수 그리스도에게 잡히게 된 그것을 붙잡으려고 하는 것이라고 말한다. 이것은 놀라운 생각이다. 예수 그리스도가 바울을 다메섹 도상에서 멈추게 했을 때 주님이 그를 붙잡은 데는 꿈과 비전과 목적을 가지고 있었다고 생각하였다. 그리고 예수께서 자신을 붙잡은 목적과 계획에 어긋나 예수를 실망시키거나, 좌절시키거나, 초조하게 만들지 않도록 전 생애를 통하여 추구하게 되었다고 생각했다. 사람은 누구나 어떤 목적으로 그리스도에게 붙잡혀 있다. 모든 사람은 예수의 꿈이다. 그러므로 모든 사람은 그리스도가 자신을 붙잡아 준 그 목적과 계획을 붙잡고, 실현하기 위하여 전 생애를 통해 추구하지 않으면 안 된다.

II. 그 목적을 위해 바울은 두 가지를 말하였다. 그는 뒤에 있는 것을 잊어버리고 있다. 즉, 바울은 지금까지 업적을 자랑으로 생각하지 않는다. 그는 자신의 과거 업적이나 행위를 장래에 중단의 이유로 삼지 않는다는 뜻이다.

사실 바울은 기독교인이 자기 과거의 모든 업적은 잊어버리고 앞으로 해야 할 일만을 기억해야 한다고 말한다. 기독교 생활에는 개인이나 교회의 이미 얻은 영예에 만족하여 있을 만한 틈이 없다.

다음 바울은 앞의 것을 향하여 좇아가고 있다고 말한다. 이 말의 원어 **에펙테이노메노스**(ēpekteinomenos)는 매우 생생하다. 이것은 경주자가 결승 테이프를 향하여 열심히 달음질하는 모습에 대해 쓰이는 말이다. 결승점 이외의 아무것도 눈에 들어오지 않는 모습을 표현한 것이다. 마치 공기를 손으로 끌어당기며 머리는 앞을 향하고 몸은 굽히고 목표를 향하여 달음질하는 모습을 나타낸다. 이것은 결승점을 향해 거의 쓰러지게 된 사람의 모습을 나타낸다.

이와 같이 바울은 기독교인으로 살려면 과거의 모든 업적을 잊어버리고 영원히 앞에 있는 결승점만을 기억해야 한다고 했다.

여기서 바울이 말한 것은 도덕 폐기론자들에게 향한 것이 분명하다. 도덕 폐기론자란 기독교 생활에서는 어떤 율법도 필요 없다고 하는 사람들이다. 저들은 하나님 은혜 중에 있기 때문에 무엇을 해도 상관없다. 하나님은 언제나 용서하신다. 자신들에게는 전혀 위험이 없다. 이 이상 훈련한다든지 노력할 필요가 전혀 없다고 공언했다. 바울은 기독교인 생애는 마지막 날에 이르기까지 항상 앞에 있는 결승점을 향해 나아가는 운동선수들의 생애와 같은 것이라고 주장하고 있다.

다음은 15절에 다시 **텔리이오스**(teleios)란 말을 사용하였다. 이것은 **텔레이오스**한 사람들, 즉 KJV에 **온전한 사람**이라고 부르는 사람들의 태도를 말함이 틀림없다.

바울이 의미하는 것은 다음과 같다. "기독교에 격이 맞는 사람, 신앙이 원숙하고 기독교의 본질을 알고 있는 자는 누구나 같이 느껴야 하고 기독교인의 인생의 훈련과 노력과 고통을 인정해야 하는 것이다." 달리 생각할 사람이 있을지 모르나 그 사람이 정직한 사람이라면 노력을 태만하거나, 기준을 낮추거나 하지 않고 결승점을 목표하여 마지막에 이르기까지 추구하지 않으면 안 되는 것을 하나님이 그 사람에게 명백히 할 것이다. 바울이 이해한 것같이 기독교인은 운동선수와 다름없다.

지상에 사나 천국 시민

빌립보서 3:17-21

17형제들아 너희는 함께 나를 본받으라 그리고 너희가 우리를 본받은 것처럼
그와 같이 행하는 자들을 눈여겨 보라 18내가 여러 번 너희에게 말하였거니

와 이제도 눈물을 흘리며 말하노니 여러 사람들이 그리스도의 십자가의 원
수로 행하느니라 [19]그들의 마침은 멸망이요 그들의 신은 배요 그 영광은 그
들의 부끄러움에 있고 땅의 일을 생각하는 자라 [20]그러나 우리의 시민권은
하늘에 있는지라 거기로부터 구원하는 자 곧 주 예수 그리스도를 기다리노
니 [21]그는 만물을 자기에게 복종하게 하실 수 있는 자의 역사로 우리의 낮은
몸을 자기 영광의 몸의 형체와 같이 변하게 하시리라

바울이 여기에 호소한 것과 같이 호소를 하려는 설교가들이 거의 없다. 라이트훗은 "나를 닮도록 서로 경쟁하라"고 번역했다. 대개의 설교자들은 "내가 하는 것같이 하라"가 아니라 "내가 말한 대로 하라"고 하지 않으면 안 될 중대한 약점을 가지고 시작한다. 바울은 "나의 말을 들으라"고 말할 수 있을 뿐 아니라 "나의 예를 따르라"고 할 수 있다.

성경 주해자 중에서 가장 위대한 인물 중 한 사람인 벵겔(Bengel)은 이곳을 "우리와 같이 예수 그리스도에게 배우는 친구가 되자"고 다른 방법으로 번역했으나 이것은 번역으로서 가치가 없다. 벵겔은 바울이 빌립보인에게 자기와 함께 예수 그리스도에게 배우는 친구가 되도록 초청하고 있다고 생각하였다. 그러나 거의 모든 주해가 일치된 의견은, 바울은 빌립보 친구들이 단순히 자기 말을 들을 뿐 아니라 자기에게 배우도록 권면을 할 수 있다는 내용에서 벵겔은 거리가 멀다.

빌립보 교회에는 분명히 추문이 되는 행동을 하거나 그 생활 때문에 그리스도의 십자가에 대적하는 모습을 행하는 사람들이 있었다. 그들이 누구였는지는 명백하지 않다. 그러나 그들이 부도덕한 생활을 하고 자신들을 정당화하기 위하여 기독교를 이용하고 있었던 사람들이 있었던 것은 확실하다. 우리는 그가 누구였는지 추측하는 것은 가능하다.

그들은 그노시스파(Gnosticism) 사람들이었을 것이다. 그노시스파는 기독교를 지성화하고, 거기서 일종의 철학을 만들어 내려는 이단자들이었다. 그들은 창조의 처음부터 두 실재, 즉 영과 물질이 존재하고 있다고 한다. 영은 모두 선하고 물질은 모두 항상 악하다고 했다. 세계에 죄나 악이 존재하는 것은, 세계가 이 본질적인 악이요 결함이 있는 물질에서 만들어졌기 때문이다. 이제 그노시스파의 사람들은 다음과 같이 말한다. 물질이 본질적으로 악이라면 육체도 본질적으로 악이다. 육체는 물질이기 때문이다. 육체를 가지고 있는 한 무엇을 해도 악한 대로 있게 된다. 그러므로 무엇이나 하고 싶은 일을 하라. 탐욕을 충분히 채우라. 육은 여하튼 악하기 때문에 무엇을 해도 크게 다를 것은 없다.

이와 같이 그노시스파 사람들은 한없는 욕망도, 간음도, 동성애도, 음주도 별로 큰일이 아니라고 가르쳤다. 그들은 육체에만 영향을 줄 뿐이요, 육체는 문제가 되지 않기 때문이라고 가르친다.

다른 교리를 주장하는 또 다른 일파인 그노시스파가 있다. 저들은 인생이 제공하는 선한 것이나 악한 것이나 모두 경험하지 않는 한 완전한 인간이라고 부를 수는 없다고 주장하였다. 이 때문에 죄의 깊이를 통찰하는 것은 미덕의 높이를 헤아리는 것과 같을 정도로 중요한 인간의 의무라고 했다. 이 같은 주장을 하는 사람에게는 죄를 범하는 것은 경험을 완성하기 위한 의무와 같았다.

교회 안에는 이와 같은 비난을 할 수 있는 두 종료의 사람들이 있었다.

먼저 기독교인의 자유를 왜곡하는 자가 있었다. 그들은 기독교 안에서는 모든 율법이 폐기되었으니 기독교인은 하고 싶은 대로 하는 완전한 자유를 가지고 있다고 했다. 다시 말해 그들은 기독교인의 자유를 비기독교인의 것으로 바꾸어 버리고 육욕을 만족시키고 정욕이 하는 대로 하는 것을 자랑했다.

다른 한편 기독교의 은혜의 원리를 왜곡하려는 자들이 있었다. 그들에 의하면 은혜는 모든 죄와 오점을 덮기에 충분하고, 하나님의 사랑은 어떤 죄도 사하기에 충분하다. 그러므로 인간은 하고 싶은 대로 죄를 범하고 걱정하지 말자. 하나님의 온전한 사죄의 은혜에 아무런 차별이 없는 것이라고 했다.

바울이 공격하는 사람들은 이와 같이 자신들이 범하고 있는 죄를 정당화하기 위한 특별한 논리를 만들어 내는 지혜 있는 그노시스파의 사람들이었을 것이다. 혹은 가장 아름다운 것을 가장 추한 죄를 정당화하기 위해 왜곡해 버린 그릇된 기독교인들이었을지도 모른다.

그들이 누구든 간에 바울은 그들에게 하나의 귀중한 진리를 상기시켰다. "너희의 시민권은 하늘에 있다"라고 바울은 말하였다. 이것은 빌립보인이 잘 이해할 수 있는 예다.

빌립보는 로마의 식민지였다. 로마의 식민도시는 놀라운 고장이었다. 전략상 군대의 중심지가 되는 곳에 로마인은 식민도시를 만들었다. 그들의 식민지들은 미개지에 만든 현대적인 식민지와는 다르다. 그들은 중요한 도로와 몇 개의 언덕을 가로지른 도로의 중심지였고 군대가 진군할 수 있는 간선도로여야 했다. 이 같은 지방에 로마인은 식민도시를 설정하였다. 그리고 그 도시 주민들은 대개의 경우 21년간 군대 생활을 하고 보상으로 시민권을 받은 병사들이었다.

그런데 로마 식민도시의 큰 특징은 그것이 어디에 있든지 간에 로마의 축소판으로 남아 있는 점이었다. 그들은 어디에 있든지 로마 옷을 입었고, 로마인 행정관이 그 도시를 통치하였다. 라틴어를 말하고 로마 율법이 시행되었다. 로마풍의 도덕을 지켰다. 아무리 땅 끝에도 이들 식민지는 변함없이 로마의 것이었다. 여기서 바울은 빌립보인에게 말한다. "로마의 식민도시가 로마에 속해 있는 것을 결코 잊지 않는 것처럼 너희는 천국 시민임을 결코 잊어서는 안 된다. 그리고 너희의 행위는 그 시민에 합당하게 하지 않으면 안 된다"라고 했다.

기독교인이 어디 있든지 그 행위는 천국 시민이라는 증명이 되지 않으면 안 된다.

마지막으로 바울은 기독교인의 희망을 말하고 마친다. 기독교인은 그리스도의 오심을 기다린다. 그가 올 때 모든 사람은 변화될 것이다. 여기서 KJV은 위험스럽게 표현하고 있다.

21절에 우리의 "낮은 몸(vile body)"에 대해 말한다. 현대 영어의 뜻으로 말하면 몸은 극히 악한 것이고 두려운 것이다. 그러나 영어의 vile(심하게 약하다, 대단히 나쁜)이란 말은 16세기에는 아직도 **값싸고 무가치하다**(valueless)는 라틴어의 **빌리스**(vilis)에서 파생한 의미를 가지고 있었다.

다시 말해 우리의 현재가 그런 것같이 우리의 육체는 변하고 쇠하고 약하고 병들고 죽어 가는 것이다. 또 죽을 인간의 몸이며 대조되는 굴욕적인 상태다. 부활한 그리스도의 영광 있는 상태와 바울이 말하고 있는 것처럼 우리가 지금 소유한 이 죽을 몸을 버리고 예수 그리스도와 같이 되는 날이 온다. 기독교인의 소망은 인간성이 그리스도의 신성과 같이 되고, 당연히 멸할 천한 것이 불사의 영원한 생명의 빛으로 변화되는 날이 오는 것이다.

The Letter to the Philippians 04

주 안에서 위대한 것

빌립보서 4:1

1그러므로 나의 사랑하고 사모하는 형제들, 나의 기쁨이요 면류관인 사랑하
는 자들아 이와 같이 주 안에 서라

이 문장에서는 빌립보 친구들에 대한 바울의 따뜻한 애정이 문장 전체에 풍기고 있다. 바울은 그들을 사랑하고 사모하고 있다. 그들은 바울의 기쁨이요 면류관이었다. 바울이 그리스도에게 인도한 사람들은 가령 바울에게 검은 그림자가 접근한 때도 가장 큰 기쁨이었다. 어떤 교사나 설교가라도 훌륭한 일을 한 인물을 가리켜 "저 사람은 나의 제자다"라고 말하는 것이 얼마나 자랑스러운 일인지를 알 수 있다.

바울이 빌립보인에게 "나의 면류관이라"고 말한 배후에는 구체적인 예가 숨어 있다. 헬라어에는 "면류관"이란 말에 두 가지가 있다. 그리고 각각 다른 배경을 가지고 있다. 하나는 **디아데마**(diadēma)인데 왕권의 표시가 되는 면류관, 즉 **왕관**을 의미한다. 또 하나는 **스테파노스**(stephanos)인데 여기 사용한 말이다.

스테파노스에는 두 가지 배경이 있다.

I. 그것은 헬라 경기장에서 승리한 운동선수에게 주는 면류관이다. 그것은 녹색 파슬리(parsley)와 월계수의 잎으로 짠 야성 올리브(olive) 잎으로 만들었다. 이 면류관을 얻는 것은 운동선수들의 최고 야심이었다.

II. 그것은 만찬이나 식사 때, 경우에 따라서는 아주 즐거운 제사 때 식탁에 있는 손님들에게 씌우는 관이었다.

이 사실에서 바울이 빌립보인은 자신이 노력한 모든 노동과 힘들인 노력의 결과로 주어진 면류관이며 자신은 그리스도의 선수요 빌립보인은 면류관이라고 말하는 것 같다. 또한 바울이 하나님의 최후의 축연이 있을 때 빌립보인은 제사의 면류관이라고 말하는 것 같다. 이 세상에서는 예수 그리스도에게 하나의 영을 인도한 기쁨만큼 큰 것이 없다.

4장 처음 3절 중에 세 차례나 **주 안에서**란 말이 나온다. 바울이 **주 안에서** 명했고, **주 안에서**만 완성할 수 있는 세 가지 권면이 기술되어 있다.

I. 빌립보인은 주 안에서 "굳게 설 것"이다. 예수 그리스도와 같이 할 때만 이 사람은 시련의 유혹에 또 두려움에서 오는 약함에 저항할 수 있다. 바울이 **굳게 선다**에 사용한 말은 **스테케테**(stēkete)인데, 전쟁 중에 자기 편에 다가오는 적의 공격을 받으면서 굳게 초소에 계속 서 있는 병사를 표현하는 데 사용되었다. 우리는 나쁜 일을 쉽게 행하는 무리 중에 있는 사람들을 알고 있으며, 나쁜 일에 대해 즉시 저항하는 사람들 축에 있는 사람도 잘 알고 있다. 때때로 우리가 이전에 범한 잘못이나 악한 길을 향하거나 유혹에 빠지고 수치스러운 일을 행했던 때를 반성하고 기억하면 우리는 자신이 사랑하는 사람들의 일을 생각하며 괴로워하면서 말한다. "그 사람이 여기에 있었더라면 결코 이런 일은 일어나지 않았을 텐데."

우리가 시험에 대한 단 한 가지 안전은 **주 안에 있는** 것이고, 항상 그를 생각하고, 항상 그와 같이 걷고, 항상 우리의 주변에 주께서 같이하신다는 것을 느끼는 것이다.

노한 파도 휘몰아치나
헛되게 모래 위에 표류할 뿐
영원한 반석 위에 굳게 서
그 도성은 영원히 서리라.

II. 바울은 유오디아와 순두게가 주 안에서 "한마음을 품으라"고 했다. 그리스도 안에서 일치가 없는 한 어떤 일치도 없다. 그리스도를 사랑하지 않는 사람이 서로 사랑할 수 없는 것이다. 일반 인간사의 경우 온전히 다른 사람들이 공통의 동료로 연합하는 경우가 많이 있는데 이는 한 사람의 위대한 지도자에게 충성을 바치는 데 있다. 그 동료간의 신의도 완전히 지도자에 대한 충성에 의존하고 있다. 이 지도자를 제거하면 집단 전체는 개개로 분열하고 적대관계가 될 것이다.

사람은 예수 그리스도를 사랑하지 않는 한 서로 사랑할 수 없다. 예수 그리스도를 주로 하지 않는 한 인류를 형제 관계로 하는 것은 불가능하다.

III. 바울은 빌립보인에게 주 안에서 "기뻐하라"고 하고 있다. 모든 사람이 기쁨에 대해 배워야 할 것은 기쁨이 물질적인 것이나, 사람의 외부적 환경과 아무런 관련이 없다고 하는 것이다. 호화롭게 살고 있는 사람이 비참하고 가난에 빠진 사람이 기쁨에 넘치는 것은 우리 사회에서 흔히 볼 수 있는 사실이다. 큰 타격을 한 번도 받아 본 경험이 없는 사람은 침울해지거나 투정부리거나 실망하기 쉽다. 그러나 인생이 생각할 수 있는 한 타격을 받은 사람은 깨지지 않은 기쁨 속에서 평화를 누린다.

배리(J. M. Barri) 교수가 성 앤드류(St. Andrews) 대학의 학생들에게 강연할 때, 남극 대륙 탐험의 스콧트(Scott) 선장이 이미 그의 탐험대 위에 싸늘한 주검의 입김이 돌 때 쓴 불후의 편지를 인용하였다. "우리는 아주 불편한 자리에서 죽어가고 있다. 우리는 절망적인 상태다. 발은 얼어 있을 뿐 아니라 연료는 떨어졌고, 식물은 옛날에 떨어졌다. 그러나 당신이 우리 천막에 우리의 노래와 즐거운 담화를 들으면 당신의 마음이 위로를 받을 것입니다."

비결은 행복이란 물질이나 장소에 있지 않고 사람 자신에 달렸다는 것은 인생의 기본적 원리 중의 하나이나 우리가 바른 사람과 같이 있다면 아무 문제도 없다. 그리고 바른 자와 같이 있지 않으면 다른 무엇으로도 그의 부족을 메울 수 없는 것이다. 예수 그리스도 앞에 있고 주 안에 있을 때 모든 친구와 사랑하는 자들 중에서 가장 위대한 분이 우리와 함께해 주시는 것이다. 거기서 아무것도 우리를 분리할 수는 없다. 주 안에 있는 우리의 기쁨을 아무것에도 빼앗길 수는 없다.

불화의 치료

빌립보서 4:2-3

2 내가 유오디아를 권하고 순두게를 권하노니 주 안에서 같은 마음을 품으라
3 또 참으로 나와 멍에를 같이한 네게 구하노니 복음에 나와 함께 힘쓰던 저
여인들을 돕고 또한 글레멘드와 그 외에 나의 동역자들을 도우라 그 이름들
이 생명책에 있느니라

이것은 우리가 좀더 알기를 원하는 구절 중 하나다. 문장의 배후에는 분명히 극적 사건이 있다. 배후에는 마음을 아프게 하는 것이 있고 대사건이 있다. 그러나 이 극적 인물에 대해 우리는 모르기 때문에 상상할 수밖에 없다.

먼저 이 문장에 등장한 이름의 인물에 대해 해결할 몇 가지 문제가 있다. KJV에는 **유오디아스**(우리말 성경에는 유오디아로 번역되었음–옮긴이주)와 **순두게**라 했다. **순두게**는 부인의 이름이고, **유오디아**는 남자의 이름이라 생각된다. 예부터 추측해 온 것은 유오디아와 순두게는 빌립보 감옥의 옥리와 그의 처다(행 16:25-34). 이 두 사람은 빌립보 교회의 지도적 인물이 되었다고 한다. 그런데 저들은 서로 분쟁을 했다. 그러나 그 이름은 유오디아스(Euodias)가 아니라 유오디아(Euodia)다. 개정역이나 모팻역이나 《미국 개정표준역 성경》 등에서는 유오디아스가 아니고 **유오디아**다.

그리고 **유오디아**는 부인의 이름이다. 그러므로 유오디아와 순두게는 서로 분쟁하는 두 부인이었다.

유오디아와 순두게의 두 가정에서 빌립보 가정집회가 시작하였다고 생각된다. 초대교회 중에 부인들이 이같이 지도적 역할을 한 것은 매우 흥미 있다. 헬라에서 부인들은 대개 눈에 띄지 않는 곳에 박혀 있다. 헬라인들의 목적은 존경하는 부인이란 할 수 있는 대로 적게 보고, 적게 듣고, 적게 질문하는 사람이었다. 신분이 좋은 부인은 거리에 결코 혼자 나가지 않았다. 그들은 집에서도 방을 따로 가지고 있었으며 식사 때에도 집안 남자들과도 만나지 못하였다. 부인은 사회생활에서는 거의 어떤 역할도 하지 않았다. 그러나 빌립보는 마게도냐 지방에 있었고, 마게도냐에서는 사정이 매우 달랐다. 마게도냐 부인들은 일상생활에서 헬라 다른 지방에서는 없는 자유와 지위를 가지고 있었다.

우리는 이 현상을 바울이 마게도냐에서 일했을 때 기사를 기록한 사도행전에서 볼 수 있다. 빌립보에서 바울이 최초의 교섭을 가진 것은 강변의 집회였고, 바울이 말을 건 사람은 거기 출석한 부인들이었다(행전 16:13). 루디아는 분명히 빌립보의 지도적 인물이었다(행 16:4). 데살로니가에서는 귀부인들이 많이 기독교에 귀의했고, 베뢰아에서도 같은 일이 일어났다(행 16:4, 12). 비문에도 같은 사실이 지적되었다. 아내는 두 사람의 수입을 합한 금액 중에서 자기와 남편을 위하여 무덤을 만들게 되어 있었다. 그러므로 아내는 일에 종사하지 않으면 안 되었을 것이다. 우리는 지금도 여인들을 위하여 공공 단체에 의하여 건립된 기념비를 발견한다.

우리는 바울 시대의 많은 교회가, 예를 들면 고린도 같은 곳에서 부인들이 매우 종속적인 지위로 만족하지 않으면 안 되었다는 것을 안다. 그러나 바울이 교회 내 부인들에게 접하는 태도나 초대교회 내에서 부인들의 지위를 생각할 때 마게도냐 지방에 있는 교회의 부인들이 분명히 지도적 입장에 선 사실은 기억할 가치가 있다.

여기 또 다른 의심이 있다. KJV에 **참 멍에를 같이한 자**라 부르는 누군가가 3절에 들어 있는 점이다. 멍에를 같이하는 자란 실은 고유명사 **순주고스**(Sunzugos) 라고 할 수도 있다. 참에 해당한 말은 **그네시오스**(gnēsios)로 순진함을 의미할 수 있다. 그렇다면 여기에 말장난이 있을 수 있다.

바울은 다음과 같이 말하는 듯하다. "나는 너 순주고스에게 구하노니—네 이름대로—도와주어야겠다." 혹은 다음과 같이 말할 수도 있다. "너는 네 이름이 **순주고스**(Sunzugos), 즉 동료자이고, 천성이 **순주고스**(sunzugos), 즉 동료자다."

순주고스가 개인명이 아니라면 여기에 든 사람이 누군지, 누구에게 하는 말인지 알 수 없다. 여러 가지로 추론되어 왔다. 이 협력자란 바울의 처라든가, 유오디아나 순두게의 남편으로 싸움을 중재하고 처에게 협력하도록 부름 받았다든가, 루디아를 뜻한다든가, 디모데나 실라라든가, 빌립보 교회의 목사 등으로 추측되었다. 가장 가까운 추측으로는 이 편지의 전달자인 에바브로디도일 것이다.

바울은 에바브로디도에게 편지를 위탁할 뿐 아니라, 빌립보에 평화를 만드는 일까지 위탁한 것이라는 추측이다.

또 다른 이름 글레멘드가 나오는데 우리는 그에 대해 아무것도 모른다. 후에 로마의 감독 글레멘드가 있어서 바울도 이 인물을 알고 있는 것 같으나, 이 이름은 흔하므로 이 이름을 가진 자가 누구인지 알 수 없다. 여기 두 가지 주목할 점이 있다.

I. 빌립보 교회에 분쟁이 일어났을 때 바울은 그것을 중재하기 위하여 교회의 모든 능력을 동원하였다. 이것은 뜻 깊은 내용을 가지고 있다. 바울은 교회 평화를 보전하기 위해서는 어떤 큰 노력도 너무 큰 수고라 생각하지 않았다. 싸우고 있는 교회는 이미 교회라고 할 수는 없다. 분쟁하는 교회는 교회에서 그리스도를 내쫓고 있고, 이 같은 교회는 주님이 접근할 수 없기 때문이다. 어떤 사람이나 하나님과 화해하고 있으면서 동료와 불화할 수는 없다.

II. 우리가 유오디아와 순두게에 대해 알고 있는 것은, 둘이 분쟁하는 부인이었기 때문이다. 이 일을 생각하면 두렵다. 우리는 인생을 단 한 줄로 요약한다면 어떤 문장이 될까? 우리에 대해 알려진 단 하나의 사건으로 역사에 기록된다면 그것은 무엇일까? 글레멘드는 평화를 만든 자로 기록되어 있다.

유오디아와 순두개는 평화의 파괴자로서 기록되어 있다. 이 세상에서 또는 교회에서 우리의 생애를 한 줄로 심판하는 문장이란 대체 무엇일까?

기독교 생활의 표식

빌립보서 4:4-5

4주 안에서 항상 기뻐하라 내가 다시 말하노니 기뻐하라 5너희 관용을 모든
사람에게 알게 하라 주께서 가까우시니라

여기서 바울은 빌립보인에게 기독교 생활의 두 가지 위대한 특색을 표시하였다.

I. 첫째 기쁨의 특질이다. 바울은 "기뻐하라 다시 말하노니 기뻐하라"고 말하였다. 이것은 바울 자신이 "기뻐하자"고 말한 것 같다. 그리고 돌연 바울의 마음에 다가올 모든 사실이 그림처럼 떠오른 것이다. 그는 거의 확실한 죽음을 기다리면서 감옥에 있었다. 그리고 기독교인의 길을 걸어 나선 빌립보인의 앞날에는 암흑시대와 위험과 박해가 피할 수 없이 가로놓여 있었다. 여기서 바울은 말한다. "나는 내가 말하고 있는 것을 알고 있다. 나는 금후 일어날 모든 가능성을 생각했다. 그래도 나는 말한다. 항상 기뻐하라."

기독교인의 기쁨은 지상의 모든 일에 의한 것이 아니다. 기독교인의 기쁨은 그리스도의 끊임없는 현존에 근거하기 때문이다. 사랑하는 두 사람은 둘이 있는 장소가 어디든 둘이 같이 있으면 언제나 행복하다. 이것이 기독교인이 결코 기쁨을 잃지 않는 이유다. 기독교인은 결코 예수 그리스도를 잃는 법이 없기 때문이다.

II. KJV에서와 같이 바울은 계속 말한다. "너희 관용을 모든 사람에게 알게

하라." **관용**이라고 번역한 말은 헬라어 중에 가장 번역하기 힘든 말 중 하나다. 명사는 **에피에이케이아**(epieikeia)이고, 형용사는 **에피에이케스**(epieikēs)다. 이 말을 번역하기 어려운 것은 이것을 몇 가지로 번역했는가로 알 수 있다.

먼저 옛 번역으로 돌아가 보면, 위크리프(Wiclife)는 **인내**라고 번역하고, 틴데일(Tyndale)은 **부드러움**이라 하고 크람마(Crammer)도 **부드러움**, 제네바(Geneva)역 성경은 **인내심**, 라임(Rheim)역 성경은 **겸손**이라고 번역하였다.

현대역에 대해 말하면 개정역 성경은 **관용**이라고 번역하고 있으나 난외에 **온화**를 암시하고 있다. 모팻은 관용, 웨이마우스(weymouth)는 **관용한 마음** 등으로 번역하였다.

킹슬레이 윌리엄스(C. Kingsley Williams)는 "**너희가 중도에서 화합하는 인간**이라는 것을 모든 세상이 알게 하라" 고 기술하였다.

그러면 헬라인은 이 말을 어떻게 해설하는지 살펴보자. 헬라인은 **에피에이케이아**(epieikeia)의 특질은 "공정 또는 공정 이상 더 좋은 것" 이라고 했다. 헬라인은 **에피에이케이아**란 공정한 재판이 그 일반성 때문에 불공정하게 되었을 때 개입할 경우라 했다. 법률이나 규칙 혹은 조건 자체만은 공정한 것인지도 모른다. 그러나 개개에 적용이 된 경우, 공정한 법률이 전혀 불공정하게 되어 있다든가 현대어로 하면 공정이 공정이 아닐 경우가 생길지 모른다. 누군가 이것은 법률의 엄밀한 조문을 적용할 경우가 아니라든가 관용한 재판을 행하여 자비를 베풀 경우를 알고 있다면 그 사람은 **에피에이케이아**의 특질을 가진 사람이다.

간단한 예를 들어보자. 이것은 거의 모든 교사가 보는 예다. 여기에 두 학생이 있다. 교사들은 두 사람의 답안을 채점한다. 교사들이 공정하게 채점한 결과 하나는 80점, 다른 하나는 50점을 받았다. 공정한 견해에서 말하면 두 사람의 성적에 이론은 하나도 없다. 그러나 좀더 나가 보자. 80점을 얻은 학생은 이상적인 환경에서 공부할 수 있었다는 것을 교사들은 알았다. 그는 서적이 있고, 시간의 여유가 있고, 침착하여 공부할 수 있고, 조용한 공부방이 있었다. 아무 근심도, 장애도 없이 모든 것을 마음대로 행하였다. 교사들은 50점을 받은 학생은 가난한 집 출신으로 그가 가지고 있는 것이란 빈손밖에 없다는 것을 알았다. 그는 병으로 고생했을지도 모른다. 최근 큰 슬픔이나 긴장, 과로의 시기를 겪고 있었는지도 모른다. 사실 모든 상황이 그에게는 불리하였다. 공정한 입장에서 말하면 이 학생은 50점만 받고 그 이상 아무것도 없다. 그러나 **에피에이케이아**는 그의 답안을 50점 이상으로 평가할 것이다. 교사들이 공정을 초월했을 때 학생은 공정하고 더욱 그 이상의 것을 받을 수 있는 것이다.

에피에이케이아는 규칙이라든가 법칙이 최종적인 것이 아니라는 것을 아는 사람의 특질이다. 그것은 어떤 때 법률의 한 자, 한 구절을 적용할 것이 아니라는 것을 아는 사람의 특질이다. 교회 회의는 관례나 의사 진행 규정을 앞에 있는 테이블에다 놓고 시작할 수 있다. 그리고 하나하나의 결정은 교회 규칙에 따라 엄밀히 채택될 것이다. 그러나 어떤 개인의 복지나, 전체적인 교회의 유익이나, 어떤 상황에 대하는 기독교인의 처리 등이 그 규정을 덮어놓도록 요구하고 그 규칙이 모든 결정을 최종적인 것이 아니라는 것쯤은 누구나 알고 있다.

기독교인은 바울이 한 것같이 공정 이상의 것이 있는 것을 알고 있는 사람이다. 간음한 여인이 예수 앞에 잡혀 왔을 때 예수께서는 율법의 문자를 적용하고 부인은 그것에 따라 돌을 맞게 했었어도 좋았을 것이다.

그러나 예수께서는 법 이상의 것을 하셨다. 법이 적용되는 한, 우리 중 누구 한 사람도 하나님의 벌을 면할 수는 없다. 그러나 하나님은 법 이상의 일을 하신다. 바울은 기독교인의 표시는 동료간에 인격적 관계를 가질 때 언제 법을 주장할지, 언제 주장할 것이 아닌지를 알고 있는 것이라고 했다. 또 언제나 법 이상의 것이 있고 그것에 의해 사람은 하나님을 닮아 가는 것이 틀림없다고 알고 있는 것이라 했다.

그러면 왜 사람이 이렇게 되어야 하는가? 왜 이 기쁨과 자비로운 관용을 생활 중에 가져야 하는가? 바울이 말한 것같이 "주께서 가까우시기" 때문이다. 우리가 그리스도의 승리의 강림을 기억하고 있다면, 결코 희망이나 기쁨을 잃을 수는 없다. 우리가 인생은 짧고 종말이 임박해 온다는 것을 기억한다면 우리는 때때로 사람들을 구별하는 엄한 법을 강행하고자 하지는 않을 것이다. 도리어 우리는 하나님이 우리에게 처리해 주시기를 희망하는 것같이 사랑으로 우리는 타인과 교제하기를 원할 것이다. 공정이 인간이라면 **에피에이케이아**는 하나님이다.

신앙에 의한 기도의 평안

빌립보서 4:6-7

6아무것도 염려하지 말고 다만 모든 일에 기도와 간구로, 너희 구할 것을 감
사함으로 하나님께 아뢰라 7그리하면 모든 지각에 뛰어난 하나님의 평강이
그리스도 예수 안에서 너희 마음과 생각을 지키시리라

빌립보인에게 생활은 하나의 걱정거리가 되었다. 인간이 되었다는 것도, 인간의 상태에 끼어든다는 것도, 이 죽을 생명이 시시각각의 변화를 받고 있는 것도 그 자체가 번민이었다. 그리하여 초대교회의 시대에는 일상생활에서 보통 일어날 수 있는 번민 외에도 기독교인에게는 한 가지가 더 부가되었다. 기독교인 된 자는 생명이 자기 손에 달려 있는 상황에 있었기 때문이다. 이 번민에 대한 바울의 해결은 기도다. 빈센트(M. R. Vincent)가 말한 대로 "평안은 신앙의 기도의 열매다". 이 구절 중에 간단하지만 기도의 모든 내용이 포함되어 있다.

I. 바울은 우리가 매사를 하나님께 기도로 얻을 수 있다는 것을 강조하고 있다. 우리가 기도하고 감사로 탄원하는 것은 모든 일에 대해서다. 이 일이 아름답게 표현되어 있다. 아버지 된 하나님의 배려보다 세밀한 것은 없다. 그리고 하나님 능력보다 위대한 것이 없다. 가령 아이들은 문제가 크거나 작거나 간에 양친에게 가지고 간다. 그와 같이 우리는 어떠한 일도 하나님께 말씀드릴 수가 있다. 작은 아이들은 자기에게 어떤 일이 일어날지라도 그의 부모는 관심을 가져줄 것으로 반드시 믿는다. 자신이 얻은 작은 승리도, 실망도, 자신이 받은 상처도, 때린 상처도, 자신이 좋아한 모든 일도 양친에게 말하고, 부모는 언제나 자신의 말을 들어줄 줄로 믿고 의심하지 않는다. 우리도 하나님에 대해 이와 같이 되어야 한다.

II. 우리는 하나님께 기도와 소원과 요구를 할 수 있다. 우리는 **우리 자신**을

위하여 기도할 수 있다. 우리는 **과거**를 위하여 사죄를 구할 수 있고, **현재** 필요한 것을 구할 수 있고, **미래**를 위하여 도움과 지도를 구할 수 있다. 우리는 하나님 앞에 우리 자신의 과거, 현재, 미래의 모든 수치와 걱정과 요구를 같이 가지고 갈 수 있다. 우리는 **타인**을 위하여 기도할 수 있다. 우리는 영원히 우리의 기억에 있는 사람, 마음에 생각하고 있는 사람, 멀고 가까운 사람을 위하여 하나님의 배려를 요구할 수 있다.

III. 바울은 감사야말로 이 모든 기도와 동반하지 않으면 안 된다고 했다. 어떤 기도라도 감사를 포함하지 않으면 안 된다는 것이 바울의 신념이었다. 기독교인은 다시 말해 현재의 생활을 "마치 과거와 현재의 축복 중에 떠받쳐 있는" 것같이 느껴야 한다. 어떤 기도에도 위대한 기도의 특권에 대한 감사를 반드시 포함하지 않으면 안 된다. 기도 중에 모든 사건을 하나님 앞에 가지고 나간다는 특권의 감사를 우리는 결코 잊을 수 없다. 바울은 우리가 매사에 감사를 드리지 않으면 안 된다고 주장한다. 웃음에도, 울음에도, 슬픔에도, 기쁨에도 한 가지로 감사를 드릴 것이다.

이것은 두 가지를 의미하는데, 첫째로 **감사**를 의미하며 오직 하나님 뜻에 대한 **완전한 복종**도 의미한다. 신앙의 기도가 요구하는 것 같은 완전한 감사를 마음으로 하나님께 느낄 수 있는 것은 우리가 하나님이 모든 일을 합동하여 선하게 해 주신다는 충분한 확신을 얻은 때에만 되는 것이다.

우리는 기도할 때 언제나 세 가지 일을 마음에 두어야 한다.

1. 우리는 항상 우리의 유익만을 구하시는 **하나님의 사랑**을 기억해야 한다.
2. 우리는 우리에게 가장 좋은 것을 홀로 아시는 **하나님의 지혜**를 기억해야 한다.
3. 우리는 반드시 우리에게 최선의 것만 일어나게 하시는 **하나님의 능력**을 기억해야 한다.

완전한 믿음으로 하나님의 사랑과 능력과 지혜를 믿고 기도하는 사람은 하나님의 평안을 발견할 것이다.

신앙의 기도의 결과는 하나님의 평안이 우리 마음을 보초와 같이 지켜 주는 것이다. 바울이 사용한 **프루레인**(phrourein)은 **경계한다**는 군대 용어다. KJV에서와 같이 바울은 하나님의 평안은 **모든 지각에 뛰어난다**고 했다. 이것은 어떤 면에서 사실이지만 하나님의 평안이 인간의 마음은 그것을 이해하지 못할 정도로 신비한 것은 아니다. 이것은 하나님의 평안이 그렇게 귀하기 때문에 인간의 마음은 모든 기능과 지식과 이해력을 사용해도 그것을 고안하거나 발견하거나 제조하지 못한다는 것이다. 그것은 인간의 힘으로는 전혀 능력이 미치지 못하는 것이다. 이 평안은 인간의 고안으로는 될 수 없다. 이것은 오직 하나님이 주시는 것이다.

평안을 얻는 길은 자기 자신과 우리가 귀히 여기는 모든 것을 끄집어내고 다시 모든 생활을 내놓고 그것들을 자기 자신과 같이 기도로 하나님의 손에 믿음으로 맡기는 것이다.

정신적 영역

빌립보서 4:8-9

**8끝으로 형제들아 무엇에든지 참되며 무엇에든지 경건하며 무엇에든지 옳으
며 무엇에든지 정결하며 무엇에든지 사랑 받을 만하며 무엇에든지 칭찬 받
을 만하며 무슨 덕이 있든지 무슨 기림이 있든지 이것들을 생각하라 9너희는
내게 배우고 받고 듣고 본 바를 행하라 그리하면 평강의 하나님이 너희와 함
께 계시리라**

인간의 마음은 항상 무엇인가에 집착하고 있다. 그래서 바울은 빌립보인이 옳은 일에 마음을 집중시키고 있는지를 확실히 확인하기를 원했다. 이것은 매우 중요한 일이다. 사람이 무슨 일을 빈번히 그리고 오랜 시간을 두고 생각한다면 그 생각을 중단할 수 없는 입장에 이르게 되고 마는 것이 인생의 법칙이기 때문이다. 그의 생각은 문자대로 그가 약동할 수 없는 판에 박은 듯하게 될 것이다.

그러므로 무엇보다 중요한 것은 사람은 좋은 일에 생각을 집중하는 것이다. 그러므로 여기서 바울은 인간의 생각이 집착할 만한 좋은 일을 열거했다.

참된 것이 있다. 세상에는 거짓과 속임이 많이 있다. 사람들은 실행하지 못할 약속을 한다. 사람들은 실제 제공할 수 없는 거짓 평안과 행복을 준다고 한다. 그러나 사람은 항상 신뢰할 수 있고 그를 실망시키지 않고 망신시키지 않을 일에 생각을 집중해야 한다.

KJV에 기록한 대로 경건을 들고 있다.

경건이란 말은 《미국 개정표준역 성경》에 번역된 "존경할 만한"이라고 번역한 말의 고대 용법이다. KJV 난외에는 **존경할 가치가 있는**이란 주를 달았다. 개정역 성경에는 "존중할 만한"이라 번역하고 난외의 주에 "존경할 만한 것"이라고 했다. 모팻(Moffatt)은 **가치 있는**이라고 번역하였다.

이상으로도 이해되듯이 이것은 번역하기 어려운 말이다. 원어는 **셈노스**(semnos)다. 이 말은 특히 신들에 대해 사용하는 말이다. 이것은 신전에 대해 사용하는 말이기도 하다. 이 말이 인간을 표현하는 말로 사용할 때는 지금까지 말한 것같이 전 세계가 신의 궁전인 것같이 세계를 돌아다니는 사람을 말한다. 매튜 아놀드(Matthew Arnold)는 **고상하게 진지함**(nobly serious)이라고 번역하였다. 그러나 이 말의 참 뜻은 **거룩한 존엄성을 띠고 있는 것**이다. 이 세상에는 경솔한 마음을 매혹하는 경박하고 값싼 일들이 있다. 그러나 기독교인이 마음을 집착시킬 곳은 신중하고 진중하고 존엄성이 있는 일이다.

옳은 것이 있다. 원어는 **디카이오스**(dikaios)다. 헬라인은 **디카이오스**(dikaios)한 사람이란 신들과 사람에게 의무를 다하는 사람이라고 규정하고 있다.

다른 말로 하면 **디카이오스**란 "닥친 의무와 시행한 의무"라고 할 수 있다. 마음과 생각을 향락과 안일한 일과 안일한 방법에 집중하는 사람들이 있다. 기독교인의 생각은 하나님과 사람에 대한 의무에 집중되어 있다.

정결한 것이 있다. 원어는 **하그노스**이며 도덕적으로 순결하고 더럽히지 않은 것을 의미한다. 이 말이 의식적(意識的)으로 사용될 때는 하나님 앞에 내놓고 하나님 경배에 사용함에 합당할 정도로 깨끗한 것을 뜻한다. 이 세상은 천하고 낡아 빠지고 더러워진 것으로 충만하여 있다. 많은 사람들은 그 생각이 모든 것을 물들어 버리게 하는 데 자신의 마음을 쏟아 붓고 있다.

기독교인의 마음은 정결한 것에 집중하고 있다. 그의 생각은 하나님의 시련에도 견딜 만큼 깨끗하다.

사랑할 만한 것이 있다. 모팻은 **매력적인 것**이라 번역하였다. 모든 번역 중에 가장 나은 것은 **사람을 끄는 것**이라고 한 것이다. 헬라어로 이 말은 **프로스필레스**(prosphiles)인데 **사랑을 불러일으키는 것**이라고 말할 수 있을 것이다.

타인에게 원한과 공포를 일으키는 복수와 벌에 마음을 집중하는 사람들이 있다. 그러나 기독교인의 마음은 사랑할 만한 일, 즉 친절, 동정, 관용에 집중하고 있다. 그 결과 기독교인은 사람들의 눈을 끄는 사람이 되고 그를 보면 곧 사랑하게 될 만한 사람이다.

칭찬할 만한 것이 있다. 개정역 성경에는 난외에 **점잖은**이라고 했다. 모팻은 **고상한**이라고 번역하였다. 《미국 개정표준역 성경》에는 **점잖은**이라고 했다. 킹슬레이 윌리엄스는 **좋은 이름 있는 것은 무엇이나**라고 번역하였다. 이 말의 뜻을 정확히 얻는 것은 그리 쉽지 않다. 문자대로는 **정중한 것**을 의미한다. 그러나 이것은 어떤 장면과 특별한 관련을 가지고 있다. 그것은 신들 앞에 희생을 드리기 시작할 때의 엄숙하고 조용함과 관련이 있다. 그것은 하나님이 들으시기에 합당한 것이라고 해도 과언이 아니다. 이 세상에는 추한 말과 거짓말과 불순한 말과 같은 많은 사례가 있다. 기독교인의 입술과 마음에는 하나님이 듣기에 합당한 말씀만이 있을 것이다.

바울은 계속하여 **무슨 덕이 있는지**라고 했다. 모팻도 미국 개정역 성경에도 같이 **덕**이라는 말 대신에 **우수한 것**이란 말을 사용하였다. 원어는 **아레테**(aretē)다. 기묘한 사실은 **아레테**는 매우 고전적인 말 중 하나다. 그러나 바울은 대개의 경우 이것을 의식적으로 피한 것같이 보이는데 그의 서신 중에 여기에만 있는 말이다. 고전적 사고방식에 의하면 이것은 모든 종류의 뛰어난 것을 말한다. 그것은 밭의 토지가 우량한 것, 농경에 쓰는 도구가 우수하다는 것, 동물의 신체적 강점이라든가, 군인의 용기의 우수함이라든가, 인간의 덕 등을 말한다.

라이트훗은 바울이 이 말을 사용함으로 빌립보의 친구들의 배경에 있는 이교적인 관련을 가진 것을 총칭한다고 했다. 바울은 다음과 같이 말하는 것 같다.

"너희가 자라난 이교의 사상 중에 있는 어떤 우수한 것이 너희에게 어떤 영향력을 가지는 것이 있으면 그것을 마음에 두라." 또한 이렇게도 말하는 것 같다. "너희의 과거의 가장 높은 생활을 생각하라. 그리고 기독교인으로 새로운 인생의 가장 높은 곳에 도착하는 격려로 하라."

이 세상에는 불결과 타락이 있으나, 고귀한 것과 기사도에 합당한 것도 있다. 그리고 기독교인이 반드시 생각할 것은 고귀한 것이다.

일람표의 마지막으로 바울은 **무슨 기림이 있든지**라고 했다. 어떤 의미에서는 기독교인은 인간의 칭찬을 마음에 두지 않은 것은 사실이지만 다른 의미에서는 선량한 사람은 누구든지 선의의 사람들의 칭찬에 감동하고, 높이 양양되는 것도 사실이다. 이같이 기독교인은 자만하여 기대할 만한 칭찬을 바라거나 어리석게 격멸하거나 하지 않는 방법으로 사는 자들이라고 바울은 말한 것이다.

참 교훈과 참 하나님

빌립보서 4:8-9(계속)

여기서 바울은 참 교육의 길을 말하였다. 그리고 빌립보인이 **배운 것**에 대해 말하고 있다. 그것들은 바울이 친히 빌립보인에게 가르친 것이다. 그것은 바울이 그들에게 전한 복음과 진리의 개인적인 해석에 해당한다.

바울은 빌립보인이 **받은 것**에 대해 기술한다. 원어는 **파랄람바네인** (paralambanein)으로 이 말은 특히 고정된 전통을 받아들이거나 수취한다는 것을 의미한다. 이 경우에는 바울이 빌립보인에게 전한 이미 수락된 교회의 교의라든가 가르침에 해당한다. 이들 두 용어에서 우리는 가르침이 두 가지 내용을 포함한 것임을 알 수 있다. 그것은 교회가 무리에게 모든 교회가 믿고 있는 진리와 교의를 전달하는 일이다. 다음은 교사들의 친절한 해설과 개인적인 지도에 의하여 교의의 본체를 밝게 해 가는 일이다. 우리가 사람에게 가르치거나 선교하려 하면 교회가 수락한 교리를 알지 않으면 안 된다. 다음에 우리는 그것을 우리 마음을 지나게 해 그것을 타인에게 전달하되 간결하게 그리고 우리 스스로의 경험과 사려가 발견한 의미를 잃지 않게 해야 한다.

그러나 바울은 한 발 더 나아간다. 바울은 빌립보인에게 너희는 내게서 들은 것과 본 것을 모방하라고 했다. 이와 같은 말을 할 수 있는 교사나 설교가가 거의 없는 것이 유감이다. 인격적으로 보이는 본이 교육의 본질적 역할이라는 것은 변함없는 진리다. 교사는 자신이 가르친 교의를 실천해야 하고 말로 하는 진리를 행동으로 나타나야 한다.

마지막으로 바울은 여기서 빌립보 친구들에게 전한다. "너희가 이 모든 것을 실천하면 평강의 하나님이 너희와 함께 계시리라"고 했다. 바울이 하나님께 사용한 칭호를 배우는 것은 매우 흥미 있는 일이다.

I. 바울에게 하나님은 "평강의 하나님"이다. 사실 이 호칭은 바울이 즐겨 부르는 하나님의 칭호였다(롬16:20; 고전 14:33; 살전 5:23). 유대인에게 평강은 단순한 소극적인 사건은 아니었다. 그것은 단순히 걱정 없는 일이 아니었다. 평강은 인간의 최고선을 만드는 모든 것이다. 하나님과의 친교에서만 사람은 원래 인생의 목적한 바의 인생을 찾을 수 있다. 그러나 유대인에게는 이 평화는 특히 올바른 관계로 끝나는 것이었다. 우리가 하나님과 이웃과의 바른 관계에 들어갈 수 있는 것은 다만 하나님의 은혜로써만 되는 것이다. 평강의 하나님은 우리가 하나님 자신과 교제하고 이웃과 교제하며 살아가도록 함으로써 인생을 본연의 자세로 만드실 수 있다.

II. 바울에게 하나님은 "소망의 하나님"이다(롬 15:13). 하나님에 대한 신앙은 인간을 절망에 빠지지 않게 할 수 있는 단 하나의 것이다. 하나님의 은혜를 아는 것만이 자포자기에서 사람을 구할 수 있다. 그리고 하나님의 초월적 섭리를 아는 것만이 세상에 대한 절망에서 사람을 구할 수 있다. 시편 기자는 "내 영혼아 네가 어찌하여 낙심하며 어찌하여 내 속에서 불안해 하는가 너는 하나님께 소망을 두라 나는 그가 나타나 도우심으로 말미암아 내 하나님을 여전히 찬송하리로다"라고 노래했다(시 42:11, 43:5).

훼이버(F. W. Faber)는 이렇게 노래하였다.

> 정의가 정의되고, 하나님이 하나님 되시므로
> 그날은 정의를 실현해야 하고,
> 의심은 불순종이 되고,
> 머뭇거리는 것은 죄가 될 것이다.

기독교인의 소망은 영원한 하나님의 터 위에 세웠기 때문에 멸망이 없는 소망이다.

III. 바울에게 하나님은 "인내와 안위와 위로의 하나님"이다(롬 15:5; 고후 1:3). **안위와 위로**란 둘 다 헬라어 **파라클레시스**(paraklēsis)의 번역이다. 여기에는 두 위대한 말이 있다. **인내**는 헬라어로 **휘포모네**(hupomonē)로서 단순히 앉아서 무엇을 견디어 내는 능력을 의미하는 것이 아니라 일어서서 무엇엔가 이기는 것을 의미한다. 이것은 단순히 무엇을 받는 일이 아니라 무엇을 받아들여 그 받아들인 것을 영광된 것으로 변화시키는 것을 의미한다. 하나님은 위대함과 영광을 주기 위해 인생에서 온갖 경험과 모든 상황을 활용하는 힘을 우리에게 주신다. 하나님은 우리가 당신 안에서 인생을 풍부하게 하고 고상하게 하기 위해, 우리를 타인에게 더욱 유용되게 하고 우리를 하나님 자신에게 더 가깝게 이끌기 위하여, 기쁨도, 슬픔도, 성공도, 실패도, 공적도, 실망도 우리가 한 가지로 사용하도록 가르쳐 주신다.

위로와 **안위**는 헬라어 **파라클레시스**(paraklēsis)다. 이것은 달래는 듯한 동정 이상의 뜻이다. 그것은 격려다. **파라클레시스**는 단지 위로의 팔로 껴안는 일이 아니라 이 세상을 대항하게 내보내는 원조를 뜻한다. 이것은 그의 눈에서 눈물을 씻어 주는 일만이 아니라 눈을 열어 세상에 직면할 수 있도록 하는 일이다. **파라클레시스**는 위로와 용기를 결합한 것이다.

하나님은 모든 상황을 우리의 영광이 되게 하고, 인생이 쓰러질 때도 용감하게 전진을 계속하는 용기를 발견하게 하신다.

IV. 바울에게 하나님은 "사랑과 평강의 하나님"이다(고후 13:11). 여기서 우리는 문제의 핵심에 이른다. 모든 배후에는 하나님의 사랑이 있다. 그 사랑은 결코 우리를 저버리지 않고, 우리의 모든 죄를 참으시는 것이다. 그 사랑은 우리를 결코 쫓아내지 않고 감상적으로 약해지는 것이 아니라 언제나 이 세상의 싸움과 인생의 분투를 위하여 용기를 준다.

바울은 평강, 소망, 인내, 위로, 사랑을 하나님에게서 발견하였다. 실로 이 같은 "우리의 만족은 하나님으로부터 나느니라"(고후 3:5).

참된 만족의 비결

빌립보서 4:10-13

10내가 주 안에서 크게 기뻐함은 너희가 나를 생각하던 것이 이제 다시 싹이
남이니 너희가 또한 이를 위하여 생각은 하였으나 기회가 없었느니라 11내가
궁핍하므로 말하는 것이 아니니라 어떠한 형편에든지 나는 자족하기를 배웠
노니 12나는 비천에 처할 줄도 알고 풍부에 처할 줄도 알아 모든 일 곧 배부
름과 배고픔과 풍부와 궁핍에도 처할 줄 아는 일체의 비결을 배웠노라 13내
게 능력 주시는 자 안에서 내가 모든 것을 할 수 있느니라

편지의 마지막이 가까워짐에 따라 바울은 빌립보인이 보내 온 선물에 대해 정중한 감사를 표현하였다.

바울은 늘 그들이 자신을 생각해 준 데 대해 충심으로 감사해야겠다면서도 지금까지 기회가 없었다는 것을 알고 있었다.

바울은 **만족**이란 은사를 배웠기 때문에 자신의 처지에 불만이 있어 그런 것은 아니다. 바울이 이교 사회의 우수한 윤리 용어를 사용한 곳은 이곳이다. 그는 **완전히 자족하기를 배웠노라**고 했다 **아우탈케이아**(autarkeia), 즉 **자족**은 스토아학파의 도덕상 최고의 목표였다. **아우탈케이아**란 말로 스토아인들은 인간이 모든

물질, 모든 사람에게서 무조건으로 완전하게 초연하는 정신 상태와 인간이 아무것도 그리고 누구도 필요로 하지 않은 상태를 의미했다. 스토아학파는 이런 상태에 이르는 것이 어떤 종류의 정신적인 태도에 의한다고 했다.

I. 모든 욕구를 제거하라고 한다. 스토아학파는 만족이란 많은 것을 소유하는 것이 아니고 욕심을 적게 내는 데 있다고 믿었다. 그들은 말하였다. "당신이 누구를 행복하게 하고자 원한다면 소유물을 증가시켜 주지 말고, 그의 욕심을 제거하도록 하라." 소크라테스는 "가장 부유한 인간이 누구인가"라는 질문을 받았다. 그는 대답하였다. "가장 적은 것으로 만족하는 자다. **아우탈케이아**, 즉 **자족**이야말로 자연의 부이기 때문이다."

스토아학파 사람들은 만족에 이르는 단 하나의 길은 아무것도, 어떤 사람도 자기에게 중요하지 않는 단계에 이르기까지 모든 욕구를 제거하는 일이라고 믿었다.

II. 스토아학파는 모든 감정과 정서를 자신에게나 타인에게나 무엇이 일어나도 상관하지 않는 단계에 이르기까지 배제할 것이라고 했다. 에픽테토스(Epictetus)는 다음과 같이 말했다. "컵 하나나 가정용구 하나로 시작하라. 이것이 깨지면 '걱정하지 않는다' 고 말하라. 다음으로 말이나 개를 가져라. 그리고 그 동물에게 무엇이 일어났다면 '걱정하지 않는다' 고 말하라. 그리고 너 자신에 대해서도 어떤 일로 상처를 받으면 '걱정하지 않는다' 고 말하라. 너희가 오래 살면서 노력을 계속한다면 가장 친한 사람과 가장 사랑하는 자의 괴롬과 죽음을 보는 입장에 설지도 모른다. 그때도 '나는 걱정하지 않는다' 고 말하라."

스토아학파의 목표는 인간의 마음에 있는 모든 감정과 정서를 배제하는 것이었다.

III. 이런 일이 어떻게 실현될 수 있을까? 그것은 모든 것 중에서 하나님의 뜻을 본 의식적인 의지 행위에 의하여 실행되었다. 스토아학파는 자기에게나 타인에게나 신의 의지가 없으면 아무것도 일어나지 않는다는 것을 문자대로 믿었다. 아무리 고통스러워도, 아무리 비참해도 신의 뜻이었다. 그러므로 그것에 반항하는 것은 무익하였다. 사람은 있는 그대로 받아들이기 위해 자신을 의지의 힘으로 훈련하고 굳게 해 나가지 않으면 안 되었다.

만족을 얻기 위하여 스토아학파는 모든 욕구를 물리치고 모든 감정을 배제하였다. 사랑은 인생에서 뿌리 뽑히고 염려와 생각은 금지되었다.

글로버(T. R Glover)가 말한 것과 같이 "스토아인은 마음을 사막으로 만든 후 그것을 평화라고 불렀다."

우리는 스토아학파와 바울 사이에 있는 다른 점을 곧 알 수 있다. 스토아인은 말했다. "우리는 자신의 의지를 의식적으로 행위를 시킴으로써 만족을 배우게 될 것이다." 바울은 말했다. "나는 능력 주시는 자 안에서 무엇이나 할 수 있다."

스토아인에게는 만족은 인간이 도달할 수 있는 것이었다. 바울에게는 만족은 하나님의 선물이다.

스토아인은 "자급자족"이었으나 바울은 "신급자족(神給自足)"이었다. 스토아주의는 비인간적이어서 실패하였다. 기독교는 하나님께 근거하였기 때문에 성공하였다. 바울은 어떤 일에나 직면할 수 있었다. 아무것도 없이 있을 수도 있었고, 모든 것을 소유할 수도 있었다. 어떤 역경 속에서도 예수 그리스도가 계시기 때문에 어떤 차이도 없었다. 그리스도와 같이 걷고, 그리스도 안에 사는 자는 모든 일에 대항할 수 있다.

선물의 가치

빌립보서 4:14-20

[14]그러나 너희가 내 괴로움에 함께 참여하였으니 잘하였도다 [15]빌립보 사람
들아 너희도 알거니와 복음의 시초에 내가 마게도냐를 떠날 때에 주고 받는
내 일에 참여한 교회가 너희 외에 아무도 없었느니라 [16]데살로니가에 있을
때에도 너희가 한 번뿐 아니라 두 번이나 나의 쓸 것을 보내었도다 [17]내가 선

물을 구함이 아니요 오직 너희에게 유익하도록 풍성한 열매를 구함이라 [18]내
게는 모든 것이 있고 또 풍부한지라 에바브로디도 편에 너희가 준 것을 받으
므로 내가 풍족하니 이는 받으실 만한 향기로운 제물이요 하나님을 기쁘시
게 한 것이라 [19]나의 하나님이 그리스도 예수 안에서 영광 가운데 그 풍성한
대로 너희 모든 쓸 것을 채우시리라 [20]하나님 곧 우리 아버지께 세세 무궁하
도록 영광을 돌릴지어다 아멘

바울에 대한 빌립보 교회의 생각은 오래전으로 거슬러 올라간다. 사도행전 16, 17장에서 우리는 바울이 빌립보에서 어떻게 복음을 전했는지, 거기서 어떻게 데살로니가와 베뢰아로 이동했는지를 나타내는 기사를 읽을 수 있다. 거기까지 거슬러 올라가도 빌립보 교회는 바울에 대한 구체적인 애정을 나타내고 있다. 바울은 빌립보인에 대해 다른 교회에서는 볼 수 없는 감정을 품고 있었다. 어떤 교회에서도 바울이 선물이나 원조를 받은 일은 없다. 사실 그 일이 고린도인들에게 울화가 치밀게 해 노하게 하는 상태가 되었다(고후 11:7-12). 바울과 빌립보인 사이에는 바울과 다른 교회 사이에는 없었던 특수한 인연이 있었다.

다음에 바울은 훌륭한 것을 말하고 있다. 그는 "내가 나 자신을 위하여 선물을 구함이 아니다. 너희가 보낸 선물은 나의 마음을 감동시켰고 나를 매우 기쁘게 했다. 나는 모든 것을 남으리만큼 받고 있으므로 아무것도 필요 없다. 그러나 내게 선물을 보냄으로 너희를 위하여 기뻐한다. 너희의 친절과 생각의 기품과 아량이 하나님 앞에서 너희의 영예를 크게 하는 것이 되기 때문이다."

바울은 빌립보인의 생각과 배려를 바울 자신을 위해서가 아니라 그들을 위해 기뻐하였다. 거기서 바울은 빌립보인의 선물은 바울에게 보낸 선물이 아니라 "하나님께 드린 재물이다"라는 말을 사용하였다. 바울은 "그것은 향기로운 냄새"라고 했다. 이것은 하나님이 기뻐 받으시는 재물에 해당한 구약성경의 표현이었다. 이것은 마치 희생의 냄새가 하나님의 코를 향기롭게 하는 상태다(창 8:21; 레1:9, 13, 17). 바울이 선물을 기뻐함은 그 자신을 위해서가 아니라 그들을 위해 했기 때문이다. 바울은 선물 자체가 가치 없는 것이라고는 말하지 않는다. 그를 위해 보낸 선물을 감사하지 않는다는 것은 아니다. 바울의 최대 기쁨은 빌립

보 교회의 선물과 그것을 재촉한 사랑이 하나님을 기쁘게 했다는 점이다.

그리고 마지막 절에 바울은 어떤 선물이나, 선물을 보낸 사람을 이전보다 가난하게 하지는 않는다고 말하고 있다. 하나님의 부요함은 하나님을 사랑하고 이웃을 사랑하는 사람에게 개방되어 있다. 선물을 보내는 사람은 결코 이전보다 가난해지는 것은 아니다. 더욱 자신의 선물이 그에게 하나님의 은사와 부를 열어 주는 것이 되기 때문에 이전보다 더욱 부한 자가 된다.

인사

빌립보서 4:21-23

21그리스도 예수 안에 있는 성도에게 각각 문안하라 나와 함께 있는 형제들
이 너희에게 문안하고 22모든 성도들이 너희에게 문안하되 특히 가이사의 집
사람들 중 몇이니라 23주 예수 그리스도의 은혜가 너희 심령에 있을지어다

이렇게 이 서신은 인사로 끝을 맺는다. 이 마지막 부분은 매우 흥미 있는 문장이다.

바울은 가이사의 집 사람들에게서 특별한 인사를 보내고 있다. 중요한 것은 이 구절을 바로 이해하는 것이다. 이것은 가이사 자신의 가족이나 가이사의 친족들을 뜻하는 것은 아니다. 가이사의 집이란 우리(영국인-옮긴이주)가 대영제국의 공무원이라고 부르는 사람들에 해당하는 단어였다. 그러므로 세계 방방곡곡에 가이사의 집 사람들이 있었다. 궁전 내의 관리, 비서, 국세 세무관, 행정 관리직에서 매일 일하는 자들, 우리가 공무원이라 부르는 막대한 수의 인원이 가이사의 집 사람이었다.

이와 같이 흥미롭게도 초기 시대에 벌써 기독교가 로마 정부의 심장부에 들어가 있다는 것을 알 수 있다. 로마 제국을 통치하고 관리하는 입장에 선 사람들 중에도 기독교인이 있었던 것이다. 도대체 어떻게 해서 기독교가 제국 내의 최

고 지위까지 침투했는지를 나타내는 문장은 거의 찾아볼 수 없다. 기독교가 제국의 국교로 되기까지는 아직 300년이 더 있어야 했으나 벌써 기독교의 결정적 승리를 나타내는 최초의 표식이 보였던 것이다. 십자가에 못 박힌 갈릴리의 목수는 벌써 세계에서 가장 큰 제국을 통치하는 자들을 정복하기 시작하고 있었던 것이다.

서신은 여기서 끝난다. "주 예수 그리스도의 은혜가 너희 심령에 있을지어다." 빌립보인은 바울에게 선물을 보냈다. 그리하여 바울은 그들에게 단 한 가지 선물인 축복을 보냈다. 우리가 기도 중에 누군가를 기억하는 이상 더 훌륭한 선물을 누구에게 보낼 수 있을 것인가?

바클레이 성경 주석

골로새서

| 차례 |

03

04

골로새서

서론

루코 골짜기의 도시들

에베소에서 약 160킬로미터 떨어진 루코 강의 골짜기가 미안다 강과 합류하는 가까이에 한때 라오디게아(Laodicaea), 히에라폴리스(Hierapolis), 골로새(Colosse)라는 세 중요한 도시가 있었다.

원래 이 도시들은 프루기아(Phrygian)의 도시들이었다. 그러나 당시는 로마의 아시아 주의 일부였다. 이 세 도시는 서로 시야에 들어올 정도에 있었다.

히에라폴리스와 라오디게아는 루코 강이 사이에 흐르고 있는 골짜기 양측에 위치하고 있었다. 양자는 단지 10킬로미터 상거하고 있어서 서로 충분히 볼 수가 있었다. 제3의 도시 골로새는 19킬로미터 올라가서 강을 향하여 위치하였다.

루코 골짜기는 두 개의 현저한 특징이 있었다.

I. 지진으로 악명이 높았다.

스트라보(Strabo: 헬라의 지리학자-옮긴이주)는 이곳을 이상한 형용사 **유세이스토스**(euseistos)란 말로 표현하였다. 즉, 지진에 적당한 토지란 뜻이다.

라오디게아는 한 번 이상 지진에 파괴되었으나 매우 부요하고 독립심이 많아 로마 정부의 경제적 원조도 받지 않고 폐허에서 일어났다. 요한은 요한계시록에

"네가 말하기를 나는 부자라 부요하여 부족한 것이 없다 하나"라고 기록하였다 (계 3:17).

II. 루코 강과 그 지류의 물은 석회질로 충만하였다. 이 석회질은 축적되어서 국내 도처에 눈에 띌 만큼 자연 층을 이루었다. 라이트훗은 이 지방을 다음과 같이 묘사하였다. "고대의 유적들은 매몰되어 있다. 비옥한 땅은 덮어져 있다. 강바닥은 꽉 차서 물줄기가 바뀌었다. 환상적인 동굴과 작은 폭포와 돌의 아치길이 수세대를 통하여 조용하게 이 이상한 변덕스러운 파괴와 동시에 창조를 하는 능력에 의하여 형성되었다. 농사에는 치명적이게 그 표면은 돌로 만든 장판과 같았다. 이들은 언덕 기슭에서 빙하같이 빛나고 있기 때문에 32킬로미터 떨어진 곳에서도 여행자의 눈을 끌며, 흔히 있는 미관과 광경보다도 이상한 매력이 있었다."

부유한 지방

이상과 같은 정황에도 이곳은 부요한 지방이었다. 거기에는 서로 관계를 가지는 두 가지 직업으로 유명하였다. 화산지대는 언제나 기름진 토지다. 석회질의 외층으로 덮여 있지 않은 부분의 토지는 훌륭한 목초지였다. 이 목초지에는 큰 양의 무리가 있어서 전 지역이 아마도 세계 양모 생산의 일대 중심지를 이루고 있었다고 생각된다. 라오디게아는 특별히 최고의 품질을 가진 의복을 생산하는 것으로 유명하였다.

이것과 관련 있는 직업은 염색업이었다. 석회질이 있는 물에는 특히 포목을 염색하는 데 적합한 어떤 양질의 요소가 있었다. 그리고 골로새는 어떤 염료의 이름이 골로새라고 불릴 정도로 염색업이 유명하였다.

이와 같이 세 도시는 지리적으로 상호관계가 있는 지역에 있는 것과 동시에 산업적으로 크게 번영한 지역이었다.

중요하지 않은 도시

원래 세 도시의 중요성은 같은 것이었다. 그러나 세월이 지나감에 따라 여러 가지 면에서 거리가 생겼다.

라오디게아는 정치적 중심지가 되고, 전 지역의 상업 중심지가 되고, 경이적 번영을 자랑하는 도시가 되었다. 히에라폴리스는 산업의 대중심지가 되고, 유명한 온천지였다. 화산 지대에는 뜨거운 증기와 온천이 솟아오르는 깨진 지각이 다수 있었고, 그것은 약호가 있는 것으로도 알려졌다. 그러므로 사람들이 수천 명씩 물을 마시고 목욕하기 위하여 히에라폴리스에 몰려왔다.

골로새도 다른 두 도시와 같이 중요시되었던 시기가 있었다. 골로새의 배후에는 카드무스 산맥이 솟아 있어 그 산맥에 이르는 길을 지배하고 있었다. 크세르크세스(Xerxes)도 사이러스(Cyrus: 페르시아 왕-옮긴이주)도 침략군과 같이 이곳에서 머물렀고, 헤로도토스(Herodotus: 헬라의 역사가)도 이곳을 "프루기아의 위대한 도시"라 불렀던 일도 있었다. 그러나 어떤 이유로 그 영광은 사라지고 말았다. 그 몰락이 얼마나 심했는지는 히에라폴리스와 라오디게아는 모두 훌륭한 건조물의 폐허가 잔존하기 때문에 오늘날에도 확실히 식별할 수 있으나 골로새가 있던 장소를 표시하는 돌은 하나도 남아 있지 않아 그 위치는 추측할 수밖에 없다는 사실에서 알 수 있다.

바울이 골로새서를 기록할 때만도 이미 적은 도시였다. "바울이 지금까지 서신을 보낸 도시 중에서 골로새는 가장 중요시하지 않는 도시였다"라고 라이트훗은 기술하였다. 그러나 이 골로새에 이교 문제가 일어난 것이다. 그리하여 이교를 저지하지 않고 발전하는 대로 방치했다면 기독교 신앙은 멸절했을지도 모른다.

프루기아에 있는 유대인

당시 상황을 완전하게 묘사하는 데에는 하나의 사실을 더 부가하지 않으면 안 된다. 이들 세 도시는 주민 중에 다수의 유대인을 포함한 지역 내에 세워졌다. 이보다 오래전 안티오코스(Antiochus: 시리아 왕) 대왕은 바빌론과 메소포타미아에서 루디아(Lydia)와 프루기아(Phrygia) 지방에 유대인 2천 가구를 이주시킨 일이 있었다.

이들 유대인은 그 지방에 정착하여 번영하였다. 그리하여 이 같은 경우 언제나 일어날 수 있는 일이지만 다수의 동포가 번영을 누리려고 이 지방에 왔었다. 매우 많은 유대인이 이 지역에 왔기 때문에 팔레스타인에 있는 비교적 엄격한 유대인은 선조 전래의 팔레스타인적 엄격함을 "프루기아 술과 온천" 때문에 버린 수많은 유대인을 탄식했다.

이 지방에 이주한 유대인 수는 다음 역사적 사건으로 추측할 수 있다. 지금까지 배워 온 것같이 라오디게아는 이 지방의 행정상의 중심지였다. 기원후 62년 플락커스(Flaccus)가 로마 정부의 주재관으로 라오디게아에 있었다. 그는 유대인이 성전세를 바치기 위해 이 지역에서 돈을 가져가는 습관을 중단시키고자 했다. 그는 이 계획을 수행하기 위해 이 지역에서 통화를 수출하려는 배의 출항을 금지하였다. 그는 라오디게아 지구에서만 예루살렘 성전에 보내려고 했던 금 20파운드 이상을 압수하였다. 이 금액은 11,000명의 성전세에 해당한다. 더욱 여자와 아이들은 면세였고 무사히 돈을 몰수당하지 않고 보낸 유대인도 다수가 있었을 것이므로 우리는 약 5만 명이 넘는 유대인이 있었다고 추측할 수 있다.

골로새 교회

골로새에 있는 교회는 바울 자신이 창립하거나 방문한 적이 있는 교회도 아니었다. 바울은 골로새인들과 라오디게아인들을 "직접 얼굴을 보지 못한 사람들"(2:1)이라고 했다. 그러나 교회의 기초가 생긴 것은 바울의 지시에 의한 것임은 의심할 여지가 없다.

바울이 에베소에 3년 체류하는 동안 아시아 전 지역에 복음이 전파되었다. 그 결과 아시아에 살고 있는 유대인이나 헬라인 모두 주의 말씀을 들었다(행 19:10).

이미 배운 것과 같이 골로새는 에베소에서 16킬로미터 정도 떨어져 있었기 때문에 골로새 교회의 기초가 놓인 것은 바울이 전도권을 확대한 때이었던 것이 확실하다.

우리는 골로새 교회 창립자가 누군지 모른다. 그러나 바울의 동료자요 골로새 교회의 충실한 봉사자로 기록되고, 후에 히에라폴리스와 라오디게아와도 관계가 있는 에바브라이었다고 생각된다(1:7, 4:2, 13). 에바브라가 골로새에 있는 교회의 창립자가 아니더라도 그는 이 지역의 목회 책임을 지고 있었음이 틀림없다.

이방인 교회

골로새 교회가 주로 이방인의 교회였다는 것은 명백하다. "마음으로 원수가 되었던 너희를"(1:21)라는 구절은 일찍이 하나님의 계약에 대해 문외한이었던 사람들을 표현하는 데 바울이 정해 놓고 사용한 표현이다. 1장 27절에 바울은 "이 비밀의 영광이 이방인 가운데 어떻게 풍성한 것을 알게 하려 하심이라"고 말한 때 골로새 사람들에게 언급한 것이 명백하다. 3장 5-7절에 그들이 기독교인 되기 전에 죄 지은 일람표를 들고 있는데 이 죄들은 이방인의 특유의 것이다. 우리는 골로새 교회 교인의 대부분이 이방인이었다고 결론지어도 좋을 것이다.

교회에 대한 위협

로마 옥중에 있는 바울에게 골로새 교회의 상황을 보고하러 온 자는 틀림없이 에바브라였을 것이다. 에바브라가 가져온 보고는 대부분 좋았다. 바울은 골로새 사람들의 그리스도에 대한 믿음과 성도들에 대한 사랑의 소식을 듣고 감사했다(1:4). 바울은 저들이 성장하여 믿음의 열매가 맺은 것을 기뻐했다(1:6). 에바브라는 그들의 영적 사랑의 소식을 바울에게 가져왔다(1:8). 바울은 그들의 질서와 견고한 신앙을 듣고 기뻐했다(2:5).

골로새에는 확실히 문제도 있었다. 그러나 아직 그 문제는 만연되지 않았고 단지 위협적일 뿐이었다. 그러나 그대로 내버려 두었다면 교회는 파멸했을지도 모른다. 바울은 치료보다 예방이 좋다고 생각했다. 그러므로 이 편지에 악이 만연하고 번영하고 성장하는 기회를 가지기 전에 이것을 파악하고 있는 것이다.

골로새에 있는 이단 사상

골로새 교회의 생명을 위협한 이단이 무엇이었는지 확실히 말할 수 있는 사람은 아무도 없다. "골로새의 이단 사상"은 신약성경 학자들의 문젯거리 중 하나다. 우리가 할 수 있는 것은 골로새서 자체에서 이단 사상이 무엇인지 암시하는 곳을 탐지하는 것뿐이다. 우리가 골로새서에서 짐작할 수 있는 몇 가지 특징을 들어 보자. 또한 그 중에 다른 일반적인 이단 사상과 일치하는 경향이 있는지, 어떠한지를 알아보도록 하자.

I. 그리스도의 전적 충족성과 우월성에 대해 공격한 것은 분명히 이단이다. 그러나 바울의 서한 중에 이처럼 예수 그리스도에 대한 고양한 견해를 서술하거나 그리스도의 완전함과 그리스도의 궁극성을 주장한 것은 다시없다.

예수 그리스도는 보이지 않는 하나님의 형상이고 그 안에 모든 것이 충만하다(1:15, 19). 그리스도 안에 지혜와 지식의 모든 보배가 감추어져 있다(2:2). 그리스도 안에는 신성의 모든 충만이 육체로 거하신다(2:9). 그리스도에 대해 이 이상 훌륭한 증언이 없었고, 앞으로도 없을 것이다.

II. 우리는 천지창조 때 예수 그리스도가 하신 역할, 즉 아들의 창조 사업을 바울이 강조한 것을 주의해야 한다. 만물이 그로 말미암아 창조되었고(1:16), 만물이 그 안에 함께 서 있다(1:17). 성자는 우주를 창조할 때 성부의 수단이 되었다.

III. 동시에 예수 그리스도의 참 인간성, 혈과 육을 가진 인간으로서 그리스도를

일부러 강조하였다. 그의 육체 안에서 구속의 일을 했다(1:22). 신성의 모든 충만이 육체의 형태로 그 안에 머물러(소마티코스〈sōmatikōs〉) 있다(2:9). 예수 그리스도는 완전한 신성만큼 진실로 그리고 참으로 인간의 혈과 육을 가진 분이었다.

IV. 이 이단 사상 중에는 점성술적 요소가 있는 것 같다. 2장 8절을 KJV은 "너희는 세상의 초등학문을 따라 행하였다"(2:8)라고 번역하였다. 그리고 2장 20절에는 "너희는 이 세상 초등학문에 대해 죽어야 할 것이다"라고 그는 말하였다. 초등학문이란 말에 해당한 원어는 **스토이케이아**(stoicheia)다. 이 말에는 두 가지 뜻이 있다.

1. 그 기본적인 의미는 **한 줄로 늘어선 것**이다. 예를 들면 일렬종대가 된 병사에 대해 사용할 수 있다. 그러나 가장 적당한 뜻 중 하나는 마치 일렬로 늘어선 A, B, C로 시작하는 알파벳의 문자다. 여기서 다시 발전하여 **사물의 본질**, **기초**, **초보**, **사물의 A, B, C**란 뜻이 되었다. KJV이 사용하고 있는 것은 이와 같은 뜻이다. 바울이 말한 것은 골로새 사람들이 성장해서 완성에 이르러야 할 때 기독교의 초보적 단계로 미끄러져 뒷걸음친다는 뜻이 된다.

2. 제2의 뜻이 더 적당하다고 생각한다. **스토이케이아**는 우주의 4대 기본요소의 영을 말하며, 특별히 별이나 천체의 영을 가리킨다. 고대 세계를 지배한 사상은 별의 영향력이란 것이다. 당시 가장 위대한 현자들도 별과 상관없이 행동하지 않았다. 고대 세계의 사람들은 모든 사물도, 모든 사람도 천체의 영향력에 의하여 설정된 철두철미한 숙명론에 붙잡혀 있다고 믿었다. 그리하여 점성술은 사람들을 이 세상의 4대 영력의 노예에게서 해방하는 주문과 비밀 지식을 준다고 주장하였다. 골로새의 거짓 교사들이 이 세상의 4대 영력과 천체에서 인간을 해방하는 데는 예수 그리스도보다 더한 것이 필요하다고 가르친 것은 이상과 같은 내용이었을 것이다.

V. 이 이단 사상은 악령의 힘을 증대시켰다. 정사(principalities)라든가 **권세**(power)에 대한 언급이 종종 있는데 이것은 악령에 대해 바울이 부르는 이름이다(1:16, 2:10, 2:15). 고대 세계는 이 같은 마력적인 힘을 철저하게 믿었다. 대기는 영

으로 충만하여 있었다. 모든 자연력은 바람도, 뇌성도, 번개도, 비도 마력적 지배력을 가지고 있었다. 토지도, 강도, 호수도 모두 영을 가지고 있었다. 주위는 영으로 꽉 차 있었다. 그리고 이러한 영은 어떤 의미에서는 하나님의 중개자요 다른 의미에서는 하나님의 방해자였다. 그것은 대부분의 영이 인간에 대적하는 것이기 때문이다. 고대 세계의 사람들은 악마들이 출몰하는 세계에서 살았다.

골로새의 거짓 교사들은 악마의 힘을 이기는 데는 예수 그리스도 이상의 무엇이 필요하며, 악마를 처치하는 데는 예수 그리스도만으로는 불충분하여 무엇인가 다른 권세나 지식의 원조가 필요하다고 분명히 전하고 있었다.

Ⅵ. 이 이단 사상에는 철학적 요소라 할 수 있는 것이 분명히 있었다. 이단자들은 골로새인들을 헛된 속임수와 철학으로 해하려고 했다(2:8). 분명히 골로새 이단자들은 평이한 복음에 좀더 치밀하고 깊이가 있는 지식을 더할 필요가 있다고 전하였다.

Ⅶ. 이 이단 사상 중에는 특별한 날과 의식, 즉 절기, 월삭, 안식일을 지킬 것을 주장하는 경향이 있었다(2:16). 의식주의와 시간과 절기의 엄수는 거짓 가르침의 특징이었다.

Ⅷ. 이 이단 사상 중에는 분명히 자칭 금욕주의자가 있었다. 먹고 마시는 데 대한 규칙이 서술되어 있다(2:16). "붙잡지도 말라", "맛보지도 말라", "만지지도 말라"는 표어가 있었다(2:21). 여러 가지 종류의 의식과 규정과 습관을 강요함으로써 기독교인의 자유를 제한하려는 것은 이단이다.

Ⅸ. 동시에 이 이단 사상 중에는 적어도 때때로 도덕을 폐기하려는 자가 있었다. 그것은 기독교인이 마땅히 가져야 할 순결과 정절에 대한 관심을 사람들이 버리게 하고 육체적, 신체적인 죄를 가볍게 여기게 하려는 경향이 있었다(3:5-8).

Ⅹ. 이 이단 사상이 천사 예배에 대해 어떤 지위를 준 것이 분명하다(2:18). 악

마 외에 인간과 하나님과의 사이에 천사와 같은 중개자를 개입시켰다.

XI. 마지막으로 이 이단 사상 중에는 영적과 지적 신사인 체하는 것으로밖에 부를 수 없는 어떤 것이 있는 것 같다. 1장 28절에 바울은 **모든 사람**을 경계하고 지혜를 다하여 **모든 사람**을 가르치고 있다. 그것은 **모든 사람**이 예수 그리스도 안에서 온전한 자로 서기 위함이라고 바울은 말하였다. 이 "모든 사람"이란 구절이 얼마나 강조되고 반복되고 있는지, 얼마나 지혜를 다하여 모든 사람을 온전한 자로 세우려 했는지를 우리는 알 수 있다.

분명한 것은 이단자가 복음과 복음의 보편성을 선택된 소수자에게 한정시킨 것이다. 그들은 기독교 신앙의 광범위한 자유 가운데 영적이며 지적인 귀족 사회를 도입하였다.

그노시스적 이단 사상

이상 모든 문제를 해명하고 포괄하는 이단적 사상이 있는가? **그노시스주의**라는 이름으로 불린 사상이 있었다.

그노시스주의는 물질에 대한 두 가지 기본적 가정을 설정하는 데서 시작한다. 제1은 영만이 선하고 물질은 근본적으로 불완전하고 악한 것이라고 믿었다. 물질은 근본적으로 악한 것이다. 제2는 물질은 불멸이고 우주는 무에서 창조된 것이 아니고—그리고 이것이 정통적 신앙이었으나—이 불완전한 물질이 이 세계가 창조될 때 원료가 되고 소재가 되었다고 믿었다. 여기서 이 근본적 신앙은 필연적이며 이론적인 결론에 도달한다.

I. 이것은 창조 교리에 영향을 미친다. 하나님이 영이시라면 하나님은 온전히 선하다. 그러나 하나님은 불완전하고 악한 물질을 다치거나 그것을 사용할 수 없게 될 것이다. 그러므로 하나님은 이 세상의 창조주가 아니다. 그렇다면 어떻게 되는가?

그노시스주의자는 하나님은 완전한 일련의 유출물을 냈다고 한다. 각기 유출물은 하나님으로부터 조금씩 떨어지고, 서열의 끝에 있는 유출물은 너무 멀리 떨어져 있기 때문에 물질에 손을 댈 수도 있고 손으로 만질 수 있을 정도다. 이같이 세상을 창조한 것은 이 유출물이라고 했다.

그러나 그노시스주의자들은 더욱 논리를 진전시켰다. 하나하나의 유출물이 하나님으로부터 거리가 멀어짐에 따라 그 유출물은 점점 하나님을 모르게 되었다. 그리하여 서열이 내려갈수록 이 무지는 점점 심한 무지가 되었다. 그리고 마침내 하나님을 대적하는 것으로 변하였다. 그 결과 하나님에게서 가장 멀리 떨어진 유출물은 하나님을 전혀 모르는 동시에 하나님께 대적하고 있다. 그러므로 세계를 창조한 신은 참에 대해 전혀 무지인 동시에 참 신에게 철저하게 대적하고 있다고 결론지었다.

천지 창조 때 하나님의 대행자가 된 분은 어떤 무지하고 대적하는 힘이 아니고 아버지 된 하나님을 완전무결하게 알고 있으며, 사랑하는 아들이라고 바울이 주장한 것은 그노시스주의의 창조 교리에 대항하려는 것이었다.

II. 그것은 예수 그리스도의 인성에 대한 교리에 영향을 준다. 물질이 전적으로 악하고 예수께서 하나님의 아들이라고 한다면 예수께서는 육체와 피의 몸을 가질 수가 없다고 그노시스주의자들은 반박하였다. 예수께서는 일종의 영적 환영 같은 존재가 되지 않으면 안 되었다. 예수께서는 일종의 육체를 가지고 있는 것 같으나 실은 가지고 있지 않으면 안 되는 분이었다. 그 결과 그노시스적 환상에 의하면 예수께서 걸으면 땅에 발자국이 남지 않았다. 예수께서는 발자국을 남기는 것 같은 육체를 가지고 있지 않았기 때문이라고 전하였다. 물론 이것은 예수에게서 인성을 완전히 제거하고 예수를 인류의 구주로 하는 것을 전혀 불가능하게 만들고 있다. 바울이 예수의 육체와 피를 가진 몸을 강조하고 예수께서 자기 몸을 통하여 인류를 구했다고 주장하는 것은 그노시스주의의 이 교리에 대항하기 위해서였다.

III. 이것은 윤리적인 생활에 영향을 끼친다. 물질이 악이라면 우리의 육체도 악이 된다. 우리의 육체가 악이라면 다음 둘 중 하나의 결론에 이르게 된다.

1. 우리는 단식도 하고 육체를 때리기도 하고 부인하지 않으면 안 된다. 우리는 육체를 억누르고 모든 욕구와 원망을 단절하기 위하여 엄격한 금욕주의의 훈련을 받지 않으면 안 된다. 육체가 악이라면 육체를 계속 억압하지 않으면 안 된다.

2. 육체가 악이라면 엄밀히 말해 전혀 반대의 견해를 취하는 것이 가능하다. 육체가 악이라면 인간은 육체로 어떤 짓을 해도 상관이 없다. 영만이 중요하고 육체는 조금도 중요하지 않다. 그러므로 인간은 식욕도, 욕망도 맘대로 채워도 좋다. 육체로 무엇을 해도 상관없고, 만족시키지 않아도 별 차이가 없기 때문이다.

이와 같이 그노시스주의는 모든 종류의 식물 규정과 구속이 따르는 금욕주의의 결과를 낳을 수 있으며, 어떤 부도덕한 것도 정당화시키는 도덕을 폐기하는 결과를 낳을 수도 있다. 우리는 골로새에 있던 거짓 교사들의 가르침 중에 이 두 가지 경향을 분명히 볼 수 있다.

IV. 이상의 것에서 하나의 결론이 나온다. 그노시스주의는 고도의 지성화된 생활과 사고방식이다. 사람과 하나님 사이에는 긴 일련의 유출물이 존재한다. 인간은 하나님에 이르기 위해 이 긴 사다리를 올라가는 싸움을 하지 않으면 안 된다. 그러므로 인간은 모든 종류의 감추어진 지식과 깊은 뜻과 숨은 말씀이 필요하게 될 것이다. 사람이 하나님께 도달하기 위해서는 신비한 지식과 정교한 이론이 필요하게 될 것이다. 사람이 엄격한 금욕주의의 훈련을 받으려면 그 규칙을 알 필요가 있다. 금욕주의가 매우 엄격하게 되면 일반적인 생활은 불가능하게 된다.

이와 같이 그노시스주의에 의하면 종교적으로 높은 곳에 도달하는 것은 선택된 소수의 사람에게만 허락되고 대다수의 평범한 사람들은 결코 도달할 수 없다는 것이 명료하게 된다. 저들이 이지적이고 종교적인 귀족 계급에 속해야만 하는 필요성을 사람들에게 확신시킨 것은 골로새의 상황에서는 확실히 들어맞고 있다.

V. 여기에 적합한 또 하나가 남아 있다. 골로새 교회를 위협하는 거짓 교사들의 교훈 중에 유대적 요소가 있는 것은 매우 분명하다. 절기나 월삭이나 안식일은 특히 유대인의 것이다. 식물이나 음료에 대한 율법은 근원을 캐면 유대의 레위법이다.

그러면 그노시스 체계 중 어디에 유대인이 들어왔을까? 수많은 유대인이 그노시스주의에 동정적이었다는 것은 이상한 일이다. 그들은 천사와 악마와 여러 가지 영에 대한 것을 모두 알고 있었다. 그러나 무엇보다 그들이 이상의 것을 취한 것은 다음과 같다.

그들은 "우리는 하나님에 이르려면 특별한 지식을 필요로 하고 있다는 것을 잘 알고 있다. 우리는 예수와 그 복음이 너무 단순하고, 특별한 지식은 실로 유대의 율법 외에서는 찾을 수 없다는 것을 알고 있다. 사람을 하나님께 인도하는 특별한 지식은 유대교의 의식적 율법이라고 했다. 그 결과 그노시스주의와 유대교 간에는 기묘한 동맹이 맺어진 것이 적지 않았다. 이미 우리가 본 바와 같이 유대인이 많았던 골로새에서 이와 같은 동맹 관계를 발견할 수 있다.

이와 같이 골로새의 거짓 교사들이 그노시스적 사상의 기미를 띤 것이 분명하다. 저들은 기독교를 철학과 신지학으로 변화시키려 했다. 그들이 성공했다면 기독교 신앙은 파괴되었을 것이다.

저작자

문제가 하나 남아 있다. 바울이 이 서신을 기록하지 않았다고 믿는 학자들이 많다. 그들은 세 가지 이유를 들고 있다.

I. 골로새서에서는 다른 바울 서신에 나타나지 않은 말과 구절이 많다. 이것은 분명한 사실이다. 그러나 그렇다고 해서 이것은 아무 증거도 되지 못한다. 우리는 사람이 언제나 같은 말과 방법으로 써야 한다고 요구할 수는 없다. 골로새에서 바울은 새로운 것을 말하고 새로운 표현 방법을 발견했다고 생각할 수 있을

것이다.

II. 사실 바울 시대보다 훨씬 후에 그노시스 사상이 전개되었다. 골로새 이단들이 그노시스주의자와 연관이 있었다면 이 서신은 필연적으로 바울 이후의 것이라고 학자들은 말한다. 성문화된 훌륭한 그노시스 이론은 확실히 후대의 것이다. 그러나 이원론적 세계관과 물질은 악하다는 생각, 육체는 무덤이고 악하다는 관념은 유대와 헬라 사상에 깊이 뿌리박고 있었다. 그노시스주의 이론체계가 후대의 것이라는 것은 사실이나 곧 골로새서 중에는 고대 사상에서 발견되는 그노시스적 경향에 의해 설명되지 못할 것은 하나도 없다.

III. 학자들은 골로새서에서 보는 기독론은 확실히 바울이 기록한 서신 중에 있는 견해보다 무척 우수하다고 한다. 학자들은 창조주로서 그리스도와 하나님이 충만한 분으로서 그리스도라는 사상은 다시 40년 후의 제4복음서에 이르러 볼 수 있는 것이라고 한다. 여기에 대해 두 가지 대답이 있다.

첫째로, 바울은 측량할 수 없는 그리스도의 부요함에 대해 말하고 있다. 골로새에서 바울은 새로운 상황을 만났다. 그리고 측량할 수 없는 그리스도의 부요함에 대해 말하고 있다. 골로새에서 바울은 새로운 상황을 만났다. 그리고 측량할 수 없는 부에서 그 상황을 보는 새로운 대답을 인출하였다. 골로새서의 기독론이 초기 바울의 서신에 있는 것보다 진보한 것은 사실이다. 그러나 이것이 바울이 기록하지 않았다는 것과는 너무 거리가 먼 얘기다. 그것은 우리가 바울의 사상은 영구히 고정적이고 새로운 상황에서도 절대 발전하지 않는다고 주장하지 않는 한 말할 수 없는 것이다.

환경이 인간의 사고를 그렇게 되도록 강요하는 일이 있는 것같이 사람은 축적된 신앙에서 생각해 낼 때가 있다는 것은 진리다. 새로운 상황이 일어날 사태에 직면하여 바울은 그리스도의 새로운 함축되어 있는 사상을 생각해 낸 것이다.

둘째로, 골로새서에서 보는 바울의 기독론에 대한 사상이 싹트는 사실에서 그의 초기 서신 중에도 있는 것이다. 고린도전서 8장 6절에 바울은 "한 주 예수 그리스도께서 계시니 만물이 그로 말미암고 우리도 그로 말미암아 있느니라" 고

했다. 이 구절에 바울이 골로새서에 말한 모든 가르침의 진수가 있다. 이때 벌써 바울의 마음에 씨가 심어지고 새로운 기후와 상황이 성장하도록 촉진만 한다면 성장하여 개화할 준비가 되어 있었던 것이다.

우리는 골로새서를 바울이 쓴 서신으로 받아들이는 데 주저할 필요가 없다.

위대한 서신

바울 당시 골로새같이 중요하지 않은 도시에 사상적으로 최고점에 달한 서신을 보낸 것은 이상하고 놀라운 사실이다. 그러나 이 서신으로 바울은 발전하는 대로 내버려 두었다면 아시아에서 기독교를 멸망시키고 세계에 있는 모든 교회의 신앙에 치명적 손해를 주었을 어떤 풍조를 방지한 것이다.

The Letter to the Colossians 01

기독교인의 인사

골로새서 1:1

[1]하나님의 뜻으로 말미암아 그리스도 예수의 사도 된 바울과 형제 디모데는

누구든지 열성적인 기독교인이라면 자기 사상의 근저에 있는 위대한 신앙을 명확히 하지 않고는 한 줄의 문장도 쓰지 못하는 것이다. 바울은 실제로 골로새에 가지는 않았다. 그러므로 먼저 바울이 골로새인들에게 서신을 보낼 권리가 무엇인지를 밝힐 필요가 있었다. 바울은 이것을 한마디로 표현하고 있다. 그는 **사도**이며, 선택된 하나님의 대사다. **사도**란 말은 문자대로 해석하면 **보냄을 받은 자**를 의미한다. 바울의 권리는 이방인에게 보냄을 받은 하나님의 대사라는 것이다. 그러나 바울은 또 하나 **하나님의 뜻으로 말미암아** 사도가 되었다고 부가하였다. 사도의 직무는 그가 당연히 받은 것도 아니고 쟁취한 것도 아니다. 그것은 하나님에 의하여 바울에게 주어진 것이다. 그것은 바울이 취한 것도 아니고 하나님이 그에게 주신 것이다. "너희가 나를 택한 것이 아니요 내가 너희를 택하여 세웠나니"라고 예수께서 말씀하셨다(요 15:16).

여기 서두에 은혜로운 이 서신의 교리 전체가 서술되어 있다. 그 자신을 만든

것은 사람이 아니다. 하나님이 그를 만들었다. 스스로 만들어진 인간은 없다. 하나님이 만든 인간과 하나님이 만들기를 거부하는 인간이 있을 뿐이다.

바울은 디모데와 자신을 관련시켰다. 그리고 디모데에게 아름다운 칭호를 주었다. 바울은 그를 **형제** 디모데라 불렀다. 그것은 구아도(롬 16:23), 소스데네(고전 1:1), 아볼로(고전 16:12)에게도 준 칭호다. 기독교인의 봉사와 직무에서 근본적으로 필요한 것은 "형제애" 외에는 없다.

귀하게 태어난 후에 기독교인이 된 인도인 프리마난드(Premanand)는 자서전에서 캘커타(Calcutta)에 있는 옥스퍼드 선교단의 브라운(E. F. Brown) 신부에게 말하고 있다. 브라운은 모든 사람의 친구였다. 그러나 특히 마차꾼과 짐마차꾼, 전차차장, 하인들, 몇 백이나 되는 부랑아들의 친구였다. 만년에 푸리마난드가 전국을 여행하였을 때 캘커타에 살았던 사람들을 종종 만났다. 그들은 언제나 브라운 신부에 대해 물어보았다. "캘커타의 부랑아들의 친구는 아직 살아 있나요? 저 사람은 언제나 가난한 사람과 팔을 끼고 걸어 다녔습니다."

사람을 주께로 인도하는 것은 그의 형제애였다. 헨리 런(Henly Lurn) 경은 아버지가 조부에 대해 늘 어떻게 말했는지 말하였다. "그는 보호자 없는 불쌍한 자와 비굴함이 없는 부자의 친구였다." 현대적 용어로 말하면 기독교인의 봉사에서 가장 요구되는 것은 모든 종류의 사람과 "잘 지내는" 능력을 가지는 것이다. 디모데는 설교자도, 교사도, 신학자도, 관리자도 아닌 **형제**라고 표현되고 있다. 사람을 경원하는 사람은 예수 그리스도의 참된 종이 될 수는 없다.

이 처음의 인사 가운데는 흥미 깊고 의미 있는 하나의 사실이 있다. 이 서신은 골로새에 있는 하나님의 성도와 신실한 형제들에게 보낸 것이다. 이제 서두 인사에서 바울은 관례를 바꾸었다. 초기 서신에서는 바울은 언제나 서신을 교회에 보냈다. 데살로니가전 · 후서, 고린도전 · 후서, 갈라디아서는 모두 서신이 보내지는 지방의 **교회**에 보냈다. 그러나 로마 서신을 비롯하여 다른 바울의 서신은 모두 각각 그 장소에 있는 성도들에게 보냈다.

로마서, 골로새서, 빌립보서, 에베소서가 그러하다. 바울은 해가 지남에 따라 개개인이 어떻게 지내는지 궁금하였다. 교회는 사람이다. 교회는 막연한 추상적인 존재가 아니다. 교회는 개인의 남녀와 아이들이다. 더욱 해가 지남에 따라 바울은 교회를 전체로서 생각하는 것은 점점 적어지고, 교회를 개별적인 남녀 모임이라 보게 되었다. 그 결과 바울은 교회라 부르는 어떤 종류의 추상적 사회 단체로서가 아니라 언제나 교회를 구성하지 않으면 안 되는 개개의 남녀에게 인사를 보내게 되었다.

첫인사는 가장 의미심장하게 나란히 선 두 개로 끝났다. 그는 **그리스도 안에 있는**, 그리고 **골로새에 있는** 기독교인에게 썼다. 기독교인은 언제나 두 가지 영역에서 행동한다. 그는 세상에서 머물러 있게 된 도시나 지방이나 사회에 있다. 그러나 그리스도 안에도 있는 것이다. 기독교인은 두 개의 차원에서 산다. 그러나 이 세상에서 그의 의무와 관계 등을 가볍게 여기지 않는다. 그는 자신이 살고 있는 세계에 대해 모든 의무를 다한다. 그러나 이것을 초월하여 기독교인은 그리스도 안에서 산다. 이 세상에서는 여기저기 이동하면서 산다. 그래서 오늘은 여기, 내일은 다른 곳에 있을 수 있으나 그가 어디로 가든지 그는 그리스도 안에 있다. 기독교인에게는 외부적 상황이 별로 영향을 주지 않는 이유가 여기에 있다 그의 행복이나 평안, 기쁨은 외부적 상황에 의존하지 않는다. 그것들은 변할 수 있다. 그러나 그리스도 안에 있다는 사실은 결코 변하지 않는다. 기독교인은 자기 일과 부과된 의무를 전신전력을 다하는 이유가 여기에 있다. 그것은 천할지도, 불쾌하고 고통이 따를지도 모른다. 또 기대한 것보다 훨씬 특색이 없을지도 모른다. 그런데도 기독교인은 근면하게 불평하지 않고 기쁘게 한다. 기독교인은 그리스도 안에서 모든 것을 주께 하듯 하기 때문이다.

우리는 모두 골로새가 어디 있든지 우리 자신의 골로새에 있다. 그러나 동시에 우리는 모두 그리스도 안에 있다 그러므로 우리의 생명과 생활의 상태를 정비해 주는 것은 그리스도이시다.

이중의 책임

골로새서 1:2-8

[2]골로새에 있는 성도들 곧 그리스도 안에서 신실한 형제들에게 편지하노니
우리 아버지 하나님께로부터 은혜와 평강이 너희에게 있을지어다 또는 성도
들과 [3]우리가 너희를 위하여 기도할 때마다 하나님 곧 우리 주 예수 그리스
도의 아버지께 감사하노라 [4]이는 그리스도 예수 안에 너희의 믿음과 모든 성
도에 대한 사랑을 들었음이요 [5]너희를 위하여 하늘에 쌓아 둔 소망으로 말미
암음이니 곧 너희가 전에 복음 진리의 말씀을 들은 것이라 [6]이 복음이 이미
너희에게 이르매 너희가 듣고 참으로 하나님의 은혜를 깨달은 날부터 너희
중에서와 같이 또한 온 천하에서도 열매를 맺어 자라는도다 [7]이와 같이 우리
와 함께 종 된 사랑하는 에바브라에게 너희가 배웠나니 그는 너희를 위한 그
리스도의 신실한 일꾼이요 [8]성령 안에서 너희 사랑을 우리에게 알린 자니라

여기에서 우리는 기독교 생활의 진수를 대면한다. 바울의 마음을 기쁘게 하고 바울이 하나님께 감사를 드리는 것은 골로새인들이 그들의 생활 중에 위대한 두 가지 특질을 보인다는 것을 들었다는 사실이다. **예수 그리스도에 대한 믿음과 성도에 대한 사랑**이 나타나 있다.

이것은 기독교 생활의 양면이다. 기독교 생활은 그리스도에 대한 신실과 사람에 대한 사랑을 나타내지 않으면 안 된다. 기독교인은 믿음을 가지지 않으면 안 되고 자신이 무엇을 믿는지를 알지 않으면 안 된다. 그러나 사람들에 대한 사랑을 가지지 않으면 안 되고 믿음을 실천으로 옮겨야 한다. 믿음을 가지는 것만으로는 충분하지 못하다. 관용한 마음을 모르는 정통적 신앙이 있고, 사랑이 없는 선행이라는 것도 있을 수 있기 때문이다. 사람에 대한 사랑을 가지는 것만으로도 충분하지 못하다. 참 신앙을 근본에 두지 않으면 사랑은 감상적이 될 뿐이다.

기독교인은 이중적 신실, 즉 그리스도에 대한 신실과 사람에 대한 신실이 있어야 한다. 기독교인은 이중의 책임을 맡고 있다. 즉, 그리스도에 대한 책임과

동시에 동료에 대한 책임이 있다.

기독교인의 신앙은 단순히 지적 확신이 아니다. 그것은 마음의 유출이기도 하다. 그것은 단지 바른 사상만은 아니라 사랑의 행위다. 그리스도에 대한 신앙과 사람에 대한 사랑은 기독교 생활의 두 기둥이다.

믿음과 사랑은 하늘에 축적된 소망에 근거한다. 바울이 여기서 말하는 정확한 뜻은 무엇일까? 바울이 골로새 사람들에게 언젠가 그들에게 주어질 보수만을 기대해 그리스도에 대한 신앙과 이웃에 대한 사랑을 나타내기를 원하고 있는 것일까? 혹은 선행에서 무엇을 얻기 위해 그들에게 선을 행하라고 권했을까? 요즘 말로 하면 "앞날의 낙원" 일까? 여기에는 그 이상의 깊은 뜻이 있다.

이런 방법으로 생각하자. 그리스도에 대한 충성은 모든 종류의 손실과 고통과 고난과 인기 없는 것을 수반할지 모른다. 이 충성을 위해 많은 일을 버려야 할지 모른다. 사랑을 행하는 것은 많은 사람에게 어리석은 길로 생각될지도 모른다. 왜 다른 사람에게 봉사하려 하는가? 왜 다른 사람을 용서하는가? 왜 자기 인생을 남을 위해 바치려 하는가? 왜 세상 사람들이 잘 지내리라 생각하는 것과 같이 잘 지내기 위해 자신의 생활을 활용하지 않는가? 왜 약한 형제를 제거하지 않는가? 왜 시합과 경기에 참가하여 최후까지 남는 강력한 자, 자격 있는 자가 되지 않는가? 그 대답은 **우리 앞에 있는 소망 때문이라**는 것이다.

몰(C. F. D Moule)이 말한 것같이, 이 소망은 이 세상의 방법과 표준이 있는데도 하나님의 사랑을 따르는 길이 최고라고 확신하는 것이다. 제임스 러셀 로웰(James Russell Lowell)이 《현대 위기》 중에서 말한 바와 같이 소망이란 다음과 같다.

악이 만연할지라도 진리만이 강하다. 진리가 항상 처형대에 세워지고 악이 항상 왕좌에 있을지라도. 그 처형대는 미지의 장악 뒤에서 장래를 통치하고, 하나님은 어둠 속에 서서 자신의 것을 관찰하신다.

기독교인의 소망은 하나님께 복종하는 길이 최상이요, 유일한 행복과 평화와 기쁨과 진실하고 영원한 상은 하나님의 길에서만 발견된다는 것이다. 그리스도에 대한 충성은 이 세상에서는 걱정을 가져올지 모른다. 그러나 그것이 결정적인 것은 아니다. 이 세상은 사랑의 길을 어리석다고 조소할지 모른다. 그러나 하나님의 어리석은 것이 사람의 지혜로운 것보다 낫다. 기독교인의 소망은 이 세상을 믿는 것보다는 분명히 자신의 생활을 하나님께 거는 것이 낫다고 확신한다.

복음의 본질

골로새서 1:2-8(계속)

이 부분의 6-8절에는 복음이란 무엇인가, 또 복음은 무엇을 하는지를 요약해 놓고 있다. 여기에서 바울은 벌써 골로새인들에게 전달되고 이미 듣고 받아들인 소망에 대해 할 말이 많이 있다.

I. 복음이란 하나의 "복음(gospel)"이다. 즉, 이것은 좋은 소식이다. 가장 좋은 정의는 하나님의 좋은 소식이다. 복음의 메시지는 전 인류의 친구요, 인류를 사랑하시는 분인 하나님의 메시지다. 복음은 무엇보다 먼저 우리를 하나님과 정상적인 관계에 놓게 한다.

II. 복음은 "진리"다. 지금까지 종교는 모두 "하나님에 대한 추측" 을 주는 것뿐이었다. 기독교의 복음은 사람들에게 추측이 아니고 하나님에 대한 확신을 준다.

III. 복음은 "세계적인 것"이다. 그것은 전 세계를 위한 것이다. 그것은 어떤 하나의 민족이나 국가, 어떤 계급이나 환경 등에 극한하지 않는다. 이 세상에서 모든 사람에게 기회가 주어지는 것은 그리 많지 않다. 어떤 사람의 지능의 정도는 그 사람의 연구 내용을 결정한다. 어떤 사람의 사회적 지위는 그 사람의 행동 반경을 규정한다. 어떤 사람의 물적 재산은 그 사람이 쌓아올릴 수 있는 물적 소유물을 한정한다. 어떤 사람이 가지고 있는 재주와 재능은 그 사람의 행동을 결정한다. 그러나 복음의 메시지와 기쁨과 평안은 전 인류 누구에게나 열려 있다.

IV. 복음은 "생산적"이다. 복음은 열매를 맺으며 증가한다. 복음은 개개인의 생활을 변화시키고 그가 살고 있는 사회를 변화시킬 수 있는 힘을 가지고 있는 것은 명백한 역사적 , 경험적 사실이다. 복음의 힘은 죄인을 선인으로 변화시킬 수 있고 사회에서 서서히 이기주의나 잔인성을 제거하고 모든 사람에게 하나님이 가지고 싶어 하시는 것을 줄 수 있다.

V. 복음은 "은혜"에 대해 말한다. 복음은 인간 앞에 놓인 여러 가지 것 중 하나가 아니고 실망을 주거나 위압하거나 하는 의무의 일종이 아니다. 이 복음은 하나님이 명령하시는 어떤 메시지가 아니라 하나님이 주시는 메시지다. 그것은 인간에게서 하나님이 요구하시는 것이 아니라, 인간에 대한 하나님의 선물에 대해 말하는 것이다.

VI. 복음은 "인간적으로 전달된다". 골로새에 복음을 가져온 자는 에바브라였다. 복음은 사람에게 전달될 수 있는 통로가 있어야 한다. 우리가 뛰어드는 곳이 바로 여기다. 복음의 좋은 소식을 소유하는 것은 그것을 나눌 의무가 있는 것이다. 하나님께서 받은 것은 인간적으로 전해 나아가지 않으면 안 된다.

예수 그리스도는 한 번도 복음을 듣지 못한 사람들에게 복음을 전하기 위해 우리가 복음 전달의 발과 손과 입술이 되도록 우리에게 요망하는 것이다. 복음의 특권을 받은 우리는 그것을 전할 책임을 가진다.

기구(祈求)의 본질

골로새서 1:9-11

9이로써 우리도 듣던 날부터 너희를 위하여 기도하기를 그치지 아니하고 구
하노니 너희로 하여금 모든 신령한 지혜와 총명에 하나님의 뜻을 아는 것으
로 채우게 하시고 10주께 합당하게 행하여 범사에 기쁘시게 하고 모든 선한

일에 열매를 맺게 하시며 하나님을 아는 것에 자라게 하시고 [11]그의 영광의 힘을 따라 모든 능력으로 능하게 하시며 기쁨으로 모든 견딤과 오래 참음에 이르게 하시고

성도가 친구를 위하여 기도하고 있는 것을 아는 것은 매우 귀하다. 그리고 우리가 여기서 듣는 것은 이것이다. 여기서 신약성경의 다른 곳에서는 거의 볼 수 없을 만한 많은 요구의 진수에 대해 우리에게 가르친다고 말해도 좋을 것이다. 여기서 우리는 몰이 말한 대로 두 가지 큰 요구를 한 기도는 하나님의 뜻을 확실히 알고, 그의 뜻을 행할 힘을 주시도록 구하는 것이다.

I. 기도는 하나님의 뜻을 아는 끊임없는 지식으로 충만하기를 구하는 것으로 시작한다. 기도의 최대 목적은 하나님의 뜻을 아는 것이다. 기도 중에 우리는 하나님이 우리에게 귀를 기울이시게 하는 것보다는 우리가 하나님께 귀를 기울여야 한다. 기도 중에 우리는 우리가 원하는 생각을 하나님께 강요하는 것이 아니라 하나님이 우리에게 원하고 계시는 것을 찾으려고 노력하는 것이다.

우리는 기도 중에 "당신의 뜻이 이루어지이다"라고 해야겠는데 실제로는 "당신의 뜻이 변해지기를"라고 하는 때가 빈번히 있다. 기도의 가장 큰 목적은 하나님에 대해 많은 말을 하는 것이 아니라 하나님께 듣는 일이다.

II. 하나님의 이 지식은 우리 인간의 말로 옮기지 않으면 안 된다. 우리는 영적인 지혜와 이해력을 구한다. **영적인 지혜**는 **소피아**(sophia)이며 **소피아**를 기초 원리에 대한 지식이라고 말할 수 있다. 이해력이란 **수네시스**(sunesis)이며, **수네시스**는 헬라인들이 때때로 **비판적 지식**이라고 말하였다. 이리하여 헬라인들이 **일상생활 가운데 일어날 수** 있는 어떤 상황에 대해 **기초 원리에 대한 지식을 적용하는 능력**을 의미하였다. 그러므로 바울은 골로새인들에게 **지혜**와 **이해력**을 가지도록 기도할 때 저들이 그리스도의 위대한 진리를 이해하도록 기도하고 그 진리를 날마다 생활 중에 임무와 결정에 적용할 수 있도록 기도하고 있다.

어떤 사람이 신학박사 되기는 쉬우나 사는 데는 실패할 수 있다. 그는 위대한

영원의 진리에 대해 쓰고 말하지만 날마다 생활에 이 진리를 적용하지 못하는 수가 있다. 기독교인은 기독교가 어떤 것인지 알아야 한다. 그러나 진공 상태에서가 아니라 매일 분주한 생활 가운데서 알지 않으면 안 된다.

III. 하나님의 뜻을 아는 지식과 지혜와 이해력이란 바른 행위를 낳아야 한다. 바울은 골로새 사람들이 하나님의 뜻에 적합한 생활을 하도록 기도하였다. 이 세상에서 기도만큼 실제적인 것은 없다.

기도는 현실에서 도피하는 것이 아니다. 기도는 사람을 멀리하고 하나님을 명상하거나 하나님과 교제하는 것이다. 기도와 행동은 병행한다. 우리는 생활에서도 피하기 위해서가 아니라 보다 잘 대처하기 위해 기도한다. 우리는 인생에서 자신을 후퇴시키기 위해서가 아니라 당연히 살아야 할 방법으로 삶을 살기 위하여 기도하는 것이다.

IV. 우리는 이것을 행할 힘이 필요하다. 그러므로 바울은 골로새인들이 하나님의 힘에 의하여 강하게 되기를 기도하였다. 인생의 최대 문제는 무엇을 행할지를 아는 것이 아니고 무엇을 행하는 것이다.

대개의 경우 우리는 어떤 상황에서는 무엇을 행할지를 잘 알고 있다. 우리의 문제는 그 지식을 행위에 옮기는 것이다. 우리가 필요로 하는 것은 힘이다. 그리고 우리가 기도 중에 받는 것은 이 힘이다. 하나님이 우리에게, 우리를 향한 당신의 뜻이 무엇인지를 말하는 데 그친다면 그것은 좌절과 고통을 가져올 것이나 하나님은 우리에게 자신의 뜻을 말할 뿐만이 아니라 그것을 우리가 행할 수 있도록 도와주시는 것이다.

지식을 달라고 구하지 않습니다.
지식은 주님이 빌려 주셨습니다.
그러나 주여— 그 뜻
그곳에 우리의 길은 도움이 필요합니다.
높은 동기 위에 쌓게 허락해 주소서.

그 행위를— 그 행위를.

기도를 통하여 우리는 세상 가운데에서 가장 좋은 은사에 도달한다. 즉, 지식에 힘을 가하는 것이다.

세 가지 큰 은사

골로새서 1:9-11(계속)

바울이 **원하고 구하는** 기도라 부르는 부분은 세 가지 훌륭한 특징을 나타내는 기도로 끝난다. 바울은 골로새인들이 모든 **견딤**과 **참음**과 **기쁨**을 갖도록 기도하였다.

견딤과 **참음**, 두 말은 종종 함께 쓰이는 훌륭한 두 단어다.

견딤은 **휘포모네**(hupomonē)이고, **인내**는 **마크로투미아**(makrothumia)다. 이 두 말에는 구별이 있다. 실제로는 헬라인들이 언제나 이 구별을 엄밀하게 지킨 것은 아니나 이 말이 같이 쓰일 때는 구별을 한다.

휘포모네는 KJV에서는 대개 참음이라 번역되었다. 그러나 **휘포모네**는 그저 앉아서 참는 의미에서, 그리고 단순히 머리를 숙이고 사건의 물결이 덮치기를 기다리는 의미의 참음은 아니다.

휘포모네는 어떤 일에 참는 능력뿐 아니라 그것을 견뎌 내는 중에 그것을 영광스러운 것으로 바꾸는 능력을 의미한다. 그것은 승리의 참음이다. **휘포모네**는 인생의 여하한 경우라도 결코 무찌를 수 없는 정신이고, 어떤 사건에도 정복되지 않는 정신이다. **휘포모네**는 인생이 우리에게 주는 어떤 것이라도 승리의 마음으로 다룰 수 있는 능력이다.

마크로투미아는 KJV에 대개 **오래 참음**으로 번역되었다. 그 근원적 의미는 **사람에 대한 인내**다. 사람에게 대해 매우 참을성이 강하여 유쾌하지 못한 것이나 심술궂은 것이나 잔인함이 그에게 고통을 주지 않고, 가르칠 수도 없음과 어리석음이 그에게 결코 실망을 주지 않고, 미련함이 그를 성내게 하지 않고, 미움이 결코 사랑을 변화시키지 못하도록 하는 특질을 가진 마음과 생각이다. **마크로투미아**는 사람에 대한 인내심과 신뢰와 희망을 결코 잃지 않는 정신이다.

이와 같이 바울은 두 가지 우수한 특질을 간구하고 있다. 여하한 상황도 정복하지 못하는 **견디는 마음**, **휘포모네**와 어떤 사람에게도 지지 않는 **인내심**, **마크로투미아**를 간구하였다. 바울은 기독교인이 어떤 상황 속에서도 지지 않는 힘, 어떤 사람에게도 지지 않는 사랑을 가지면 좋겠다고 기도하고 있다.

바울은 어떤 상황이나 사람에 대해서도 실망하지 않고, 사물이나 사람에 대해 절망감을 갖게 되지 않는 정신을 간구하였다. 기독교인의 어떠한 일에도 견디고 어떤 사람에게도 참는 자세는 무너져서는 안 된다.

마지막으로 **기쁨**이 더하여 있다. 이상의 것은 모두 사물이나 인간과의 우울한 전쟁이 아니다. 그것은 인생에 대해 맑고 빛나는 마음을 가진 태도를 취하는 것이다. 기독교인의 기쁨은 어떤 상황에서도 같은 기쁨이다. 몰이 말하는 것같이 "기쁨이 고통의 토양 속에 뿌리 박지 않았다면 그것은 얕은 것이다". 무엇이나 잘 되어 나갈 때 기뻐함은 쉽다. 그러나 기독교인의 빛남은 인생의 어떤 그늘도 소멸시킬 수 없는 것이다.

기독교인의 기도는 이렇다.

> 주여, 나를 어떤 상황에서도 승리하는 자 되게 하소서.
> 어떤 사람이라도 참게 하소서.
> 동시에 어떤 상황도, 어떠한 사람도
> 나에게서 빼앗을 수 없는 기쁨을 주옵소서.

감사기도

골로새서 1:12-14

[12]우리로 하여금 빛 가운데서 성도의 기업의 부분을 얻기에 합당하게 하신
아버지께 감사하게 하시기를 원하노라 [13]그가 우리를 흑암의 권세에서 건져
내사 그의 사랑의 아들의 나라로 옮기셨으니 [14]그 아들 안에서 우리가 속량
곧 죄 사함을 얻었도다

지금 바울은 기독교인이 그리스도 안에서 받은 여러 가지 은혜에 대한 넘치는 감사를 돌리고 있다. 여기에는 두 가지는 중요한 생각이 나타나 있다.

I. 하나님은 골로새인들에게 성도들의 상속을 받게 해 주셨다. 여기에 바울이 이그립바 왕 앞에서 하나님이 그에게 준 임무에 대해 말할 때 바울의 연설의 문장과 밀접한 관계가 있다.

그 임무는 이런 것이었다. "그 눈을 뜨게 하여 어둠에서 빛으로, 사탄의 권세에서 하나님께로 돌아가게 하고 죄 사함과 나를 믿어 거룩하게 된 무리 가운데서 기업을 얻게 하리라 하더이다"(행 26:18).

첫째 특권은 이방인도 하나님의 선민의 상속권을 받는 것이다. 유대인은 언제나 하나님의 선민이요 하나님의 독특한 소유였다. 그러나 지금은 이방인과 모든 백성에게 문호는 열린 것이다. 유대인뿐 아니라 모든 나라 백성이 하나님의 상속권 안에 들어가게 되었다.

II. 둘째 열쇠가 되는 생각은 KJV에 "하나님은 우리를 그의 사랑하는 아들의 나라로 옮기셨으니" 혹은 저자가 "하나님은 우리를 그의 사랑하는 아들의 나라를 이끄셨다"라고 번역한 구절에 있다.

바울이 **옮기다**에 사용한 말은 헬라 동사 **메디스테미**(methistēmi)다. 이것은 특별한 용법을 가진 말이다. 고대 세계에서는 한 제국이 다른 나라를 무찔러 압승

하여 승리하면 패한 나라의 백성을 포로로 해 다른 나라에 이동시키고 구류하고 완전히 가두어 버렸다.

이와 같이 북왕국의 백성은 앗수르에 끌려가고 남왕국과 예루살렘 백성은 바빌론에 끌려갔다. 전 인구의 이동은 고대 세계의 특색이었다.

여기서 바울이 하나님은 기독교인을 그 자신의 영역, 즉 그 자신의 나라로 옮겼다고 말하였다. 하나님은 기독교인을 지금까지 살고 있던 세계에게서 지금 하나님 나라와 하나님의 권력 가운데로 옮겼다. 하나님에 의하여 된 이동이야말로 단순한 이동이 아니라 구원이었다. 그것은 네 가지 큰일을 뜻한다.

1. 그것은 **암흑에서 광명**으로 이동을 뜻한다. 하나님 없이는 이 인간은 어두운 길을 걷는 것같이 더듬거리고 비틀거린다. 저들은 무엇을 할지 모르고, 어디로 갈지도 모른다. 인생은 의심의 그림자 속에 살며 무지의 어둠에서 산다.

순교자 빌니(Bilney)는 예수 그리스도가 죄인을 구원하기 위하여 세상에 내려오셨다는 것을 읽었을 때 어둔 밤에 동이 트는 것 같다고 말하였다. 하나님은 예수 그리스도 안에서 우리에게 생사의 기준이 되는 빛을 주셨다.

2. 그것은 **노예에서 자유**로의 이동을 말한다. 그것은 **구속**이다. 구속이란 말은 노예를 자유롭게 한다든가, 다른 사람의 지배에 있는 것을 도로 산다는 데 사용하는 말이다. 하나님 없이는 인생은 공포의 노예요, 죄의 노예이며, 자기 자신의 무력과 허물의 노예다. 예수 그리스도 안에서 자유가 오고 공포와 좌절이 떠나는 것이다.

3. 그것은 **정죄에서 용서**로의 이동을 뜻한다. 인간은 죄 중에서 하나님이 내리는 정죄를 피할 수 없다. 그러나 예수 그리스도의 사역을 통하여 사람은 하나님의 사랑과 사하심을 발견한다. 그리고 사람은 이미 하나님의 심판 자리에서 선고를 받은 죄인이 아니고, 집에 돌아가는 길이 항상 열려 있는 잃어버린 자식임을 안다.

4. 그것은 **사탄의 권세에서 하나님의 권세**로의 이동을 뜻한다. 사람은 예수 그리스도를 통하여 악마의 포로에서 해방되고, 하나님 나라의 시민이 된다. 마치 지상 정복자가 정복한 나라의 시민을 새로운 왕국, 새로운 땅에 이동시킨 것같이 하나님은 승리의 사랑 안에서 인류를 죄와 암흑의 세계에서 거룩과 빛과 사

랑의 나라로 이동시킨다.

예수 그리스도의 온전한 충분성

골로새서 1:15-23

15그는 보이지 아니하는 하나님의 형상이시요 모든 피조물보다 먼저 나신 이
시니 16만물이 그에게서 창조되되 하늘과 땅에서 보이는 것들과 보이지 않는
것들과 혹은 왕권들이나 주권들이나 통치자들이나 권세들이나 만물이 다 그
로 말미암고 그를 위하여 창조되었고 17또한 그가 만물보다 먼저 계시고 만
물이 그 안에 함께 섰느니라 18그는 몸인 교회의 머리시라 그가 근본이시요
죽은 자들 가운데서 먼저 나신 이시니 이는 친히 만물의 으뜸이 되려 하심이
요 19아버지께서는 모든 충만으로 예수 안에 거하게 하시고 20그의 십자가의
피로 화평을 이루사 만물 곧 땅에 있는 것들이나 하늘에 있는 것들이 그로
말미암아 자기와 화목하게 되기를 기뻐하심이라 21전에 악한 행실로 멀리 떠
나 마음으로 원수가 되었던 너희를 22이제는 그의 육체의 죽음으로 말미암아
화목하게 하사 너희를 거룩하고 흠 없고 책망할 것이 없는 자로 그 앞에 세
우고자 하셨으니 23만일 너희가 믿음에 거하고 터 위에 굳게 서서 너희 들은
바 복음의 소망에서 흔들리지 아니하면 그리하리라 이 복음은 천하 만민에
게 전파된 바요 나 바울은 이 복음의 일꾼이 되었노라

이 부분은 우리가 상당한 시간을 소비할 만큼 난해하면서 중요한 곳이다. 우리가 여기서 말하지 않으면 안 될 것을 몇 가지 부분으로 구분해 보자.

이 구절이 쓰이게 되고 바울이 이 서신에서 시작하고 보여 주는 기독론 전체를 낳게 한 사정부터 시작해야겠다.

I. 잘못된 사상가들

인간의 사고는 자신이 생각하지 않으면 안 될 것만큼만 생각하는 것은 인간 심리의 명백한 사실이다. 대부분의 사람에게는 생각하게 하는 어떤 일이 필요하다. 사람이 참말로 신앙의 내용을 생각하기 시작하는 것은 그 사람의 신앙이 거부되거나 공격을 당할 때다. 교회가 정통적 신앙의 부요함과 우대함을 깨닫기 시작하는 것은 교회가 무엇인가 위험한 이단 사상에 직면하는 때다. 기독교의 특색은 기독교는 한없는 부요함을 가지고 있으며 언제나 어떤 새로운 상황에 대처하기 위한 새로운 부요함을 산출하는 것이다.

바울이 골로새서를 쓸 때 허공을 향해 쓰지 않았다. 우리가 서론에서 본 대로 분명히 주어진 상황을 목전에 두고 서신을 기록하였다. 초대교회에는 그노시스주의라는 이름으로 횡행하는 어떤 사상적 경향이 있었다. 그 신봉자들은 많거나 적거나 **지성적인 사람들**을 뜻하는 그노시스파라 불렸다. 그들은 기독교가 너무 단순하다고 생각하여 불만이었다. 그리하여 기독교를 일종의 철학으로 변하게 해 당시 주름잡는 다른 철학과 동열에 서게 하고자 했다.

그노시스파는 하나의 기본적 가정으로 시작하였다. 그 가정은 물질은 온전히 악하고 영은 온전히 선하다는 것이었다. 저들은 더 나아가 물질은 영원할 것이고, 항상 존재했고, 세계는 이 불완전한 물질에서 창조되었다고 주장한다. 기독교인은 전문 용어를 사용하면 무에서 창조를 믿고 있었다. 그노시스파는 본질적으로 악한 물질로서 창조를 믿었다.

하나님은 영이다. 영이 온전히 선한 것이고 물질이 본질적으로 악한 것이라 한다면 그 결과는 그노시스파가 보는 것같이 참 하나님은 물질에 접촉할 수가 없게 된다. 하나님이 온전히 선이고 물질이 근본적으로 악이라면 하나님 자신을 창조자의 행위자로 할 수가 없다.

여기서 그노시스파는 하나님은 권력이나 영겁(aeons)이나 유출물을 산출하였다고 믿었다. 이런 유출물의 하나하나는 하나님으로부터 조금씩 멀어져 있다. 이 유출물에는 무한히 계속하여 결국은 하나님께서 아주 멀어진 유출물이 물질에 접촉되거나 손으로 만지거나 형태를 만들 수도 있다. 결국 물질로서 세계를 창조할 수 있었다. 이와 같이 세계를 창조한 자는 하나님이 아니고 가장 멀리 있는 유출물이었다.

그러나 그노시스파의 이론은 더욱 전개하였다. 유출물은 하나님으로부터 떨어지면 떨어진 것만큼 참 하나님을 모르는 것이 되었다. 심히 떨어진 유출물 중에는 하나님을 알지 못할 뿐 아니라 하나님에게 대적하는 것도 있다. 여기서 그노시스파는 세계를 창조한 유출물은 참 하나님을 알지 못하는 동시에 하나님에게 대적하는 것이었다는 결론에 도달한다. 그노시스파는 때때로 이 무지로 대적하는 먼 유출물과 구약성경의 하나님과를 일치시키는 한편 참 하나님을 신약성경의 하나님과 일치시켰다. 이 모든 것은 몇 가지 이론적 결론에 도달한다.

1. 그노시스파의 견해에 의하면 창조의 하나님은 참 하나님이 아니다. 창조의 하나님은 참 하나님을 모르며, 참 하나님께 대적한다. 이 세상은 본질적으로 악이다. 세계는 하나님의 세계가 아니고 하나님께 대항하는 힘을 가진 자의 세계다.

바울이 왜 하나님이 만물을 창조하시고, 하나님의 창조의 대리자는 무지하고 대적하는 유출물이 아니고 하나님의 아들 예수 그리스도라고 주장하는 이유가 이것이다(골 1:6). 예수 그리스도가 창조의 대리자라는 기독교 교의는 그노시스파의 무지로 대적하는 창조신의 교의와 싸우기 위해 생각해 낸 것이다.

2. 그노시스파의 견해에 의하면 예수 그리스도는 결코 독자적 존재가 아니었다. 우리는 그노시스파가 어떻게 세계와 하나님과의 사이에 일련의 많은 유출물을 가정했는지를 배웠다. 그노시스파는 예수를 단순히 이 유출물의 하나에 불과하다고 주장하였다.

예수께서는 하나님과 인간 사이의 중재자 중 하나에 지나지 않았다.

예수께서는 계열 중에는 높은 부분에 위치하였는지도 모른다. 혹은 최고 위치에 있었는지도 모른다. 그러나 그것으로도 독자적 존재가 아니고 계열 중 하나, 다수 중 하나에 불과한 것이다. 바울은 예수 그리스도 안에는 충만한 덕이 있고(1:19), 그리스도야말로 넘치는 하나님의 덕이 형체를 가지고 머물러 있다(2:9)고 주장하는 것으로 이 문제와 대결하고 있다.

골로새서의 큰 목적 중 하나는 예수께서는 계열 중 하나도 아니고 다수 중 하나도 아니고, 하나님의 계시의 일부분도 아니고, 온전한 독자적인 분이요, 예수 안에는 하나님의 전체와 하나님의 충만함이 있다고 주장하는 것이다.

3. 그노시스파의 견해에 의하면 예수에 대해 생각되는 또 하나의 결론이 있다. 물질이 온전히 악한 것이라면 육체도 온전히 악하다는 결론에 이른다. 육체가 악하다면 하나님의 계시인 그리스도는 참 육체를 가질 수 없다. 그리스도는 우리가 혈과 육을 가지고 있는 것처럼 참 육과 혈을 가질 수 없다. 그리스도는 참 인간일 수 없다. 그리스도는 육체의 형태를 가진 영적 환영에 지나지 않았다. 그노시스파는 예수께서 참 현실적인 인간이라는 것을 완전히 부정하였다. 그들에게 예수는 육체의 형태를 가진 영이었다. 예를 들면 그들 자신의 서적에 의하면 "예수께서 걸을 때 지면에는 발자국이 나지 않았다. 예수께서는 발자국을 남길 만한 육체와 피를 가진 참 육체가 없었기 때문이다"라고 했다. 바울이 골로새 서신 가운데 왜 이 같은 말을 되풀이하는가 하는 이유가 여기에 있다. 그는 "그의 육체의 죽음으로 말미암아 화목케 하사"라고 한 것이다(1:22).

바울은 하나님의 충만함이 아들 안에 육체를 가지고 머물러 있다고 한다. 예수께서는 어떤 종류의 환영이라고 생각하는 그노시스파에 반대해 바울은 하나님의 아들이 육체와 피를 가진 사람이 되었다고 주장하였다.

4. 사람에게 지워진 임무는 하나님께 이르는 길을 발견하는 것이다. 그노시스파의 견해에 의하면 하나님께 이르는 길은 방해되어 있다.

이 세상과 하나님 간에는 광대한 일련의 유출물이 있다. 영이 하나님께 올라가는 데는 이것들 유출물을 하나하나 통과하지 않으면 안 된다. 그것은 다시 말해 무한한 계단을 올라가는 것 같다. 사다리의 한 단마다 대적하는 힘, 길의 방해자가 있다. 하나하나의 장해를 통과함에는 특별한 지혜와 암호(password)가 필요하였다. 영이 영원에 올라가는 데는 정교한 완전 장비된 지식과 모든 세력을 동원한 암호가 필요하였다. 그노시스파는 이 암호와 지식을 준다고 주장하였다. 여기에는 두 가지 의도가 있다.

1) 이것은 구원이란 **지적 지식**이라는 것이다. 여기에 대해 바울은 구원은 지식이 아니고 **구속과 죄 사함**이라고 주장하였다.

그노시스파의 교사는 소위 복음의 단순한 진리만으로는 충분하지 못하다. 하나님께 이르는 길을 발견하는 데는 굉장히 많은 것들이 필요하다. 또한 그노시스주의만이 제공할 수 있는 정교한 지식과 비밀의 암호가 필요하다고 주장했다. 여기서 바울은 기독교는 지식이 아니고 구속이다. 예수 그리스도의 복음에 의한 구원의 진리 외에 필요한 것은 아무것도 없다고 주장한다.

2) 구원이 정교한 지식에 의한 것이라면 구원은 모든 사람을 위한 것이 못 되는 것이 명백하다. 그것은 지식인만 위한 것이기 때문이다. 그것은 무지한 사람들이 지적으로 파악하는 것은 너무 먼 거리에 있다. 그래서 그노시스파는 인류를 영적인 사람과 지적인 사람으로 구별하고, 영적인 사람만이 참으로 구원된다고 했다. 완전한 구원은 보통 사람들이 생각하는 범위에서는 멀리 떨어져 있다. 그노시스주의는 보통 사람들을 쫓아내고 지적 귀족 계급을 형성하였다.

바울이 1장 28절과 같은 훌륭한 말을 기록하여 나타낸 것은 이런 것들을 염두에 두었기 때문이었다. 바울의 목적은 **모든 사람**을 훈계하고 **모든 사람**을 가르치고 **모든 사람**이 그리스도 안에서 온전한 자로 설 수 있게 되는 것이었다.

구원의 가능성은 한정된 지적 소수자에게만 가능하다는 의견에 대해 바울은 아무리 무지하고 문맹해도, 아무리 지혜 있는 교양인일지라도 복음은 모든 사람의 것이라고 말하였다. 그노시스파는 구원은 한정된 계급의 것이라고 말하였다. 바울은 구원은 모든 사람을 위한 것이라고 전하였다. 이상의 것이 그노시스파의 교의다.

우리는 이 구절이나 서신 전체를 연구할 때는 언제나 그것을 마음속에 기억하여야 하며 그것들을 대항해서만 바울의 말은 지성적이고 이치에 맞게 되어 있다.

II. 예수 그리스도는 과연 누구인가?

여기서 바울이 예수에 대해 두 가지 중요한 것을 말하였다. 그것은 그노시스파에 대한 대답이다. 그노시스파는 예수께서 다수의 중개자 중의 하나에 불과하고 아무리 훌륭하다고 해도 하나님의 계시의 일부분에 불과하다고 했다.

1. 바울은 예수 그리스도는 보이지 않는 하나님의 **형상**이라고(골 1:15) 했다. 여기서 바울은 하나의 말과 그림을 사용하여 그것을 들은 사람들의 마음에 있는 모든 종류의 기억을 되살리려고 한 것이다. 그것은 **에이콘**(eikōn)이란 말로서 정

확하게 번역하면 **형상**이다.

라이트훗이 지적한 대로 한 **형상**은 서로 합병되는 두 개의 것이라고 할 수 있다. **형상**은 초상이 될 수 있다. 초상은 완전한 것이 되면 현현이 된다. 바울은 이 말을 사용하여 예수께서는 하나님의 완전한 현현이라고 말하였다.

하나님이 어떤 분인지를 알려면 우리는 예수를 보지 않으면 안 된다. 예수께서는 사람이 볼 수 있고, 알고, 이해할 수 있는 형상을 가진 하나님의 완전한 초상이고, 완전한 현현이다. 그러나 이 말의 배후에는 황홀케 할 만큼 큰 흥미 있는 것이다.

1) 구약성경과 위경에는 **지혜**에 대해 많이 말하고 있다. 잠언 중에는 지혜에 대한 우수한 문장이 2장과 8장에 있다. 거기에는 지혜가 하나님과 같이하는 영원한 것이고, 천지창조 때에는 하나님과 같이 있었다고 했다. 이제 잠언 7장 26절에 이 말(형상)이 지혜로 사용되었다. 지혜는 하나님의 선하신 초상이다. 이는 마치 바울이 유대인을 향하여 "너희는 평생 이 지혜, 즉 하나님의 지혜에 대해 생각하고, 몽상하고, 쓰기도 해 왔다. 이 지혜는 하나님과 같이 예부터 있었고, 이 세계를 창조한 자요, 사람들에게 지혜를 주는 자다. 예수 그리스도 안에서 이 지혜는 모든 사람에게 보이는 육체의 형상을 가지고 왔다"라고 말한 것 같은 것이다. 예수께서는 유대 사상의 꿈의 실현자다.

2) 헬라인은 **로고스**(Logos), 즉 말씀, 하나님의 이성이란 사상에 매혹되었었다. 이 세상을 창조한 것은 **로고스**였다. 이 세계에 지성을 주고, 천체를 궤도에 놓고, 우주를 창조하고, 계절을 일정한 질서 가운데 돌아가게 하고, 세계를 신용할 수 있는 의지할 만한 것으로 하고, 사람의 마음에 사고력을 넣어 준 것은 실로 로고스였다.

그런데 이 **에이콘**이란 말은 필로(Philo)에 의하여 여러 번 하나님의 로고스에 대해 사용되었다. "그는 단지 정신적으로만 받아들일 수 있는 보이지 않는 하나님의 **로고스**를 하나님의 '형상'(에이콘)이라 부른다"(필로, 세계 창조자의 고찰 8).

바울은 헬라인에게 다음과 같이 말하는 듯하다. "과거 600년간 너희는 이성, 정신, 말씀, 하나님의 로고스에 대해 꿈을 꾸고, 생각하고, 써 왔다. 너희는 그것을 하나님의 에이콘이라 부른다. 예수 그리스도 안에서 로고스는 모든 사람이 알 수 있게 명료해졌다. 너희의 꿈과 철학과 회의와 사상적 모험이란 모두 예수 안에서 실현된 것이다."

3) 이상 **에이콘**이란 말의 여러 관계 가운데 우리는 철학자만이 쉽게 알 수 있는 최고의 사고 영역에서 다루어 왔다. 그러나 처음으로 이 말을 듣거나 읽는 사람들의 마음속에도 즉시 떠오르는 아주 단순한 설명이 두 개 있다. 이런 사람의 생각은 창조 이야기에 곧 돌아가게 된다. 이 이야기는 창조의 클라이맥스에 대해 말하고 있다. "하나님이 이르시대 우리의 **형상**을 따라 우리의 모양대로 우리가 사람을 만들고… 하나님이 자기 형상 곧 하나님의 형상대로 사람을 창조하시되"(창 1:26-27). 이것은 실로 놀라운 일이다. 사람은 하나님의 형상, 즉 **에이콘**보다 못하지 않게 창조된 것이다. 창세기 이야기에 사용된 것은 같은 단어이기 때문이다. 그러나 죄가 침입하여 인류는 운명대로 가지 못하고 사태는 비극적으로 잘못되었다.

여기서 바울은 예수에 대해 이 말을 사용함으로써 실질적으로 이렇게 말하였다. "예수를 보라. 그는 너희에게 하나님이 어떤 분인지를 보여 줄 뿐 아니라 인간이 어떤 사람이 되도록 예정되었는지도 보여 준다. 여기에 하나님이 예정했던 인간이 있다. 예수야말로 완전한 하나님의 현현이고, 인간의 완전한 현현이다." 여기에는 우리가 예수 그리스도 안에서 이중 계시, 즉 하나님의 계시와 인류의 계시라 부를 수 있는 것이 있다.

4) 최후로 우리는 이상 어떤 것보다도 단순한 것에 도달한다. 바울의 독자 중에 많이 배우지 못한 사람들이 이것을 생각한 것이 틀림없다. 가령 아무리 그들이 "지혜 문학"에 대해 아무것도 모르고, 필로에 대해서도, 창세기 이야기에 대해서도 아무것도 몰랐다 해도 그들은 다음과 같이 알았을 것이다.

에이콘—때때로 축소형으로 **에이코니온**(eikonion)—은 헬라인이 초상화에 사용한 말이다. 에이피온(Apion)이란 이름의 한 젊은 병사가 아버지 에피마쿠스(epimachus)에게 보낸 파피루스 편지가 있다. 그 마지막 부분에는 그는 "나는 유크테몬(Euctemon)이 그려 준 나의 작은 초상화(eikonion)를 보냅니다"라고 말하였다. 그것은 고대 헬라어 중에 우리가 현재 사용하는 현대어의 **사진**과 거의 같은 것이었다.

그러나 이 말에는 또 하나의 용법이 있다. 가령 영수증이라든가 채용증서와 같은 법률 문서를 쓸 때는 언제나 계약자들은 확실히 특징이 되고 구별이 되는 표식을 문서에 쓰게 되어 있다. 그리하여 잘못이나 핑계를 대지 못하게 했다. 이러한 서명에 해당한 헬라어가 **에이콘**이다. **에이콘**은 개인의 간략한 표시요, 계약자간의 구별 표시이기도 했다.

그러므로 여기서 바울은 가장 무식하다고 생각되는 사람들에게 이같이 말하는 격이다. "당신들은 법적 계약을 할 때 당신을 표시하는 서명, **에이콘**이 있어야 하는 것을 알고 있다. 예수께서는 하나님의 초상화이시다. 당신들은 예수 그리스도 안에서 하나님의 특징과 명확한 표시를 찾아 복 된다. 당신들이 하나님이 어떤 분인지를 알려면 예수를 보라."

실로 이 **에이콘**이란 말은 예수 그리스도가 누구인지, 어떤 분인지를 우리에게 전하는 뜻을 가졌다.

2. 19절에 바울은 또 다른 말을 사용하였다. 그는 예수께서는 하나님의 **플레로마**(plērōma)라고 했다. **플레로마**란 충만이나 **완전**을 뜻한다. 이것은 그림을 완성하는 데 필요한 말이다. 예수께서는 단순히 하나님의 스케치만이 아니다. 그는 하나님의 요약도 아니다. 예수께서는 생명이 없는 초상화 이상의 분이시다. 예수께는 부족한 것이 없다. 예수께서는 하나님의 완전하고 최종적인 계시다. 이 이상 필요한 것은 아무것도 없다.

III. 예수 그리스도와 창조 관계

우리는 그노시스파에 따르면 창조의 사업은 열등한 신, 즉 참 신을 알지 못하고 참 하나님에게 대적하는 신이 성취한 것이라는 것을 기억하고 있다. 바울이 가르치는 것은 창조 때 하나님의 대행자는 성자라는 것이다. 이곳에서 바울은 아들의 창조에 대해 네 가지를 말하고 있다.

1. **아들은 모든 창조물**보다 먼저 나신 **분이시다**(1:15). 우리는 이 어구의 바른 해설을 하는 데 주의해야 한다. 영어 뜻으로는 아들은 피조물의 하나요, 사실 최초에 창조된 자요, 하나님의 창조의 처음 생산된 자라고 해석될 수도 있다. 그러나 히브리인과 헬라인이 생각하는 **처음 난 자**(prōtotokos)는 아주 간접적으로만

시간적인 의미를 가지고 있다. 두 가지 일에 주의해야 한다.

첫째, **처음 난 자**는 일반적으로 **명예**의 칭호다. 예를 들면 이스라엘은 하나님의 장자의 백성이다(출 4:22). 이것은 이스라엘 백성이 하나님께 선택되어 최고 명예를 얻은 가장 사랑하는 아들을 뜻한다.

둘째, **처음 난 자**란 **메시아**의 칭호인 것에 주목해야 한다. 시편 89편 27절에 유대인 자신의 해설에 따른다면 **메시아**에 대한 약속이 "내가 또 저로 장자로 삼고 세계 열왕의 으뜸이 되게 하며"라고 했다.

분명히 **처음 난 자**란 말은 시간적 관계로만 사용된 것이 아니라 특별한 명예를 가진 의미로 사용되었다.

여기서 바울이 "아들은 모든 피조물보다 먼저 나신 자"라 한 것은 피조물이 가지는 최고의 명예는 아들의 것이라는 의미다. 하나님은 아들에게 온전히 독자적인 입장과 영예를 주셨다. 우리가 시간적 의미와 명예의 의미를 결합해 놓기를 원한다면 이 구절은 "그는 모든 피조물에 앞서 태어났다"라고 번역해도 좋을 것이다.

2. **만물이 그에게서 창조되었다**(1:16). 하늘에 있는 것이나 땅에 있는 것이나 보이는 것이나 보이지 않는 것이나 모두 그로 말미암아 창조되었다. 유대인과 더욱이 그노시스파는 그 이상 천사에 대한 이론을 고도로 전개하여 이것을 정교하게 했다. 그노시스파에 의하면 천사 제도는 사람과 하나님과의 사이에 있는 긴 일련의 중개자들에게서 발견할 수 있는 것이었다. 왕위도, 주권도, 지배나 권위도 7층천의 다른 계층에 위치하는 천사들의 다른 계급이었다.

바울은 온전히 냉담하게 이 모든 것을 물리쳤다. 그는 그노시스파에 대해 결과적으로 이런 말을 했다. "너희는 천사 사상을 중히 여긴다. 너희는 예수 그리스도가 이들 천사들 중 하나이거나 하늘에 있는 권력 중 하나처럼 생각하고 있다. 예수 그리스도는 그들 중 하나와는 전혀 다를 뿐 아니라 그는 그들을 창조한 분이시다. 예수께서는 창조주가 피조물보다 위대한 것같이 그들보다 우월하시다."

여기서 바울은 창조에서 하나님을 대행하는 자는 열등한 무지의 대적하는 이류의 신이 아니고 아들 자신이라고 말한다.

3. **만물이 아들 안에 함께 서 있다**(17). 아들은 창조의 대행자뿐 아니라 창조의 목표요 종극이었다. 즉, 피조물은 아들의 것이 되고 아들에게 영광을 돌리기 위해 창조되었다. 창조는 아들에 의하여 되고, 창조된 것은 마침내 모두 아들의 것이 되고, 아들에 대한 예배와 아들을 사랑하는 사랑 가운데 아들이 자신의 영예와 기쁨을 발견하기 위해 창조되었다. 세계는 일체의 것이 예수 그리스도의 것이 되기 위해 창조된 것이다.

4. 바울은 이상한 구절을 사용하였다. "만물이 그 안에 함께 섰느니라." 이것은 아들이 처음에는 창조의 대행자요, 나중에는 창조의 도달점이요, 처음과 나중 사이, 즉 우리가 알고 있는 지금에는 아들은 세상을 유지하고 있는 분이기도 하다. 다시 말해 아들은 이 세상이 질서 아래 있고 혼돈하지 않는 모든 법칙으로서 아들의 마음의 표시다.

비중의 법칙이나 소위 과학적 법칙의 모든 것은 단순히 과학적 법칙일 뿐만 아니라 하나님의 법칙이기도 하다. 또한 그 법칙들은 전 세계를 의의 있게 하며, 이 세계를 신뢰하고 의지할 만하게 하는 법칙이다. 모든 과학적 법칙과 자연의 법칙은 사실 하나님의 사상의 표현이다. 우주 전체가 보존되고 혼란 가운데 빠지지 않는 것은 이 같은 법칙에 의해, 즉 하나님의 뜻으로 말미암은 것이다.

이와 같이 아들은 창조의 시작이요, 창조의 마지막이며, 창조한 모든 것을 유지하는 힘이다. 예수께서는 전 세계의 창조자요 보존자요 최후의 도달점이다.

IV. 예수 그리스도와 교회 관계

바울은 18절에 예수 그리스도가 교회에서 어떤 분인지를 서술하였다. 그리고 바울은 이 절에서 예수와 교회에 관계되는 네 가지 중요한 사실을 분명히 했다.

1. 예수께서는 **몸의 머리**, 즉 교회의 머리다. 교회는 그리스도가 그것을 통하여 일하는 유기체이며, 그리스도의 모든 경험에 참여하는 유기체다. 인간적 견지에서 말하면 몸은 정신과 두뇌의 종이다. 몸은 머리가 명령하는 대로 움직인다. 몸 그 자체는 무능하다. 그리고 머리가 없이는 죽은 것이다. 이와 같이 예수 그리스도는 교회를 인도하고 명령하고 지배하는 분이시다.

교회의 모든 언행은 예수에 의하여 지배되고 명령되어야 한다. 교회가 살아 움직여야 하는 것은 예수께서 명령하시기 때문이다. 예수 없이는 교회는 진리를 생각할 수 없고, 그가 없이는 교회가 바르게 행동할 수 없으며, 그가 없이는 방향을 정할 수도 없다. 교회가 생각하고 행동함에는 반드시 예수에 의하여 지배되고 인도되고 지시되어야 한다. 여기에 두 가지 사실이 합해져 있다.

첫째, **특권**에 대한 생각이다. 예수 그리스도가 일하기 위한 도구가 되는 것은 교회의 특권이다.

둘째, **경계**에 대한 생각이다. 누구나 몸을 소홀히 하거나 남용한다면 그 사람은 몸을 그의 정신과 두뇌의 큰 계획과 목적을 실행하는 종으로서 적당하지 않게 하는 것이다. 이와 같이 훈련을 받지 않거나 부주의한 생활을 하면 교회는 그 머리가 되는 그리스도의 도구가 되는 데 합당하지 않다.

2. 그리스도는 **교회의 창시자**다. **처음**이란 헬라어는 **알케**다. **알케**(archē)란 말은 이중의 의미로 **처음**을 뜻한다. 그것은 시간적 의미로 첫 번째를 의미하는 것만이 아니다. 예를 들면 A가 알파벳의 처음이며, 1이 수열에서 처음이라는 의미만이 아니다. 그것은 기원의 능력이라는 의미에서 처음을 의미한다. 그것은 무엇인가가 발생하는 근원이고, 어떤 것을 움직이게 하는 활동력을 의미한다.

우리는 바울이 이 직전에 무엇을 말했는지를 기억한다면 바울이 목적하는 바를 더욱 확실히 알 수 있을 것이다. 이 세계는 그리스도의 피조물이다. 그리고 교회는 그리스도의 새로운 피조물이다.

교회는 주의 새로운 피조물이니 물과 말씀으로 지은 것이다.

이와 같이 예수 그리스도는 교회의 생명과 존재의 근원이요, 교회의 끊임없는 활동의 지도자이시다.

3. 그리스도는 **죽은 자들 가운데서 먼저 나신 자다**. 여기서 바울은 초대교회의 모든 사상과 신앙과 경험의 중심인 사건, 즉 부활의 사건에 돌아온다. 이 그리스도는 거저 살다 죽은, 우리가 책에서 읽고 배우는 분이 아니시다. 그리스도는 부활한 까닭에 영원히 살아 계시고, 우리가 만나고 경험할 수 있는 분이시다. 그리스도는 죽은 영웅이나 과거의 창설자가 아니라 살아 현존하시는 분이다.

4. 이상의 것은 주님 자신이 **모든 것에 으뜸이 되고자 함에 있다**. 그의 부활은 모든 것에 우월한 주라는 데 드리는 칭호다. 부활로 그리스도는 자신이 모든 적

과 대적하는 힘에 승리했으므로 주를 체포하거나 포박할 수 있는 것은 생사지간에서 어느 하나도 존재하지 않는다는 것을 보였다. 그리스도의 부활에 의한 결정적 승리는 예수에게 모든 것의 주가 되는 권리를 부여한 것이다.

이렇게 볼 때 예수 그리스도와 교회에 대한 그의 관계에 네 가지 중요한 사실이 있는데, 이제 우리는 이것을 다음과 같이 정리할 수 있다. 예수 그리스도는 살아 계시는 주님이다. 예수 그리스도는 교회의 근원이요 기원이다. 예수 그리스도는 교회의 끊임없는 인도자다. 그리고 예수 그리스도는 죽음을 이긴 승리자로서 모든 것의 주님이다.

V. 예수 그리스도와 만물의 관계

바울은 19-20절에서 전 우주를 위한 그리스도의 업적에 대한 몇 가지 위대한 진리를 말하고 있다.

1. 예수가 오신 목적은 **화해**였다. 주는 하나님과 인간 사이의 불화를 고치고 간격에 다리를 놓기 위하여 오셨다. 우리는 한 가지 사실을 주의하고 항상 기억하여야 한다.

화해의 주도권은 하나님께 있었다. 신약성경은 언제나 사람에게 화해되어 있는 하나님에 대하여서가 아니라 하나님께 화해되어 있는 사람에 대해 말하고 있다. 하나님의 인간에 대한 자세는 사랑이었으며 사랑 이외의 것은 절대로 아니었다.

때때로 예수께서 하신 일이 하나님의 자세를 바꾸게 했다거나, 예수의 행위에 의하여 사람을 정죄하여 온 하나님의 결정을 바꾸거나, 예수의 행위가 아니었더라면 하나님은 인간을 저주하셨을 것이라거나, 예수께서 하나님의 분노를 사랑으로 변하게 했다고 주장하는 신학이 종종 있었다.

신약성경 중에는 이런 견해를 정당하다고 한 곳은 없다. 구원과 화해의 전 과정을 시작한 것은 하나님이었다. 하나님은 독생자를 주실 만큼 이 세상을 **사랑**하셨다. 하나님이 그 아들을 세상에 보낸 유일한 목적은 모든 사람을 자신에게 돌아오게 하소연하고 바울의 표현대로 하면 만물을 모두 자신과 화해시키기 위함이었다.

2. 화해의 중보는 **십자가의 피**였다. 화해의 원동력은 예수 그리스도의 죽음이다. 바울이 여기서 말하고자 하는 것은 무엇일까? 바울이 말하고자 하는 것은 바로 로마서 8장 32절에 기술한 것이다. "자기 아들을 아끼지 아니하시고 모든 사람을 위하여 내어 주신 이가 어찌 그 아들과 함께 모든 것을 우리에게 은사로 주지 아니하시겠느뇨." 예수 그리스도의 죽음에서 하나님은 우리에게 말씀하신다. "나는 이와 같이 너희를 사랑하고 있다. 나는 나의 아들이 너희를 위하여 고난을 당하고 죽음에 내주리만큼 너희를 사랑한다. 내가 너희를 사랑하는 것은 너희를 나 자신에게 돌이킨다면 내 마음에 십자가를 지는 것까지도 견딜 만큼이었다."

십자가는 화해의 매개물이다. 십자가는 하나님의 사랑의 결정적인 증명이기 때문이다. 그리고 이런 사랑은 사랑의 응답을 요구한다. 십자가가 인간의 마음속에 사랑과 기적을 불러일으키지 않는다면 다른 아무것도 할 수 없을 것이다.

3. 우리는 바울이 화해가 미치는 범위를 정의하는 방법 중 한 가지 점에 주목하지 않으면 안 된다. 그는 하나님은 그리스도 안에서 **만물**을 그 자신에 화해시킨다고 했다.

만물은 헬라어로는 중성명사 **판타**(panta)다. 이제 하나님의 화해는 모든 인격을 가진 자뿐 아니라, 모든 피조물, 생명이 있는 것이나 생명이 없는 것에도 미치고 있다는 것이 중요한 점이다. 바울의 환상은 구속된 세계, 인간뿐 아니라 모든 만물이 구속된 세계였다.

이것은 놀라운 생각이다. 하나님의 사랑이 피조 세계의 모든 부분과 미분자에 이르기까지도 어떤 작용을 미치고 있다는 것을 의미한다. 바울이 여기서 그노시스파에 대해 생각하는 것은 의심할 여지가 없다. 우리는 그노시스파가 물질은 근본적으로 어찌할 수 없는 악한 것이기 때문에 세계도 악하다고 생각한 것을 기억할 것이다. 그러나 바울이 본 대로 세계는 악하지 않다. 이 세계는 하나님의 세계요, 전 세계적인 화해에 참여하고 있다.

여기에는 하나의 교훈과 경고가 있다. 기독교에는 너무 자주 이 세계에 대한 의심이 있었다. "지구는 황량한 사막이다"라고 했고 너무 종종 세계는 악한 것 같이 생각하였다.

우리는 청교도 이야기를 기억한다. 길을 같이 걷고 있을 때 어떤 사람이 청교도에게 말하였다. "얼마나 아름다운 꽃인가!" 청교도가 "나는 이 잃어버린 그리고 죄 많은 세상에서는 아무것도 아름답다고 할 것이 없다고 배웠습니다"라고 대답했다. 이것은 기독교인의 자세라기보다는 실은 이단이다. 이것이야말로 그노시스파가 취한 자세요, 그들이야말로 신앙을 파괴하는 위협이 되었기 때문이다.

세계는 하나님의 세계요, 구속 받은 세계다. 하나님은 놀라운 방법으로 그리스도 안에서 인류도, 생물도, 무생물도 모두 자신과 화해하여 주셨기 때문이다.

4. 이 구절은 이상한 짧은 말로 그친다. 바울은 이 화해는 지상의 모든 것뿐 아니라 하늘에 있는 것들에게도 미친다고 했다. 하늘에 있는 것이나 하늘에 살고 있는 것에 어찌하여 이 화해가 필요하였는가? 이 문장은 많은 주석가들의 논란을 불러일으킨 곳이다. 우리는 몇 가지 해석을 찾아보자.

1) 하늘에 있는 어떤 곳이나 하늘의 천사들이라도 죄 아래 있기 때문에 하나님과 화해되고 구속될 필요가 있다. 우리는 욥기 가운데 "하나님은… 그의 천사라도 미련하다 하시나니"(욥 4:18), "하늘이라도 그가 보시기에 부정하거든"(욥 15:15)라는 말씀을 볼 수 있다. 이와 같이 천사일지라도 십자가의 화해가 필요하였다는 주장이 있다.

2) 위대한 보편 구원론자인 오리게네스(Origenes)는 이 구절이 바로 악마와 그의 천사를 지적한다고 생각하였다. 교회 사상 가장 위대하고 모험적인 사상가인 그는 결국에는 악마와 그의 천사라도 예수 그리스도의 공로를 통하여 하나님과 화해될 것이라고 믿었다.

3) 바울은 그리스도의 화해의 공로가 지상과 하늘에 있는 만물까지 미치고 있다고 하는 것은 정확히 지적해서 어떤 것을 말하는 것이 아니라 그리스도의 화해의 공로가 완전무결하게 행해졌다는 장엄하고 낭랑한 표현에 불과하다는 주장이 있다. 이 견해에 의하면 어구를 엄밀한 의미로 취하려고 하면 잘못이고, 단순히 영향을 가진 어구로서 받아들일 것이라는 것이 된다.

4) 가장 흥미 있는 의견은 데오도레토(Theodoret)와 그의 뒤를 이은 에라스모스(Erasmus)에 의하여 서술된 것이다. 그는 이 구절의 중요한 점은 하늘에 있는 천사가 하나님께 화해된 것이 아니라 천사들이 **사람**에게 화해되었다고 말한다. 천

사들은 인간의 하나님에 대한 행위에 노하고 인간이 취한 반역과 불순종에 분개하여 인류를 멸하기 원하였다. 그러나 그리스도의 공로는 천사들의 분개를 제거했는데 그 이유는 하나님이 아직도 인간을 얼마나 사랑하는지를 알았기 때문이라고 설명한다.

이상 여러 가지가 어떤 것이든 간에 가장 확실한 것은 하나님의 단 하나의 목적은 예수 그리스도에 의하여 인간을 하나님 자신과 화해하는 것이었다. 그리고 그리스도가 화해의 중보가 된 것은 그의 죽음에 의하여 하나님의 사랑에는 어떤 한계도 없고 화해는 땅에 있는 것이나 하늘에 있는 것, 세계에 있는 모든 것에 똑같이 미치고 있다는 것을 표시한 것이다.

Ⅵ. 화해의 목적과 책무

21-23절에 화해의 목적과 책무에 대해 말하였다.

1. 화해의 목적은 **성결**이다. 그리스도는 우리가 거룩하고 흠이 없고 책망할 것이 없는 자로 하나님 앞에 서게 하기 위하여 희생적인 화해의 일을 실행하셨다. 이 하나님의 사랑을 곡해하고 오해하기는 용이하다. "하나님이 나를 이처럼 사랑하고, 하나님은 화해 이외에 아무것도 원하지 않는다면 죄는 문제가 안 된다. 내가 원하는 대로 해도 하나님은 항상 나를 사랑할 것이다." 사실은 그와 정반대다. 사실 인간이 사랑 받고 있는 것은 자신이 마음대로 하는 백지위임장(cartblanche)을 받은 것이 아니다. 그것은 세상에서 가장 큰 책무를 진 것이다. 즉, 그 사랑에 합당한 책무를 받은 것이다.

2. 화해는 또 하나의 다른 종류의 책무가 있다. 그것은 우리가 신앙에 굳게 서서 복음의 소망, 결코 잃어버리거나 포기하지 않는 책무를 우리에게 지운 것이다. 화해는 충성을 요구한다. 화해는 모든 일이 쉬울 때나 어려울 때나 똑같이 하나님의 사랑에 대한 신뢰를 결코 잃지 않는 것을 요구한다. 화해의 기적에서 흔들리지 않는 충성과 빛나는 불멸의 승리가 나온다.

특권과 임무

골로새서 1:24-29

[24]나는 이제 너희를 위하여 받는 괴로움을 기뻐하고 그리스도의 남은 고난을
그의 몸된 교회를 위하여 내 육체에 채우노라 [25]내가 교회의 일꾼 된 것은 하
나님이 너희를 위하여 내게 주신 직분을 따라 하나님의 말씀을 이루려 함이
니라 [26]이 비밀은 만세와 만대로부터 감추어졌던 것인데 이제는 그의 성도들
에게 나타났고 [27]하나님이 그들로 하여금 이 비밀의 영광이 이방인 가운데
얼마나 풍성한지를 알게 하려 하심이라 이 비밀은 너희 안에 계신 그리스도
시니 곧 영광의 소망이니라 [28]우리가 그를 전파하여 각 사람을 권하고 모든
지혜로 각 사람을 가르침은 각 사람을 그리스도 안에서 완전한 자로 세우려
함이니 [29]이를 위하여 나도 내 속에서 능력으로 역사하시는 이의 역사를 따
라 힘을 다하여 수고하노라

바울은 여기에서 대담한 사상으로 시작한다. 바울이 지금 자신이 받고 있는 고통과 투옥은 예수 그리스도의 고난을 채우고 완성하는 것이라고 생각하였다. 예수께서는 자신의 교회를 구하기 위하여 죽으셨다. 그러나 교회는 건설되고 발전해야 한다. 교회는 반드시 강건하고 순전하고 진실하게 보존되어야 한다.

그러므로 누구든지 교회에 봉사하는 자는 교회 영역을 확장하고 신앙을 심고 교회를 과실에서 지키는 것으로써 그리스도의 일을 행하는 것이다. 그리고 이 같은 봉사가 고난과 고통과 희생을 동반한다면 이 고난은 바로 예수 그리스도의 고난을 채우고 그것에 참여하고 있는 것이다. 그리스도에게 봉사하여 받는 고난은 벌이 아니다. 그것은 그리스도의 일에 참여하는 것이기 때문에 특권이요 명예다.

여기서 바울은 하나님이 그에게 주신 임무의 본질이라고 할 수 있는 내용을 말하였다. 그 임무는 대대로 이 세상에서 사람들에게 감추어져 있었으나, 이제는 명백해진 비밀과 새로운 발견을 전하는 것이었다. 이 새로운 발견과 비밀이

란 소망의 복음 영광은 유대인뿐 아니라 모든 곳에 있는 사람을 위한 것이다.

이것은 바울이 기독교의 신앙에 대해 행한 위대한 공헌이다. 바울은 그리스도를 이방에 전하였다. 그는 하나님과 하나님의 사랑과 긍휼이 어느 하나의 민족, 하나의 국민이 소유물이라는 사상을 영원히 타파하였다. 그는 그리스도는 이방인이나 유대인을 다 같이 위한 것이라는 확신을 가지고 사람들에게 도전하였다. 왜 바울이 특별한 의미로 우리의 성자요, 우리의 사도가 되는지의 이유가 여기에 있다. 왜냐하면 그가 아니었더라면 기독교는 또 하나의 새로운 유대교에 지나지 못하였을 것이며 우리와 기타 모든 이방인은 기독교를 결코 받지 못했을 것이다.

다음에 바울은 자신의 위대한 목적을 서술하였다. 그것은 "**각 사람**을 권하고 모든 지혜로 **각 사람**을 가르침은 **각 사람**을 그리스도 안에서 완전한 자로 세우려 함" 에 있다. 여기에는 하나님의 꿈, 즉 새로운 꿈이 있다.

유대인은 하나님의 전 인류를 필요로 한다는 생각을 받아들인 일은 없었다. 또 유대인은 하나님이 이방인의 하나님이라는 생각을 받아들이지도 않았다. 하나님이 모든 사람을 원하고, 모든 사람이 하나님 앞에 설 수 있다는 것은 유대인에게는 믿을 수 없는 것이고 심지어는 하나님을 모독하는 일로 보였을 것이다.

그노시스파는 모든 사람이 훈계되고 교훈되고 온전한 자로서 하나님 앞에 설 수 있다는 생각에는 동의하지 않았다. 우리가 아는 대로 **그노시스파**는 구원에 필요한 지식은 매우 심원하고 정교하고 어려워서 영적 귀족 계급이나, 선택된 소수자만이 소유할 수 있는 것이라고 믿었다.

굿스피드(E. J Goodspeed: 미국 침례파의 신약학자-옮긴이주)가 월터 리프만(Walter Lipman)의 《도덕의 서론(*Preface to Morals*)》에서 다음과 같은 것을 인용하였다. "지금까지 자신의 지혜를 전 인류에게 어떻게 가르칠까를 알 만큼 유능한 교사는 나타난 적이 없었다. 사실 우수한 교사는 그렇게 이상주의적인 것을 하지 않았다. 그들은 대개의 사람들에게서 지혜가 얼마나 어렵다는 것을 잘 알고 있었고 완전한 삶은 선발된 소수자만을 위한 것이라는 것을 솔직히 고백하였다. 사실 이론(異論)은 있을 것이나 실은 모든 사람에게 최고의 지혜를 가르친다는 생각은 인도적, 낭만적 민주주의 시대의 근대 사상이고, 이와 같은 생각은 위대한 교사들에게는 전혀 없었다."

지혜는 모든 사람을 위해 있는 것이 아니라는 생각에는 사람들이 공적으로도, 은밀하게도 찬성하여 온 예는 얼마든지 있다.

사실 이 세계에서 모든 사람을 위해 존재하는 단 하나는 그리스도이시다. 모든 사람이 사상자가 될 수는 없다. 모든 사람에게 주어지지 않은 은사가 있다. 모든 사람이 습득할 수 없는 기술이 있고 게임이 있다. 색맹인 사람에게는 예술적 미는 아무런 의미도 없다. 음치의 사람에게는 음악에서 감격이란 존재하지 않는다. 모든 사람이 작가나 학자, 설교가, 가수, 연설가가 될 수는 없다. 애정까지도 그 최고의 형태로는 모든 사람에게 허락되지 않았다. 모든 사람을 위하여 단 하나는 예수 그리스도이시다. 사람이 결코 소유할 수 없는 은사가 있다. 사람이 결코 향유할 수 없는 특권이 있다. 사람이 결코 측량할 수 없는 세상의 공적도 있다.

그러나 복음의 좋은 소식은 모든 사람에게 제공되어 있다. 우리 주 그리스도 예수로 말미암은 하나님의 사랑과 인생에서 성화를 가져오는 개혁의 능력은 모든 사람에게 제공되어 있다.

The Letter to the Colossians 02

사랑의 노고

골로새서 2:1

[1]내가 너희와 라오디게아에 있는 자들과 무릇 내 육신의 얼굴을 보지 못한 자들을 위하여 얼마나 힘쓰는지를 너희가 알기를 원하노니

여기서는 바울의 마음에 있는 휘장이 잠깐 걷히고 날카로운 섬광이 어렴풋이 보인다. 바울은 아직 만나보지는 못했지만 사랑하는 기독교인들을 위하여 수고하고 있다.

바울은 라오디게아인과 골로새인을 관련시키고, 직접 만나보지 못한 사람들에 대해 말한다. 바울은 루코(Lycus) 골짜기에 밀접하여 있는 라오디게아, 히에라폴리스, 골로새 이 세 도시를 하나로 묶어 생각하였다. 라오디게아와 히에라폴리스는 골짜기 양측의 거리가 약 10킬로미터 정도 되는 곳에 서로 볼 수 있게 위치하여 있었고 그 사이로 루코 강이 흐르고 있었다. 그리고 골로새는 여기서 19킬로미터 정도 상류에 위치해 있었다. 바울이 생각하고 마음의 눈으로 그리고 있는 것은 이들 세 도시를 포함한 지역에 있는 기독교인들이었다.

바울이 사용한 **힘쓴다**는 말은 선명한 말이다. 헬라어는 **아곤**(agōn)이다. 여기

에서 영어의 번민(agony)이란 단어가 파생하였다. 바울은 그 친구들을 위하여 열심히 애쓰고 있다.

우리가 기억할 것은 바울이 이 서신을 기록하였을 때 그가 어디에 있는가 하는 것이다. 그는 로마 감옥에 있었고 거의 확실한 정죄 판결을 기다리고 있었다. 그러면 그의 **힘쓴다**란 무엇인가?

I. 그것은 기도에서 힘씀(고투)이었다.

바울은 골로새에 가고자 열망하였을 것이다. 그는 거짓 교사들과 대면하여 그들의 쟁의를 다루고 진리에서 멀어지는 사람들을 다시 부르고자 열망하였음이 틀림없다. 그러나 바울은 감옥에 매어 있었다. 그에게는 기도를 떠나 다른 아무것도 할 수 없는 때가 왔다. 바울은 자신이 할 수 없는 것을 하나님께 위탁할 수밖에 없었다. 그러므로 바울은 육신으로 만나보지 못한 사람들을 위하여 기도를 했다. 우리가 돕고 싶은 사람과 불가피하게 떨어져 있을 때도 그들을 돕는 길이 언제나 남아 있다. 그것은 그들을 위하여 기도에 힘쓰는 것이다.

II. 바울의 마음에는 또 다른 고투가 계속됐다고 상상된다. 바울도 인간이 가지는 일반적인 문제를 가진 인간이었다. 그는 옥중에서 네로 앞에서 행해지는 재판을 기다리고 있는 몸이었다. 재판의 결과는 거의 확실한 사형이었다. 그는 겁쟁이가 되기 쉬웠고, 목숨을 위하여 진리를 포기하기도 극히 쉬웠다. 예수 그리스도를 버리고 소송을 취하기도 극히 쉬웠다.

바울은 이 같은 도피와 실패가 비참한 결과에 이르게 될 것을 잘 알았다. 어린 교회가 만약 바울이 그리스도를 버리고 항복하고 부인한다면 그들의 마음에서 원기가 떨어지고 저항력은 없어지고 다수인에게 기독교는 끝장이 났을 것이다.

바울의 고투는 자기 자신만을 위한 것이 아니었다. 이것은 저들의 믿음의 아버지와 지도자로서 그를 주목하는 사람들을 위한 것이기도 했다. 우리는 어떠한 생활환경에 처해도 우리를 보고 있는 사람들이 있음을 잊어서는 안 된다. 우리의 행위는 저들의 신앙을 굳게 세우기도 하고, 멸망시키기도 한다. 인생에서 우리의 고투는 우리 자신을 위한 것만이 아니다. 항상 그리스도의 영예가 우리

손에 있고 다른 사람의 신앙을 우리가 보관하고 있다는 사실을 깊이 유의해야 한다.

충성스러운 교회의 표식(1)

골로새서 2:2-7

[2]이는 그들로 마음에 위안을 받고 사랑 안에서 연합하여 확실한 이해의 모든
풍성함과 하나님의 비밀인 그리스도를 깨닫게 하려 함이니 [3]그 안에는 지혜
와 지식의 모든 보화가 감추어져 있느니라 [4]내가 이것을 말함은 아무도 교묘
한 말로 너희를 속이지 못하게 하려 함이니 [5]이는 내가 육신으로는 떠나 있
으나 심령으로는 너희와 함께 있어 너희가 질서 있게 행함과 그리스도를 믿
는 너희 믿음이 굳건한 것을 기쁘게 봄이라 [6]그러므로 너희가 그리스도 예수
를 주로 받았으니 그 안에서 행하되 [7]그 안에 뿌리를 박으며 세움을 받아 교
훈을 받은 대로 믿음에 굳게 서서 감사함을 넘치게 하라

여기서 바울의 기도는 교회를 위한 것이다. 우리는 이 기도 가운데서 살아 있고 충성스러운 교회의 특징인 큰 표식 몇 가지를 명확히 할 수가 있다.

1. 이것은 "용감한 마음"을 가진 교회다. 바울은 저들의 마음이 **용감하게 되기를** 기도하였다. **용감하게 하다**에 바울이 사용한 말은 **파라칼레인**(parakalein)이다. 때때로 이 말은 **위안한다**를 뜻하고 때로는 **권고한다**는 뜻을 가지고 있으나 배후에는 언제나 누군가 곤란한 상황에 확신과 용기를 가지고 대처하게 한다는 생각이 들어 있다.

헬라의 한 역사가는 이 말을 가장 흥미 있고 암시적인 용법으로 사용하였다. 옛날에 의기와 용기를 상실하고, 온전히 절망적인 헬라 병단이 있었다. 장군은 한 사람의 지도자를 보내 병단에게 말을 시켰다. 그는 의기 상실한 병단의 사람

들이 용기를 다시 얻고 영웅적인 행동을 하는 데 합당한 병단이 되도록 설득하였다. 이것이야말로 **파레칼레인**(parakalein)이 뜻하는 내용이다. 교회가 어떤 상태에 놓여 있든지 영웅적으로 대처할 수 있는 용기가 넘치도록 바울은 기도하고 있다.

II. 그것은 교인들이 서로 "사랑으로 결합되어 있는" 교회다. 사랑이 없으면 교회라는 것은 존재할 수 없다. 교회 정치의 수단, 교회의 의식은 중요하지 않다. 이것들은 시대가 지나고 장소를 달리하면 변하여 버린다. 참된 교회를 특징짓는 하나의 표식은 하나님에 대한 사랑과 형제에 대한 사랑이다. 사랑이 죽을 때 교회는 죽음으로 끝난다. 사랑이 있을 때 교회는 강건하게 된다. 사랑이 있을 때 거기에 사랑의 주 되신 예수 그리스도가 계시기 때문이다.

III. 그것은 "풍성한 이해력이 충분히 주어진 교회"다. 바울은 지혜란 뜻을 세 가지 말로 썼다.

1. 2절에 **수네시스**(sunesis)란 말을 사용하였다. KJV에는 **이해**라고 번역했다. 우리가 이미 보아 온 것처럼 **수네시스**는 **비판적인 지식**이라 부를 수 있다(1:9-11 참조-옮긴이주). 그것은 주어진 상황이 어떻든 근본원리를 적용하는 능력이다. 그것은 상황을 평가하고 그 중에서 어떤 구체적인 행위가 필요한지를 결정하는 능력이다. 참된 교회는 언제나 행동을 요구해도 할 것을 구체적으로 아는 지식을 가지고 있다.

2. 바울은 그리스도 안에서 **지혜와 지식**의 보화가 감추어져 있다고 말한다. **지혜**는 **소피아**(sophia), 지식은 **그노시스**(gnōsis)다. 이 두 말은 단순한 반복이 아니다. 양자간에는 상위점이 있다.

그노시스는 진리를 이해하는 힘이다. 그것은 거의 직관적이라고 할 수 있는 힘이다. 우리가 무엇을 보든지 듣든지 빛이 비칠 때 진리를 파악하는 힘이다. 그러나 **소피아**는 한 번 진리를 직관적으로 파악하면, 현명하고 지성이 있는 논리와 설명으로 진리를 굳게 간직하고 계속하여 칭찬하는 힘이다. **그노시스**는 사람이 사용하여 진리를 파악하는 것이다. **소피아**는 그것에 의하여 사람이 가지는 희망에 근거를 주는 것이다.

이와 같이 참된 교회는 어떤 상황이 주어져도 가장 우수한 행동을 할 수 있는 지혜, 명백하고 긴 안목으로 보는 지혜, 편견이나 무지로 맹목적이지 않는 지혜를 가지고 있다. 교회는 보고 듣고 할 때 직관적으로 진리라고 인정하고, 이것을 파악하는 지혜를 가지고 있다. 또 사색하는 마음으로 진리를 지성적인 것으로 만들고, 타인에게 현명하고 집요하게 추천할 수 있는 지혜를 가지고 있다.

이 모든 지혜는 그리스도 안에 **감추어** 있다고 바울은 말한다. 바울이 **감추어 있다**에 사용한 말은 **아포크루포스**(apokruphos)다. 바울이 이 말을 사용한 것은 그노시스파에 일격을 가할 목적으로 한 것이다. **아포크루포스**는 일반 사람들의 눈에서 감추어 있다는 뜻이다. 그러므로 **비밀**을 의미한다. 우리가 아는 대로 그노시스파는 구원을 위하여 정교하고 복잡한 일련의 지식이 필요하였다. 그들은 그 지식을 서적에 기록하였는데 이것을 **아포크루포스**라 불렀다. 그것들은 일반 단순한 사람들에게는 감추어 있기 때문이다.

이것과 같은 말을 사용하여 바울은 "너희 그노시스파는 일반 사람에게는 닫아 버리고, 감추고, 막힌 지혜를 가지고 있다. 너희는 그것을 **아포크루포스**라 부른다. 우리도 우리의 지식을 가지고 있다. 그러나 우리의 지식은 알 수 없는 책 가운데 감추어져 있는 것 같은 것이 아니다. 그것은 그리스도 안에 감추어져 있다. 그러므로 어디든지 있고 모든 사람에게 열려 있다"라고 말한 것이다. 기독교의 진리는 감추어져 있는 비밀이 아니다. 그것은 계시된 비밀이다.

충성스러운 교회의 표식(2)

골로새서 2:2-7(계속)

IV. 참된 교회는 "유혹적인 가르침에 저항하는 힘"을 가져야 한다. 그것은 **공교한 말**로 누구에게도 미혹되지 않는다고 하는 것이 된다. **공교한 말**은 헬라어

피타놀로기아(pithanologia)를 번역한 말이다.

이것은 법정 용어다. 그것은 변호사의 변론과 같이 설득력을 가진 말이라든가, 외견상 열등한 것이라도 이유를 들어 좋은 것으로 할 만큼 설득력을 가진 말, 죄인에게 그가 당연히 받을 벌을 피하게 해 줄 만큼 설득력이 있는 말, 민중을 지배할 수 있는 능력이라든가, 어떤 때는 민중을 잘못된 방향으로 지배하는 힘을 의미하였다. 참된 교회는 허울 좋은 말을 듣지 않고, 유혹에 찬 변론은 듣지 않고, 진리를 굳게 잡아야 한다.

V. 참된 교회는 "병사의 규율"이 있어야 한다. KJV에 의하면 바울은 골로새 교인들의 규모와 그리스도를 믿는 믿음이 견고한 것을 듣고 기뻐하였다. 이 들 두 용어는 군대 용어기에 생생한 상황을 묘사한다. **규모**라고 번역한 말은 **탁시스**(taxis)다. **계급**이나 **정리**, **정돈**을 의미한다. 교회는 질서 있는 군대와 같이 계급을 정하고 각 사람이 각각 지정된 직위에서 즐겨 명령을 순종할 준비가 되어 있어야 한다. **견고**라고 번역한 말은 스테레오마(stereōma)다. 견고한 **방파제**나 부동의 **밀집 부대**를 의미한다.

이것은 타파되지 않는 밀집 부대를 만들어 출발하여 적의 공격을 받아도 견고한 군대를 묘사한다. 교회 안에는 잘 훈련되고 단련된 군단이 가지는 질서 바름과 견고함과 같은 훈련된 질서와 견고함이 있어야 한다.

VI. 참된 교회는 "그리스도 안에 생명이 있어야 한다". 교인은 그리스도 안에서 행해야 한다. 교인의 모든 생활은 그리스도 앞에 있는 것을 자각하고 살지 않으면 안 된다. 그들은 그리스도 안에 "뿌리를 박고 세움을 입어"야 한다.

여기 두 가지가 묘사되었다. **뿌리를 박으며**에 사용되는 말은 흙 속 깊이 뿌리를 내리는 수목에 대해 쓰는 것이 보통이다. **세움을 입어**란 말은 견고하게 탄탄한 기반 위에 집을 세울 때 보통 사용하는 말이다. 마치 큰 나무가 흙 속 깊이 뿌리를 내리고 거기서 영양을 흡수하는 것같이 기독교인은 그리스도에게 뿌리박고 그리스도가 기독교인의 생명과 힘의 근원이 된다. 또한 집이 견고한 기반 위에 세워졌기 때문에 굳게 서 있는 것처럼 기독교 생활은 인간적인 어떤 힘 위가 아니라 그리스도의 힘 위에 기반을 두었기 때문에 어떤 바람에 대해서도 굳게 서 있는 것이다. 그리스도는 기독교인의 인생의 근원과 같은 것이고 기독교인의 안정된 기반과 같은 것이다.

Ⅶ. 참된 교회는 "받아들인 신앙을 굳게 잡고 있다". 교회는 그리스도에 대해 한 번 받아들인 가르침과 신앙을 결코 잊지 않는다. 이것은 변하는 사상이나 모험적인 사고는 모두 이단이라고 결정하는 것 같은 얼어붙은 정통주의를 의미하지 않는다는 것을 유의해야 한다. 우리는 골로새 서신에서 바울이 예수 그리스도에 대해 생각할 때 극히 새로운 경향을 보이고, 그것이 본래 자기 의도에서 얼마나 멀리 떨어져 있는지를 기억해야 한다. 그러나 모든 신앙에는 기초가 되는 것, 즉 불변하는 것이 있다는 것을 의미한다.

바울은 새로운 사상을 타고 얼마간 갔을는지 모르지만 언제나 예수 그리스도가 "주"라는 것은 불변의 진리로 시작하고 끝마친다.

Ⅷ. 참된 교회의 특징은 "풍성하고 넘치는 감사"다. 감사는 기독교 생활에 끊임없는 특징을 가진 기조(基調)다. 라이트훗은 다음과 같이 말하였다. "감사는 말이든지 행동이든지 온전히 인간다운 행위의 종국이다." 다만 기독교인의 하나의 관심은 하나님이 자연과 은혜 가운데 그를 위해 행한 모든 것에 대해 하나님께 감사하고 말로 표현하고 생활 중에 보이는 것이다.

에픽테토스(Epictetus)는 불신자였으나, 그 작고 늙은 절름발이 노예에서 이교의 위대한 윤리 교사 중 한 사람이 되었다. 그는 "절름발이 노인인 내가 하나님께 찬미 이외에 무엇을 할 것인가. 내가 나이팅게일 새라면 나는 나이팅게일같이 노래할 것이다. 백조라면 백조같이 노래할 것이다. 그러나 나는 보는 바와 같이 이성을 가진 인간이다. 그러므로 나는 하나님을 찬양하는 찬미를 부르지 않으면 안 된다. 이것이 나의 임무다. 나는 이 임무를 완성하도록 나에게 주어지는 한 이 역할을 다하고 그것을 저버리지 않을 것이다. 나는 당신들도 같은 노래를 부르기를 권한다"라고 기록하였다(에픽테토스, 강연집 1, 16, 21). 기독교인은 항상 모든 축복의 근원되시는 하나님을 찬미해야 한다.

지엽적인 것들

골로새서 2:8-23

[8]누가 철학과 헛된 속임수로 너희를 사로잡을까 주의하라 이것은 사람의 전
통과 세상의 초등학문을 따름이요 그리스도를 따름이 아니니라 [9]그 안에는
신성의 모든 충만이 육체로 거하시고 [10]너희도 그 안에서 충만하여졌으니 그
는 모든 통치자와 권세의 머리시라 [11]또 그 안에서 너희가 손으로 하지 아니
한 할례를 받았으니 곧 육의 몸을 벗는 것이요 그리스도의 할례니라 [12]너희가
세례로 그리스도와 함께 장사되고 또 죽은 자들 가운데서 그를 일으키신 하
나님의 역사를 믿음으로 말미암아 그 안에서 함께 일으키심을 받았느니라
[13]또 범죄와 육체의 무할례로 죽었던 너희를 하나님이 그와 함께 살리시고 우
리의 모든 죄를 사하시고 [14]우리를 거스르고 불리하게 하는 법조문으로 쓴 증
서를 지우시고 제하여 버리사 십자가에 못 박으시고 [15]통치자들과 권세들을
무력화하여 드러내어 구경거리로 삼으시고 십자가로 그들을 이기셨느니라
[16]그러므로 먹고 마시는 것과 절기나 초하루나 안식일을 이유로 누구든지 너
희를 비판하지 못하게 하라 [17]이것들은 장래 일의 그림자이나 몸은 그리스도
의 것이니라 [18]아무도 꾸며낸 겸손과 천사 숭배를 이유로 너희를 정죄하지 못
하게 하라 그가 그 본 것에 의지하여 그 육신의 생각을 따라 헛되이 과장하고
[19]머리를 붙들지 아니하는지라 온몸이 머리로 말미암아 마디와 힘줄로 공급
함을 받고 연합하여 하나님이 자라게 하시므로 자라느니라 [20]너희가 세상의
초등학문에서 그리스도와 함께 죽었거든 어찌하여 세상에 사는 것과 같이
규례에 순종하느냐 [21](곧 붙잡지도 말고 맛보지도 말고 만지지도 말라 하는
것이니 [22]이 모든 것은 한때 쓰이고는 없어지리라) 사람의 명령과 가르침을
따르느냐 [23]이런 것들은 자의적 숭배와 겸손과 몸을 괴롭게 하는 데는 지혜
있는 모양이나 오직 육체 따르는 것을 금하는 데는 조금도 유익이 없느니라

확실히 이 부분은 바울이 지금까지 쓴 것 중에서도 가장 난해한 문장 중 하나

다. 처음 이 문장을 듣거나 읽은 자에게는 극히 분명하였을 것이다. 여기서 문제는 처음에서 나중까지 골로새 교회를 위협하고 파괴하려고 하는 거짓 교사들에 대한 풍자로 채워진 점이다. 우리는 그 가르침이 무엇이었는지를 엄밀히, 상세하게는 알 수 없다. 그러므로 우리에게는 빗대어서 한 말의 내용이 막연한 것이 되고, 단순히 추측하거나 더듬는 것만이 된다. 그러나 문장이나 어구 어느 것이나 골로새인의 마음과 생각에는 직접 통하였을 것이다.

이 부분은 매우 난해하므로 우리가 통상 행하여 온 것과는 좀 다른 방법으로 취급해 보자. 나는 번역이라기보다는 전체를 설명적 문장으로 바꾸어 보았다.

우리는 여기서 주요한 사상을 인출해 보도록 하자. 이렇게 하면 골로새인이 걱정한 거짓 가르침의 주류를 잡을 수 있기 때문이다. 그리하여 전체적으로 본 후에 짧게 구분하여 더욱 상세하게 검토해 보자.

하나 확실한 것은 거짓 교사들이 골로새인들에게 **그리스도의 지엽적인** 것이라고 단순히 부를 수 있는 것을 받아들이기를 원한 것이다. 교사들은 예수 그리스도 자신만으로는 불충분하다. 그리스도는 독자적인 분이 아니다. 그는 하나님의 많은 현시 중 하나에 불과하다. 그러므로 예수에게 부가하여 소위 다른 신성한 것이든가 천사의 능력이든가를 예배하고, 이것을 봉사하고 알 필요가 있다고 가르쳤다. 우리는 이런 거짓 교사들이 부가하려고 한 그리스도의 부가물을 다섯 가지 구분할 수 있다.

I. 그들은 부가적인 "철학"을 사람들에게 가르치려 했다(8절). 그들의 견해에 의하면 예수에 의하여 선포되고 복음 가운데 기록된 단순한 진리로는 불충분하다. 그것은 거짓 철학이 정성 들여 만든 사상 체계로 보충되고 채워지고 완성되지 않으면 안 되었다. 그것은 단순한 사람에게는 너무나 어렵고, 지식인만이 이해할 수 있었다.

II. 그들은 "점성술"을 사람들이 받아들이기를 원하였다(8절). 우리가 이제부터 알게 되겠지만 점성술이 말하고 있는 물질의 의미에는 의심할 점도 있으나, 우리는 세상의 초등학문이라고 한 것은 아마도 우주의 영들일 것이며 특히 별과 천체일 것이다. 인간은 아직도 이것들의 영력의 영향을 받아 그 지배하에 있다고 하는 것이 이들 거짓 교사들의 가르친 요점이었다. 그들은 이 영역에서 해방되기 위해서는 예수께서 주시는 이상의 특별한 지식이 필요하다고 가르쳤다.

III. 그들은 기독교인에게 "할례"를 강요하려고 했다(11절). 신앙만으로는 충분치 못하다. 믿음에 할례가 부가되어야 했다. 육체적 표시는 마음의 태도를 대신하든가, 적어도 부가되지 않으면 안 된다고 가르쳤다.

IV. 그들은 "금욕적 규칙"을 부가하려고 했다(16:20-23). 그들은 사람이 먹고 마시는 것에 대하여 제사나 금식을 지키지 않으면 안 될 날에 대해 여러 가지 종류의 규칙이나 관습을 도입하려고 했다. 유대의 낡은 식물법과 규칙의 모든 것과 그 이상의 것을 다시 가져오라고 했다.

V. 그들은 "천사 예배"를 도입하려고 했다(17절). 그들은 예수께서 하나님과 인간 사이에 있는 많은 중보자 중 한 사람에 불과하고, 이 중보자 모두가 예배되고 경배되지 않으면 안 된다고 가르쳤다.

여기에는 그노시스주의와 유대주의가 혼합되어 있는 것을 볼 수 있다. 지성적인 것과 점성적인 것은 그노시스주의에서 직접 들어온 것이다. 금욕욕의와 규칙과 관습은 유대교에서 직접 들어온 것이다. 여기에 일어난 것은 다음과 같다. 우리가 본 대로 그노시스파는 복음보다도 우수한 모든 종류의 특별한 교훈과 지혜가 구원에 필요하다고 믿는 것이다. 이 그노시스파와 강하게 결속하여 여기서 요구되고 있는 특별한 지혜는, 유대교가 줄 수 있는 지혜 이외에는 없다고 언명하는 유대인이 있었다.

이것이 왜 골로새의 거짓 교사들이 그노시스주의의 신앙과 유대교의 실천을 결합했는지에 대한 해명이다.

단 한 가지 확실한 것은 거짓 교사들이 예수 그리스도와 예수 그리스도의 교훈과 예수 그리스도의 공로는 자신들에게는 충분하지 못하고 구원에서도 충분치 못하다고 가르친 것이다. 그러면 이곳을 하나씩 구분하여 보자.

전설과 별들

골로새서 2:8-10

[8]누가 철학과 헛된 속임수로 **너희**를 사로잡을까 주의하라 이것은 사람의 전
통과 세상의 초등학문을 따름이요 그리스도를 따름이 아니니라 [9]그 안에는
신성의 모든 충만이 육체로 거하시고 [10]**너희**도 그 안에서 충만하여졌으니 그
는 모든 통치자와 권세의 머리시라

바울은 거짓 교사들의 모습을 선명하게 묘사함으로써 시작한다. 바울은 **너희를 노략할** 사람에 대해 말하고 있다. 이 말은 **술라고게인**(sulagōgein)으로 정복된 나라의 백성들을 노예로 끌고 가는 노예 상인에 대해 사용된다. 바울에게는 한 번 구속되고 자유롭게 된 사람이(1:12-14) 새롭게 비참한 노예 상태에 종속하려고 의도하는 것이 놀라운 일이요, 비극적이었다. 거짓 교사들은 복음의 말씀과 예수 그리스도의 교훈에 부가할 필요가 있다고 하는 철학을 들고 나온다.

I. 그것은 "인간의 전설로 전해 내려온" 철학이다. 그노시스파는 다음과 같이 주장하는 습관이 있었다. 그들의 교훈은 사실 예수의 입으로 전한 말씀으로 어떤 때는 마리아 또는 마태와 베드로에게 말씀한 것이다. 실제로 그들은 예수께서 결코 군중과 말하지 않고 선택된 소수의 사람들에게만 말씀한 것이 있었다고 말하였다. 바울이 거짓 교사들에 대해 그들의 교훈은 인간적이며, 성경에 보증도 근거도 없다고 견책한다. 그것은 인간의 생각이 만들어 낸 것이며 하나님의 말씀은 아니다. 이렇게 말하는 것은 근본주의에 흐르는 것도, 기록된 문장의 폭력에 복종하는 것도 아니고, 성경의 기본적 진리와 하나님의 말씀과 다른 교훈은 기독교의 교훈이 될 수 없다는 것이다.

II. 그것은 "이 세상의 초등학문"과 관계가 있는 철학이다. 이 구절은 아직도 그 뜻이 모호한 것으로서 논란의 대상이 되어 온 것이다. 초등학문에 해당한 말

은 **스토이케이아**(stoicheia)로 두 가지 의미가 있다.

1. **스토이케이아**는 문자대로는 **한 줄로 서 있는 것**을 의미한다. 가령 정렬을 한 병사들에게 해당하는 말이다. 그러나 가장 흔히 쓰는 의미로 사용되는 것은 알파벳의 문자 A, B, C다. 물론 그것들이 한 줄로 쓰이기 때문이다 **스토이케이아**가 알파벳의 문자를 뜻할 수 있기 때문에 통속적으로 **모든 일의 초보적 가르침**을 의미하게 되었다. 우리는 지금이라도 무엇인가 제일보를 내딛는다고 말하려 할 때 그 문제의 A, B, C를 배운다고 말한다. 이것이 여기서 의미하는 것이라고 할 것이다.

바울은 아마도 이렇게 말했을 것이다. "이들 거짓 교사들은 너희에게 매우 진보적이고 한편 매우 심원한 지식을 전한다고 하지만, 사실은 가장 좋게 말해도 인간 생각의 지식이기 때문에 배우지 못한 초보적인 지식이다. 참 지식, 하나님의 충만한 지식은 예수 그리스도 안에 있다. 그리고 너희가 이들 거짓 교사들에게 귀를 기울인다면 심원한 영의 지식을 받기는커녕 옛날에 이미 내버렸어야 할 초보적이고 그릇된 지식으로 도로 떨어지는 결과가 된다." 바울은 이들 거짓 교사들이 전하는 소위 철학에 청종하는 것은 후퇴이고 전진은 아니라고 말하고 있다고 할 수 있다.

2. **스토이케이아**는 제2의 의미를 가지고 있다. 그것은 **세상의 4대 영**을 뜻한다. 특히 별이나 천체의 영을 뜻한다. 오늘도 점성술을 진지하게 생각하는 사람들이 있다. 저들은 황도 12궁의 배지와 표를 몸에 지니고, 별에 의하여 그들의 미래를 예언하고 있는 신문의 운세 란을 읽는다. 그러나 천체나 4대 영의 영향을 받고 있다는 사상에 고대 세계가 얼마나 지배되었는지를 아는 것은 거의 불가능하다. 누군가 말한 것같이 점성술은 당시 과학의 여왕이었다. 율리우스 시저(Julius, Caesar)나 아우구스투스(augustus)같이 위대한 사람도, 티베리우스(Tiberius) 같은 냉소적인 사람도, 분별력 있는 베스파시아누스(Vespasianus)까지도 별의 충고를 받지 않고는 한 발도 내디디지 않으려고 했다. 알렉산더 대왕은 별의 감화력을 맹목적으로 믿었다. 모든 사람의 생애는 별에 매어 있고 이미 고정되어 있다고 믿었다. 행복한 별 밑에 출생한 사람이 있다면 그의 전 생애는 행복하다. 그러나 불행한 별 밑에 출생했다면 그는 행복을 찾을 수가 없다. 무엇인가

계획을 성공하려면 반드시 별을 관찰해야만 했다. 사람들은 별의 감화력이나 이 세상의 4대 영에 의하여 스스로 결정된 운명의 손아귀에 있다고 느꼈다. 당시 사람들은 별의 노예였다.

여기서 피하는 방법이 하나 있었다. 사람이 바른 암호와 공식을 알기만 하면 별의 숙명적 영향력에서 피할 수 있다. 그리하여 그노시스주의와 그 유사한 신앙이나 철학의 오묘한 지식과 교리의 대부분은 별의 힘에서 피해 나올 수 있는 힘을 믿는 자에게 주는 지식이라고 주장하였다. 골로새의 거짓 교사들이 전한 것은 십중팔구는 이런 내용이었으리라고 생각한다. 그들은 말하였다. "예수 그리스도는 온전히 훌륭하시다. 그는 너희를 위하여 많은 일을 하실 수 있다. 그러나 별에 종속되어 있는 너희를 해방시킬 수는 없다. 우리만이 너희에게 그렇게 할 수 있는 비밀의 지식을 가지고 있다."

바울도 충분히 이 4대 영과 주권과 지배와 권위를 믿는 시대 조류에서 벗어날 수 없는 사람이었다. 그의 대답은 이렇다. "너희는 전 세계에 있는 여하한 힘을 극복하는 데는 그리스도 이외의 아무것도 필요가 없다. 그리스도 안에는 하나님의 충만이 있기 때문이다. 그리고 그는 모든 능력과 권위를 만든 자이므로 그것들의 머리다."

그노시스파의 교사는 부가적인 철학과 점성술을 전하였다. 바울은 전 세계 어디서나 어떤 힘도 극복하는 승리의 그리스도의 충분성을 주장하였다. 너희는 그리스도의 능력을 믿으면서 동시에 별의 감화력을 믿을 수는 없다.

참 할례와 참이 아닌 할례

골로새서 2:11-12

11또 그 안에서 너희가 손으로 하지 아니한 할례를 받았으니 곧 육의 몸을 벗
는 것이요 그리스도의 할례니라 12너희가 세례로 그리스도와 함께 장사되고
또 죽은 자들 가운데서 그를 일으키신 하나님의 역사를 믿음으로 말미암아

그 안에서 함께 일으키심을 받았느니라

거짓 교사들은 이방인 기독교인에게 할례를 받도록 요구하였다. 할례는 하나님의 선민의 표시였다. 그들은 "하나님이 또 아브라함에게 이르시되 그런즉 너는 내 언약을 지키고 네 후손도 대대로 지키라 너희 중 남자는 다 할례를 받으라 이것이 나와 너희와 너희 후손 사이에 지킬 내 언약이니라"(창 17:9-10)고 하시는 말씀으로 그것을 입증했다.

이스라엘의 모든 역사를 통하여 할례에 대해 두 가지 의견이 있었다. 하나는 할례 자체가 사람을 신과의 바른 관계에 두는 데 충분한 것이고 육체적인 할례의 행위만 있으면 충분하다고 한 사람들의 의견이었다. 그들은 이스라엘 민족이라면 선인이나 악인이나 문제되지 않았다. 문제는 그가 이스라엘인인가, 할례를 받았는가 하는 것뿐이라고 주장하였다.

그러나 위대한 사상가들이나 이스라엘의 위대한 영적 지도자들과 선지자들은 이것과는 전혀 다른 견해를 가졌다. 그들은 할례는 내적으로 하나님께 헌신한 사람의 외적 표시에 불과하다고 주장하였다. 그들은 **할례**란 말을 바로 모험적인 의미로 사용하였다. 그들은 **할례가 없는 입술**(출 6:12), **할례 받은 마음과 무할례의 마음**(레 26:41; 겔 44:7, 9; 신 30:6)과 **할례 받지 못한 귀**(렘 6:10)에 대해 말하였다. 이들 위대한 사상가들에게는 할례를 받는다는 것은 인간의 육체에 무엇인가 수술을 하는 것이 아니고 그의 마음과 생애에 변화를 일으키는 것을 의미하였다. 할례는 하나님께 헌신한 자의 표시였다. 그러나 헌신은 육체의 할례 중에 나타난 것이 아니고 하나님의 뜻을 거스르는 모든 것을 생활 가운데서 잘라 버리는 가운데 나타났다.

이것이 수백 년 전 예언자들의 대답이고, 거짓 교사들에 대한 바울의 대답이기도 했다. 바울이 거짓 교사들에게 말하였다. "너희는 할례를 요구한다. 그러나 너희는 할례가 남성의 몸에서 양피를 취도하는 것이 아니고 하나님과 격리시키는 인간성의 모든 부분을 잘라 버리는 것을 의미함을 마음에 두지 않으면 안 된다." 바울은 계속해서 말한다. "오직 예수 그리스도만이 이것을 할 수 있다. 제사장이면 누구나 남성의 양피에 할례를 베풀 수가 있다. 그러나 그리스도만이 하나님의 순종의 자식이 되는 것을 방해하고 있는 모든 것을, 인간의 생활과 자신에게서 잘라 버린다는 의미를 가진 영의 할례를 베풀 수 있다."

또한 바울은 계속해서 말한다. 그에게는 이것은 이론이 아니고 사실이었다. "이것은 너희가 세례를 받을 때 이미 일어난 사실이다." 우리가 바울의 세례에 대한 주장과 견해를 생각할 때 세 가지 일을 기억해야 한다.

오늘날에도 선교 지역이나 교회가 새로 생긴 곳에서는 그렇지만 초대교회 시대 사람들은 이교에서 곧바로 기독교에 들어왔다. 그들은 잘 생각해서 인생의 하나의 길을 떠나 다른 길을 향하였다. 그들은 세례의 행위로 헌신과 숙고한 결심을 표명했다. 이때는 유아 세례가 있기 전 시대였다.

유아 세례는 기독교인 가족이 사실상 나타나기 전까지는 행하지 않았다. 바울이 생각하고 있는 것은 개인적 기독교인 시대에 일어난 것이고 기독교인의 가정이 출현하기 이전의 것이었다.

바울 시대의 세례에는 세 가지 특징이 있었다. 첫째는 성인 세례요, 둘째는 **학습 받은** 세례요, 셋째는 세례를 행할 수 있는 곳이면 어디서도 행한 침례 세례였다.

그러므로 바울 시대에는 세례가 상징하는 것은 분명하였다. 세례 받는 사람의 머리 위로 물이 잠기는 것은 죽음과 같았다. 그가 물 위로 올라오는 것은 새로운 생명으로 다시 태어나는 것과 같다. 그의 옛 생명은 죽고 그 앞에는 새 생명이 확장되어 있었다. 그는 어떤 의미에서 죽고 영원히 잃어버렸다. 그리고 새 사람이 새 생명으로 다시 태어난 것이다.

그러나 이 상징이 현실화되려면 단 한 가지 상태에서만 된다는 데 주목해야 한다. 그것은 예수 그리스도의 생애와 죽음과 부활을 열심히 믿을 때에만 현실의 것이 된다. 그것은 예수 그리스도를 죽은 자 가운데서 다시 살리신 하나님의 능력과 하나님의 효과적인 역사를 믿을 때에만 일어날 수 있다. 그때만이 예수 그리스도가 십자가를 통하여 오게 한 능력과 그리스도를 부활시킨 힘이 자신을 위해서도 같이 행하시리라고 확신할 수 있다. 기독교인에게는 세례가 사실에서 죽고 다시 사는 것이었다. 기독교인은 그리스도가 죽고 다시 사신 것으로 자신도 주의 경험에 참여하고 있다고 믿기 때문이다.

바울은 이렇게 말한다. "너희가 할례에 대해 말하고 있다. 단 하나의 참 할례는 세례로서 그리스도와 같이 죽고 다시 사는 것이다. 그러므로 할례는 몸의 일부분을 잘라 버리는 것이 아니라 죄 많은 자기 자신이 죽고 생명의 새로움과 하나님의 거룩으로 충만해지는 것이다."

승리의 용서

골로새서 2:13-15

[13]또 범죄와 육체의 무할례로 죽었던 너희를 하나님이 그와 함께 살리시고 우
리의 모든 죄를 사하시고 [14]우리를 거스르고 불리하게 하는 법조문으로 쓴 증
서를 지우시고 제하여 버리사 십자가에 못 박으시고 [15]통치자들과 권세들을
무력화하여 드러내어 구경거리로 삼으시고 십자가로 그들을 이기셨느니라

위대한 교사들과 설교가 대부분 사색할 때 그림으로 생각했다. 여기서 바울도 하나님이 그리스도 안에서 인류를 위하여 무엇을 했는지를 나타내는 선명한 일련의 그림으로 생각했다. 이 모든 배후에 있는 의도는 인류의 완전한 구원을 위해 그리스도가 할 수 있는 것, 행해야 할 것은 다했고 다른 어떤 중보자의 협력도 필요가 없게까지 했다는 것을 나타내고자 한 것이다. 여기에는 세 가지 주요한 묘사가 있다.

I. 사람은 자신의 죄로 죽은 것이었다. 사람은 온전히 죄의 짐을 지고 있었다. 죄의 사슬을 끊기에는 무력하였다. 그들은 죄의 선고를 받을 힘도 없었다. 사람은 죄를 이기거나 죄를 없애는 데도 죽은 자 이상의 힘이 없었다. 예수 그리스도는 자신의 공로에 의하여 사람을 죄의 권세와 그 결과에서 자유롭게 하셨다. 주님은 사람을 죽음에서 다시 살리시고, 새로운 생명을 주셨다고밖에 할 수 없다. 새 활력에 찬 자유로 해방된 생명을 그들에게 주셨다.

더욱이 유대인만이 하나님께 사랑을 받고 택함 받은 백성이고, 하나님에게 온전히 특별한 소유물이었다고 하는 것은 오래된 신앙이었다. 그러나 그리스도의 구원과 속죄의 힘은 하나님과 어떤 특별한 계약도 없는 이방인에게도 미쳤다. 그리스도의 공로는 죽은 자에게 생명을 주기 때문에 힘 있는 일이다. 하나님의 은혜를 기대할 아무런 이유도 없는 사람들에게까지 미쳤기 때문에 은혜의 역사였다.

II. 다음 묘사는 더욱 선명해진다. KJV이 말하는 것같이 예수 그리스도는 "우리를 대적하는 의문에 쓴 증서를 도말하시고 제하여 버렸다". KJV가 번역한 것과 같이 그리스도는 우리가 인정하는 부채와 율법에 기초한 고발 목록을 지워 버렸다. 여기에서 말하고 있는 전체에 관계된 두 가지 헬라어가 있다.

1. 바울은 **우리를 거슬리고 대적하는 의문에 쓴 증서** 혹은 저자 사역에 따르면 **우리가 인정한 부채 목록**에 대해 말하고 있다. **증서나 고발 목록**에 해당한 말은 **케이로그라폰**(cheirographon)이다. 문자대로는 **자필**을 의미한다. 그러나 그 전문용어의 의미는 누구나 잘 알고 있었으니, 채무자가 자신의 채무를 인정하여 서명한 각서였다.

이것은 우리가 채용증이라 부르는 것과 다를 바 없다. 그것은 부채라든가 과실을 승인한 서명이었다. 인간의 죄는 쌓이고쌓여서 하나님에 대해 막대한 채용증이 되었다. 더욱 인간은 이 부채를 매우 확실히 안다고 말할 수 있다. 한 번뿐 아니라 구약성경은 여러 번 하나님의 율법을 들고 이것을 받아들인 이스라엘 자손들이 그것을 지키지 않았을 때 그들에게 내린 저주가 있다(출 24:3; 신 27:14-16).

신약성경에서는 유대인이 가지고 있는 것 같은 하나님이 쓰신 율법이나, 쓰인 계시가 아니라 이방인이 가지고 있는 것 같은 마음에 기록한 율법이요, 양심의 소리가 나타나 있다(롬 2:14-15). 사람은 그 죄로 하나님께 부채를 지고 있다. 그리고 사람은 그것을 알고 있다. 사람은 그것을 승인할 수밖에 없다. 죄의 자백에 기초한 기소장이 있다. 다시 말해 자신이 서명하고 인정한 고발장이 있다.

2. 제2의 중요한 말에 이른다. 하나님은 이 고발장과 기소장을 **제하여 버리사**

혹은 **도말하시었다**. **제하여 버리사**에 해당한 헬라어는 동사 **엑살레이페인**(exaleiphein)이다. 이 말을 이해하려면 하나님의 놀라운 자비를 이해해야 한다. 고대의 문서가 기록된 물질은 종이의 일종인 식물로 만든 파피루스(papyrus)나 동물의 가죽으로 만든 양피지라 부르는 것이었다. 어느 것이나 비싼 것으로 낭비할 수가 없었다. 고대 잉크에는 산이 없었다. 그러므로 종이 표면에 써도 현대 잉크가 대개 그런 것같이 종이 속까지 침투하지 않았다.

어떤 학자는 때때로 종이를 절약하기 위하여 이미 한 번 글자를 썼던 일이 있는 파피루스나 양피지를 사용하였다. 그런 때는 스펀지로 글자를 닦아 냈다. 고대에는 종이를 닦아 낼 수 있었다. 고대 잉크는 가만히 두는 한 지워지는 일은 없었다. 그러나 잉크는 종이 표면에만 있기 때문에 닦아 버릴 수가 있었다. 그것은 마치 아무것도 기록한 일이 없었던 것과 같이 지워졌다.

하나님은 그 놀라운 은혜로 우리 죄의 기록을 완전히 지워 버렸기 때문에 아무 죄도 없었던 것으로 생각할 정도였다. 그것은 흔적이 남지 않을 정도로 완전하게 지워 버렸다.

3. 바울은 계속하여 말한다. 하나님은 그 증서를 들어서 예수 그리스도의 십자가에 못 박아 버렸다. 고대 세계에서는 법률, 선고, 조례가 무효화되었을 때 게시판에 고정시켜 못을 박아 놓았다고 한다. 그러나 이것이 이 경우에 해당한 사례가 되는지 어떤지는 의심스럽다. 오히려 여기에서는 우리를 거스르는 기소장은 그리스도의 십자가에 못 박혀 버렸다는 것이다.

다시 말해 바로 그 증서가 사형을 당했다. 증서는 마치 쓴 일이 없는 것같이 닦아 버려지고 말았다. 증서는 십자가에 못 박혀 버렸다. 그것은 완전히 깨끗이 지워 버렸기 때문에 두 번 다시 볼 수 없게 될 것이다.

바울은 하나님이 그 긍휼로 예수 그리스도를 통하여 우리를 거스르는 죄의 판결 문서를 얼마만큼 완전하게 파괴하고 지워 버리고 닦아 냈는지를 보이는 일련의 그림을 찾아내는 데 전력을 다하는 것같이 보인다.

여기에 진정으로 은혜가 있다. 또 하나 막연한 어귀 중에 강조되어 있는 것은 새로운 은혜의 시대다. 죄의 선고, 기소장, 고발장은 **율법의 조례에 기초한** 것이었다. 예수께서 오기까지 사람은 율법 밑에 있었다. 사람은 율법을 완전히 지킬 수 없었기 때문에 율법을 파기했다. 기소장은 율법이 말하는 규정과 법령에 의해서 효력을 가졌다.

그러나 이제 율법은 없어지고 은혜가 온 것이다. 사람은 더 이상 율법을 파괴한 죄인이 아니고 하나님의 심판의 처분만 기다리는 처지가 아니다. 사람은 잃어버린 자식이 집에 돌아와 하나님의 은혜에 둘러싸인 자식인 것이다.

III. 바울의 마음에 또 하나의 그림이 떠올랐다. 예수께서는 모든 권세와 지배자를 무장을 해제하고 그들을 포로로 만들었다. 이미 아는 것과 같이 고대 세계는 모든 종류와 계급의 천사나 모든 종류의 영이나 악마를 믿고 있었다. 이들 많은 악마와 영이 인간에게 해를 가하는 것이었다. 악마에 들린 자, 그와 같은 사람도 악마와 영에 의한 것이었다. 그들은 인간의 적이고, 악의 있는 것들이었다.

예수께서는 그들을 영원히 정복하였다. 예수께서는 그들을 **무장 해제**했다. 여기서 사용한 말은 패배한 적에게서 무기와 무장을 제거할 경우에 쓰는 말이다. 예수께서는 그들의 힘을 최종적으로 없애 버리고 말았다. 예수께서는 승리의 개선을 해 그들을 포로로 하고서 행렬에 세워 구경감으로 만들었다.

여기에 묘사한 것은 로마 장군이 승리의 개선을 하는 모습이다. 로마 장군이 영광스러운 승리를 얻을 때는 군대를 거느리고 로마 시내를 행진하는 것이 허락되었다. 그리고 장군의 뒤에는 그가 멸하고 정복한 나라의 왕과 지도자들과 백성의 무리가 슬프게 따랐다. 그들은 장군의 희생자요, 포로라는 오명을 여러 사람에게 보이게 했다.

바울은 예수께서는 승리의 정복자, 전 우주적인 승리를 누리는 것으로 생각했다. 그리고 예수의 승리의 행진에는 모든 사람이 볼 수 있도록 악의 지배자들이 뒤따르고 있다.

바울은 이 같은 선명한 묘사로 그리스도 사업의 완전한 충분성을 기술하고 있다. 죄는 용서된다. 악은 정복된다. 이 이상 더 필요한 것이 있는가? 그노시스주의가 말하는 지식이나 중보자가 사람을 위하여 할 수 있는 일은 아무것도 없다. 그리스도가 이미 이 모든 것을 수행하셨다.

후퇴

골로새서 2:16-23

[16]그러므로 먹고 마시는 것과 절기나 초하루나 안식일을 이유로 누구든지 너
희를 비판하지 못하게 하라 [17]이것들은 장래 일의 그림자이나 몸은 그리스도
의 것이니라 [18]아무도 꾸며낸 겸손과 천사 숭배를 이유로 너희를 정죄하지
못하게 하라 그가 그 본 것에 의지하여 그 육신의 생각을 따라 헛되이 과장
하고 [19]머리를 붙들지 아니하는지라 온몸이 머리로 말미암아 마디와 힘줄로
공급함을 받고 연합하여 하나님이 자라게 하시므로 자라느니라 [20]너희가 세
상의 초등학문에서 그리스도와 함께 죽었거든 어찌하여 세상에 사는 것과
같이 규례에 순종하느냐 [21](곧 붙잡지도 말고 맛보지도 말고 만지지도 말라
하는 것이니 [22]이 모든 것은 한때 쓰이고는 없어지리라) 사람의 명령과 가르
침을 따르느냐 [23]이런 것들은 자의적 숭배와 겸손과 몸을 괴롭게 하는 데는
지혜 있는 모양이나 오직 육체 따르는 것을 금하는 데는 조금도 유익이 없느
니라

여기 문장 전체를 통하여 그노시스주의의 기본 사상 몇 가지가 엉켜 있다. 그 중에서 바울은 골로새 사람들에게 그노시스파 관습을 따르지 않도록 경고했는데 그들이 그렇게 하는 것은 신앙의 진보가 아니라 퇴보라는 이유에서였다. 이 배후에는 그노시스파의 네 가지 관습이 있다.

I. 그노시스적 "금욕주의"가 있다(16, 21절). 무엇을 먹고 마실 수 있으며 무엇을 먹고 마실 수 없는가 하는 문제에 대한 많은 규칙이 있다. 다시 말해 깨끗한 것과 깨끗하지 못한 것의 일람표를 만든 유대의 식물법에 돌아가는 것이다. 지금까지 우리가 배운 대로 그노시스파는 모든 물질은 본질적으로 악한 것이다고 생각하였다. 물질이 악하다면 육체도 악하다. 육체가 악하다면 두 가지 반대의 결론에 도달하게 된다.

1. 육체가 근본적으로 악하다면 우리는 그것을 가지고 무엇을 해도 상관이 없다. 아무리 식욕을 만족시키고 식상을 시켜도, 육체를 경멸해도 상관이 없다. 육체는 악한 것이기 때문에 어떤 방법으로 사용되고 악용되든 하등 상관없는 것이다.

2. 육체가 악이라면 그것은 억제되어야 한다. 육체를 때리든나 절식하든가 하지 않으면 안 된다. 모든 요구는 거부되고 모든 행동은 폐쇄되어야 한다. 즉, 그노시스주의는 완전한 부도덕이든가, 엄격한 금욕주의가 되든가 할 것이다. 바울이 여기서 다루고 있는 것은 엄격한 금욕주의다. 바울의 말은 결과적으로 "너희는 먹고 마시는 데 관한 율법을 종교와 동등하게 취급하는 사람들과 관계하지 말라"고 했다. 예수 자신이 무엇을 먹고 마시는 것은 아무런 상관이 없다(마 15:10-20; 막 7:14-23)고 했다. 베드로도 깨끗한 것과 깨끗지 못한 것을 입에 대지 않는다는 것은 헛된 일이라는 것을 배웠다(행 10장).

바울은 부연법이라 할 수 있는 말을 사용하여 예수께서 말씀하신 것을 다른 방법으로 반복한다.

바울은 "이 모든 것은 쓰는 대로 부패에 돌아가리라"(22절)고 했다. 바울은 예수께서 음식물이 입에서 들어가 소화되고 배설되어 몸 밖으로 나가는 것뿐이라는 말을 그대로 재현하였다(마 12:17; 막 7:19). 식물은 입에 들어가자 분해되고 부패해 가는 운명이 정해진 것으로서 중요한 게 아니다. 그노시스파는 먹는 것과 마시는 것에 대한 규정과 습관을 만들고 그것을 종교로 하고자 했다. 오늘날에도 복음의 자비보다도 식물에 대한 규정을 더 중요하다고 생각하는 사람들이 있다.

II. 그노시스파와 유대인은 "날을 지키는 일"이 있었다(16절). 그들은 해마다 제사를 지내고 달마다 새 달을 지키고 주마다 안식일을 지켰다. 그들은 특별히 하나님께 속한 날들을 뽑아내고 그날에는 어떤 일은 반드시 해야 하고 어떤 일은 해서는 안 되는 것이었다. 그들은 의식과 안식일 엄수를 종교와 동일시하였다.

이런 금욕주의와 절기의 강조에 대한 바울의 비판은 온전히 명료하고 이론적이다. 그는 "너희는 율법이 전하는 규칙과 습관의 속박 속에서 자유가 되고 구원 받은 것이다. 그런데 왜 또다시 노예가 되고자 하는가? 왜 너희는 율법주의로 돌아가 기독교의 자유를 버리고자 하는가?" 라고 말했다. 기독교를 규칙과 관습의 하나로 하고자 하는 정신은 지금도 끊어지지 않고 있다.

III. 그노시스파의 "특별한 환상"이 있었다. KJV 18절에 거짓 교사들에 대해 "그들은 본 일이 없는 것을 강요한다" 라고 말한다. 이것은 오역이다(영역). 바른 번역은 "그들은 자신이 본 일이 있는 것을 과장하였다" 라고 해야 할 것이다(우리말 번역은 오역이 아님-옮긴이주). 그노시스파는 일반 사람 눈에는 열리지 않은 특수한 환상이나 비밀의 특별한 계시가 모두 저들에게는 계시된 것처럼 자만하였다. 신비의 환상을 부정하는 자는 없겠으나 소위 일반 사람은 볼 수 없는 것을 자신들은 볼 만큼 거룩한 지경에 이르렀다고 생각하기 시작할 때 언제나 위험이 있다. 그것은 하나님이 보내시는 것이 아니라 저들이 보려고 하는 것을 보는 위험이다.

IV. "천사 숭배"가 있다(18, 20절). 우리가 이미 아는 바와 같이 유대인은 천사의 교리를 높이 발전시켰다. 그노시스파는 모든 종류의 중보자를 믿었다. 그들은 이들의 천사를 예배하였으나, 기독교인에게 예배는 하나님과 예수 그리스도에게만 드리는 것으로 알고 있다.

바울은 이상의 것을 네 가지로 비판하고 있다.

I. 바울은 이것들 모두가 진리의 그림자에 불과하고, 그 본체는 그리스도라고 말한다(17). 다시 말해 어떤 종류의 음식물을 먹기도 마시기도 하고, 다른 것은 절제하기도 하는 이와 같은 것에 기초한 종교, 안식일과 그와 같은 날을 엄수하는 데 기초한 종교는 참 종교의 그림자에 불과하다. 참 종교란 그리스도와 교제하는 것이기 때문이다.

II. 바울은 "거짓 겸손함"이 있다고 말한다(18, 23절). 그노시스파도, 유대인도 천사 숭배에 대해 말할 때는 다 같이 하나님은 매우 위대해 높고 거룩하기 때문에 우리는 직접 하나님을 가까이 할 수 없다. 우리는 직접 하나님께 비는 것이 아니고, 천사에게 기도하는 것으로 만족해야 한다면서 천사 숭배를 정당화하고자 했다. 그러나 기독교가 전하는 위대한 진리는 정확히 말한다면 실은 하나님께 이르는 길은 예수 그리스도에 의해 열리고 어떤 사람에게도 닫혀 있지 않기 때문에 가장 겸손하고 순진한 사람들에게 열려 있는 것이라는 진리다.

III. 바울은 이것들은 죄 된 자만으로 인도할 수 있다고 말한다(18, 23절). 특별한 날을 지키는 소심한 사람, 식물법과 모든 습관을 지키는 사람, 금욕적 억제를 시도하는 사람은 자기 자신을 특별히 훌륭한 인간이라고 생각하여서 타인을 내려다보는 치명적인 위험을 범하기 쉽다. 자신을 훌륭하다고 생각하는 사람은 훌륭하지 않고 타인보다 자신이 우수하다고 생각하는 자는 모든 사람 중에 가장 작은 사람이라는 것이 기독교의 기본적 진리다.

IV. 바울은 이 모든 것이 기독교인의 자유를 바꾸어 비기독교인의 노예 상태로 돌아가는 것이라고 한다(20절). 어쨌든 이것들은 사람의 육체의 욕망에서 해방시키지 못하고 매어 두는 것뿐이다(23절).

기독교인의 자유는 규칙이나 관습에 의한 욕망을 억제하는 데서 오는 것이 아니라 기독교인이 그리스도 안에 있고 그리스도가 기독교인 안에 거하기 때문에 악한 욕망은 죽고 좋은 욕망이 솟아나는 데서 오는 것이다.

The Letter to the Colossians 03

부활의 생명

골로새서 3:1-4

[1]그러므로 너희가 그리스도와 함께 다시 살리심을 받았으면 위의 것을 찾으
라 거기는 그리스도께서 하나님 우편에 앉아 계시느니라 [2]위의 것을 생각하
고 땅의 것을 생각하지 말라 [3]이는 너희가 죽었고 너희 생명이 그리스도와
함께 하나님 안에 감추어졌음이라 [4]우리 생명이신 그리스도께서 나타나실
그때에 너희도 그와 함께 영광중에 나타나리라

바울이 여기서 말하려는 요점은 이것이다. 기독교의 세례를 받음으로써 죽고 다시 살아난 것이다. 물이 그를 덮을 때는 마치 죽어 매장된 것과 같은 것이다. 물에서 나오는 것은 새 생명으로 다시 산 것과 같다.

그렇다면 이제 기독교인은 세례를 받으려고 물속에 들어갈 때와 똑같은 인간으로서 물에서 나올 수는 없다. 거기에 무엇인가 다른 것이 있어야 한다. 대체 어디에 다른 점이 있는가? 그 다른 점이란 기독교인의 생각이 높은 것을 구한다는 데 있다. 기독교인은 이미 지상의 지나가는 사소한 일에 관심을 가지지 않는다. 기독교인은 하늘에 있는 영원한 일에만 관심을 가져야 한다.

우리는 여기서 바울이 말하는 것에 주의 깊게 주목해야 한다. 바울은 기독교인이 이 세상의 모든 일과 활동에서 몸을 후퇴하고, 다시 말해 아무것도 하지 않고 영원한 것을 보고만 있는 저 세상의 것을 추구하라는 것은 아니다. 바울은 이후 즉시 기독교인이 이 세상일에 잘 따르고 이 세상 모든 관계를 정상적으로 계속 유지하려고 기대하는 일련의 윤리적 원칙을 열거하였다.

그러나 여기에 차이점이 있다. 기독교인은 금후 모든 것을 영원이라는 빛과 이를 배경으로 해 볼 것이다. 기독교인은 이미 이 세상이 전부라고 생각하지 않으며 기독교인은 이 세상을 보다 큰 영원한 세계를 배경에 놓고서 볼 것이다.

이것은 분명히 기독교인에게 새로운 가치관과 새로운 판단 방법과 새로운 균형 감각을 줄 것이다. 이 세상이 중요하다고 생각하는 것을 기독교인은 벌써 마음에 두지 않는다. 이 세상을 지배하고 있는 야심은 기독교인에게 접촉할 때 무력한 것이 될 것이다. 기독교인은 이 세상일을 계속하고, 이 세상 것을 사용하고 있더라도 새로운 방법으로 할 것이다. 가령 기독교인은 손에 넣는 것 이상으로 주는 것에, 통치하는 일 이상으로 섬기는 일에, 복수하는 일 이상으로 용서하는 일에 가치를 더할 것이다.

기독교인은 모든 일을 사람에게 보이려고 하지 않고, 하나님이 보시도록 할 것이다. 기독교인의 가치 기준은 인간의 기준이 아니고 하나님의 기준이 될 것이다.

그럼 이 같은 일은 어떻게 일어나고 완성될 것인가? 기독교 생활은 하나님 안에 그리스도와 함께 숨겨져 있다. 여기에는 적어도 두 가지 선명한 묘사가 있다.

1. 우리는 초대 기독교인들이 세례를 죽고 사는 것이라고 생각한 사실을 얼마만큼 반복하여 배웠는지를 기억할 것이다. 기독교인은 물속에 들어갔을 때 그리스도와 같이 장사 지내고, 물에서 올라왔을 때 새 생명으로 다시 살아났다. 이제 사람이 죽어 장사하는 것을 헬라인은 매우 통속적으로 **땅 속에 감추어졌다고** 말한다. 사람이 육체적인 죽음을 당할 때 그는 **땅 속에 감추어졌다**고 말한다. 그러나 기독교인은 세례로써 영적으로 죽어 땅 속이 아니고 **그리스도 안에 감추어진** 사

람이 되었다. 초대 기독교인들이 경험한 것은 세례의 행위에 의하여 바로 그리스도에게 싸여지는 것이었다.

II. 여기에 헬라인이면 곧 기억할 어구가 있다. 우리는 거짓 교사들이 소위 지혜의 책을 **아포크뤼포이**(apokruphoi)라 부르고, 이 책은 지혜를 구하는 탐구자들 이외의 모든 사람에게는 감추어져 있었다. 이 **아포크뤼포이**, 즉 감추어진 책은 그노시스파에게는 지혜의 보물을 간직하는 것이었다.

이제 바울이 우리의 생명은 그리스도와 같이 하나님 안에 **감추어져 있다**는 말에 사용한 단어는 동사 **아포크뤼테인**(apokrutein)으로 여기서 형용사 **아포크뤼포스**가 파생한 것이다. 확실한 것은 이 같은 말이 다른 것을 암시하는 것이 확실하다. 바울은 다음과 같이 말하는 것이라고 생각된다. "너희에게는 지혜의 보물은 너희가 가지고 있는 비밀의 책 가운데 감추어져 있다. 우리에게는 그리스도가 지혜의 보물이다. 그리고 우리는 그리스도 안에 감추어져 있다."

여기에는 또 다른 생각이 기술되어 있다. 기독교 생활은 그리스도와 함께 하나님 안에 감추어져 있다. **감추어져** 있는 것은 싸여졌기 때문에 보이지 않는다. 이 세상은 기독교인을 알아낼 수가 없다. 기독교인이 가지고 있는 참으로 위대한 것은 이 세상에서는 감추어져 있다. 그러나 바울은 계속하여 말한다. "그리스도가 영광 가운데 재림하는 날이 온다. 그리하면 지금까지 누구 하나 인식하지 못했던 기독교인은 그 영광에 참여하여 모든 사람에게 확실하게 보이게 될 것이다." 어떤 의미에서는 바울은 마음으로 이렇게 말한다. 언젠가 영원의 판단이 시간의 판단을 번복시킬 것이며 하나님의 심판이 사람의 심판을 전복시킬 것이다.

우리의 생명인 그리스도

골로새서 3:1-4(계속)

4절에서 바울은 예수 그리스도에게 훌륭한 신앙의 칭호를 드리고 있다. 그는 예수를 **우리의 생명이신 그리스도**라고 부른다. 여기에는 바울의 마음에 매우 귀히 여기는 사상이 있다. 바울은 빌립보서를 기록하였을 때 "내게 사는 것은 그리스도니라"(빌 1:21)고 했다. 다시 수년 전, 갈라디아서를 기록하였을 때 "내가 사는 것이 아니요 오직 내 안에 그리스도께서 사시는 것이라"(갈 2:20)고 했다. 바울이 보는 것같이 기독교인에게는 인생의 가장 귀한 것은 예수 그리스도이시다. 예수 그리스도가 생명이기 때문에 그 이상 귀한 것은 없다.

이것은 신앙의 최고봉이라고도 할 수 있는 말로서 우리는 막연하게밖에 이해되지 않고, 망설이면서 불완전한 표현을 할 수밖에 없는 점이다. 때때로 우리는 "음악이 그의 인생이다"라든가, "운동이 그의 인생이다"라든가, "그의 인생은 일이다"라고 한다. 그 같은 사람은 각각 음악, 운동, 일에서 인생의 의의와 삶의 보람을 발견한다. 기독교인에게는 그리스도가 삶의 보람이다. 예수 그리스도는 기독교인의 생각을 지배하고 기독교인의 인생을 채우신다.

여기서 우리는 이 문장의 처음으로 돌아간다. 그것이 바로 기독교인은 왜 자신의 생각과 마음과 관심을 이 세상의 것에는 두지 않고 위의 것을 구하는가의 이유이기도 하다. 기독교인은 이 세상에 있는 모든 것을 십자가 빛에 의하여 판단한다. 기독교인은 모든 것을 자신을 사랑하고 자신에게 그 사랑을 부어 주신 사랑의 빛에 의하여 가치를 판단한다.

십자가의 빛에 의해 이 세상의 부와 야심과 활동력 등은 그 진가를 묻는다. 십자가의 빛에 의해 기독교인은 사랑만이 왕자요, 봉사만이 충성인 것을 안다. 그러므로 기독교인은 지상의 일에서는 자유롭게 되고 모든 마음과 관심을 높은 곳에 둘 수 있다.

배후에 있는 것

골로새서 3:5-9

5그러므로 땅에 있는 지체를 죽이라 곧 음란과 부정과 사욕과 악한 정욕과
탐심이니 탐심은 우상 숭배니라 6이것들로 말미암아 하나님의 진노가 임하
느니라 7너희도 전에 그 가운데 살 때에는 그 가운데서 행하였으나 8이제는
너희가 이 모든 것을 벗어 버리라 곧 분함과 노여움과 악의와 비방과 너희
입의 부끄러운 말이라 9너희가 서로 거짓말을 하지 말라 옛 사람과 그 행위
를 벗어 버리고

바울 서신에 언제나 있는 일이지만, 이 서신도 여기서 하나의 변화를 나타낸다. 신학 뒤에 윤리적 요구가 계속한다. 바울은 기독교의 신앙을 충분히 활용하고 표현하려는 사람 가운데 누구보다 깊이 생각할 수 있는 사람이었다. 그는 아무도 손대지 않은 사상의 길을 따라 여행을 할 수 있었고, 그리했다. 바울은 가장 우수한 재능 있는 신학자라도 따라가기 어렵다고 생각되는 인간의 사고의 높이를 헤아릴 수 있었고, 헤아린 사람이었다. 그러나 바울은 서신의 후반에서는 언제나 생각한 모든 것을 구체화하여 결론지었다. 바울은 그의 친구들이 그 서 있는 상황 가운데서 기독교가 가진 윤리적 요구를 비타협적이고 수정같이 명료한 진술로 서신을 마친다. 이 서신 중에 윤리적 요구가 분명히 시작하는 것은 여기서부터다.

바울은 극히 확실한 요구에서부터 시작한다. 신약성경은 인생에서 하나님께 적대하고 있는 것은 모두 완전히 배제할 것을 강하게, 아무런 주저도 없이 요구하고 있다. KJV은 이곳의 첫 부분을 "땅에 있는 지체를 죽이라(mortify)"고 번역하였다. 17세기에는 이 영어로 충분히 이해되었다. 그러나 현대어 가운데는 그 능력이 어느 정도 잃어버렸다. 오늘에는 **죽이라**(mortify)는 것은 금욕적과 자기 부정적인 훈련을 받는 의미가 있다. 이것은 충분하지 못하다. 바울이 말하고자 하는 것은 "하나님에게 대적하고 하나님의 뜻을 성취하지 못하게 하고자 하는

너 자신과 네 인간적인 모든 부분을 죽이라(put to death)"는 것이다. 바울은 로마서 8장 13절에 "너희가 육신대로 살면 반드시 죽을 것이로되 영으로써 몸의 행실을 죽이면 살리라"고 했다. 이것은 손과 발이 범죄하면 잘라 버리고 눈이 범죄하면 빼어 버리라고 명하신 예수의 사고방식과 분명히 같은 방법이다(마 5:29-30).

몰이 표현한 것같이 우리는 이 부분을 현대어로 바꾸어 말할 수 있다. 기독교인은 자기중심주의를 죽이지 않으면 안 된다. 기독교인은 개인적인 욕망이나 야심의 모든 것에 대해 죽은 자로 생각하지 않으면 안 된다. 기독교 생활에는 급격한 의지의 변화와 급격한 중심의 이동이 있어야 한다. 완전히 하나님께 복종하고, 완전하게 그리스도에게 자신을 내주는 데 방해가 되는 것은 모두 외과수술을 받는 것처럼 떼어 버려야 한다. 바울은 골로새인이 인생에서 떼어 버리지 않으면 안 될 몇 가지를 들고 있다.

간음과 부정을 버려야 한다. 우리가 재삼재사 지적한 것과 같이 순결은 기독교가 세계에 가져온 하나의 완전한 새로운 미덕이다. 고대 세계에서는 혼전 관계나 혼외 관계는 수치가 되지 않을 뿐 아니라 당연한 것으로 받아들였다. 고대 세계 사람들은 성적 욕구는 즐거운 것으로서 제어해서는 안 된다고 생각하였다. 이 같은 생각은 오늘에도 그렇다. 허울 좋고 왜곡된 논리로 주장하고 있기는 하지만 없어지지는 않았다.

아놀드 런(Arnold Lunn) 경은 자서전《회상기》에서 그와 잘 아는 유명한 철학자 시릴 조드(Cyril E. M. Joad)에 대해 한 장을 할애하고 있다. 조드는 아직 기독교인이 되기 전에 다음과 같이 썼다. "산아 제한은(그는 더욱 노골적으로 피임이란 말을 사용하였다) 인간의 쾌락을 증대한다. 아무 벌도 받지 않고 성의 쾌락을 맛볼 수 있는 것에 의하여 정상이거나 비정상이거나 성교에 대한 가장 두려워할 장애물을 제거했다고 할 수 있다…. 보통 성직자들은 산아 제한이 청년들에게 가져오는 철면피하고, 무해한 무한의 쾌락을 예상하여 충격을 받았다. 그들은 할 수 있으면 금지하고자 생각하였다." 조드는 만년에 종교로 귀의하고 교회의 일원으로 돌아왔다. 그러나 그 문제가 없던 것은 아니다. 그가 최종 결심을 하기까지 오래 끌게 한 것은 기독교 회의성의 순결성에 대한 고집 때문이다. 그는 말하였다. "교회가 성에 대해 생각하는 매우 엄격한 태도를 받아들이지 않으면 안 된다는 것은, 밝고 건너갈 큰 계단이요, 납득이 가지 않는 일이기도 했으나 참으로 정당한 일이라는 것을 알았다."

교회가 주장하는 윤리는 순결과 정결이다. 교회는 양성간에 가지는 관계는 매우 귀한 것이므로 무분별하게 사용하는 것은 마침내는 그것을 파괴시키는 것이라고 주장한다.

사욕과 악한 **정욕**이 있었다. 사욕의 노예가 된 사람도 있고, 악한 정욕에 빠진 자도 있다. 이것이 **에피듀미아**(epithumia)가 의미하는 것이다. 분노를 어느 정도 억제하면 좋을지 생각하지 못하는 사람도 있고, 식탁의 즐거움에 대해 욕망을 억제할 의사가 없는 사람도 있고, 자기 욕망에 지배되며, 반대로 욕망을 지배해 보려 하지도 않는 사람이 있다.

KJV에 탐심이라고 번역한 죄가 있다. 헬라어로는 **풀레오넥시아**(pleonexia)다. 이 **풀레오넥시아**는 가장 추악한 죄 중 하나다. 이 말이 뜻하는 것은 매우 분명하지만 이것을 번역하기 위하여 적당한 말을 찾아내는 것은 결코 용의하지 않다. 이것은 두 개 헬라어에서 파생되었다. 이 말의 전반은 **더욱 많이**란 뜻을 가진 **풀레온**(pleon)에서 나왔다. 후반은 **가진다**를 의미하는 **에게인**(echein)에서 왔다. **프레오넥시아**는 기본적으로는 "더욱 많이 가지고 싶다는 소원"이다. 헬라인은 이것을 "만족할 줄 모르는 탐욕"이라고 정의하였다. 이것을 쉽게 만족시키려 하는 것은 마치 밑 빠진 독에 물을 채우려는 것과 같은 것이라고 했다. 그들은 그것을 "타인의 것을 욕심내는 것이다"라고도 정의하였다. 또는 "갖고 싶어 하는 욕정"이라고도 정의하였다. "무정한 자기 추구"라고 표현한 것도 있다. 그 근본적인 생각은 바랄 권리가 없는 것을 욕망하는 것이다.

그러므로 그것은 매우 광범위하게 이르는 죄다. 돈을 갖고 싶다고 생각되면 훔치기도 한다. 명성과 명예를 얻으려고 한다면 악한 야심까지도 가진다. 또한 권력을 얻으려고 한다면 악한 야심까지도 가진다. 또한 권력을 얻으려고 한다면 횡포한 전제 군주까지도 된다. 또 사람에 대한 욕망이라면 성범죄까지 범한다. 몰은 이것을 "주고자 하는 생각의 정반대다"라고 잘 표현하였다. 그것은 손에 넣고자 하는 욕망인데, 그 사람이 소유해서는 안 될 것을 언제나 소유하고자 하는 욕망이다.

바울은 이 같은 탐욕은 "우상 숭배"라 했다. 어떻게 우상 숭배가 되는가?

우상 숭배의 본질은 손에 넣으려는 욕망이다. 사람은 신에게서 무엇을 얻기 위해 우상을 세우고 이것을 예배한다. 노골적으로 말하면 사람은 희생과 봉헌물과 예배에 의하여 자신이 원하고 있는 것을 주도록 신을 설득하고 매수할 수 있다고까지 믿고 있다. 몰의 말을 인용한다면 "우상 숭배란 자신을 신에게 봉사로 드리려는 것보다 자기 목적 때문에 신을 이용하는 것이라"고 했다. 우상 숭배의 본질은 사실, 보다 많이 가지고자 원하는 욕망이다. 달리 표현하면 자신의 모든 생활을 무엇을 얻으려는 욕망에 맡기는 사람은 하나님이 설 자리에 물질을 놓는다. 사실 그 사람은 신이 아니고 물질을 예배하는 것이다. 엄밀히 말해 이것이 우상 숭배이다.

이런 것들 때문에 하나님이 진노하시는 것이다. 간단히 말해 하나님의 진노란 사람이 씨를 뿌리고 거두는 이 세계를 하나님이 지배하고 있고, 사람은 누구나 자신의 죄 결과에서 피할 수 없는 것이다. 하나님의 진노와 세계의 도덕률은 하나요, 같은 것이다.

뒤로 버릴 것

골로새서 3:5-9(계속)

8절에 바울은 골로새인이 버리지 않으면 안 될 것이 몇 가지 있다고 말하였다. 바울이 여기서 사용한 말은 "의복을 벗는다"는 뜻을 가진다. 여기에는 초대 기독교인들의 생활의 구체적 예가 있다. 기독교인은 세례를 받을 때 낡은 옷을 벗고 물속으로 들어갔다. 그리고 물에서 나오면 새로운 청결한 흰옷을 입었다. 그것은 하나의 생명을 벗고 또 하나의 생명을 입는 것과 같다.

여기서 바울은 기독교인이 벗어 버리지 않으면 안 될 것에 대해 말하고 12절에 기독교인이 몸에 입어야 할 여러 가지 일에 대해 계속 말하였다. 이것들을 하나하나 들어 보자.

기독교인은 **분과 악의**를 벗어 버려야 한다. 두 말은 **올게**와 **튜모스**(orgē, thumos)다. 양자 사이에 다른 점은 이것이다. **튜모스**는 돌연 분노가 폭발하는 것으로서 곧 불이 붙었다가 곧 꺼진다는 뜻이다. 헬라인은 이것을 표하는 데 불에 비유하였다. 반대로 올게(orgē)는 집념이 깊은 노여움이다. 오랜 시간을 두고 천천히 붙어 오르고, 천천히 계속 타는 노여움으로 기독교인에게는 **분노**를 폭발하는 것이나 **분노**를 오래 지속하는 것은 다 같이 금지되었다.

악의가 있다. 우리가 악의라고 번역한 말은 **가기아**(kakia)다. 이것은 번역하기 어려운 말이다. 실은 모든 악한 행동을 일으키는 사악한 마음을 뜻하기 때문이다. 그것은 모든 것을 포괄하는 악이다.

기독교인은 **훼방과 부끄러운 말**을 버려야 한다. 그리고 기독교인은 **서로 거짓말을** 버려야 한다. 중상에 해당한 말은 **블라스훼미아**(blasphemia)다. 이 말을 KJV은 **참람**이라고 번역했다. 이 말은 일반적으로 모욕하거나 중상을 나타내는 말이다. 모욕적인 말이 직접 하나님께 향할 때 그것은 참람이 된다. 여기서는 문장 전후 관계에서 판단하여 이웃에 대한 중상적인 말을 하는 것을 금하고 있다는 편이 좋을 것이다.

"부끄러운 말"이라 번역한 말은 **아이스크롤로기아**(aischrologia)다. 이것은 추잡하고 음탕한 말을 뜻한다. 이 세 가지 금지되어 있는 것은 모두 말에 관계된다. 우리는 이런 모든 것을 금지 명령으로 받아들이는 대신에 적극적인 요청이라고 받아들일 때 기독교인의 말에는 세 가지 규칙이 있다는 것을 발견한다.

I. 기독교인의 말은 "친절"해야 한다. 모든 비방과 악의가 있는 말은 금해야 한다. 우리는 누구와 말하기 전에 세 가지 질문을 해야 한다. "첫째, 그것은 사실인가. 둘째, 그것은 필요한가. 셋째, 그것은 친절한가." 신약성경은 진리를 해하는 소문을 퍼뜨리는 죄를 가차 없이 저주하고 있다.

II. 기독교인의 말은 "순전"해야 한다. 역사상 오늘처럼 더러운 말이 많이 사용된 시대는 달리 없었다. 그러나 현대인들은 더러운 말을 사용하는 데 너무나 습관이 되어 자신이 더러운 말을 사용하고 있는지조차 자각하지 못하고 있다. 이것은 비극이다. 기독교인은 자신이 무리한 말을 할 때마다 그것을 하나님 앞에서 해명해야 한다는 것은 결코 잊어서는 안 된다.

III. 기독교인의 말은 "진실"해야 한다. 존슨(Johnson) 박사는 대개의 거짓은 의식적인 것보다 생각 없이 말한다고 생각했다. 그러므로 박사는 아이들이 매우 사소한 일에 진실에서 빗나갈 때, 그것을 금지시켜야 한다고 믿었다. 진리를 왜곡하는 것은 간단하다. 이야기를 말할 때 소리의 변화하는 것이나 웅변의 표현이 이것을 나타낼 것이다. 말과 같이 침묵도, 거짓도 오도가 될 수 있다.

기독교인이 기독교인의 말의 규칙을 지키려 한다면, 어떤 사람에 대해서도, 어떤 경우에도 그 말은 친절하고 순전하고 진실해야 한다.

기독교의 보편성

골로새서 3:9-13

9너희가 서로 거짓말을 하지 말라 옛 사람과 그 행위를 벗어 버리고 10새 사
람을 입었으니 이는 자기를 창조하신 이의 형상을 따라 지식까지 새롭게 하
심을 입은 자니라 11거기에는 헬라인이나 유대인이나 할례파나 무할례파나
야만인이나 스구디아인이나 종이나 자유인이 차별이 있을 수 없나니 오직
그리스도는 만유시요 만유 안에 계시니라 12그러므로 너희는 하나님이 택하
사 거룩하고 사랑 받는 자처럼 긍휼과 자비와 겸손과 온유와 오래 참음을 옷
입고 13누가 누구에게 불만이 있거든 서로 용납하여 피차 용서하되 주께서
너희를 용서하신 것같이 너희도 그리하고

누구나 기독교인이 될 때 그 인격에 완전한 변화가 일어나야 한다. 그 사람은 옛 사람을 탈피하고 새 사람을 입은 자다. 이것은 마치 세례 지원자가 낡은 의복

을 벗고 새 옷을 입는 것과 같다. 우리는 너무 종종 신약성경이 주장하는 진리를 회피하거나 인간을 변화시키지 못하는 기독교는 가장 불완전한 기독교라는 진리를 피하여 지나가기도 한다. 더욱 이 변화는 전진하는 변화다. 새로운 창조는 끊임없는 재생이다. 그것은 은혜와 지식 중에서 끊임없이 사람을 성장시키고 창조주의 현상을 따르는 자가 되기까지 이른다. 기독교는 그 사람이 본래 창조의 목적에 합당하기까지 재창조되지 않는 한 참된 기독교는 아니다.

기독교의 가장 큰 공적 중 하나는 구분의 장벽을 제거한 것이다. 거기에는 벌써 헬라인이나 유대인, 할례와 무할례, 미개인, 스구디아인, 노예, 자유인의 차별이 없다. 헬라인은 미개인을 내려다보았다. 헬라인에게는 헬라어를 말하지 못하는 자는 누구나 미개인(barbarian)이었는데 이는 문자대로 하면 "bar-bar"를 말하는 사람이란 뜻이다. 헬라인은 고대 세계의 귀족이고 그것을 의식하고 있었다.

유대인은 다른 모든 민족을 깔보았다. 유대인은 하나님이 선택한 백성이고 다른 국민은 지옥의 불을 붙이는 나무에 불과하다. 스구디아인은 미개인 중에서도 가장 저급한 것으로 알았고 헬라인은 그들을 미개인 이상의 미개인이라 불렀다. 요세푸스는 그들이 야수와 별다르지 않다고 했다. 스구디아인은 유명한 야만인이요, 그 야수적 만행으로 세계 문명을 위협하였다. 노예는 고대법으로는 인간계급에 들지 못하였다. 노예는 인간과 같은 산 도구이고 아무런 권리도 없었다. 그 주인은 마음대로 때리거나, 소인을 치거나, 불구로 만들거나, 죽이기도 한다. 노예는 결혼할 권리마저 없었다. 고대 세계에서는 노예와 자유인과는 아무런 교류도 없었다.

그러나 그리스도에 의하여 이 장벽은 무너졌다. 라이트훗이 그리스도에게 드리는 최대 찬사는 신학자에 의하지 않고 언어학자들에 의하여 드려지고 있다는 것을 기억하자.

막스 뮐러(Max Müller)는 유명한 언어학자다. 고대 세계에서는 누구 한 사람 헬라인 이외에는 외국어에 흥미를 가지지 못하였다. 외국어를 배우는 일도, 가르치는 일도 없었다. 헬라인은 학자들이었으나 수치를 참고 미개어를 배우려고는 한 번도 하지 않았다. 언어학은 새로운 과학이요 다른 나라 언어를 알려는 것은 새로운 욕구다. 막스 뮐러는 이렇게 기록하였다. "**미개인**이란 말이 인류의 사전에서 추방되고서 **형제**란 말로 바꾸어지고, 세계 모든 민족이 한 종족으로 분류될 권리가 인정되기 전에는 우리는 언어학의 효시도 기대할 수 없다. …이 변화는 기독교에 의하여 일어났다." 사람들에게 서로의 국어를 충분히 알고자 하게 한 것은 기독교다.

애보트(T. K. Abbot)는 이 구절이 기독교가 타파한 장벽물이 무엇이었는지를 요약하여 기술하고 있다고 지적하였다.

I. 기독교는 출새오가 국적에서 일어나는 장벽을 타파하였다. 서로 경멸하거나 미워하는 별개의 국민이 그리스도의 교회의 한 가족에 들어오게 되었다. 전쟁 중에 싸우던 민족이 주의 만찬석에 평안히 자리를 나란히 하게 되었다.

II. 기독교는 의식과 제사에서 생기는 장벽을 타파하였다. 할례자와 무할례자가 같이 교제하게 되었다. 유대인이 유대인으로 계속되는 한 어떤 국민도 부정하였다. 유대인이 기독교 신자가 될 때 어떤 나라나 국민도 형제가 된다.

III. 문명인과 비문명인 간의 장벽을 타파하였다. 스구디아인은 고대 세계의 무지한 미개인이었다. 헬라인은 교양 있는 귀족이었다. 비문명인과 문명인이 함께 그리스도의 교회에 들어오게 되었다. 세계 중 가장 위대한 학자와 가장 무지한 전쟁의 자손이 교회에서 완전한 교제가 되었다.

IV. 기독교는 계급간의 장벽을 타파하였다. 노예와 자유인이 함께 교회에 들어오게 되었다. 그뿐 아니라 초대교회에서는 노예가 교회의 설교자나 지도자가 되고, 그의 주인이 평신도가 되는 일이 실제로 종종 일어났던 것이다. 하나님 앞에서는 이 세상의 사회적 차별 같은 것은 찾아볼 수가 없었다.

기독교인의 몸에 입을 것

골로새서 3:9-13(계속)

바울은 골로새인들이 몸에 입어야 할 여러 가지 아름다움을 제시하는 방향으로 그 펜을 움직이고 있다. 우리는 여기서 드는 것을 상세하게 배우기 전에 매우 중요한 두 가지에 마음을 두지 않으면 안 된다.

I. 바울은 골로새서의 수신자를 "하나님의 택하신 거룩하고 사랑하는 자"들에게라고 썼다. 중요한 것은 여기에 든 세 가지 말이 어느 것이나 어원적으로 말하면 유대인의 것이었다는 것이다. 유대인은 선택된 백성이고 거룩하고 성결(하기오스)한 백성이었다. 그들은 하나님께 사랑 받은 백성이었다. 여기서 바울은 이스라엘 민족의 소유물이었던 이 세 가지 귀중한 말을 들어 이것을 이방인에게 줌으로써 하나님의 은혜와 사랑이 땅 끝까지 미치고 있다는 것과 하나님의 경륜 중에는 "가장 사랑 받는 백성"이란 말이 존재하지 않는다는 것을 표시하였다.

II. 가장 귀중한 것은 여기 열거하는 일련의 덕목과 아름다운 점 하나하나가 사람들간의 개인적인 인간관계에 관련되어 있는 점을 주목하는 것이다. 유능이나 현명, 근면과 성실까지도 덕목의 하나로 열거되지 않았다. 이것들이 중요하지 않다는 말이 아니다. 그러나 기독교인의 우수한 기본적 미덕은 인간관계를 지배하고 그것을 정하는 것이다. 기독교는 하나의 사회다. 기독교는 하나님 편에는 놀라운 하나님과의 평화의 은사가 있고, 사람 편에는 상호간의 생활에서 일어나는 문제를 해결하는 승리의 힘이 있다.

바울은 **긍휼**로 시작한다. 고대 세계에 한 가지 없는 것이 있다면 그것은 자비였다. 고대 세계 사람들에게는 동물의 고통은 아무것도 아니었다. 불구자와 병자는 소용없었다. 노인에 대한 배려도 없었다. 어리석은 자와 바보는 감정이 없는 것으로나 인간이 아닌 것으로 취급되었다. 기독교는 이런 세상에 자비를 더하였고, 오늘날도 그러하다. 노인, 병자, 병신, 머리가 약한 자, 동물, 아이들,

부녀들에게 행해진 것은 모두 기독교의 영감을 받아 되었다고 해도 과언이 아니다.

친절(chrēstotēs)이 있다. 트렌취는 이것을 "좋은 자질을 나타내는 아름다운 말"이라고 했다. 고대 작가들은 **크레스토테스**는 이웃의 장점을 자신의 것과 같이 생각하는 미덕이라고 정의하였다. 요세푸스는 "이삭"의 이야기 중에 이 말을 사용하고 있다. 이삭은 우물을 팠으나 다른 사람들과 우물 때문에 다투기를 싫어하였으므로 그들에게 주고 말았다(창 26:17-25). **크레스토테스**는 거칠지만 잘 익고 향긋하며 오래 된 포도주에 대하여도 사용하였다. 이것은 예수께서 "내 멍에는 쉽다"라고 말씀하였을 때 예수의 "멍에"에도 사용한 말이다(마 11:30).

미덕 그 자체는 엄할 수가 있다. **크레스토테스**는 친절한 미덕, 발에 기름을 부은 죄지은 여자에게 예수가 나타내신 것 같은 것이다(눅 7:37-50). 확실히 바리새인 시몬은 덕이 있는 사람이었다. 그러나 예수는 덕이 있는 것뿐이 아니었다. 예수께서는 **크레스토테스**였다. 자비가 있었다. 프랑스의 림즈(Rheims)역에는 온화(benignity)라고 번역하였다. 기독교인은 동정이 있는 부드러운 것이 특징이었다.

겸손(humility)이 있다. 겸손은 기독교에 의해 창작되고 도입된 미덕이라고 말한다. 고전 헬라어에는 천한 것, 하치의 것, 낮춰 내린 것과는 색다른 **겸손**이란 말에 해당한 말이 존재하지 않았다는 것을 종종 지적되어 왔다. 기독교인의 "겸손"은 아첨하고 굽실거리는 것이 아니다. 기독교인의 "겸손"은 두 가지 것에 근거를 두었다.

첫째는 하나님 편에 두어서 영원히 "피조물"이라고 자각하는 데서 일어나는 겸손이다. 하나님은 창조주요, 사람은 피조물이다. 창조주 앞에서는 피조물은 "겸손" 이외에 느낄 것이 없다.

둘째는 인간의 편에서 모든 인간은 하나님의 아들이 된다는 신앙에 근거하였다. 우리가 모두 왕자의 혈통을 받아 계승한 사람들 가운데 살고 있다는 것을 자각할 때 교만할 여지가 없어진다.

온유(praotēs)가 있다. 아리스토텔레스는 "**프라오테스**(praotēs)란 너무 노하는 것도 아니고 너무 노하지 않는 것도 아닌 중간"이라고 정의하였다. **프라오테스**

를 가지고 있는 사람은 하나님의 통제를 받는 사람이므로 자기를 제어할 수 있는 사람이고, 그 결과 분노할 때 분노하고 그렇지 않을 때는 분노하지 않는다. 이 사람은 강함과 동시에 참 유화에서 나오는 부드러움을 가지고 있다.

오래 참음(makrothumia)이 있다. 이것은 이웃에 대해 결코 인내를 잃지 않는 정신이다. 이웃의 어리석음이나 가르칠 수 없는 무능에도 결코 비판과 절망을 하지 않는다. 이웃의 경멸이나 악의 있는 태도에도 결코 원한과 노여움에 빠지지 않는 것이다. 인간의 인내는 우리의 모든 죄에 참고 우리를 버리지 않는 하나님의 인내의 반영이다.

용서가 있다. 기독교인은 참고 용서하는 자다. 기독교인은 용서함을 받은 자는 항상 용서하지 않으면 안 된다는 것을 잊지 않기 때문에 참고 용서하는 것이다. 하나님이 기독교인을 용서하여 주었기 때문에 기독교인은 타인을 용서해야 한다. 용서하는 자만이 용서되기 때문이다.

온전하게 매는 띠

골로새서 3:14-17

[14]이 모든 것 위에 사랑을 더하라 이는 온전하게 매는 띠니라 [15]그리스도의 평
강이 너희 마음을 주장하게 하라 너희는 평강을 위하여 한 몸으로 부르심을
받았나니 너희는 또한 감사하는 자가 되라 [16]그리스도의 말씀이 너희 속에 풍
성히 거하여 모든 지혜로 피차 가르치며 권면하고 시와 찬송과 신령한 노래
를 부르며 감사하는 마음으로 하나님을 찬양하고 [17]또 무엇을 하든지 말에나
일에나 다 주 예수의 이름으로 하고 그를 힘입어 하나님 아버지께 감사하라

여러 가지 덕목과 미점의 옷을 몸에 입은 위에 바울은 또 하나를 부가하였다. 그것을 **사랑의 온전한 띠**라고 부른다. 사랑은 모든 기독교인을 하나로 하는 결합력이다. 인간의 단체는 어떤 단체라도 조만간 산산조각 나는 경향을 가지고

있다. 그러나 사랑은 파괴됨이 없는 교제에 사람들을 매는 띠다.

여기서 바울은 선명한 구체적인 예를 들고 있다. "하나님의 평강이 너희 마음을 주장하게 하라" 고 바울은 말한다. 바울이 말하는 문자대로는 "하나님의 평화를 너희의 마음의 심판원으로 하라" 고 하는 것이다. 바울이 사용하고 있는 동사는 운동 용어에서 온 것이다. 경기 중 어떤 문제가 분규되는 경우 그 결정을 내릴 심판원에 대해 쓰는 말이다. 예수 그리스도의 평화가 마음 가운데 심판원이 된다면 우리의 감정이 대립되거나, 동시에 두 가지 지시를 받을 때 기독교적 사랑이 마음속에 있는 비기독교적인 분노나 미혹과 모순을 일으키든지 할 때, 그리스도의 결정이 우리를 사랑의 길에 계속 설 수 있게 하기 때문에 교회는 예정된 대로 분열되지 않는 것이다. 바른 행동을 하는 방법은 우리의 마음에서 서로 싸우는 감정과 감정과의 사이에 예수 그리스도를 심판자로서 지명하는 것이다. 그리고 우리가 그리스도의 결정을 받아들이면 잘못될 수 없는 것이다.

이 본문에서 교회가 창립된 이래 찬미하는 교회였다는 것을 아는 것은 흥미있다. 교회는 이것을 유대인에게서 받아 계승하였다. 필로는 유대인은 가끔 밤새도록 찬미와 노래를 부르며 밤을 지새우는 습관이 있었다고 전한다. 우리가 현재 소유하고 있는 초기의 교회 예배 기록 가운데 비두니아(Bithynia)의 로마인 총독 플리니우스가 로마 황제에게 기독교인의 활동 상황에 대해 기록해 보낸 보고서가 있다. 그 보고서 가운데 그는 "기독교인들은 그리스도를 하나님으로 찬미하는 노래를 부르며, 밤이 새도록 집회를 하고 있습니다" 라고 진술하였다. 교회의 감사는 항상 기독교인의 찬미와 노래를 통하여 상달되었다.

마지막으로 이 부분에서 바울은 우리가 행하고 말하는 모든 것은 예수의 이름만으로 행동하고 말하지 않으면 안 된다는 훌륭한 생활 원리를 말하였다. 행동을 시험할 최상의 테스트는 "우리는 그 행동을 예수의 이름으로 하고 있는가? 주님의 도움을 바라고 행동하는가?" 라고 물어보는 것이다.

말을 시험할 최상의 테스트는 "우리는 예수의 이름을 부르는 것과 같은 입으로 그 말을 하고 있는가? 주님이 들으시고, 들으시려고 하는 것으로 알고 그 말을 하는가" 라고 질문하는 것이다. 사람이 모든 말과 행위를 예수 앞에서만 내놓고 검토한다면 결코 잘못됨이 없을 것이다.

기독교인의 인격적 관계

골로새서 3:18-4:1

[18]아내들아 남편에게 복종하라 이는 주 안에서 마땅하니라 [19]남편들아 아내
를 사랑하며 괴롭게 하지 말라 [20]자녀들아 모든 일에 부모에게 순종하라 이
는 주 안에서 기쁘게 하는 것이니라 [21]아비들아 너희 자녀를 노엽게 하지 말
지니 낙심할까 함이라 [22]종들아 모든 일에 육신의 상전들에게 순종하되 사람
을 기쁘게 하는 자와 같이 눈가림만 하지 말고 오직 주를 두려워하여 성실한
마음으로 하라 [23]무슨 일을 하든지 마음을 다하여 주께 하듯 하고 사람에게
하듯 하지 말라 [24]이는 기업의 상을 주께 받을 줄 아나니 너희는 주 그리스도
를 섬기느니라 [25]불의를 행하는 자는 불의의 보응을 받으리니 주는 사람을
외모로 취하심이 없느니라
[1]상전들아 의와 공평을 종들에게 베풀지니 너희에게도 하늘에 상전이 계심
을 알지어다

여기 이 편지서의 윤리적 부분은 점점 더 구체성을 띠게 된다. 바울은 일상생활에서 기독교를 구체화하려고 한다. 우리는 이 부분을 자세히 배우기 전에 그 배후에서 모든 규범을 결정하는 두 가지 중요한 원리에 주목해야 한다.

I. 기독교 윤리는 "상호 의무"의 윤리다. 그것은 한쪽으로만 모든 의무를 강요하는 윤리가 아니다. 바울에 의하면 남편은 아내와 같이 중요한 의무를 지니고 있다. 양친은 자녀와 같은 정도의 의무에 매어 있다. 주인은 노예와 같은 정도로 많은 책임을 가지고 있다.

이것은 전혀 새로운 일이었다. 이것들을 하나하나 경우를 들어 새로운 원리의 빛에 비추어 보자.

유대의 율법에 의하면 여자는 하나의 물건이었다. 부인은 남편의 소유물이었다. 집이나 가축이나 여러 가지 물건과 같은 것이었다. 부인에게는 법적 권리가

하나도 없었다. 가령 유대법에 의하면 어떤 경우에도 남편은 아내와 이혼할 수가 있었으나, 아내에게는 이혼할 수 있는 아무런 권리도 없었다. 헬라인 사회에서는 신분이 좋은 부인들은 은둔 생활을 했다. 그 같은 부인은 거리에 혼자서 나가거나 시장에 가는 일은 결코 하지 않았다. 그녀들은 자신의 방에서 살며, 식사 때에도 가족 내의 남성과 합석하지 않았다. 부인에게는 완전한 정절과 순종이 요구되었다. 그러나 남편은 그가 가고 싶은 곳에 외출하고, 마음대로 많은 사람과 혼외 관계를 맺을 수 있고, 그래도 하등의 비난을 받지 않았다. 유대와 헬라의 법과 습관에도 모든 특권은 남편의 것이고, 모든 의무는 부인의 것이었다. 그러나 기독교에서 우리는 처음으로 상호 의무에 의한 윤리를 가지는 것이다.

고대 세계에서 아이들은 양친의 매우 강한 지배하에 있었다. 그 중 가장 유명한 것이 로마의 부친의 권력에 대한 법률인 **부권법**(分權法, Patria Potestas)이었다. 이 법률에 의하면 양친은 자신의 자녀에 대해 그가 하고 싶은 대로 어떤 일도 할 수 있었다. 부친은 자식을 노예로 팔 수도 있었다. 아이들을 농장에서 일하는 노동자와 같이 일을 시킬 수도 있었다. 아이들에게 사형을 선고할 수도 있고 사형을 집행하는 법적 권리까지도 가졌다. 여기서도 모든 특권과 권리는 부모의 것이고 의무는 모두 자녀의 것이었다.

이상의 모든 것은 노예의 경우에도 해당되었다. 노예는 법률적으로는 **물건**이었다. 노동 조건에 대한 규정이라는 것은 없었다. 노예가 노동 연령이 지나면 버려져 죽었다. 노예는 결혼할 권리조차 없었다. 만약 부부로서 동거하고 아이가 생기면 그 아이는 양 떼가 목자의 것처럼 주인의 것이었다. 주인은 자신의 노예를 벌하거나 소인을 찍거나 죽일 수도 있었다. 그러나 누구 한 사람 그것을 반대할 수 없었다. 여기서도 모든 권리는 주인의 것이고 모든 의무는 노예의 것이었다.

기독교의 윤리는 권리와 의무가 모든 사람에게 동등한 상호 의무의 윤리다. 기독교 윤리에 의하면 권리가 없는 자 없는 것같이 의무를 지지 않는 자도 없다. 기독교 윤리는 "상호 의무"의 윤리이기 때문에 특권이라든가 권리에 대한 생각이 배후에 숨겨지고, 책임과 의무라는 생각이 주요한 것이 되는 윤리다. 기독교 윤리의 전체 방향은 "타인이 내게 무엇을 해 줄까"가 아니고, "나는 타인에게 무엇을 해 줄 것인가"를 묻는 것이다.

II. 기독교 윤리가 인간관계에 대해 말하는 온전히 새로운 것은, 모든 관계는 "주 안에서"라는 것이다. 기독교인의 전 생애는 그리스도 안에서 살아가는 것이다. 어떤 가정에서도 인간관계의 모든 기조는 예수 그리스도는 보이지 않지만, 그 집에 항상 함께 계신다고 하는 자각으로 인도되어야 한다. 둘이 같이 있을 때 주는 언제나 제3자로 같이 계신다. 친자 관계에서는 지배적인 것은 하나님의 부성이다. 그리고 우리는 자녀에 대해 하나님이 자신의 자식을 취급하는 것같이 취급해야 한다. 주종관계를 해결하는 단 한 가지는 주인이나 노예나 다 같이 한 주 예수 그리스도의 종임을 아는 것이다. 기독교가 보는 대로 인간관계에 새로운 것은 예수 그리스도가 그것들 모두에게 변혁하고 재창조하는 원인으로 소개된다는 것이다.

상호 의무

골로새서 3:18-4:1(계속)

인간관계의 이 세 경우를 각각 간단히 살펴보기로 하자.

I. 아내는 남편에게 순종해야 한다. 그러나 남편은 그의 아내를 사랑하고 모든 친절로 대해 주어야 한다. 옛날의 혼인법이나 혼인은 남편은 완전한 독재자가 되고 아내는 아이를 기르고 남편의 필요한 것을 섬기는 정도로 하인과 거의 다름이 없었다.

결혼에 대한 기독교의 가르침이 가져온 가장 근본적 결과는 결혼을 **협력**이나 **공동**으로 보는 것이다. 결혼은 남편의 편리만을 위해서가 아니라 남편과 아내가 양자의 생활 중에서 서로 새로운 기쁨과 완성을 발견하기 위해 체결하는 약정의 성질을 띠고 있는 것이다. 배우자의 일방적인 안락이나 편의를 만족시키고 다른 편은 그저 상대방의 필요나 욕망을 채워 주기 위해 존재하는 결혼은 기독교적 결혼이라고 할 수 없다.

II. 기독교 윤리는 천자 관계를 존중하는 것이 자녀의 의무라고 명백히 한다. 그러나 부모와 자녀의 관계에는 항상 한 가지 문제가 있다. 부모가 너무 나태하고 안일하면 자녀는 버릇없이 자라게 되고 생에 부적합하게 될 것이다.

그러나 다른 위엄성도 있다. 양친이 성실하면 할수록 부모는 점점 자식을 징계하고 충고하고 책망하고 자극하려고 한다. 부모는 단순히 자식이 잘 되기를 원하기 때문에 언제나 부모는 자식의 머리 위에 있게 되는 것이다. 예를 들면 우리는 메리 람(Mary Lamb)이 정신착란증을 일으켰을 때 비극적인 질문을 한 것을 상기하자. "왜 나는 내 어머니를 기쁘게 하는 아무 일도 할 수 없는 것일까?" 우리는 존 뉴톤(John Newton)의 격한 진술을 기억하자. "나는 아버지가 나를 사랑하는 것을 알고 있다. 그러나 아버지는 그것을 나에게 보이고 싶어 하지 않는 것 같았다." 실제 잘못된 애정에서 생기는 끊임없는 비난이란 것이 있다. 이러한 경향이 가지는 위험이란 자녀를 실망시키는 것이다.

벵겔(Bengel)은 "젊은이의 치명적 병은 실망이다(Fractus animuspestis inventutis)"라고 말했다. 부모의 의무는 자식을 징계하는 것만이 아니라 **격려**하는 것이다. 징계와 격려는 병행되어야 한다. 루터의 아버지는 너무도 엄해 루터의 생애에 "우리 아버지"라고 기도하는 것이 어려웠다고 했는데 이는 종교 사상에 하나의 큰 비극적인 사실이다. 루터의 마음 가운데는 **아버지**란 말은 **엄격** 이외에 아무것도 아니었다. 부모의 의무는 항상 징계와 격려하는 것이다. 루터는 말했다. "채찍을 아끼면 자식을 잃는다. 이것은 진리다. 그러나 그가 잘하였을 때 줄 사과를 채찍 옆에 준비하라."

아놀드 런(Arnold Lunn) 경은 《회상기》 가운데 클리프톤 제임스(M. E. Clifton James)가 쓴 책에서 몽고메리(Montgomery) 장군에 대한 것을 인용하였다. 몽고메리 장군은 엄하기로 유명하였으나 그에게는 또 다른 면이 있었다. 클리프톤 제임스는 몽고메리 장군의 부관이었다. 그는 공격의 개시 예정일을 향해 예행연습을 하고 있을 동안 몽고메리 장군을 연구하고 있었다. "내가 선 자리에서 몇 야드에 매우 젊은 병사가 있다. 아직 항해의 선취(船醉)에서 깨어나지 못하고 비틀거리면서도 용감하게 전방으로 전우들을 따라가려 하고 있었다. 나는 그에게는 소총과 장비가 한 톤 정도의 무게가 될 것이라고 상상했다. 그의 무거운 장화는 모래에 질질 끌렸다. 그러나 나는 그가 열심히 고통스러운 모습을 보이지 않으려는 것을 알 수 있었다. 그가 바로 우리와 같은 높이에 올라왔을 때 실족하여 넘어졌다. 거의 흐느끼다시피 울면서도 일어나 반대 방향으로 비실거리며 행진하기 시작하였다. 장군은 곧바로 그에게 가서 친절한 웃음을 그에게 보이면서 말했다. '젊은이 저쪽으로. 자넨 참 잘했네, 매우 잘했네. 그런데 자네 앞에 있는 동료에게서 떨어지면 안 되네.' 그 젊은이가 자신에게 친절한 도움을 준 자가 누구인지 알았을 때 침묵 가운데 그의 경모의 표시가 나타나 있는 것이 엿보였다."

몽고메리 장군이 책망과 격려를 겸한 것 때문에 제8군에 있던 한 사병이 자신은 다른 군대에 있는 대령만한 가치가 있다고 생각한 것이다. 부모가 훌륭하면 할수록 자식들을 실망시킬 수 있는 위험을 피해야 한다. 부모는 책망과 같은 비례로 격려하여 주지 않으면 안 되기 때문이다.

기독교인 노동자와 고용주

골로새서 3:18-4:1(계속)

III. 바울은 다시 무엇보다도 가장 중요한 문제인 주인과 노예 사이 관계를 취급한다. 그것은 이 항목만이 다른 두 개에 비하여 길게 되어 있는 것을 알 수 있고 이만한 길이와 완전성을 가지고 있는 것은 바울이 도망했던 노예인 오네시모와 가진 긴 대화에서 비롯되었을 것이며, 후에 그의 주인 빌레몬에게 보내는 서신을 가지고 돌려보내려고 했다. 여기서 바울은 양측을 놀라게 했을 것이 틀림없는 문제를 말하였다.

바울은 노예는 양심적인 노동자가 되지 않으면 안 된다고 말한다. 기독교는 노예를 이전보다 좋고 유용한 노예가 되게 함이 틀림없다고 말한 것과 같다. 기독교는 이 세상에 있는 어려운 일에서 도피를 제공하는 것은 아니다. 도리어 열심히 일을 더 잘할 수 있도록 만드는 것이다. 기독교는 어려운 환경에서 사람을 도망시키는 것이 아니다. 오히려 한층 훌륭한 사람이 되어 고난을 향하여 설 수 있게 한다.

노예는 주인의 눈앞에서만 봉사해서는 안 된다. 그를 감시할 때만 일해서는 안 된다. 몰의 말에 의하면 양복장 밑이나 장식물 뒤에 먼지를 털지 않거나 소제하지 않는 종이 되어서는 안 된다. 노예는 열심히 일의 효율을 올리는 체하면서 모든 일을 미워하거나 원망스럽게 생각해서는 안 된다. 그는 상속을 받을 것을 기억해야 한다. 이것은 놀라운 일이었다. 로마법에 의하면 노예는 어떤 것이건 재산을 소유할 수 없게 되었다.

그런데 여기서는 하나님의 재산을 받는 데 못지않은 약속이 있다. 노예는 모든 것의 균형이 되어 악행은 징계되고, 충실한 근면은 보상을 받을 때가 올 것을 기억해야 한다. 주인은 종을 물건으로서가 아니라 인간으로서 정의와 정의보다 우수한 공정으로 취급해야 한다. 그것은 어떻게 될 수 있을까? 그 대답은 기독교의 노동에 대한 교리를 진술하는 것이 되기 때문에 매우 중대하다. 노동자는 모든 일을 그리스도에게 봉사하는 것같이 해야 한다. 우리는 임금 때문에 일하지 않는다. 욕망이 있어서 일하지 않는다. 우리는 지상의 주인을 만족하게 하기 위하여 일하는 것이 아니다. 우리는 모든 일을 그리스도를 위하여 받고 그리스도를 위하여 일하는 것이다. 모든 직업은 하나님 나라를 전진하기 위해, 하나님을 위해 하는 것이다. 그 결과 우리의 생활과 살아가기에 필요한 것을 얻게 된다. 모든 일은 하나님을 위해 하는 것이다.

주인은 자기에게도 주인이, 즉 하늘에 있는 그리스도가 계시다는 것을 잊어서는 안 된다. 종이 하나님에 대해 책임을 가지고 있는 것같이 주인도 하나님에 대해 책임을 가지고 있다. 주인은 누구라도 "이것은 나의 일이다. 간섭하지 말라. 나는 그것을 내가 생각하는 대로 한다"라고는 할 수 없다. 주인은 "이것은 하나님의 일이다. 하나님은 이것을 내게 맡겨 주셨다. 때문에 나는 하나님이 하고자 하는 대로 행하지 않으면 안 된다. 나는 하나님에 대해 책임이 있다"라고 말하지 않으면 안 된다. 주인은 종과 같이 하나님을 위하여 일한다.

기독교의 노동에 대한 교리에 의하면 주인도 종과 같이 하나님을 위하여 일하고 있는 것이다. 그러므로 노동의 참된 보수는 지상의 금화를 모으는 일이 아니고, 언젠가 하나님에 의하여 주어지는 것, 즉 지금은 보류되고 있는 것이다.

The Letter to the Colossians 04

기독교인의 기도

골로새서 4:2-4

[2]기도를 계속하고 기도에 감사함으로 깨어 있으라 [3]또한 우리를 위하여 기도
하되 하나님이 전도할 문을 우리에게 열어 주사 그리스도의 비밀을 말하게
하시기를 구하라 내가 이 일 때문에 매임을 당하였노라 [4]그리하면 내가 마땅
히 할 말로써 이 비밀을 나타내리라

바울이 서신을 쓸 때는 언제나 친구들에게 기도의 의무와 특권을 요청하였다.

바울은 항상 기도를 계속하라고 말한다. 기독교인 중에 가장 위대한 사람까지도 기도는 소용없는 것같이 생각하거나 우리의 기도가 기도하고 있는 벽을 관통한다고 생각하지 않는 때가 있다. 이와 같은 때의 치료법은 기도를 중지하지 않고 기도를 계속하는 것이다. 기도하고 있는 사람의 영혼이 계속 고갈되는 일은 없기 때문이다.

바울은 골로새인들에게 **깨어서 기도하라**고 했다. 문자대로 말하면 헬라어로는 기도할 때 **깨어 있다**는 뜻이다. 좀더 자세히 말하면 바울은 기도할 때 잠을 자서는 안 된다고 말한다.

아마 바울은 변화산상에서 제자들이 잠자다 깨어 보니 예수의 영광의 모습을 본 일을 생각하였는지 모른다(눅 9:32). 또한 겟세마네 동산에서 예수가 기도하고 계실 때 제자들이 잠잔 일을 생각했을지도 모른다(마 26:40). 우리가 하루의 심한 노동이 끝날 때 기도하려고 애써도 종종 잠이 오는 것이 사실이다. 더욱 번번이 일어나는 것은 우리의 기도에 맥이 빠지고 피로감이 있는 것이다. 이런 때 길게 기도해서는 안 된다. 하나님은 우리가 너무나 피로해서 눈을 뜰 수 없는 아이들 같이 단 한마디의 기도를 드렸다고 해도 이해하여 줄 것이다.

바울은 자기 자신을 위하여 기도하기를 바란다고 했다. 우리는 바울이 요구하는 것에 주의 깊게 주목해야 한다. 바울이 자기 자신을 위하여 기도하기를 원하는 것보다는 먼저 사업을 위하여 기도하여 주기를 원한다고 했다. 바울이 기도하여 주기를 원할 만한 것은 실로 많았다. 감옥에서 석방되는 일, 재판에서 승리하는 일, 약간의 휴식과 마지막의 평안 등이 있었다.

그러나 바울은 하나님이 그를 이 세상에 보내 주신 목적을 이루기 위해 힘과 기회를 줄 것을 기도하여 주기를 원한다고만 했다. 우리가 자신을 위해 기도할 때 혹은 다른 사람들을 위하여 기도할 때 어떤 의무에서 우리 혹은 다른 사람들을 해방하여 주기를 구하는 것이 아니고, 우리의 의무를 완전히 수행하는 힘을 구해야 한다.

기도란 언제나 힘을 구하는 것으로 좀처럼 포기를 원하는 것이 아니다. 포기가 아니라 극복이 기독교 생활의 기조가 되어야 한다.

기독교인과 이 세상

골로새서 4:5-6

5외인에게 대해서는 지혜로 행하여 세월을 아끼라 6너희 말을 항상 은혜 가
운데서 소금으로 맛을 냄과 같이 하라 그리하면 각 사람에게 마땅히 대답할
것을 알리라

여기서는 이 세상에 있는 기독교 생활 방법을 나타내는 세 가지 간단한 가르침이 있다.

I. 기독교인은 교회의 외부에 있는 사람들에게 지혜와 재능을 가지고 예모 있게 행동해야 한다. 기독교인은 당연히 전도자가 되어야 한다. 그러나 언제 자신의 종교와 타인의 종교에 대해 말할 것인지, 언제 입을 다물어야 할 것인지를 알아야 한다. 기독교인은 우월감이나 말 많은 비판적인 인상을 주어서는 안 된다. 설복되어 기독교를 믿게 된 자는 거의 없다는 것을 기억해야 한다. 그렇다면 기독교인은 자신이 어떤 인간인지에 따라서 자신이 지니고 있는 신앙을 위한 좋은 광고가 되든가 나쁜 광고가 되든가 어느 것이 된다는 것을 기억해야 한다. 기독교인이 사람을 기독교로 인도하는 것도, 반발케 하는 것도 기독교인의 말에 있지 않고 생활에 있는 것이다.

기독교인은 그리스도에 대해 말하는 것이 아니고 사람들에게 그리스도를 보여 주는 책임이 있는데 말로가 아니라 생활에 의한 것이어야 한다.

II. 기독교인은 기회를 놓치지 않도록 경계하는 자가 되어야 한다. 그리스도를 위하여 일하고, 할 수 있는 한 사람에게 봉사하기 위하여 모든 기회를 놓치지 말아야 한다. 오늘날 이런 기회를 피하려고 하는 사람이 너무나 많다. 일상생활과 매일의 일은 끊임없이 그리스도를 증거하고 사람들에게 그리스도의 영향을 주는 좋은 기회를 제공하고 있다. 그런데 이런 기회를 받아들이기는커녕 일부러 거부하는 사람들이 많다. 교회는 성도들에게 가르치고 찬송하고 심방하고 교인들의 유익을 위하여 일할 기회를 계속 제공하지만 이런 기회를 고의적으로 거절하는 성도들이 너무 많다. 기회란 일을 의미한다. 왜냐하면 기회는 우리가 달성하고 일할 것의 원료라고 말할 수 있다. 기독교인은 자신의 이익을 위해서가 아니라 그리스도와 이웃에 봉사하기 위해 모든 기회를 놓치지 않으려고 경계하고 있다.

III. 기독교인은 모든 경우에 바른 대답을 할 수 있게 하기 위하여 대화에서 매력과 기지가 넘치는 말을 사용해야 한다. 여기에 흥미 있는 일이 지시되어 있다. 많은 사람이 생각하는 기독교는 신앙 깊은 척하는 싫증남과 웃음소리는 이단으로 보는 태도와 관련되어 있다.

몰이 진술한 것같이 "이것은 신실한 거룩함과 아무 가치도 없는 것과를 혼동하지 말라는 경고"다.

기독교인은 예수 자신이 가지고 있던 매력과 기지를 갖추고 복음을 전하지 않으면 안 된다. 사람들을 무겁게 하고 압박하는 것 같은 기독교가 너무 많은 반면에 활기와 매력이 번쩍이는 기독교가 너무 적다.

충실한 반려자들

골로새서 4:7-11

7두기고가 내 사정을 다 너희에게 알려 주리니 그는 사랑 받는 형제요 신실
한 일꾼이요 주 안에서 함께 종이 된 자니라 8내가 그를 특별히 너희에게 보
내는 것은 너희로 우리 사정을 알게 하고 너희 마음을 위로하게 하려 함이라
9신실하고 사랑을 받는 형제 오네시모를 함께 보내노니 그는 너희에게서 온
사람이라 그들이 여기 일을 다 너희에게 알려 주리라 10나와 함께 갇힌 아리
스다고와 바나바의 생질 마가와 (이 마가에 대하여 너희가 명을 받았으매 그
가 이르거든 영접하라) 11유스도라 하는 예수도 너희에게 문안하느니라 그들
은 할례파이나 이들만은 하나님의 나라를 위하여 함께 역사하는 자들이니
이런 사람들이 나의 위로가 되었느니라

이 장 마지막에 열거되는 이름을 보면 그것은 신앙의 영웅들의 명단을 읽는 것같이 생각된다. 우리는 배후에 있는 상황을 생각해 내야 한다. 바울은 재판을 기다리며 옥중에 있었다. 죄수의 친구가 된다는 것은 항상 위험을 내포하고 있

었다. 죄수의 친구가 됨으로써 죄수 자신의 운명에 말려 들어가는 경우가 종종 있었기 때문이다.

바울이 친구라고 선언을 하든가, 옥중에 있는 바울을 방문하든가, 바울과 같은 입장에 있다는 것을 나타내려면 용기가 필요하였다. 여기 들어 있는 사람들에 대해 아는 것을 종합해 보자.

두기고가 있었다. 두기고는 아시아의 로마 출신이고, 자기 교회의 대표자로서 예루살렘에 있는 가난한 기독교인들을 위하여 선물을 가지고 간 것 같다(행 20:4). 그에게는 우리가 에베소서로 알고 있는 서신을 여러 교회에 전하는 일도 맡겨졌었다(엡 6:21). 여기에는 흥미 있는 일이 있다.

바울은 "두기고가 너희에게 모든 것을 보고할 것이라" 고 기록하였다. 이것은 바울이 직접 한 말로 남긴 말씀이 얼마나 많은지, 서신 가운데 기록하지 못한 말씀이 얼마나 많은지를 나타낸다.

당연한 일이지만 서신은 너무 길게 쓰지 못하였다. 그리고 서신은 교회를 위협하는 신앙과 행위의 문제를 취급한 것이었다. 개인적 소식은 서신의 지참자가 말하도록 남겨져 있었다. 초대교회에서는 소식은 교회에서 교회로 구전으로 전하였다. 그리고 우리가 가장 알고자 하는 개인적 소식은 결코 기록하지 않았다. 여기서 우리는 **두기고**를 바울의 사적 대사라고 할 수 있다.

오네시모가 있다. 오네시모에 대해 말하는 바울의 어법에는 깊은 애정과 친절이 넘치고 있다. 오네시모는 실은 도망한 노예였고, 어떻게 해 로마에 도착하였다. 바울은 다시 그를 그의 주인 빌레몬에게 돌려보내는 것이었다. 그러나 바울은 그를 도망한 노예라고 부르지 않고 그를 충실하고 사랑하는 형제라고 불렀다. 바울이 사람에 대해 무엇을 말할 때는 언제나 말할 수 있는 최선의 말을 했다.

아리스다고가 있었다. 그는 데살로니가 출신인 마게도냐 사람이었다(행 20:4). 우리는 아리스다고에 대해서는 한 가지밖에 모르지만 그 인상에서 떠오르는 모습이 있다. 아리스다고는 분명히 곤경에서 필요로 하는 타입의 선량한 사람이었다.

그는 에베소 사람들이 아데미의 신전에서 폭동을 일으켰을 때 너무 앞에 있었으므로 폭도에게 체포되어 버렸다(행 19:29). 그는 바울이 죄수로 로마에 출항할 때 거기에 있었다(행 27:2). 아리스다고가 바울과 최후의 여행을 같이하기 위해서는 바울의 노예로 등록한 것같이 생각된다. 그리고 지금 로마에 바울과 같이 있는 것이다. 분명히 아리스다고는 언제나 사태가 최악이라고 생각하는 장소에 있던 인물이다. 바울이 어려운 문제에 빠질 때는 언제나 아리스다고가 있었다. 아리스다고의 인상에서 좋은 반려자의 어슴프레한 윤각이 들어난다.

마가가 있었다. 초대교회의 여러 인물 가운데 마가만큼 놀라운 경력을 가진 사람은 없다. 그는 베드로와 친근한 사이였기 때문에 베드로는 그를 아들이라고 불렀다(벧전 5:13). 그리고 그가 복음서를 썼을 때 베드로의 설교를 자료로 했다는 것을 우리는 잘 아는 사실이다.

제1차 전도 여행 때 바울과 바나바는 조수로서 마가를 동행케 했다(행 13:5). 그러나 여행 중에 곤란한 일을 당할 때 마가는 일행에서 떠나 귀가하여 버렸다(행 13:13). 바울이 이것을 용서하는 데는 오랜 시간이 걸렸다. 그가 제2차 전도 여행을 출발하려 할 때 바나바는 또 한번 마가를 동행시키고자 했다.

그러나 바울은 중도에 포기한 자를 다시 데리고 가는 것을 거부한 결과 바울과 바나바는 결렬되어 두 번 다시 같이 일할 수 없었다(행 15:36-40).

전설에 의하면 마가는 전도자가 되어 애굽에 가서 알렉산드리아에 교회를 세웠다고 한다.

그간 어떤 일이 있었는지 우리는 알 수 없다. 그러나 우리가 아는 것은 바울이 마지막으로 투옥될 때 마가는 바울과 같이 있었고 바울이 다시 마가를 "나의 동역자 마가"라 불렀다(몬 24, 딤후 4:11). 마가는 자신을 다시 찾은 사람이었다. 여기 기술된 짧은 문장 가운데 옛날에 불행한 일이 반영되고 있다. 바울은 골로새 교회에 만약 마가가 이르거든 영접하라고 지시하고 있다.

바울이 왜 이같이 했을까? 분명히 바울이 세운 교회는 대부분 바울이 한번 그리스도의 봉사에 필요 없는 자로 무시한 인물을 의심스러운 눈으로 보았을 것이다.

그러므로 이제 바울은 친절과 깊은 사려를 가지고 마가의 과거는 앞날의 방해가 되어서는 안 된다는 것을 확신시키고, 신뢰하는 친구의 한 사람으로 충분한 찬사를 주고 있는 것이다. 마가의 남은 생의 기록은 마가와 동시에 바울에게 바친 찬사다.

유스도라 하는 예수가 있었다. 우리는 그에 대하여는 이름밖에 모른다. 이 세 사람만이 바울의 조수가 되고 위로자가 된 자다. 우리는 로마에 있는 유대인이 바울에게 준 것은 냉랭한 환영이었다는 것을 안다(행 28:17-19). 그러나 바울과 함께 로마에 같이 간 사람들의 충성은 바울의 마음을 따뜻하게 했을 것이다.

영광스러운 이름을 얻은 사람들

골로새서 4:12-15

[12]그리스도 예수의 종인 너희에게서 온 에바브라가 너희에게 문안하느니라
그가 항상 너희를 위하여 애써 기도하여 너희로 하나님의 모든 뜻 가운데서
완전하고 확신 있게 서기를 구하나니 [13]그가 너희와 라오디게아에 있는 자들
과 히에라볼리에 있는 자들을 위하여 많이 수고하는 것을 내가 증언하노라
[14]사랑을 받는 의사 누가와 또 데마가 너희에게 문안하느니라 [15]라오디게아
에 있는 형제들과 눔바와 그 여자의 집에 있는 교회에 문안하고

명예 있는 그리스도의 일꾼들의 명단은 계속된다. **에바브라**가 있었다. 에바브라는 골로새 교회의 목사였을 것이 틀림없다(1:7).

이 부분은 에바브라가 사실 세 도시, 히에라폴리스, 라오디게아, 골로새의 감독자였다고 생각된다. 그는 하나님이 보낸 이 땅에 있는 사람들을 위하여 기도하고 심노한 하나님의 종이 있었다.

누가가 있었다. 사랑하는 의사 누가는 최후까지 바울과 같이 있었다(딤후 4:11). 누가는 수입이 좋았으리라고 생각되는 직업을 버리고 바울의 육체에 있는 가시를 간호하고 그리스도를 전파한 의사였을까?

데마가 있었다. 데마의 이름이 아무 찬사도, 평가도 붙지 않고 이름만 있는 것은 의미심장하다. 그는 단지 데마요, 그 이상의 인물은 아니다. 바울 서신 중에

데마에 관계하여 기술된 짧은 문장의 배후에는 하나의 이야기가 있다. 빌레몬서 24절에 바울의 동역자로 기술된 사람들 중에 데마도 있다.

이 골로새서 4장 14절에서는 그는 아무 찬사도 없다. 그냥 데마다. 그에 대한 최후의 기사가 있는 디모데후서 4장 10절에 "데마는 이 세상을 사랑하여 나를 떠나 버렸다"라고 있다. 확실히 우리는 여기서 변절이나 정열과 이상을 잃는 모습이나 신앙의 패기의 개략을 알 수가 있다. 여기에 그리스도에 의하여 재생되는 것을 거역한 사람의 모습이 있다.

눔바와 그의 집에 있는 라오디게아 교회의 형제들이 있다. 우리가 초대교회까지 돌아가 생각하려고 할 때, 교회 같은 것이 없었던 때를 생각해야 할 것이다. 3세기까지 교회라고 하는 특별한 건물 등은 존재하지 않았다. 그때까지 기독교의 회중은 교회의 지도자의 집에서 회집하였다. 로마와 에베소에서는 아굴라와 브리스가의 집에 있는 교회가 있었다(롬 16:5; 고전 16:19). 빌레몬의 집에서 모인 교회가 있었다(몬 2).

초대교회에서는 교회와 가정이 동일한 것이었다. 이것은 지금도 진리다. 모든 가정은 예수 그리스도의 교회가 되어야 한다.

라오디게아 서신의 비밀

골로새서 4:16

[16]**이 편지를 너희에게서 읽은 후에 라오디게아인의 교회에서도 읽게 하고 또 라오디게아로부터 오는 편지를 너희도 읽으라**

이 절에는 바울 서신 중에서도 불가해로 되어 있는 요소가 있다. 우리가 배운 골로새 서신은 읽은 후 라오디게아에 보내라고 했다. 바울은 라오디게아에서 골로새에 돌아올 편지가 있다고 말한다. 이라오디게아 서신이란 무엇이었을까? 네 가지 가능성이 있다.

I. 라오디게아 교회에 보낸 특별한 서신이 있었을지도 모른다. 그렇다면 라오디게아서라고 할 수 있는 서신이 있기는 했으나 지금은 분실된 것이다. 확실히 바울은 현존하는 이상의 서신을 썼을 것이 틀림없다. 우리는 13통의 바울의 서신을 가지고 있고 이 서신들은 15년 동안 기록되었다. 바울이 15년 동안 단 13통만 기록했다고는 생각할 수가 없다. 그의 대부분의 서신은 잃어버렸을 것이다. 라오디게아 서신도 그 중의 하나일지도 모른다.

II. 여기서 언급하는 서신은 우리가 에베소서로 알고 있는 서신일지도 모른다. 우리가 에베소 서신을 배울 때 에베소 서신은 에베소에 있는 교회에 보낸 서신이 아니고 사실은 아시아에 있는 모든 교회에 돌리도록 한 회람장인 것을 알았다. 이 회람장은 라오디게아에 도착하여 있고 지금 골로새에 돌아오고 있는 도중이었을지도 모른다.

III. 언급되어 있는 서신은 실제로는 빌레몬서이었을 것이다. 이것이 참된 가능성이다. 그러나 빌레몬 서신을 배울 때까지 우리는 이론을 보류해 두자.

IV. 수세기 동안 라오디게아 교회에 보낸 바울의 서신이라는 것이 존재하였다. 사실 그 편지는 여기서 언급되는 것같이 생각된다. 이것은 라틴어로 되어 있다. 그러나 그 라틴어 경전은 헬라어 원전을 축자역한 것 같은 특징이 여기저기 있다.

사실 이 서신은 카푸아의 승자(victor of Capua)의 것인데 6세기까지 거슬러 올라간다는 라틴어의 신약성경 위전(Codex Fuldensis) 중에 들어 있다. 이 라오디게아 서신이라는 것은 더욱 연대를 거슬러 올라갈 수 있다. 5세기 제롬(Jerome)에 의하여 이 서신 이름이 언급되었는데 제롬 자신은 "이것이 위전이고 대부분의 사람들이 정경성이 아니라는 데 동의했다"라고 말하였다. 그 편지는 다음과 같이 기술되었다.

사람에 의하여가 아니고 사람을 통하여도 아니고 오직 예수 그리스도로 말미암아 사도 된 바울은 라오디게아에 있는 형제들에게 아버지 된 하나님과 우리 주 예수 그리스도에게서 은혜와 평강이 있기를 원하노라.

나는 기도할 때마다 너희가 주 안에 굳게 서서 주의 일을 계속하며 심판 날의 약속을 기다리는 것을 생각하며 그리스도에게 감사하노라. 어떤 사람이 너희를 유혹하는 헛된 말과 너희를 내가 전한 복음 진리에서 돌이키려는 사람들의 설득하려는 말에 유혹되지 말라…. (이하 한 절은 본문이 확실치 않음.)

내가 지금 그리스도를 위하여 받는 매임은 모든 사람이 알 수 있다. 그 안에서 나는 기뻐하고 즐거워하노라. 너희 기도와 성령의 도우심으로 살든지 죽든지 이 일이 내 영원한 구원이 될 것이기 때문이다. 나에게는 사는 것이 그리스도 안에 있는 것이요 죽는 것이 또한 기쁨이니라. 주님의 은혜로 너희가 같은 사랑의 마음을 품고 한마음이 되기를 바라노라.

그러므로 나의 가장 사랑하는 자들아, 너희가 내게서 들은 바와 같이 이것들을 굳게 지키고 하나님을 경외하고 그것을 달성하도록 힘쓰라. 그리하면 영원한 생명이 네게 있을 것이다. 너희 중에 역사하시는 자는 하나님이시기 때문이다. 너희는 어떤 일이든지 망설이지 말고 하라.

사랑하는 자들아, 남아 있는 자들에 대해서는 그리스도 안에서 기뻐하라. 얻기만을 원하는 비천한 사람들을 경계하라. 너희의 기도를 모두 하나님에게 상달되도록 하라. 그리고 너희는 그리스도의 마음에 굳게 서라. 순결하고 참되고 조심성 있는 바르고 아름다운 일을 행하라. 마음에 듣고 받아들인 것을 굳게 잡으라. 그리하면 너희가 평안을 얻으리라. 성도들이 너희를 문안하노라. 주 예수 그리스도의 은혜가 너희 마음에 있을지어다.

이 편지가 골로새 교회에서 읽히도록 하고 골로새에서 온 편지를 너희가 읽도록 하라.

이것이 라오디게아에 보낸 바울의 서신이라는 것이다. 이것은 확실히 대부분의 문장은 빌립보 서신에서 발췌했고 처음의 서론에는 갈라디아 서신의 문장을 취하여 만든 것이다. 어떤 경건한 작가가 골로새서를 읽고 라오디게아에서 보낸 서신이 있으며 그것을 잃어버린 것을 알고 이와 같은 편지가 아니었을까 생각하여 창작한 것이라는 것은 거의 의심할 여지가 없다. 이 오래된 라오디게아 서신이 순수한 바울의 편지라고 인정하는 사람은 거의 없다.

우리는 라오디게아 교회에 보낸 편지의 비밀을 해명할 수는 없다. 가장 일반적으로 받아들이고 있는 설명은 여기서 언급되는 편지는 우리가 에베소서로 알고 있는 회람장이라고 하는 입장이다. 그러나 우리는 좀더 로맨틱하고 매력적인 가능성을 가진 빌레몬서를 배울 때까지는 이 결정을 기다려야 한다.

마지막 축복

골로새서 4:17-18

[17]아킵보에게 이르기를 주 안에서 받은 직분을 삼가 이루라고 하라 [18]나 바울은 친필로 문안하노니 내가 매인 것을 생각하라 은혜가 너희에게 있을지어다

서신은 아킵보에게 부과된 특별한 직분을 잘 이루라는 긴급한 격려로 마친다. 우리는 그 직분이 무엇인지 설명할 수 없을 것이다. 우리가 빌레몬서를 연구할 때 거기서 얼마간 빛을 얻을 수가 있을지 모른다. 그때까지 잠시 동안 이대로 둘 수밖에 없을 것이다.

바울은 서신을 쓰기 위해 서기를 이용하였다. 가령 로마서 필기자는 더디오라고 부르는 사람이었다는 것을 우리는 알 수 있다(롬 16:22). 바울은 습관적으로 편지 끝에는 자신의 손으로 서명하고 그의 축복을 기록하였다. 여기에 있는 것이 그것이다.

"내가 매인 것을 생각하라" 고 바울은 말한다. 바울은 일련의 서신에서 때때로

그 매임에 대해 유의시킨다(엡 3:1, 4:1, 6:20; 몬 9). 여기에 자기 연민이 있는 것은 아니다. 그리고 감상적인 동정을 위한 변명을 하는 것도 없다. 바울은 갈라디아서를 "내가 내 몸에 예수의 흔적을 지니고 있노라"(갈 6:17)라고 맺었다. 물론 거기에는 슬픔도 있다.

알포드(Alford)는 감동적인 주해를 하고 있다. "우리는 바울이 옥에 매인 기사를 읽을 때 바울이 서명을 쓰는 것에 따라서 쇠사슬이 종이 위에 움직이고 있었던 것을 잊어서는 안 된다. 바울의 손은 그를 지키는 병정에게 묶여져 있었기 때문이다." 그러나 바울이 자신이 받은 고난을 말하는 것은 동정을 구하기 위한 것이 아니다. 그것은 권리의 주장이다. 그것은 바울에게 말할 권리가 주어졌다는 보증이다.

바울은 이렇게 말하려는 것 같다. "이 편지는 그리스도를 위한 봉사가 어떤 것인지 알지 못하는 사람이 쓴 것이 아니다. 자신이 행할 준비도 없는 사람이 타인에게 실행할 것을 요구하는 사람이 쓴 것이 아니다. 그리스도를 위하여 고난당하고 희생을 받고 있는 사람이 쓴 편지다. 내가 말하는 단 하나의 권리는 나도 그리스도의 십자가를 지고 있다는 사실에 의한다."

이렇게 해 마침내 편지는 끝난다. 바울의 편지에는 어느 것이나 마지막에 감사의 기도가 있다. 바울은 언제나 자신이 모든 것에 만족하고 있는 감사를 타인에게도 전하고 편지를 끝맺는 것으로 하고 있기 때문이다.

바클레이 성경 주석

데살로니가서

| 차례 |

데살로니가서
서론

바울이 마게도냐에 오다

누구나 이 문자의 배후에 있는 것을 읽으면 바울이 마게도냐에 오게 된 사정이 사도행전 중에서도 매우 극적인 이야기인 것을 알게 될 것이다. 누가는 사도행전 16장 6-10절에 이 말을 할 수 있는 한 간략하게 말하고 있다. 이야기가 짧으면 짧은 만큼 무엇인가 특별한 사건에 대한 일련의 사정이 있지 않았나 하는 인상을 준다.

바울은 부루기아와 갈라디아 지방을 통하여 헬레스폰트(다라멜스 해협의 고대 그리스 이름)를 목전에 두고 있었다. 왼쪽에는 아시아의 비옥한 지방이 위치하여 있고, 오른쪽에는 비두니아의 광대한 토지가 뻗어 있었다. 그러나 성령은 바울이 그 어느 땅에도 들어가는 것을 허락하지 않았다. 무정하게도 바울은 에게해로 이끄는 무엇이 있었던 것이다. 그 결과 바울은 어디로 갈지 확실치 않은 채로 알렉산드리아의 드로아로 왔다. 그리하여 여기서 밤에 바울은 하나의 환상을 보았다. 마게도냐 사람 하나가 서서 "마게도냐에 와서 우리를 도우라"고 간청했다. 여기서 바울은 출항하고 복음이 처음으로 유럽에 가게 되었다.

하나의 세계

그 순간 바울은 무엇보다도 그리스도를 위하여 존재하는 하나의 대륙을 보았음에 틀림없다. 바울이 상륙한 곳은 마게도냐였다. 그리고 마게도냐야말로 세계를 정복하고 세계에는 벌써 정복할 나라가 남지 않았기 때문에 울었다고 전해지는 알렉산더 대왕의 나라였다. 그러나 대왕은 단순히 군사적 정복자라는 이상의 인물이었다. 대왕은 최초의 세계주의자라고 할 것이다. 대왕은 군인이라기보다는 전도자였다. 대왕이 꿈꾼 것은 헬라 문화로 지배되고 개명된 하나의 세계였던 것이다.

아리스토텔레스같이 위대한 사상가일지라도 "헬라인은 자유인으로 하고, 동방인은 노예로 취급되어야 한다"라고 말하였는데, 알렉산더는 "나는 온 세계를 하나로 해 평화와 화해를 가져오기 위하여 하나님이 보냈다"라고 공언하였다. 더욱 의식적으로 "나의 목적은 동과 서를 결혼하기 위한 것이라"고 말하였다. 왕은 헬라인이나 유대인이나 미개인, 스구디아인, 노예, 자유인의 차별이 없는 제국을 꿈꾸었다(골 3:11).

이제 바울의 생각 중에는 알렉산더 대왕이 존재하지 않았다고 단언할 수는 없는 것이 있다. 바울은 대왕의 이름을 따서 부른 알렉산드리아의 드로아에서 출발하여 왕의 최초의 나라인 마게도냐에 도착하였다. 계속하여 알렉산더 대왕의 아버지 필립의 이름을 따라 부른 빌립보에서 전도하였다. 그는 더욱 데살로니가에 갔는데, 여기는 알렉산더 대왕의 이부매(異父妹, half-sister)의 이름을 딴 도시였다. 영토 전체가 알렉산더 대왕의 기억을 속속들이 스며들게 했다. 그러므로 바울은 하나의 나라, 하나의 대륙이 아니고 그리스도를 위해 있는 하나의 세계를 생각했을 것이다.

바울이 데살로니가에 오다

기독교의 확장은 바울이 데살로니가에 도착했을 때 강조되었을 것이다. 데살로니가는 대도시였다. 시의 최초의 이름은 온천이란 뜻을 가진 **텔마이**(Thermai)였다. 그리고 그 이름은 온천이 솟아나고 있는 텔마이 만(灣)에도 붙었었다. 600년 전 헤로도토스(Herodotus)는 데살로니가는 대도시라고 기술하였다. 여기는 언제나 유명한 항구 도시였다. 페루시아의 크세르크세스(Xerxes) 왕이 유럽에 침입하였을 때 해군의 본거지로 한 곳이 이곳이었다. 더욱 로마 시대까지도 세계에서 유명한 큰 조선소가 있었다. 주후 315년에 가산더(Cassander) 왕이 시를 재건하고 메고도냐 왕 빌립의 딸이요 알렉산더 대왕의 이부매인 처의 이름을 따라 데살로니가라고 명명하였다.

데살로니가는 자유스러운 도시였다. 다시 말해 로마의 군단을 주둔시킨 수치를 한번도 받은 일이 없는 것이다. 시에는 자신들의 의회가 있었고 자신들의 행정관이 있었다. 인구는 20만 명에 달하고 한때는 세계의 수도로 인정되는 곳이 데살로니가냐 콘스탄티노플이냐가 문제될 정도였다. 오늘날에도 데살로니가 시의 이름 밑에 7만 명의 주민이 있다.

그러나 데살로니가가 가장 중요했던 것은 이 시가 에그나티아 도로에 걸쳐 있었기 때문이다. 이 가도는 아드리아해 측의 디라키움에서 보스포루스 해협 측의 콘스탄티노플에 달하고 거기서 소아시아와 멀리 동방에 계속되었다.

사실 이 간선도로는 바로 로마와 동방을 맺는 통로 역할을 담당하였다. 동방과 서방과는 데살로니가에 점차 접근하여 한 점에 집중하였다. 데살로니가는 "로마 제국의 슬하" 에 있다고 말하였다. 통상은 동방에서도 서방에서도 흘러 들어오고 "자연에 변화가 일어나지 않는 한 데살로니가는 풍성하고 번영이 계속될 것이라" 고도 했다.

기독교가 데살로니가에 이른 중요성은 아무리 강조해도 지나치지 않다. 기독교가 데살로니가에 정착한다면 기독교는 확실히 에그나티아 가도를 따라 진전하고 마침내 동으로는 전 아시아를 정복하고 서쪽으로는 로마 시까지도 밀고 들어가게 될 것이다. 기독교가 데살로니가에 온 날이야말로 기독교를 세계 종교로 하는 놀라운 날이었다.

데살로니가에 바울이 체류함

바울이 데살로니가에 체류한 기간의 기사는 사도행전 17장 1–10절에 기록되어 있다. 바울에게서 데살로니가에서 일어난 사건은 특히 중대하였다. 바울은 세 안식일을 거쳐 회당에 들어가 가르쳤다(행 17:2). 즉, 바울의 체류 기간은 3주 이상은 아니었다. 그런데 바울은 말할 수 없는 성공을 거두었다. 그 성공은 유대인을 노엽게 하고 큰 문제를 일으켰으므로 바울은 목숨을 걸고 베뢰아로 도망해야 했다. 그리고 베뢰아에서도 같은 일이 일어났다(행 17:10–12). 그리하여 바울은 디모데와 실라를 뒤에 남겨 두고 혼자서 아덴으로 피하지 않으면 안 되었다.

바울이 걱정한 것은 데살로니가에 단 3주간만 있었다는 것이었다. 어떤 장소에 3주간 정도 있은 것으로 기독교가 다시 근절되지 않을 만큼 튼튼하게 심어진다는 것은 가능한 일이었을까? 그것이 사실이라면 로마 제국이 기독교를 믿어 구원을 받을 수 있다는 것은 결코 헛된 꿈이 아니었다. 반대로 기독교가 인상을 남기기 전에 수개월 또는 수년간 정주하여 전도하는 것이 필요할 것인가? 그렇다면 언제 기독교가 저 세계 중에 침투할 수 있을는지조차 예견하기 힘들다. 데살로니가는 이에 대한 시험이었다. 그러므로 바울은 어떤 일이 일어날지를 알고자 근심과 비탄 중에 있었다.

데살로니가에서 소식

바울이 불안한 생각에 싸여 있을 때 디모데가 아덴에 도착하였다. 거기서 바울은 디모데를 데살로니가로 돌려보내서 불안을 제거해 줄 수 있는 보고를 얻으려고 했다(살전 2:17, 3:1–2, 5). 디모데는 어떤 소식을 가져왔을까? 그것은 좋은 소식이었다. 바울에 대한 데살로니가 사람들의 호의는 이전과 다름없이 강하였다. 그리고 그들은 굳은 믿음을 갖고 있었다(살전 2:14, 3:4–6, 4:9–10). 저희는 실로 바울의 영광이요 기쁨이었다(살전 2:20).

그러나 거기에는 나쁜 소식도 있었다.

I. 재림의 교훈이 불건전한 상황을 일으켜 사람들이 일을 중지하고 일상의 모든 일을 포기하고 어떤 종류의 이교적 기대를 가지고 재림을 대망하고 있었다. 그러므로 바울은 그들에게 "너희에게 명한 것같이 조용히 자기 일을 하고 너희 손으로 일하기를 힘쓰라"(살전 4:11)고 했다.

II. 사람들은 재림이 있기 전에 죽은 사람들의 일을 걱정하였다. 바울은 예수 안에서 자는 사람도 영광에서 제외되는 일이 없다고 설명하고 있다(살전 4:13-18).

III. 모든 법률, 권위를 경히 여기는 경향이 있었다. 논쟁을 좋아하는 헬라인은 민주주의가 잘못되게 하는 위험을 언제나 가지고 있었다(살전 5:12-12).

IV. 그들은 본래의 부도덕한 상태로 되돌아갈 위험이 있었다. 같은 시대 사람들의 견해를 잊어버리는 것도, 이교 세계에서 감염을 피하는 것도 어려운 일이었다(살전 4:3-8).

V. 소수일지라도 바울을 중상하는 일파가 있었다. 그들은 바울이 복음을 전하고 거기서 수입을 얻고 있다는 암시를 주었다(살전 2:5, 9). 그리고 바울은 독재자와 같은 점이 있다고도 했다(살전 2:6, 7, 11).

VI. 교회 안에 약간의 분쟁이 있었다(살전 4:9, 5:13).

이상이 바울이 취급해야 할 문제였다. 그리고 이 문제들은 어떤 교회에서도 인간성이란 그렇게 변하지 않는다는 것을 보여 주고 있다.

왜 서신이 두 통인가

우리는 왜 서신이 두 통인지를 묻지 않을 수 없다. 두 통의 서신은 서로 매우 흡사하다. 두 통의 서신은 수주간 내에 혹은 며칠 내에 기록된 것이 틀림없다.

후서는 주로 재림에 대해 잘못된 생각을 일소하기 위해 기록하였다. 전서는 "주의 날이 밤에 도적같이 이를 줄을 너희 자신이 자세히 알기 때문이라… 그러므로 우리는 다른 이들과 같이 자지 말고 오직 깨어 정신을 차릴지라"(살전 5:2, 6)고 주장하고 있다.

그러나 이 교훈은 불건전한 입장을 낳고 사람들은 아무것도 하지 않고 기다리게 되었다. 그러므로 바울은 후서에 재림이 오기 전에 먼저 무엇인가 징조가 있을 것이라고 설명한다(살후 2:3-12).

데살로니가 사람들은 재림에 대해 균형을 잃고 있었다. 그리고 이것은 설교자에게 종종 일어나는 일이지만, 바울의 설교가 오해되고 곡해되어 어떤 어구만이 전후 문맥과 관계없이 인용되어 더욱 극단으로 강조되었던 것이다. 후서는 그 사태를 적당한 균형의 자리에 끌어 올리고 재림의 일로 흥분하고 있는 데살로니가 사람들의 생각을 정상화한 것으로 생각된다.

물론 바울은 후서 중에서도 기회가 되면 전서에서 말한 것 같은 좋은 충고와 권면을 되풀이하고 있다. 그러나 바울의 주요 목적은 데살로니가 사람들에게 광란 상태를 가라앉게 하고 기다리도록, 또 흥분하여 아무것도 손에 잡지 않고 있을 것이 아니라 인내하여 날마다 일에 열심히 종사하도록 권하는 것이었다.

이 두 서신에 의하여 우리의 교회가 성장하고 발전하는 데 따라 일어난 문제를 바울이 매일 해결해 나간 모습을 보는 것이다.

바클레이 성경 주석

데살로니가전서

The Letter to the Thessalonians 01

사랑의 서론

데살로니가전서 1:1-10

1바울과 실루아노와 디모데는 하나님 아버지와 주 예수 그리스도 안에 있는
데살로니가인의 교회에 편지하노니 은혜와 평강이 너희에게 있을지어다 2우
리가 너희 모두로 말미암아 항상 하나님께 감사하며 기도할 때에 너희를 기
억함은 3너희의 믿음의 역사와 사랑의 수고와 우리 주 예수 그리스도에 대한
소망의 인내를 우리 하나님 아버지 앞에서 끊임없이 기억함이니 4하나님의
사랑하심을 받은 형제들아 너희를 택하심을 아노라 5이는 우리 복음이 너희
에게 말로만 이른 것이 아니라 또한 능력과 성령과 큰 확신으로 된 것임이라
우리가 너희 가운데서 너희를 위하여 어떤 사람이 된 것은 너희가 아는 바와
같으니라 6또 너희는 많은 환난 가운데서 성령의 기쁨으로 말씀을 받아 우리
와 주를 본받은 자가 되었으니 7그러므로 너희가 마게도냐와 아가야에 있는
모든 믿는 자의 본이 되었느니라 8주의 말씀이 너희에게로부터 마게도냐와
아가야에만 들릴 뿐 아니라 하나님을 향하는 너희 믿음의 소문이 각처에 퍼
졌으므로 우리는 아무 말도 할 것이 없노라 9그들이 우리에 대하여 스스로
말하기를 우리가 어떻게 너희 가운데에 들어갔는지와 너희가 어떻게 우상을

버리고 하나님께로 돌아와서 살아 계시고 참되신 하나님을 섬기는지와 [10]또 죽은 자들 가운데서 다시 살리신 그의 아들이 하늘로부터 강림하실 것을 너희가 어떻게 기다리는지를 말하니 이는 장래의 노하심에서 우리를 건지시는 예수시니라

바울은 **하나님 아버지와 주 예수 그리스도 안에 있는** 데살로니가 교회에 이 편지를 보낸다. 하나님은 바로 교회가 살고 행동하고 그 존재해 온 분위기였다. 마치 우리가 공기 가운데 있어 공기가 우리를 둘러싸고 있어 공기가 없으면 살 수 없는 것처럼 진정한 교회는 하나님 안에 있고 하나님은 교회 안에 계시기 때문에 하나님이 계시지 않는 교회는 참 생명이 존재하지 않는다.

더욱이 교회를 살게 하는 하나님은 우리 주 예수 그리스도의 아버지 된 하나님이다. 그러므로 교회는 냉혹한 공포를 가진 폭군 같은 하나님에게 공포로 떨지 않는다. 사랑이신 하나님의 화려한 빛을 받고 있는 것이다.

이 첫 장의 서두에서 우리는 바울이 매우 사람 끄는 매력을 가지고 있다는 것을 느낀다. 바울은 짧은 문장에서 책망을 하기도 하고 경고도 하려고 했다. 그러나 바울은 먼저 순수한 칭찬의 말로 시작하였다. 바울은 경고할 때까지도 실망하지 않고 항상 격려하는 것을 목표로 했다. 어떠한 사람에게도 좋은 점은 있다. 그리고 종종 보는 대로 그 사람의 결점을 버리는 방법은 그 사람의 적은 장점을 칭찬하는 데 있다. 결점을 근절하는 최상의 방법은 더욱 많은 꽃을 피도록 그의 장점을 칭찬하는 것이다. 누구에게나 책망으로 대하는 것보다는 격려로 대하는 편이 보다 효과가 좋다.

어느 날 웰링톤 공작의 요리사가 사표를 내고 그를 떠났다. 왜 그렇게 이름 있고 보수 좋은 직장을 떠났느냐는 질문을 받았다. 그는 이렇게 대답하였다. "식사가 좋아도 공작은 칭찬하지 않고 식사가 나빠도 나를 비난하지 않았다. 나는 애쓰는 보람이 없다."

격려가 없으면 인생은 노력하는 보람이 없다. 바울은 훌륭한 심리학자가 하는 것같이 참 기독교적인 솜씨로써 책망하려고 할 때에도 칭찬하는 말로 시작하였다.

3절에 바울은 기독교 생활이 가지는 위대한 세 가지 요소를 지적하였다.

I. "믿음으로 고취된 일"이 있다.

사람이 일하는 방법 이상으로 그 사람에 대해 잘 말해 주는 것은 없다. 그 사람은 채찍이 무서워서 일할 수도 있다. 그 사람은 보수를 목적으로 일할 수도 있다. 그 사람은 엄격한 의무감에서 일할 수도 있다. 그 사람은 믿음으로 고취되어 일할 수도 있다. 이 일이야말로 하나님께서 주신 것이고 결국 사람을 위하여서가 아니라 하나님을 위하여 일한다고 하는 신앙을 가지고서 일할 수도 있다. 누군가 말한 것과 같이 참된 헌신의 표식은 힘든 일을 영광으로 생각할 때 나타나는 것이다.

II. "사랑의 동기로 하는 수고"가 있다.

버나드 뉴만(Bernad Newman)이 불가리아의 농가에 있었을 때의 일을 이렇게 전한다. 그가 거기 있을 동안 그 집의 딸은 드레스에 수를 놓고 있었다. 뉴만은 그녀에게 "당신은 끝없이 계속되는 일에 싫증 나고 피곤하지 않습니까"라고 물었다. "아니요. 이것은 저의 웨딩드레스예요"라고 대답하였다. 사랑의 수고는 언제나 영광을 지니고 있는 것이다.

III. "소망에 기초한 인내"가 있다.

알렉산더 대왕이 출정 준비를 하고 있을 때 친구들에게 그의 모든 소유를 분배하였다. 누군가가 "그러면 당신 자신을 위해서는 아무것도 갖지 않습니까?"라고 물었다. 대왕은 "오! 나는 나의 희망을 가지고 있다"라고 대답했다. 사람은 희망을 가지고 있는 한 모든 것을 인내할 수 있다. 그때 사람은 밤이 아니고 새벽을 향하여 걷고 있기 때문이다.

4절에 바울은 데살로니가 사람들을 "**하나님의 사랑하심을 받는 형제들**"이라고 말했다. **하나님의 사랑을 받는**이란 구절은 유대인이 모세나 솔로몬과 같이 특별히 위대한 인물과 이스라엘 민족에게만 적용한 말이었다. 이제는 하나님의 선민 중에 가장 위대한 사람들에게 주는 최고의 특권이 가장 천한 이방인에게까지 확장된 것이다.

8절에 바울은 데살로니가 사람들의 신앙이 **나팔과 같이** 울려 퍼지고 있다고 말한다. 또한 이 말은 **천둥의 울림**을 뜻하기도 한다. 초기 기독교가 보이는 격한 저항에는 무엇인가 엄청난 것이 있다. 모든 분별이나 일반 상식으로는 위험과 박해를 당하지 않도록 하든가 피하거나 하는 생활을 해야 할 때 기독교인은 위험에 맞서서 자신들의 신앙을 과시하였다. 그들은 자신들이 누구인지, 또 누구를 섬기려고 하는지를 표현하는 것을 결코 수치스럽게 생각하지 않았다.

9절과 10절에 기독교 생활을 특징 짓는 두 개의 말이 사용되고 있다. 데살로니가 사람들은 **하나님을 섬기고** 그리스도의 재림을 **대망하였다**. 기독교인은 세상에서 봉사하고 영광을 대망하도록 요청되었다. 충실한 봉사와 강한 인내, 대망과 낙담하지 않는 기대야말로 천상의 영광에 이르는 필요한 서곡이었다.

변명하는 바울

데살로니가전서 2:1-12

1형제들아 우리가 너희 가운데 들어간 것이 헛되지 않은 줄을 너희가 친히
아나니 2너희가 아는 바와 같이 우리가 먼저 빌립보에서 고난과 능욕을 당하
였으나 우리 하나님을 힘입어 많은 싸움 중에 하나님의 복음을 너희에게 전
하였노라 3우리의 권면은 간사함이나 부정에서 난 것이 아니요 속임수로 하
는 것도 아니라 4오직 하나님께 옳게 여기심을 입어 복음을 위탁 받았으니
우리가 이와 같이 말함은 사람을 기쁘게 하려 함이 아니요 오직 우리 마음을
감찰하시는 하나님을 기쁘시게 하려 함이라 5너희도 알거니와 우리가 아무
때에도 아첨하는 말이나 탐심의 탈을 쓰지 아니한 것을 하나님이 증언하시
느니라 6또한 우리는 너희에게서든지 다른 이에게서든지 사람에게서는 영광
을 구하지 아니하였노라 7우리는 그리스도의 사도로서 마땅히 권위를 주장
할 수 있으나 도리어 너희 가운데서 유순한 자가 되어 유모가 자기 자녀를
기름과 같이 하였으니 8우리가 이같이 너희를 사모하여 하나님의 복음뿐 아
니라 우리의 목숨까지도 너희에게 주기를 기뻐함은 너희가 우리의 사랑하는
자 됨이라 9형제들아 우리의 수고와 애쓴 것을 너희가 기억하리니 너희 아무

에게도 폐를 끼치지 아니하려고 밤낮으로 일하면서 너희에게 하나님의 복음을 전하였노라 [10]우리가 너희 믿는 자들을 향하여 어떻게 거룩하고 옳고 흠없이 행하였는지에 대하여 너희가 증인이요 하나님도 그러하시도다 [11]너희도 아는 바와 같이 우리가 너희 각 사람에게 아버지가 자기 자녀에게 하듯 권면하고 위로하고 경계하노니 [12]이는 너희를 부르사 자기 나라와 영광에 이르게 하시는 하나님께 합당히 행하게 하려 함이라

이 문장의 배후에는 데살로니가에 있는 반대하는 자들이 끈질기게 바울을 중상하고 있다.

I. 2절은 바울이 빌립보에서 당한 투옥과 학대에 대해 언급하고 있다(행 16:16-40).

데살로니가에는 바울과 같이 정치적 범죄 기록을 가지고 법정에서 피해 다니는 범죄인 같은 사람의 말에 귀를 기울일 수가 없다고 말하는 사람들이 확실히 있었던 것이다. 실로 악의야말로 사물을 허위로 왜곡되게 만든다.

II. 3절의 배후에는 적어도 셋 이상의 항의가 있다.

1. 바울의 가르침은 온전히 망상에서 오는 것이라고 했다. 참으로 독창적인 사람은 항상 미친 사람이라고 불리는 위험을 범한다. 베스도는 바울이 나중에는 미쳤다고 생각하였다(행 26:24). 예수의 친구들과 형제들은 예수께서 미쳤다고 생각하고 예수를 붙들어 집에 데려오려고 했다(막 3:21). 기독교인의 기준은 이 세상의 기준과는 항상 다르기 때문에 순진한 마음과 불타는 열성을 가지고 이 기준을 따르려는 사람들은 다른 사람에게는 미친 것으로 보인다.

2. 바울의 설교는 불순한 동기에서 한 것이라고 했다. **불순한** 말에 사용한 **아카탈시아**(akatharsia)는 종종 성적인 불결함과 타락에 관계되는 말에 사용된다. 이 교도들이 종종 고의적으로 오해한 어떤 기독교의 습관이 있다. 그것은 화평의 입맞춤이다(살전 5:26). 기독교인이 애찬에 대해 말하거나 화평의 입맞춤에 대해 말할 때 악의가 있는 사람이 이 말 가운데는 본래 없었던 의미로 해설하기가 어

렵지 않다. 인생에서 때때로 걱정되는 것은 도처에서 악의 있는 마음으로 추잡한 것을 찾아내려는 것이다.

3. 바울의 설교는 다른 사람을 속이는 것을 목적으로 한 간사한 짓이라고 비난을 받았다. 즉, 바울이 속고 있다는 것보다는 오히려 속이고 있다고 비난을 받았다.

독일의 히틀러의 지휘하에 있던 선전원들은 거짓이 몇 번이고 큰소리로 반복되면 마침내는 거짓을 진실로 받아들인다는 것을 알았다. 이런 것들이 바울에게 씌우는 비난이었다.

III. 4절에 바울은 하나님을 기쁘게 함보다는 사람을 기쁘게 하려 한다는 비난을 받고 있었다. 확실히 이 고발은 바울이 율법의 속박과 율법주의의 엄한 노예인 것에 대해 반대하고 복음의 자유와 은혜에 의한 해방이라는 영광을 전하였기 때문에 생겼을 것이다. 자신들이 불행해지지 않는 한 자신들에게는 종교는 필요 없다고 생각하는 사람들이 항상 있다. 그러므로 기쁨의 복음을 전하는 사람은 누구나 모든 장소에서 중상하는 사람을 만날 것이다. 이것은 예수에 대해 비난한 것과 같은 것이다.

IV. 5절과 9절에 바울이 복음을 전한다는 일을 해 거기에서 무슨 수입을 얻었다고 한 사람들이 있었다는 것을 암시하고 있다. 아첨이란 말에 사용한 **콜라케이아**(kolakeia)는 언제나 무엇을 얻고자 알랑거리는 아첨을 뜻한다.

그것은 이익을 목적으로 하는 동기에서 나오는 아첨이다. 초대교회의 문제는 이런 종류의 사건이 실제로 일어났다는 것이다. 자신들의 기독교로서 벌이를 하려고 한 사람들이 있었다.

그리스도 교회의 최초 법령집은 《열두 사도의 교훈》(**디다케**〈*Didache*〉)이라는 것인데, 그것 중에는 약간의 눈에 띄는 가르침이 있다. "너희에게 오는 사도들은 누구나 주와 같이 영접하라. 그리고 사도는 하루 또는 필요하다면 다음 날도 계속 머물 수가 있다. 그러나 3일간 머문다면 그는 거짓 선지자다. 사도는 떠날 때 다음 숙소에 이르는 데까지의 빵 이외의 것을 받아서는 안 된다. 금전을 요구하면 그도 거짓 선지자다." "예언자는 성령으로 준비되지 않은 식탁에서 먹으면 안 된다. 그렇지 않으면 그는 거짓 선지자다." "너희에게 나그네가 오면 네가 할 수 있는 한 대접하라. 그러나 필요 없이 2일이나 3일 이상 오래 머물면 안 된다. 그러나 그가 기술이 있고 너희 중에 살고자 원하면 그에게 일하게 하고 먹게 하라. 그러나 그가 너희가 아는 대로 아무 직업도 없다면 그가 기독교인으로서 너희 중에서 나타한 생활을 하지 않도록 하라. 그러나 그가 그렇게 하지 않는다면 그는 그리스도를 파는 자다. 이 같은 사람을 경계하라"(열두 사도의 교훈 11-12장). 《열두 사도의 교훈》이 기록된 것은 주후 100년경이다. 초대교회에서도 기독교의 사랑을 파는 자들의 문제가 끊임없었다는 것을 알 수 있다.

V. 6절에는 바울이 개인적 영예를 구한다고 암시되어 있다. 남자에게도 여자에게도 설교자나 교사들이 빠지는 계속적인 위험은 복음 자체가 아니라 그 자신이나 그녀 자신을 자랑하고자 하는 것이다. 데살로니가전서 1장 5절에 암시한 것이 있다. 바울은 "내가 네게로 갔다"라고 말하지 않고 "우리 복음이 너희에게 전하여졌다"라고 말한다. 이것은 자신의 복음에 몰두하고 있는 사람의 말이다.

VI. 7절에는 바울이 무슨 독재자와 같다는 비난이 있다. 바울의 온유함은 어진 아버지의 온유함이었다. 그의 사랑은 그들을 어떻게 굳게 하는지를 알고 있었다. 바울에게는 기독교인의 사랑은 안일한 감상적인 것이 아니었다. 그는 벌 때문이 아니라, 훌륭한 영혼의 주인공이 되기 위해서는 훈련이 필요하다는 것을 알고 있었다.

유대인의 죄

데살로니가전서 2:13-16

13이러므로 우리가 하나님께 끊임없이 감사함은 너희가 우리에게 들은바 하

나님의 말씀을 받을 때에 사람의 말로 받지 아니하고 하나님의 말씀으로 받
음이니 진실로 그러하도다 이 말씀이 또한 너희 믿는 자 가운데에서 역사하
느니라 [14]형제들아 너희가 그리스도 예수 안에서 유대에 있는 하나님의 교회
들을 본받은 자 되었으니 그들이 유대인에게 고난을 받음과 같이 너희도 너
희 동족에게서 동일한 고난을 받았느니라 [15]유대인은 주 예수와 선지자들을
죽이고 우리를 쫓아내고 하나님을 기쁘시게 하지 아니하고 모든 사람에게
대적이 되어 [16]우리가 이방인에게 말하여 구원 받게 함을 그들이 금하여 자
기 죄를 항상 채우매 노하심이 끝까지 그들에게 임하였느니라

데살로니가 사람들에게서 기독교의 신앙은 평화 대신에 걱정을 가져왔다. 그들이 새로 발견한 충성은 그들을 박해에 말려들게 했다. 바울이 그들을 격려한 방법은 참으로 흥미롭다. 그들에게 한 말은 실제로 이런 것이다.

"형제들아, 우리는 성도들이 걸어간 길을 걷고 있다."

그들의 박해는 그리스도의 군대로 선발되어 정열하기 위하여 그들에게 이름 붙인 영예의 표였다. 그러나 이 장에서 매우 흥미 있는 것은 15-16절에 바울이 유대인의 잘못과 죄를 어떤 종류의 목록과 같이 인용하고 있는 것이다.

I. 그들은 주 예수와 선지자들을 죽였다.

하나님의 복음이 그들에게 전달되었을 때 그들은 복음을 거절하였다. 복음서가 전하는 말씀 중에 놀라운 사건의 하나는 유대인 지도자들이 예수께서 자신들에게 치명적인 행위를 하기 전에 예수를 없애려고 애쓴 점이다. 그러나 어떤 사람이라도 복음을 전하는 선교사를 죽인다고 해 복음 자체를 없앨 수는 없었다.

누군가가 원시족에게 간 선교사에 대해 말하였다. 선교사는 복음을 전하기 위하여 거칠고 원시적인 방법을 사용하여야 했다. 그리하여 그는 예수를 받아들이는 자가 천국에 가는 것과 예수를 거절한 자는 지옥에 간다는 것을 도표로 그렸다. 복음은 그 종족들을 근심케 했다. 그들은 그가 전한 것이 사실이 아니기를 원하였다. 그 결과 그들은 무엇을 했는가? **그들은 그 도표를 불태웠다**. 그리고 도표를 태웠기 때문에 그들은 모든 것이 잘 되었다고 생각하였다.

누구든지 예수 그리스도의 복음을 듣는 것을 거절하고 듣지 않을 수는 있다. 그러나 전 세계와 자기 자신의 생활 가운데서 복음을 배제할 수는 없다.

II. 그들은 기독교인을 박해하였다.

그들 자신이 그리스도의 복음을 받아들이는 것을 거절했을지라도 그들은 적어도 다른 사람이 그것을 듣는 것이나 받아들이는 것을 허락했어야 했다. 누구든지 천국에 이르는 길은 하나만이 아니라는 것을 항상 기억해 두어야 한다. 그리고 자신이 불관용이 되지 않도록 하라.

III. 그들은 하나님을 기쁘게 하려고 하지 않았다.

교회의 충돌은 종종 교회가 하나님이 준 신앙 대신에 인간이 만들어 낸 종교를 고집하는 데서 일어난다. 사람이 때때로 묻는 것은 "내가 어떻게 생각하나" 이지 "하나님이 어떻게 말씀 하셨나"가 아니다. 보잘것없는 이론이 중요한 것이 아니라 하나님의 계시가 중요한 것이다.

IV. 그들은 모든 사람과 충돌하였다.

고대 세계에서는 실로 유대인은 "인류에게서 미움"을 사고 있었다. 그들의 죄는 교만을 범하고 있는 것이었다. 그들은 사실 그러했지만 자신들을 택함 받은 백성들이라 생각하였다. 그들은 자신들의 **특권** 때문에 선택되었다고 생각하고 **봉사**를 위하여 선택되었다고는 꿈에도 생각하지 않았다. 그들의 목적은 어느 날엔가 세계가 자신들을 섬기게 될 것이었고, 그들이 세계에 봉사하는 것은 조금도 생각하지 않았다. 자기 자신의 권리와 특권만을 생각하는 사람은 항상 타인과 충돌한다. 그리고 더 중요한 것은 그 사람이 하나님과 충돌하는 것이다.

V. 그들은 배타적으로 자신들에게만 하나님의 사랑이 주어지기를 원하였다.

그들은 이방인이 하나님의 은혜에 참여하는 것을 원치 않았다. 누군가가 그들의 배타적 태도를 통열한 4행시로 요약하였다.

우리는 하나님이 선택한 소수자다.
다른 모든 자는 지옥에 떨어질 것이다.
천국에는 너희가 있을 방이 없다.
우리는 천국이 만원이 되게 할 수는 없다.

어떤 종교이든지 자신을 이웃에게서 격리하는 것은 본질적으로 또는 근본적으로 잘못된 것이다. 누구나 진정으로 하나님을 사랑한다면 그 사랑은 이웃으로 퍼져 나가지 않으면 안 된다. 자기에게 준 특권을 고집하는 한 그 사람은 이웃과 상존하는 데 매우 격분할 것이다.

우리의 영광과 기쁨

데살로니가전서 2:17-20

17형제들아 우리가 잠시 너희를 떠난 것은 얼굴이요 마음은 아니니 너희 얼
굴 보기를 열정으로 더욱 힘썼노라 18그러므로 나 바울은 한번 두번 너희에
게 가고자 하였으나 사탄이 우리를 막았도다 19우리의 소망이나 기쁨이나 자
랑의 면류관이 무엇이냐 그가 강림하실 때 우리 주 예수 앞에 너희가 아니냐
20너희는 우리의 영광이요 기쁨이니라

데살로니가전서는 "우정의 고전서"라고 불렸다. 여기에는 친구들을 대하는 바울의 깊은 애정이 하나하나 말씀 중에 숨쉬고 있는 문장이 있다. 수세기를 지나서도 아직 우리는 이 문장 중에서 사랑의 고동을 느낄 수 있다. 바울은 이 문장에서 두 가지 흥미 있는 구체적인 예를 사용하였다.

1. 바울은 자신이 데살로니가에 가고자 원했을 때 사탄이 "가는 길을 막았다"고 말하고 있다. 여기 사용한 말 **엥코프테인**(egkoptein)은 원정대의 진행을 의식적

으로 막으려고 도로 방해를 한다는 의미로 사용하는 전문용어다.

기독교인의 길에 장애물을 던지는 것은 사탄의 일이다. 그리고 이것을 이기는 것이 기독교인의 일이다. 방해물은 반드시 다 제거해야 하기 때문이다.

II. 바울은 데살로니가인들을 그의 면류관이라고 말한다. 헬라어에 면류관에 해당한 말이 두 개나 있다. 하나는 **디아데마**(diadema)이고 거의 예외 없이 왕관에 해당하여 사용한다. 또 하나는 **스테파노스**(stephanos)인데 이것은 어떤 경기의 승리자에게 주는 면류관에 해당하고 특히 시합에 승리를 얻은 경기자에게 주는 면류관에 해당하여 예외 없이 사용한다.

바울이 여기 사용한 것은 **스테파노스**다. 바울의 생애에서 그가 진정 값있다고 인정하는 유일한 상은 그들의 개심자들이 훌륭하게 사는 것을 보는 것이었다.

맥그레골(W. M. Macgregor)은 자신이 가르친 학생들에게 대해 말할 때 언제나 요한의 말을 인용하였다. "내가 내 자녀들이 진리 안에서 행한다 함을 듣는 것보다 더 기쁜 일이 없도다"(요3 1:4).

바울은 이 말에 언제나 아멘이라고 말했을 것이다. 어떤 교사도 그 영광은 가르친 제자와 학생 중에 있다. 그리고 그들이 교사보다 훨씬 앞서는 날이 오면 그 영광은 더욱 위대한 것이 된다. 사람이 소유할 수 있는 최고의 영예는 그리스도에 이르는 길을 제시하기도 하고 길에 이르도록 도와준 사람들에 있는 것이다.

안 로스 코진(Anne Ross Cousin) 여사는 사무엘 루터포드(Rutherford)가 애버딘(Aberdeen) 감옥에 투옥되었을 때 그의 생각을 시로 나타내었다. 제일 첫째 줄에 그녀는 루터포드가 안워스(Anwoth)에 있는 정든 교회를 생각하는 모습을 묘사하였다. 그녀는 다음과 같은 시로 그의 생각을 표현하였다.

솔웨이(Solway)에 있는 아름다운 안워스여
너는 아직도 나에게 사랑스럽다.
천국의 변두리에서까지도
나는 너를 위하여 눈물 흘린다.
오! 만약 안워스에서 온 한 심령이라도

하나님의 오른손에서 나를 만난다면
내 천국은 임마누엘의 땅에서
두 개의 천국이 될 것이다.

우리가 할 수 있는 행위로 하나님 앞에 우리를 보증할 것은 아무것도 없다. 그러나 마지막 때 사람이 받는 면류관의 별은 자신이 그리스도에게 인도한 사람들일 것이다.

The Letter to the Thessalonians 03

목자와 그의 양 무리

데살로니가전서 3:1-10

[1]이러므로 우리가 참다못하여 우리만 아덴에 머물기를 좋게 생각하고 [2]우리
형제 곧 그리스도의 복음을 전하는 하나님의 일꾼인 디모데를 보내노니 이
는 너희를 굳건하게 하고 너희 믿음에 대하여 위로함으로 [3]아무도 이 여러
환난 중에 흔들리지 않게 하려 함이라 우리가 이것을 위하여 세움 받은 줄을
너희가 친히 알리라 [4]우리가 너희와 함께 있을 때에 장차 받을 환난을 너희
에게 미리 말하였는데 과연 그렇게 된 것을 너희가 아느니라 [5]이러므로 나도
참다못하여 너희 믿음을 알기 위하여 그를 보내었노니 이는 혹 시험하는 자
가 너희를 시험하여 우리 수고를 헛되게 할까 함이니 [6]지금은 디모데가 너희
에게로부터 와서 너희 믿음과 사랑의 기쁜 소식을 우리에게 전하고 또 너희
가 항상 우리를 잘 생각하여 우리가 너희를 간절히 보고자 함과 같이 너희도
우리를 간절히 보고자 한다 하니 [7]이러므로 형제들아 우리가 모든 궁핍과 환
난 가운데서 너희 믿음으로 말미암아 너희에게 위로를 받았노라 [8]그러므로
너희가 주 안에 굳게 선즉 우리가 이제는 살리라 [9]우리가 우리 하나님 앞에
서 너희로 말미암아 모든 기쁨으로 기뻐하니 너희를 위하여 능히 어떠한 감

사로 하나님께 보답할까 [10]주야로 심히 간구함은 너희 얼굴을 보고 너희 믿음이 부족한 것을 보충하게 하려 함이라

이 장에는 목자의 본질적 정신이 나타나고 있다.

I. **"애정"이 있다.** 단순한 것이지만 우리는 사람들을 좋아하는 것으로 시작하지 않는 한 사람을 감동시키거나 예수를 믿게 할 수 없다. 이것은 항상 변함없는 진리다. 칼라일(Carlyle)은 런던에 대해 이렇게 말하였다.

"이 도시에는 350만 명의 사람들이 살고 있다. 그리고 그들은 대부분 어리석은 자들이다." 사람들을 경시하고 내려다보고 혐오하여 일을 시작한 사람들은 결코 인류의 구원을 전진시킬 수 없다.

II. **"근심"이 있다.** 누구든지 무엇엔가 자신의 최선을 다한다든지, 한 줄의 문장으로 시작한 어떤 작은 논문을 세상에 냈을 경우 그의 손 혹은 두뇌에서 나온 작품이 폭풍을 잘 통과할까 어떨까를 알 때까지는 근심이 있다. 이 진리가 사물에 대해 사실이라면 인간에 대해서는 보다 진리다. 부모는 애정과 희생을 지불하여 훈련한 자식을 이 세상의 인생의 고난과 위험에 보낼 때 근심한다. 교사는 아이들을 가르치고 훈육한다는 과제 중에서 자기 자신의 무엇인가를 투입했을 때 그 교육이 인생의 시련에 견딜 수 있을까 어떨까를 생각하여 근심한다.

목사는 하나의 젊은이를 몇 년이나 교회 학교나 성경 연구회에서 훈련하고 견신례를 거쳐서 교회에 받아들였을 때, 이 젊은이가 교인으로서 규칙과 의무를 다하여 적합한 자가 될 것인가 하고 걱정이 될 것이다.

그 최고 결정은 예수 그리스도다. 주는 인류를 생각하고 희생의 사랑을 나타낼 만큼 인류를 사랑하셨기 때문에 그 사랑을 인류가 어떻게 활용하는가 보고자 근심하면서 기다리고 있다. 누구든지 그 사람의 생활이 어떠한지를 마음에 두고 보는 사람들이 천상이나 지상에 있는 것을 알 때 경건과 겸손의 자세를 취하게 될 것이다.

III. “도움”이 있다. 바울이 디모데를 데살로니가에 파견한 것은 교회를 조사하기 위해서가 아니라 원조하기 위한 것이었다. 부모나 교사나 목사들은 누구나 범죄와 실수를 발견해서 아이들을 비판하거나 벌하는 것이 아니라 그들이 범죄나 실수를 범한다면 그것에서 구출하여 그들을 도와주는 것을 최고 목표로 한다. 죄인이나 적대자에 대한 기독교인의 태도는 비난이 아니고 항상 돕는 것이다.

IV. “기쁨”이 있다. 바울은 그의 개심자들이 굳게 서 있는 것을 기뻐하였다. 바울은 이 세상의 시련과 유혹에 대항할 수 있는 자로 양성하는 것을 기뻐하였다. 부모에게서 일을 잘한 아들을 지적해 보일 만큼 큰 기쁨이 없다.

V. “기도”가 있다. 바울은 마음에 두고 있는 사람을 하나님의 은혜의 보좌에 인도하였다. 우리는 누군가가 우리를 위하여 기도하여 주었기 때문에 얼마나 큰 죄를 범하지 않고 있는지, 얼마나 많은 시련을 이기고 있는지 모른다.

옛날에 한 소녀 하인이 기독교인이 되었다. 그 소녀는 “너는 기독교인으로 무슨 일을 했는가?”라고 질문을 받고서 대답하였다. “나에게 끊임없이 일이 있으므로 큰일을 할 기회가 없습니다. 그러나 나는 침소에 들 때 조간신문을 가져다 출생 란을 읽고 그날에 출생한 모든 아기를 위해 기도합니다. 그리고 결혼 란을 읽고 결혼한 사람들의 행복을 위하여 기도합니다. 마지막으로 사망 통지 란을 읽고 슬픔 중에 있는 사람들을 위로하여 주기 위해 기도합니다”라고 대답하였다.

어느 누구도 그 다락방에서 어떤 은혜의 물결이 흘렀는지 모른다. 우리가 다른 아무런 방법으로도 사람을 돕지 못하고 바울과 같이 본의 아니게 그들과 같이 떨어져 있을 때라도 우리가 할 수 있는 일이 한 가지 있는데 그것은 기도다.

모든 것이 하나님으로 말미암다

데살로니가전서 3:11-13

[11]하나님 우리 아버지와 우리 주 예수께서는 우리 길을 너희에게로 갈 수 있
게 하시오며 [12]또 주께서 우리가 너희를 사랑함과 같이 너희도 피차간과 모
든 사람에 대한 사랑이 더욱 많아 넘치게 하사 [13]너희 마음을 굳건하게 하시
고 우리 주 예수께서 그의 모든 성도와 함께 강림하실 때에 하나님 우리 아
버지 앞에서 거룩함에 흠이 없게 하시기를 원하노라

바울의 본능적인 마음의 변화는 여기서 보는 것 같은 단순한 문장 가운데 가장 잘 나타난다. 바울에게는 모든 것이 하나님으로 말미암았다.

I. 바울은 하나님께서 데살로니가에 가는 길을 열어 주시기를 기도한다. 바울은 인생에 일어나는 여러 가지 문제의 지도를 언제나 하나님께 구하고 있다. 바울이 여행하고나 생각한다면 그 갈 길을 열어 주는 것은 그가 지도를 구하는 하나님이다. 우리가 범하는 중대하고 결정적인 과실 중 하나는 우리가 중요한 순간이라든가 자신의 힘이 미치지 않는 긴급한 사태라든지 넘어질 위험에 직면할 때밖에는 하나님의 지도를 구하지 않는 것이다.

얼마 전에 나는 스코틀랜드의 서해안의 요트 탐험 여행을 바로 끝낸 세 청년과 이야기한 일이 있다. 한 청년은 이렇게 말하였다. "아시겠지만 누구나 집에 있을 때 별로 일기 예보 같은 것을 듣지 않을 것이다. 그러나 우리는 요트를 타고 있는 동안 전신을 귀로하여 일기 예보를 들었다." 인생이 쾌적하고 안전할 때는 일기 예보 없이도 살 수가 있다. 인생이 일기 예보 여하에 걸려 있을 때 예보를 듣는 것이 당연하다.

우리는 하나님에 대해서도 한 가지로 하기가 쉽다. 일상적 사건을 우리는 자기 혼자 충분히 할 수가 있다고 생각하여 하나님을 무시한다. 긴급한 때에는 하나님이 없으면 할 수 없다는 것을 알고 하나님을 붙잡으려 한다.

바울은 그렇게 하지 않았다. 아덴에서 데살로니가에 여행하는 것 같은 일상적인 사소한 사건에도 바울은 하나님의 지시와 지도를 구하였다. 우리는 하나님이 구제한 인생을 자기 것으로 하고 하나님을 이용한다. 바울은 하나님이 지시한 인생을 달성하기 위하여 하나님과 함께 걸었다.

II. 바울은 하나님이 데살로니가 사람들에게 일상생활 가운데 사랑의 율법을 완성시켜 주도록 기도한다. 우리는 왜 기독교인의 인생이, 특히 일상생활과의 관계에서 살기가 어려운가고 의심한다. 그 해답은 우리가 자기 홀로 인생을 살려는 것에 있다. 아침 기도 없이 출근하는 사람은 결과적으로 "나는 오늘 나 자신으로 사물을 잘 처리할 수 있다"라고 말하는 것이 된다. 하나님과 말도 하지 않고 자기 혼자 잠자리에 눕는 자는 결과적으로 "오늘 나에게 일어난 일이 어떤 결과가 되든지 나 홀로 견딜 수 있다"라고 말하는 것이 된다.

존 부칸(John Buchan: 스코틀랜드의 역사가, 소설가-옮긴이주)은 무신론자를 "보이지 않는 지원의 수단을 가지고 있지 않는 사람"이라 말하였다. 우리가 기독교인 인생을 살 수 없는 것은 하나님의 도움을 받지 않고 그 인생을 살려는 사실에 근거하는 것이다. 그것은 사실 불가능한 과제다.

III. 바울은 하나님께 궁극적인 안전을 기도한다. 당시 바울의 마음은 인류가 하나님의 심판 자리에 설 날과 그리스도의 재림으로 충만하였다. 하나님이 자신의 백성을 "의"에 합당하게 보존하여 그날에 저들이 부끄러움이 없도록 해 주기를 바울은 기도한다.

하나님 없이는 누구 한 사람도 하나님을 만날 수가 없다. 만날 수 있도록 준비하는 단 하나의 길은 하나님과 같이 매일 사는 일이다. 심판 날의 충격은 하나님의 친구가 되어서 산 사람들에 대한 것이 아니라 온전히 하나님을 무서운 낯선 자로서 만나는 사람들에게 있는 것이다.

The Letter to the Thessalonians 04

순결의 부름

데살로니가전서 4:1-8

[1]그러므로 형제들아 우리가 끝으로 주 예수 안에서 너희에게 구하고 권면하
노니 너희가 마땅히 어떻게 행하며 하나님을 기쁘시게 할 수 있는지를 우리
에게 배웠으니 곧 너희가 행하는 바라 더욱 많이 힘쓰라 [2]우리가 주 예수로
말미암아 너희에게 무슨 명령으로 준 것을 너희가 아느니라 [3]하나님의 뜻은
이것이니 너희의 거룩함이라 곧 음란을 버리고 [4]각각 거룩함과 존귀함으로
자기의 아내 대할 줄을 알고 [5]하나님을 모르는 이방인과 같이 색욕을 따르지
말고 [6]이 일에 분수를 넘어서 형제를 해하지 말라 이는 우리가 너희에게 미
리 말하고 증언한 것과 같이 이 모든 일에 주께서 신원하여 주심이라 [7]하나
님이 우리를 부르심은 부정하게 하심이 아니요 거룩하게 하심이니 [8]그러므
로 저버리는 자는 사람을 저버림이 아니요 너희에게 그의 성령을 주신 하나
님을 저버림이니라

바울이 기독교인 회중에게 이렇게 길게 성적 순결을 가르치지 않으면 안 된 것은 이상하게 보일 것이다. 그러나 두 가지 점을 기억해야 한다.

첫째, 데살로니가 사람들이 기독교 신앙을 가지게 된 것은 얼마 안 되었다. 그러므로 그들은 순결을 미지의 덕으로 생각한 사회에서 겨우 빠져 나왔을 뿐이다. 그들은 아직도 순결을 모르는 사회 가운데 있어 그 영향을 받고 있었다. 그들은 지금까지 당연하게 받아들인 것을 그들의 생각에서 제거하는 것이 매우 어려웠다.

둘째, 우리가 기억해야 할 것은 역사상 결혼 약속이 이처럼 존중되지 않고 비참할 정도로 이혼이 용이한 시대가 없었다. "우리가 각각 정신을 차리고 자기 몸을 깨끗함과 존귀함을 가지자" 고 한 구절은 "각각 거룩함과 존귀함으로 자기 아내를 취하라" 고 번역할 수도 있다.

유대인간의 결혼은 이론적으로 최고의 표준을 가지고 존중되었다. 유대인은 살인과 우상 예배와 간음을 범하는 것보다는 죽음을 택할 것이라고 가르쳤다. 그러나 비극적인 것은 이론이 간단한 것이었다.

신명기 율법은 그 아내에게 "무엇인가 불결한 것" 혹은 "수치스러운 것" 이 있으면 남편은 그 아내와 이혼할 수가 있다고 했다. 문제는 "수치스러운 것" 이 무엇을 규정하는가 하는 점이었다. 엄격한 랍비는 그것을 간음을 범하는 것과 간음에 한정하였다. 그러나 비교적 애매한 교설은, 가령 아내가 남편의 음식물에 소금을 너무 많이 넣어서 식사를 망쳐 놓았을 경우, 머리에 쓰지 않고 공중 앞에 나왔을 경우, 길에서 남자들과 말했을 경우, 남편 앞에서 남편의 양친을 상하게 하는 말을 했을 경우, 수다쟁이 부인으로서 그 소리가 옆집까지 들릴 경우에도 이것이 해당한다고 규정하였다. 이와 같이 저급하고 애매한 의견이 퍼져 있던 것은 쉽게 살필 수 있는 사실이었다.

로마에서는 공화제 정치가 행해진 최초 120년에는 단 하나의 이혼도 없었다. 그러나 제정하에 있던 당시는 이혼을 기분대로 했다. 세네카(Seneca)가 말한 것같이 여자들은 이혼하기 위해 결혼하고, 결혼하기 위해 이혼하였다. 로마의 연대는 집정관의 이름을 따라 정해졌지만, 상류 사회의 부인들은 남편의 이름을 따라 정하였다고 한다. 유베날리스는 5년간에 여덟 명의 남편을 가진 부인을 예로 들고 있다. 도덕은 죽었었다.

헬라에서는 부도덕이 항상 떠들썩하였다. 옛날 데모스테네스가 기록한 문장이 있다. "우리는 향락을 위하여 매춘부를 둔다. 날마다 육체의 요구를 위하여 정부를 둔다. 아들을 낳고 가정의 충실한 후견인으로 하기 위하여 아내들을 둔다." 남편은 아내와 가족을 부양하고 있는 혼외 관계를 갖더라도 누구나 부끄러워할 것은 없었다.

바울이 이 편지를 보낸 상대는 실로 이와 같은 사회의 출신인 남녀였다. 우리에게는 기독교 생활로서 명료하고 당연한 것이 그들에게는 놀라울 만큼 새로운 것이었다. 기독교가 한 가지 수행한 것은 남녀 관계에 대해 온전히 새로운 윤리 법칙을 만든 것이다. 기독교는 최고의 권위를 가진 순결의 옹호자요 가정의 보호자였다.

지금은 이런 것을 말하는 것은 불필요한 것이라고 생각할지 모르나 실은 그렇지 않다. 유명한 남자와 여자를 뽑아서 그 기본적 신앙에 대해 기고를 구한 논집 《내가 믿고 있는 것》 중에 킹슬레이 마틴(Kingsley Martin)은 다음과 같이 썼다.

"한번 부인이 해방되고 생활비를 벌고 아이를 낳을까 어떠할까를 자기 자신이 결정할 수가 있게 되자 결혼의 습관은 필연적으로 개정되어 갔다. 유명한 경제학자가 일찍이 나에게 말한 적이 있다. 피임은 인류가 불을 발견한 이래 가장 중대사다. 이 경제학자가 말하는 것은 기본적으로는 옳다. 그것은 가정생활이 성립되고 있는 양성의 관계를 근본적으로 변하게 하는 것이기 때문이다. 그 결과 오늘 새로운 성의 윤리 법칙이 생겼다. 옛 '도덕' 은 남성의 성문란은 눈을 감아 주었지만 여성에게는 부정을 일생의 수치로서 어떤 청교도적인 사회에서는 잔혹한 죽음의 벌을 주기도 했다. 이제는 그 옛 '도덕' 은 사라졌다. 새 윤리 법칙은 남녀가 원하면 동거 생활을 할 수 있으나 아이를 가지려고 결의한 경우에는 결혼을 해야만 한다는 것을 기정사실화하는 경향이 있다."

새 윤리는 옛날의 부도덕을 현대판으로 만들어 놓은 것에 불과하다. 데살로니가와 같이 영국에서도 모든 남녀 앞에 기독교 윤리의 강경한 요구를 제공하는 것이 오늘에도 반드시 필요하다. "하나님이 우리를 부르심은 부정케 하심이 아니요 거룩케 하기 위함" 이기 때문이다.

노동의 필요성

데살로니가전서 4:9-12

[9]형제 사랑에 관하여는 너희에게 쓸 것이 없음은 너희들 자신이 하나님의 가
르치심을 받아 서로 사랑함이라 [10]너희가 온 마게도냐 모든 형제에 대하여
과연 이것을 행하도다 형제들아 권하노니 더욱 그렇게 행하고 [11]또 너희에게
명한 것같이 조용히 자기 일을 하고 너희 손으로 일하기를 힘쓰라 [12]이는 외
인에 대하여 단정히 행하고 또한 아무 궁핍함이 없게 하려 함이라

이 문장은 칭찬으로 시작하고 경고로 마친다. 이 경고도 문장 배후에 있는 직접적인 상항을 알 수 있다. 바울은 데살로니가 사람에게 조용히 자기 일을 하고 자기 손으로 일하기를 힘쓰라고 강조한다.

재림의 가르침은 데살로니가에 별나고 이상한 상황을 만들어 냈다. 그 결과 데살로니가 사람들은 대부분 재림 날이 오는 것을 기다리는 동안 일상의 일을 포기하고 떠들썩하는 사람들 틈에 끼어 자기와 다른 사람을 엉망으로 만들고 있었다. 일상생활은 붕괴되었다. 생계를 잇는 과제는 단념하였다. 그리고 그들은 그저 흥분하여 그리스도의 재림을 기다렸다. 바울의 권고는 매우 구체적이다.

1. 바울은 그들에게, 결과적으로 예수 그리스도가 사람들에게 오실 수 있는 가장 좋은 길은 데살로니가인들이 조용히 능률적으로 근면하게 일상의 일을 하는 것만이 최상의 방책이라는 사실을 말하였다.

레이니(Rainy) 교장은 이런 말을 했다. "오늘 나는 강의를 해야 한다. 내일은 위원회에 출석해야 한다. 주일에는 설교를 해야 한다. 언젠가 나는 죽어야 한다. 그러기에 그날이 오기까지 우리는 하나하나 일을 착실히 잘해 나가자."

그리스도가 언젠가 오시어 우리가 아는 바와 같은 인생은 끝난다는 사상은 일을 정지할 이유가 되지 않는다. 이것은 보다 충실하게, 보다 열심히 일할 이유가 된다. 재림은 병적으로 흥분하고 무익하게 기다리는 것이 아니고 하나님 나라에

들어가는 통행 허가증이 되는 일을 조용히 수행하여야 하는 것이다.

II. 바울은 어떤 일이 일어나든지 데살로니가 사람들은 근면하고 아름다운 생활로 기독교를 외부에 알려야 한다고 말하였다. 데살로니가 사람들이 하고 있는 상태를 계속하고, 이른바 기독교가 그들을 무익한 시민으로 만들기를 허용한다는 것은 기독교의 신망을 잃게 하는 데 불과했다. 바울은 여기서 중요한 진리에 손을 대었다.

나무는 그 열매에 의해서 안다. 그리고 종교는 어떤 종류의 사람을 만드는가에 따라서 안다. 기독교 신앙이 최선이라는 것을 나타내는 단 하나의 길은 모든 사람 중 가장 좋은 사람을 만드는 것을 증명하는 일이다. 기독교인이 기독교가 우리를 한층 일하는 사람이 되게 하고, 한층 진실한 친구가 되게 하고, 보다 친절한 남자와 여자가 되게 하는 것을 입증하는 때 그때야말로 우리가 참 설교를 하고 있는 것이다. 중요한 것은 말이 아니라 행위이고, 웅변이 아니라 생활이다. 외부 세계에 있는 사람들은 설교를 들으러 교회에 들어오지 않고 교회 밖에서 매일 우리를 보고 있다. 그러므로 우리의 생활만이 사람들을 그리스도에게 인도하고자 하는 설교가 되는 것이다.

III. 바울은 데살로니가 사람들이 독립을 목적으로 하고, 자비의 식객이 되어서는 안 된다고 말하였다. 데살로니가 사람들이 취한 행동은 그들을 다른 사람들이 도와주지 않으면 안 될 결과가 되었다. 기독교에서는 하나의 모순이 있다. 대개의 경우 자기 자신의 죄는 아니지만, 독립에 도달하지 못한 사람들을 도와주는 것은 기독교인의 의무다. 그리고 자활하는 것도 기독교인의 의무다.

기독교인의 의무는 사회에서 빠져 나가는 것이 아니고 사회에 들어가는 것이다. 기독교인 중에는 기뻐서 주는 아름다운 자비심과 자기 두 손이 자신의 필요한 것을 공급하는 한 받는 것을 경멸하는 자랑스러운 독립심이 존재한다.

자는 사람에 대하여

데살로니가전서 4:13-18

[13]형제들아 자는 자들에 관하여는 너희가 알지 못함을 우리가 원하지 아니하
노니 이는 소망 없는 다른 이와 같이 슬퍼하지 않게 하려 함이라 [14]우리가 예
수께서 죽으셨다가 다시 살아나심을 믿을진대 이와 같이 예수 안에서 자는
자들도 하나님이 그와 함께 데리고 오시리라 [15]우리가 주의 말씀으로 너희에
게 이것을 말하노니 주께서 강림하실 때까지 우리 살아남아 있는 자도 자는
자보다 결코 앞서지 못하리라 [16]주께서 호령과 천사장의 소리와 하나님의 나
팔 소리로 친히 하늘로부터 강림하시리니 그리스도 안에서 죽은 자들이 먼
저 일어나고 [17]그 후에 우리 살아남은 자들도 그들과 함께 구름 속으로 끌어
올려 공중에서 주를 영접하게 하시리니 그리하여 우리가 항상 주와 함께 있
으리라 [18]그러므로 이러한 말로 서로 위로하라

재림의 사상은 데살로니가 백성에게 또 하나의 문제를 제기하였다. 데살로니가 사람들은 재림을 곧 기대하였다. 그들은 재림이 자신들의 생전에 반드시 올 줄로 생각하였다. 그들은 재림 이전에 죽은 사람들을 근심하였다. 이미 죽은 사람들은 그들이 생각한 대로 영광에 참여할 수 없다고 생각하였다. 이 문제에 대한 해답이 여기 서술된 바울의 문장이다. 바울은 이미 죽은 사람들도 산 사람들도 같은 영광이 주어진다고 대답한다.

여기서 바울은 "소망 없는 다른 사람과 같이 너희는 슬퍼하지 말라"고 말한다. 죽음에 직면할 때 이교 세계의 사람들은 완전히 절망하였다. 아애스킬루스(Aeschylus)는 "사람은 한 번 죽으면 부활이 없다"라고 기록하고, 데오크리투스(Theocritus)는 "살아 있는 인간에게는 희망이 있으나 죽은 사람은 희망이 없다"라고 했다.

카툴루스(Catullus)는 "한 번 신앙의 빛이 꺼지면 우리는 잠만을 자야 하는 무한한 밤이 있을 뿐이다"라고 기술하였다.

이교도의 묘비에는 무시무시한 비문이 새겨져 있다.

"나는 존재하지 않았다. 나는 사람이 되었다. 나는 지금 없다. 나는 걱정하지 않는다."

오늘까지 남아 있는 파피루스의 편지 가운데 매우 슬프고 동정스러운 문장이 있다. "이레네(Irene)가 다오노프리스(Taonnophris)와 필로(Philo)에게 좋은 위로가 있기를 원한다. 나는 디드모 때문에 운 것과 같이 세상을 떠난 자 때문에 슬퍼하고 눈물을 흘렸다. 모든 적합한 일은 다했다. 에바부로디도(Epaphroditus)와 델마우디온(Thermouthion)과 필리온(Philion)과 아포로니우스(Apollonious)와 풀란타스(Plantas)가 전부 나의 것이라도 나는 슬퍼하고 울었다. 그런데도 사람은 아무것도 할 수가 없다. 그러므로 서로 위로하라." 죽음에 직면하여 이교도에게는 아무것도 할 수 있는 것이 없었다.

바울의 해답은 위대한 원리를 제시한다. 누구나 그리스도 안에서 살고 그리스도 안에서 죽었으면 그가 죽어 있어도 그리스도 안에 있고 그리스도 안에서 다시 살 것이다. 이것은 예수 그리스도와 예수를 사랑한 사람들과의 사이에는 끊을 수 없는 관계가 있다는 것을 뜻한다. 그것은 시간을 초월한 것이고 죽음을 초월한 것이다. 예수 그리스도가 살고 죽고 다시 살았고, 이와 같이 그리스도와 함께하는 자도 살고 죽고 다시 살 것이기 때문이다. 사나 죽으나 그 어떤 것도 그에게서 기독교인을 분리할 수는 없다.

바울이 그리스도가 오시는 날에 대해 묘사한 문장은 시를 생각하게 한다. 그것은 표현할 수 없는 것을 말로 바꾸고 묘사할 수 없는 것을 기술하려고 한다. 묘사한 것은 이와 같다.

재림 날에 그리스도는 하늘에서 지상에 강림할 것이다. 주가 말씀을 하시면 천사장의 소리와 하나님의 나팔 소리가 울릴 때 죽은 자를 일으킬 것이다. 거기에서 죽은 자나 산 자나 다 같이 그리스도를 만나려고 구름차를 타고 올라가서 주와 함께 있을 것이다.

우리는 예언자의 소박하고 무사기한 사실주의를 그대로 받아들일 필요는 없을 것이다. 세밀한 묘사가 중요한 것은 아니다. 중요한 것은 기독교인은 사나 죽으나 그리스도 안에 있고 아무것도 그리스도와의 연합을 깰 수가 없다는 점이다.

The Letter to the Thessalonians 05

도둑이 밤에 오는 것과 같이

데살로니가전서 5:1-11

1형제들아 때와 시기에 관하여는 너희에게 쓸 것이 없음은 2주의 날이 밤에
도둑같이 이를 줄을 너희 자신이 자세히 알기 때문이라 3그들이 평안하다,
안전하다 할 그때에 임신한 여자에게 해산의 고통이 이름과 같이 멸망이 갑
자기 그들에게 이르리니 결코 피하지 못하리라 4형제들아 너희는 어둠에 있
지 아니하매 그날이 도둑같이 너희에게 임하지 못하리니 5너희는 다 빛의 아
들이요 낮의 아들이라 우리가 밤이나 어둠에 속하지 아니하나니 6그러므로
우리는 다른 이들과 같이 자지 말고 오직 깨어 정신을 차릴지라 7자는 자들
은 밤에 자고 취하는 자들은 밤에 취하되 8우리는 낮에 속하였으니 정신을
차리고 믿음과 사랑의 호심경을 붙이고 구원의 소망의 투구를 쓰자 9하나님
이 우리를 세우심은 노하심에 이르게 하심이 아니요 오직 우리 주 예수 그리
스도로 말미암아 구원을 받게 하심이라 10예수께서 우리를 위하여 죽으사 우
리로 하여금 깨어 있든지 자든지 자기와 함께 살게 하려 하셨느니라 11그러
므로 피차 권면하고 서로 덕을 세우기를 너희가 하는 것같이 하라

우리는 신약성경이 묘사한 재림의 모습이 구약성경을 배경으로 해 묘사되고 있는 사실을 생각하지 않는 한 충분한 이해를 할 수 없을 것이다. 구약성경 중에는 주의 날의 개념이 보편화되어 있다. 그리고 주의 날에 속한 모든 묘사는 재림에 결부되어 있다.

유대인에게는 모든 때를 두 가지 시대로 구분되었다.

첫째 온전히 불치의 악에 잡혀 있는 현대가 있고, 둘째 하나님의 황금시대가 될 오는 시대가 있다. 그리고 그 두 시대 사이엔 '주의 날' 이 있다. 그날은 매우 두려운 날이 될 것이다. 그것은 새로운 세계를 낳는 산고와 같이 될 것이다. 하나의 세계가 분쇄되고 다른 하나의 세계가 탄생하는 날이 될 것이다. 구약성경에서 보는 많은 두려운 묘사는 거의 주의 날에 대한 묘사다(사 13:9, 22:5; 렘 30:7; 욜 2:31; 암 5:18; 습 1:14-16; 말 4:1).

주의 날의 주요한 성격은 다음과 같다.

I. 주의 날은 돌연 예기치 않을 때 올 것이다.

II. 주의 날에는 전 세계가 그 기초가 동요되는 것 같은 대변동이 도처에 일어날 것이다.

III. 주의 날은 심판 때가 될 것이다.

신약성경 기자들은 자연스럽게 주의 날과 그리스도의 재림 날을 동일시하였다. 우리는 이런 구체적인 묘사가 고백한 옛 묘사라는 것을 기억할 것이다. 문자대로 받아들이는 것을 의미하지 않았다. 그것은 하나님이 시간에 개입될 때 일어난다고 생각하는 꿈과 환상의 묘사다.

매우 당연한 일이지만 사람들이 그날이 언제 오는지를 알고자 했다. 예수 자신이 그 시기와 장소에 대하여서는 아무도 모르고 자신도 모르며, 하나님만이 알고 계시다고 확실히 말씀하였다(막 13:32; 마 24:36; 행 1:7). 그런데 예수 자신도 모르는 지식을 사람이 구하는 것은 하나님을 모독하는 이외의 아무것도 아닌 것인데도 사람들은 주의 날에 대해 추측하는 것을 멈추지 않았고, 사실 오늘에도 계속하고 있다.

이러한 추측에 대해 바울은 두 가지 일을 말하였다.

바울은 그날이 갑자기 올 것이라고 반복한다. 그날은 밤의 도적같이 올 것이다. 그러나 바울은 그날이 불의에 예기치 않은 때 사람을 엄습하는 일은 없다고도 주장하고 있다. 예기하지 않은 때 엄습하는 것은 어둠 속에 살고 있는 그 행위가 악한 사람들에게뿐이다. 기독교인은 빛 가운데 살고 있기 때문에 그날이 언제 오더라도 깨어 있고, 취하지 않았으면 준비되어 있을 것이다.

기독교인은 깨어 있거나 자고 있거나 언제나 주와 같이 살기 때문에 이미 준비가 되어 있는 것이다.

아무도 하나님의 부르심이 언제 올지를 모른다. 그리고 최후의 순간까지 남겨두지 못할 일들이 있다. 시험용지가 목전에 놓였을 때부터 시험 준비를 하는 것은 너무 늦은 것이다. 폭풍이 왔을 때 집을 안전케 하려는 것은 너무 늦다. 어떤 일은 시간 전에 해야 한다.

오렌지의 매리(Mary) 여왕이 죽게 되었을 때 목사가 기도서를 읽어 주려고 했다. 여왕은 대답하였다. "나는 이 시간까지 이 일을 내버려 두지 않았다." 죽음이 임박한 스코틀랜드 사람에게 누군가 위로의 말을 했을 때에도 같았다. 그 노인은 대답하였다. "나는 천기가 따뜻한 날에 나는 지붕을 닦아 두었소." 돌연 우리를 부른다 해서 준비가 안 되어 있을 필요는 없다. 전 생애를 그리스도와 같이 사는 자는 그리스도의 곁에 가까워질 때 결코 준비되지 않는 일이 없다. 빛 가운데 걷는 자는 불의에 엄습되는 일은 없다.

교회의 권고

데살로니가전서 5:12-22

[12]형제들아 우리가 너희에게 구하노니 너희 가운데서 수고하고 주 안에서 너
희를 다스리며 권하는 자들을 너희가 알고 [13]그들의 역사로 말미암아 사랑

안에서 가장 귀히 여기며 너희끼리 화목하라 [14]또 형제들아 너희를 권면하노
니 게으른 자들을 권계하며 마음이 약한 자들을 격려하고 힘이 없는 자들을
붙들어 주며 모든 사람에게 오래 참으라 [15]삼가 누가 누구에게든지 악으로
악을 갚지 말게 하고 서로 대하든지 모든 사람을 대하든지 항상 선을 따르라
[16]항상 기뻐하라 [17]쉬지 말고 기도하라 [18]범사에 감사하라 이것이 그리스도 예
수 안에서 너희를 향하신 하나님의 뜻이니라 [19]성령을 소멸하지 말며 [20]예언
을 멸시하지 말고 [21]범사에 헤아려 좋은 것을 취하고 [22]악은 어떤 모양이라도
버리라

바울은 일련의 주옥같은 권고로 이 편지를 끝내려 한다. 바울은 데살로니가 사람들에게 가장 간단한 방법으로 말한다. 그러나 한마디 한마디는 기독교인이며 교인이면 누구나 잘 생각해야 할 일이다. 너희 지도자들을 존경하라고 바울은 말한다. 그들이 너희에게 수고하는 자이기에 존경하는 것이다. 그것은 그들의 개인적 특권을 문제로 하는 것은 아니다. 그들의 받은 직무가 그들을 훌륭한 자로 만들고 그들이 하고 있는 봉사가 명예의 표시가 되는 것이다.

화목하라고 바울은 말한다. 사랑의 복음이 미움으로 해독을 받은 상황 가운데서 전파되는 것은 불가능하다. 누구나 자신이 기분 나쁘고 타인을 기분 나쁘게 하는 집회는 포기하고, 화목하게 지낼 장소를 발견하는 편이 훨씬 좋다.

14절에는 특별한 배려와 주의를 필요로 하는 사람들을 지적하였다. **규모 없는 자**에 해당한 말은 어원적으로 대열에서 떠난 병사란 뜻이다. 참 뜻은 **중도에서 기권한 사람들을 경계하라**다. **마음이 약한 자**는 문자대로는 **소심한 사람**이다. 어떤 사회에도 본능적으로 최악의 사태를 예상하여 겁을 먹는 겁쟁이 형제들이 있다. 그러나 어떤 사회에도 용감하고 타인의 용기도 도와줄 수 있는 기독교인이 있어야 한다.

힘이 없는 자들을 붙들어 주라는 것은 아름다운 권고의 말씀이다. 약한 형제가 흘러나가 마침내 형제를 잃어버리는 대신에 기독교인의 사회는 약한 자가 피해 나가지 않는 방법으로 교회에 붙잡고 구원하여 주려고 힘쓰지 않으면 안 된다.

성격적으로 약하여 길을 잃어버리기 쉬운 자를 붙들어 주는 교제와 설득으로 우의를 돈독히 해야 한다.

모든 사람에게 오래 참는 것은 모든 것 중에 가장 어려울 것이다. 어리석은 것을 기꺼이 받아 주어야 하는 것은 대부분의 사람들에게 가장 어려운 교훈이기 때문이다. "악으로 악을 갚지 말라"고 바울은 권한다. 만약 사람이 내게서 악을 추구하여도 우리는 그에게서 선을 찾음으로 승리해야 한다.

16–18절에는 우리에게 숙진한 교회의 세 가지 표를 나타낸다.

I. 그것은 "기뻐하는 교회"다. 교회에는 교인에게 마치 일광을 받고 있는 것처럼 느끼게 하는 분위기가 있다. 참 기독교는 마음을 기쁘게 하는 것이지 의기를 억압하는 것이 아니다.

II. 그것은 "기도하는 교회"다. 우리가 "혼자 있을 때에도 기도하는 자는 함께 있을 때는 가장 잘 기도한다"라는 말을 생각한다면 우리 교회의 기도는 좀 더 효과 있는 것이 될 것이다.

III. 그것은 "감사가 충만한 교회"다. 언제나 무엇인가 감사를 드리는 것이 있을 것이다. 가장 암흑의 날에서도 손꼽을 만한 은혜가 있다. 우리가 태양을 향해 선다면 그림자는 우리 뒤에 있을 것이고, 우리가 뒤로 돌아선다면 모든 그림자는 우리 앞에 있다는 것을 기억해야 한다.

19–20절에는 바울이 데살로니가 사람들에게 "영적 선물을 경하게 여기지 말 것"을 경고하고 있다. 예언자는 오늘의 설교자와 같았다. 그들은 회중에게 하나님의 말씀을 전하는 사람들이었다. 바울은 구체적으로 이렇게 말한다. "무엇인가 말할 것이 있는 사람이라면 그가 말하기를 금하지 말라."

21–22절은 기독교인의 끊임없는 의무를 말하고 있다. 기독교인은 모든 것을 식별하는 시금석으로서 그리스도를 사용해야 한다. 그리고 곤란할 때까지도 좋은 것을 지키고 항상 모든 종류의 악에서 멀어져야 한다.

교회가 올바른 권고를 따라 행동할 때 실로 암흑 가운데 놓여진 높은 빛이 될 것이다. 교회는 참으로 그 자체 가운데 기쁨을 가지고 다른 사람을 이길 능력을 가지는 것이 될 것이다.

그리스도의 은혜가 너희와 같이하기를

데살로니가전서 5:23-28

[23]평강의 하나님이 친히 너희를 온전히 거룩하게 하시고 또 너희의 온 영과
혼과 몸이 우리 주 예수 그리스도께서 강림하실 때에 흠 없게 보전되기를 원
하노라 [24]너희를 부르시는 이는 미쁘시니 그가 또한 이루시리라 [25]형제들아
우리를 위하여 기도하라 [26]거룩하게 입맞춤으로 모든 형제에게 문안하라
[27]내가 주를 힘입어 너희를 명하노니 모든 형제에게 이 편지를 읽어 주라
[28]우리 주 예수 그리스도의 은혜가 너희에게 있을지어다

바울은 이 편지의 마지막에서 데살로니가 친구들의 영과 혼과 몸을 하나님께 위탁하고 있다. 그러나 여기 매우 마음을 움직이는 말이 하나 있다. "형제들아 우리를 위하여 기도하라"고 했다. 모든 사람 중에 가장 위대한 성도들이 가장 낮은 기독교인의 기도에 의하여 격려되는 사실을 아는 것은 확실히 멋이 있다.

어느 날 그 나라에서 최고 관직에 선택된 위대한 정치가에게 친구들이 축하하러 왔다. 그 정치가는 이렇게 대답하였다. "제발 나에게 축하가 아니라 당신들의 기도를 주시오." 바울에게서 기도란 그가 사람을 위해 기도하고, 다른 사람이 그를 위하여 기도하는 금고리였다.

바클레이 성경 주석

데살로니가후서

The Letter to the Thessalonians 01

용기를 내라

데살로니가후서 1:1-12

1바울과 실루아노와 디모데는 하나님 우리 아버지와 주 예수 그리스도 안에
있는 데살로니가인의 교회에 편지하노니 2하나님 아버지와 주 예수 그리스
도로부터 은혜와 평강이 너희에게 있을지어다 3형제들아 우리가 너희를 위
하여 항상 하나님께 감사할지니 이것이 당연함은 너희의 믿음이 더욱 자라
고 너희가 다 각기 서로 사랑함이 풍성함이니 4그러므로 너희가 견디고 있는
모든 박해와 환난 중에서 너희 인내와 믿음으로 말미암아 하나님의 여러 교
회에서 우리가 친히 자랑하노라 5이는 하나님의 공의로운 심판의 표요 너희
로 하여금 하나님의 나라에 합당한 자로 여김을 받게 하려 함이니 그 나라를
위하여 너희가 또한 고난을 받느니라 6너희로 환난을 받게 하는 자들에게는
환난으로 갚으시고 7환난을 받는 너희에게는 우리와 함께 안식으로 갚으시
는 것이 하나님의 공의시니 주 예수께서 자기의 능력의 천사들과 함께 하늘
로부터 불꽃 가운데에 나타나실 때에 8하나님을 모르는 자들과 우리 주 예수
의 복음에 복종하지 않는 자들에게 형벌을 내리시리니 9이런 자들은 주의 얼
굴과 그의 힘의 영광을 떠나 영원한 멸망의 형벌을 받으리로다 10그날에 그

가 강림하사 그의 성도들에게서 영광을 받으시고 모든 믿는 자들에게서 놀
랍게 여김을 얻으시리니 이는(우리의 증거가 너희에게 믿어졌음이라) 11이러
므로 우리도 항상 너희를 위하여 기도함은 우리 하나님이 너희를 그 부르심
에 합당한 자로 여기시고 모든 선을 기뻐함과 믿음의 역사를 능력으로 이루
게 하시고 12우리 하나님과 주 예수 그리스도의 은혜대로 우리 주 예수의 이
름이 너희 가운데서 영광을 받으시고 너희도 그 안에서 영광을 받게 하려 함
이라

본서 처음에는 지혜로운 지도자의 모든 지혜가 있다. 데살로니가 사람들이 자기 의심과 자기 불신에 찬 편지를 바울에게 보낸 것같이 보인다.

데살로니가 사람들은 자신들이 완전하지 못하고 자신들의 신앙도 시련에 견딜 수 없지 않느냐고 두려워하였다. 현대적 방법으로 말하면 데살로니가 사람들은 급제할 수 없을 것이라고 생각했다. 바울의 대답은 그들과 비관적으로 동의하여 그들을 더욱 낙망의 수렁에 빠뜨리는 것이 아니었다. 그들의 장점과 업적을 헤아림으로써 데살로니가의 풀이 죽고 겁이 난 기독교인들이 어깨를 펴고 머리를 들고서 말하기를 "만약 바울이 우리에 대해 그렇게 생각해 준다면 우리는 싸움을 계속하자"라고 말할 수 있게 하는 것이었다.

마크 루터포드(Mark Rutherford)는 "우리를 자기 학대에서 고쳐 주는 사람들에게 복이 있으라"고 했다. 바울이 데살로니가에 대한 것은 바로 이런 것이었다. 바울은 사려 분별이 있는 칭찬하는 말은 종종 비판으로서는 얻을 수 없는 것을 행할 수 있다는 사실을 알고 있었다. 사랑하는 사람의 칭찬하는 말은 우리를 교만하게 하지 않고 겸손하게 하는 것을 알고 있었다. 더욱 위대하고 가치 있는 일을 하고자 하는 소원을 충만케 하는 것을 알고 있었다.

바울은 생명이 있는 교회의 표시로 세 가지를 들고 있다.

1. **"강한 믿음."** 나날이 예수 그리스도를 확실히 믿는 것은 기독교인이 성장하고 있는 표시다. 가정으로 시작한 신앙은 절대적 확신에 이를 것이다. 제임스 아게이트(James Agate)는 "나의 결심은 정리되거나 개조되거나 하지 않으면

안 되는 것 같은 기초에 서 있는 것은 아니다. 거기에는 내가 확실히 믿는 것 몇 가지가 있다"라고 말한 적이 있다.

기독교인은 이런 단계까지 이른다. 그리하여 기독교인이 이런 단계에 이르렀을 때 감동적인 경험과 기독교적 사상의 훈련을 부가하게 된다. 더욱이 사는 데도, 생각하는 데도 모든 것에 시련을 받고 시련에 견딘 것을 굳게 잡게 된다.

II. **"증가하는 사랑."** 성장하는 교회란 점점 크게 봉사하는 교회다. 어떤 사람은 처음에 기독교 신앙이 자기에게 요청하는 직무로써 이웃에 봉사할지도 모른다. 그러나 그는 봉사로써 최대의 기쁨을 발견하게 될 것이다. 이기적인 인생은 결코 행복한 인생이 아니다. 봉사하는 인생은 무사 무욕과 행복과는 항상 동행한다는 훌륭한 사실을 발견하게 해 준다.

III. **"인내하는 지구력."** 바울이 사용한 말은 고상한 말이다. 즉, **휘포모네**(hupomone)다. 보통 **인내**라고 번역되어 온 말이다. 그러나 이것은 우리 위에 지워진 어떤 일을 수동적으로 견디는 능력이라는 의미가 아니다. 이것은 "시험 받고 있는 남성다운 지구력"을 나타내 왔고, 있는 대로 상항에 꾹 참고 견딜 뿐 아니라 주어진 상황을 극복하고 그것을 정신과 육체의 강화에 이용한다는 것을 의미한다. 그것은 인생의 커다란 시련을 받고서 더욱 그것을 새로운 달성을 위하여 디딤돌로 변형시키는 것이다.

바울의 격려문은 최고의 격려가 되는 비전으로 끝난다. 그것은 우리가 **상호 영광**이라고 부를 수 있는 것으로 끝낸다. 그리스도가 올 때 **성도들 가운데서 높임을 받고 모든 믿는 사람 사이에서 경배될 것이다**.

여기서 우리는 우리의 영광이 그리스도이고, 그리스도의 영광이 우리의 것이라는 놀라운 진리를 알게 된다. 그리스도의 영광은 그리스도를 통하여 인내할 것과 고난을 받고 승리하는 것, 암흑 중에 빛과 같이 빛나는 것, 더욱 바르고 사랑에 빛나는 것을 배운 사람들 가운데 있다. 교사의 영광은 교사가 교육한 생도들 가운데 있다. 양친의 영광은 생활뿐 아니라 생명을 위하여 낳은 자녀 가운데 있다 주의 영광은 그 제자들 가운데 있다. 그리고 우리에게는 그리스도의 영광이 우리 가운데 별견된다는 특권과 책임이 주어졌다. 우리는 우리가 섬기려 하고, 그분의 소유가 되어 있는 주님께 영광을 돌릴 수도 있고 욕을 돌릴 수가 있다. 더 이상 위대한 특권이 어디 있으며 더 이상 큰 책임이 있을 수 있겠는가?

The Letter to the Thessalonians 02

불법자

데살로니가후서 2:1-12

1형제들아 우리가 너희에게 구하는 것은 우리 주 예수 그리스도의 강림하심
과 우리가 그 앞에 모임에 관하여 2영으로나 또는 말로나 또는 우리에게서
받았다 하는 편지로나 주의 날이 이르렀다고 해서 쉽게 마음이 흔들리거나
두려워하거나 하지 말아야 한다는 것이라 3누가 어떻게 하여도 너희가 미혹
되지 말라 먼저 배교하는 일이 있고 저 불법의 사람 곧 멸망의 아들이 나타
나기 전에는 그날이 이르지 아니하리니 4그는 대적하는 자라 신이라고 불리
는 모든 것과 숭배함을 받는 것에 대항하여 그 위에 자기를 높이고 하나님의
성전에 앉아 자기를 하나님이라고 내세우느니라 5내가 너희와 함께 있을 때
에 이 일을 너희에게 말한 것을 기억하지 못하느냐 6너희는 지금 그로 하여
금 그의 때에 나타나게 하려 하여 막는 것이 있는 것을 아나니 7불법의 비밀
이 이미 활동하였으나 지금은 그것을 막는 자가 있어 그 중에서 옮겨질 때까
지 하리라 8그때에 불법한 자가 나타나리니 주 예수께서 그 입의 기운으로
그를 죽이시고 강림하여 나타나심으로 폐하시리라 9악한 자의 나타남은 사
탄의 활동을 따라 모든 능력과 표적과 거짓 기적과 10불의의 모든 속임으로

멸망하는 자들에게 있으리니 이는 그들이 진리의 사랑을 받지 아니하여 구
원함을 받지 못함이라 [11]이러므로 하나님이 미혹의 역사를 그들에게 보내사
거짓 것을 믿게 하심은 [12]진리를 믿지 않고 불의를 좋아하는 모든 자들로 하
여금 심판을 받게 하려 하심이라

이 부분은 확실히 신약성경 전체 중에서 어려운 문장의 하나다. 그리고 여기 사용한 말과 묘사된 사상은 바울이 말한 당시 사람들에게는 매우 낯익은 것이었으나 현대 우리에게는 전혀 미지의 것이기 때문이다. 그때는 이 편지를 처음으로 읽고 들은 사람들에게는 조금도 설명이 불필요하였다.

그러나 그 상황에 낯익지 않은 우리에게는 이 부분이 막연한 것이다. 모든 상황은 이와 같다.

바울은 데살로니가 사람들에게 재림을 초조하게 신경질적으로 기다리는 일을 해서는 안 된다고 권하였다. 바울은 주의 날이 곧 온다고 말한 적이 없었다. 그것은 바울이 말한 것을 오해한 것이었고 바울의 탓으로 돌려서는 안 된다. 바울은 주의 날 전에 많은 일이 일어날 것이라고 말하였다. 그 일어날 일들은 다음과 같다.

첫째로, 하나님께 반항하는 때가 올 것이다. 이 세상에 이미 비밀스러운 악의 세력이 들어왔고 반항의 때가 오도록 사람들에게 역사하고 있다. 예수 그리스도가 하나님의 성육신인 것처럼 악의 성육신이 어디엔가 숨어 있다. 그것은 죄인, 멸망의 자식, 불법자였다. 때가 오면 그를 억제하고 있던 힘이 제거되고 수육한 악이 나온다. 불법자가 나오면 예수 그리스도가 그의 백성을 모으는 것같이 그도 자기 백성을 모을 것이다. 예수를 거부하여 받아들이지 않는 자는 그를 받아들이는 것이 될 것이다.

둘째로, 최후의 전쟁이 일어날 것이다. 그리고 그리스도는 불법자를 완전히 파괴할 것이다. 그리하여 그리스도의 백성은 주께 모아지고 불법자를 그의 주로 받아들인 악한 자들은 멸망할 것이다. 그것이 세계적인 전쟁이 되고 악의 수육자는 결정적 공격을 받고 최종 패배를 할 것이다.

이제 우리는 하나의 일을 기억할 것이 있다. 동방에 존재하는 신앙은 대부분

선의 힘을 믿는 것같이 악의 힘을 믿었다. 저들은 하나님과 악의 힘 사이에 전쟁 같은 것을 믿었다. 예를 들면 바빌로니아인은 마왕 티아마트(Tiamat)가 창조주 마르두크(Mardak)를 반항하고 전쟁에서 망했다는 말을 전하고 있다. 바울은 그가 살고 있던 시대의 공동 유산인 일련의 생각을 사용하였다. 유대인도 이런 생각을 하고 있었다. 유대인은 사탄의 권력을 **벨리알**(Beliar)이라 불렀고 아주 악한 사람을 말하려 할 때 그들은 그를 **벨리알**(Belial)**의 자식이라** 불렀다(신 13:13; 왕상 21:10, 13; 삼하 22:5). 고린도전서 16장 9절에 바울은 이 말을 하나님의 대적자의 뜻으로 사용하였다. 이 악의 수육자 인격화된 악마는 하나님의 대조물이었다. 기독교인은 바울 이후에 이 말을 "반그리스도"라고 부르는 이름으로 물려받았다(요 2:18, 22, 4:3). 분명히 이 같은 힘은 전 세계에 항상 계속 존재할 수 없다. 그리고 싸움에서 하나님이 승리하고 하나님께 대적하는 힘은 마침내 멸망한다는 신앙이 널리 퍼져 있었다. 바울이 이용한 것은 이런 묘사다.

시기가 올 때까지 불법자로 지배하고 있는 억제하는 힘이란 무엇일까? 이 질문에 대해 구체적으로 확실하게 대답할 자는 없다. 바울은 로마 제국을 생각하였을 것이다. 한 번뿐 아니라 로마 행정관들의 공정성에 의하여 폭도들의 맹위에서 바울 자신이 구원되었다. 로마는 광적인 무정부 상태에서 세상을 지키는 억제하는 힘이었다. 그러나 로마의 힘이 없어지는 날이 오고 그 후 혼란스러운 날이 올 것이다.

이와 같이 바울이 묘사한 것은 하나님께 반항하는 힘이 증가할 것과 그리스도가 하나님의 성육신인 것처럼 악의 성육신한 자의 모습이 있고, 하나님이 싸움에서 결정적인 완전한 승리를 한다는 것이다.

이제 이 성육신한 악이 세상에 들어왔을 때 그를 주인으로 받아들이는 사람들이 있을 것이다. 그리스도를 거부하는 사람들이 그를 받아들일 것이다. 악의 주인과 같이 악한 사람들은 완전한 패배와 놀라운 심판을 발견할 것이다.

여기 묘사한 것이 현대 감각에서 아무리 멀리 떨어져 있어도 그 가운데 확실한 불변의 진리가 있다.

I. 이 세상에는 악의 세력이 존재한다. 악마의 존재를 이론적으로 증명하지

는 못할지라도 많은 사람이 "나는 악마를 본 일이 있기 때문에 악마의 존재를 안다"라고 말한다. 우리가 인간 가운데서 역사하는 악의 힘이 있는 것을 부인한다면 우리는 모래 가운데 머리를 숨기고 있는 것에 불과하다.

II. 하나님은 관리하고 계신다. 모든 것은 무너지고 무질서에 이르는 것같이 보인다. 그러나 혼돈도 계획되어 있다. 어떤 불가해의 방법으로 악까지도 하나님에 의하여 관리되어 있다.

III. 하나님의 결정적 승리는 확실하다. 마지막 최종 전쟁에서는 아무것도 하나님께 대항할 수는 없다. 불법자가 잘 되는 날이 있을 것이다. 그러나 하나님이 "여기까지 한한다"라고 말할 날이 온다. 거기서 우리에게 "너는 어느 편이냐? 전 세계가 말려드는 싸움 가운데서 너는 하나님 편인가, 악마 편인가?"라고 질문하실 것이다.

하나님의 요구와 우리의 노력

데살로니가후서 2:13-17

[13]주께서 사랑하시는 형제들아 우리가 항상 너희에 관하여 마땅히 하나님께
감사할 것은 하나님이 처음부터 너희를 택하사 성령의 거룩하게 하심과 진
리를 믿음으로 구원을 받게 하심이니 [14]이를 위하여 우리의 복음으로 너희를
부르사 우리 주 예수 그리스도의 영광을 얻게 하려 하심이니라 [15]그러므로
형제들아 굳건하게 서서 말로나 우리의 편지로 가르침을 받은 전통을 지키
라 [16]우리 주 예수 그리스도와 우리를 사랑하시고 영원한 위로와 좋은 소망
을 은혜로 주신 하나님 우리 아버지께서 [17]너희 마음을 위로하시고 모든 선
한 일과 말에 굳건하게 하시기를 원하노라

이 부분에는 기독교 생활을 요약해 기술하고 있다.

I. 기독교 생활은 하나님의 부름으로 시작한다. 누구나 하나님을 선택한 자는 없다. 우리는 하나님이 우리를 찾아 주시지 않는 한 하나님을 찾을 수도 없다. 모든 주도권은 하나님께 있다. 모든 사건이 서는 기초도, 움직이는 원인도 하나님의 사랑이다.

II. 기독교 생활은 노력에 의하여 발전한다. 기독교인은 꿈꾸기 위해서가 아니라 싸우기 위해 불렀다. 기독교인은 서 있기 위해서가 아니라 올라가기 위해 불렀다. 기독교인을 부른 것은 이 세상에 있는 최대의 특권을 얻기 위해서가 아니라 이 세상에 있는 최대의 의무를 다하기 위한 것이다.

III. 이 노력은 끊임없는 두 가지 것에 의하여 원조를 받고 있다.

1. 그것은 하나님을 따르는 위대한 사람들의 가르침과 지도와 모범에 의하여 도움을 받고 있다. 하나님은 자신이 이미 말씀한 사람을 통하여 우리에게 말씀하신다. 누군가 말한 것처럼 "성도란 다른 사람이 하나님을 쉽게 믿게 하는 사람이다." 그 밖에 말하거나 쓰거나 하는 것에 의하지 않고 거저 있는 그대로지만 그 사람과 만나는 것은 하나님을 만나는 것 같은 사람들이 우리에게 도움을 주는 것이다.

2. 하나님 자신에 의하여 지지되어 있다. 우리는 다만 혼자 싸우고 애쓰고 수고하는 것이 아니다. 우리에게 과제를 주신 분은 우리가 과제를 다할 수 있게 힘을 주는 것이다. 더욱 그분은 우리와 같이 구체적으로 일하고 계신다. 우리는 인생의 싸움이나 고난에 자신이 가져올 수 있는 보잘것없는 수단으로 설 수 있도록 내던지지 않는다. 우리의 배후에도, 옆에도 하나님이 계신다. 바울이 고린도에서 반대를 받았을 때 밤에 환상을 주었다. 환상 가운데 주님은 그에게 말씀하셨다. "두려워 말라… 말하라… 내가 너와 함께한다"(행 18:9-10). 우리 편에 있는 사람은 대적하고 있는 사람의 수보다 많다.

IV. 하나님의 부르심과 우리의 노력은 두 가지를 만들도록 설계되었다.

1. 양자는 **지상에서 성화**를 가져오게 하기 위하여 설계되었다. 문자대로 말하면 헬라어로는 **성화**라는 것은 **하나님을 위하여 성별된다**는 것이다.

하나님이 우리를 자신의 봉사를 위하여 사용할 수 있도록 성별했다는 뜻이다. 그 결과 성별된 자의 인생은 벌써 자기 마음대로 하는 자기 자신에 속한 인생이 아니라, 하나님께 속하였다. 하나님이 원하는 대로 사용하는 하나님을 위하는 인생이 된다.

2. 양자는 **하늘에 있는 구원**을 완성하기 위하여 계획되었다. 기독교인의 인생은 시간과 같이 끝나지 않는다. 결승점은 영원이다. 기독교 인생의 종점은 하나님을 보는 순진함이다. 기독교인은 현재의 고투나 고난을 오는 영광에 비하여 가볍게 생각하는 사람이다. 크리스티나 로세티(Christina G. Rosetti)는 다음과 같이 시를 썼다.

"길은 끝까지 꼬불꼬불 올라갈까요?"
"예, 맨 끝까지."
"오늘의 여행은 하루를 계속할 것인가요?"
"나의 친구여, 아침부터 저녁까지."

"그런데 밤에 휴식할 장소는 있을까요?"
"어둠이 서서히 다가올 때면 지붕이 보일 것이다."
"그 어둠이 나의 목전에서 그것을 감추지 않을까요?"
"당신은 그 숙소를 놓지는 일은 없을 것이다."

"밤에 다른 여행자와 만날까요?"
"앞서 간 사람들을 만날 것이다."
"그러면 눈에 띄자마자 두드리거나 불러야 할까요?"
"당신을 문에 세워 두지는 않을 것이다."

"나는 위로와 여행의 고달픔과 약해짐을 발견할까요?"

"너는 많은 수고를 하게 될 것이다."

"나와 구하는 모든 사람에게 침상이 있을까요?"

"그렇다. 오는 모든 사람을 위하여 침상은 구비되어 있다."

The Letter to the Thessalonians 03

최종의 말씀

데살로니가후서 3:1-5

[1]끝으로 형제들아 너희는 우리를 위하여 기도하기를 주의 말씀이 너희 가운
데서와 같이 퍼져 나가 영광스럽게 되고 [2]또한 우리를 부당하고 악한 사람들
에게서 건지시옵소서 하라 믿음은 모든 사람의 것이 아니니라 [3]주는 미쁘사
너희를 굳건하게 하시고 악한 자에게서 지키시리라 [4]너희에 대하여는 우리
가 명한 것을 너희가 행하고 또 행할 줄을 우리가 주 안에서 확신하노니 [5]주
께서 너희 마음을 인도하여 하나님의 사랑과 그리스도의 인내에 들어가게
하시기를 원하노라

바울은 다시 한 번 편지의 마지막에 그를 위하여 기도해 줄 것을 요구하면서 끝내려 하고 있다(살전 5:25; 롬 15:30; 몬 22). 그 자신의 약함을 알고 데살로니가 사람들에게 기도를 구하는 이 비범한 사람의 생각에는 깊은 감동을 주는 것이 있다. 바울의 겸허가 이같이 확실하게 볼 수 있는 곳은 다시없다. 다시 말해 바울이 자기 자신을 그들 마음에 위탁하고자 하는 사실은 바울에게 대적하는 사람들까지도 이끄는 큰 역사를 했을 것이다. 기도해 달라는 사람을 미워하기 곤란하

기 때문이다.

바울은 사람들에게 대한 사랑과 신뢰를 나타내고 있는데도 현실적이기도 했다. 바울은 "믿음은 모든 사람의 것이 아니다"라고 말했다. 우리는 이 말이 냉소적으로가 아니라 슬픔을 가지고 말한 것을 확실히 안다. 우리는 여기서 한 번 더 자유의지의 중대한 책임을 발견한다. 우리는 자유의지를 마음을 여는 데 사용할 수도 있고 닫는 데 사용할 수도 있다. 신앙은 선택을 강조하는 것이 아니다. 신앙은 모든 사람에게 개방되어 있으나 사람의 마음은 응답을 거부할 수도 있다.

이 구절의 마지막 절에 기독교인의 내적 특징과 외적 특징이라고 부르는 것을 가르쳤다. 내적 특징은 하나님의 사랑의 실재를 발견하는 것이다. 그것은 하나님의 사랑과 배려가 미치지 않는 곳에서 우리는 흘러 나갈 수 없다는 깊은 자각이며, 영원한 팔이 우리를 지켜 주는 것을 인정하는 것이다. 인생의 기본적 필수품의 하나는 안전이요, 우리가 하나님의 불변하는 사랑을 자각하는 것이다.

기독교인의 외적 특징은 그리스도가 주시는 인내다. 우리는 역사상 어느 시대보다도 신경을 쇠약케 하는 일이 많은 세계에 살고 있다. 그것은 단순히 사람들이 자신만으로는 인생을 싸워 나갈 수 없다는 사실을 점점 더 자각하는 증거다. 우리는 사람들이 기대하지 않는 세계에 살고 있다. 기독교인의 외적 특징은 다른 사람들이 넘어질 때 굳게 서 있고, 다른 사람들이 쇠퇴할 때 어깨에 짐을 메고 계속 걸어가고 있는 것이다. 기독교인은 마음에 하나님의 사랑을 받고 그 생활에 그리스도의 힘을 주어서 어떤 일에도 직면할 수 있는 사람이다.

형제애를 가진 훈계

데살로니가후서 3:6-18

6형제들아 우리 주 예수 그리스도의 이름으로 너희를 명하노니 게으르게 행
하고 우리에게서 받은 전통대로 행하지 아니하는 모든 형제에게서 떠나라
7어떻게 우리를 본받아야 할지를 너희가 스스로 아나니 우리가 너희 가운데

서 무질서하게 행하지 아니하며 [8]누구에게서든지 음식을 값없이 먹지 않고
오직 수고하고 애써 주야로 일함은 너희 아무에게도 폐를 끼치지 아니하려
함이니 [9]우리에게 권리가 없는 것이 아니요 오직 스스로 너희에게 본을 보여
우리를 본받게 하려 함이니라 [10]우리가 너희와 함께 있을 때에도 너희에게
명하기를 누구든지 일하기 싫어하거든 먹지도 말게 하라 하였더니 [11]우리가
들은즉 너희 가운데 게으르게 행하여 도무지 일하지 아니하고 일을 만들기
만 하는 자들이 있다 하니 [12]이런 자들에게 우리가 명하고 주 예수 그리스도
안에서 권하기를 조용히 일하여 자기 양식을 먹으라 하노라 [13]형제들아 너희
는 선을 행하다가 낙심하지 말라 [14]누가 이 편지에 한 우리 말을 순종하지 아
니하거든 그 사람을 지목하여 사귀지 말고 그로 하여금 부끄럽게 하라 [15]그
러나 원수와 같이 생각하지 말고 형제같이 권면하라 [16]평강의 주께서 친히
때마다 일마다 너희에게 평강을 주시고 주께서 너희 모든 사람과 함께하시
기를 원하노라 [17]나 바울은 친필로 문안하노니 이는 편지마다 표시로서 이렇
게 쓰노라 [18]우리 주 예수 그리스도의 은혜가 너희 무리에게 있을지어다

여기서 바울은 데살로니가전서에서 언급하지 않으면 안 된 것같이 재림에 대해 잘못된 태도를 가지는 사람들이 일으키는 상태에 대해 언급하였다. 데살로니가에는 자기 일을 포기하고 일상의 일을 중단하고 흥분하고 나태하여 재림 날을 기다리고 있는 사람들이 있었다. 바울은 이런 사람들을 선명한 말로 표현하였다. 바울은 **아탁토스**(ataktos)라는 부사를 두 번, **아탁테인**(ataktein)이라는 동사를 한 번 사용하였다. 이 말은 "무단결석한다"는 뜻이다.

예를 들면 고문서 가운데 아버지가 동의한 견습생의 계약 중 자식이 직무를 쉬었거나 무단결석한 날만큼 보충해야 한다고 합의한 것이 나온다.

데살로니가 사람들이 흥분하여 아무것도 하지 않는 것은 날마다 직무와 일을 무단히 하지 않고 있다는 것이었다. 데살로니가 사람들을 바르게 하기 위하여 바울은 자신의 예를 인용하였다. 바울의 일생은 일하는 사람이었고 직접 자기 손으로 일한 사람이었다. 유대인은 노동을 존중하였다. "자식에게 일을 가르쳐 주지 않는 자는 도적질을 가르치는 것이다"라는 말이 있다. 바울은 훈련을 받은

랍비였다. 유대 법에는 랍비는 보수를 받고 가르쳐서는 안 된다고 기록되었다. 랍비는 자기 손으로 일하고 날마다 필수품을 채우고 직업을 가져야 했다. 그러므로 우리는 랍비 중에는 제빵사, 이발사, 목공, 석공 등 모든 일에 종사한 사람을 발견한다. 유대인은 정당한 이유가 있는 노동은 존경할 가치가 있다고 믿었다. 그들은 학자들이 자기 손을 사용하여 일하는 것을 잊어버릴 정도로 학술적이 되거나 인생에서 은퇴해 버렸을 경우에는 무엇인가를 잃었다고 믿었다.

바울은 격언을 인용하였다. "일하기 싫은 자는 먹지를 말라." 중요한 것은 **일하기를 거절하는 것**이다. 이것은 자기 잘못이 아닌 이유로 일을 찾을 수가 없는 불행한 사람들을 지적하는 것이 아니다. 이 일을 "노동의 황금률"이라 불러 왔다. 다이스만(Deissmann)은 바울이 이 말을 했을 때 "옛날부터 있는 좋은 노동 윤리를 채용했을 것이다. 그리하여 그 격언은 어떤 근면한 직업인이 게으름 피우고 일하지 않은 일꾼이 저녁 식탁에 앉는 것을 책망한 말일 것이다"라고 교묘한 생각을 했다.

결국 우리에게는 예수 자신의 모범이 있다. 예수께서는 나사렛의 목수였다. 전하는 말에 의하면 주는 매우 훌륭한 대목수였기 때문에 그는 팔레스타인에서 가장 좋은 "소의 멍에"를 만들고 그것을 사기 위하여 전국에서 찾아왔다고 한다. 나무는 그 열매를 보아 알고 사람은 그의 일을 보고 안다. 어떤 사람이 집을 한 채 사려고 했다. 그는 집을 보지도 않고 집을 샀다. 왜 그런 위험을 감수하는가 물었다. 그는 이렇게 대답하였다. "나는 그 집을 지은 사람을 알고 있다. 그 사람은 기와로 기독교를 쌓은 사람이다." 기독교인은 기독교인이기 때문에 다른 어떤 사람보다도 훌륭한 직업인이 되어야 한다.

바울은 참견하기 좋아하는 사람을 좋아하지 않았다. 뒷공론보다 큰 죄가 있을지 모르나 교회 중에서는 뒷공론보다 더 큰 손상을 주는 죄는 없다. 자신의 모든 힘을 가지고 일하는 사람에게는 다른 사람의 일에 악의를 갖고 습관적으로 캐기 좋아할 틈이 없다.

바울은 자신이 명한 것을 존중하지 않는 사람들은 사회적으로 제재해야 한다고 말한다. 그러나 그들을 원수로가 아니고 형제로서 훈계하라고 전한다. 죄인의 위에 서서 경멸하게 내려다보고 감정을 상하게 하려고 말하는 사람은 위협이나 상처를 줄망정 교정을 해 주지 못한다. 이것은 개혁(reformation)보다 원한(resentment)을 낳는다. 기독교인의 훈계가 요청될 때는 형제가 형제에게 하는 것으로 해야 한다. 훈계는 노하거나 경멸을 내포해서는 안 된다. 그것은 언제나 사랑을 가지고 해야 한다.

이렇게 해 바울은 마지막에 이른다. 마지막으로 바울 자신의 편지인 것을 증명하기 위하여 서명을 했다. "나 바울은 친필로 문안하노니, 이는 편지마다 표적이기로 이렇게 쓰노라. 우리 중 예수 그리스도의 은혜가 너희 무리에게 있을지어다"라고 바울은 기록하였다. 그리하여 잘 설명된 진리와 깊은 애정 어린 칭찬과 책망을 가지고서 바울은 데살로니가 교회에 예수 그리스도의 은혜가 있기를 기도한다.

복음과 역사의 향기-한국기독교역사박물관

【연 혁】

2001년 개관 전시회
"기독교와 한글 : 기독교, 잠든 한글을 깨우다" 개최

2002년 제2회 전시회
"두고 온 교회, 돌아갈 고향 : 북한교회 역사자료전" 개최

2003년 제3회 전시회
"한국 초대교회 신앙생활" 개최

2004년 제4회 전시회
"민족과 함께한 복음선교 120년" 개최

2005년 제5회 전시회
"한국 기독교 신앙위인 120인" 개최

2006년 제6회 전시회
기독교 사회복지자료
"사랑의 실천, 사회봉사의 향기" 개최

2007년 제7회 전시회
평양 장대현교회 복원
"옛 사진으로 읽는 새로운 역사" 개최

2008년 제8회 전시회
"푸른 눈에 비친 백의민족" 개최

■ 개관시간
월~토요일(공휴일 포함)
오전 10시~오후 5시
(점심시간 : 12:00~13:00)

■ 휴관일
주일은 쉽니다. / 정초, 구정, 성탄절

■ 단체관람
20명 이상 단체 관람은 전시관이 협소하여 사전에 연락을 주시면 준비에 도움이 되겠습니다.

■ 사료 이용안내
후원회원에게는 사료의 열람과 복사의 편의를 제공합니다.

■ 관람은 무료입니다.

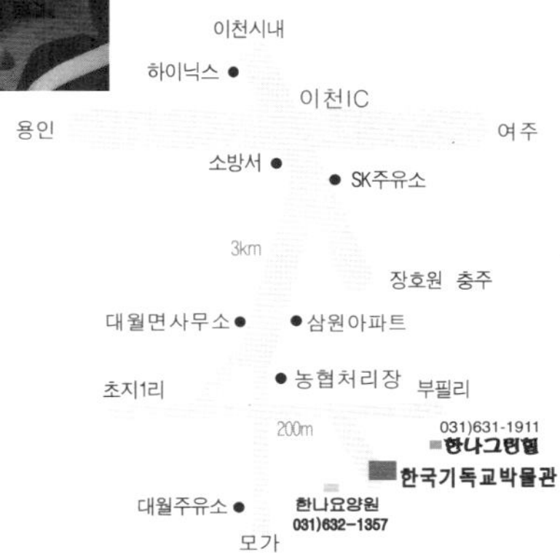

한국기독교역사박물관은 한국 교회의 밝은 미래를 보여 줄 뜻있는 좋은 전시회로 여러분의 후원에 보답하겠습니다.

예약전화 : 031-632-1391

The Korean Church History Museum
재단법인 한국기독교역사박물관

경기도 이천시 대월면 초지1리 474-2
Tel : 031-632-1391, 1392(Fax)
홈페이지 : www.kchmuseum.org
E-mail : kch19@hanmail.net